Agonalität und Menschenliebe

Martin Schneider

Agonalität und Menschenliebe

Gefühlspolitik im Drama des 18. Jahrhunderts

BRILL | FINK

Gedruckt mit freundlicher Unterstützung der Deutschen Forschungsgemeinschaft.

Bibliografische Information der Deutschen Nationalbibliothek

Die Deutsche Nationalbibliothek verzeichnet diese Publikation in der Deutschen Nationalbibliografie; detaillierte bibliografische Daten sind im Internet über http://dnb.d-nb.de abrufbar.

Zugl.: Univ. Hamburg, Habil.-Schrift, 2022

© 2023 Brill Fink, Wollmarktstraße 115, D-33098 Paderborn, ein Imprint der Brill-Gruppe
(Koninklijke Brill NV, Leiden, Niederlande; Brill USA Inc., Boston MA, USA; Brill Asia Pte Ltd, Singapore;
Brill Deutschland GmbH, Paderborn, Deutschland; Brill Österreich GmbH, Wien, Österreich)
Koninklijke Brill NV umfasst die Imprints Brill, Brill Nijhoff, Brill Hotei, Brill Schöningh, Brill Fink,
Brill mentis, Vandenhoeck & Ruprecht, Böhlau, V&R unipress und Wageningen Academic.

www.fink.de

Einbandgestaltung: Evelyn Ziegler, München
Herstellung: Brill Deutschland GmbH, Paderborn

ISBN 978-3-7705-6763-8 (hardback)
ISBN 978-3-8467-6763-4 (e-book)

Für Ulrike

Malgré ma douceur, j'enrage; & j'ai raison

Nivelle de La Chaussée, Mélanide

Inhalt

Teil II: Gattungen und Formen

Teil III: Fallstudien

Prolog

Eine empfindsame Reise ins politische Theater

In den 60er Jahren des 18. Jahrhunderts unternimmt der englische Erfolgsautor Laurence Sterne eine Reise nach Europa. Er macht Station in Frankreich, bei den erbitterten Rivalen seiner Heimat. Gerade erst haben sich beide Länder im Siebenjährigen Krieg blutige Schlachten um die Kolonien Nordamerikas geliefert. Dennoch ist der Reisebericht, den Sterne während seines Aufenthalts auf dem Kontinent schreibt, nicht in feindseligem Ton gehalten. Sein Alter Ego Mr. Yorick begegnet vielen Franzosen, meist mündet das Aufeinandertreffen in eine rührende Szene wohlwollender Menschlichkeit. *A sentimental journey* lautet der Titel des 1768 erstmals publizierten Originals. Noch im selben Jahr erscheint eine deutsche Übersetzung des Buches aus der Feder Bodes. Er findet für das Wort ,sentimental', dank einer Anregung Lessings, die deutsche Entsprechung ,empfindsam'. Wie in ganz Europa wurde auch im deutschen Sprachraum *Yorick's empfindsame Reise* eines der populärsten Bücher der Epoche.

In Paris führt Yoricks Weg ins Theater. Dort trifft er in der Loge auf einen französischen Veteranen. Dem empfindsamen Programm gemäß weckt dessen Anblick in ihm keinerlei Hass auf den Feind, im Gegenteil: Yorick fühlt sich an einen alten Offiziers-Freund erinnert, der ein Beispiel von „Menschenfreundlichkeit" gewesen sei und an den er nicht denken könne, „ohne daß mir die Tränen aus den Augen stürzen." Überhaupt liebe er altgediente Offiziere, weil ihre „Sitten gemildert sind durch einen Beruf, welcher sonst schlechte Menschen noch schlechter macht"[1] – ein Lob, das an die beliebten Veteranen-Figuren des deutschen Theaters nach dem Siebenjährigen Krieg erinnert, allen voran Lessings Tellheim und Brandes' Graf von Olsbach.

Jedoch birgt das Theater für den Gast aus England nicht nur angenehme Erlebnisse. Als er von seiner Loge ins Parterre hinunterblickt, wird Yorick Zeuge der folgenden Szene:

> Am Ende des Orchesters, zwischen diesem und der ersten Seitenloge, ist ein schmaler Raum gelassen, wo, bei ausverkauftem Hause, Personen jeden Standes Asyl finden. Ob man gleich hier so gut stehen muß als im Parterre, zahlt man doch dieselbe Summe wie im Orchester. Ein armes, wehrloses Geschöpf [...] hatte es irgendwie auf diesen unseligen Platz verschlagen – der Abend war sehr schwül, und das Menschlein stand inmitten von Leuten, die es um dritthalb Fuß

---

1 Sterne [1768] 2010, S. 134.

überragten. Der Zwerg litt von allen Seiten unsäglich; was ihn indes am meisten inkommodierte war ein langer wohlbeleibter Deutscher, fast sieben Fuß hoch, welcher gerade mitten inne zwischen ihm und jeder Möglichkeit stand, irgend etwas vom Theater und den Acteurs zu sehen.[2]

Yorick schildert ausführlich, wie der kleinwüchsige Mann durch verschiedene Verrenkungen versucht, „auch nur einen Blick auf das Bühnengeschehen zu erhaschen", der Deutsche aber „wie ein Klotz auf seiner Position in der unnachgiebigsten Haltung" verharrt.[3] Die Situation droht zu eskalieren: Da der Deutsche nach einer höflichen Aufforderung seines Hintermannes „rücksichtslos seine Stellung" behauptet,[4] wird der Kleinwüchsige zornig.

> Mittlerweile sah sich der Zwerg aufs Äußerste getrieben und hatte in der ersten jähen Hitzigkeit, die gemeinhin töricht ist, den Deutschen wissen lassen, er werde ihm den langen Zopf mit dem Messer abschneiden – Der Deutsche blickte kaltsinnig und erwiderte ihm, er sei herzlich eingeladen, wofern er denn hinauflangen könne.[5]

Für den empfindsamen Yorick ist diese Szene schwer zu ertragen:

> In meinem Innern regen sich gewisse kleine Prinzipien, die mich bestimmen, mitleidvoll zu sein gegen diesen armen versehrten Teil meiner Mitmenschen, denen weder die Statur noch die Stärke eignet, um in der Welt emporzukommen – Ich ertrag' es nicht, mit anzusehen, wenn man einen davon wie mit Füßen tritt [...].[6]

Das Verhalten des Deutschen, so Yorick, müsse „jeden empfindsamen Menschen zur Partei" machen, und so ist er drauf und dran, aus seiner Loge zu springen, „um Abhilfe zu schaffen".[7] Glücklicherweise schreitet in diesem Moment der französische Veteran ein. Er lässt sich von Yorick den Vorgang erklären und gibt daraufhin einer Wache Bescheid, die den Deutschen mit der Muskete zurückstößt und den Kleinwüchsigen in die erste Reihe postiert.

Sterne schildert das Theater als einen politischen Raum, in dem um soziale Teilhabe gekämpft wird. Und nicht nur das: Er beschreibt Empfindsamkeit nicht als naive Tränenseligkeit, sondern als affektive Grundlage einer politischen Intervention. Es ist das Mitgefühl mit den Benachteiligten, das Yorick dazu treibt, dem Kleinwüchsigen zu seinem Recht zu verhelfen und den kaltsinnigen und rücksichtslosen Riesen zu bestrafen. Empfindsam zu handeln

---

2   Ebd., S. 144.
3   Ebd., S. 144.
4   Ebd., S. 145.
5   Ebd., S. 145f.
6   Ebd., S. 143.
7   Ebd., S. 146.

heißt, den „Prinzipien" in seinem „Innern" zu folgen und den Schwachen zu helfen. Nur vordergründig ist es eine polizeiliche Maßnahme, die hier den politischen Raum des Theaters diszipliniert. Hinter dem Eingriff der Wache steht die sittliche Agenda der Empfindsamkeit, die Verwandlung von Empathie in Tatkraft.

Diese Studie verfolgt das Ziel, der politischen Intuition nachzuspüren, die die Empfindsamkeit im Zeitalter der Aufklärung entfaltet. Sie tut dies, indem sie ihren Blick auf das Theater als Ort der sozialen Auseinandersetzung richtet. Es wird dabei nicht in erster Linie um die Interaktionen innerhalb des Zuschauerraumes gehen. Das Hauptinteresse gilt den Dramen und damit den literarischen Imaginationen, die die Institution des Theaters im 18. Jahrhundert hervorgebracht hat. Sie zeigen, dass auch im fiktiven Raum der Theatertexte das Politische in Form von Agonalität, d.h. als Wettstreit verschiedener Gruppen um soziale Teilhabe erscheint. Das Dilemma des Kleinwüchsigen in der Theaterszene der *Sentimental Journey* ist es ja gerade, nicht die nötige „Stärke" zu haben, „um in der Welt emporzukommen". Er muss dafür kämpfen, einen Platz zu finden, an dem er am sozialen Ereignis der Aufführung teilhaben kann. Wo dieser Wettstreit sich verschärft, droht er gewaltsam zu enden. Der Kleinwüchsige wird wütend und will zum Messer greifen, da er mit zivilisierter Kommunikation keinen Erfolg hat. Aus Gegnern werden Feinde, Agonalität droht in Antagonalität umzuschlagen.

Genau in diesem Moment – und auch das zeigen die Dramentexte der Aufklärung – bietet sich den Empfindsamen die Möglichkeit zur Intervention. Wenn Sie ihre Werte in der Gesellschaft durchsetzen wollen, müssen sie, wie Yorick klarsichtig formuliert, zur „Partei" werden. Doch damit begeben sie sich in ein Dilemma, da das Kämpfen dem empfindsamen Ideal der Menschenliebe widerspricht. Der Streit um soziale Teilhabe kann immer eskalieren, weshalb die Empfindsamkeit, sobald sie sich in den Raum politischer Agonalität begibt, immer auch an Programmen der Deeskalation, der Diplomatie, sprich: der sozialen Befriedung arbeiten muss. Dies ist, was die Studie als empfindsame ‚Gefühlspolitik' bezeichnet. Yorick und der französische Veteran repräsentieren ihre beiden Formen. Während der eine sich in den Kampf stürzen will, um dem entrechteten Opfer zur Seite zu springen, schaltet der Veteran eine soziale Vermittlungsinstanz ein, um den Konflikt friedlich beizulegen.

Das Korpus

Die folgenden Untersuchungen zur Gefühlspolitik des Aufklärungsdramas führen unweigerlich zu der Frage, was überhaupt unter einem ‚empfindsamen Drama' zu verstehen ist. Da sich die literaturwissenschaftliche

Empfindsamkeitsforschung ihrem Gegenstand bislang meist über die Lektüre von anthropologischen Abhandlungen und Romanen genähert hat, blieb die Frage nach dem Drama außen vor. Im Zug der sozialgeschichtlichen Studien der 1970er und 80er Jahre hat sich zudem die Auffassung verfestigt, dass die rührenden Tendenzen der in der Aufklärung populären Theatertexte ihrer Unterhaltungsfunktion geschuldet seien. Autoren wie Iffland, Kotzebue und Schröder hätten für Markt und Massengeschmack geschrieben und deshalb die sentimentale Privatheit dem Politischen vorgezogen. Dieses sah man ausschließlich in den Texten des Höhenkamms zur Darstellung gebracht, insbesondere in den klassischen Dramen Schillers, aber auch in Werken wie Lessings *Emilia Galotti* oder Goethes *Egmont*.

Diese Studie schlägt eine andere Sicht auf die populären Dramen der Aufklärungsepoche vor und liest sie entgegen dem *common sense* der Forschung als politische Texte. Sie wiederholt, wenn man so will, die Intervention Yoricks und rückt das in den Augen des Kanons ‚kleine‘ und unbedeutende Drama in die vorderen Ränge der Literaturgeschichte. Dies dient nicht dem Zweck, kanonische Texte in ihrer Bedeutung zu schmälern. Es geht vielmehr darum, durch den Einbezug des populären Dramas ein ausgewogenes und realitätsnahes Bild der Dramenproduktion des 18. Jahrhunderts zu erhalten. Aus diesem Grund werden die Werke von Autoren wie Brandes, Großmann und Gemmingen-Hornberg denjenigen Lessings, Goethes und Schillers an die Seite gestellt. Die Analyse der politischen Dimension, die all diese Texte teilen, öffnet überraschende Perspektiven auf bislang übersehene Verbindungen zwischen ‚hoher‘ und ‚niederer‘ Literatur. Die Konzentration auf eine Handvoll herausragender Dramen der Spätaufklärung, die die Forschung bis heute bestimmt,[8] stellt nicht nur die große Menge der damaligen Literaturproduktion ins Abseits, sondern führt auch zu einem verzerrten Blick auf den Kanon selbst. Wie diese Studie zeigen kann, bestehen zwischen der politischen Ästhetik Schillers und derjenigen Kotzebues auffallende Parallelen, experimentiert Goethe mit seinen ‚Schauspielen‘ *Stella, Iphigenie auf Tauris* und *Torquato Tasso* ebenso wie Gellert, Schröder und Iffland mit einer genuin empfindsamen Dramenform, partizipiert Lessing mit *Nathan der Weise* am Genre des Familienrührstücks. Das populäre Drama der Aufklärung produziert Darstellungsformen des Politischen, die für die Dramen des Höhenkamms folgenreich sind. Die

---

8 Ausnahmen sind die Studien von Mönch 1993 und Lukas 2005, die jeweils auf einem breiten Korpus von ca. 200 Dramentexten beruhen und damit zahlreiche gängige Annahmen der Literaturgeschichtsschreibung korrigieren konnten. Auch die aktuellere Arbeit von Weiershausen 2018 untersucht die dramatische Gattungskonstitution im 18. Jahrhundert auf Grundlage eines breiten Korpus.

empfindsamen Elemente in den Texten Lessings, Goethes und Schillers erfüllen politische Funktionen und legen so den Blick frei auf benachbarte Texte weitgehend vergessener Autoren.

Die Vergrößerung des Korpus führt dazu, die gängige Beschreibung des Epochenbruchs ‚um 1750' in Frage zu stellen. Zwar kommt auch diese Studie zu dem Ergebnis, dass die empfindsame Dramenproduktion in Deutschland im engeren Sinn erst mit Gellerts *Zärtlichen Schwestern* einsetzt, die 1747 erstmals erscheinen. Dies gilt aber nur für das Sprechtheater. Die Opernlibretti der ersten Jahrhunderthälfte entwerfen schon früh eine empfindsame Affektästhetik, die diejenige der späteren Dramenproduktion vorwegnimmt.[9] Darüber hinaus finden sich empfindsame Gefühlsdarstellungen und Handlungsmuster bereits im klassizistischen Trauerspiel der 1730er und frühen 1740er Jahre, allen voran bei Behrmann, L.A.V. Gottsched und Schlegel. Schließlich ist daran zu erinnern, dass auf den Bühnen Englands und Frankreichs der ersten Jahrhunderthälfte die Empfindsamkeit ständig gegenwärtig war und sich dort mit dem *domestic drama*, bzw. der *sentimental comedy* und der *comédie larmoyante* sehr früh empfindsame Gattungsmuster ausbildeten.[10] Die Dramenproduktion des deutschen Sprechtheaters ist also kein Beleg für einen affektästhetischen Epochenbruch, sondern eher ein anachronistischer Ausnahmefall. Warum es im Vergleich zu den Libretti des Musiktheaters und der europäischen Dramatik in Deutschland zu dieser Verzögerung kommt, wäre eine eigene Untersuchung wert. Fest steht: Empfindsame Normen waren bereits zu Beginn des 18. Jahrhunderts weit verbreitet und wurden nicht erst mit Gellert und Lessing in die deutsche Kultur eingeführt.

Aufgrund dieser Erkenntnisse ist für diese Studie ein Korpus von knapp 90 Dramentexten erstellt worden. Sie finden sich im Anhang aufgelistet. Die Auswahl der Texte folgt vier Kriterien. Erstens steht die *Diversität der Gattungen* im Vordergrund. Aufgrund der Hypothese, dass sich das Politische nicht nur in naheliegenden Gattungen wie dem republikanischen Trauerspiel und dem Geschichtsdrama zeigt, sondern auch in Komödien, bürgerlichen Trauerspielen, Familienrührstücken, Ritterschauspielen und Kolonialdramen, werden all diese Gattungen in die Analyse einbezogen. Zweitens wurde auf die *Quantität* der Aufführungen geachtet. Die Studie zieht bewusst Erfolgsstücke der Aufklärungsepoche ein, da diese einen Hinweis darauf geben, welche Darstellungen des Politischen für das damalige Publikum prägend waren. Dazu

---

9   Jahn 2005b, S. 275–350.
10   Meyer-Sickendiek 2016.

wurden nicht nur die Spielpläne der Theater Hamburgs, Berlins und Weimars[11] einer quantitativen Analyse unterzogen,[12] sondern auch die Erkenntnisse verschiedener Studien über die Aufführungszahlen einzelner Werke berücksichtigt. Zu bedenken ist dabei natürlich, dass trotz der engen Verbindung von Buchmarkt und Theater im 18. Jahrhundert[13] die hier vorgestellten Dramendrucke in der Regel vor der Aufführung bearbeitet wurden. Erst eine Analyse der in den Archiven überlieferten Souffliers- und Inspektionsbücher kann darüber Aufschluss geben, in welcher Form die Texte auf die Bühne gelangten.[14]

Drittens finden sich im Korpus Werke, die ihren literaturhistorischen Stellenwert nicht dem unmittelbaren Bühnenerfolg, sondern ihrer *dauerhaften Rezeption in der Öffentlichkeit* verdanken. Dramen wie Schlegels *Canut*, Lessings *Nathan* oder Goethes *Egmont* wurden in den Theatern nur kurz bzw. selten gespielt, aber von Zeitgenossen immer wieder diskutiert und im öffentlichen Diskurs präsent gehalten. Jenseits der Bühne konnten Dramen in der Aufklärungsepoche als Lesedramen Bedeutung erhalten.[15] Viertens wird *die europäische Dimension der Dramenproduktion* in diese Studie einbezogen. Dies gilt für wegweisende Texte des englischen und französischen Aufklärungstheaters. Die Tragödien Voltaires kommen ebenso zur Sprache wie die Schauspiele Diderots oder das bürgerliche Trauerspiel Lillos und Moores. Man kann die deutsche Dramatik des 18. Jahrhunderts ohne den Einfluss der damals führenden Kulturnationen nur ungenügend verstehen.

Selbstverständlich muss das Korpus angesichts der quantitativ beeindruckenden Dramenproduktion des 18. Jahrhunderts[16] unvollständig bleiben. Die Libretti werden ausgespart, da ihr Einfluss auf die literarische Empfindsamkeit bereits in grundlegenden Studien nachgewiesen wurde[17] und der Raum für die notwendige Analyse der Partituren nicht gegeben ist. Bei den

---

11   Vgl. stadttheater.uni-hamburg.de; berlinerklassik.bbaw.de/BK/theater; theaterzettel-weimar.de. Der Nachteil dieser Datenbanken besteht darin, dass sie aufgrund der schwierigen Überlieferungslage erst in den 1770er Jahren bzw. um 1800 einsetzen.

12   Vgl. hierzu Heinz 1991.

13   Vgl. Stone Peters 2000.

14   Über die Bedeutung der Regiebücher für die Theatergeschichte informiert der von mir herausgegebene Sammelband Schneider 2021. Darin finden sich auch Beiträge zu den Soufflier- und Inspektionsbüchern des 18. Jahrhunderts.

15   Daraus folgt jedoch nicht, dass die ausschließliche Fokussierung auf ‚Literaturdramen‘ bzw. kanonisierte Texte für eine literaturwissenschaftliche Untersuchung ausreichend ist, wie Meier 1993, S. 30 oder Beise 2010, S. 22f. behaupten.

16   Sie ist dokumentiert in der von Reinhart Meyer edierten *Bibliographie Dramatica et Dramaticorum*, siehe Meyer 1986–2011.

17   Neben der bereits zitierten Studie von Jahn 2005b ist hier vor allem Krämer 1998 zu nennen.

zahlreichen Werken Ifflands und insbesondere Kotzebues musste anhand der genannten Kriterien eine Auswahl getroffen werden, gleiches gilt für andere produktive Autoren wie Voltaire, Klinger, Schröder oder Brandes. Trotz dieser Einwände erfüllt das Korpus seine wichtigste Funktion: Die Wechselwirkungen herauszuarbeiten zwischen ‚hoher‘ und ‚niederer‘ Literatur, zwischen Bühnenerfolgen und anspruchsvollen Lesedramen, zwischen deutscher, englischer und französischer Dramatik sowie zwischen Werken, die in der ersten und der zweiten Jahrhunderthälfte publiziert wurden. Gezeigt wird, dass die Dramenproduktion der Aufklärung heterogen war, grundlegende politische Probleme wie das Verhältnis von Agonalität und Empfindsamkeit jedoch in einer bemerkenswerten Kontinuität verhandelte.

Methode und Aufbau der Studie

Die Studie ist sozialhistorisch fundiert, zugleich bezieht sie in ihre hermeneutische Analysen ideen-, medien- und kulturgeschichtliche Aspekte ein.[18] Sie folgt der Annahme, dass sich literarische Texte auf gesellschaftliche und diskursive Kontexte beziehen, aber nicht in diesen aufgehen. Sie verfolgt deshalb keine Form der Sozialgeschichte, in der die Literatur, insbesondere die Populärliteratur, sich in einer bestimmten gesellschaftlichen Praxis, etwa der Unterhaltung oder des Eskapismus, erschöpft. Stattdessen begreift sie die Sozial- und Ideengeschichte als Hintergrund, von dem sich das Aufklärungsdrama abhebt. Der Vergleich von historisch verbürgten Praktiken, zeitgenössischen Diskursen und literarischen Texten zielt auf die Identifikation von Differenzen, die Aussagen über den epistemologischen und ästhetischen Eigenwert des Dramas erlauben. Diese Differenzen sind inhaltlicher und formaler Natur. Dramen lassen sich als Mimesis sozialer Interaktionen begreifen, kombinieren diese aber neu und schaffen so fiktionale Gemeinschaften, die nicht der Fall sind. Im Vergleich zu philosophischen und naturwissenschaftlichen Kontexten operieren sie mit spezifischen Darstellungstechniken, die sich von argumentativen Verfahren unterscheiden. Für die Deutung fiktiver politischer Gemeinschaften und ihrer Ästhetik erweisen sich Methoden der Medien- und Kulturwissenschaft als hilfreich. So erlaubt z.B. die Analyse medialer Rahmungen von Dramen

---

18   Das Verhältnis der Literaturwissenschaft zur Sozial-, Ideen- und Kulturgeschichte ist in den letzten dreißig Jahren immer wieder debattiert worden. Einen Überblick geben die Bände von Benz/ Stiening 2022 sowie von Huber/ Lauer 2000. Wie die hier skizzierte Positionierung der Studie sich im Einzelnen begründet, wird in den Kapiteln 1, 2.1, 4.1 und 5.1 ausführlich dargestellt.

nicht nur Aussagen über ihre sozialgeschichtlichen Kontexte, sondern auch über ihre textinternen, metaleptischen Appellstrukturen. Fragestellungen der Kulturwissenschaft wiederum, etwa die nach der Geschlechterdifferenz, sind für die Analyse politischer Gemeinschaftsdarstellungen essentiell.

Die Arbeit gliedert sich in drei Teile. Der erste umfasst das erste bis dritte Kapitel und widmet sich den methodischen, sozialhistorischen und diskursiven Grundlagen des Spannungsfeldes von Agonalität und Empfindsamkeit. Der zweite Teil ist das Herzstück der Studie: Er untersucht, wie die Intensivierung von Agonalität und Empfindsamkeit zu neuen Formtendenzen des Trauerspiels führt bzw. mit dem ‚Schauspiel' eine neue Gattung hervorbringt. Die drei letzten Kapitel, die den dritten Teil bilden, analysieren dann vor dem Hintergrund der in den vorigen Kapiteln gewonnenen Erkenntnisse an beispielhaften Dramen drei Themenbereiche des Politischen. Jedes Kapitel reflektiert zu Beginn den Forschungsstand der jeweiligen Fragestellung, so dass in dieser Einführung darauf verzichtet werden kann.

Zu den Kapiteln im Einzelnen: Das erste legt die methodische Grundlage der Studie und ist für das Verständnis der folgenden Kapitel unentbehrlich. Es definiert anhand der ‚postfundamentalen' Philosophie Claude Leforts und Chantal Mouffes sowie derjenigen Hannah Arendts das Politische als Wechselspiel von agonalem Wettstreit und antagonalem Widerspruch. In einem weiteren Schritt zeigt es, in welchen Denk- und Handlungsweisen Agonalität und Antagonalität in den Gesellschaften der Aufklärung ihren Ausdruck gefunden haben: in Stand, Ehre, Krieg und Revolution. Schließlich richtet es den Blick auf das Theater des 18. Jahrhunderts als Raum agonaler Öffentlichkeit. Das zweite Kapitel widmet sich dann der Empfindsamkeit, indem es ihre literaturhistorische Einordnung reflektiert und anhand der Elemente der Affektbalance, der Aufrichtigkeit, der Menschenliebe und der Tatkraft eine Matrix der Tugendempfindsamkeit entwirft, die sich für die Analyse der empfindsamen Disposition des Aufklärungsdramas als grundlegend erweisen wird. Die Darstellung des Wechselspiels von Agonalität und Empfindsamkeit rundet dann das dritte Kapitel ab, indem es am Beispiel des Naturrechtsdiskurses zeigt, wie in der Aufklärung beide Elemente immer schon zusammengedacht wurden. Zur Sprache kommen dabei die Abhandlungen der schottischen und der deutschen Moralphilosophie, das Konzept des ‚Moral Sense' ebenso wie die Agonalitätstheorie Kants und Schillers. Vorgestellt werden außerdem verschiedene Konzepte der Einhegung von Parteienstreit sowie die progressiven Naturrechtsentwürfe der letzten Jahrzehnte des 18. Jahrhunderts.

Das vierte Kapitel eröffnet die literaturwissenschaftlichen Untersuchungen. Es beschreibt das Trauerspiel der Aufklärung als eine Gattung, die mit der eskalativen Intensivierung von Agonalität experimentiert. Im Anschluss an systematische Überlegungen zur ‚Agonalität des Dramas' richtet es seinen Blick auf Schlegels *Canut*. In ihm spielt die Negativfigur des Ulfo eine zentrale Rolle. Indem er seinen Ehrgeiz auf den Thron des empfindsamen Königs Canut richtet, macht Ulfo einen Gegensatz von agonalen und empfindsamen Interaktionsmustern sichtbar – ein Gegensatz, der sich im Sturm und Drang radikalisiert. Die Intensivierung von Agonalität bei gleichzeitiger Bekämpfung empfindsamer Herrschaftstechniken, die Goethes *Götz von Berlichingen* vornimmt, war für zahlreiche Dramen des Sturm und Drang vorbildlich. Das Kapitel zeigt aber auch, wie sich in den 1780er Jahren die Lage wandelt. Trauerspiele wie Klingers *Stilpo* und Schillers *Räuber* beginnen, mit der Figur des empfindsamen Kämpfers zu experimentieren. Was geschieht, wenn sich Menschen entschließen, aufgrund tugendempfindsamer Moralvorstellungen gegen Tyrannen oder die Gesellschaft als solche zur Waffe zu greifen? Der Schluss des Kapitels belegt dann am Beispiel verschiedener Dramen, welche konkreten formalen Folgen die Intensivierung von Agonalität besonders im Hinblick auf die Sequenzierung von Auftritten hatte.

Was das vierte Kapitel für das Trauerspiel leistet, leistet für das ‚Schauspiel' das fünfte. Es geht zunächst der Frage nach, in welchem Sinn man von einem Drama der Empfindsamkeit sprechen und inwiefern es sich bei diesem um ein politisches Drama handeln kann. Daraufhin werden die ästhetischen Theorien vorgestellt, die die Diskussion um die empfindsame Dimension des Dramas bestimmten. Der nächste Schritt zielt auf das Phänomen der Gattungsmischung und erläutert ausführlich, ob es sich bei dem ‚Schauspiel', das als Bezeichnung zahlreichen Dramentiteln der Zeit eingeschrieben ist, um eine eigene Gattung handelt. Es folgt die Analyse empfindsamer Schauspiele von den 1740er Jahren bis zum Ende des Jahrhunderts, wobei mit Prävention, Intervention und Kooperation drei für die Gattung wesentliche Handlungsmodelle destilliert werden. Auch in diesem Fall wird sich zeigen, dass gegen Ende des Jahrhunderts die Vermischung der Gattungen mit einer Vermischung von empfindsamen und agonalen Interaktionsmustern einhergeht. Wieder ist es Schiller, der in dem zwischen Geschichts- und Familiendrama changierenden *Don Karlos* die Paradoxien der kämpferischen Intervention einer empfindsamen Gruppe zur Darstellung bringt. Das Parallelunternehmen hierzu bildet Kotzebues Schauspiel *Graf Benjowsky*. Es zeigt, dass Kotzebue von denselben politischen Prämissen wie Schiller ausgeht, aber aufgrund einer anderen Behandlung der dramatischen Form ein optimistischeres Bild des empfindsamen Kampfes zeichnet.

Die drei letzten Kapitel verstehen sich als Fallanalysen, da sie das Politische der Aufklärung von verschiedenen Seiten beleuchten. Ein Schlaglicht auf ein bislang unerforschtes Phänomen des Aufklärungsdramas wirft das sechste

Kapitel: die auffällige Häufung von Gefängnisszenen. An den Beispielen von Lillos *The London Merchant*, Diderots *Le Père de famille* sowie Goethes und Schillers Geschichtsdramen nimmt es die unterschiedlichen Funktionen in den Blick, die dem Gefängnis im Spannungsfeld der politischen Empfindsamkeit zukommen. Das folgende Kapitel widmet sich demgegenüber mit der Darstellung weiblicher Empfindsamkeit einem in der Forschung der letzten Jahrzehnte prominenten Thema. Es arbeitet in Analysen von Dramen Gellerts, Schlegels, Goethes und Kotzebues heraus, dass Frauenfiguren in den Dramen der Aufklärung häufig eine zwischen den Parteien vermittelnde Position einnehmen. Sie müssen einerseits intervenieren, um die Eskalation männlich-agonaler Konflikte zu verhindern, andererseits überparteilich bleiben und, oft gegen ihren Willen, dem Kampf fernbleiben. Das Schlusskapitel nähert sich dann wieder der Sphäre des Theaters, indem es sein Augenmerk auf die Darstellung von Öffentlichkeit legt. Thema ist der Einfluss der öffentlichen Meinung auf die Ehrvorstellungen von Familien im bürgerlichen Trauerspiel, der Versuch der Herrschenden, die öffentliche Meinung zu manipulieren, – was am Beispiel von Gottscheds *Parisische Bluthochzeit* gezeigt wird –, sowie die Theatertechnik des empfindsamen Schlusstableaus, das die Konflikte der agonalen Öffentlichkeit zu harmonisieren bestrebt ist.

TEIL I

Kontexte

KAPITEL 1

Agonalität.
Konstitution und Struktur politischer
Gemeinschaften

In einem der großen Erfolgsstücke des 18. Jahrhunderts, Joseph Marius von Babos *Otto von Wittelsbach* (1782), findet sich eine Szene, welche die methodische Herausforderung der vorliegenden Studie zu illustrieren vermag. Im Zentrum des Ritterschauspiels steht der Konflikt zwischen zwei Männern: dem Pfalzgrafen Otto und Kaiser Philipp. Letzterer sollte seinem treuen Alliierten Otto seine Tochter zur Frau geben, bricht aber aus machtpolitischem Kalkül sein Versprechen. Der in seiner Ehre gekränkte Otto stellt daraufhin den Kaiser im dritten Akt zur Rede. Er sucht ihn während eines Ritterturniers in Bamberg in seinem Gemach auf, wo der Kaiser gerade mit dem Truchseß eine Partie Schach spielt:

> PHILIPP. Truchseß! wir wollen fortspielen. (*setzen sich zum Schachbrett.*) Mit mir steht's gut. Sieh' zu, Truchseß!
> TRUCHS. Der Zug macht mir Luft. – So!
> PHILIPP. Ey! du Schalk! – Was sagt man von dem scherzhaften Einfall des Pfalzgrafen und von ihm selbst?
> TRUCHS. Allerley.
> PHILIPP. Unter anderm?
> TRUCHS. Daß er mit eurer Majestät ganz zerfallen sey.
> PHILIPP. Und die Ursache?
> TRUCHS. Weiß man nicht. Seht, gnädigster Herr, wie's steht!
> PHILIPP. Was! Mit fünf Zügen so weit über mir? – Wer lärmt denn so im Vorzimmer?
> TRUCHS. (*sieht durch die Thür. Otto geht nach ihm herein.*) Der Pfalzgraf spielt mit den Hellebarden der Leibwächter.
> OTTO. Meynt ihr etwa, die Hellebarden sollten mit meinem Eingeweide spielen?
> PHILIPP. Nur zu, Truchseß, nur zu! (*zieht verwirrt.*)
> TRUCHS. Nun hab ich gewonnen Spiel. Euer lezter Zug –
> OTTO. (*steht am Tische.*) Ja, ja! der Truchseß zieht seinen König daher, und der Kaiser ist schach und matt. (*er thut den Zug und wirft die Steine untereinander.*)
> PHILIPP. Was soll das?
> OTTO. Ihr seyd schach und matt!
> PHILIPP. Nein! es war noch zu helfen.
> OTTO. Unmöglich! ihr hättet denn den Truchseß mit dem Spielbrett müssen zum Fenster hinauswerfen, da hättet ihr noch recht kaiserlich gewonnen.

© BRILL FINK, 2023 | DOI:10.30965/9783846767634_002

PHILIPP. Kindisch! Herr Pfalzgraf!
OTTO. Ihr seyd schachmatt an Leib und Seel![1]

Die Szene schildert zwei Formen der Konfliktaustragung, genauer noch: den Umschlag der einen in die andere. Verläuft das Schachspiel zunächst spannungsgeladen, aber gewaltfrei, ist Ottos impulsives Durcheinanderwerfen der Steine noch vor Ende des Spiels die physische Durchbrechung dessen symbolischer Ordnung – ein Eingriff, der nicht ohne Folgen bleibt. Das Wortgefecht zwischen Pfalzgraf und Kaiser wird immer hitziger, bis es schließlich eskaliert:

PHILIPP. Schweig, Rasender! [...] Das lezte Wort meiner Huld zu dir, ist: Fliehe!
nun nimm es mit meinem Zorn auf, Ausgearteter deines Stammes!
(*geht mit dem Truchseß in ein Nebengemach.*)
OTTO. (*schlägt sich wüthend auf die Brust.*) Herzog Philipp! – Was wollen die Hunde mit ihrem Gebell?
(*er fährt mit dem Schwert um sich, und stürzt in die Nebenthür.*)
HEINRICH VON ANDECHS. (*kommt aus dem Vorzimmer.*) Bruder! Wo ist er? Ich hörte ihn gewaltig schreyen! (*geht an die Nebenthür.*) Großer Gott! Mordgeschrey! (*Otto kömmt blaß, zitternd, sinnlos.*) Bruder! Bruder!
OTTO. Kaiser – – mörder – – (*zeigt sein blutiges Schwert.*)
HEINR. v. A. O! fort! fort! fort! (*reißt ihn mit sich.*)
TRUCHS. (*innerhalb.*) Hülf! Hülf! Mord! [...]
(*Das Zetergeschrey nimmt zu. Alle drängen sich in das Nebengemach.*)[2]

Das Umstoßen der Schachfiguren, mit dem Otto seinem Rivalen das Ende der diplomatischen Verhandlungen ankündigt, führt zum Kaisermord und damit zur Zerstörung des symbolischen Körpers des Staates.

Damit ist eine Differenz benannt, die das theoretische Fundament dieser Studie bildet: Der agonale, regelgeleitete Wettstreit schlägt um in einen antagonalen Konflikt, der Gewalt produziert und die symbolische Ordnung der Gemeinschaft außer Kraft setzt. Beide Begriffe stammen aus dem Griechischen: *Agon* bezeichnet ursprünglich den sportlichen und musischen Wettkampf, der für die griechische Kultur typisch war. *Antagonismus* meint wörtlich den ‚Widerstreit‘ zwischen Gegnern, wird aber in der postfundamentalen Philosophie des 20. Jahrhunderts als ein unauflöslicher politischer Gegensatz verstanden.

Diese Differenz soll im Folgenden präziser beschrieben werden. Was zeichnet das ‚Politische‘ aus, in welcher Weise findet es in dieser Studie Verwendung? Wie unterscheidet sich das Konzept der Antagonalität von dem der Agonalität und warum rücken sie ins methodische Zentrum? Welches heuristische

---

1   Babo 1782, S. 141–143.
2   Ebd., S. 146–148.

Potential bieten sie für die Analyse der politischen Verhältnisse des 18. Jahrhunderts? Die Antworten seien vorab skizziert: Politische Gemeinschaften sind symbolisch geordnet, konstituieren sich aber in Ereignissen, die nicht in dieser symbolischen Ordnung aufgehen. Dieses Moment der Konstitution ist antagonal, es aktualisiert einen fundamentalen und unversöhnlichen Gegensatz. Er durchwirkt in symbolisch gebändigter Form, der Agonalität, noch die Ordnung des Sozialen. Das wesentliche Merkmal politischer Gemeinschaften ist eben dieses prekäre Wechselspiel von Antagonalität und Agonalität. Symbolische Ordnungen dienen dazu, den Antagonismus agonal einzuhegen. Da sie ihn jedoch nicht aufheben können, bleiben sie von ihm bedroht. Die konkreten politischen Strukturen und Konflikte, die sich aus diesem Wechselspiel ergeben, sind historisch variabel. Im 18. Jahrhundert sind es die agonalen Auseinandersetzungen um Stand, Rang und Ehre, die die Gesellschaften prägen, während zugleich ihre Neukonstitution aus den Prämissen des fortschrittlichen Naturrechts im Raum steht.

Die folgenden Überlegungen werden dieser modellhaften Skizze des Politischen Kontur verleihen, um die mit dem vierten Kapitel einsetzende Dramenanalyse methodisch vorzubereiten. Der erste Abschnitt stellt die wichtigsten Theorien der Agonalität vor, er spannt einen Bogen von Aristoteles über Hannah Arendt bis zur postfundamentalen Philosophie Claude Leforts und Chantal Mouffes. Der zweite widmet sich mit Blick auf die in den Dramen verhandelten Konflikte den historischen Formen von Agonalität in der Gesellschaft der Aufklärung. Der dritte legt den Schwerpunkt auf die agonale Struktur der Theateröffentlichkeit, in deren Spannungsfeld die zu besprechenden Dramen entstehen.

1.1 Antagonalität und Agonalität als Kategorien des Politischen. Von Aristoteles bis Chantal Mouffe

Im 20. Jahrhundert war es das Anliegen vieler Philosophinnen und Philosophen, einen starken und eigenständigen Begriff des ‚Politischen‘ zu entwickeln, der sich von „der Politik" unterscheidet. Das Politische werde, so ihre Befürchtung, in der Moderne durch das Soziale, Ökonomische oder Technische verdrängt oder gar eliminiert. Wenn Politik nur noch als ein Handlungsfeld unter vielen begriffen werde, drohe das konstitutive Moment des Politischen verloren zu gehen. Zu nennen sind hier als Vorläufer Carl Schmitt und Hannah Arendt, vor allem jedoch die Vertreter der linken Heideggerrezeption in Frankreich: Jean-Luc Nancy, Claude Lefort, Cornelius Castoriadis, Alain Badiou, Jacques Rancière, sowie außerhalb Frankreichs Ernesto Laclau, Chantal Mouffe, Roberto Esposito und Giorgio Agamben.

Oliver Marchart kommt das Verdienst zu, die Philosophie dieser Differenz-setzung zwischen dem Politischen und der Politik historisch verortet und sys-tematisiert zu haben.[3] Er zeigt, dass in ihr das Politische als spezifisches und autonomes Element verstanden wird, das der Politik vorausgeht, sie konsti-tuiert.[4] Politik bezeichne in diesem Sinne „bestimmte Formen des Handelns, ein bestimmtes soziales Teilsystem", das Politische dagegen „eine Dimension, die dem Zugriff sozialer und politischer (systemischer) Domestizierung ent-kommt". Das eine lässt sich vom anderen nicht trennen, das Spiel zwischen beiden ist „unabstellbar".[5] Damit ist das Denken der politischen Differenz abgegrenzt von einem kulturgeschichtlichen Ansatz, der auf eine systemati-sche Unterscheidung von der Politik und dem Politischen verzichtet. Einen solchen vertritt Barbara Stollberg-Rilinger, wenn sie schreibt, beide Begriffe bezeichneten einen „Handlungsraum, in dem es um die Herstellung und Durchführung kollektiv verbindlicher Entscheidungen geht."[6] Mit einer sol-chen Definition mochten sich insbesondere jene Denker nicht begnügen, die die Heideggerrezeption in Frankreich bestimmten. Sie orientierten sich an Heideggers „ontologischer Differenz"; dementsprechend koppelten sie die Politik – verstanden als gesellschaftlich abgezirkelten Entscheidungsraum – an das Ontische, das Politische dagegen an das Ontologische und damit an jene Dimension, die das Ontische/ die Politik begründet.[7]

Hier tritt nun eine chiastisch-paradoxe Denkfigur auf den Plan, die für die Ontologie Heideggers zentral ist. Es gibt keinen festen, unveränderlichen Grund, man ist immer auf die fundamentale Differenz von Seiendem und Sein verwiesen. Das „Seyn", wie Heidegger diese Differenz bezeichnet, ist „*Ab*-grund" und „Ab-*grund*" zugleich. Es ist als abwesender Grund anwesend, gründet durch Entgründung.[8] Wie lässt sich das verstehen? Heideggers Onto-logie bot den genannten Denkern nach dem Zweiten Weltkrieg die Möglich-keit, eine ‚postfundamentale' politische Philosophie zu entwickeln. Diese geht davon aus, dass politische Gemeinschaften eines Grundes bedürfen, um exis-tieren zu können, aber dieser Grund ist nicht gegeben und von Dauer, sondern kontingent, prekär und temporär.[9] Gemeinschaften konstituieren sich immer wieder von neuem, da sich das Politische als „gründendes Supplement aller

---

3 Marchart 2011. Vgl. zum Begriff des Politischen in aktuellen philosophischen Debatten auch Böckelmann/ Morgenroth 2008; Flügel et al. 2004.
4 Marchart 2011, S. 32–58.
5 Ebd., S. 27.
6 Stollberg-Rilinger 2005, S. 13f.
7 Marchart 2011, S. 67–74.
8 Ebd., S. 69–71.
9 Ebd., S. 59–61.

sozialen Relationen"[10] einer endgültigen Einordnung in das Feld der Politik verweigert. Das Politische wird zum Ereignis, das einen radikalen „Bruch mit Vorstellungen regelbetrieblicher Politik"[11] vollzieht.

Diesem Wechselspiel zwischen der Politik und dem Politischen sind immer schon Streit, Teilung und Trennung eingeschrieben. Gesellschaft ist ohne Antagonismus nicht zu haben. Sie hat keinen letzten Grund, kann aber ohne Grund nicht auskommen und benötigt deshalb „ein vorübergehendes Moment der Institution", das wiederum Entscheidungen erfordert. Und eben diese Entscheidungen werden „nie im solitären Vakuum völliger Grundlosigkeit getroffen", sondern sind „mit konkurrierenden Kräften" konfrontiert.[12] Claude Lefort, Ernesto Laclau und Chantal Mouffe stellen dieses konstitutive Moment des Antagonismus ins Zentrum ihrer Theorie des Politischen. Sie stehen damit nicht allein. Bereits René Girard hat den Konnex von Mimesis, Gewalt und Rivalität am Ursprung der Kultur verortet,[13] jedoch ist seine Perspektive eine anthropologische. Claude Lefort dagegen, dessen Philosophie des Antagonismus nun als erste vorgestellt werden soll, geht es um eine transzendentale Dimension.[14] Gesellschaft gründet sich auf einer „ursprünglichen Teilung", die zwar empirisch in Erscheinung tritt, aber nicht aus dem Empirischen abgeleitet werden kann.[15] Diese Teilung ist eine doppelte. Zum einen erzeugt die Gesellschaft ein Außen, das nicht in ihr aufgeht, aber notwendigerweise auf sie bezogen bleibt. Lefort definiert es als die Instanz der Macht. Ihre Rolle ist es, das Soziale durch Bezeichnung und Repräsentation zu instituieren, durch symbolische Ordnung einen kohärenten Raum zu schaffen, auf den die Akteure sich beziehen können. Macht versucht deshalb immer auch, die ursprüngliche Teilung der Gesellschaft zu verbergen. Dies kann ihr nie ganz gelingen, weil die zweite Teilung im Innern der Gesellschaft stattfindet. Die Konflikte zwischen divergierenden Interessen und unterschiedlichen Klassen sind nicht aufzulösen, paradoxerweise bieten sie aber den Individuen und Gruppen die Möglichkeit, durch Abgrenzung ihre Stellung im sozialen Raum zu finden. Besondere Aufmerksamkeit widmet Lefort nun der empirischen Konfiguration dieser doppelten Teilung infolge der Französischen Revolution. Sie habe das System der beiden Körper des Königs[16] eliminiert und müsse nun

---

10   Ebd., S. 29.

11   Ebd., S. 54.

12   Ebd., S. 21f.

13   Girard 1972.

14   Die folgende Darstellung beruht auf Lefort 1990; Lefort/ Gauchet 1990; Marchart 2011, S. 118–151.

15   Lefort/ Gauchet 1990, S. 94–96.

16   Kantorowicz 1994.

die Leere der Macht organisieren. Der Antagonismus tritt in den Institutionen der modernen Demokratie deutlicher hervor als zuvor, auch weil immer mehr Gruppen die Idee der Menschenrechte[17] für sich in Anspruch nehmen und im sozialen Kampf erringen wollen.

Im Anschluss an Claude Lefort macht sich Chantal Mouffe für eine antagonistische Konzeption des Politischen stark. Die theoretische Grundlage bildet die zusammen mit Ernesto Laclau verfasste Studie *Hegemonie und radikale Demokratie*, die erstmals 1985 erschien und an Antonio Gramscis Konzept der Hegemonie als politischer Vorherrschaft einer sozialen Gruppe anknüpfte.[18] In den folgenden Jahrzehnten hat Mouffe die titelgebende Idee der radikalen Demokratie weiterentwickelt. In ihren Texten tritt sie „der illusorischen Erwartung eines vollkommen einheitlichen und gleichartigen kollektiven Willens" entschieden entgegen und betont stattdessen den „plurale[n] und mannigfaltige[n] Charakter der zeitgenössischen sozialen Kämpfe".[19] Im Sinne der postfundamentalen Philosophie kann die Gesellschaft nicht „als fundierende Totalität ihrer Teilprozesse"[20] fungieren, das „Fehlen eines letzten Urgrundes" verhindert „die vollständige Totalisierung der Gesellschaft".[21] Auch die Unterscheidung der Politik und des Politischen folgt den Prämissen des Postfundamentalismus. Politik bezeichnet „das Ensemble von Praktiken, Diskursen und Institutionen, das eine bestimmte Ordnung" zu etablieren versucht und dabei immer wieder von der Dimension des Politischen, verstanden als unauflösbarer „Antagonismus", eingeholt wird.[22] In *Hegemonie und radikale Demokratie* beschreiben Mouffe und Laclau die Praktiken der Politik genauer und verwenden dafür den Begriff der „Artikulation". Diese etabliert Beziehungen zwischen den sozialen Akteuren, ohne sie auf eine Identität festzulegen. „Diskurs" bezeichnet auf einer zweiten Stufe die „aus der artikulatorischen Praxis hervorgehende strukturierte Totalität".[23] Entscheidend ist, dass Artikulationen und Diskurse die Kontingenz sozialer Handlungen nicht aufheben. Jede Etablierung einer symbolischen Ordnung impliziert die Möglichkeit, diese Ordnung wieder zu ändern.

---

17   Lefort [1981] 1994, S. 43–83.
18   Laclau/ Mouffe [1985] 2015. Vgl. hierzu Marchart 2011, S. 185–220; Hetzel 2017.
19   Laclau/ Mouffe [1985] 2015, S. 32.
20   Ebd., S. 128.
21   Mouffe 2014, S. 21.
22   Ebd., S. 22f.
23   Laclau/ Mouffe [1985] 2015, S. 139. In derselben Passage weisen die Autoren auf die Parallelen zwischen ihrem Begriff des Diskurses und demjenigen Foucaults hin. Vgl. hierzu Marchart 2011, S. 215.

Die Artikulation des Antagonismus im Sozialen ist für Mouffe eine affektive, leidenschaftliche Angelegenheit, die jederzeit in Gewalt umschlagen kann. Durch Verhandlung oder rationale Kommunikation ist ihr nicht beizukommen.[24] Wie bei Lefort wird der Antagonismus nicht als empirisches Phänomen verstanden, etwa als Konflikt zwischen zwei sozialen Gruppen. Zwar kann er, in der Dimension des Ontischen, diese Form annehmen, in ontologischer Hinsicht ist er mehr als das: die Erzeugung eines Außen, die Spaltung in ‚Wir' und ‚Sie'. Der Antagonismus konstituiert die Gesellschaft durch hegemoniale Exklusion.[25] Die entsprechenden hegemonialen Praktiken, d.h. das Streben einer Gruppe nach Vorherrschaft, schaffen Ordnung in einem kontingenten sozialen Handlungsraum, sie besitzen aber keinen Wahrheitsgehalt.[26] Jede hegemoniale Ordnung kann durch gegenhegemoniale Praktiken infrage gestellt werden.[27]

Spätestens an dieser Stelle wird deutlich, dass Mouffes Konzept des Antagonismus von Carl Schmitts *Der Begriff des Politischen* beeinflusst ist. Seiner Kritik des Liberalismus stimmt sie insofern zu, als dieser das konstitutive Außen, die notwendige Grenzziehung zwischen ‚Wir' und ‚Sie' nicht konzeptualisieren könne.[28] Dennoch führe das von Schmitt gestellt Dilemma – entweder Einheit des Volkes oder Pluralismus – in die Irre. Es sei möglich, die Spannung zwischen der auf Exklusion basierenden Volkssouveränität und der liberalen Idee der universalen Menschenrechte innerhalb der modernen Demokratie auszuhalten, indem man sie immer wieder aufs Neue ins Gleichgewicht bringt.[29] Mouffe will das liberale Element der Demokratie bewahren ohne die Idee einer hegemonial konstruierten Herrschaft des „Demos" aufzugeben. Dies könne aber nur gelingen, wenn man, anders als Schmitt, das Volk nicht als gegebene und homogene Einheit, sondern als prekäre und ephemere Konstruktion begreife.[30]

Hier kommt die Agonalität ins Spiel. Es zeichnet die Position von Mouffes Philosophie innerhalb des Postfundamentalismus aus, dass sie den Agon, also

---

24   Mouffe 2014, S. 125.
25   Ebd., S. 25f. Zum „konstitutiven Außen" bei Laclau und Mouffe vgl. Marchart 2011, S. 205.
26   Dies ist der wesentliche Unterschied zur postfundamentalen Philosophie Alain Badious.
27   Mouffe 2014, S. 115–122.
28   Mouffe 2008, S. 55f.
29   Ebd., S. 56f.
30   Ebd., S. 65f. Vgl. demgegenüber die homogenisierenden Gemeinschaftsdarstellungen bei Schmitt [1932] 1996, aber auch bei Tönnies 1887. In neueren literatur- und sozialwissenschaftlichen Forschungen zum Gemeinschaftsbegriff ist es inzwischen geläufig, Gemeinschaften als instabile, konstruierte Phänomene zu begreifen, vgl. Gertenbach et al. 2010, S. 48; Neuner et al. 2011, S. 15.

den Wettstreit bzw. Wettkampf, ins Zentrum ihrer Demokratietheorie rückt.[31] Hier schließt sie wiederum an Lefort an, der die „symbolische Auflösung" des Antagonismus in den demokratischen Institutionen hervorgehoben hat.[32] Mouffes „agonistischer Pluralismus"[33] ist ein Balanceakt: Einerseits soll der antagonistische Impuls des Politischen beibehalten und dadurch jede Form harmonisierender Gesellschaftsordnung unmöglich werden, andererseits soll seine destruktive Wirkung eingehegt werden.[34] Agonalität ist die ontische Beruhigung des ontologischen Widerspruchs. „Wenn keine institutionellen Kanäle existieren, über die Antagonismen einen agonistischen Ausdruck finden können, ist es sehr wahrscheinlich, dass sie sich in Gewalt entladen."[35] In der ‚radikalen Demokratie', wie Mouffe sie sich vorstellt, gibt es keinen überwölbenden Diskurs der ‚Mitte' oder des ‚dritten Weges', der die fundamentalen Gegensätze der politischen Lager und Interessengruppen verschleiert. Die agonale Struktur der Institutionen schärft den Kontrast, macht divergierende Haltungen sichtbar und garantiert zugleich, dass aus dem ‚Feind' der ‚Kontrahent' wird. Auch wenn jede Gruppe nach Hegemonie strebt, gesteht sie den anderen Gruppen ihre Haltungen und ihr Machtstreben zu. Alle akzeptieren die Regeln des demokratischen Wettbewerbs.

Selbstverständlich ist Chantal Mouffe nicht die erste, die das Phänomen der Agonalität philosophisch reflektiert. Der Versuch, politische Gemeinschaften als Wettstreit zu denken, kennt eine lange Geschichte.[36] Sie reicht zurück bis in die griechische Antike, bis in die Anfänge der europäischen Literatur. Hesiod unterscheidet zu Beginn von *Werke und Tage* die schlechte von der guten „Eris".[37] Die eine Art des Streits ist zerstörerisch und droht in Gewalt und Krieg zu münden. Die andere ist positiv; sie fördert den Wohlstand, weil sie die Menschen zur Tätigkeit treibt. Der Eifrige ist Vorbild und animiert die Untätigen zu Nachahmung und Wetteifer. Unschwer erkennt man die Ähnlichkeit mit der Unterscheidung von Antagonalität und Agonalität,[38] allerdings geht es in *Werke und Tage* um eine anthropologische Einteilung menschlicher Handlungen. Die Idee der Griechen, den Agon als Eigenschaft des Menschen und

---

31   Vgl. hierzu die Beiträge in Flügel et al. 2004, S. 149–253.

32   Lefort/ Gauchet 1990, S. 112.

33   Mouffe 2014, S. 11.

34   Ebd., S. 27–42.

35   Ebd., S. 180.

36   Der in diesem Abschnitt gegebene Überblick von Hesiod bis Nietzsche folgt Nullmeier 2000, S. 148–159. Die Vielfalt aktueller agonistischer Positionen wird deutlich bei Schaap 2016.

37   Hesiod 2012, S. 82–85.

38   Noch aktuelle Konflikttheorien nehmen ihren Ausgangspunkt in der Unterscheidung Hesiods. Vgl. etwa Assmann/ Assmann 1990, S. 11f.

Kultur als Wettkampf und Wettbewerb zu verstehen, veranlasste Jacob Burkhardt, im vierten Teil seiner *Griechischen Culturgeschichte* von einer „agonalen"
Epoche zu sprechen, die mit dem Beginn der attischen Demokratie im sechsten Jahrhundert v. Chr. an ihr Ende gelangt sei.[39] Burckhardts einflussreiche
Darstellung hat die agonale Kultur der griechischen Aristokratie vor Augen,
die große Individuen hervorgebracht habe und durch die demokratische Herstellung von Ausgleich und Mittelmaß verloren gegangen sei. Sein Basler Kol-
lege Friedrich Nietzsche vertrat bekanntlich ähnliche Positionen.[40]

In der politischen Kultur des antiken Griechenlands treten aber auch
Aspekte des Agon zutage, die Burckhardt und Nietzsche entgangen sind. Dies
zeigt die *Politik* des Aristoteles, die aus dem konstitutiven Pluralismus der Polis
einen impliziten Begriff von Agonalität gewinnt. In scharfem Kontrast zum
Einheitsdenken Platons begreift Aristoteles die Gemeinschaft (*koinonia*) als
heterogene Vielfalt.[41] Sie ist verbunden durch ein Streben nach gemeinsamen
Gütern, von grundlegenden wie Nahrung und Territorium bis hin zu hohen
wie Gerechtigkeit und dem guten Leben.[42] Diese Güter müssen geteilt werden und eben das ist das Problem: Die sozialen Akteure unterscheiden sich
nach Funktion und Selbstverständnis, die gesellschaftliche Teilhabe ist unterschiedlicher Art und ungleich verteilt. Das Gemeinsame ist immer auch das
Trennende.[43] Bauern, Handwerker, Soldaten, Kaufleute, Priester und Richter
streben nicht nach den gleichen Gütern, die Interessen von einfachen Bürgern,
Wohlhabenden und Adligen divergieren. Das Telos des guten Lebens kann die
Konflikte innerhalb der Polis nicht verdecken. Weil es verschiedene Gruppen
gibt, gibt es konkurrierende Staatsverfassungen, in denen die Ämter zwischen
den Gruppen unterschiedlich aufgeteilt werden.[44] Die Entscheidung für eine
Verfassung bzw. für eine Kombination von Verfassungen führt zur Vorherrschaft einer Gruppe und macht den Ausgleich mit anderen Gruppen bei der
Verteilung der Ämter und des Reichtums notwendig.[45] Die Polis ist ein agonal
strukturierter Raum, der in Balance gehalten werden muss.

---

39   Burckhardt 2012, S. 74–318.
40   Vgl. hierzu Ottmann 1999, S. 48–51.
41   Aristoteles Pol. II 1–2, 1260b25–1261b15. Vgl. zum Begriff der *koinonia* bei Aristoteles
      und ihrer agonalen Struktur Yack 1993, S. 27–33. Auch Loraux 1994, S. 33–41 entwickelt,
      unabhängig von der Philosophie des Aristoteles, ein Bild der Polis, in dem der Konflikt die
      paradoxale Mitte der Gemeinschaft bildet.
42   Aristoteles Pol. III 9, 1280b30–34.
43   Aristoteles Pol. VII 8, 1328a20–1328b25.
44   Aristoteles Pol. IV 3–4, 1290a25–1291a39.
45   Aristoteles Pol. III 12–13, 1283a3–1283b27.

Es ist das Verdienst Hannah Arendts, aus dem aristotelischen Verständnis der griechischen Polis einen modernen Begriff des Politischen entwickelt zu haben. Das Politische ist ein Handeln, das sie in *Vita activa* von den Tätigkeiten des Herstellens und Arbeitens abgrenzt. Diese sind für sie „unpolitisch" bzw. „antipolitisch"[46] – abermals macht sich wieder der Versuch bemerkbar, das Politische vor dem Einfluss der Moderne, in Gestalt von Ökonomie, Technik und industriellen Produktionsprozessen, zu schützen. Arendt sieht in der platonischen Verknüpfung von Herstellen und Politik die Gefahr, Handeln durch eine auf exklusives Wissen gründende Herrschaft zu ersetzen.[47] Dem setzt sie die konstitutive Pluralität der Gemeinschaft, das „inter homines esse" entgegen.[48] Es geht ihr um das öffentliche Miteinander-Handeln, das keinem außer ihm liegenden Zweck dient, sondern in sich wertvoll ist. Erst wenn sich der Mensch im Handeln auf ein Gegenüber bezieht, offenbart er sich, zeigt er sich so, wie er ist.[49] Arendt beschreibt die Dimension des Politischen als einen „Zwischenraum", ein soziales, aus Handeln und Sprechen konstituiertes Bezugssystem, das dem Menschen immer schon vorausgeht und in dem der Einzelne seine Interessen artikuliert.[50] „Diese Interessen sind im ursprünglichen Wortsinne das, was ‚inter-est', was dazwischen liegt und die Bezüge herstellt, die Menschen miteinander verbinden und zugleich voneinander scheiden."[51]

An diesem Punkt öffnet sich nun die Möglichkeit einer agonalen Deutung der politischen Gemeinschaft. In *Vita activa* heißt es:

> Es ist keine Frage, daß das Urbild des Handelns, wie es der griechischen Antike vorschwebte, von dem Phänomen der Selbstenthüllung bestimmt war, aus dem sich auch der sogenannte agonale Geist erklärt, dies leidenschaftliche Sich-an-Anderen-Messen, das seinerseits wiederum dem Begriff des Politischen in den Stadt-Staaten seinen eigentlichen Gehalt gab.[52]

Arendt denkt hier an einen rhetorischen Wettstreit innerhalb einer pluralen Öffentlichkeit, der an die Regeln der Polis gebunden bleibt. Dennoch ist umstritten, welche Stellung dem Agon im Spannungsfeld von Rivalität und

---

46   Arendt 2007, S. 270.
47   Ebd., S. 278–293.
48   Ebd., S. 17.
49   Ebd., S. 219.
50   Ebd., S. 224–226.
51   Ebd., S. 224.
52   Ebd., S. 243.

Übereinkunft in Arendts Demokratietheorie zukommt.[53] Interpretinnen wie Seyla Benhabib unterscheiden bei Arendt das „agonale" von einem „narrativen" Handlungsmodell.[54] Das erste schreibe sich von Burckhardt und Nietzsche her, ziele auf die Offenbarung des Individuums, das im öffentlichen Raum durch heroische Taten die Anerkennung der Anderen sucht. Das zweite, dem agonalen Handeln übergeordnete, definiere das Bezugsgewebe von Handeln und Sprechen als gemeinsames Erzählen und grenze sich damit von Habermas' rationalem Modell des kommunikativen Handelns ab.[55] Auch andere Deutungen wollen das Agonale nicht ins Zentrum der Arendtschen Philosophie rücken. Dass die Rede vom „agonalen Geist" der Griechen vom heroischmännlich konnotierten Agon eines Homer und Nietzsche inspiriert war, sorgt für Irritationen. Dagegen plädieren feministisch orientierte Interpretinnen wie Bonnie Honig für eine positive Wertung von Arendts Agon. Dieser charakterisiere nicht nur männliche, sondern jede Form von Handlung und versuche eine Vermittlung von Konflikt und demokratischer Assoziation.[56] Einen Schritt weiter geht Katrin Meyer, die in Arendts Werk eine Theorie von Antagonalität und Agonalität verwirklicht sieht, die derjenigen Leforts und Mouffes nicht unähnlich sei.[57]

Eine andere Gruppe von Deutungen nimmt dagegen an, dass Arendts Philosophie Antagonalität und Agonalität dem sozialen Konsens opfere. Zu ihnen zählt Chantal Mouffe. Weil Arendt das deliberative, auf Versammlung und Übereinkunft zielende Handeln ins Zentrum des Politischen rücke, gehe das Moment des unauflösbaren Antagonismus verloren.[58] Entsprechend stellt Marchart die arendtianische Traditionslinie eines assoziativen Verständnisses des Politischen der Schmittschen Tradition der Dissoziation gegenüber, Lefort und Mouffe zählt er zu letzterer.[59] Dass Arendt die Gewalt aus der politischen Gemeinschaft entfernt wissen will, steht außer Frage. Ihr Machtbegriff zielt auf gewaltfreie Übereinkunft: „Politisch zu sein, in einer Polis zu leben, das hieß, daß alle Angelegenheiten vermittels der Worte, die überzeugen können,

---

53 Einen Überblick über die Rezeption der Arendtschen Philosophie im Hinblick auf ‚Agonalität' bieten Ackerman/ Honig 2011, S. 341–344.

54 Benhabib 2006, S. 202.

55 Ebd., S. 202–209.

56 Honig 1995; Ackerman/ Honig 2011, S. 344–347.

57 Meyer 2016, S. 113–121.

58 Mouffe 2014, S. 32f. Vgl. auch Ottmann 2010, S. 431, der die Trennung von Politik und Gewalt bei Arendt als realitätsfern kritisiert, sowie Nullmeier 2000, S. 174: „Arendt verabschiedet das Agonale zugunsten des Willens und der Fähigkeit zum Perspektivenwechsel und zur Perspektivenübernahme als Ergebnis eines öffentlichen Redens der vielen.".

59 Marchart 2011, S. 35–42.

geregelt werden und nicht durch Zwang und Gewalt."[60] Woraus aber wiederum nicht notwendig folgen muss, dass Arendt die Möglichkeit einer agonalen Gestaltung und antagonistischen Bedrohung der Gemeinschaft übersehen hat.[61]

Es ist hier nicht der Ort, dieses Problem der Arendt-Forschung zu lösen. Es sei stattdessen auf einen weiteren wichtigen Aspekt des Politischen verwiesen, der in *Vita activa* zutage tritt. Arendt begreift Handeln, der anthropologischen Prämisse der Natalität des Menschen folgend, als radikalen Neuanfang. „Sprechend und handelnd schalten wir uns in die Welt der Menschen ein [...], und diese Einschaltung ist wie eine zweite Geburt".[62] Deshalb entziehen wir uns im Handeln der Berechenbarkeit und begeben uns in einen Raum des Unabsehbaren. Auch wenn die philosophischen Grundlagen andere sind, erinnert Arendts Idee der Unabsehbarkeit jeden Handelns an die radikale Auffassung von Kontingenz, die in der Theorie des Postfundamentalismus wirksam wird. Jede Form von Konstitution durch das Politische, so Marchart, sei kontingent, verweise auf die „notwendige Unmöglichkeit eines letzten Grundes".[63] In diesem Sinne bezeichnen Laclau und Mouffe, die wie Arendt von einem engen Konnex zwischen Kommunikation und Handeln ausgehen, jede artikulative Praxis der Diskursformierung als notwendig kontingent.[64]

Trotz aller historischen und systematischen Differenzen der vorgestellten Theorien lässt sich der in dieser Studie verwendete Begriff des Politischen nun präziser beschreiben.

1.   Gemeinschaften sind keine statischen und homogenen Entitäten, sondern soziale Gebilde, die erst konstituiert werden müssen. Sie verfügen über keinen gegebenen und dauerhaften Grund, sondern müssen immer wieder aufs Neue begründet werden. Von politischen Gemeinschaften wird also im Sinn des ‚Politischen' gesprochen, wie es Arendt, Schmitt und die Postfundamentalisten in Abgrenzung zur ‚Politik' definieren.

2.   Politische Gemeinschaften zeichnen sich durch Pluralität der in ihnen handelnden Akteure aus. Es ist davon auszugehen, dass sich Gemeinschaft durch das Interesse an einem geteilten Gut konstituiert, dieses Gut jedoch immer umkämpft bzw. ungleich verteilt ist. Was die Gemeinschaft verbindet, trennt sie zugleich.

---

60   Arendt 2007, S. 36f.
61   Meyer 2016, S. 123–134.
62   Arendt 2007, S. 215.
63   Marchart 2011, S. 75.
64   Laclau/ Mouffe [1985] 2015, S. 148f.

3. Das Politische ist auf den Mechanismus von Exklusion und Inklusion, auf die Unterscheidung von ‚Wir' und ‚Sie' bzw. auf ein ‚konstitutives Außen' gegründet. Hier wird eine Überschneidung mit den Exklusionstheorien Michel Foucaults und Niklas Luhmanns deutlich, auch wenn diese nicht das Zentrum der theoretischen Struktur der Studie bilden.

4. Aus den ersten drei Punkten folgt, dass politische Gemeinschaften antagonal konstituiert und agonal strukturiert sind. Beide Elemente sind notwendig verschränkt, wobei Antagonalität die Dimension der ontologischen Begründung/Entgründung bezeichnet, Agonalität die ontische Dimension des politischen Wettstreits. Agonalität beruht auf gemeinsam anerkannten sozialen Regeln, Antagonalität ist ein radikaler, die Gemeinschaft als Ganzes gefährdender Widerspruch. Politische Gemeinschaften sind auf der ontischen Ebene symbolisch verfasst. Durch Semiosen werden Ordnungen erzeugt, die aber wiederum prekär und temporär sind. Der Einbruch des Antagonalen kann zum Zusammenbruch/ zur Neugründung ganzer symbolischer Ordnungen führen. Es sei darauf hingewiesen, dass diese Studie aus Gründen der Sprachökonomie den Terminus ‚Agonalität' als Überbegriff für das Wechselspiel von ‚Agonalität und Antagonalität' gebraucht – dass dabei das Moment der Antagonalität mitzudenken ist, sollte in der vorausgehenden Darstellung deutlich geworden sein.

5. Zu beachten ist, dass Individuen und Gruppen durch das Handeln und Sprechen, durch Interaktion und Kommunikation ein Moment der Unabsehbarkeit in den symbolischen Raum der Gesellschaft einführen. Handeln kann agonal durch das Streben nach Hegemonie begründet sein, aber auch konsensuelle Wirkung haben. In jedem Fall jedoch ist es kontingent und kann keine dauerhafte Ordnung schaffen.

6. Neben der strukturellen Definition von Agonalität gibt es eine zweite, von Burkhardt, Nietzsche und zum Teil von Arendt geprägte. Diese beschreibt Agonalität nicht als Konkurrenzsituation zwischen Gruppen, sondern als anthropologische Eigenschaft, als „Leidenschaft" (Arendt), die historisch begründet und männlich-heroisch konnotiert ist. Dieses Phänomen wird in der Studie als ‚Agon' bezeichnet, der nicht deckungsgleich mit ‚Agonalität' ist, aber auf diese einwirkt.

1.2 Stand, Ehre und Revolution. Konstellationen von Agonalität in den Gesellschaften der Aufklärung

Die theoretischen Überlegungen des vorhergehenden Kapitels bedürfen der historischen Konkretisierung. Welche Formen nimmt Agonalität in der

Gesellschaft der Aufklärung an? Die Beantwortung dieser Frage ermöglicht es der literaturwissenschaftlichen Analyse, ihr Augenmerk auf spezifische historische Konfliktformen zu richten, die aus der bloßen philosophischen Definition der Agonalität nicht hervorgehen.

Zuvor muss jedoch das methodische Problem reflektiert werden, das der Rückgriff auf die Philosophie des 20. Jahrhunderts in einer Studie zum 18. Jahrhundert mit sich bringt. Denkerinnen wie Hannah Arendt und Chantal Mouffe haben ihren Begriff des Politischen in Auseinandersetzung mit ihrer Zeit entwickelt. Arendt und Lefort[65] geht es um eine grundlegende Kritik des Totalitarismus. Mouffe will eine linke Alternative zum liberalen Mainstream des beginnenden 21. Jahrhunderts entwickeln, die zugleich eine Alternative zu Kommunismus, orthodoxem Marxismus und der Idee der „Multitude" sein soll.[66] Lefort sieht den Gegensatz der ,Klassen', wie sie sich im 19. Jahrhundert entwickeln, als deutlichsten Ausdruck des Antagonismus. Mouffes Agonistik wiederum geht von sozialen ,Bewegungen' und modernen ,Parteien' aus, mithin von Prozessen politischer Willensbildung, die in dieser Form im 18. Jahrhundert nicht existierten, sondern erst in den Demokratien des 19. und 20. Jahrhunderts bestimmend wurden.

Dennoch bedarf die philosophische Begründung dieser Projekte der politischen Innovationen der Aufklärung, vor allem der Französischen Revolution. Sie erscheint als historisches Fundament des Postfundamentalismus. Für Lefort markiert sie den Beginn der symbolischen Entleerung der Macht. Marchart dürfte sie vor Augen haben, wenn er den Postfundamentalismus als Versuch beschreibt, „jene Dimension konzeptuell einzufangen, die sich unübersehbar auftat, nachdem die Gültigkeit aller Fundamente und Prinzipien ungewiss geworden war". Eine Gesellschaft, so Marchart, die sich „um eine göttlich legitimierte Feudalordnung" organisiere, „benötigt keinen Begriff des Politischen."[67]

Diese emphatische Darstellung singulärer Epochenbrüche wird jedoch der Vielfalt und Komplexität des Phänomens nicht gerecht.[68] Das Politische als Ereignis zu denken, kann den Blick auf Strukturen verstellen, die in der Geschichte persistieren. Die oft sehr selektive und schablonenhafte Darstellung historischer Ereignisse in den Schriften der Postfundamentalisten

---

65   Lefort 1990, S. 281–283.
66   Mouffe 2014, S. 23, 115, 130; Mouffe 2008, S. 38–46.
67   Marchart 2011, S. 17.
68   Auch der von Arendt 2007 beschriebene Übergang vom neuzeitlichen „homo faber" zum modernen „animal laborans", der ihr zur historischen Begründung des Politischen als Handeln fungiert, wäre deshalb zu differenzieren.

macht es notwendig, ihren Begriff des Politischen anhand aktueller Erkenntnisse der Forschung zu überprüfen. Marchart selbst relativiert an späterer
Stelle seine historische Grundlegung des Postfundamentalismus – eine solche wäre im Übrigen mit der ontologischen Stoßrichtung seiner Studie auch
nicht zu vereinbaren. Das Politische sei nicht „auf die letzten zweihundert
Jahre beschränkt", sondern könne als „gleichsam ‚ontologisches' Moment der
Erfahrung von Kontingenz und Grundlosigkeit des Sozialen [...] in jeder Zeit
hervorbrechen".[69] Er schlägt deshalb ein anderes Modell vor, den Widerspruch
von transzendentaler Begründung und geschichtlicher Konkretisierung heu-
ristisch einzufangen: Das Politische gehe dem Historischen immer schon voraus, bedürfe jedoch ontischer, in spezifischer Zeit verorteter Gegebenheiten,
um sich zu aktualisieren:

> Denn dieses im ‚Außen' verortete Moment ist seinerseits wiederum nur realisier-
> bar *innerhalb* einer bestimmten historischen Konstellation. Und da es immer
> nur im Inneren eines historischen Kontinuums wahrgenommen und realisiert
> werden kann, wird man die Konstellation beschreiben müssen [...].[70]

Tatsächlich hat die postfundamentale Theorie einen entscheidenden systematischen Vorteil. Anders als die bekanntesten in der Frühen Neuzeit und
der Aufklärung diskutierten Modelle von Agonalität, Machiavellis *Il Principe*,
Hobbes' *Leviathan* und Mandevilles *Fable of the Bees*, macht sie den notwendigen Zusammenhang zwischen beiden Momenten deutlich. Agonalität
ist ohne Antagonalität nicht zu haben, kann immer wieder in sie umschlagen.
Die Antagonalität des Politischen ist unauflösbar und kann nicht durch die
Macht des Souveräns getilgt werden. Agonalität ist nicht zwangsläufig für
die Gesellschaft produktiv. Philosophische Begriffe, die sich erst im 20. Jahrhundert gebildet haben, können durchaus soziale und politische Widersprüche der Aufklärungsepoche präzise benennen. Ein Beispiel: Mouffe geht
in ihrer Studie über *Das demokratische Paradox*[71] von heutigen westlichen
Demokratien, ihren Parlamenten, Massenmedien, ihrem Rechtsstaat und
ihrem Industriekapitalismus aus. Ein solches politisches System gab es im
18. Jahrhundert noch nicht, dennoch legt Mouffes Hinweis auf die Unvereinbarkeit von hegemonialer Volkssouveränität auf der einen sowie Freiheit und
Menschenrechten auf der anderen Seite einen Gegensatz offen, der sich für

---

69   Marchart 2011, S. 28.
70   Ebd., S. 82.
71   Mouffe 2008.

die Analyse politischer Verhältnisse, naturrechtlicher Diskussionen und auch literarischer Produktionen der Aufklärungszeit als produktiv erweisen kann.

Die folgende historisch informierte Darstellung der Frühen Neuzeit und der Aufklärung versucht, die in der postfundamentalen Theorie herausgestellte Differenz von Agonalität und Antagonalität in zeitgenössischen Phänomenen zu identifizieren. In einem ersten Schritt sei zunächst von Agonalität im engeren Sinne die Rede, verstanden als Wettstreit von Individuen und Gruppen um soziale oder politische Vorherrschaft, der im Rahmen einer gegebenen gesellschaftlichen Ordnung stattfindet. Dieser Wettstreit folgt Regeln. Der Gegner wird als solcher anerkannt, es geht nicht um die Vernichtung eines Feindes.

In dieser Perspektive muss man in Bezug auf das 18. Jahrhundert den Konnex von Stand und Ehre in den Blick nehmen. In der *longue durée* betrachtet, waren die deutschsprachigen Territorien noch im 18. Jahrhundert vom Ständesystem der Frühen Neuzeit geprägt. Das Streben in höhere soziale Positionen, die Akkumulation von öffentlichem Ansehen – in den Worten der Zeit: das Streben nach Ruhm und Ehre – ist in der Gesellschaft der Aufklärung auf die Rede vom Stand bezogen. Sie bildet den Hintergrund nicht nur des bürgerlichen Trauerspiels, das man in der Forschung lange als Ausdruck des Kampfes zwischen Bürgertum und Adel gelesen hat. Ob in der klassizistischen Tragödie, dem Familienschauspiel oder dem Kolonialdrama: Unentwegt betonen die Figuren, wie stark ihr Handeln sich an Stand und Ehre ausrichtet. Welche historische Bedeutung hinter diesen Begriffen zu entdecken ist, wollen die folgenden Überlegungen klären.

Zu beachten ist grundsätzlich, dass es einige geläufige Annahmen über die Ständegesellschaft der Frühen Neuzeit und der Aufklärung zu relativieren gilt. Es handelte sich nicht um ein starres System, das jedem Menschen einen unverrückbaren Platz mit festen Grenzen zuwies. Gerade deshalb eignet den Gesellschaften der Aufklärung ein agonales Moment, auf das einzugehen sein wird.

Die schlichte Unterteilung des frühneuzeitlichen Ständesystems in einen Wehr-, Lehr- und Nährstand, also in Adel, Geistlichkeit und Bauer bzw. Bürger, wird der Komplexität des Phänomens nicht gerecht. Der Stand war in erster Linie ein Rechtsstatus.[72] Der Mensch war eingebunden in autonome Rechtskreise, in denen sich wiederum rechtliche Hierarchien ausbildeten. Eine davon war der Status innerhalb der Hausgemeinschaft.[73] Der

---

72   Stollberg-Rilinger 2000, S. 69f. Zur ständischen Gesellschaft der Frühen Neuzeit und die Bedeutung der Ehre vgl. auch Münch 1992, S. 65–126.

73   van Dülmen 1992, S. 178.

Hausvater – eine überaus populäre Figur in den Dramen der Aufklärung – unterschied sich von seiner Frau, den Kindern und den Mägden und Knechten. Eine weitere war die Zugehörigkeit zu einer übergreifenden Gemeinschaft wie dem Dorf, der Stadt, dem Kloster oder der Universität. Eine dritte schließlich, im Fall der Bürger, war die Bindung an eine berufliche Korporation, etwa an eine Handwerkerzunft. Was die Differenzierung der Stände angeht, ist zwischen der Hierarchie der ländlichen Feudalgesellschaft, dem Hof und der der städtischen Gesellschaft zu unterscheiden. Zwischen diesen sozialen Räumen taten sich Differenzen auf, die in den Dramen der Zeit immer wieder verhandelt wurden – man denke etwa an La Chaussées *Mélanide* (1741), Lessings *Emilia Galotti* (1772) oder Ifflands *Die Jäger* (1785). Aber auch innerhalb der Räume musste politische Teilhabe ausgehandelt werden. Auf dem Dorf ging es um das Verhältnis der Vollbauern zu den unterbäuerlichen Schichten, in der Residenzstadt mussten sich Adlige und Bürger arrangieren. In Großstädten wie Hamburg besaßen nicht alle Einwohner Grundbesitz und Bürgerrecht, aber auch hier waren die Grenzen nicht unbeweglich.

Wer die Erwartungen, die an Stand und Beruf gestellt wurden, nicht erfüllte, gefährdete seine soziale Existenz. Das Leben in höheren Ständen musste finanziert werden, Handwerker mussten ihre Waren auf dem Markt ausstellen und einen eigenen Betrieb haben, ein Großbauer sein Haus repräsentativ gestalten.[74] Die Hausväter hatten dafür zu sorgen, das Ansehen der Familie zu wahren oder sogar zu verbessern. Reputation setzte sich neben Stand, Besitz und Vermögen aus Herkunft, Titeln und politischem Einfluss zusammen. Die Dramen der Zeit reflektieren diese Regulierung sozialer Hierarchien. Die Bedeutung der Öffentlichkeit ist ebenso gegenwärtig wie die der Ökonomie. Geld spielt nicht nur in den Dramen Lessings eine zentrale Rolle. Die Figur des Spielers bevölkert die Bühnen der Zeit, an ihr zeigt sich besonders deutlich die Verknüpfung von Wettstreit und sozialer Stellung bzw. politischem Einfluss. Geht es in Edwards Moores Trauerspiel *The Gamester* (1753) um einen jungen Mann, der sein Vermögen verspielt und dadurch seine Existenz vernichtet, versucht der Protagonist in Ifflands *Verbrechen aus Ehrsucht* (1784) über das Glücksspiel an Geld zu kommen und sozial aufzusteigen. In Schillers historischen Trauerspielen wiederum – man denke an *Die Verschwörung des Fiesko* (1783) oder *Don Carlos* (1787) – erscheint der Politiker als Spieler, der riskante Einsätze wagt, um an die Macht zu kommen.

Die durch die Stände festgelegte soziale Differenzierung wurde symbolisch flankiert durch den Begriff der Ehre. Die enge Verbindung zwischen Stand und Ehre hat die Soziologie wiederholt analysiert, richtungsweisend wurden die

---

74 Ebd., S. 181f.

Studien von Georg Simmel, Max Weber, Norbert Elias und Pierre Bourdieu.[75] Das dabei verhandelte Problem der Persistenz des Ehrbegriffs in der modernen Gesellschaft muss an dieser Stelle nicht interessieren,[76] es gilt zunächst die Verbindung der Ehre mit der sozialen Existenz des frühneuzeitlichen Menschen zu betonen. Es ging nie „um das reine Überleben, um Anhäufung von Vermögen und Besitz, um politische Macht und soziale Position allein; Ziel allen Handelns war ein ehrbares und ehrenvolles Leben, wie es die ständische Wertordnung vorschieb".[77]

Allerdings war der Begriff der Ehre im 18. Jahrhundert schillernder und brüchiger[78] als es diese These nahelegt. Sie war zuerst eine öffentliche, äußere Angelegenheit, die die Kongruenz von individuellem Verhalten und sozialer Norm garantieren sollte. Entscheidend ist, dass der Begriff keine vorab definierte, klar umrissene Semantik beinhaltete. Die Vorstellungen von Ehre variierten je nach sozialer Schicht, Territorium und Zeitraum. Zum einen orientierten sie sich am Ethos der Stände.[79] Da diese den rechtlichen Status der Menschen markierten, konnten Sanktionen verheerende Folgen haben. Der Konnex von Stand und Ehre produzierte Exklusion. Wer seit seiner Geburt keine Standesrechte besaß oder diese durch eine Ehrstrafe (Pranger, Verstümmelung, Schandkleidung) verloren hatte, fiel in die unter- und außerständischen Gruppen.[80] Hierzu zählten nicht nur Juden, Zigeuner und „Infame", sondern auch „unehrliche Leute". Diese führten für die Gesellschaft wichtige Tätigkeiten aus, ohne Ansehen und Rechte zu besitzen: Köhler und Schäfer ebenso wie Dirnen, Henker und Schausteller, wobei in einigen dieser Gruppen wiederum ein eigener Ehrenkodex entstand.[81] Die Angst der Hausväter, dass ihre Tochter verführt, geschwängert und damit zur ehrlosen Dirne werden könnte, ist nicht umsonst ein prägendes Motiv des aufklärerischen Dramas.

Die Agonalität der Ständegesellschaft war vor allem deshalb von großer Dynamik, weil Hierarchien und Standesgrenzen nicht unverrückbar waren. Es gab Überlappungen und Verflechtungen, die Stellung innerhalb des Standes und die öffentliche Reputation waren keineswegs garantiert. Das Konflikt- und Eskalationspotential war deshalb groß. Es gilt sich in Erinnerung zu rufen, dass

---

75   Simmel 1908, S. 532–537; Weber [1921] 1972, S. 534; Elias 1969, S. 144–151; Bourdieu 1976,
      S. 11–47.
76   Vgl. hierzu Vogt/ Zingerle 1994.
77   van Dülmen 1992, S. 194.
78   Weinrich 1971.
79   Burkhart 2006, S. 31–42.
80   Nowosadtko 1994; Burkhart 2006, S. 42–45; van Dülmen 1992, S. 202–209.
81   Girtler 1994.

der Verlust von Ehre die soziale Existenz der Menschen gefährden konnte. Glaubte man seine Ehre angegriffen oder seinen Status in Gefahr, setzte man sich zur Wehr. Häufig kam es aufgrund von Beleidigungen zu Ehrhändeln, die bei der Arbeit, im Wirtshaus, aber auch auf öffentlichen Märkten ausgetragen wurden und nicht selten in Gewalt mündeten.[82] Die bekannteste Austragungsform des Ehrstreits war das Duell: in ein solches mündet die Eskalation des dramatischen Konflikts in vielen Stücken der Zeit, man denke an Schlegels *Canut* (1746) oder Goethes *Torquato Tasso* (1790). Es fand, wie diese beiden Beispiele belegen, meist in adligen Kreisen statt. Allerdings gab es auch auf dem Land und in der Stadt Herausforderungen, in denen Hausväter ihre Konflikte im Zweikampf austrugen, siehe Schröders *Der Fähndrich* (1786). Auch wenn das Duell schon im 16. Jahrhundert auf Kritik sowie kirchliche und obrigkeitliche Regulierungsversuche stieß, weist es eine erstaunliche Persistenz bis weit ins 19. Jahrhundert auf.[83] Es war nicht unbedingt eine Gefahr für die ständische Ordnung, sondern stabilisierte sie. Dass ein Bauer seinen Grundherrn herausforderte, war ausgeschlossen; Herausforderungen und Duelle fanden in der Regel innerhalb eines Standes statt und affirmierten so die Grenzen zwischen den sozialen Gruppen.

Agonalität konnte aber nicht nur ex negativo als Verteidigung der Ehre motiviert sein. Sich mit anderen zu messen, war reizvoll, wenn man dadurch seinen Rang zu verbessern glaubte – nicht zuletzt deshalb, weil sozialer Aufstieg auch in einer ständisch geprägten Gesellschaft möglich war. Hier kommt nun die in Kap. 1.1 konstatierte, anthropologische Dimension des ‚Agon' ins Spiel. Ehrgeiz und Titelsucht waren im 18. Jahrhundert bekannte Triebkräfte des Handelns. Bürger konnten nicht nur Vermögen akkumulieren und vorteilhaft heiraten, sondern auch Karriere an der Universität, in der Kirche und am Hof machen, Adlige im Militär und in hohen Staatsfunktionen Ansehen erlangen. Dies war ohne agonale Konfliktaustragung nicht möglich. Auf Konkurrenz und Rivalität traf in bürgerlichen Ständen, wer ökonomisch expandieren, seinen Stand durch Eheschließung verbessern oder eine Hoflaufbahn einschlagen wollte. Ein soziales Phänomen, ohne dass die bürgerlichen Trauerspiele und Familienschaustücke der Zeit nicht zu denken sind. Der höfische Agon wiederum organisierte sich in der Spannung zwischen der zeremoniell festgelegten Rangordnung einerseits und dem Ideal eines sich im Konkurrenzkampf mit anderen Höflingen behauptenden und nach Reputation strebenden

---

82 Haack 2008, S. 44–89; van Dülmen 1992, S. 200f.
83 Frevert 1995; Burkhart 2006, S. 67–74.

honnête homme andererseits.[84] Intriganten wie Lessings Marinelli und Schillers Domingo waren Teil des Systems.

Das Ständesystem passte sich immer wieder an gesellschaftliche Entwicklungen an. Über die Frühe Neuzeit hinweg sind bedeutende Transformationen zu beobachten, die in der Aufklärung ihre Wirkung entfalteten und schließlich das System an sich in Frage stellten.[85] Die Funktionseliten des frühmodernen Staates[86] definierten sich zunehmend nach Leistung und nicht mehr nach Herkunft.[87] Bürger konnten am Hof Karriere machen und nobilitiert werden. Dabei gingen die zivilisatorischen Vorstellungen des Hofes und der gelehrten Teile des Bürgertums im Lauf des 18. Jahrhundert zunehmend mit dem Anspruch allgemeiner Gültigkeit einher und setzten sich dezidiert von der Ständegesellschaft ab. Niklas Luhmann hat diesen semantischen Wandel zur „Sozialität" als Selbstzweck in der Interaktion der Oberschichten ausführlich beschrieben.[88]

Parallel hierzu beanspruchte der Staat immer häufiger ein Monopol bei der Gesetzgebung und Konfliktregelung. Ziel war nun die Herstellung einer geschlossenen Untertanengesellschaft, was mit der Existenz autonomer Standesordnungen nicht vereinbar war. Der sogenannte Reformabsolutismus und die von ihm formulierten Zwecke der allgemeinen Wohlfahrt und Glückseligkeit wurde von adligen und bürgerlichen Beamten getragen, die in der gleichen Ideenwelt zuhause waren – ob diese Ideen gesellschaftlich durchgesetzt werden konnten, ist freilich eine andere Frage. Eine weitere Veränderung der Ständegesellschaft entstand durch den Wandel der Sozialstruktur, innerhalb der Stände erhöhte sich der Differenzierungsgrad. Dies führte, in Kombination mit der polizeilichen Regulierungsabsicht des Staates, zu einer Zunahme der ausgeschlossenen Gruppen. Das Ständesystem repräsentierte immer weniger Menschen. Ein weiterer Faktor war die Übernahme marktwirtschaftlicher Produktionsweisen, die mit der korporativen Wirtschaftsordnung nicht vereinbar waren. Und schließlich entstanden Systeme, die sich auf andere Weise von ihrer Umwelt differenzierten als die Stände dies getan hatten. Unterscheidungsmerkmal war nun nicht mehr die hierarchische Stellung innerhalb der Gesamtgesellschaft, sondern die Organisation sozialer Teilfunktionen wie Justiz, Ökonomie und Verwaltung.[89] Erhöhte Komplexität und Kontingenz

---

84   Martus 2015, S. 69–73; Burkhart 2006, S. 60.
85   van Dülmen 1992, S. 214–219; Stollberg-Rilinger 2000, S. 68–93, 194–230.
86   Vgl. hierzu die Darstellung in Drews et al. 2015, S. 33–174.
87   Vgl. das Porträt des Höflings Friedrich Rudolph von Canitz bei Martus 2015, S. 60–69.
88   Luhmann 1993, S. 87.
89   Ebd., S. 27–34.

führten zu Anpassungsproblemen, für die die überlieferten Strukturen der Feudalgesellschaft keine Lösungen bereithielten.

Dennoch war die Ständegesellschaft am Ende des 18. Jahrhunderts im deutschsprachigen Raum nicht abgeschafft, sondern als Ordnungssystem präsent.[90] Der traditionelle Ehrbegriff hatte seine Macht nicht verloren. Selbst das fortschrittliche preußische Landrecht von 1794 unterschied bei Ehrbeleidigungen noch nach Ständen.[91] Außergerichtliche Regelungen durch Duelle blieben im 19. Jahrhundert Teil der Bürgerkultur.[92] Es entstanden aber Möglichkeiten neuer, ständeübergreifender Formen sozialer Kohäsion. Sie waren mit dem Wertesystem verbunden, das die Diskurse und auch die Literatur der Aufklärung entwickelten und das die folgenden Kapitel eingehender darstellen werden. Zu ihm gehörte wesentlich die Kritik des ständischen Ehrbegriffs und der mit ihm verbundenen agonalen Praktiken. Schon humanistische und christliche Morallehren hatten im 16. und 17. Jahrhundert die Ausrichtung des Verhaltens an äußerer Ehre kritisiert und vor dem sozialen Konfliktpotential übertriebener Ehrsucht gewarnt.[93]

Am Hof waren Ehre und Reputation nach wie vor als Säulen der Gesellschaftsordnung anerkannt, das Bewusstsein der mit ihnen verbundenen Probleme aber nicht verschwunden. Wie konnte man verhindern, dass das, was man in der Aufklärung „Ehrsucht" nannte, die Ordnung bedroht? Man versuchte, diese Frage mit den Mitteln der Zeit zu beantworten. Zeremonialwissenschaftler wie Julius von Rohr entwickelten rationale Schlichtungsverfahren höfischer Ehrkonflikte,[94] zugleich pochte der frühmoderne Staat immer deutlicher auf sein Gewaltmonopol und verstärkte seine disziplinarischen und polizeilichen Instrumente der Konfliktregulierung.[95] Diese haben, wie der nächste Abschnitt darlegen wird, im Hinblick auf das Theater des 18. Jahrhunderts große Aufmerksamkeit erfahren, waren aber weniger effektiv als gemeinhin angenommen.

Die vorliegende Studie interessiert sich jedoch stärker für aufklärerische Modelle sozialer Streitschlichtung und -vermeidung durch Moral, Tugend und Gefühl. Sie stehen nicht unbedingt quer zu staatlichen Disziplinierungsmaßnahmen, imaginieren darüber hinaus aber vorbildliche Verhaltensweisen, die zumindest im symbolischen Haushalt dramatischer Fiktion neue Ordnungen und Formen ermöglichen. Die Forschung hat gezeigt, dass es im 18. Jahrhundert

90   Schmidt 2009, S. 291.
91   Ott 2001, S. 35.
92   Frevert 1995, S. 80–286; Fürbringer 1988.
93   Burkhart 2006, S. 59, 65–66.
94   Ebd., S. 65.
95   Martus 2015, S. 74–82; van Dülmen 1992, S. 221–284; Foucault 1976, S. 173–293.

zu einer Verinnerlichung des Ehrbegriffs kam, die mit Formen äußerer Ehre in Widerspruch geraten konnte.[96] Als Formel zusammengefasst: „Innere Ehre" und „Tugendadel" waren individuell, durch Vernunft und Gewissen begründet, sie verbanden sich mit Anstand und Sittlichkeit; „äußere Ehre" hing dagegen an der öffentlichen Anerkennung des sozialen Rangs, war im Rahmen der Ständeordnung erwerbbar und vermehrbar.[97] Die in der Aufklärung einsetzende Spaltung der Ehrsemantik in außen vs. innen, ständisch vs. menschlich, Reputation vs. Gewissen lässt sich deutlich an der Begriffsgeschichte ablesen.[98] Die Differenzierung bot die Möglichkeit, die agonale Austragung von Ehrkonflikten zu kritisieren, ohne die Ehre vollständig delegitimieren zu müssen. Bestes Beispiel hierfür sind die aufklärerischen Versuche, das Duell aus der Welt zu schaffen.[99] Duelle seien wider die Grundsätze der Vernunft, sie vertieften die Kluft zwischen dem Adel bzw. dem Militär und dem Rest der Bevölkerung, sie verfestigten ständische Sonderrechte. Die Duellkritik zeigt, dass Bewusstsein und Praxis der Ehre im 18. Jahrhundert in einem doppelten Spannungsverhältnis stehen: einerseits zu Sittlichkeit und Tugend, andererseits zu einem Rechtsverständnis, das im Ausgang vom säkularen Naturrecht auf Gleichheit und Allgemeinheit zielt.[100] Montesquieus Affiliation der Ehre zur Monarchie und der Tugend zur Demokratie ist nur die bekannteste Formulierung dieses Gegensatzes.[101]

Die Welt der „äußeren Ehre", besonders die des Hofes, wird in zahllosen Tugenddiskursen des 18. Jahrhunderts als Scheinwelt verpönt. Dies hing auch damit zusammen, dass die Rede von der Ehre die gesellschaftliche Wirklichkeit nur zum Teil widerspiegelte. Die äußeren Zeichen eines Standes entsprachen nicht zwangsläufig seiner Bedeutung in der Öffentlichkeit. Ein Grund war, dass durch die parallel verlaufende Extension der Marktwirtschaft und der Zentralverwaltung ökonomische und soziale Macht nicht mehr gleichzeitig erworben wurden. Reputation, die man etwa durch Titel signalisierte, symbolisierten nun eher den „sozialen Anspruch"[102] als den tatsächlichen Einfluss. Nicht zufällig spielten Kleiderordnungen seit Mitte des Jahrhunderts kaum noch eine Rolle.[103] Wichtiger schien es stattdessen in weiten Kreisen der Gelehrten- und

---

96   Im Hinblick auf das deutschsprachige Trauerspiel des 18. Jahrhunderts zeigt das Alt 1993.
97   Burkhart 2006, S. 75–88; Ott 2001, S. 31–40.
98   Vogt/ Zingerle 1994, S. 17; zur Begriffsgeschichte vgl. Zunkel 1975.
99   Frevert 1995, S. 43–64; Burkhart 2006, S. 84–88.
100   Ott 2001, S. 37. Wenn Georg Simmel die Ehre als Teil der Trias von Sittlichkeit und Recht beschreibt, greift er auf eine Innovation der Aufklärung zurück. Simmel 1908, S. 532f.
101   Montesquieu 1748, S. 30–34, 39–40.
102   van Dülmen 1992, S. 193.
103   Ebd., S. 188.

Oberschicht, die Ehre des *honnête homme* durch den tugendhaften Menschen und dessen ‚innere Ehre' abzulösen. In den entsprechenden Diskursen wurden übertriebener Ehrgeiz und Reputationssucht verworfen, das Streben nach sittlich erreichter Ehre nicht. Sie galt in erster Linie als individuelles Gut, das sich in den Dienst der Allgemeinheit stellte. Beispielhaft für diese Umwertung des Ehrbegriffes sind die Moralphilosophien Thomasius', Hutchesons und Gellerts.[104] Flankiert wurde sie von der Literatur, hier kann Rousseaus *Nouvelle Héloïse* genannt werden, in der Julie versucht, ihren Geliebten Saint-Preux durch eine Umwertung des Ehrbegriffs von einem Duell abzuhalten (R 2, 152–160).[105] Abgeschafft war der Ehrbegriff in der Aufklärung also nicht, er sollte in der Tugend aufgehoben werden. Auch hier ist nicht von einer vollständigen Verwirklichung der Idee auszugehen. Die Innovationen des 18. Jahrhunderts waren immer begleitet von Persistenzen, traditionelle und neue Formen der Ehre existierten nebeneinander.[106]

Die bisherige Darstellung hat sich einerseits auf im engeren Sinne agonale Konstellationen konzentriert, andererseits auf die Erfahrungswelt des einzelnen Menschen im 18. Jahrhundert. Aus gutem Grund, werden doch in den deutschsprachigen Dramen dieser Zeit immer häufiger alltägliche Konflikte verhandelt, denen die Figuren in der Liebe, in der Familie und in der beruflichen Karriere ausgesetzt sind. Wie sich zeigen lässt, geht diesen Dramen deshalb nicht unbedingt das Moment der Antagonalität und damit des Politischen ab. Da die Familie, wenn sie auf die Bühne gestellt wird, eine gesellschaftliche Repräsentationsfunktion übernimmt, wird dem Zuschauer ihre Bedrohung als eine Bedrohung der sozialen Ordnung erfahrbar.

Jedoch kommt mit Ehrgeiz, Reputation, Intrige und Duell die antagonale Dimension der Aufklärungsgesellschaft nur zum Teil in den Blick. Carl Schmitt hat in seinem 1963 erstmals erschienenen Vorwort zum *Begriff des Politischen* in Bezug auf die polizeiliche Regulierung frühmoderner Staaten darauf hingewiesen, dass der Antagonismus des Politischen bei innerer Befriedung großer sozialer Konflikte zur „Politesse" verkomme.[107] Es entstünden konventionelle Formen von Rivalität, aus denen aber das Freund/Feind-Schema jederzeit wieder hervorbrechen könne. Bis dahin bleibe der fundamentale Antagonismus des Politischen auf die Außenpolitik verwiesen. Ist im Herrschaftssystem des 18. Jahrhunderts das Politische also durch innenpolitische Konfliktbekämpfung externalisiert worden? Man kann Schmitts These zum

---

104 Burkhart 2006, S. 76f.
105 Vgl. hierzu Ott 2001, S. 11–22.
106 Ebd., S. 52.
107 Schmitt [1932] 1996, S. 9–19, vgl. hierzu Marchart 2011, S. 40f.

Anlass nehmen, die Darstellung von Agonalität und Antagonalität in der Aufklärung auf die staatliche Ebene auszuweiten.

Tatsächlich war die Aufklärung eine Zeit des Kriegs. Bewaffnete Konflikte
zwischen souveränen Mächten waren in Europa und den Kolonien keine
Seltenheit. Zu nennen sind u.a. der Nordische Krieg, der spanische, polnische,
österreichische und bayerische Erbfolgekrieg, die schlesischen Kriege, die
Türkenkriege, der Siebenjährige Krieg, der Amerikanische Unabhängigkeitskrieg, die Koalitionskriege.[108] Die Heterogenität der politischen Landschaft
barg ein hohes Konfliktpotential. In den militärischen Auseinandersetzungen
ging es, wie in der Frühen Neuzeit üblich, um Erbansprüche, Rechtstitel, Territorien und staatliche Unabhängigkeit. Politische Interessen wurden mit militärischen Mitteln durchgesetzt, wobei der Ehrgeiz einzelner Fürsten keine
geringe Rolle spielte.[109] Den Mitgliedern der adligen Führungsschicht bot
der Krieg die Möglichkeit, ihre Ehre unter Beweis zu stellen und Reputation
zu akkumulieren. Das Beispiel Karl XII. von Schweden zeigt, wie Erfolge im
Feld das öffentliche Bild eines Fürsten prägen konnten. Im Gegenzug blieben
verlorene Schlachten für die Herrscher nicht unbedingt ohne Folgen. Max
Emanuel ging nach der Niederlage Bayerns und Frankreichs gegen die Große
Allianz bei Höchstädt 1704 ins niederländische Exil.

So zahlreich die Kriege waren, hielten sie doch die Balance zwischen den
Großmächten aufrecht. Sie führten also, aus der Vogelperspektive betrachtet,
nicht zum antagonalen Zusammenbruch des außenpolitischen Systems der
europäischen Großmächte. Die Kriegsführung selbst sollte, wie die Rede von
den Kabinettskriegen und der ‚gezähmten Bellona‘ suggeriert, rationaler und
‚zivilisierter‘ werden. War man im Dreißigjährigen Krieg noch auf Söldner-
truppen und Kriegsunternehmer wie Wallenstein angewiesen, griff man nun
auf stehende Heere zurück. Soldaten wurden in Kasernen stationiert und
im Exerzieren, Paradieren und Marschieren ausgebildet, parallel hierzu entwickelte sich die Idee einer streng geometrischen Bewegung der Truppen im
Raum. Während des Krieges versuchten die Generäle, etwa im österreichischen
Erbfolgekrieg, offene Feldschlachten zu vermeiden. Sie setzten stattdessen auf
die Belagerung strategisch wichtiger Städte.

All dies kann jedoch nicht verschleiern, dass im 18. Jahrhundert brutale
Schlachten mit hohen Opferzahlen gefochten wurden. Allein in der Schlacht
bei Kunersdorf (1759) starben bzw. verwundeten sich knapp 35.000 Menschen, das entsprach etwa der Bevölkerungszahl Leipzigs.[110] Die Schlachten

---

108   Martus 2015, S. 37–44; Birgfeld 2012, S. 4; Burkhardt 1997.
109   Burkhart 2006, S. 64.
110   Birgfeld 2012, S. 6f.

der Aufklärung verliefen nicht in wohlgeordneter Geometrie, sondern waren chaotisch und unberechenbar.[111] Genau an diesem Punkt ist es wichtig, die Vogelperspektive zu verlassen und den Blick für die alltägliche Erfahrungswelt der Menschen zu öffnen. Zu bedenken ist hierbei, dass die Auswirkungen für einzelne Regionen sehr unterschiedlich waren. Hamburg blieb das ganze 18. Jahrhundert über verschont, Schlesien und Sachsen litten stark unter den jahrelangen Kriegen zwischen Preußen und Österreich. In jedem Fall bedeutete die permanente Kriegsführung für die betroffenen Menschen sehr häufig eine Bedrohung, wo nicht den Zusammenbruch der sozialen Ordnung. Rekruten mussten ausgehoben werden, viele Familien verloren Söhne. Andere wurden, weil die Kriege für die Regierungen teuer waren, in den finanziellen Ruin getrieben, hinzu kam die wirtschaftliche Ausbeutung ganzer Regionen durch die Truppenstationierung, Plünderungen von Dörfern und Städten durch schlecht bezahlte Soldaten, etc. Die unmittelbare Darstellung von brutalen Schlachten mag im Aufklärungsdrama nicht vorkommen, sehr häufig aber wurden ihre Folgen für die Menschen zum Thema – bestes Beispiel sind Soldatenstücke wie *Minna von Barnhelm* (1767), die im Anschluss an den Siebenjährigen Krieg entstanden. Die Existenzen der meisten namhaften Schriftsteller der Aufklärungsepoche waren vom Krieg geprägt.[112] Sie kämpften wie Ewald von Kleist, Stephanie der Jüngere oder von Ayrenhoff als Soldaten, flohen vor dem Krieg oder wurden von ihm vertrieben (Gottsched, Lessing), litten wie Gellert unter einer Besatzung. In den Krieg waren Schriftsteller aber auch deshalb eingebunden, weil die Kriegsführung, wie der Siebenjährige Krieg bewies, mit einem hohen Maß an symbolischer Aufrüstung verbunden sein konnte.[113] Patriotische Phantasien verbanden sich mit naturrechtlichen Ideen; im ruhmreichen und ehrenhaften Kampf gegen den Feind sollte sich das ‚Volk' jenseits der Stände einen.[114]

Antagonale Eruptionen lassen sich aber nicht nur im Hinblick auf die Kriege der Aufklärung beobachten. Schmitts These der ‚Politesse' übersieht, dass auch die innere Ordnung der einzelnen europäischen Staaten vielfältig und konfliktanfällig war. Neben stark auf den König zentrierten Monarchien wie Frankreich gab es Monarchien wie England, in denen sich mit den Torys und Whigs gegnerische Interessengruppen der Oberschicht parlamentarischen Einfluss erkämpft hatten und die Politik der Krone zu beeinflussen suchten. Es gab Polen, wo der König dem vom Adel gebildeten Reichstag untergeordnet

---

111 Stollberg-Rilinger 2017, S. 126.
112 Birgfeld 2012, S. 105–286.
113 Martus 2015, S. 658–663.
114 Hildebrandt 2019.

war, es gab föderale Systeme wie die Schweiz und die Vereinigten Niederlande. Republikanische Züge besaßen auch Stadtstaaten wie Venedig oder freie Reichsstädte wie Hamburg, wo ein privilegiertes Bürgertum das Sagen hatte. Hier gilt es allerdings zu differenzieren: Das Patriziat dieser beiden Städte imitierte den Stil des Adels und setzte sich agonal gegen andere bürgerliche Gruppen ab. In einer Handelsstadt wie Nürnberg waren die Strukturen innerhalb des Patriziats sehr hierarchisch.

Innerhalb der Monarchien hatten die politischen Stände, die von den sozialen Ständen zu unterscheiden sind, zumindest auf lokaler und regionaler Ebene Mitbestimmungsrechte. Es gab permanente Konflikte zwischen den Landständen und den Fürsten. Auch ein ‚absolutistischer‘ Fürst wie August der Starke war zur Umsetzung seiner Politik gezwungen, die sächsischen Stände einzuberufen.[115] Es wurde also nicht einfach von oben nach unten regiert, sondern es existierten agonale politische Strukturen und die Möglichkeit institutionalisierter Konfliktaustragung. Dabei ist aber bis zum Ende des 18. Jahrhunderts von einer konstitutiven Asymmetrie auszugehen. Die politischen Stände waren korporativ organisiert, Teilnahme an Gremien setzte adlige Herkunft, Territorialbesitz oder ein Amt voraus.

Innerhalb der Staaten kam es immer wieder zu gewalttätigen Konflikten, Rebellionen und Aufständen, die ihren Ausgang in Auseinandersetzungen zwischen den politischen Akteuren nahmen oder von denen ausgingen, die von der politischen Teilhabe ausgeschlossen waren. Volksaufstände und Parteienkonflikte sind lange vor der Französischen Revolution bezeugt und sie wurden, wie Arnd Beise gezeigt hat, bereits im 17. und frühen 18. Jahrhundert in der Literatur reflektiert.[116] Um 1700 gab es in vielen Städten des Reiches Unruhen,[117] am bekanntesten ist die Eskalation des Machtkampfes zwischen Bürgerschaft und Rat in Hamburg um 1700. Im Lauf des Jahrhunderts kam es in Genf zu Bürgerrevolten, in England zu den Gordon Riots und in Siebenbürgen zu Bauernaufständen.

Dennoch war neu, was in der amerikanischen und französischen Revolution geschah. In den vorigen Revolten ging es um die Durchsetzung bereits garantierter Rechte und Privilegien einzelner Gruppen. Bestes Beispiel ist Goethes *Egmont* (1788), wo die Bürger Brüssels „Freiheit und Privilegien" und

---

115   Held 1999.

116   Beise 2010. Die Berufung auf die Französische Revolution als Initialzündung eines modernen Verständnisses von Masse und Partei, wie sie sich in neueren diskursanalytischen Studien findet, etwa bei Gamper 2007, S. 16 und Neuner et al. 2011, S. 19–24, greift deshalb zu kurz.

117   Vgl. Blickle [1988] 2010, der ein Strukturmodell des städtischen Aufstandes in der Frühen Neuzeit entwirft.

damit die Einhaltung ihrer schriftlich niedergelegten Landrechte einfordern (FA 5, 486). Es standen aber schon zu dieser Zeit neue Ideen im Raum, die einen Bruch mit dem politischen System der Frühen Neuzeit bedeuteten: eine Neugründung des Staates auf Grundlage von allgemeinen Menschenrechten und der Souveränität des Volkes. Sie sollten den frühmodernen Staat aus seiner „Legitimationskrise"[118] führen. In den Verfassungen der Vereinigten Staaten und der Französischen Republik gewann sie Form. Die Prinzipien der rechtlichen Gleichheit der Staatsbürger, der unveräußerlichen Freiheitsrechte und der Gewaltenteilung waren bis dato nicht politische Realität geworden. „Die Naturrechtsfiktion vom Gesellschaftsvertrag schien zur Realität geworden, ein neuer Bundesstaat schien nach reinen Vernunftprinzipien vom Volk selbst gegründet worden zu sein."[119] Zahlreiche Gruppen wie Frauen, Leibeigene und Sklaven blieben zwar ausgeschlossen, aber ihr Einschluss schien nun theoretisch und praktisch möglich. Bereits die amerikanische Revolution traf auf große Resonanz in Europa, nicht nur in Frankreich, sondern auch in England, Irland, Polen, den habsburgischen Niederlanden und dem alten deutschen Reich. Sie gab politisch progressiven Geheimbünden wie den Freimaurern und den Illuminaten Rückenwind. Schiller setzte Letzteren und ihrem Ideengut mit der Figur des Marquis de Posa ein literarisches Denkmal.[120] Schon vor den großen Revolutionen hatten die Dramen der Aufklärung an der Imagination politischer Umstürze teil. Als Nachhall des republikanischen Trauerspiels veröffentlicht Weiße 1764 sein Stück *Die Befreyung von Theben*, das mit der Ermordung des Tyrannen endet, der Freimaurer und Hamburger Theaterdirektor Schröder bringt 1778, zwei Jahre nach der amerikanischen Unabhängigkeitserklärung, mit seiner ungemein erfolgreichen Bearbeitung des *Hamlet* ebenfalls einen Königsmord auf die Bühne. Nicht erst mit dem französischen und deutschen Revolutionstheater der 1790er Jahre also ist die antagonale Begründung des Politischen Thema des Theaters.

1.3 Agonalität des Theaters

Vor dem Hintergrund der agonalen Spannungen und antagonalen Krisen, die die Gesellschaft des 18. Jahrhunderts durchziehen, lässt sich nun die politische Dimension des Aufklärungstheaters in den Blick nehmen. Dies ist umso wichtiger, als das herkömmliche Verständnis dieser Epoche der Komplexität des

---

118   Stollberg-Rilinger 2000, S. 238.
119   Ebd., S. 237.
120   Schings 1996.

Phänomens nicht gerecht wird. Bisherige Darstellungen gehen davon aus, dass das deutsche Theater ab der Jahrhundertmitte einen Umbruch erlebt, der zu stehenden, bürgerlich dominierten Nationaltheatern führt und das Publikum einem ästhetischen Disziplinierungsprogramm unterwirft. Die vorliegende Studie entwickelt ein anderes Modell, indem sie das Theater als Institution beschreibt. Diese zeichnet sich durch zwei Momente aus: Persistenz, also Beharrung in der Zeit, und Pluralität, d.h. Vielfalt von Organisationsformen und Akteuren. Beide Momente bilden die Grundlage für die Analyse der agonalen Struktur des Aufklärungstheaters.

Zunächst muss jedoch allgemein nach dem politischen Potential des Theaters gefragt werden. Erika Fischer-Lichte hat vorgeschlagen, vier Begriffsverständnisse[121] zu unterscheiden: Theater sei erstens immer schon politisch, weil in seinen öffentlichen Aufführungen Zuschauer und Akteure aufeinandertreffen und „ihre Beziehungen aushandeln." Zweitens könne das Theater versuchen, „die Beziehungen zwischen Mensch und Welt" zu beeinflussen, drittens zeige sich das Politische an entsprechenden Gegenständen, die im Theater verhandelt werden (politische Konflikte, historische Ereignisse), während der vierte Aspekt eine „spezifische Ästhetik" bezeichnet, „die den Zuschauer zu einer Reflexion seines eigenen Standortes zwingt." Hinzuzufügen wäre ein fünfter, nämlich das Phänomen der Theatralisierung des Sozialen und Politischen, die durch Guy Debords *Gesellschaft des Spektakels* bekannt wurde und noch in der heutigen Forschung Aufmerksamkeit erfährt.[122]

Die drei ersten von Fischer-Lichte genannten Punkte bieten in Bezug auf das Theater des 18. Jahrhunderts ein sinnvolles systematisches Instrument,[123] das die Erforschung der Bühnen- und Aufführungspraxis von der ästhetischen Programmatik und der Dramenproduktion unterscheidet. Inwieweit sich der politische Gehalt der drei Bereiche überschneidet, hängt von der jeweiligen Fragestellung ab und muss von Fall zu Fall entschieden werden.

---

121 Folgende Zitate nach Fischer-Lichte 2014, S. 259. Auch die neuere Darstellung von Artur Pelka operiert mit den von Fischer-Lichte genannten Aspekten, allerdings ohne sie analytisch scharf zu trennen. Vgl. Pelka 2018, S. 340f.

122 Vgl. aktuell Warstat 2018.

123 Der vierte Punkt fällt hier nicht ins Gewicht, weil Fischer-Lichte ihn auf die im 20. Jahrhundert aufkommende „Ästhetik des Performativen" bezogen wissen will, vgl. Fischer-Lichte 2014, S. 262. Soziale Theatralität wiederum liegt nicht im Fokus der vorliegenden Studie, auch wenn sich viele Verbindungen zum Modell der Agonalität ergeben würden. So geht Matthias Warstat nicht nur in historischer Perspektive auf Beschreibungen sozialer Theatralität als Agonalität ein, sondern konzeptualisiert diese auch unter Rückgriff auf die postfundamentale Theorie Ernesto Laclaus und Chantal Mouffes. Vgl. Warstat 2018, S. 70–82, 145–166. In diese Richtung weist auch Elisabeth Heynes Untersuchung der agonalen Theatralität des Ingeborg-Bachmann-Preises in Häusler et al. 2020, S. 139–191.

Welche „Gegenstände", d.h. Dramenhandlungen, auf die Bühne gelangen und wie in ihnen das Politische zur Darstellung kommt, kann den in ästhetisch-moralischen Theorien formulierten Wirkungsabsichten und den politischen Interaktionsmustern der Theaterakteure durchaus zuwiderlaufen. Darauf wird noch einzugehen sein.

Auffallend ist an Fischer-Lichtes Darstellung, dass sie den ersten Aspekt des Politischen im Theater als eine Interaktion zwischen „Akteuren und Zuschauern" während der „Aufführung" beschreibt.[124] Unsichtbar bleibt das Theater als Institution, die im politischen Gefüge der Gesellschaft existiert und ein komplexes Netz von Interaktionen und Hierarchien bildet. Dies hat Gründe, die in den Legitimationsstrategien der Theaterwissenschaft zu suchen sind. Bekanntlich diente die Konzentration auf die Aufführung dazu, das Fach von der Philologie abzugrenzen. Diese Stoßrichtung ist noch neueren Konzepten von Performativität zu eigen.[125] Wo Aufführung als Ko-Präsenz von Schauspielern und Zuschauern beschrieben wird, die in interaktiven Feedbackschleifen das Theaterereignis generieren,[126] bleibt das institutionelle Gefüge des Theaters ebenfalls außen vor. Die Semiotik wiederum reduzierte die Beziehungen der Beteiligten auf ihr kommunikatives Destillat. Wenn Theater heißt, dass X von A repräsentiert wird, während B zuschaut,[127] gerät die Etablierung eines Machtgefälles zwischen den Akteuren aus dem Blick.

Wer sich dafür interessiert, welche politischen Funktionen das Theater innerhalb einer Gesellschaft herausbildet, wird eher bei jenen Studien fündig, die in den letzten 25 Jahren den Konnex von Theater, Gemeinschaft[128] und Fest[129] untersucht haben. Sie haben in Bezug auf das Aufklärungstheater unterschiedliche Facetten und systematische Aspekte des Politischen im Theater sichtbar gemacht: die Rolle des Festes für die Repräsentation von Herrschaft,[130] die Bedeutung, die das Zeremoniell für die Ordnung theatraler Gemeinschaften bis zur Mitte des 18. Jahrhunderts hatte[131] und die sich nicht zuletzt im Moment der Störung und Unterbrechung des Zeremoniells zeigte,[132]

---

124 Fischer-Lichte 2014, S. 260.

125 Fischer-Lichte 2004, S. 42–62.

126 Ebd., S. 58–126.

127 Bentley 1965, S. 150; Fischer-Lichte 1998, S. 16; zum Rollenbegriff Rapp 1973, S. 91–111.

128 Vgl. den Überblick von Roselt 2014. Wegweisend war der Impuls von Turner 2009, die gemeinschaftsstiftende Wirkung des Theaters aus dem Ritual abzuleiten.

129 Fischer-Lichte et al. 2012; Fischer-Lichte/ Warstat 2009; Warstat 2005; Pross 2001.

130 Werr 2010.

131 Jahn 2005b, S. 351–390; Berns/ Rahn 1995; Sommer-Mathis 1994; Sommer-Mathis 1995.

132 Jahn et al. 1998. Der von Juliane Vogel etablierte Begriff der „Auftrittsprotokolle" schließt auch zeremonielle Protokolle ein und betont die politische Dimension der Unterbrechung im prekären Moment des Auftritts. Vogel 2018a, S. 39–110.

den Zusammenhang von Intermedialität bzw. Visualität und festlicher Gemeinschaftsstiftung,[133] die öffentliche Dimension von Theaterfesten.[134]

Die agonale Dimension des Theaters hat keiner dieser Zugänge konsequent
einbezogen. Die Untersuchung von ephemeren Festgemeinschaften ist nur
bedingt in der Lage, die widerstrebenden Kräfte zu erfassen, die sich über einen
längeren Zeitraum im öffentlichen Handlungsraum des Theaters sedimentie-
ren. Gleiches gilt für die Reduktion der Akteure auf die binäre Opposition von
Schauspielern und Zuschauern, wie sie an Aufführung und Semiotik orientierte Ansätze vornehmen. Die Beschreibung der komplexen multipolaren
Interaktionsmuster der Institution Theater ist jedoch die Voraussetzung dafür,
die in ihr wirkende Agonalität zu erfassen. Die unterschiedlichen Akteure
des Theaters, seien es Individuen oder Gruppen, vertreten unterschiedliche
Interessen. Sie kämpfen um die Teilhabe am Theater, um dessen ästhetische,
ökonomische und politische Ausrichtung.[135] Dabei kann es zu Auseinandersetzungen innerhalb einer Gruppe kommen (Schauspieler gegen Schauspieler,
Streit im Publikum) oder zwischen unterschiedlichen Gruppen.

Mit dieser Perspektive lassen sich verschiedene Fragen untersuchen: Wie
gestaltet sich das Machtgefälle zwischen Direktion/Intendanz/Staat und
künstlerischem respektive technischem Personal? Wie positioniert sich das
Publikum, wie die Presse? Was sind die Gegenstände der Konflikte, in welcher
Form werden sie ausgetragen? Welche Möglichkeiten der institutionellen Einhegung antagonaler Widersprüche gibt es? Was sagen sie über die Funktion
eines Theaters innerhalb der Gesellschaft aus? Der Vorteil dieses Ansatzes ist,
das Politische des Theaters nicht von einem einzelnen Diskurs herzuleiten –
Nationaltheater, Theater als moralische Anstalt etc. –, sondern es mit Blick
auf die Konflikte zwischen divergierenden Diskursen und unvereinbaren
sozialen Interessen zu beschreiben. Die historische Differenz zeigt sich dementsprechend darin, welche Formen der internen und externen Konfliktaustragung und -regulierung die Theater zu unterschiedlichen Epochen bestimmt
haben, an welchen Problemen sich diese Konflikte entzündet haben, welche neuen Akteure und Interessen im Lauf der Zeit hinzukommen und wie

---

133   Schneider 2016b; Krüger/ Werner 2012.
134   Grundlegend für den Konnex von Theater und Fest im 18. Jahrhundert immer noch
      Béhar/ Watanabe-O'Kelly 1999. Zu den Festen der französischen Revolution siehe Roberts
      2011, S. 15–33; Thamer 2010 sowie Primavesi 2008, S. 188–230. Letztgenannte Studie leitet
      die öffentliche Funktion von Theaterfesten um 1800 aus den Diskursen, Erzähltexten und
      Dramen der Zeit ab, ohne die Theaterpraxis zu berücksichtigen.
135   Dies zeige ich am Beispiel des Hamburger Theaterskandals von 1801: Schneider 2017a,
      S. 281–316.

mediale Innovationen[136] neue Möglichkeiten der Eskalation und Deeskalation generieren. Dieses Forschungsfeld ist bisher kaum erschlossen.

Dennoch gibt es in der Philosophie Theorien, an die man anknüpfen kann. Abermals lohnt der Griff zum Werk Hannah Arendts. Für sie ist das eigentliche Produkt des Handelns nicht die Verwirklichung von Zielen, sondern das Hervorbringen von Geschichten, die nicht intendiert waren und durch Kunstwerke im Gedächtnis der politischen Gemeinschaft bewahrt werden. Diese Geschichten sind keine Dinge, sie haben weder Hersteller noch Autor. „Jemand hat sie begonnen, hat sie handelnd dargestellt und erlitten, aber niemand hat sie ersonnen."[137] An diesem Punkt kommt das Theater ins Spiel, das Arendt als Mimesis von Handlungen begreift und damit als privilegierten künstlerischen Ort des sozialen, aus Taten und Worten konstituierten Bezugssystems. „So ist das Theater denn in der Tat die politische Kunst par excellence".[138]

Dieses aristotelische Verständnis des Theaters als Institution, die im Modus der sozialen Mimesis Geschichten und Handlungen produziert, kann für die Analyse agonaler Auseinandersetzungen gewinnbringend sein. Im Hinblick auf theaterhistoriographische Fragen zielt sie aber noch zu sehr auf den Dramentext als gemeinschaftlich produziertes Kunstwerk. Hier schaffen zwei neuere Arbeiten Abhilfe, die den von Arendt betonten öffentlichen Charakter des Handelns konsequenter auf das Theater beziehen und zugleich dessen agonale Dimension hervorheben. So beschreibt Meike Wagner in ihrer wegweisenden Studie das Theater des Vormärz als öffentliche Institution[139] und zeigt anhand zahlreicher und heftiger Auseinandersetzungen zwischen Presse und Staat, wie das Theater der ersten Hälfte des 19. Jahrhunderts eine „Ausdehnung des politischen und öffentlichen Spielraumes"[140] betrieb. Christopher Balme bringt die theoretische Konsequenz eines solchen Ansatzes in seinem Buch *The Theatrical Public Sphere* auf den Punkt:

> The theatre does not just consist of a succession of performance events where bodies and spaces are transformed by semiotic processes into signs and perceived by spectators. [...] Every theatre exists in a spatial and temporal realm that is more conditioned by structure than event. Theatres communicate with their publics both before and after and not just during performances.[141]

---

136   Zu den Theatermedien des 18. und 19. Jahrhunderts vgl. Korte et al. 2015.
137   Arendt 2007, S. 227.
138   Ebd., S. 233.
139   Wagner 2013, S. 126–138.
140   Ebd., S. 14.
141   Balme 2014, S. 47.

Betont wird nicht mehr das Ephemere der Aufführung oder des Festes, son-
dern die Dauer der Institution.[142] Diese ist, wie Balme in Anschluss an Chantal
Mouffe konstatiert, immer auch agonal-affektiv strukturiert, das Theater ein
Ort nicht nur der rationalen, sondern auch der leidenschaftlichen, auf jeden
Fall aber öffentlichen Konfliktaustragung.[143]

So wünschenswert er wäre, kann ein historischer Überblick der agonalen
Strukturen des Theaters im Rahmen dieser Studie nicht geleistet werden. Es
soll an dieser Stelle der Hinweis genügen, dass Agonalität das europäische
Theater bereits in seinen Anfängen prägte. Im antiken Griechenland erfüllte
das Theater bekanntlich nicht nur religiöse, sondern auch politische Funktionen.[144] Die Großen Dionysien dienten der Stabilisierung der Herrschaft nach
innen und der Demonstration des attischen Machtanspruchs nach außen. Die
Tragödien wurden im Rahmen eines Wettstreits aufgeführt. Wer eine Choregie
übernahm, konnte auf eine politische Karriere hoffen, der Sieger wurde am
Ende der Dionysien in einer Zeremonie gekürt. Die soziale Hierarchie der Polis
blieb immer sichtbar. Priester und hohe Beamte fanden ihre Plätze in Ehren-
sesseln, Ratsmitglieder und Vollbürger saßen in den dahinterliegenden Rän-
gen. Im Dionysos-Theater Athens, dessen Cavea über 16.000 Zuschauern Platz
bot, fanden auch Volksversammlungen statt. Das griechische Theater war ein
Ort der Öffentlichkeitsbildung und des politischen Streits.

Die Frage nach der Agonalität des Aufklärungstheaters ist weniger leicht zu
beantworten. Die Forschung hat sich ihr bisher kaum gewidmet, was damit
zusammenhängen könnte, dass der agonale Charakter der Bühnen des 18. Jahrhunderts nicht unmittelbar sinnfällig ist; anders als im antiken Athen war die
Aufführung von Dramen nicht an einen regulierten, öffentlich ausgetragenen
Wettkampf gebunden. Die meisten Studien der letzten Jahrzehnte haben eine
andere Richtung eingeschlagen und sind dem Narrativ der ‚Emanzipation des
Bürgertums‘ gefolgt, das im Kielwasser von Reinhart Kosellecks „Sattelzeit“[145]
und Jürgen Habermas' „raisonnierender Öffentlichkeit“[146] seit den 1960er
Jahren in der deutschsprachigen Literatur- und Theatergeschichte Karriere

---

142   Ebd., S. 42.
143   Ebd., S. 32.
144   Seidensticker 2010, S. 11–81; Wickevoort Crommelin 2006; Blume 1984, S. 14–45.
145   Kosellck selbst verwendet den Begriff der „Sattelzeit“ eher eklektisch und nur an weni-
      gen Stellen, vgl. Koselleck 1972; Koselleck 2003, S. 302–304. Wichtiger ist die dahinter-
      liegende begriffsgeschichtliche Dimension des Konzeptes, deren Erkenntnisse Koselleck
      zum Anlass nahm, von einer grundlegenden Änderung der Gesellschaftsstruktur um 1750
      auszugehen.
146   Habermas [1962] 2010.

gemacht hat.[147] Es bot ein Konzept, mit dessen Hilfe man unterschiedliche, seit der Mitte des 18. Jahrhunderts zu beobachtende Entwicklungen auf einen sozialgeschichtlichen Nenner zu bringen glaubte. Wie andere Master-Erzählungen der Moderne reagiert auch die Rede von der „Emanzipation des Bürgertums" auf das Problem der Modellierung mannigfaltiger und kontingenter Zeitläufe,[148] indem sie Geschichte als Innovationsprozess beschreibt. Entwicklungen sind Entwicklungen hin zur Moderne; sie machen die Strukturen der alten Welt obsolet und lösen sie auf. Was dadurch verschleiert wird, ist eben jene Pluralität und Heterogenität der Theaterlandschaft der Aufklärung, die Voraussetzung war für ihre Agonalität.

Wenn man das Narrativ von der Emanzipation des Bürgertums teilt und davon ausgeht, dass sich die frühneuzeitliche Gesellschaft ab etwa 1750 unter dem wachsenden Einfluss des Bürgertums in die moderne Gesellschaft zu wandeln beginnt, liegt es nahe, diese Wandlung auch im Theater zu beobachten, bzw. das „bürgerliche Theater" als einen der wesentlichen Träger dieses Prozesses zu begreifen. Im Zuge dieses Unternehmens entwickelte sich ein unter dem Schlagwort der „Verbürgerlichung" stehender Verweiszusammenhang von Thesen, der seither die Forschungslage zur deutschen Theatergeschichte des 18. Jahrhunderts bestimmt. Die meisten der in den letzten vierzig Jahren erschienenen Theatergeschichten[149] und Einzelstudien belegen dies. Sie gehen für die Aufklärungszeit von einem Reformprogramm aus, das die Ablösung des vermeintlich aristokratischen Barocktheaters zum Ziel gehabt habe und das in den einflussreichen theoretischen Schriften Gottscheds, Diderots, Lessings und Schillers publik gemacht worden sei. Wesentliche Elemente dieser Reform seien auf ästhetischer Ebene die Literarisierung[150] und ‚Reinigung' des Theaters von traditionellen Spielformen,[151] die Etablierung einer neuen Weise des Zuschauens durch die Etablierung von ‚Vierter Wand' und

---

147   Einflussreich war hier nicht zuletzt Szondi 1977. Dass die Geschichte der Idee vom ‚Aufstieg des Bürgertums in der Literatur des 18. Jahrhunderts' bereits im 19. Jahrhundert beginnt, zeigen Friedrich et al. 2006, S. XVII–XXVII.

148   Koschorke 2012, S. 203–211, 258–266.

149   Im Folgenden eine Liste aktueller und immer noch gebräuchlicher Überblicksdarstellungen der letzten vierzig Jahre, ggf. unter Angabe der das 18. Jahrhundert betreffenden Kapitel: Englhart 2018, S. 85–113; Fiebach 2015, S. 135–147; Erken 2014, S. 147–163; Simhandl 2014, S. 116–159; Kotte 2013, S. 263–318; Fischer-Lichte 1999a, S. 83–164; Brauneck 1996, S. 701–790; Steinmetz 1987; Meyer 1980; Maurer-Schmoock 1982.

150   Vgl. hierzu, in Bezug auf die Reformen Gottscheds und der Frühaufklärung Graf 1992. In diesem Zusammenhang hat die Sozialgeschichte die Ausweitung des Buchmarktes und des Lesepublikums im 18. Jahrhundert hervorgehoben, vgl. Ungern-Sternberg 1980.

151   Die Rolle von Teilen der aufgeklärten Theaterkritik bzw. der Moralischen Wochenschriften bei der Propagierung dieser von Gottsched initiierten ‚Reinigung' beschreiben

Illusionsbühne,[152] die Erfindung des natürlichen Schauspielstils,[153] die Einführung neuer Gattungen wie das bürgerliche Trauerspiel,[154] auf institutioneller Ebene die Einrichtung staatlich subventionierter Nationaltheater,[155]
die Träger von moralischer Bildung, Erziehung und Disziplinierung[156] werden
sollten.

Nur wenige der neueren Arbeiten zum Aufklärungstheater gehen davon
aus, dass dieses Reformprogramm vollständig umgesetzt wurde. Dies hat gute
Gründe, denn im Lauf der Zeit sind Einwände laut geworden, die die Heterogenität des Bürgertums im 18. Jahrhundert betont[157] oder auf differierende
Ergebnisse von systemtheoretischen Beschreibungen des 18. Jahrhunderts[158]
hingewiesen haben. Einen wichtigen Beitrag haben vor allem die Studien Reinhart Meyers und Ute Daniels geleistet,[159] die die Verbürgerlichungstendenz
der deutschen Bühnen anhand zahlreicher Quellenbelege in Frage stellten.
Sie konnten zeigen, dass die Hoftheater in ihrer Verwaltungs- und Publikums-
struktur nicht einfach in bürgerliche Hand übergingen. Überhaupt war die
deutschsprachige Theaterlandschaft der Aufklärung – wie im Übrigen auch
die des Barock – sehr heterogen und von regionalen Unterschieden geprägt.
Anders als die französische mit Paris und die englische mit London verfügte
sie nicht über ein in die Peripherie wirkendes Zentrum. Hof- und Stadttheater
besaßen eigene Verwaltungs- und Finanzstrukturen,[160] die Theaterkultur großer Residenzstädte war eine andere als die von Universitätsstädten, die des
protestantischen Nordens unterschied sich von der des katholischen Südens –

Heßelmann 2002, S. 75–92 und Martens 1968, S. 469–492. Vgl. auch Bauer/ Wertheimer
1983.

152   Rothe 2005; Lehmann 2000; Hollmer 1994, S. 99–106.

153   Heeg 2000; Košenina 1995; Bender 1992.

154   Guthke 2006; Mönch 1993; Schulte-Sasse 1980a, S. 450–473.

155   Die ausführlichste Darstellung des Nationaltheatergedankens in Deutschland leistet
      Krebs 1985. Die Auseinandersetzung mit dem Nationaltheater prägt noch neuere Studien
      wie die von Sosulski 2007 und Höyng 2003, S. 151–176. Seine Bedeutung für die Theater-
      presse der zweiten Hälfte des 18. Jahrhunderts zeigt Heßelmann 2002, S. 171–197. Vgl. auch
      Steinmetz 1996; Krebs/ Valentin 1990; Haider-Pregler 1980. Zum Nationalschauspiel im
      deutschsprachigen Raum, insbesondere dasjenige Schillers, siehe van der Poll/ van der
      Zalm 2018; Sharpe 2007; Höyng 2003.

156   Dewenter/ Jakob 2018; Zumhof 2018; Korte 2014, S. 31–49; Krebs 1999; Ruppert 1995; Eigen-
      mann 1994; Dreßler 1993.

157   Maurer 1996.

158   Willems 2006.

159   Meyer 2012; Daniel 1995.

160   Vgl. zum Hamburger Stadttheater und grundsätzlich zum Verhältnis von Stadt- und Hof-
      theater im 18. Jahrhundert Jahn/ Maurer Zenck 2016.

gleichwohl zirkulierten Theatertexte zwischen den Zentren,[161] tauschte man
Theaterleiter und Schauspieler aus. Die Komplexität dieser Topologie ist bis
heute wissenschaftlich nicht erfasst, auch wenn Jörg Krämer erste Schritte hin
zu einer Systematisierung gegangen ist.[162]

Der Blick auf die einzelnen Konstituenten des Aufklärungstheaters zeigt,
dass man sich von vielen gängigen Annahmen verabschieden muss. Eine
erste Korrektur betrifft das Verhältnis von Spielorten und Schauspieltruppen,
das bislang mit dem Narrativ „Von der Wanderbühne zum Nationaltheater"
beschrieben wurde. Es gab zahlreiche, meist von den Höfen finanzierte
Theatergebäude, die das gesamte 18. Jahrhundert hindurch Bestand hatten.
Ihre Bauweise wurde von den in den 1760ern entstandenen Theatern übernommen, so dass in Bezug auf die Bühnenarchitektur von einem hohen Grad
an Persistenz auszugehen ist.[163] Zugleich wurden in den Hoftheatern die
fremdsprachigen Truppen nicht einfach von deutschsprachigen abgelöst. Es
gab in den Hoftheatern in der ersten Hälfte des Jahrhunderts festangestellte
Ensembles, die französische und italienische Opern aufführten, in Städten wie
Berlin und Wien taten sie das noch nach 1750. Auch in von Bürgern getragenen
Stadttheatern wie dem Hamburger gab es in den 1770er Jahren zahlreiche Gast-
spiele italienischer und französischer Ensembles. Unzutreffend ist auch, dass
deutschsprachige Wandertruppen,[164] die sich um ein klassizistisches Repertoire bemühten, vor 1750 keinen Zugang zu stehenden Theatern hatten und
ausschließlich in ephemeren Bretterbuden spielten. Es gab stehende Spielstätten, die regelmäßig von wiederkehrenden Truppen wie derjenigen Schönemanns[165] und Friederike Caroline Neubers genutzt wurden: in Hannover
das Schlosstheater und der Ballhof,[166] in Breslau das Ballhaus, in Hamburg das
alte Opernhaus und die Komödie im Dragonerstall. Das dortige Publikum verfügte also über stehende Theater, in denen das ganze 18. Jahrhundert hindurch
deutschsprachige Opern und Schauspiele gezeigt wurden. Neuber durfte

---

161 Dennerlein 2021.
162 Krämer 1998, S. 68–85 unterscheidet sieben Typen von Theatern, nach Sozialstruktur
und Größe der jeweiligen Städte. Dazu zählen große Residenzen mit internationaler Ausrichtung wie Wien und Berlin, mittelgroße Residenzen wie München, Dresden und Hannover, kleine Residenzen wie Weimar und Gotha. Hinzu kommen große Handelsstädte,
etwa Hamburg, Leipzig und Breslau, kleinere städtische Zentren wie Mannheim nach
dem Abzug der Residenz 1778, Universitätsstädte (z.B. Halle, Göttingen) und geistliche
Zentren (Würzburg, Regensburg, etc.).
163 Maurer-Schmoock 1982, S. 18–51.
164 Das Wirken dieser Wandertruppen ist immer noch unzureichend erforscht. Eine Material-
basis bietet Pies 1973.
165 Devrient 1895.
166 Rector 2012, S. 63–66.

bereits in den 1730er Jahren an den Höfen in Hannover und Braunschweig auftreten und fand in Städten wie Hamburg Theater vor, die sie wiederholt bespielte oder, wie im Fall von Quants Hof in Leipzig, sogar fast eine Dekade lang dauerhaft beziehen konnte.[167] Der Terminus „Wanderbühne" verdeckt die persistenten Strukturen, die die regelmäßige Rückkehr zu Spielorten generierte. Hinzu kommt, dass nach 1750 immer noch zahlreiche mobile Truppen im Alten Reich aktiv waren, die Theaterkunst also nicht einfach sesshaft wurde.[168] Zumal auch jene Akteure, die dauerhaft an einem Ort spielten, in der zweiten Jahrhunderthälfte immer wieder die Theater wechselten. Der Hamburger Prinzipal Friedrich Ludwig Schröder war noch in den 1770er und 1790er Jahren aus finanziellen Gründen zu Gastspielreisen gezwungen.[169] Direktoren und Schauspieler wechselten die Häuser in einem ähnlichen Rhythmus wie es am heutigen Stadttheater üblich ist.

Das bürgerliche Theaterpublikum hatte nicht nur in bedeutenden Städten wie Hamburg (Gänsemarktoper) und Wien (Kärntnertortheater) bereits in der ersten Hälfte des 18. Jahrhunderts Zugang zu stehenden, deutschsprachigen Spielstätten, sondern auch in Orten wie Nürnberg zu kommunalen Theatern. In der fränkischen Handelsstadt wurde das Nachtkomödienhaus das gesamte 18. Jahrhundert über bespielt, es ist ein bedeutendes Beispiel für persistierende Strukturen in der deutschsprachigen Theaterlandschaft dieser Zeit. Zu denken ist aber auch an öffentlich zugängliche Aufführungen in Schultheatern und den Hoftheatern der Residenzen. Dies konnte Panja Mücke in ihrer Dissertation über das Theater des Dresdner Hofes zeigen,[170] auch das Große Schlosstheater in Hannover öffnete sich um 1700 dem außerhöfischen Publikum.[171] Wenig spricht zudem dafür, dass sich das Publikumsverhalten im Lauf der Aufklärung hin zu einer Disziplinierung und Respektierung der Illusionsbühne verändert hätte. Dies mag vereinzelt der Fall gewesen sein, dominierend war aber ein hoher Grad an Interaktion zwischen Bühne und Publikum bzw. innerhalb des Publikums,[172] wie er bereits in der ersten Hälfte des 18. Jahrhunderts gängig

---

167   Vgl. zu Leben und Werk von Friederike Caroline Neuber Rudin/ Schulz 1999; Reden-Esbeck 1881.

168   Krämer 1998, S. 63f.

169   Malchow 2022, S. 47–54. Die wechselhaften Direktionszeiten, Gastspielreisen und Aufenthalte fremdsprachiger Truppen im Hamburger Theater des letzten Viertels des 18. Jahrhunderts dokumentiert der digitale Spielplan der Jahre 1770 bis 1850: www.stadttheater.uni-hamburg.de.

170   Mücke 2003; Mücke 2012. Vgl. zur theatralen Öffentlichkeit im Kontext des Musiktheaters der ersten Hälfte des 18. Jahrhunderts auch Jahn/ Hirschmann 2016 sowie Jahn 2005b, S. 351–390.

171   Rector 2012, S. 60.

172   Schneider 2017a; Korte et al. 2014; Ravel 1999.

war. Adlige und bürgerliche Zuschauer unterschieden sich in dieser Hinsicht nur wenig.

Aufschlussreich ist auch ein Blick auf die Kostümpraxis. Der Übergang vom Rollenkostüm zum individualisierten und historisch adäquaten Kostüm wurde oft beschworen. Er fand aber langsamer statt als gedacht. Die Berliner Uraufführung des *Götz von Berlichingen*, die in der Forschung immer noch als Beginn der historisierenden Kostümpraxis gesehen wird, lässt sich nicht auf jedes Theater und jede Inszenierung übertragen. Alle Schauspieler eines neuen Stücks mit einem neuen Kostüm auszustatten, konnten sich die Theater nicht leisten. Gleichwohl wurden vereinzelt und dann im Lauf des 19. Jahrhunderts häufiger historisierende Kostüme eingesetzt, sie kamen aber meist in Kombination mit typisierenden und zeitgenössischen Kostümen zum Einsatz. So konnte man im späten 18. Jahrhundert während einer Aufführung unterschiedliche, einander widersprechende Zeichenpraktiken beobachten, die jeweils auf eine eigene ästhetische Zeit- und Erfahrungsschicht verwiesen.[173]

Was die Darstellungstechniken anging, waren diese stark von den Vorlieben des Prinzipals bzw. des Direktors abhängig, die durch ihre Leitung eines Hauses für Persistenzen sorgen konnten. Schröder übte sich in Hamburg am innovativen ‚natürlichen Schauspielstil‘,[174] griff dabei aber, wie Peter W. Marx gezeigt hat, auf traditionelle Spieltechniken zurück, die er während seiner Zeit in Ackermanns Truppe erlernt hatte.[175] Iffland, ein weiterer bedeutender Vertreter der neuen Schauspielschule, setzte sich in seinen Schriften wiederum mit der barocken Kategorie des *decorum* auseinander und rühmte den Einfluss seines am Hof ausgebildeten französischen Ballettlehrers.[176] Damit soll die Bedeutung des Natürlichkeitspostulats für den Schauspielstil der zweiten Jahrhunderthälfte nicht geleugnet werden, aber auch hier liegen die Dinge komplizierter, als es die These der Ablösung des künstlichen durch das natürliche Zeichen[177] suggeriert.

Diese und weitere Erkenntnisse führen in der neueren Forschung dazu, eine Diskrepanz von aufklärerischer Theorie und Theaterpraxis einzuräumen. Man konzediert, dass das Bürgertum nicht die Trägerschaft der Hoftheater übernommen hatte[178] und der programmatische Anspruch nicht dem Geschmack des Publikums entsprach.[179] Gesehen wird auch, dass stehende

---

173 Streim 2018.
174 Malchow 2022.
175 Marx 2011.
176 Bettag 2017.
177 Englhart 2018, S. 92 unter Bezug auf Fischer-Lichte 1999b.
178 Fischer-Lichte 1999a, S. 115.
179 Ebd., S. 102; Kotte 2013, S. 281, 318.

Theater und die ephemeren Bauten der Wanderbühnen, Illusionstheater und traditionelle Spielformen koexistierten,[180] die Theaterlandschaft des 18. Jahrhunderts wird sogar als „weites heterogenes Feld"[181] bezeichnet. Aber die Formulierung dieser Einwände ändert erstaunlicherweise nichts daran, dass der dem Verbürgerlichungsdiskurs entstammende Konnex von Nationaltheater und moralischer Anstalt als Leitmotiv der historischen Entwicklung präsent geblieben ist. Auffällig ist, dass keine der genannten Theatergeschichten ohne die entsprechende teleologische Metaphorik auskommt. Immer noch ist die Formel „von der Wanderbühne zum Nationaltheater" präsent.[182] Noch neuere und neueste Darstellungen sprechen von der „Emanzipation des Bürgertums" und einer „bürgerliche[n] Indienstnahme des Theaters",[183] von der Schaffung einer dezidiert „bürgerlichen Öffentlichkeit" durch das Theater,[184] von einer „Entwicklung des Theaters zum bürgerlichen Leitmedium",[185] von der Verwandlung der Tragödie in das bürgerliche Trauerspiel als Ausdruck der „Emanzipationsbestrebungen des Bürgertums".[186] Schwer, ja fast unmöglich scheint es deshalb, das Theater des späten 18. Jahrhunderts nicht mehr nur als Nationaltheater, moralische Anstalt oder ästhetisches Erziehungsinstrument zu begreifen. Selbst aktuelle diskursanalytische Arbeiten, die kein vorrangig sozialgeschichtliches Interesse haben, verorten das Aufklärungstheater immer noch in dem über vierzig Jahre alten Argumentationsmuster von Disziplin und Erziehung.[187]

Wer sich also dem deutschsprachigen Theater der zweiten Hälfte des 18. Jahrhunderts wissenschaftlich nähern will, sieht sich mit einem uneindeutigen, ja widersprüchlichen Forschungsstand konfrontiert. Die gängigen Theatergeschichten rahmen ihre Darstellung mit dem Narrativ einer seit der Jahrhundertmitte einsetzenden Verbürgerlichung, räumen aber im Einzelnen Abweichungen ein. Die meisten Einzelstudien bearbeiten die Felder, die eben dieses Narrativ abgesteckt hat – Nationaltheater, moralische Anstalt,

---

180   Ebd., S. 311; Fiebach 2015, S. 149. Die Darstellungen von Fiebach und vor allem Brauneck 1996 haben den Vorteil, der Geschichte des Aufklärungstheaters in Deutschland, Frankreich, England und Italien jeweils eigene Kapitel zu widmen und so die Gleichzeitigkeit unterschiedlicher Entwicklungen anschaulich zu machen.

181   Englhart 2018, S. 105.

182   Diese von Meyer 1980, S. 186 in seinem Beitrag zur *Sozialgeschichte der deutschen Literatur* prominent verwendete Formel weist einen erstaunlichen Grad an Stabilität auf. Siehe Englhart 2018, S. 99; Fischer-Lichte 1999a, S. 83; Brauneck 1996, S. 704.

183   Englhart 2018, S. 85; Fiebach 2015, S. 135–147.

184   Englhart 2018, S. 98; Zink 2018, S. 118f.

185   Wortmann 2018, S. 98.

186   Fischer-Lichte 1999a, S. 96.

187   Weinstock 2019.

Disziplinierung, Illusionsbühne, natürlicher Schauspielstil – ohne zwangsläufig die sozialgeschichtliche These der bürgerlichen Emanzipation zu übernehmen. Einige wenige wiederum zeigen, dass das Narrativ selbst fragwürdig
ist, finden aber insgesamt wenig Gehör. Das Problem ist offenkundig das Fehlen
eines neuen Modells, das die skizzierten Widersprüche integrieren könnte. Die
vorliegende Studie hat nicht den Anspruch ein solches Modell zu entwerfen,
zumal hierzu noch intensive historische Grundlagenforschung notwendig
wäre. Sie nimmt aber die genannten Einwände ernst und möchte im Anschluss
an die Arbeiten von Meike Wagner und Christopher Balme vorschlagen, die
Theater des 18. Jahrhunderts als öffentliche Institutionen zu begreifen, die
einen höheren Grad an Beharrungskraft aufwiesen als bislang angenommen.
Damit verbindet sich nicht die Absicht, Innovationen und Veränderungen zu
leugnen oder ein starres und einheitliches Bild des Aufklärungstheaters zu
propagieren. Im Gegenteil soll der Blick geöffnet werden für seine Vielfalt und
Heterogenität, die sich innerhalb der Theater aber auch in der Bühnenland-
schaft als Ganzes spiegelte.

Der Begriff der Persistenz ermöglicht es, Phänomene zu beschreiben,
die aufgrund ihrer Beharrlichkeit in der Zeit den heuristischen Wert von
Emanzipationserzählungen fragwürdig erscheinen lassen. Bisher ist er weder
in den historischen Fächern noch in der Literatur- und Theatergeschichte
reflektiert worden. Geprägt wurde er von der Analytischen Philosophie und
schlug sich in Disziplinen wie der Theorie politischer Systeme[188] und der
Sozialontologie[189] nieder, die unter anderem die Dauerhaftigkeit von Gruppen, Organisationen und Institutionen erforschen. Definiert man Persistenz
als einen relationalen Begriff, kann er die Beharrungskraft bestimmter
Konstituenten einer sozialen Institution und somit die Verflechtung von
divergierenden Geschwindigkeiten und Zeitschichten sichtbar machen, die
innerhalb dieser Institution wirken. Als Institution besteht auch das Theater
aus mehreren Konstituenten.

Es gibt unterschiedliche Akteure, die Vereinbarungen treffen und Handlungen vollziehen und sich dabei spezifischer Kommunikations- und Inter-
aktionsformen bedienen, aber auch materielle und mediale Konstituenten:
Theatergebäude, Bühnenbilder, Theaterzettel, Pressezeugnisse, Dramendrucke,
etc. Jede einzelne dieser Konstituenten kann sich unabhängig von den anderen Konstituenten wandeln oder persistieren. Schauspielhäuser können
umgebaut, abgerissen oder erhalten bleiben, Schauspieler das Haus verlassen
und neue hinzukommen, nie gesehene Kostüme eingesetzt und alte zugleich

---

188 Etwa bei David Easton, vgl. Brocker 2018, S. 492f.
189 Jansen 2017, S. 261–284.

beibehalten werden, neue Medien sich entwickeln, Diskurse über das Theater in der Presse eine andere Richtung nehmen, neue Gattungen zur Aufführung gelangen. Bei divergierenden Geschwindigkeiten von Innovationsprozessen und unterschiedlichen Graden von Persistenz muss innerhalb einer Institution von Mischverhältnissen ausgegangen werden.

In diesem Zusammenhang hat die sozialontologische Forschung, namentlich John Searle, auf einen wichtigen Punkt hingewiesen: Die Bedeutung des Verhältnisses von konkreter Materialität und sprachlicher Beglaubigung für die Beharrungskraft von Institutionen. Eine „Grenze" zum Beispiel kann durch Akteure weiterhin beglaubigt und in der Folge nicht übertreten werden, obwohl sie physisch zerstört wurde.[190] Genau dieses Verhältnis von materiellen und medialen Gegebenheiten auf der einen und sprachlicher Beglaubigung auf der anderen Seite stellt die Erforschung des Theaters als Institution vor erhebliche Probleme, wie nicht zuletzt die Theatergeschichte des 18. Jahrhunderts beweist. Denn tatsächlich lässt sich ab der Jahrhundertmitte eine grundlegende Verschiebung der medialen Umgebung und diskursiven Beschreibung des Theaters beobachten. Es entstehen zahlreiche Theaterzeitschriften, die eben jenes Diskurssystem etablieren, auf das die Forschung sich noch heute stützt.[191] Die Geschichtsschreibung hat dieses Reformprogramm als Telos inszeniert, anhand dessen der Änderungsprozess des Theaters bewertet werden soll. Zu wenig Berücksichtigung fand dabei, dass die Reform nur eine einzelne Konstituente des Aufklärungstheaters war und nur die Ansichten einer bestimmten Gruppe wiedergab. Übergangen wurde auch, dass auf Ebene der Praktiken, Medien und Materialien im 18. Jahrhundert zahlreiche Persistenzen zu beobachten sind, die innerhalb der Institution zu Mischungsverhältnissen führen. Damit hat die Theatergeschichte eine Möglichkeit verspielt, der Komplexität ihres Gegenstandes gerecht zu werden. Denn in größerem Umfang als die Literaturgeschichte hat sie es mit Plurimedialität und einer Mannigfaltigkeit von Akteuren und Materialien zu tun. Die Annahme greift zu kurz, dass die Theaterlandschaft einer Epoche allein durch zeitgenössische Theorieprogramme adäquat beschrieben werden könne. Bestenfalls ergibt sich daraus die Einsicht, dass die Praxis der Theorie nicht entsprach.

Wenn man stattdessen die Vielfalt der institutionellen Konstituenten des Aufklärungstheaters sowie den Widerspruch zwischen den in ihm wirkenden Beharrungs- und Erneuerungskräften ernst nimmt, bietet sich die Chance, seine Agonalität freizulegen. Die auf Harmonisierung und Disziplinierung

---

190   Searle 1997, S. 49.
191   Bender et al. 1994–2005.

zielenden Diskurse von Nation,[192] Moral und Erziehung rücken in den Hintergrund und die Konfliktformen der Theateröffentlichkeit werden sichtbar. Dass zahlreiche Quellen einen hohen Interaktionsgrad des Publikums belegen, muss nun nicht mehr als Mangel an Disziplin gedeutet werden,[193] sondern gibt erste Hinweise auf den Kampf verschiedener Interessengruppen. Innerhalb des Publikums bildete sich mit dem Parterre eine Partei, die sich als repräsentative Stimme inszenierte,[194] aber nur aus dem gebildeten Teil des Bürgertums bestand. Die auf die Galerie verwiesene Unterschicht musste sich auf andere Weise Gehör verschaffen. Das Abonnementsystem[195] wiederum führte in verschiedenen Theatern zu eigenen Formen der Gruppenbildung, etwa zu einer erhöhten Repräsentation des Militärs im Zuschauerraum.

Die Theaterreform, die die kanonisierten Schriften Gottscheds, Lessings und Schillers vorgaben und die in Teilen der Presse wiederholt wurde, war das Programm nur einer Partei unter vielen. Genauso wenig wie das Publikum waren die Zeitschriften sich immer einig; sie widersprachen einander, ja bekämpften sich. Die Konkurrenz auf dem wachsenden Meinungsmarkt war groß. Dies galt auch für die Theaterlandschaft insgesamt. Die heimischen Bühnen wurden in Artikeln mit denen anderer Städte verglichen, Schauspieler und Theaterleiter konnten abgeworben werden. Auch deshalb stellten die Journale in ihren Beiträgen permanent Forderungen an die Direktoren, verlangten die Aufnahme oder Absetzung bestimmter Schauspieler oder Stücke, Änderungen im Repertoire und Investitionen in die Ausstattung. Die Schauspieler wiederum intrigierten gegen Kollegen oder die Direktion, traten am Ende von Vorstellungen vor das Publikum, um ihre ökonomischen oder ästhetischen Anliegen öffentlich kundzutun.

Das agonale Kräftefeld, das sich zwischen Direktoren, Schauspielern, Publikum und Presse etablierte, war ungeordnet. Die zahllosen Skandale, die sich im Theater des 18. Jahrhunderts beobachten lassen, legen Zeugnis davon ab, dass politische, ökonomische und ästhetische Normen zwischen den Akteuren immer wieder neu verhandelt werden mussten.[196] Der öffentliche Kampf

---

192 Womit nicht gesagt ist, dass diese Diskurse nicht eine agonale Stoßrichtung haben konnten, etwas gegen die Libertinage und angebliche Verkommenheit des Adels und seiner Privilegien oder gegen andere Nationen wie die französische.

193 Diese Deutung dominiert noch in den verdienstvollen und materialreichen Darstellungen von Korte 2012; Korte 2014.

194 Ebd., S. 14–31; Korte et al. 2014, S. 73–114; Weinstock 2019, S. 155–164; Ravel 1999.

195 Meyer 1939.

196 Die Forschung zum Theaterskandal hat sich bisher auf das späte 19. und 20. Jahrhundert konzentriert. Untersuchungen zum 18. Jahrhundert liegen bisher nur wenige vor, vgl. Schneider 2017a; Paul 1969; Heinz 2004. Theaterskandale sind auch im frühen 19. und

um die Hegemonie im Theater eskalierte häufig in gewaltsamen Protesten im Zuschauerraum oder auf der Straße. In den seit den 1770er Jahren an vielen deutschen Bühnen entstehenden Theatergesetzen[197] ging es nicht einfach nur um eine Disziplinierung der Schauspieler und des Publikums, sondern in erster Linie um die Reglementierung des Theaters als politischen und öffentlichen Raum.[198] Einige Bühnen wie das Wiener Hoftheater gingen in der demokratischen Selbstverwaltung der Schauspieler sehr weit. Andere wie das Hamburger Stadttheater hielten die Macht auf Seiten der Intendanz bzw. Direktion, deren Entscheidungen aber vor einem Ältestenrat der Schauspieler angefochten werden konnten.

Die geschilderten Phänomene sind wiederum in der Kontinuität der öffentlichen Streitkultur der Aufklärung zu verorten. Wichtig ist in diesem Zusammenhang, dass die Forschung zentrale Thesen von Jürgen Habermas inzwischen in zentralen Punkten korrigiert hat.[199] Bereits im Ancien Régime gab es seit der zweiten Hälfte des 17. Jahrhunderts eine höfische Öffentlichkeitspolitik, die nicht einfach „repräsentativ" war, sondern auf die wachsende Zahl journalistischer Publikationen und ihrer Leser Rücksicht nehmen musste. In reichsunmittelbaren Handels- und Messestädten wie Hamburg existierte eine lebendige, zum Skandal neigende[200] bürgerliche Öffentlichkeit. Von ihr zeugen auch die über Presse und Buchmarkt ausgetragenen Streitigkeiten zwischen Gelehrten. Die Funktion dieser Öffentlichkeit war nicht zuletzt eine dezidiert agonale: Ziel war es, die sozialen Auseinandersetzungen von der Straße zu holen, „die Konfliktfähigkeit zu erhöhen, Meinungsunterschiede auf eine sozialverträgliche Art und Weise zuzulassen."[201] Ein Wandel ist aber im Hinblick auf das Zeremoniell zu beobachten, dessen Bedeutung für die Ordnung der Öffentlichkeit zur Jahrhundertmitte abnimmt.[202] Zu diesem Zeitpunkt wurden die ersten Theaterjournale veröffentlicht, in den folgenden Dekaden sollten es schnell mehr werden.

---

späten 17. Jahrhundert aus England und Frankreich bekannt, vgl. Baer 1992; Ravel 1999, S. 86–95.

197   Dewenter/ Jakob 2018; Belitska-Scholtz/ Ulrich 2005; Heßelmann 2002, S. 280–296.

198   Schneider 2018; Zink 2018.

199   Goldenbaum 2004; van Melton 2001; Böning 2002; Gestrich 1994; Schneider 1992, S. 119–137.

200   Rose 2012.

201   Martus 2015, S. 232.

202   Berns/ Rahn 1995, S. 661.

Die Formen der agonalen Konfliktaustragung, die sich aus den historischen Zeugnissen der Aufklärungsbühne ablesen lassen, weisen erstaunliche Parallelen zu den Handlungen der Dramen auf. Wer die Theaterpresse der Zeit studiert, die Publikumsansprachen, die Briefe und Lebensbeschreibungen von Direktoren, Dramaturgen und Schauspielern, wird auf Szenen stoßen, die an das Drama der Zeit erinnern. Die Kämpfe, die die Akteure des Aufklärungstheaters meist öffentlich austragen, geben ihnen Anlass, aktuelle politische Fragen zu reflektieren. Dabei spielen eben die Themenfelder von Agonalität und Gemeinschaft eine wichtige Rolle, die im Zentrum der vorliegenden Studie stehen. Naturrechtliche Argumente und politische Systemfragen wurden ebenso verhandelt wie der richtige Umgang mit Stand und Ehre. Immer wieder fiel in der Presse das Wort von der „Theaterrepublik", wurden Direktoren für ihren vermeintlich tyrannischen Umgang mit Schauspielern und Publikum kritisiert – die bekanntesten Beispiele sind Garrick und Schröder.[203] Die Frage nach der sozialen Funktion von Weiblichkeit tauchte immer dann auf, wenn das Verhalten von Schauspielerinnen in den Fokus der Öffentlichkeit geriet.[204] Sie wurden verehrt und idealisiert, gerieten aber ins Kreuzfeuer der Kritik, wenn sie sich gegen den Direktor stellten und ihre eigenen Interessen vertraten. Auch Sinn und Zweck der Theateröffentlichkeit standen zur Debatte. Nicht zuletzt zeigt die Lektüre dieser Zeugnisse, dass die in ihnen beschriebene Dynamik von Parteienbildung, Eskalation und Gewalt mit Appellen an Vernunft und Gemeinschaftsgefühl begrenzt werden soll – eine weitere Ähnlichkeit zu den Dramenhandlungen der Zeit.

Natürlich unterscheiden sich die agonalen Interaktionsmuster der Theateröffentlichkeit des 18. Jahrhunderts von den Konfliktdarstellungen der Dramen in epistemologischer Hinsicht. Solange man beide Phänomene nicht unter ein historisches Apriori subsumieren will, folgt die Diskussion in Theaterjournalen anderen Darstellungs- und Argumentationsweisen als fiktionale Texte, die in ihrer Formensprache stärker an überlieferte Dramengattungen und -ästhetiken gebunden sind. Die Appellstrukturen von Presse- und Dramentexten differieren zudem in ihren kommunikativen Rahmungen. Wenn hier dennoch mit Nachdruck die Agonalität des Aufklärungstheaters betont wird, geschieht dies nicht in der Absicht, daraus einen unmittelbaren Erkenntnisgewinn für die literaturwissenschaftliche Textdeutung abzuleiten. Stattdessen soll die gängige

---

203 Burnim 1961, S. 21; Schneider 2017b, S. 54.
204 Zur Kulturgeschichte der Schauspielerinnen im 18. Jahrhundert vgl. die entsprechenden Beiträge in Möhrmann 1989, S. 59–153 sowie Malchow 2014.

These, dass sich das Theater in der zweiten Hälfte des 18. Jahrhunderts zu einer moralischen Anstalt wandelte, relativiert und der Blick auf die Agonalität der Theateröffentlichkeit freigelegt werden. Theaterhistoriographische Erkenntnisse können die hermeneutische Textarbeit inspirieren und legitimieren. Dass die Autoren der Aufklärungsbühne im komplexen agonalen Feld der Theateröffentlichkeit agiert haben und eben jenen Spannungen ausgesetzt waren, die sie in ihren Dramen zur Darstellung brachten, ist ebenfalls Teil des historischen Hintergrundes, dessen Skizze hiermit abgeschlossen sei.

KAPITEL 2

Tugend, Tatkraft, Menschenliebe.
Elemente empfindsamer Gefühlspolitik

Die Aushandlungsprozesse der Ständegesellschaft, der Kampf um Ehre und Reputation in Intrigen und Duellen, die Parteienbildungen und Konflikte in der Öffentlichkeit, Aufstände und Revolutionen, Kriege und ihre zerstörerischen Folgen für die Menschen, kurz: das Spannungsfeld von Agonalität und Antagonalität, von symbolisch geregeltem Wettstreit und Auseinanderbrechen des symbolischen Systems selbst, bezeichnen das Politische der Aufklärungszeit. Es gibt jedoch einen Gegenpol, der die mit der Agonalität einhergehende Unsicherheit und Bedrohung der Gesellschaft gefühlspolitisch und moralphilosophisch zu befrieden versucht. Die Rede ist von der Empfindsamkeit, jenem Epochenphänomen, das traditionell eine semantische Verschiebung innerhalb der deutschsprachigen Aufklärungskultur bezeichnet: die Aufwertung von Emotionen gegenüber Vernunft und Rationalität. Sie zeigt sich, so die gängige Annahme, seit den 1740er Jahren in unterschiedlichen Medien, Praktiken und literarischen Gattungen.

Wie in den Dramentexten des 18. Jahrhunderts Agonalität und Antagonalität durch empfindsame Dispositionen eingehegt werden sollen, diese aber wiederum in das Spannungsfeld des Politischen hineingezogen werden, ist Thema dieser Arbeit. Um die theoretischen und historischen Voraussetzungen der Dramenanalyse zu klären, hat das vorige Kapitel eine ausführliche Darstellung der philosophischen, sozial- und theatergeschichtlichen Dimensionen von Agonalität unternommen. Das vorliegende setzt sich im Gegenzug mit den gesellschaftspolitischen Intentionen empfindsamer Tugendvorstellungen auseinander. Dem Naturrecht, das die politische Theorie des 18. Jahrhunderts dominiert und sowohl agonale als auch harmonisierende Elemente enthält, wird sich dann das dritte Kapitel widmen.

Um das Problem zu veranschaulichen, das der Verbindung von Empfindsamkeit und tugendhafter Tätigkeit innewohnt, seien zu Beginn zwei Szenen aufgerufen, die bekannten Romanen der Jahrhundertmitte entnommen sind. Die erste findet sich am Ende des zweiten, 1748 erschienenen Teils von Christian Fürchtegott Gellerts *Leben der schwedischen Gräfin von G****. Sie beschreibt die Gefühle der Gräfin nach dem Tod ihres Gatten:

© BRILL FINK, 2023 | DOI:10.30965/9783846767634_003

Ich will meinen Schmerz über seinen Tod nicht beschreiben. Er war ein Beweis der zärtlichsten Liebe und bis zur Ausschweifung groß. Ich fand eine Wollust in meinen Thränen, die mich viele Wochen an keine Beruhigung denken ließ, und Amalie klagte mit mir, an Statt, daß sie mich trösten sollte. R - - mußte die meiste Zeit über das Bette hüten, und auch dieses vermehrte meinen Schmerz: Steeley allein sann auf meine Ruhe und nöthigte mich, da die beste Zeit des Jahres verstrichen war, mit ihm nach London zurück zu kehren.[1]

Die zweite wird erzählt in Henry Fieldings ein Jahr später veröffentlichtem Roman *The History of Tom Jones*. Sie schildert, wie der jugendliche Protagonist kurzerhand auf dem Markt ein Pferd verkauft, das der Hausvater Allworthy ihm zuvor geschenkt hat. Zur Rede gestellt, weigert sich Tom, über den Verbleib des Geldes Auskunft zu geben. Der strenge, religiös orthodoxe Hauslehrer Thwackum droht ihm deswegen Schläge an. Tom bleibt stur und beschwert sich stattdessen bei Allworthy über die Erziehungsmethoden des „tyrannischen Schurken" Thwackum, die er ihm eines Tages mit dem „Knüppel" heimzahlen werde:

> but as for that tyrannical rascal, he would never make him any other answer than with a cudgel, with which he hoped soon to be able to pay him for all his barbarities.[2]

Nach einer scharfen Ermahnung Allworthys gesteht Tom schließlich doch, warum er das Pferd verkauft und was er mit dem Geld getan hat:

> „Oh, sir", answered Tom, „your poor gamekeeper, with all his large familiy, ever since your discarding him, have been perishing with all the miseries of cold and hunger. I could not bear to see those poor wretches naked and starving, and at the same time know myself to have been the occasion of all their sufferings." [...] Here the tears run down his cheeks, and he thus proceeded. „It was to save them from absolute destruction, I parted with your dear present, notwithstanding all the value I had for it. – I sold the horse for them, and they have every farthing of the money."
> Mr. Allworthy now stood silent for some moments, and before he spoke, the tears started from his eyes. He at length dismissed Tom with a gentle rebuke.[3]

---

1 Gellert 1748, S. 135.
2 Fielding [1749] 1966, S. 142f. Die hier zitierte Fassung beruht auf der dritten Ausgabe von 1749, in die die letzten Korrekturen Fieldings eingeflossen sind. Sie wurde allerdings an den modernen Lautstand angepasst.
3 Ebd., S. 143f.

Tom Jones' scheinbarer Eigennutz entpuppt sich als Wohltätigkeit. Er wollte dem Wildhüter helfen, der wegen einer seiner Lausbubenstreiche von Allworthy entlassen wurde und dessen Familie nun in Armut lebt.

Beide Szenen zeugen von der empfindsamen Veranlagung der Protagonisten, allerdings auf unterschiedliche Weise. Die emotionale Reaktion der Gräfin auf den Tod ihres Mannes entspricht dem traditionellen Bild empfindsamer Figuren. Die Trauer geht über in ausschweifenden Schmerz, an den Tränen findet die Gräfin eine solche „Wollust", dass sie sich nicht mehr beruhigen will und auch ihre Freundin stimmt in den wochenlangen Klagesang ein. Eben diese exaltierte Zurschaustellung einer gefühlsseligen Tränengemeinschaft ist es, was man landläufig unter „Empfindsamkeit" versteht. Bei Tom Jones liegen die Dinge jedoch anders. Er ist weder in der zitierten Passage noch im gesamten Roman ein typischer Empfindsamer. Bekanntlich hat Fielding *Tom Jones* als Gegenentwurf zu den Romanen Samuel Richardsons angelegt, entsprechend unmoralisch verhält sich sein Held in vielen Szenen. Er führt ein ausschweifendes Sexualleben und prügelt sich mit seinen Widersachern. Jedoch ändert das nichts an seiner empfindsamen Disposition. Er weiß, dass die Erziehungsmethoden Thwackums unmenschlich sind. Er vergießt Tränen, weil ihm das Schicksal des Wildhüters nahegeht und er seinetwegen Schuldgefühle hegt. Sein Gefühl führt aber, anders als im Fall der Gräfin von G***, unmittelbar zur tugendhaften Tat. Erst sie gilt Allworthy als Beweis des guten Charakters seines Ziehsohnes, eine Erkenntnis, die ihn zum Weinen bringt. In Gellerts Text wiederum ist die Tatkraft Steeley vorbehalten, der die Gräfin aus ihrer überempfindsamen Trauer heraus und zurück ins Leben holt. Deshalb ist auch er, selbst wenn er keine Tränen vergießt, Teil der empfindsamen Gemeinschaft.

Vieles ließe sich zum Kontext dieser Szenen sagen, zur unterschiedlichen Rolle der Geschlechter, zur Darstellung der Ständegesellschaft, zum Verhältnis von Empfindsamkeit, Religion und Pädagogik, usw. Es geht aber zunächst einmal um Grundlegenderes: Ist die empfindsame Disposition von Figuren in der Lage, gesellschaftliche Veränderungen zu bewirken oder etabliert sie lediglich eine abgeschlossene, sich selbst genügende Zirkulation von Emotionen? Kann aus ihr, anders gefragt, eine spezifische Form der Gefühlspolitik erwachsen? Tom Jones' Widerstand gegen die Züchtigungen des Tyrannen Thwackum deutet jedenfalls darauf hin, dass in den Gefühlen empfindsamer Charaktere ein enormer politischer Veränderungswille schlummern kann.

Damit wendet sich diese Studie gegen die Rede von der unpolitischen Empfindsamkeit, die bis heute zu vernehmen ist. Schon Hegel spottet in seiner *Ästhetik* über die moderne „epische Poesie", deren schwächliche Protagonisten nicht auf substantielle Weise ethisch handeln könnten. Sie habe sich entweder

„in die Beschränktheit privater häuslicher Zustände auf dem Lande und in der kleinen Stadt geflüchtet" oder produziere Figuren wie Werther, deren „Schönheit der Empfindung"[4] in Wahrheit „gehaltlose Subjektivität" sei, verschlossen für die „wahrhaft sittlichen Interessen und gediegenen Zwecke des Lebens".[5] Die Verortung der Empfindsamkeit in den Sphären von Privatheit, Häuslichkeit und Familie ist ein geistesgeschichtlicher Longseller und zieht sich bis in die aktuelle Literaturwissenschaft.[6] Er geht aber am politischen Potential der empfindsamen Moralphilosophie vorbei. Auch wenn Autoren wie Gellert die Bewahrung der Ordnung in den Vordergrund stellten,[7] ließ sich aus ihren Schriften, aus der Verknüpfung von Menschenliebe und Tatkraft, ein grundlegender sozialer Veränderungswille begründen.[8]

2.1   Die literaturhistorische Einordnung der Empfindsamkeit

Die aktuelle Forschung zeigt großes Interesse an der literarischen Darstellung von Emotionen und der emotionalen Wirkung von Literatur. Ein jüngst erschienenes Handbuch[9] hat die in den vergangenen Jahren und Jahrzehnten etablierten Zugänge zum Thema systematisiert und die lange Linie der literarischen Gefühlsproduktion von der Antike bis in die Gegenwart nachgezeichnet. Auch die Empfindsamkeit hat darin ihren Platz.[10] Sie ist in den letzten zwanzig Jahren immer wieder in einem historischen Kontinuum verortet worden, das im späten 17. Jahrhundert einsetzt. Galante Diskurse und Praktiken der „Zärtlichkeit" haben, so die These, im europäischen Theater die Strukturen der Empfindsamkeit geprägt,[11] insbesondere die Bedeutung des französi-

---

4   Hegel [1842] 1986b, S. 414.
5   Hegel [1842] 1986a, S. 313.
6   So bereits bei Sauder 1974, S. 143 und noch bei Weiershausen 2018, S. 122, die zwar im empfindsamen „Paradigmenwechsel" eine Tendenz zur Privatheit sieht, jedoch in empfindsamen Dramen wie *Miß Sara Sampson* eine Auseinandersetzung von inneren und äußeren Normen konstatiert. Einseitiger dagegen die Urteile von Nisbet 2008, S. 256, der von „der unpolitischen Tugend der Moralischen Wochenschriften und der empfindsamen Literatur" spricht, sowie von Primavesi 2008, S. 28, der die Formel vom „Rückzug auf Empfindsamkeit und Innerlichkeit" verwendet.
7   Gellert 1770, S. 24.
8   Zuzustimmen ist deshalb Wegmann 1988, S. 67, wenn er den politischen Sinn der Empfindsamkeit in ihrer Tendenz zur „polarisierende[n] Negation" entdeckt. Sie versuche, aus der Distanz zu den „realen Machtverhältnissen" Alternativen zu gewinnen.
9   Zumbusch/ Koppenfels 2016.
10   Giurato 2016.
11   Steigerwald/ Meyer-Sickendiek 2020. Als Vorläuferin der Empfindsamkeit identifiziert Wolf 1984, S. 50–59 die feudal-idealistische Liebesauffassung der preziösen Salonkultur

schen Dramas von Racine über Destouches, Marivaux bis La Chaussée und Voltaire könne in dieser Hinsicht kaum überschätzt werden.[12] Gleiches gelte für die klassizistischen Tragödien in der Nachfolge Gottscheds,[13] das deutschsprachige Musiktheater der Zeit zwischen 1680 und 1740,[14] die Musikästhetik Matthesons[15] sowie das säkulare Naturrecht des 17. und 18. Jahrhunderts.[16] Schon lange *common sense* der Forschung ist der Einfluss der schottischen Moralphilosophie,[17] der englischen *sentimental comedy* und der Briefromane Samuel Richardsons.

Wäre es angesichts dieser Befunde nicht sinnvoller, den Begriff der Empfindsamkeit und den ihm zugeschriebenen engen Zeitraum von 1740 bis 1770[18] aufzugeben und stattdessen in der Aufklärung als solcher „den Beginn einer neuen, intensiv reflektierten Wertschätzung von Gefühlen"[19] zu erkennen? Zumal damit die fragwürdige Trennung einer rationalistischen Frühaufklärung

---

des 17. Jahrhunderts. Vgl. zur eigenständigen, von der schottischen Moralphilosophie unabhängigen Entwicklung des Begriffs der *sensibilité* im 18. Jahrhundert Baasner 1988.

12 Meyer-Sickendiek 2016, der an die Arbeit von Wolf 1984 anknüpft. Zu Gefühlsdarstellungen des galanten Romans siehe Stauffer 2018. Den Transferprozess zwischen der höfischen Galanterie Frankreichs und der deutschen Frühaufklärung beleuchtet im Hinblick auf die Herausbildung einer „natürlichen Ethik" Steigerwald 2011. Wenig beachtet blieb der Beitrag Carlo Goldonis zur empfindsamen Theaterkultur, der sich vor allem in seinen Dramen *Il Padre di famiglia* und *La Pamela* (beide 1750 uraufgeführt) manifestierte. Vgl. hierzu Föcking 1994 sowie Zaiser 2003, S. 90–100. Auch italienische Autorinnen und ‚Arcadia'-Mitglieder der zweiten Hälfte des 18. Jahrhunderts, wie etwa Maria Fortuna und Maria Fulvia Bertocchi, integrierten empfindsame Elemente in ihre Tragödien, vgl. Segler-Meßner 1998, S. 130–160.

13 Dass in klassizistischen Dramen empfindsame Muster vorbereitet werden, zeigt die Studie von Lukas 2005. Meist wird in diesem Zusammenhang auf Schlegels *Canut* verwiesen, siehe Borchmeyer 1983b. Jedenfalls ist die Annahme nicht zu halten, mit Lessings *Sara Sampson* beginne die Empfindsamkeit und ende die heroische Tragödie. Man muss stattdessen von Übergangsphänomenen und Koexistenzen ausgehen. Dies betonen auch Meier 1993, S. 11–19, 327–342 und Weiershausen 2018, S. 202.

14 Jahn 2005b.

15 Hirschmann/ Jahn 2010.

16 Vollhardt 2001.

17 Engbers 2001; Sauder 1974, S. 73–85.

18 Sauder 2003, S. 18f. und Sauder 1974, S. 234f. beschränkt die Empfindsamkeit im Wesentlichen auf die Jahrzehnte zwischen 1740 und 1770. Zwar sei seit den 1790er Jahren ein erneuter Anstieg empfindsamer Publikationen zu verzeichnen, diese führten aber in die Trivialisierung und Auflösung der Empfindsamkeit im 19. Jahrhundert.

19 Frevert et al. 2011, S. 20. Für die Beschreibung der Aufklärung als Epoche der Gefühlsemphase plädiert auch Fulda 2015. Er betont jedoch, dass heftige Leidenschaften und Affekte nicht Teil dieser Emphase waren, man plädierte in der Aufklärung für ihre Kontrolle.

von einer empfindsamen Hochaufklärung[20] ad acta gelegt werden könnte? Würde die Rede von einer „Gefühlskultur"[21] des 18. Jahrhunderts die historische Kontinuität des Phänomens nicht adäquater beschreiben? Der Nachteil einer solchen Generalisierung ist, dass sie spezifische Semantiken von Gefühlsdarstellungen nicht erfasst. Wenn man die im Frankreich des 17. Jahrhunderts entstehenden Vorstellungen von höfischer Liebe und „tendresse" als „Empfindsamkeit" bezeichnet, gehen historische Kontraste verloren.[22] Die Differenz zwischen zeitlich weit auseinanderliegenden Gefühlsdiskursen kann analytisch nicht präzisiert werden, wenn man die Begriffskontexte nicht trennt. Wort- und Begriffsgeschichte fallen nicht zusammen: Die Geschichte des Wortes „empfindsam" beginnt erst weit nach 1740,[23] während die Rede von der „Zärtlichkeit" im deutschsprachigen Raum noch nach der Jahrhundertmitte gängig ist, wie Michael Ringeltaubes Abhandlung *Von der Zärtlichkeit* aus dem Jahr 1765 belegt.[24] Zugleich jedoch führt die Etablierung des Begriffs „Empfindsamkeit" zu grundlegenden semantischen Unterscheidungen, etwa in Campes 1779 erschienener Abhandlung *Empfindsamkeit und Empfindelei in pädagogischer Hinsicht.*[25]

   Da sich die vorliegende Studie in erster Linie für die Entstehung einer Gefühlspolitik aus der Verbindung von emotionalen Dispositionen mit moralphilosophischen Ideen interessiert – näheres hierzu erläutert Abschnitt 2.2. –, wird sie von „Empfindsamkeit", genauer noch von „Tugendempfindsamkeit" sprechen. Letzteren Begriff hat Eckhardt Meyer-Krentler Mitte der 1980er Jahre

---

20   Grimminger 1980a, S. 40–57.

21   Aurnhammer et al. 2004b.

22   Meyer-Sickendiek 2016, S. 17, 33. Demgegenüber unterscheidet bereits Wolf 1984, S. 83f. in der adligen Salonkultur Frankreichs zwischen ‚préciosité' und einer ‚seconde préciosité'. Letztere habe die Dimension der ‚amour-tendresse' hervorgehoben, welche in der ‚Empfindsamkeit' dann in die Institution der Ehe integriert werde. Der Verlust historischer Trennschärfe zeigt sich noch deutlicher in der Tendenz insbesondere der älteren Forschung, Romane des Mittelalters und der frühen Neuzeit als empfindsam zu definieren. Knape 1987, der die entsprechenden Beispiele zitiert, schlägt stattdessen vor, im Hinblick auf diese Epochen allgemeiner von einem „Interesse an bestimmten Formen von Emotionalität" zu sprechen (ebd., S. 236).

23   Sauder 1974, S. 4–5, 234 nennt einen Brief L.A.V. Gottscheds aus dem Jahr 1757 als ersten Beleg, und verweist auf den engen Zusammenhang zur Rede von der „Zärtlichkeit" in den Jahrzehnten davor. Georg Jäger hat auf verschiedene Funde aus den frühen 1760er Jahren aufmerksam gemacht, vgl. Jäger 1969, S. 11–43. Die immer wieder anzutreffende Behauptung, Lessing habe den Begriff erfunden, als er Bode für die Übersetzung des Titels von Sternes *Sentimental Journey* zur Verwendung des Wortes „empfindsam" riet, ist längst widerlegt.

24   Ringeltaube 1765.

25   Campe 1779.

in seiner Untersuchung des aufklärerischen Freundschaftsdiskurses geprägt; bis heute findet er Anwendung.[26] Daraus folgt nicht notwendig, die von Sauder vorgeschlagene Beschränkung der Empfindsamkeit auf die Jahrzehnte von 1740 bis 1770 respektive von 1790 bis 1800 zu übernehmen. Der Konnex von Empfindung und einer an Aufrichtigkeit, Temperierung und Menschenliebe ausgerichteten Idee von Tugend lässt sich auch vor 1740 sowie in den Familiendramen der 1780er Jahre beobachten. Zu kritisieren ist in diesem Kontext die Ausklammerung der ‚Trivialliteratur‘, die angeblich die eigentliche empfindsame Tendenz verflache.[27] Gleiches gilt für die Deutung der Empfindsamkeit als bürgerliches Emanzipationsstreben. Sie führt den angeblichen Siegeszug des Bürgertums im 18. Jahrhundert auf dessen innovative Moralphilosophie zurück. Vertreten hat sie bereits in den 1930er Jahren Fritz Brüggemann, nach ihm Gerhard Sauder.[28] Obwohl die gegen die Verbürgerlichungsthese sprechenden sozialhistorischen Befunde inzwischen erdrückend sind (s. Kap. 1.3) und in der Literaturwissenschaft schon seit Jahrzehnten Skepsis zu vernehmen ist,[29] taucht die These noch in neueren Untersuchungen auf.[30] Empfindsame Tendenzen innerhalb des in sich vielschichtigen Bürgertums des 18. Jahrhunderts sind nicht zu bestreiten,[31] da dies aber auch auf Hofwelt und Adel zutrifft,[32] lässt sich daraus kein Beleg für eine bürgerliche Emanzipation konstruieren.

Ein eindeutiges historisches Differenzkriterium sind dagegen die anthropologischen und medizinischen Innovationen der 1740er Jahre, die synchron zur Rezeption der epistemologischen Modelle des Sensualismus und Empirismus[33] eine neue physiologische Basis für die Beschreibung von Gefühlen

---

26 Meyer-Krentler 1984, S. 33–47; Immer 2005; Vollhardt 2001, S. 211–336.

27 Einen solchen offenbar nicht weiter zu begründenden Ausschluss betreiben Sauder 2003, S. 18f. sowie Koschorke [1999] 2003, S. 431. Auf die methodische Fragwürdigkeit eines solchen Verfahrens verweist mit Bezug auf Sauder Arnold 2012, S. 113.

28 Brüggemann 1935; Sauder 1974, S. 50–57. Die Argumente für und wider den Zusammenhang von Bürgerlichkeit und Empfindsamkeit fasst mit einem Plädoyer für das erste Lager zusammen: Guthke 2006, S. 42–49. Differenziert setzt sich Eibl 1984 mit der Thematik auseinander.

29 Pikulik [1966] 1981; Hohendahl 1972; Wolf 1984; Michelsen 1990a, S. 34.

30 Giurato 2016, S. 330; Aurnhammer et al. 2004a, S. 3f.; Seth 1991, S. 41–79.

31 Übers Ziel hinaus schießt deshalb Pikulik [1966] 1981, der dies rundweg bestreitet und dem deutschen Bürgertum der Aufklärung stattdessen einen rationalistischen und autoritären Charakter diagnostiziert.

32 Dies zeigt schon die Frühgeschichte der Zärtlichkeit in der höfischen Galanterie Frankreichs. Für die Dramen Marivaux' und Beaumarchais' arbeitet das Wolf 1984 heraus. Auch die Moral-Sense-Theorie Shaftesburys hat als Zielgruppe die englischen Gentry vor Augen, vgl. Engbers 2001, S. 15–18.

33 Fick 2016b, S. 21–24.

boten. Die Forschungen Unzers, Krügers, E.A. Nicolais und Hallers trugen
wesentlich dazu bei, dass das System der Nervenreize die Humoralpathologie
verdrängte.[34] Die anthropologische Wende der Aufklärung als Verstärker der
Empfindsamkeit zu beschreiben, ist in der Forschung inzwischen Konsens.[35]
Das hat dazu geführt, dass die bis dato gängige monokausale Herleitung aus
dem Pietismus mit Skepsis betrachtet wurde.[36] Die Studie von Hans-Georg
Kemper zur empfindsamen Lyrik der Frühen Neuzeit hat hier aber zu neuen
Erkenntnissen geführt, insbesondere im Hinblick auf die Verbindung zwischen
Neologie und Empfindsamkeit.[37]

Die bisherigen Ausführungen zeigen, dass die als empfindsam bezeichneten
Gefühlsdarstellungen der Aufklärung Teil eines weit verzweigten Geflechts
philosophischer, religiöser und medizinischer Diskurse sind. Dieses Geflecht
greift bis in die Frühaufklärung zurück und in die erste Hälfte des 19. Jahrhunderts aus. Die Abgrenzung zu anderen Formen der Gefühlsdarstellung
ist deshalb nicht immer eindeutig, entbindet aber nicht von dem Versuch einer möglichst präzisen Verwendung der Terminologie. In diesem
Zusammenhang ist es hilfreich, sich die medien- und sozialhistorischen
Konstitutionsbedingungen der Empfindsamkeit vor Augen zu führen. Man
findet empfindsame Ideen nicht nur in Dramen, Romanen und Gedichten,
sondern auch in Textsorten wie popularphilosophischen und pädagogischen Abhandlungen, in Medien wie Grabinschriften und Küchenzetteln.[38]
Besonders Autobiographien, Tagebüchern[39] und Briefen wird aufgrund ihrer
Disposition zu Intimität und Privatheit seit jeher eine empfindsame Tendenz
nachgesagt. Am meisten Aufmerksamkeit hat die Briefkultur der Aufklärung
erfahren,[40] zumal der Briefroman, von Samuel Richardsons *Pamela* über

---

34   Zelle 2003 betont die Bedeutung der in den 1740er Jahren in Halle agierenden „Ver-
     nünftigen Ärzte" Unzer, Krüger und E.A. Nicolai nicht nur für die Etablierung des Systems
     der Nervenreize, sondern generell für die anthropologische Wende der Aufklärung.
35   Als einer der ersten hat Sauder 1974, S. 106–124 darauf hingewiesen und in Sauder 1980,
     S. 59–84 dokumentiert, dass empfindsame Diskurse in den anthropologischen Modellen
     der Erfahrungsseelenkunde eine wichtige Rolle spielen. Auf diesen Erkenntnissen baut
     die für das Thema grundlegende Studie von Koschorke [1999] 2003 auf, siehe auch Minter
     2001. Den Eingang des Themas in den literaturwissenschaftlichen Kanon bezeugen die
     aktuellen Handbuch- und Überblicksdarstellungen von Giurato 2016 und Martus 2015,
     S. 544–554.
36   Sauder 1974, S. 58–64; Wegmann 1988, S. 34; Grimminger 1980b, S. 837.
37   Kemper 1997.
38   Sauder 1980.
39   Schönborn 1999a.
40   Reinlein 2003; Schütte-Bubenik 2001; Arto-Haumacher 1995. Breit rezipiert wurde
     Albrecht Koschorkes Darstellung empfindsamer Briefkultur. Er sieht sie und ihr Ver-
     sprechen der emotionalen Unmittelbarkeit als eine Folge gesellschaftlicher Mobilität.

Gellerts *Schwedische Gräfin* und Rousseaus *Julie* bis hin zu Goethes *Werther*, wesentlich zum Erfolg der Empfindsamkeit beigetragen hat.

Nicht zu überschätzen ist der Einfluss der Moralischen Wochenschriften, die, von England ausgehend, zwischen 1720 und 1760 auf dem deutschen Markt verbreitet waren. Eine der ersten Unternehmungen, die nicht auf Übersetzungen der englischen Vorbilder zurückgriff, waren die zwischen 1721 und 1723 in Zürich erschienenen *Discourse der Mahlern* Bodmers und Breitingers, denen jedoch kein großer Erfolg beschieden war. Dieser stellte sich erst mit dem von Richey und Brockes redigierten Hamburger *Patrioten* ein (1724–1726),[41] der viele Nachahmer fand. Auch Gottsched war auf diesem Markt Ende der 1720er Jahre mit seinen *Vernünftigen Tadlerinnen* und dem *Biedermann* erfolgreich, in den folgenden Jahrzehnten stieg die Zahl der Publikationen stark an, bekannt sind u.a. der *Menschenfreund* aus Hamburg (1737–1739), der *Weltbürger* aus Berlin (1741–1742) und der *Gesellige* aus Halle (1748–1750). Die kurze Veröffentlichungsdauer der meisten Wochenschriften täuscht, viele erschienen in Buchform und waren, wie der *Patriot*, noch Jahrzehnte nach der Erstpublikation auf dem Markt präsent.

Die Wochenschriften waren moraldidaktisch ausgerichtet, ihr Anliegen die Förderung von Vernunft und Tugend.[42] Erfolgreich etablierte der *Patriot* einen unterhaltsamen und satirischen Ton, mit dem er sittliches Fehlverhalten der Hamburger aufspießte. Dabei wandte er sich an alle Hamburger, auch Bauern und Handwerker sollten ihn verstehen. Gerade die Verbindung von säkularer, naturrechtlich begründeter Sittlichkeit[43] im Stile Thomasius' auf der einen und scharfer Gesellschaftskritik auf der anderen Seite führte zu heftiger öffentlicher Polemik. Die anonymen Herausgeber wurden verdächtigt, einen Umsturz der Verhältnisse zu betreiben und sich an die Stelle der Geistlichkeit setzen zu wollen.[44] Dennoch sollte man die revolutionären Ambitionen der Wochenschriften nicht überbewerten. In der *longue durée* betrachtet, rieten ihre Autoren tendenziell zu einem pragmatischen Verhältnis von säkularem Naturrecht und Religion. Beliebte Themen waren Geselligkeit und Freundschaft, die Rolle der Frau im Gemeinwesen, Fragen der richtigen Erziehung, der Unterschied

---

Die Menschen rücken auseinander, die Leerstelle nehmen Medien ein, vor allem Briefe; schriftliche Kommunikation substituiert Interaktion. Koschorke [1999] 2003, S. 169–262.

41 Zum *Patrioten* und seiner Stellung in der Presselandschaft Hamburgs und des Alten Reiches: Böning 2002, S. 220–267. Über die herausgebende *Patriotische Gesellschaft* und den Patriotismus in Hamburg zu Beginn des 18. Jahrhunderts siehe Krieger 2008. Mit dem Verhältnis des Blattes zur lutherischen Orthodoxie beschäftigt sich Fischer 1989.

42 Zur Tugenddiskussion in den Wochenschriften vgl. Martens 1968, S. 172–184, 231–246.

43 Vollhardt 2001, S. 211–260.

44 Martus 2015, S. 228–232.

von galanten und ‚natürlichen' Verhaltensformen, kaufmännischer Gemeinsinn.[45] Dieser Rahmen ließ genug Raum für unterschiedliche Positionen
und Tonlagen, so dass man weder in Bezug auf die Verwendung literarischer
und stilistischer Mittel noch auf den Inhalt von einer einheitlichen Ausrichtung der Wochenschriften sprechen kann. Dies gilt auch im Hinblick auf
die Tugendempfindsamkeit, die einen notwendigen Konnex von Gefühl und
Moral postuliert. Sie lässt sich in einigen, aber nicht in allen Wochenschriften
beobachten.[46] Deren Verdienst war es vor allem, das Feld des aufgeklärten
Moraldiskurses abgesteckt und einer breiten Leserschaft zugänglich gemacht
zu haben. Ohne sie wären zentrale tugendempfindsame Abhandlungen wie
Gellerts *Moralische Vorlesungen* und Ringeltaubes *Von der Zärtlichkeit* nicht
möglich gewesen.

Die rege, auf diverse Medien und Textsorten verteilte Verbreitung empfindsamen Gedankenguts ist Grund genug, die von Habermas behaupteten Parallelen zwischen Empfindsamkeit, Innerlichkeit und bürgerlicher Privatheit
zu bezweifeln.[47] Die „geselligen Mitteilungen des Herzens" griffen auf die
in der Aufklärung gängigen Publikationsformen zurück und spielten mit
der Grenze zwischen Intimität und Öffentlichkeit, wenn sie – faktuale oder
fingierte – Autobiographien und Briefe in den Druck gaben.[48] Die komplexen
Kommunikationsformen empfindsamer Geselligkeit lassen sich, wie Robert
Seidel in seiner detaillierten Untersuchung zum „Darmstädter Kreis" zeigen
konnte,[49] nicht auf die Opposition von höfischer Repräsentation und bürgerlicher Intimität reduzieren. Anzunehmen ist, dass in Sozietäten, Bünden,
Zirkeln und Salons empfindsame Verhaltensformen eingeübt wurden. Das
geschah nicht selten auf spielerische und ironische Weise.[50] Es gab eindeutig auf die Empfindsamkeit Bezug nehmende Kulte wie den in Anlehnung an
Sternes *Sentimental Journey* betitelten Lorenzo-Orden,[51] aber auch Gruppen,
in denen empfindsame Ideale nur ein Element von vielen war. Gesellige Interaktion konnte im 18. Jahrhundert verschiedene Diskurse und soziale Normen integrieren. Der Göttinger Hain propagierte empfindsame Tugenden
wie Freundschaft und Aufrichtigkeit, zeigte aber auch protonationalistische

---

45   Siehe hierzu den auf einer umfassenden Materialkenntnis beruhenden Überblick von
     Martens 1968.
46   Ebd., S. 237, 366–370.
47   Diese Zweifel äußert bereits Graevenitz 1975.
48   Grimminger 1980a, S. 31f.
49   Seidel 2003, S. 561–654.
50   Ebd., S. 627–647.
51   Aurnhammer 2004.

Tendenzen.[52] Der Salon der Henriette Herz pflegte seit Mitte der 1780er Jahre die empfindsame Kultur, bevor sich die Salonnière für die Französische Revolution begeisterte.[53] Die entstehende Salonkultur vereinte gesellschaftlich entfernte Gruppen und zeigte sich in dieser Hinsicht als eine praktische Umsetzung tugendempfindsamer Theorien. Insgesamt wurde in der Geselligkeitsdebatte der Spätaufklärung Kritik an Rangsucht und Hierarchie laut. Man übte in Folge der Revolutionen in Amerika und Frankreich demokratische Spielregeln ein, gab sich gar entsprechende Verfassungen.[54]

Aus dieser Forschungslage folgt für die Studie, dass sie Empfindsamkeit nicht als klar begrenzte Epoche versteht, sondern als Disposition: Innerhalb des diskursiven, medialen und institutionellen Gefüges der Aufklärung entsteht die Möglichkeit, Emotionalität mit bestimmten Tugendkonzepten zu verschränken. Es gibt eine „Persistenz bestimmter Problemstellungen",[55] einen langfristigen Verlauf, innerhalb dessen die Schriften der Empfindsamkeit „die Traditionsbestandteile einer frühmodernen Sozialethik aufnehmen und in neuer Weise ausformulieren."[56] Das dafür notwendige naturrechtliche und moralphilosophische Ideengut ist bereits zu Beginn des 18. Jahrhunderts in den Schriften Pufendorfs, Shaftesburys und Thomasius' verfügbar, der Zeitschriftenmarkt bietet früh die Gelegenheit zu Verbreitung, Rezeption und öffentlicher Diskussion. Geselligkeit wird in Sozietäten, Zirkeln und später auch in Salons praktiziert. Die emotionale Veranlagung wiederum ergibt sich aus galanten Vorstellungen von Zärtlichkeit, der physiologischen Entdeckung der Nervenreize und sensualistischen Ideen.

Ziel kann es deshalb nicht sein, bestimmte Autoren oder Werke der Empfindsamkeit zuzuordnen. Vielmehr wird die empfindsame Disposition in faktualen und fiktionalen Texten herausgearbeitet und in Beziehung zu gegenläufigen Tendenzen inner- und außerhalb der Texte gesetzt. Natürlich ist davon auszugehen, dass die in dieser Studie als empfindsam bezeichnete Verknüpfung von Gefühl und Moral sich zu einem bestimmten Zeitpunkt und in bestimmten Werken, etwa denjenigen Richardsons, Gellerts oder Ifflands, verdichten kann. Meist aber hat man es mit Überlagerungen divergierender Dispositionen zu tun, wie nicht zuletzt die Dramen Lessings zeigen. Ein Werk wie *Nathan der Weise* schlicht als empfindsam zu bezeichnen, griffe zu kurz, ihm

---

52 Hettche 2004; Peter 1999, S. 176–181.

53 Ebd., S. 239. Zur Figur der Salonnière in der Geselligkeitskultur europäischer Großstädte des 18. Jahrhunderts vgl. van Melton 2001, S. 197–225.

54 Peter 1999, S. 198–207. Zu den Geselligkeitsdiskursen und Sozietätsformen der Aufklärung vgl. auch Gutjahr et al. 1993; van Dülmen 1996; Stollberg-Rilinger 2000, S. 114–145.

55 Vollhardt 2001, S. 311.

56 Ebd., S. 24.

jede Empfindsamkeit abzusprechen, ebenso. Es geht also um die in Repliken und Handlungen einzelner Figuren ablesbare empfindsame Disposition, die innerhalb der dargestellten Welt auf andere, vielleicht sogar entgegengesetzte Dispositionen trifft sowie die Frage, inwiefern die Ästhetik eines Dramentextes auf empfindsame Reaktionen des Lesers oder Zuschauers zielt.

Deshalb bezieht die Studie auch Dramen literarischer Strömungen ein, die in der philologischen Diskussion nicht zur Empfindsamkeit gezählt werden. Die Möglichkeit, dass sich empfindsame Dispositionen bereits in Werken des Klassizismus und in Libretti des frühen 18. Jahrhunderts zeigen, wurde bereits erwähnt. Gleiches gilt nun aber auch für Texte des Sturm und Drang. Die Literaturgeschichte des beginnenden 19. Jahrhunderts hat sie noch durch Eigenschaften charakterisiert, die eine klare Abgrenzung zur Poetik der Aufklärung indizieren sollten. So schreibt Johann Kaspar Friedrich Manso 1806 in seiner *Uebersicht der Geschichte der deutschen Poesie*, Goethes erste Werke und ihre Nachfolger seien tief und innig statt klar und vollendet, sie zielten auf Herz und Gefühl, nicht auf Wort und Phantasie. Das Menschliche werde dargestellt, nicht beschrieben.[57] Doch gerade diese semantische Differenzbildung zeigt, dass die empfindsame Disposition von Herz, Gefühl und Menschlichkeit, die Manso nicht zuletzt Klopstock zuschreibt,[58] in den Sturm und Drang einfließt. Die Verortung beider in der Anthropologie und Ästhetik der Spätaufklärung liegt deshalb nahe.[59] Die Empfindsamkeit hat sich nicht mit *Götz von Berlichingen* erledigt, sondern ist noch weit über die 1770er Jahre hinaus präsent. Jedoch formuliert der Sturm und Drang, wie die Analyse der Dramen in Kapitel 4 darlegen wird, eine fundamentale Kritik[60] der empfindsamen Disposition, auf die wiederum die Familiendramen der 80er Jahre reagieren.

Am weitesten entfernt von der Empfindsamkeit scheint die Weimarer Klassik zu liegen. Ihre zentralen ästhetischen Positionen, die Schiller aus der Philosophie Kants, der Theaterleiter Goethe aus dem Klassizismus entwickelt, sind mit den Postulaten der ,Rührung des Herzens' und der ,allgemeinen Menschenliebe' nicht vereinbar. Ein agonales publizistisches Unternehmen wie die *Zahmen Xenien*[61] diente Schiller und Goethe nicht zuletzt dazu, sämtliche Positionen der Aufklärung abzuräumen. Kulturwissenschaftliche Studien jüngeren Datums gehen zwar von einer Kontinuität zwischen Spätaufklärung und Klassik aus, sehen jedoch das Telos ihrer Ästhetik in der Immunisierung

---

57   Manso 1806, S. 292.
58   Ebd., S. 109–137.
59   Dies betont Sauder 2003, S. 13–38.
60   Doktor 1975.
61   Zum Xenien-Komplex grundlegend von Ammon 2005.

des Gefühls gegen zu starke Leidenschaften verwirklicht.[62] Angesichts dieser
Befunde mag es verwundern, dass die Dramenanalysen dennoch zahlreiche
Werke der Weimarer Klassik einbeziehen werden. Dies hat einen einfachen
Grund: Die tugendempfindsame Disposition spielt bei Goethe und Schiller
auf Ebene der Figurencharakteristik eine wichtige Rolle. Iphigenie, Klärchen,
die beiden Leonoren, Don Karlos und der Marquis von Posa, Max Piccolomini,
Bertha von Brunek et al. tragen empfindsame Tugendideale in die politische
Welt der klassischen Dramen. Sie einzubeziehen, verspricht deshalb eine neue
Sicht auf das Verhältnis von Empfindsamkeit und Weimarer Ästhetik.

Anders verhält es sich mit der Romantik, in der die empfindsame Disposition auf den ersten Blick in Form von Gefühls- und Freundschaftskult
zu persistieren scheint. Das Problem liegt jedoch im Reflexionskonzept
der Romantik, das ganz andere philosophische Grundlagen hat als das der
Empfindsamkeit. Deshalb ist auch die frühromantische Ästhetik nicht mit der
der Empfindsamkeit zu vergleichen.[63] Die aufklärerische Moralphilosophie,
die in die Tugendempfindsamkeit einfließt, ist für die Romantiker nicht von
Interesse. Ein weiterer Einwand betrifft die romantische Dramenproduktion.
Das im engeren Sinne ,romantische Drama' hat aufgrund seiner avancierten
Formensprache in der Bühnenpraxis keine Rolle gespielt. Berücksichtigt werden dagegen jene in den Paratexten als „romantisch" bezeichneten Ritterstücke, die, mit Ausnahme von Schillers *Die Jungfrau von Orleans*, aus dem
literaturwissenschaftlichen Kanon aufgrund ihrer angeblichen Tendenz zu
Trivialität, Unterhaltung und Spektakel ausgeschlossen wurden. Die Untersuchung insbesondere der Werke von Kotzebue wird den empfindsamen
Grund dieses Erfolgsgenres nachweisen.

2.2   Die Matrix der Tugendempfindsamkeit

Folgt man seinem Schüler William Leechman, war der Glasgower Professor
Francis Hutcheson nicht nur einer der einflussreichsten Moralphilosophen des
18. Jahrhunderts, sondern auch ein lebendes Exempel vollkommener Tugend:

> Die Reinigkeit seiner Sitten war, von seiner Jugend an, unbefleckt. [...] Allein
> diese strenge Tugend wurde nicht von dem Eigensinn, nicht von der Ungesellig-
> keit begleitet, die sie so oft zu Gefährten hat, und die nicht allein so viele sonst

---

62   Zumbusch 2012; zum Verhältnis von Empfindsamkeit und Weimarer Klassik siehe auch
       Nutt-Kofoth 2004.

63   Die wesentlichen Einwände gegen eine Parallelisierung empfindsamer und romantischer
       Reflexion finden sich bei Sauder 1974, S. 169–176.

schätzbare Leute unangenehm machen, sondern auch die guten Wirkungen hindern, welche ausserdem die Tugenden derselben auf andere haben würden. Er war vollkommen aufrichtig, und verabscheuete in Worten und Werken auch den geringsten Schein einer Hintergehung. [...] Er war von Natur frey und offenherzig und voll Eifer, das zu sagen, was er für wahr hielt. [...] Er war ganz Wohlgewogenheit und Zuneigung. [...] Sein Herz war zur Freundschaft gemacht. [...] Die heftige Zuneigung zu seinen Freunden, siegte über seinen natürlichen Widerwillen gegen den Wunsch, angesehen zu seyn [...]. Mit einer Art von vernünftiger Schwärmerey, die ihn immer begeisterte, und den vornehmsten Theil seines Characters ausmachte, nahm er sich der Vortheile der Gelehrsamkeit, Freyheit, Religion, Tugend und der menschlichen Glückseligkeit an. [...] Dieser Eifer für das gemeine Beste zeigte sich beständig in seiner Art zu denken, und nicht nur in seinen ernsthaftern, sondern auch in seinen heitern und vergnügten Stunden. Er war an Entwürfen, die den Vortheil anderer angiengen, unerschöpflich; doch niemals hat er an einen gedacht, der seine eigenen Nutzen betroffen hätte.[64]

Auf nur wenigen Seiten gelingt es Leechman, das Programm der Tugendempfindsamkeit in verdichteter Form auf einen einzelnen Charakter zu projizieren. Alle Elemente sind vorhanden: Warmherzigkeit, Geselligkeit und Veranlagung zur Freundschaft, Aufrichtigkeit, Offenherzigkeit und Wahrheitsliebe, Bescheidenheit und Abneigung gegen Ruhmsucht, Synthese von Begeisterung und Vernunft, Einsatz für das allgemeine Beste, für Freiheit und das Glück der Menschen. Monika Fick sieht in diesem Programm „die neuen Ideale" der gebildeten Stände der Aufklärungszeit, sie lauteten nun „Natürlichkeit, Empfindsamkeit (Fähigkeit, gerührt zu werden) und unverstellte ‚Sprache des Herzens', womit sich ein unheroisches Ethos des Mitgefühls und der Menschenliebe verbindet".[65]

Obwohl diese Ideale auf den ersten Blick wenig revolutionär klingen, bargen sie doch, als konkrete Handlungsanweisung verstanden, gefühlspolitische Sprengkraft. Sie waren mit der hierarchischen und agonalen Struktur der Aufklärungsgesellschaft nur schwer zu vereinbaren. Das Postulat der Aufrichtigkeit kollidierte mit den Praktiken der Verstellung und Intrige, die allgemeine Menschenliebe mit der Ständeordnung. Die Elemente von Ausgleich, Selbstlosigkeit und Bescheidenheit sollten das Austragen von Rangkämpfen unwahrscheinlich machen. „Es ist erstaunlich", schreibt Gerhard Sauder, „mit welcher Konsequenz die aufgeklärte Empfindsamkeit alle ihre Elemente nicht so sehr auf das Subjekt hin auslegt, sondern immer und mit größerer Intensität nach ihrer Funktion in der Gesellschaft und für deren Wohlfahrt fragt. Zärtlichkeit, Wohlwollen, Sympathie oder Mitgefühl ermöglichen die

---

64   Hutcheson 1756, S. 21–24. Die Übersetzung stammt bekanntlich von Lessing.
65   Fick 2016b, S. 33.

Vollkommenheit des Empfindsamen nur in gesellschaftlicher Interaktion."[66] Damit ist nicht gesagt, dass die Vertreter dieser Tugendempfindsamkeit, die in den Funktionseliten des Staates, in der Gelehrtenschicht und nicht zuletzt in Künstler- und Autorenkreisen anzutreffen waren, allesamt für den sozialen Wandel kämpften. Im Gegenteil: Man hat ihnen, nicht ganz zu Unrecht, ihre Anpassung an die bestehenden Herrschaftsverhältnisse und politischen Eskapismus vorgeworfen.[67] Schon die Zeitgenossen hatten ein Bewusstsein dafür, dass Theorie und Praxis nicht eins waren:

> Und ist es nicht die erste Pflicht des Empfindsamen, Wiederhersteller der Tugend und Glükseligkeit seiner Brüder zu sein? Bei Gott! ich wills sein. Nur noch zehen Männer mit diesem Kraftgefühl, mit diesem Heldenendschlus: und alle Sklavenketten und Tirannenkronen sollen zerbrochen werden, und nur die Freiheit ihr goldnes Füllhorn über uns ausschütten, und alle Menschen sollen besser werden, und von izt an den Aufgang ihres Heils segnen.[68]

So redet sich der Protagonist von Christian Friedrich Timmes satirischem Roman *Der Empfindsame Maurus Pankrazius Ziprianus Kurt* (1781–82) in revolutionäre Rage, die er jedoch vier Seiten später wieder vergessen hat. Er kauft einem Gaukler zwei in einen Käfig gesperrte Affen ab, um sie zu befreien. Sobald sie sich jedoch in seinem Besitz befinden, „fiel ihm keinen Augenblick mehr ein, es für Tirannei zu halten, wenn er diese Tiere noch ferner ihrer natürlichen Freiheit beraubte."[69]

Dass sich der Übergang von empfindsamer Moralphilosophie in sittliche Tat schwierig gestaltete, sollte jedoch nicht dazu verleiten, den gefühlspolitischen Charakter der Tugendempfindsamkeit per se zu leugnen. Gerade die Dramen des 18. Jahrhunderts spielten in ihren fiktiven Handlungsräumen durch, welche sozialen und politischen Folgen die Umsetzung des empfindsamen Programms haben könnte und hielten somit die Möglichkeit einer anderen Gesellschaftsordnung offen. Darauf wird zurückzukommen sein. Zunächst jedoch gilt es, die einzelnen Elemente anhand ihrer Darstellung in faktualen Texten zu präzisieren.[70] Besonders zwei Abhandlungen sind hier bedeutend: Ringeltaubes *Von der Zärtlichkeit* (1765) und Gellerts *Moralische Vorlesungen*, die 1770 posthum veröffentlich wurden. Das relativ späte Erscheinungsdatum der Texte

---

66   Sauder 1974, S. 197.
67   Lepenies 1998, S. 76–114, der allerdings noch auf die Kategorie der „Bürgerlichkeit" rekurriert.
68   Timme 1782, S. 252.
69   Ebd., S. 256.
70   Immer noch lesenswerte Darstellungen der Tugendempfindsamkeit bieten Sauder 1974, S. 193–210 und Meyer-Krentler 1984, S. 33–47.

sollte nicht täuschen. Gellert hielt seine Vorlesungen regelmäßig seit Mitte der
40er bis Ende der 60er Jahre, sie waren bei seinen Leipziger Hörern populär
und seine Thesen deshalb lange vor dem Erstdruck bekannt.[71] Die Leistung
Gellerts und Ringeltaubes bestand darin, das verstreute Wissen über die Kombination von Empfindung und Moral auf verständliche Weise systematisiert
zu haben. Sie bedienten sich dabei einer Rhetorik, die mit anschaulichen Beispielen arbeitet und an das Einfühlungsvermögen der Leser appelliert. Die von
ihnen behandelten ethischen Fragen gründen, genau wie im Fall der Moralischen Wochenschriften, auf der Annahme einer natürlichen Anlage des Menschen zu Geselligkeit und Tugend, wie sie das Naturrecht des 17. und frühen
18. Jahrhunderts (Pufendorf, Thomasius), die schottische Aufklärung (Shaftesbury, Hutcheson) und die Schriften Rousseaus formulierten (Kap. 3). Es ist von
einer Persistenz moralphilosophischer Axiome in der Aufklärung auszugehen,
aus diesem Grund sind spätere Abhandlungen wie Campes *Ueber Empfindsamkeit und Empfindelei in pädagogischer Hinsicht* (1779) in wichtigen Punkten mit
denen Ringeltaubes und Gellerts vergleichbar.[72] Erst die Transzendentallehre
Kants wird hier zu wesentlichen Verschiebungen führen. Im Folgenden soll auf
vier Elemente eingegangen werden, die die Matrix der Tugendempfindsamkeit
bilden und für das Drama der Zeit von grundlegender Bedeutung sind: Balance
von Vernunft und Gefühl, Aufrichtigkeit, Menschenliebe und Tatkraft.

„A certain mediocrity": Balance von Vernunft und Gefühl
Der Rekurs auf das Gefühl in der Empfindsamkeit ist nicht so eindeutig, wie
man glauben könnte. Die Empfindsamkeit ist Teil der Aufklärung und teilt mit
dieser die Ansicht, dass menschliches Verhalten der Prüfung durch Verstand
und Vernunft bedarf. Die emotionale Disposition des Menschen ist Voraussetzung dafür, aber nicht Grund genug, ihn als moralisches Wesen zu definieren. Die analytische Differenzierung der Gefühle führt zu der Erkenntnis,
dass Gefühl nicht gleich Gefühl ist. Empfindung, Empfindnis, Sentimentalität,
Zärtlichkeit, Herz, Rührung, Sympathie, Empfindelei, Mitgefühl, Mitleid und
Wohlwollen beschreiben, je nach theoretischem Ansatz, unterschiedliche
Phänomene. Dieses Begriffsgeflecht aufzulösen und zu ordnen bedürfte einer
eigenen Studie, zumal der letzte in diese Richtung weisende Versuch fast ein

---

71   Vgl. zur Entstehung, Überlieferung und zeitgenössischen Rezeption der *Moralischen Vor-
     lesungen* den von Sibylle Späth erstellten Kommentar in der kritischen Ausgabe: Gellert
     [1770] 1992, S. 311–404.
72   Campe nennt als wesentliche Unterschiede der Empfindsamkeit zur Empfindelei: Orien-
     tierung an Sittlichkeit, Rührung durch reale, nicht fantasierte Gegenstände, Bescheiden-
     heit, Tatkraft, Vernunftbezug. Campe 1779, S. 3–14. Die Idee einer sinnlichen und
     selbstevidenten Moral dagegen kritisiert er entschieden.

halbes Jahrhundert zurückliegt.[73] Dennoch sollen kurz die Grundzüge des tugendempfindsamen Verständnisses von Emotionalität skizziert werden.

Die physiologische Grundlage der Sinnlichkeit, d.h. die Reizbarkeit der Nerven, wird in die Theorie der Tugendempfindsamkeit ab den 1750er Jahren einbezogen. Sie ist aber nicht rein sensualistisch ausgerichtet. Die empfindsame Haltung ist von der bloßen Empfindung, die ein äußeres Objekt im Bewusstsein auslöst, kategorisch unterschieden.[74] Mit „Gefühl", „Zärtlichkeit" oder „Rührung"[75] ist eine seelische Ebene bezeichnet, die man von der Ebene des Körpers und der Einbildungskraft[76] grundsätzlich getrennt wissen will – auch wenn eingeräumt wird, dass Gefühle von sinnlichen Reizen und Imaginationen in Gang gesetzt werden können. Die Seele allein ist der Moral fähig. Die lexikalischen Unternehmen des späten 18. Jahrhunderts definieren den „empfindsamen" Menschen in diesem Sinne: „Bey dem Elend seines Nebenmenschen, wird er von Mitleiden gerührt, sein Herz nimmt Antheil daran, er wünschet ihm helfen zu können".[77] Das „Herz" avanciert zur zentralen Metapher, sichtbares Zeichen seiner Rührung sind die „Tränen".[78] Letzte sind zwar physischen Ursprungs, weisen aber den Weg zur moralischen Veranlagung des Menschen. Sie „stiften einen Zusammenhang weniger zwischen den Körpern als zwischen Seelen und Geistern".[79] Postuliert wird eine Haltung, die sich für Zärtlichkeit und Empfindsamkeit permanent empfänglich zeigt. So appelliert Michael Ringeltaube am Ende seiner Abhandlung an seine Leser, „daß sie ihr Herz den sanften und edlen Empfindungen vor alles, was Wahrheit, Tugend, Schönheit und ein rührender Gegenstand ist, beständig öffnen wollen."[80]

Dies ist Grundlage für die Idee empfindsamer Kommunikationsgemeinschaften, in denen die Menschen durch den sympathetischen Gleichklang ihrer Herzen einander nahe sind. „Wie wird durch den Umgang der Freunde

---

73 Sauder 1974.
74 Ebd., S. 178f.
75 Dass Rührung im 18. Jahrhundert nicht mehr nur ein Gegenstand der Rhetorik, sondern auch der mechanistisch orientierten Physiologie wird, zeigt Torra-Mattenklott 2002. Das tugendempfindsame Konzept der Rührung geht aber nicht in den dabei entwickelten Kategorien auf.
76 Gellert 1770, S. 210–216.
77 Stosch 1786, S. 207.
78 Ringeltaube 1765, S. 49–55. Vgl. zur Physiologie und Mediologie der Träne, insbesondere mit Blick auf das 18. Jahrhundert Binczek 2008; Genton 2004; Koschorke [1999] 2003, S. 87–101.
79 Koschorke [1999] 2003, S. 101.
80 Ringeltaube 1765, S. 236. Das paradoxe Verständnis von Öffentlichkeit, das aus dieser Vermischung von Intimität und Publikation entsteht, erläutert, mit Bezug auf Gellert, Martus 2015, S. 558–563.

das Herz genährt, gestärkt, belebt!", so Stolberg in seinem Aufsatz *Über die Fülle des Herzens*. „Die Starkempfindenden werden durch die stärkste Sympathie an einander gezogen, denn ein volles Herz kann sich nur in ein Herz von weitem Umfange der Empfindung ausschütten."[81] Wieland verlieh dieser Form von Gemeinschaft in einem kurzen Text, den Sulzer in den Artikel „Naiv" seiner *Allgemeinen Theorie der schönen Künste* einfügte, einen verklärten, auf das Goldene Zeitalter verweisenden Charakter. Wer „in die glüklichen Wohnungen des ersten Paares, oder auch in die einfältigen und freyen Zeiten der frommen Patriarchen" zurückgehe, werde dort die Naivität

> in den Herzen und in der Sprache solcher Menschen finden, die, ihrer Bestimmung gemäß, eine heilige Liebe gegen ihren göttlichen Wohlthäter, und eine allgemeine Zuneigung gegen ihre Mitgeschöpfe tragen [...] und alle ihre sanften und harmonischen Begierden nach demselben richten.[82]

Die Idee einer Empfindung, die aus sich selbst heraus moralischen Gehalt generiert, war über die Schriften Shaftesburys und Hutchesons unter dem Begriff des ,Moral Sense' in die deutsche Aufklärung gedrungen.[83] Dieser brachte einige Probleme mit sich. Zu klären war, wie sich eine solche Empfindung zu Vernunft und Offenbarung verhielt.[84] Lief sie ihnen den Rang ab oder war sie mit ihnen vereinbar? Entgegen einer verbreiteten Annahme konzipierte Shaftesbury den Moral Sense nicht als bloße Empfindung, sondern als reflexives und ästhetisches Urteilsvermögen (Kap. 3.5). Er ist „ein Plädoyer für den ganzen Menschen".[85] Auch Hutcheson bezieht die Vernunft ein, weist ihr aber lediglich eine Hilfsrolle zu:

> Und es ist unwidersprechlich, daß die *Vernunft* nur eine solche Kraft sey, welche, als eine Gehülfin der lezten Bestimmungen unsers Verstandes und Willens, angesehen werden mus. Der letzte Endzweck wird durch eine Empfindung, oder durch eine Bestimmung des Willens festgesetzt.[86]

---

81   Stolberg 1777, S. 5. Der Begriff der Sympathie steht dabei nicht unbedingt in der Rezeptionslinie von Smiths *Theory of Moral Sentiments*, die vom Moral-Sense-Modell Hutchesons abrückte und Sympathie nüchtern als Vermögen beschrieb, aus einer Beobachterposition heraus Gefühle zu vergleichen und moralisch einzuordnen. Vgl. Smith 1759, S. 518f. In Deutschland ist die Rede von der Sympathie noch in den 1770er Jahren emphatischer, der Begriff wird synonym zu Zärtlichkeit, Mitgefühl und Wohlwollen verwendet. Sauder 1974, S. 197. Das Wohlwollen (benevolence) hatte Hutcheson ins Zentrum seiner Moralphilosophie gestellt und war dafür von Smith kritisiert worden.

82   Sulzer 1771–1774, S. 806.

83   Dehrmann 2008.

84   Dehrmann 2009, S. 54–60.

85   Dehrmann 2008, S. 122; Schrader 1984, S. 10–17.

86   Hutcheson 1756, S. 118.

Die Schriften Ringeltaubes und Gellerts bezogen in dieser Frage keine eindeutige Position, sondern waren in sich widersprüchlich. Gerade darin sind
sie aber für die deutsche Diskussion der Jahrhundertmitte typisch.[87] Gellert
gibt in der gedruckten Fassung der *Vorlesungen* weder der moralischen Empfindung noch dem Verstand den Vorzug, sondern lässt beide Vermögen sich
gegenseitig beschränken.[88] Zugleich entwickelt er einen doppelten und widersprüchlichen Begriff von moralischer Empfindung, da er vor allem in der
Offenbarung die Möglichkeit sieht, ihr zur Wirkung zu verhelfen.[89]

Es ist für das Verständnis tugendempfindsamer Abhandlungen wichtig, ihren
eklektischen Charakter im Auge zu behalten. Es bleibt oft unentschieden, ob
nun die Empfindung oder der Verstand den wesentlichen Beitrag dazu leistet,
gute von schlechten Taten zu unterscheiden. Häufig wird versucht, den epistemologischen Hiatus zwischen unvereinbaren Vermögen mit Hilfe gewagter
Neologismen zu überspielen. Ringeltaube spricht von „vernunftsinnlichen
Empfindungen" und „vernunftsinnlicher Zärtlichkeit", von „ordentlichen
Empfindungen".[90] Man kann darin mangelnde philosophische Konsistenz
erkennen, zumal, wenn man sich an dem später entwickelten Kantischen System orientiert. In diesem Fall übersähe man jedoch, dass die konzeptuellen
Widersprüche aus dem Versuch resultierten, Gefühl, Verstand und Religion in
Balance zu halten. Dies gilt auch für Deutungen, die im tugendempfindsamen
Diskurs allererst eine „Zähmung und Stilllegung ausschweifender Affekte sowie
unzulässiger Triebregungen"[91] respektive die „semantische Verschiebung [...]
von Lust auf Empfindung"[92] sehen. Sicher: Es gibt diese Tendenz. Sie wird nicht
nur bei Campe, sondern auch in Gellerts *Vorlesungen* deutlich, wo die Rede ist
von der „Gewalt, die wir uns selbst anthun müssen"[93] und immer wieder eine
strenge Begrenzung der Leidenschaften gefordert wird.[94] Aber das Modell der
Exklusion, auf das diese Deutungen zurückgreifen, kann die moraldidaktische
Ausrichtung der Tugendempfindsamkeit nur zum Teil erklären. Ebenso wichtig sind Kombinationen unvereinbar scheinender Gegensätze. Man achte darauf, wie häufig Gellert additive Konstruktionen verwendet. Die Bestimmung
des Menschen, führt er gleich zu Beginn aus, zeige sich „theils durch [...] die
Vernunft, theils durch ein geheimes Gefühl des Herzens".[95] Man müsse, heißt

---

87   Dehrmann 2009, S. 54.
88   Ebd., S. 63.
89   Ebd., S. 64.
90   Ringeltaube 1765, S. 9f., 44, 15.
91   Giurato 2016, S. 332.
92   Koschorke [1999] 2003, S. 140.
93   Gellert 1770, S. 14.
94   Ebd., S. 207–223, 403–404.
95   Ebd., S. 11.

es später, „empfinden und beweisen", gelange zur Rechtschaffenheit mit Mitteln „des Verstandes und des Herzens".[96]

Im tugendempfindsamen Schrifttum verdichtet sich die bereits im frühen 18. Jahrhundert formulierte Forderung, Verstand und Gefühl nicht isoliert zu betrachten.[97] Beide sollen einander ergänzen. „Wo die Vernunft sich mit der Empfindsamkeit vereinigt", heißt es bei Mistelet, „da ist der Mann von Genie, der tugendhaffte Mann gebildet."[98] Gellert sieht darin die Chance, Bildung und Pflege der Moral durch eine achtsame Selbstschau zu verwirklichen – und eben nicht durch Zucht und Triebunterdrückung. Die Beruhigung der Affekte, nicht ihre Eliminierung, soll Gellert zufolge dem Verstand die Möglichkeit geben, ihre ethische Angemessenheit zu prüfen.[99] Wahre moralische Empfindung, so wiederum Ringeltaube, gehe mit der „Klarheit" darüber einher, etwas Gutes getan zu haben.[100] Es genüge nicht, blind und unbewusst das Rechte zu treffen. Probleme bereiten deshalb Störungen des Gleichgewichts wie übersteigerte Reizbarkeit der Nerven, Schwärmertum und Empfindelei, die von den Kritikern der Empfindsamkeit dieser selbst zugeschrieben werden. Pockels notiert 1788 in seinen *Beiträgen zur Beförderung der Menschenkenntniß* mit süffisanter Ironie, Empfindsamkeit äußere sich „in einem überspannten und enthusiastischen Gefühle für Freundschaft und Liebe, in einem sehr reizbaren Mitleiden mit den Schmerzen anderer."[101] Ebenso gängig ist jedoch, siehe Campe, die Unterscheidung von wahrer, d.h. vernünftiger und maßvoller Empfindsamkeit auf der einen und modischer Empfindelei auf der anderen Seite.[102]

Diese Rhetorik der Kombination und Synthese zielt auf Balance. Das gefühlspolitische Ideal ist das richtige Maß, die Mitte zwischen Extremen.[103]

---

96   Ebd., S. 21, 136.

97   Sauder 1974, S. 125–132.

98   Mistelet 1778, S. 3.

99   Gellert 1770, S. 14–16, 41–42.

100   Ringeltaube 1765, S. 100.

101   Pockels 1788, S. 36. Zur Kontextualisierung dieser Kritik innerhalb der faktualen und fiktionalen Publikationen der Aufklärung siehe Doktor 1975.

102   Sauder 1974, S. 133–152. In der Forschung ist die Unterscheidung von moderater und grenzenloser Empfindung mit der Unterscheidung von politischer Anpassung und Radikalität parallelisiert worden. Vgl. etwa Wegmann 1988, S. 103–127.

103   So gelangt Antje Arnold in ihrer Studie zur *Rhetorik der Empfindsamkeit* zu der These, deren große Leistung liege im *genus medium*, „in der Durchsetzung einer mittleren Stillage für die Darstellung der so genannten sanften Leidenschaften". Man dürfe das Publikum „nicht so sehr erschütter[n], dass die Vernunft ausgeschaltet wird", es müsse „empfänglich für die belehrenden, tugendethischen Passagen sein". Arnold 2012, S. 117. Zum empfindsamen Ideal von Maß und Mitte siehe auch Jäger 1969, S. 47–56.

In diesem Sinne entwirft Francis Hutcheson eine Ethik, die den Ausgleich
von statischen und dynamischen Affekten anstrebt. Der Clou: Es ist der Moral
Sense, der die Ordnung von Gefühlsgraden garantiert, dank ihm seien „alle
Kräfte und Begierden einer Harmonie fähig".[104] Auch Smith geht davon aus,
dass die sozialen Interaktionspartner die Intensität ihrer Gefühle aufeinander
abstimmen müssen. Angemessen sei „a certain mediocrity."[105] Erst das Mode-
rieren der Leidenschaften erlaube es, sie wie ein unbeteiligter Beobachter zu
prüfen.[106] Im deutschen Sprachraum prominent ist die Position Lessings, der
im 78. Stück seiner *Hamburgischen Dramaturgie* Poetik und Ethik des Aristoteles zu verknüpfen versucht, indem er die Tugend, gemäß der Mesotes-Lehre
der *Nikomachischen Ethik*, als Mitte zwischen Extremen definiert und daraufhin die Affektpolitik der Tragödie ausgerichtet wissen will.[107]

Mögliche politische Folgen des tugendempfindsamen Ideals der mittigen
Gefühlstemperatur sind einerseits die Anpassung an bestehende Verhältnisse,[108] andererseits aber auch ein utopisches Potential. Letzteres hat Wieland in der Utopie des elften Buches seines *Agathon* anschaulich gemacht. In
der Republik Tarent herrscht der Weise Archytas. Er zeichnet sich aus durch
eine „glückliche Temperatur der Elemente, woraus der Mensch zusammen-
gesetzt ist". In einer „vollkommnen Harmonie aller Kräfte und Bewegungen"
fließen in ihm „Weisheit und Tugend in Einem Punkt" zusammen. Genau diese
„Ruhe und Ordnung in seiner innerlichen Verfassung" überträgt Archytas auf
die Ethik seines Regierungshandelns. Sie gründet auf „Wahrheiten [...], welche
das allgemeine Gefühl erreichen kann, welche die Vernunft bekräftiget" und
zielt auf „das allgemeine Band, womit die Natur alle Wesen verknüpft."[109]

Aufrichtigkeit

Der Bedeutung der Aufrichtigkeit für die Kommunikationskultur der Aufklärung ist nicht hoch genug einzuschätzen. Die vorliegende Studie konzentriert sich auf den Diskurs des 18. Jahrhunderts, ohne die Persistenz der

---

104   Hutcheson 1756, S. 140.
105   Smith 1759, S. 49.
106   Ebd., S. 46.
107   B 6, S. 574.
108   „Der absolutistische Staat", so Sauder 1974, S. 130, „konnte sich keine bessere Stabilisierung
      wünschen [...]. Dem Ertrage der Herrschenden und Erleiden der politischen Unmündig-
      keit ließ sich sogar ein elitäres Alibi verschaffen. Der Zufriedene gehört wie der Empfind-
      same und Tugendhafte zu den wenigen Edlen".
109   Wieland [1766–1767] 2010, S. 523–525.

Dialektik von Aufrichtigkeit und Verstellung in der europäischen Literatur[110] in Abrede stellen zu wollen. Es soll an dieser Stelle der Hinweis genügen, dass sich wichtige Elemente des aufklärerischen Paradigmas der Aufrichtigkeit, etwa ihre Bedeutung für die Konstitution sozialer Interaktion und politischer Gemeinschaftsbildung, bereits im 17. Jahrhundert herausbilden.[111]

Aufrichtigkeit lässt sich verstehen als Kongruenz von Gedanke/Gefühl, sprachlicher Äußerung und Handeln. In diesem Sinne bildet sie eine der Grundlagen der Tugendempfindsamkeit. Denn die moralische Vervollkommnung der Gesellschaft, so die Annahme, kann nur funktionieren, wenn ihre Mitglieder offen miteinander kommunizieren und das tun, was sie sagen. Hier fangen nun aber die Probleme an.[112] Selbst wenn die Unmittelbarkeit von Denken, Sprechen und Handeln postuliert wird, so ändert das nichts am Konstruktionscharakter der Sprache. Auch aufrichtige Signale, werden sie nun mimisch, verbal oder schriftlich gesendet, sind künstliche Zeichen und stehen deshalb immer im Verdacht, Ergebnis von Verstellung zu sein. Von diesem Paradox, das letztlich mit jeder Form direkter und offener Kommunikation einhergeht, nehmen die meisten literaturwissenschaftlichen Forschungsarbeiten zum Thema ihren Ausgangspunkt.[113]

Im tugendempfindsamen Schrifttum herrschte davon jedoch nur begrenzt Bewusstsein. Rousseaus im zweiten Diskurs geäußerte These, dass jede Zivilisation, ja jede Interaktion auf Verstellung und Lüge beruhe (R 3, 174), wurde von den deutschen Autoren der Aufklärung in dieser Radikalität nur selten geteilt. Gellert geht davon aus, dass „der Charakter des Geistes und Herzens" leicht in der Miene des Gegenübers abzulesen sei. „[E]in Herz voll von Leutseligkeit, Aufrichtigkeit und gutem Gewissen" sei angenehm für das Gesicht. Verstellung dagegen benötige Zwang und eben der verrate die Miene des Unaufrichtigen. Ebenso einfach sei es, das echte von dem vorgespielten Gefühl zu unterscheiden. „Die Schminke wird nie die Haut selbst, so fein sie auch aufgetragen ist."[114] Unter Verdacht gerät das Manierierte und Gekünstelte. „Der zärtliche Redner und Dichter", so Ringeltaube, „tändelt nie". Er hält sich stattdessen an „die bloße Natur, die Unschuld, die edle Einfalt, das artige und tugendhafte Herz".[115] Wieland wiederum malt in Sulzers *Allgemeiner Theorie der schönen Künste* das Ideal der „ersten Menschen", deren Rede „ein offenherziges Bild"

---

110   Geisenhanslüke 2006.
111   Schneider 2016a; Benthien/ Martus 2006; Geitner 1992.
112   Die folgenden Thesen zur paradoxalen Struktur von Aufrichtigkeit im 18. Jahrhundert finden sich zusammengefasst bei Bunke/ Mihaylova 2016.
113   Siehe die in den vorhergehenden Fußnoten genannten Titel.
114   Gellert 1770, S. 304.
115   Ringeltaube 1765, S. 75f.

dessen gewesen sei, „was in eines jeden Herzen vorgegangen" sei, ein Mittel, „Freundschaft und Zärtlichkeit unter den Menschen zu unterhalten."[116]

Damit einher geht nicht nur bei Wieland,[117] sondern in vielen anderen Abhandlungen die Fortführung der herkömmlichen Hofkritik, die Ablehnung des aufwändigen höfischen Zeremoniells und kunstvoller Verstellungstechniken. Richard Sennett hat die These aufgestellt, dass die Entgegensetzung von natürlichem Ausdruck und öffentlichem Rollenspiel im 18. Jahrhundert zum Verfall der Öffentlichkeit beigetragen habe.[118] Eine solche Perspektive übersieht jedoch die engen Verbindungen, die zwischen den Konzepten der Höflichkeit und Aufrichtigkeit im 18. Jahrhundert bestanden,[119] und läuft Gefahr, die fragwürdige These einer dezidiert bürgerlichen Hofkritik im 18. Jahrhundert zu perpetuieren.[120] Die tugendempfindsame Dichotomie von Aufrichtigkeit und Verstellung hat in dieser Eindeutigkeit nie funktioniert.[121] Der Rekurs auf Natur und Transparenz ist deshalb als Ergebnis einer paradoxen Operation zu sehen, in der Aufrichtigkeit mit rhetorischen Mitteln produziert wird.[122] Dass dies auch die Ausrichtung an der Kategorie einer unmittelbar und allgemein verständlichen „Natur" nicht überdecken kann, werden nicht zuletzt die Kommunikationsstrukturen der Dramen zeigen.

Menschenliebe

Wie die Aufrichtigkeit ist die Menschenliebe eine Idee, die auf den ersten Blick allgemein verständlich scheint, sich aber auf den zweiten als kompliziert erweist. Auch wenn die Realität es nicht widerspiegelt, ist die Gleichheit aller Menschen im gegenwärtigen Selbstverständnis der europäischen Gesellschaften ein Gemeinplatz. Im 18. Jahrhundert war es das nicht. Die erste Frage, die man sich stellen muss, muss deshalb lauten: Welche Menschen sind gemeint, wenn in der Tugendempfindsamkeit von Menschenliebe die Rede ist?

Bereits in der frühen Aufklärung ist der Gedanke präsent, dass soziale Kohäsion nicht allein durch Zwang, sondern durch Liebe zu garantieren sei.[123] Wichtig ist hier die christliche Vorstellung von Mitleid und Menschenliebe,

116   Sulzer 1771–1774, S. 805.
117   Ebd., S. 806.
118   Sennett 2001, S. 122–143.
119   Bunke/ Mihaylova 2016, S. 14–17.
120   Dies tut Wegmann 1988, S. 58–67.
121   Dass in der Literatur der Aufklärung, aber auch in anderen Epochen eine Verflechtung von Aufrichtigkeit und Verstellung zu beobachten ist, zeigt Geisenhanslüke 2006.
122   Till 2009; Wegmann 1988, S. 33.
123   Levie 1975, S. 31–74.

die in der aufklärerischen Moralphilosophie immer präsent ist. Sie werden mit säkularen Ansätzen kombiniert. Den Schriften Pufendorfs ließ sich die Idee der Gleichheit aller Menschen entnehmen, da sie alle Geschöpfe Gottes seien und das Schicksal von Geburt und Tod teilten. Christian Thomasius dehnte in der *Einleitung zur Sittenlehre*, die 1692 erstmals erschien und bis 1726 acht Auflagen erreichte, das Modell der galanten „tendresse" auf die sozialen Beziehungen der gesamten Gesellschaft aus. Er entwickelte am Schluss der Schrift eine ethische Perspektive, in der verschiedene Ebenen gesellschaftlicher Herrschaftsbeziehungen, von Mann und Weib über Eltern und Kinder, Herr und Knecht bis hin zu Obrigkeit und Untertanen, auf „vernünftiger" Liebe beruhen.[124] In seiner Beschreibung „der allgemeinen Liebe aller Menschen" differenzierte er zwischen der „allgemeinen" und der „absonderlichen" Liebe. Letztere ist auf einen begrenzten Kreis von Menschen gerichtet und ist intensiver als die allgemeine, die eher der Abwesenheit von Hass gleiche. Gleichwohl hat die absonderliche, die Thomasius höher schätzte, die allgemeine zur Voraussetzung und Richtschnur.[125]

Auf dieser Dialektik von Universalität und Distinktion[126] beruhen auch die Darstellungen der Menschenliebe in den Abhandlungen der Tugendempfindsamkeit. Wie Gellert zu Beginn seiner *Vorlesungen* hervorhebt, steht unsere Tugend und damit auch unser Glück immer mit anderen in „Verwandtschaft".[127] Dieses Verwobensein der Menschen führt dazu, dass unsere Handlungen nicht nur auf uns selbst, sondern immer auch auf andere wirken. Daraus folgt für Gellert nun aber keine allgemeine, sondern eine begrenzte Menschenliebe. Wir sollen „die Gesellschaft der Vernünftigen und Rechtschaffnen" suchen, „die böse Gesellschaft" dagegen meiden[128] – so die achte seiner neun allgemeinen Regeln „zur Tugend zu gelangen und sie zu vermehren."[129] Empfindsame Moralvorstellungen können deshalb exkludierend wirken. In Gellerts berühmter Verserzählung *Inkle und Yariko* (1746) erscheint der Protagonist als Kapitalist, der aus Profitgier jede Menschenliebe über Bord wirft. In diesem Sinne bleiben viele als lasterhaft gekennzeichnete Figuren im populären Schauspiel der Zeit von der empfindsamen Gemeinschaft ausgeschlossen. Ringeltaube schreibt, man solle nicht alle Menschen, sondern alle *moralischen* Menschen lieben:

---

124 Thomasius [1692] 1706, S. 356–369. Vgl. hierzu Borgstedt 1997.
125 Thomasius [1692] 1706, S. 195–253.
126 Wegmann 1988, S. 43.
127 Gellert 1770, S. 21.
128 Ebd., S. 229.
129 Ebd., S. 133.

> Der moralische Mensch muß sich selbst, und alle seine Mitmenschen wie sich selbst, lieben. Der Zärtliche, insofern er der sittliche Mensch ist, so hat er eben diese Pflicht der Liebe. Er muß sich selbst lieben. Er muß seinen Mitmenschen wie sich selbst lieben. Insofern er aber der zärtliche Mensch ist, so muß er zwar zärtlich gegen sich selbst seyn; aber er kann und darf es nicht gegen alle Menschen seyn. Nicht alle Menschen sind moralische Mitmenschen. Noch weniger sind sie moralischzärtlich.[130]

Die „Fertigkeit in der Menschenliebe"[131] besteht für Ringeltaube wie für Gellert darin, mit Hilfe des moralischen Gefühls gute von schlechten Menschen zu unterscheiden. Wenn Tugendhafte sich treffen, vermehren sich die guten Taten wie von selbst.

Dies schließt aber für Ringeltaube nicht aus, dass wir auch „Zärtlichkeit gegen die Elenden" empfinden können. Deren Unvollkommenheit berührt uns zwar unangenehmen, löst jedoch zugleich eine „moralische Beweglichkeit" aus, die uns den „Vorsatz und Schluß" fassen lässt, dem Leidenden unser „zärtliches Herz auf alle mögliche Art zu zeigen."[132] Überraschend ist aber, dass Ringeltaube sogar unsere Gegner in das Konzept der Menschenliebe einbezieht, solange sie uns aus Unwissenheit und nicht aus reiner Bosheit schaden wollen.

> Die Zärtlichkeit gegen die Feinde und Widersacher empfindet und bezeiget ein herzliches Mitleiden und wahre Barmherzigkeit gegen sie, weil sie ihre elenden Mitbrüder sind. Sobald sie dieselben gewahr wird, so bricht ihr Herz, und es jammert sie ihr Elend. Es wird eine Quelle von Mitleiden, Wohlthätigkeit und Thränen.[133]

Gellert legt eindrücklich dar, dass die gute Tat im kleinen Kreis der unmittelbaren sozialen Umgebung beginnt und idealerweise bei der Wohlfahrt der „ganzen Nation", ja des „ganzen Geschlechts" endet.[134] Er liegt hier auf einer Linie mit der schottischen Moralphilosophie; laut Hutcheson ist nicht nur „das Glück unsrer Kinder" und „unsrer Freunde" Ziel der Menschenliebe, sondern auch das Glück „unsers Vaterlandes".[135] Tatsächlich konnten Bernd Witte und Claudia Neumann in ihren Studien zu Gellerts Rolle im Siebenjährigen Krieg jüngst zeigen, dass der vermeintlich unpolitische Leipziger Professor der nationalistischen und kriegerischen Stimmung seiner literarischen Zeitgenossen

---

130 Ringeltaube 1765, S. 129.
131 Ebd., S. 130.
132 Ebd., S. 139f.
133 Ebd., S. 172.
134 Gellert 1770, S. 38f., 140.
135 Hutcheson 1756, S. 105.

nicht nachgab und stattdessen poetische Abrüstung betrieb.[136] Dennoch
mahnt Gellert in der 21. Vorlesung, die sich der Menschenliebe widmet, dieses in allen Menschen schlummernde Vermögen „vorsichtig und vernünftig"
anzuwenden. Er bringt, wie auch schon Thomasius,[137] die tugendempfindsame Leitidee von Maß und Mitte ins Spiel. Die Liebe zum Mitmenschen
müsse stets „verhältnismäßig" bleiben.[138] Der Menschenfreund sieht, „daß er
nicht allen auf gleiche Art wohlthun kann, sondern daß seine Pflicht durch das
verschiedne Maaß der besondern Bedürfnisse, Umstände und Verdienste der
Andern bestimmt wird."[139]

   Die Unterschiede zwischen Ringeltaube und Gellert belegen, dass der
gefühlspolitische Diskurs der Menschenliebe es notwendig machte, das Verhältnis von allgemeiner Geltung und konkreter Umsetzung immer wieder neu
zu tarieren. Der Einschluss von Familie und Freundschaft in die soziale Praxis
der Menschenliebe war naheliegend,[140] schwieriger gestaltete sich die Ausdehnung auf geschlechtlich, sozial und kulturell entfernte Gruppen. Sowohl
Ringeltaube als auch Gellert stellen am Schluss ihrer Abhandlungen Ehe und
Freundschaft in den Mittelpunkt, es geht ihnen nicht um eine Reform der
Gesellschaft als Ganzes – diese wird erst im liberalen Naturrecht und der Idee
der Menschenrechte virulent (Kap. 3.5). Dennoch machen ihre und andere
tugendempfindsame Schriften sichtbar, dass dem Prinzip der Menschenliebe
eine Dynamik der Entgrenzung einwohnt; sie strebt ins Universelle und stellt
deshalb soziale Hierarchien in Frage. Wie sich zeigen wird, gewinnen die Dramen der Aufklärung daraus einen ihrer wichtigsten Konfliktstoffe.

Tatkraft

Empfindsamkeit ist im 18. Jahrhundert nicht einfach nur eine passive Disposition und Flucht in die Innerlichkeit. Auch wenn es diese Tendenz in literarischen Darstellungen von Schwärmern und unglücklich Verliebten gibt,
zeichnen die meisten moralphilosophischen Schriften das Bild des tugendhaft
tätigen Menschen.[141] Leechman betont in seiner Vorrede zu Hutchesons *Sitten-*
lehre, dass es seinem Lehrer eben nicht auf das Gefühl allein angekommen
sei. Die Tugend liege „nicht in der blossen Empfindung eines Wohlgefallens

---

136   Witte 2009; Neumann 2009.
137   Thomasius [1692] 1706, S. 163.
138   Gellert 1770, S. 458.
139   Ebd., S. 460.
140   Immer 2005; van Ingen/ Juranek 1998, S. 503–584; Mauser/ Becker-Cantarino 1991; Meyer-
        Krentler 1984, S. 25–53.
141   Weitere Beispiele von Johanna Charlotte Unzer über Garve bis Jenisch finden sich bei
        Sauder 1974, S. 204f.

an gewissen Neigungen und Handlungen, sondern darinnen, daß man dieser Empfindung gemäs handelt."[142] Weltrückzug ist keine Option. Ziel ist „die Wirksamkeit zur Beförderung des allgemeinen Wohls"[143] bzw. ein „Zustand der wirkenden Empfindsamkeit".[144]

An prominenter Stelle, nämlich im Artikel *Sensibilité (Gramm.)* der dritten Auflage der Encyclopédie, unterscheidet Diderot zwischen einer folgenlosen ,sensibilité vague' und einer produktiven, an moralischen Überzeugungen orientierten ,sensibilité':

> [L]es ames tendres par excellence sont auprès du centre de la société; les ames, qui ne sont que sensibles, en sont aussi éloignées que les ames insociables sont éloignées d'elles.
>
> Les ames sensibles, ou plutôt tendres, ont plus d'existence que les autres; les biens & les maux se multiplient à leur égard. Elles ont encore un avantage pour la société; c'est d'être persuadées des vérités, dont l'esprit n'est que convaincu. La conviction n'est souvent que passive; la persuasion est toujours active; & il n'y a de ressorts que ce qui fait agir.[145]

Gepriesen wird der selbstlos Handelnde, der seine Menschenliebe in die Tat umsetzt, den Schwachen hilft, Gutes bewirkt. Handlung und emotionale Disposition müssen zusammenfallen, aus diesem Grund sind Unempfindlichkeit und Langeweile potentiell asozial.[146] Tugendhaft handelt nur, wer einer guten Neigung folgt.[147] Erst wenn das Herz mit der Tugend übereinstimme, argumentiert Gellert in seinen *Vorlesungen*, sei „die Ausübung und richtige Anwendung" der moralphilosophischen Erkenntnisse garantiert.[148] Mit dem Lesen von Büchern ist es also nicht getan. „Ohne lebhaftes Mitgefühl", so Heydenreich in seinem *System der Ästhetik*, sei „wahre thätige Bruderliebe nicht möglich". Man müsse in den Mitmenschen „hinüber empfinden, und durch diese Gemeinschaft der Gefühle und Zustände wird erst wahre thätige Theilnahme möglich."[149] Es verwundert nicht, dass auch die Revolutionäre Frankreichs, Marat,

---

142 Hutcheson 1756, S. 14.
143 Mochel 1780, S. 157.
144 Heydenreich 1790, S. 373.
145 Encyclopédie, Troisième Edition, Bd. 30, 1779, S. 811. Vgl. hierzu Behrens 1985, S. 49.
146 Sauder 1974, S. 144–147.
147 Hutcheson nennt Handlungen, die nicht von einer entsprechenden Neigung begleitet werde, „material". In Kombination mit der Neigung werde sie „formal". Erst diese formale Qualität garantiere die Tugendhaftigkeit der Tat. Hutcheson 1756, S. 381f.
148 Gellert 1770, S. 399.
149 Heydenreich 1790, S. 50f.

Mirabeau, Olympe de Gouges, eine „rhétorique sentimentale" pflegten, in der Empfindung und Tugend verwoben waren.[150]

Im Hinblick auf ihre soziale Wirkung sah sich die Gefühlspolitik der Empfindsamkeit im deutschsprachigen Raum schon im 18. Jahrhundert der Kritik ausgesetzt. Erstaunlicherweise warf man ihr entweder vor, mit gefährlichen Ansichten die gesellschaftliche Ordnung zu gefährden, oder man hielt sie für weltfremd und wirkungslos. Das erste Argument fand sich vor allem dort, wo zwischen Tugendempfindsamkeit auf der einen und Enthusiasmus bzw. Schwärmertum auf der anderen Seite nicht unterschieden wurde. Häufig griffen die Kritiker dabei, wie Knigge in *Ueber den Umgang mit Menschen*, zur Polemik. Enthusiasten, schreibt Knigge,

> legen die Hände in den Schooß, wo es Pflicht wäre, zu wirken, um sich in Händel zu mischen, die sie nichts angehen: reformiren die Welt, und vernachläßigen ihre häuslichen Geschäfte [...]. Man gewöhne sich daher, im Umgange mit den Aposteln solcher Systeme, die großen Wörter: Glück der Welt, Freyheit, Gleichheit, Rechte der Menschheit, Cultur, allgemeine Aufklärung, Bildung, Weltbürgergeist, und dergleichen für nichts anders, als für Lockspeisen, oder höchstens für gutgemeinte leere Worte zu nehmen [...].[151]

Auch wenn Knigges Urteil auf radikale liberale Theorien des späten 18. Jahrhunderts und insbesondere auf die Französische Revolution zielt und nicht auf die moderate Moralphilosophie eines Gellert, wird hier doch ein grundsätzliches Unbehagen an der Synthese von Tugend, Tatkraft und Gefühl deutlich. Der zweite Vorwurf geht in die entgegengesetzte Richtung; er findet sich prominent formuliert in Wezels Vorrede zu seinem *Robinson Krusoe*. Er hält die Orientierung an „Tugend, Menschenfreundlichkeit und Mitleid" für nichts als einen modischen „Mantel". Für ihn ist Empfindsamkeit die Folge einer fehlgeleiteten Sozialstruktur und Ernährungskultur:

> Je unmäßiger in einer Stadt Kaffee getrunken wird, je mehr dabey die Einwohner durch städtische Familienkriege, steife, ungesellige Sitten, Stolz oder andre Ursachen sich in die Zimmer einkerkern, leckerhafte, reizende, schlaffmachende Speisen und Getränke genießen, nichts als trockne gesellschaftliche Vergnügungen kennen, je mehr Empfindsamkeit wird unter ihnen herrschen.[152]

---

150   Denby 1994, S. 139–165. Zu Erfolg und Bedeutung des Rührstücks in der Französischen Revolution siehe Feilla 2016.

151   Knigge 1794, S. 141f.

152   Wezel 1779, S. VI–VIII.

Wezel unterstellt der Empfindsamkeit und ihren Anhängern eine Tendenz zur Ungeselligkeit, zum Rückzug und zur körperlichen Schwäche. Ihm schwebt dagegen eine Literatur vor, die „eine solche Mischung von Verstand und Empfindung" darstellen müsse, „wie sie die Natur in wohl temperirten Seelen angeordnet hat".[153] Es geht ihm um eine „Thätigkeit", die eine „von Verstand und Ehre geleitete Kraft" sein soll.[154] Seine Kritik richtet sich ganz offensichtlich nicht auf die tugendempfindsamen Diskurse – die ja sein eigenes pädagogisches Programm spiegeln – sondern auf die konkrete Praxis. Ob sie berechtigt ist, sei dahingestellt. Dass Theorie und Praxis divergierten, ist nicht unwahrscheinlich. Da methodisch nicht davon auszugehen ist, dass Sozialgeschichte und literarische Darstellung, konkrete gesellschaftliche Interaktion und fiktive, *vorgestellte* Handlungen in Dramentexten konvergieren, genügt der Hinweis, dass die tugendempfindsamen Abhandlungen eine tatkräftige Wirksamkeit zumindest für möglich hielten. Auch deshalb sehen wir in den Dramen der Zeit Figuren die Bühne betreten, die ihr Handeln zwar an tugendempfindsamen Idealen ausrichten, sich aber einer Welt gegenübersehen, die von Ungleichheit und Agonalität geprägt ist.

---

153   Ebd., S. XIf.
154   Ebd., S. XVII.

KAPITEL 3

Rivalität und Moral Sense.
Widersprüche des Naturrechts

Die Gesellschaften der Aufklärung konstituieren sich aus agonalen sozialen Praktiken auf der einen und tugendempfindsamen Handlungsnormen auf der anderen Seite. Ziel der empfindsamen Moralphilosophie ist es, das Gewaltpotential der Agonalität einzudämmen. Es wird eine Ethik des Ausgleichs, der Selbstlosigkeit und der demütigen Bescheidenheit propagiert, die soziale Rangkämpfe eindämmen soll. Die Temperierung der Gefühle und die ruhige Prüfung des eigenen Verhaltens mit den Mitteln der Vernunft sollen dafür sorgen, die emotionale Überhitzung und Eskalation von Konflikten zu vermeiden. Das ist die ordnungswahrende Seite der Empfindsamkeit. Gleichzeitig jedoch liegt in der gefühlspolitischen Kombination von Tatkraft und Menschenliebe die Saat für neue Auseinandersetzungen. Die Leserinnen und Leser fanden in tugendempfindsamen Wochenschriften und Traktaten Ideen, die soziales Engagement zu rechtfertigen schienen. Wem an der Verbesserung der Gesellschaft gelegen war, konnte sich aufgerufen fühlen, Armen und Schwachen zu helfen. Und war es nicht folgerichtig, auch dort sich zu empören und einzuschreiten, wo Herren ihren Knechten willkürlich Gewalt antaten, wo Menschen andere Menschen als Sklaven hielten? Dies aber setzte voraus, dass die Empfindsamen als Akteur in den agonalen Raum des Politischen treten. Die Idee der Menschenliebe ist ohne die Idee der Gleichheit aller Menschen nicht zu denken; sie strebt ins Universelle und damit geht, ob gewollt oder nicht, die Infragestellung herkömmlicher Hierarchien einher.

Von hier ist es nur noch ein kleiner Schritt zu einer radikaleren Auslegung der moralischen Grundlagen der Empfindsamkeit: der Propagierung von Menschenrechten und demokratischer Institutionen. Auf die *rhétorique sentimentale* der französischen Revolutionäre wurde im letzten Kapitel bereits verwiesen. Auch wenn im Alten Reich die liberalen oder gar revolutionären Stimmen vergleichsweise leise blieben, sollte man nicht den Fehler machen, die Verbindung zwischen Empfindsamkeit und politischem Änderungswillen zu kappen. Die empfindsame Moral zeigte ein Janusgesicht, ihre Ideen konnten für die Ordnung der Verhältnisse ebenso instrumentalisiert werden wie für ihre Reform oder sogar ihren Umsturz. Gerade in diesem Zwiespalt liegt der besondere Reiz der empfindsamen Gefühlspolitik. Bevor Kapitel 4 bis 8 dieser Studie zeigen, welche Folgen für Gattung, Form und Handlung des

© BRILL FINK, 2023 | DOI:10.30965/9783846767634_004

aufklärerischen Dramas dieses Spannungsfeld des Politischen hatte, soll der Widerspruch von Agonalität und moralischem Gefühl im Hinblick auf das Naturrecht der Aufklärung untersucht werden. Dort zeigt sich auf diskursiver und argumentativer Ebene, dass nicht von einer Dichotomie, sondern von einem dialektischen Bezug zwischen beiden Elementen auszugehen ist. Agonalität und Tugend müssen sich nicht notwendig ausschließen.

3.1   Grundlinien des Naturrechtsdiskurses im 17. und 18. Jahrhundert

Das säkulare Naturrecht war das wichtigste politische Denkmodell der Aufklärung. Vieles spricht dafür, seine Entwicklung in der zweiten Hälfte des 17. Jahrhunderts als Innovation zu verstehen, die neue Verhaltensnormen und ein neues Verständnis von Gesellschaft ermöglichte und damit die gesamte Epoche der Aufklärung prägte. Das Naturrecht gab einen verbindlichen Rahmen vor, der jedoch breit genug war, um divergierenden Positionen Raum zu bieten. Polittheoretische Schriften, die auf dem Naturrecht basierten, umfassten ein großes Spektrum. Dieses reichte, wenn man es mit den Kategorien des 19. Jahrhunderts beschreiben möchte, von konservativen bis hin zu liberalen Argumenten. Wer über die Gesellschaft nachdenken wollte, kam nicht umhin, sie aus ihrem Verhältnis zur Natur zu begründen. Das galt auch für die Moralphilosophie. Die Tugendkonzepte der Empfindsamkeit waren von der „naturrechtlichen Sozialethik vorstrukturiert",[1] aber auch das Streben des Einzelnen nach Anerkennung und Ehre ließ sich aus dem Naturrecht begründen.

Zunächst einmal gilt es, die theoretischen Voraussetzungen der Debatte zu erläutern. Das Modell des Naturrechts denkt den Staat von einer Ordnung aus, die ihm vorhergeht. Dieser ‚Naturzustand' (*status naturalis*) ist analytisch dem Gesellschaftszustand (*status civilis*) entgegengesetzt. Bei Pufendorf, Thomasius und Wolff findet sich der Naturzustand zusätzlich differenziert in *status naturalis originarius* und *status naturalis adventitius*, wobei letzterer als „entstandene[r]"[2] den Verbindungspunkt zum *status civilis* markiert. Es versteht sich, dass dieses sehr allgemein gehaltene Modell eine breite Skala unterschiedlicher Gesellschaftsdarstellungen umfasst. Wie liberal diese ausfallen, hängt wesentlich davon ab, wie man das Verhältnis von ‚natürlichen' und ‚positiven' Gesetzen beschreibt. Welche Übergänge, Gemeinsamkeiten und Unterschiede gibt es? Können natürliche Freiheiten des *status naturalis* im *status civilis* bewahrt werden oder müssen sie an den Souverän abgetreten

---

1   Vollhardt 2018, S. 12. Ausführlich hierzu Vollhardt 2001.
2   Wolff 1754, S. 63.

werden? Welche natürlichen Rechte sind veränderbar, welche nicht? Die Idee des Naturzustandes verweist auf jene Stelle, die der Begriff des Politischen (Kap. 1.1) einnimmt: Beide kontrastieren das, was der Fall ist – der *status civilis* oder ‚die Politik‘ – mit dem, was nicht der Fall ist. Der Naturzustand war einmal oder könnte sein. Er begründet die Gemeinschaft und stellt sie zugleich in Frage.

Der ontologische Status des Naturzustands variiert in den Theorien. Für Hobbes,[3] Rousseau (R 3, 132f.) und andere ist er ein Gedankenkonstrukt, keine Realität. Im Gegensatz dazu steht eine Position wie die Hutchesons, der den Naturzustand für eine historische Gegebenheit hält. Der „Stand der natürlichen Freyheit", wie er ihn nennt, sei überall dort gültig gewesen oder in Geltung, wo noch keine bürgerliche Regierung eingeführt wurde[4] – gewissermaßen eine erste Stufe positiven Rechts, die in den entwickelten Gesellschaften Europas aber der Vergangenheit angehöre. Es gibt auch radikale Theorien, die am Sinn der gesamten Naturrechtsdiskussion zweifeln lassen. Wenn ein naturgegebener Sozialtrieb existiere, so die Argumentation Shaftesburys in *The Moralists* und *Sensus Communis*,[5] die Grundlage jeder Staatlichkeit also bereits im Naturzustand vorhanden sei, warum dann *status naturalis* und *status civilis* trennen? Fallen sie nicht in eins? „Thus Faith, Justice, Honesty and Virtue, must have been as early as the State of Nature, or they cou'd never have been at all."[6] Auch Rousseau vertritt im *Discours sur l'inégalité* eine Extremposition, die zwar große Bekanntheit erlangte, aber in der Naturrechtsdebatte des 18. Jahrhunderts meist auf Ablehnung stieß.[7] Auf der ersten Stufe seiner Entwicklung, so Rousseau, lebe der *homme naturel* in Isolation, verstreut unter Tieren (R 3, 135). Er verfüge über keine Reflexion und sei deshalb weder ein moralisches noch ein unmoralisches Wesen (R 3, 152). Dies ist ein Bruch mit grundlegenden politischen Paradigmen der Aufklärung. Doch damit nicht genug: Rousseau geht nicht davon aus, dass der Mensch aus dem Naturzustand heraustreten muss, um seiner Bestimmung gemäß leben zu können. Einen natürlichen Trieb zur Geselligkeit gebe es nicht (R 3, 151), im Gegenteil: Die Natur des Menschen werde durch den Gang in die Kultur gefährdet. Erst im sieben Jahre später erschienenen *Contrat Social* wird Rousseau wieder auf traditionelle Argumentationsmuster der Naturrechtslehre zurückgreifen.

---

3 Hobbes [1651] 1966, S. 97.
4 Hutcheson 1756, S. 422.
5 Shaftesbury [1711] 1987, S. 204–214; Shaftesbury [1711] 1981, S. 76–78.
6 Ebd., S. 76.
7 Die Möglichkeit einer Vereinzelung der Menschen im Naturzustand wurde bereits vor bzw. zeitgleich zur Publikation von Rousseaus *Discours* diskutiert und negativ beschieden. Siehe Shaftesbury [1711] 1987, S. 204–214; Burlamaqui 1747, S. 43f.; Hutcheson 1756, S. 421.

Ein weiteres Kriterium für die Differenzierung der Naturrechtslehren des 17. und 18. Jahrhunderts ist die Frage, ob die Autoren von den Rechten oder den Pflichten der Menschen im Naturzustand ausgehen. Für die erste Gruppe leitend waren Grotius, Hobbes und Locke. Sie erachteten vor allem die Rechte auf Selbsterhaltung und Eigentum als naturgegeben. Thomasius und Wolff dagegen integrierten zwar die Idee der angeborenen Rechte (*iura connata*), begannen aber wie Pufendorf bei den Pflichten des Einzelnen gegenüber der Gemeinschaft.[8] Das hatte einen entscheidenden methodischen Vorteil: Man musste nicht umständlich begründen, warum die Menschen sich überhaupt zur Gemeinschaft zusammenschließen sollen. Die Naturrechtler der deutschen Frühaufklärung konnten den Menschen deshalb als ein Wesen beschreiben, dessen Interessen in erster Linie auf das Wohl der Gemeinschaft gerichtet waren. Pufendorf brachte dies auf den Begriff der *socialitas*.

Unterschiedlich waren auch die Legitimationsstrategien. Die Rede vom ‚säkularen‘ oder ‚profanen‘ Naturrecht verweist darauf, dass die Regeln des menschlichen Zusammenlebens nicht einfach als *ius divinum* aus der göttlichen Offenbarung oder religiösen Dogmen abgeleitet werden sollten.[9] Das natürliche Recht wurde an die Vernunft und anthropologische Beobachtungen gebunden. Die Bedeutung der christlichen Religion für die politische Gemeinschaft hatte sich damit aber nicht erledigt. Die Theologie wurde aus der Debatte nicht verbannt, sondern in sie integriert. Besonders dem Werk Pufendorfs hat die Forschung in dieser Hinsicht Aufmerksamkeit geschenkt und gezeigt, dass die *socialitas* noch durch den göttlichen Willen legitimiert wird.[10] Der Gottesbegriff ist dabei aber immer auch ein philosophisches Konstrukt, das eine begründungstheoretische Funktion erfüllt.[11] Es überrascht deshalb nicht, dass Gott noch zur Jahrhundertmitte in Burlamaquis populärem Überblickskompendium zum Naturrecht als Gründungsinstanz auftaucht und ohne Umschweife mit den anderen Instanzen der Vernunft und der Naturbeobachtung vermengt wird. Das Naturgesetz sei „une Loi que Dieu impose à tous les hommes, & qu'ils peuvent découvrir & connoître par les seules lumiéres de leur Raison, en considérent avec attention leur nature & leur état.“[12] Bekanntlich steht die Berufung auf ein höheres Wesen, sei es der „Creator“ oder das „Être Suprême“, noch in den Präambeln der Amerikanischen Unabhängigkeits- und der Französischen Menschenrechtserklärung.

---

8   Ottmann 2006, S. 405–407.
9   Taylor 2009, S. 379–504.
10   Bach 2015, S. 25; Vollhardt 2001, S. 37, 76–84.
11   Hüning 2015, S. 41.
12   Burlamaqui 1747, S. 142.

Das Menschenbild der deutschsprachigen Naturrechtslehren konnte sich auch deshalb durchsetzen, weil es die Vorgaben der pessimistischen lutherischen Anthropologie hinter sich ließ.[13] Der Mensch galt nicht mehr als egoistisches, seinen Sinnen ausgeliefertes Wesen, das ohne fremde Kraft den Weg zum Heil nicht finden konnte. Im Gegenteil: Das Böse in Form von sündhafter Gier, Gewaltbereitschaft und Zerstörungswut war nicht vorgesehen. Anders als Luther gingen Gelehrte wie Wolff deshalb davon aus, dass der Mensch dank seiner Vernunft und seines moralischen Gefühls das Gute selbständig erkennen könne. Er hat von seiner Natur aus ein wohltemperiertes Gleichgewicht der Affekte und kann deshalb die Balance zwischen Selbstliebe und Geselligkeit halten.

Eine weitere bedeutende Legitimationsstrategie geht den Weg über das Gefühl. Wie Florian Schmidt gezeigt hat, tragen die Naturrechtslehren wesentlich zur Bildung eines ‚Rechtsgefühls‘ in der Aufklärung bei.[14] Lynn Hunt spricht von einer „imagined empathy", die im 18. Jahrhundert über mediale Praktiken – zu denen nicht zuletzt das Theater zu zählen ist[15] – transportiert worden sei und so den Erfolg der Menschenrechte ermöglicht habe.[16] Wie aber gestaltete sich die philosophische Begründung? Die Naturgesetze, hält Hutcheson fest, entsprächen den „ursprünglichen moralischen Bestimmungen der Seele", weshalb über ihre „Vollkommenheit nicht gestritten werden" könne.[17] Als „ursprüngliche Bestimmung in unsrer Natur" hat Hutcheson zuvor den Moral Sense definiert.[18] Die Vernunft könne die aus ihm sich ergebenden Ziele tugendhaften Handelns zwar vermitteln und einsichtig machen, aber nicht begründen. Das könne allein „ein höheres Wesen" als der Mensch.[19] Wie diese Passage andeutet, musste das Verhältnis von Intuition und Reflexion respektive von Gefühl und Vernunft erst einmal theoretisch bestimmt werden. Die Idee, dass die dem Menschen gegebenen natürlichen Rechte „self-evident" seien – so die Formulierung in der Amerikanischen Unabhängigkeitserklärung – führte zu einem Begründungsparadox. Der Aufklärung war daran gelegen, dass möglichst alle Menschen, unabhängig von Stand und Bildung, die Idee der Menschenrechte verstanden.[20] Doch selbst wenn man davon ausgeht, dass der

---

13   Fick 2016b, S. 20f.
14   Schmidt 2020, S. 48–92.
15   Köhler 2017.
16   Hunt 2008, S. 26. Hunt gibt auch einen Überblick über verschiedene Versuche des 18. Jahr-
      hunderts, die Menschenrechte aus dem Gefühl zu begründen, vgl. ebd., S. 26–34.
17   Hutcheson 1756, S. 406.
18   Ebd., S. 110.
19   Ebd., S. 406.
20   Hunt 2008, S. 26.

Moral Sense diese vorreflexive Selbstverständlichkeit garantiert, bleibt eine Frage[21] offen: Wie kann eine politische Gemeinschaft aus dem Gefühl heraus die Gültigkeit von Naturrechten annehmen, wenn dieses moralische Gefühl doch erst durch die Gültigkeit von Naturrechten garantiert wird? Rousseau weist im *Contrat social* darauf hin, dass der Gemeinsinn („esprit social") jenen demokratischen Institutionen, die ihn erzeugen sollten, eigentlich vorausgehen müsste:

> Pour qu'un peuple naissant put goûter les saines maximes de la politique et suivre les regles fondamentales de la raison d'Etat, il faudroit que l'effet peut devenir la cause, que l'esprit social qui doit être l'ouvrage de l'institution présidât à l'institution même, et que les hommes fussent avant les loix ce qu'ils doivent devenir par elles. (R 3, 383)

Rousseau hält deshalb die Berufung auf Gott und die Religion für eine pragmatische Lösung, solange man sie lediglich als Instrument der Vernunft einsetze (R 3, 383f.).

3.2   Zur Dialektik von Selbst- und Menschenliebe im deutschen und schottischen Naturrecht

Wie gehen die naturrechtlichen Theorien der Aufklärung mit allgegenwärtigen Phänomenen wie Ruhm- und Ehrsucht, Rivalität und Parteienstreit um? Im Raum steht die These Pierre Saint-Amands, dass die politische Philosophie der Aufklärung jede Form von Agonalität und Antagonalität aus ihren Soziabilitätskonzepten eliminiert und stattdessen das wohlwollende, aber unzutreffende Bild des von Natur aus guten Menschen gezeichnet habe.[22] Eine These, die jüngst von Chantal Mouffe aufgegriffen wurde.[23] Saint-Amands Untersuchung bezieht ausschließlich die Werke prominenter französischer Vertreter der Aufklärung ein: Montesquieu, Rousseau, Voltaire und Diderot. Sie hätten ein einseitiges Konzept von Mimesis entwickelt, in dem der Mensch ausschließlich gute Taten nachahmen wolle. Jedoch sei das mimetische Begehren, so Saint-Amand unter Berufung auf René Girard, an Rivalität und Gewalt gebunden.

---

21   Zu den rechtsphilosophischen Problemen, die sich aus den Begründungsstrategien von Präambeln ergeben, siehe Fögen 2007, S. 9–23. Auf das die demokratischen Verfassungen begründende Paradox – die politische Gemeinschaft, die die Begründung garantiert, muss erst durch einen Akt der Begründung geschaffen werden – hat in dekonstruktivistischer Perspektive Derrida 2000 hingewiesen. Vgl. auch Vogl 1994a, S. 8.

22   Saint-Amand 1992.

23   Mouffe 2008, S. 126f.

Ein Befund, den die französischen Sozialphilosophen der Aufklärung aus ihren Theorien ausgeschlossen hätten.

Selbst wenn es auf den ersten Blick plausibel scheint, die aufklärerische Utopie eines sittlich-harmonischen Zusammenlebens der Menschen in scharfem Gegensatz zur Agonalität zu setzen, so geht die These in ihrer Einseitigkeit doch an der Komplexität der politischen Theoriebildung des 17. und 18. Jahrhunderts vorbei. Das zeigt zum einen der Blick nach England. John Lockes Beharren auf den Rechten des Einzelnen gegenüber der politischen Gemeinschaft war für die Entwicklung des Liberalismus und der Menschenrechte grundlegend. Locke widersprach damit der ständischen Ordnung und den Machtansprüchen des sich zentralisierenden Staates. Dies allein ist Grund genug, von einer Dialektik von Selbst- und Menschenliebe auszugehen. Darüber hinaus trieb viele Aufklärer die Sorge um, dass eine Gesellschaft der Tugendhaften nicht mehr sein könnte als „eine ideale Funktion",[24] die einer nüchtern-realistischen Betrachtung der menschlichen Natur nicht standhält. La Mettries *L'Anti-Sénéque* (1748) war ein Skandal, weil die Schrift sich gegen die Allgemeingültigkeit und Verbindlichkeit von Moral-Gesetzen und damit gegen zentrale Prämissen des aufklärerischen Gelehrtentums richtete. Es galt, sich mit ihr auseinanderzusetzen, ebenso wie mit den Schriften Machiavellis, Hobbes' und Mandevilles, die ein dezidiert agonales Modell von Gesellschaft und Politik vorschlugen. Die von diesen Denkern vorgebrachten Argumente waren nicht so leicht von der Hand zu weisen. Sie mussten kritisch durchdrungen und in veränderter Form integriert werden. Auch deshalb bauten jene Theoretiker, die den Menschen für ein von Natur aus soziales und sittliches Wesen hielten, agonale Elemente in ihre Systeme ein. Die für die Aufklärung so wichtige Idee der Balance (Kap. 2.2) kam diesem Vorhaben entgegen.

Agonale Politikmodelle wie dasjenige Machiavellis oder radikal antagonale Entwürfe des Naturzustands wie derjenige Hobbes' stießen in den meisten Fällen auf Ablehnung. Für Hobbes führen „Konkurrenz" und „Ruhmsucht" zu einem *bellum omnium contra omnes*, in dem jeder gegen jeden um seine Selbsterhaltung kämpft.[25] Daran explizit anknüpfend diskutiert Shaftesbury in den Dialogen der *Moralists* die Möglichkeit, dass der Naturzustand ein „State of War" sein könnte und spielt deshalb verschiedene agonale Szenarios in Natur und Gesellschaft durch.[26] Jedoch gelangt Shaftesbury zu der Annahme, dass die in der Natur zu beobachtenden Kämpfe zwischen verschiedenen Spezies in eine höhere Ordnung eingebunden seien. Für den Erhalt dieser Ordnung sorge

---

24   Martus 2015, S. 72.
25   Hobbes [1651] 1966, S. 95f.
26   Shaftesbury [1711] 1987, S. 44–48, 66–68, 198–212.

ein deistisch verstandenes „universal mind".[27] Der natürliche Geselligkeitstrieb des Menschen, sein „associating Genius", bleibt letztlich unangetastet; er
ist durch nichts zu zerstören.[28] Shaftesbury lehnt es entschieden ab, die Selbstsucht als Grundlage des Gemeinwesens zu verstehen.[29] Das gilt auch für die
einflussreichsten Schriften der Jahrhundertmitte. Montesquieu setzt sich zu
Beginn von *De l'Esprit des loix* mit Hobbes auseinander.[30] Er räumt ein, dass
der Mensch nach Selbsterhaltung strebe, der Naturzustand sei deshalb aber
kein Krieg aller gegen alle. Der Mensch suche von Natur aus Frieden, gerade
weil er Angst um seine Existenz habe: „la Paix seroit la premiére Loi Naturelle".[31] Hutcheson fasst die Haltung der an der naturgegebenen Geselligkeit des
Menschen orientierten Lehre in seiner *Sittenlehre der Vernunft* zusammen:

> Wir haben hier keine andere Beweise nöthig, daß dieser erste von der Natur
> gegründete Stand, so wenig ein Stand des Kriegs und der Feindschaft ist, daß
> er vielmehr ein Stand ist, worinnen wir alle, durch die natürlichen Empfindun-
> gen [...], verbunden werden, allen andern nicht nur nicht zu schaden, sondern
> ihnen auch wohlzuthun: und daß der Krieg einer von den willkührlichen Stän-
> den ist, welche einzig und allein von Beleidigungen entstehen, wenn wir, oder
> einige unsrer Nebenmenschen, den Vorschriften der Natur entgegengehandelt
> haben.[32]

Der Mensch tritt bei Hutcheson nicht aus dem Naturzustand heraus, indem
wie bei Hobbes die Starken sich gegen die Schwachen durchsetzen.[33] Er ist
in der Lage, die Unsinnigkeit eines Krieges aller gegen aller zu erkennen und
seine Selbsterhaltung gegenüber dem Wohl des Ganzen zurückzustellen.[34]
Erst wenn im Naturzustand alle zur Verfügung stehenden Mittel der Konfliktlösung versagen, kann zur Gewalt als ultima ratio gegriffen werden.[35]

Dennoch versuchten viele Naturrechtslehren, agonale Elemente zu integrieren. Friedrich Vollhardt hat darauf hingewiesen, dass das säkulare Naturrecht
und das empfindsame Schrifttum Selbstliebe und Geselligkeit nicht als Gegensätze, sondern als sich ergänzende Elemente begriffen haben. Selbstliebe ist
dabei nicht gleichzusetzen mit Agonalität, aber sie kann sie beinhalten. Die
Sorge um das eigene Wohlergehen zielt nicht nur auf bloße Selbsterhaltung,

---

27   Ebd., S. 162–172.
28   Shaftesbury [1711] 1981, S. 84, 74.
29   Ebd., S. 84–92.
30   Montesquieu 1748, S. 5–7.
31   Ebd., S. 6.
32   Hutcheson 1756, S. 419.
33   Ebd., S. 819.
34   Ebd., S. 85f.
35   Ebd., S. 719f.

sondern auch auf die Stellung in der Gesellschaft, das Verfolgen von Ambitionen. Es ging um die Frage, „wie ein friedliches Zusammenleben zwischen
den egoistisch ihre Interessen verfolgenden Individuen zustandekommt [...].
Individualität und Sozialität schließen sich nicht aus, sondern bedingen einander."[36] Vollhardt verfolgt diese dialektische Verschränkung von Pufendorf und
Thomasius über die Moralischen Wochenschriften bis zu den Lehrgedichten
Popes, Brockes und Hallers. Grundlegend sei für Pufendorfs Modell der *socialitas*, dass es die Eigenliebe temperiere und ins Gleichgewicht zur Geselligkeit
setze.[37]

Immer wieder ist zu beobachten, dass die schottische und die deutsche
Moralphilosophie die agonalen Anlagen des Menschen zu differenzieren
bemüht ist. Das Begriffsrepertoire wird erweitert, um sozial wirksame und
schädliche Agonalität zu trennen. Das zeigt sich bereits bei Shaftesbury. Er
unterscheidet in der *Inquiry* drei Formen von Affekten: ‚Natürliche' führen
zum allgemeinen Guten, ‚selbstbezogene' nur zum privaten Guten und
‚unnatürliche' weder zum einen noch zum anderen.[38] Während unnatürliche
Affekte immer lasterhaft sind,[39] hängt die moralische Bewertung der ersten
beiden Kategorien von ihrer Temperierung ab. Eigennutz („selfishness") und
Ehrgeiz („ambition") markieren für Shaftesbury genau jene problematischen
Punkte, an denen die Selbstliebe („Affection towards Self-Good") über die
der Gemeinschaft gestellt wird.[40] Jedoch könne auch der Altruismus so weit
gesteigert werden, dass er zu sozialen Schäden führe.[41] Aus diesem Grund entwirft Shaftesbury in der *Inquiry* eine Skala emotionaler Intensität („degrees
of affection")[42] und, lange vor Lessing, die Idee gemischter Charaktere.[43] In
ihnen vermengen sich tugend- und lasterhafte Affekte. Wenn jene die Oberhand behalten, sei die Moralität des Charakters sogar höher zu bewerten als
bei Personen, die nie gegen schädliche Affekte ankämpfen mussten. Sie seien
„cheaply virtous".[44]

---

36 Vollhardt 2001, S. 38. Die These Sauders, dass die Aufklärer nur deshalb das Selbstgefühl
    aufwerteten, weil es Voraussetzung für das Mitgefühl sei, ist angesichts dieses Befundes
    nicht zu halten. Vgl. Sauder 1974, S. 186.
37 Vollhardt 2001, S. 76–84.
38 Shaftesbury [1711] 1984, S. 182–306.
39 Ebd., S. 292–306.
40 Shaftesbury [1711] 1987, S. 172–174, 44–48.
41 Shaftesbury [1711] 1984, S. 64.
42 Ebd., S. 156–172.
43 Ebd., S. 80–82.
44 Ebd., S. 82.

Die Idee einer Gradation der Affekte war in der Aufklärung weit verbreitet.[45] Es verwundert deshalb nicht, dass die tugendempfindsamen Theorien darauf zurückgriffen, um die *socialitas* des Menschen zu rechtfertigen. Selbst Gellert, der in seinen *Moralischen Vorlesungen* laster- und tugendhafte Charaktere zunächst strikt trennt[46] und in seiner Suada gegen das Menschenbild der Materialisten Eigennutz und Selbstliebe keinerlei Raum gibt,[47] verbindet an späterer Stelle die übliche Reihe der Elemente der Selbstliebe – „Liebe zum Leben und zur Gesundheit; [...] Verlangen nach Ruhm, Macht und Ansehen, nach Reichthum und Pracht"[48] – mit der Idee der Temperierung. Wichtig sei, diese Neigungen „in ihren von dem Gewissen und der Vernunft angewiesenen Schranken zu halten", es gehe um eine „Tugend der Mäßigung".[49]

Eine ausführliche und wirkungsvolle Zusammenfassung des Verhältnisses von Selbstliebe und Geselligkeit gelang Francis Hutcheson. Da seine Moralphilosophie in der zweiten Jahrhunderthälfte von großem Einfluss in Deutschland war, soll die entsprechende Passage der von Lessing übersetzten *Sittenlehre der Vernunft* ausführlicher behandelt werden. Zunächst folgt Hutcheson Shaftesbury in der Systematisierung der Affekte. Er unterscheidet die auf uns selbst gerichteten Affekte von den auf unsere Mitmenschen gerichteten. Zur ersten Gruppe zählt er nicht nur sinnliche Begierden wie „Hunger, Durst, Wollust, Triebe zum sinnlichen Vergnügen", sondern auch „Reichthum, Macht oder Ruhm." In die zweite Gruppe fallen „Mitleiden, Glückwünschungen, Dankbarkeit, eheliche und verwandtschaftliche Neigungen". Und es gibt, wie bei Shaftesbury, eine dritte Gruppe, die weder unser eigenes noch das Glück anderer zum Ziel hat. Hierzu zählen „Zorn, Neid, Unwillen".[50] Auf das eigene Wohl gerichtete Affekte sind also nicht zwangsläufig schädlich für die Gemeinschaft. „Keine von den wirklich natürlichen und eigennützigen Begierden und Leidenschaften werden, an sich selbst, als übel verworfen, wenn sie in gewissen Schranken bleiben".[51] Hutcheson beschreibt all diese Affekte als „unruhig". Sie müssen temperiert werden, um keine negativen Folgen für die Gemeinschaft zu haben. Ihnen sind zwei grundlegende Affekte vorangestellt, die eine „ruhige" Gemütslage voraussetzen: Selbstliebe und die Liebe gegen andere.[52] Sie zielen auf kein bestimmtes Objekt, sondern bezeichnen die Fähigkeit, jene

---

45   Firges 2019.
46   Gellert 1770, S. 34–40.
47   Ebd., S. 79.
48   Ebd., S. 110.
49   Ebd., S. 111.
50   Hutcheson 1756, S. 55.
51   Ebd., S. 127.
52   Ebd., S. 51–54.

„thätigen Kräfte" und „Empfindungen" unvoreingenommen zu vergleichen, die „den wichtigsten Einflus auf unsre Glückseligkeit haben".[53] Zu große Unruhe dagegen birgt die Gefahr des Lasters. Die „eigennützigen Triebe" können „von einigen unruhigen ungestümen Empfindungen" begleitet werden, und zwar in „sehr verschiedenen Graden".[54] Von Kindheit an müsse der Mensch deshalb das „Nachsinnen über moralische Begriffe" lernen und darauf achten, seine Affekte „im Gleichgewicht zu erhalten".[55]

Der Appell an die richtige Erziehung löst aber nicht das Problem, wie das Verhältnis von Selbstliebe und Menschenliebe philosophisch zu bestimmen ist. Zwar könne, so Hutcheson, der Drang nach Anerkennung und Ehre tugendhaftes Verhalten befördern – wir erhalten Beifall für gute Taten[56] – umgekehrt ist es aber nicht tugendhaft, wenn wir uns vom Glück anderer einen Vorteil versprechen.[57] Selbstliebe und Menschenliebe sind aufeinander bezogen, aber inkommensurabel. „Das menschliche Leben", schreibt Hutcheson, „ist also eine unzusammenhängende Vermischung vieler geselligen, liebreichen, unschuldigen; und vieler eigennützigen, menschenfeindlichen und sinnlichen Handlungen, nachdem es sich zuträgt, daß eine oder die andre unserer natürlichen Fähigkeiten erregt wird, und über andere die Oberhand behält."[58] Dies birgt Probleme:

> Mus die gemeinnützige Bestimmung und alle ihre besondre Neigungen der eigennützigen nachgeben, und unter ihrer Herrschaft stehen? Dürfen wir uns unsern liebreichen Bewegungen, nur in so weit es der Eigennutz verstattet, und weiter nicht, überlassen? Oder mus die eigennützige der gemeinnützigen weichen? Oder können wir annehmen, daß in diesem zusammengesetzten System zween höchste Grundtriebe vorhanden sind, welche so oft einander widersetzen, ohne daß eine Beylegung ihres Zwists möglich sey?[59]

Die Bedeutung dieser Passage für die Gefühlspolitik der Aufklärung liegt in ihrer Metaphorik. Eigennutz und Gemeinnutz befinden sich im Kampf. Die menschliche Seele ist ein agonales Feld, in dem entgegengesetzte Triebe um die Herrschaft kämpfen. Menschenliebe und Geselligkeit lösen das Streben nach Anerkennung und die daraus entstehenden Rivalitäten nicht auf,

---

53 Ebd., S. 52.
54 Ebd., S. 94. Zu den Graden der Laster vgl. ebd., S. 135–140.
55 Ebd., S. 89.
56 Ebd., S. 75.
57 Ebd., S. 96f.
58 Ebd., S. 89.
59 Ebd., S. 107f. Hutcheson verwendet hier – in der Übersetzung Lessings – Eigennutz und Selbstliebe synonym.

sondern werden selbst zu Rivalen im Kampf für das allgemein Beste. Dieses Motiv der kämpfenden Tugend ist für das Drama des 18. Jahrhunderts von entscheidender Bedeutung.

Hutcheson lässt, für einen schottischen Moralphilosophen wenig überraschend, das „moralische Gefühl" den Kampf gewinnen. Es sei „bestimmt, über unsre andern Kräfte die Herrschaft zu führen."[60] Entscheidend dafür sei, dass der Mensch zur Ruhe komme und sich in Selbstschau übe:

> Wenn die Seele ruhig ist, und die Beschaffenheit und Kräfte anderer Wesen, ihre natürlichen Handlungen und Fähigkeiten, glückselig oder elend zu seyn, betrachtet; wenn die eigennützigen Triebe, Leidenschaften und Begierden entschlummert sind: so äussert sich ein ruhiger Trieb der Seele, die grösste Glückseligkeit und Vollkommenheit der ganzen ihr bekanten Welt zu verlangen. Unser innerliches Bewustseyn ist ein unverwerflicher Zeuge, daß ein solcher Trieb, eine solche Bestimmung der Seele in uns ohne alle Beziehung auf eine Art unsrer eignen Glückseligkeit wirkt.[61]

Die Ruhe ermöglicht die Herrschaft des Moral Sense, der als natürlicher Trieb zur Geselligkeit strebt. Denn nur in dieser Ruhe zeigt sich unser Bewusstsein so, wie es ist. Wir erkennen, dass wir in Wahrheit nichts anderes wollen, als die Glückseligkeit anderer zu befördern. Die „höchste moralische Vortreflichkeit" ist deshalb „die ruhige, unveränderliche, allgemeine Geneigtheit gegen das ganze System".[62] Hutcheson etabliert eine Skala, an deren Endpunkten sich Tugend/Ruhe und Laster/Unruhe gegenüberstehen. Diese Korrelation von Moral, Agonalität und Bewegungskräften ist, wie das sechste Kapitel zeigen wird, für das Verständnis des Politischen im Drama der Aufklärung bedeutend.

3.3   Agonalität und gesellschaftliche Entwicklung (Smith, Justi, Kant, Schiller)

Wenn die Selbstliebe als Teil der menschlichen Natur anerkannt wird, stellt sich die Frage, ob sie auf die Entwicklung des großen Ganzen nicht auch positive Effekte haben könnte? Bernard Mandeville war es, der in seiner 1714 erschienenen *Fable of the bees* beschrieb, wie „private vices" zu „publick

---

60   Ebd., S. 122.
61   Ebd., S. 52f.
62   Ebd., S. 133f.

benefits" führen[63] und damit zum Antipoden Shaftesburys avancierte.[64] Die Idee, dass persönliche Laster sozialen und ökonomischen Nutzen bringen können, stellte die optimistische Anthropologie der schottischen Moralphilosophie vor Probleme. Ein Lösungsversuch war die Integration des Eigennutzes in ein System der Gradation, innerhalb dessen die Deutung des Lasters als *übertriebener* Selbstliebe möglich wurde. Man konnte jedoch auch die Fragestellung als solche verwerfen. Wenn der Trieb zur Geselligkeit im Menschen stärker ist als seine agonalen Anlagen, folgt daraus, dass Eigen- und Gattungsinteresse letztlich zusammenfallen. So argumentiert Shaftesbury in der *Inquiry*: Wer dem Gemeinwohl dient, dient sich selbst, wer ihm schadet, schadet sich selbst.[65] Damit ist die Möglichkeit, dass der zum Laster gesteigerte Agon irgendeinen sozialen Nutzen haben könnte, a priori ausgeschlossen. Dieses Argument sollte sich lange halten. So stellt der in Edinburgh lehrende Adam Ferguson in seinen Ende der 1760er Jahre erschienenen *Grundsätzen der Moralphilosophie* fest, „daß es für das menschliche Geschlecht dieselbe Wirkung haben muß, ob der einzelne Mensch, bloß sich selbst, oder die ganze Gesellschaft, deren Glied er ist, zu erhalten gedenkt."[66]

Bekanntlich war es mit Adam Smith ebenfalls einem schottischen Moralphilosophen vorbehalten, in seiner Abhandlung über den *Wealth of Nations*[67] die Idee Mandevilles in eine bahnbrechende Theorie der Nationalökonomie zu überführen. Er konnte sich von der Tatsache bestärkt fühlen, dass Mandevilles Darstellung der Selbstliebe das ganze 18. Jahrhundert über präsent blieb und in den Moralischen Wochenschriften Englands ebenso rezipiert wurde wie in den literarischen Werken Defoes, Lillos und Goldsmiths.[68] Der Forschung hat Smiths Entwicklung von der *Theory of Moral Sentiments* (1759), die den Begriff der Sympathie in den Vordergrund stellte, hin zum *Wealth of Nations* einiges Kopfzerbrechen bereitet. Hat Smith eine Wende von der Geselligkeit hin zur Selbstliebe vollzogen? Die unterschiedlichen Antworten auf diese Frage, die als ‚Adam-Smith-Problem' Eingang in die Philosophiegeschichte gefunden hat, können hier nicht in all ihren Facetten erörtert werden. Im Rahmen der Darstellung der aufklärerischen Dialektik von Selbstliebe und Geselligkeit sei lediglich darauf hingewiesen, dass sich bereits in der *Theory* eine ganz andere

---

63   Mandeville 1714.
64   Zu Mandevilles Stellung innerhalb der Naturrechtsdebatte der englischen Aufklärung vgl. Schrader 1984, S. 39–72.
65   Shaftesbury [1711] 1984, S. 144–150.
66   Ferguson 1772, S. 102. Die deutsche Übersetzung stammt von Christian Garve. Das englische Original erschien drei Jahre zuvor in Edinburgh, siehe Ferguson 1769.
67   Smith 1776.
68   Rommel 2006.

Herangehensweise an die Phänomene des Eigennutzes und der Agonalität findet als im fast zeitgleich erschienenen *System* Hutchesons. Als erstes fällt auf, dass Smith die Ordnung der Affekte leicht variiert. „Selfish passions", die uns auf persönliches Glück oder Unglück reagieren lassen,[69] vermitteln zwischen „unsocial passions" wie „hatred and resentment" und „social passions" wie „Generosity, humanity, kindness, compassion, mutual friendship and esteem".[70] Entsprechend wird auch der Agon nicht negiert, sondern, anders als bei Hutcheson, in all seinen sozialen Facetten analysiert und auf seine soziale Wirkung hin untersucht. Er erhält sogar ein eigenes Kapitel: „Of the origin of ambition, and the distinction of ranks".[71] Darin erklärt Smith gleich zu Beginn das Streben nach Ruhm aus der Tatsache, dass wir uns nach der Anerkennung und Sympathie der anderen sehnen:

> what are the advantages which we propose by that great purpose of human life which we call bettering our condition? To be observed, to be attended to, to be taken notice of with sympathy, complacency and approbation, are all the advantages which we can propose to derive from it.[72]

Die Motivation der Agonalität liegt in der Sympathie; beide sind nicht zu trennen. Adam Smith bewertet dies nicht, sondern versucht sich an einer realistischen und nüchternen Beschreibung. Je höher einer in der Rangordnung der Gesellschaft steige, desto mehr Menschen sähen in ihm ein Vorbild. „Every body is eager to look at him, and to conceive, at least by sympathy, that joy and exultation with which his circumstances naturally inspire him."[73] Der Erfolgreiche berühre uns stärker als der Arme, weil wir positive Gefühle suchen und schlechte meiden. Dies rechtfertige letztlich die „distinction of ranks, and the order of society."[74] Zugleich analysiert Smith scharfsinnig die agonale Struktur der Höfe.[75] Die Fürsten selbst müssten ihre Position nicht im politischen Konflikt verteidigen und setzten stattdessen darauf, durch vorbildhaftes Verhalten ihren öffentlichen Ruf zu festigen. Die mittlere Verwaltungsschicht dagegen müsse hart arbeiten, um nach oben zu gelangen. Der Zutritt zu den höchsten Sphären der Macht bleibe ihr dennoch verwehrt. Neid, Intrigen und agonaler Frust sind programmiert. Gegen Ende des Kapitels wird deutlich, dass Smith auch die problematische Seite des Strebens nach Macht und Anerkennung

---

69   Smith 1759, S. 85–92.
70   Ebd., S. 68, 80.
71   Ebd., S. 108–128.
72   Ebd., S. 109f.
73   Ebd., S. 111.
74   Ebd., S. 114.
75   Ebd., S. 122f.

sieht. Es falle schwer, die eigene Position aufzugeben: „That passion, when once it has intire possession of the breast, will admit neither a rival nor a successor." Wer frei und unabhängig leben wolle, dürfe den „circle of ambition" deshalb gar nicht erst betreten. Aber nur wenige könnten ihm widerstehen und so würden Habgier und Ehrgeiz in dieser Welt weiterhin für „tumult and bustle" sorgen.[76]

Die Abkehr vom Moral-Sense-Konzept Shaftesburys und Hutchesons erleichtert es Smith, Eigennutz und Agonalität als unvermeidbare Antriebe menschlichen Handelns zu begreifen. Von hier ist es nur noch ein kleiner Schritt zur Wiederentdeckung des gesellschaftlichen Nutzens der Selbstliebe im *Wealth of Nations*. Dass die stärkere Gewichtung der Selbstliebe in der natürlichen Affektökonomie des Menschen zu einer positiveren Bewertung der Agonalität führt, zeigt auch die 1760 veröffentliche Schrift über *Die Natur und das Wesen der Staaten* des deutschen Polizeiwissenschaftlers Johann Heinrich Gottlob von Justi. Obwohl er sich kritisch über die Schriften Hobbes äußert, hält Justi den Menschen seiner Natur nach für ein Raubtier, das ursprünglich im Zustand der Wildheit lebe.[77] Seine natürlichen Triebe, die zugleich „die ersten Gesetze der Natur und die einzigen Quellen des ganzen natürlichen Rechts" bildeten, seien Selbsterhaltung, Eigenliebe, Fortpflanzung, Liebe zu den Kindern und denjenigen, die uns angenehme Empfindungen verschaffen.[78] Alles andere, wie die Idee eines Geselligkeitstriebes, seien nicht zu beweisende Gelehrtenphantasien.[79] Daraus folgt für Justi, dass Naturzustand und Staat strikt getrennt werden müssen. Die menschliche Gemeinschaft folge einer Entwicklung, deren wesentlicher Antrieb die Vernunft sei. Diese steige von Stufe zu Stufe höher, da der Mensch aus neuen Erfahrungen neue Begriffe gewinne.[80] Wichtig ist nun, dass Justi in dieses Stufenmodell ein antagonales Element einfügt. Der erste vernunftgegründete Zusammenschluss der Menschen führe nämlich nicht zum Frieden, sondern in einen Kriegszustand: Die unterschiedlichen Gemeinschaften bekämpfen sich. Erst auf einer höheren Vernunftstufe werden sie friedfertig, bevor sie schließlich den Begriff der Freiheit entwickeln und Republiken gründen.[81] Jedoch sei die Angst vor Überfällen fremder Gemeinschaften allein kein Grund gewesen, den Naturzustand zu verlassen. Wichtiger waren laut Justi – und dieses Argument ist für einen Polizeiwissenschaftler nicht untypisch – die Unordnung im *Innern*, die

---

76 Ebd., S. 126f.
77 Justi 1760, S. 7–10.
78 Ebd., S. 304.
79 Ebd., S. 9.
80 Ebd., S. 18.
81 Ebd., S. 10–16.

„Streitigkeit und Unruhen", die den gesellschaftlichen Frieden störten und in einer abermaligen dialektischen Bewegung zu den ersten bürgerlichen Gesetzen führten.[82]

Konsequenter noch als Justi erklärt Kant ein Vierteljahrhundert später in seiner *Idee zu einer allgemeinen Geschichte in weltbürgerlicher Absicht* den „Antagonism" zur Grundlage der historischen Entwicklung von Kultur und Gesellschaft. Er definiert ihn als „die ungesellige Geselligkeit der Menschen, d.i. den Hang derselben in Gesellschaft zu treten, der doch mit einem durchgängigen Widerstande, welcher diese Gesellschaft beständig zu trennen droht, verbunden ist." (AA 8, 20)[83] Kant geht einen Mittelweg. Geselligkeitstrieb und agonale Durchsetzung der Selbstliebe sind in der Natur des Menschen zu gleichen Teilen angelegt. Es ist aber der Drang des Individuums, „alles bloß nach seinem Sinne richten zu wollen", der den Widerstand anderer Individuen erzeugt und so

> alle Kräfte des Menschen erweckt, ihn dahin bringt seinen Hang zur Faulheit zu überwinden und, getrieben durch Ehrsucht, Herrschsucht oder Habsucht, sich einen Rang unter seinen Mitgenossen zu verschaffen [...]. (21)

Eben durch dieses agonale Moment geschehen „die ersten wahren Schritte aus der Rohigkeit zur Cultur". Es entstehen, ähnlich wie bei Justi, „praktische Principien" und schließlich die Gesellschaft als „moralisches Ganze[s]". In einer Welt voller Harmonie würden die Anlagen der Menschheit „unentwickelt schlummern. Der Mensch will Eintracht; aber die Natur weiß besser, was für seine Gattung gut ist: sie will Zwietracht." (21) Der Zustand der Agonalität wiederum könne nur durch „Zwang" eingehegt und in die bürgerliche Gesellschaft überführt werden, weil die Menschen sich sonst einander zu sehr schaden würden (22). Eine gute Sozialordnung gleiche deshalb einem „Gehege" von Bäumen, die

> eben dadurch, daß ein jeder dem andern Luft und Sonne zu benehmen sucht, einander nöthigen beides über sich zu suchen und dadurch einen schönen geraden Wuchs bekommen; statt daß die, welche in Freiheit und von einander abgesondert ihre Äste nach Wohlgefallen treiben, krüppelig, schief und krumm wachsen. (22)

Wie so viele Theorien Kants hat auch diese in Schillers *Über die ästhetische Erziehung des Menschen* Eingang gefunden und eine neue Wendung erfahren.

---

82   Ebd., S. 19f.
83   Zur Idee der „Ungeselligen Geselligkeit" im 18. und 19. Jahrhundert siehe Heinz et al. 2005.

Im sechsten Brief spricht Schiller von einem „Antagonism der Kräfte" als Mittel, die „mannigfaltigen Anlagen im Menschen zu entwickeln" (WB 8, 576). Er sieht ihn in verschiedenen Gegensätzen am Werk (Kap. 5.2): reiner und empirischer Verstand liegen ebenso im Kampf wie Vernunft und Einbildungskraft, Abstraktion und dingliche Besonderheit, Körperkraft und Bewegungskunst (576–577). Erst in der Auseinandersetzung mit ihrem Gegensatz bilden sich die Fähigkeiten des Menschen „zu möglichster Reife aus". Zugleich jedoch betont Schiller, dass dieser Kampf nur der Weg zum ästhetischen Staat sei, nicht das Ziel selbst: „das große Instrument der Kultur, aber auch nur das Instrument" (576).

3.4   Parteienstreit und seine Einhegung

Agonalität wird im naturrechtlichen Denken der Aufklärung also entweder aus dem Naturzustand herausgehalten oder als dynamisches, gesellschaftsbildendes Element in diesen integriert. Weitgehende Einigkeit besteht jedoch darin, dass sie aus dem *status naturalis adventitius* bzw. dem *status civilis* nicht von vornherein ausgeschlossen werden kann. Das müssen auch jene Denker einräumen, die ein positives Bild des ursprünglichen Zustandes zeichnen. Für Wolff ist der Krieg ein Resultat sozialer Handlungen, wohingegen „der Friede der Natur gemäß" sei. Er verlegt den Krieg deshalb in den *status naturalis adventitius*.[84] Darin folgt ihm nicht nur Hutcheson,[85] sondern auch Montesquieu. Dieser hält fest, dass man den *bellum omnium contra omnes* nicht in die Zeit „avant l'établissement des Societés" legen könne, da erst die Gesellschaft den Menschen ein Motiv gebe „pour s'attaquer & pour se défendre."[86] Hobbes habe den Natur- mit dem Gesellschaftszustand verwechselt. Auch Rousseau, dessen Konzeption des Naturzustandes sich sonst von Wolff und Montesquieu unterscheidet, beschreibt ihn als frei von jenen agonalen Händeln, die in der Zivilisation durch „concurrence et rivalité" sowie die „opposition d'intérêt" entstünden: „La Société nassainte fit place au plus horrible état de guerre" (R 3, 175f.). Noch in den 1770er Jahren wird Ferguson sein Modell

---

84   Wolff 1754, S. 61, 64. Thomasius hält den Krieg dagegen in seinen *Grund-Lehren des Natur- und Völcker-Rechts* nicht aus dem Naturzustand heraus. Dieser sei „weder der Zustand des Krieges noch der Zustand des Friedens sondern ein Mischmasch aus beyden, welches dennoch mehr von dem Zustande des Krieges als dem Zustande des Friedens participiret." Thomasius 1709, S. 68. Vgl. zu diesem zwischen Gesellligkeit und Agonalität schwankendem Doppelcharakter des Naturzustandes bei Thomasius: Kühnel 1999, S. 75–80.
85   Hutcheson 1756, S. 419.
86   Montesquieu 1748, S. 6.

des Politischen anhand des Gegensatzes von Natur/Friede und Gesellschaft/ Agonalität konstruieren.[87]

Wie nun aber einen Staat, wie das Völkerrecht organisieren, wenn sich politische Gemeinschaften so häufig durch Rivalität und Konkurrenz entzweien? Shaftesbury benennt dieses Problem sehr klar. Agonalität zeige sich nicht nur in den Handlungen einzelner, meist mächtiger Menschen, die gegeneinander intrigierten und in Kauf nähmen, dass der Staat „a Sacrifice to their Ambition" werde.[88] Schwerwiegender noch sei ein anderes Phänomen: Je mehr Menschen zu einer politischen Gemeinschaft zusammenfänden, desto wahrscheinlicher werde es, dass sich Parteien bilden. Deren Darstellung in seiner Schrift *Sensus Communis* verleitet Shaftesbury zu paradoxen Argumentationsmustern. Parteien seien zwar Ausdruck des Herdentriebes, nährten aber einen „wrong social Spirit".[89] Das Problem bleibt bei Shaftesbury letztlich ohne Lösung. Es blieb seinem Nachfolger Hutcheson vorbehalten, es im Detail zu untersuchern und das agonale Potential der einzelnen Staatsformen freizulegen. Aristokratie und repräsentative Demokratie seien auf ihre Art anfällig für Parteienstreit. In der Aristokratie kämpfen Familien um die Macht, in demokratischen Versammlungen ringen die Abgeordneten um die unbeständigen Stimmungen des Volkes; Hutcheson rät deshalb zur Verteilung von Ämtern per Los.[90] Ein weiteres Problem, das auf der nächsthöheren Ebene angesiedelt ist, behandelt Rousseau: die Rivalität zwischen Völkern und Staaten. „[T]ous les peuples", heißt es im *Contrat Social*, „ont une espece de force centrifuge, par laquelle ils agissent continuellement les uns contre les autres et tendent à s'aggrandir aux dépens de leurs voisins" (R 3, 388).[91] Warum das kein geringes Problem ist, zeigt ein Blick in Wolffs *Grundsätze des Natur- und Völckerrechts*. Die Völker und Staaten bilden keine Rechtsgemeinschaft und befinden sich untereinander im Naturzustand. Sie dürften zwar aufgrund des Naturrechts keine Angriffskriege führen, aber erlittenes Unrecht durch Krieg kompensieren.[92] Ein Argument, das selbst der Moral-Sense-Theoretiker Hutcheson als legitimen Kriegsgrund anerkennen muss.[93]

---

87 Ferguson 1772, S. 35f.
88 Shaftesbury [1711] 1987, S. 44.
89 Ebd., S. 82.
90 Hutcheson 1756, S. 862–864, 873.
91 Das beschreibt auch Hutcheson in seiner *Inquiry*, geht jedoch davon aus, dass zumindest Handel treibende Republiken weitsichtig genug seien, die Prosperität des Anderen als allgemeinen Fortschritt anzuerkennen. Hutcheson [1725] 1971, S. 113f.
92 Wolff 1754, S. 855.
93 Hutcheson 1756, S. 980–982.

Während gewaltsame Eskalationen zwischen Staaten nicht verhindert werden können – man kann bestenfalls wie Kant in seiner Schrift *Zum ewigen Frieden* darauf hoffen, dass Republiken untereinander keinen Krieg anzetteln werden (AA 8, 351) – bietet die Institutionalisierung einer Rechtsordnung innerhalb eines Staates mehrere Optionen der Konfliktregulierung. Insbesondere Humes *Essays* aus den Jahren 1741/42, die auf die amerikanischen ‚Federalists‘ großen Einfluss hatten, sind hier von Bedeutung. Die dort enthaltenen Artikel *Über Parteien im allgemeinen* oder *Die Idee einer vollkommenen Republik* entwerfen erstmals eine Parteitheorie.[94] Problematisch ist für Hume insbesondere die Parteienbildung aus „Prinzip“,[95] die anders als affekt- oder interessegeleitete Gemeinschaftskonstitutionen zu nur schwer einzuhegenden Streitigkeiten führe.[96] Große Republiken haben laut Hume dagegen den Vorteil, Konflikte zwischen Faktionen effektiver einzuhegen. Sie bieten Anhängern unterschiedlicher Prinzipien schon allein wegen ihrer schieren Größe genug Raum, sich aus dem Weg zu gehen.[97]

Unabhängig von der Größe des Staates werden drei unterschiedliche Formen der Konfliktregulierung diskutiert: Schlichtung, Vereinheitlichung des Volkswillens und polizeiliche Prävention. Auf den ersten Punkt weist bereits Shaftesbury in *Sensus Communis* hin. Paradoxerweise sind es für ihn gerade die Eigensüchtigen und Nichtgeselligen, die die Gesellschaft vor den Gefahren der Parteibildung zu schützen vermögen. Da sie sich keiner Partei anschließen, können sie als Vermittler fungieren.[98] Mit dieser Idee der Vermittlung bzw. Schlichtung beschäftigt sich Hutcheson in seiner *Sittenlehre* in unterschiedlichen Zusammenhängen. Er geht davon aus, dass bereits im Naturzustand Konflikte durch einen „Schiedsrichter“ gelöst werden. Die Parteien müssen bereit sein, sich seinem Urteil zu unterwerfen, außerdem sollen mindestens zwei Zeugen aussagen.[99] Im Gesellschaftszustand des bürgerlichen Regiments sei es die Jurisdiktion, die diese Funktion übernehme.[100] Die für eine erfolgreiche Streitschlichtung notwendige Überparteilichkeit des Schiedsrichters ist eine zentrale Denkfigur der Aufklärung. Sie kommt in Smiths Moralphilosophie

---

94   Hume 1988. Zur historischen Einordnung der *Essays* und ihrem Bezug zur politischen Theorie im Vorfeld der Amerikanischen Revolution vgl. Ottmann 2008, S. 59.

95   Hume 1988, S. 55.

96   Ebd., S. 56f.

97   Ebd., S. 356.

98   Shaftesbury [1711] 1981, S. 82–84.

99   Hutcheson 1756, S. 712–720.

100   Ebd., S. 835. Hutcheson liegt hier auf einer Linie mit der deutschen Polizeiwissenschaft, wie die ausführliche Beschäftigung Justis mit dem Phänomen der Streitschlichtung zeigt, siehe Justi [1756] 1969, S. 246–256.

in Gestalt des „impartial spectator" zu Ehren, in den Zeitschriften und Zeitungen dient das geflügelte Wort von der „unparteiischen Betrachtung" des Autors dazu, die Vernunft seines Urteils zu bezeugen.

Viele Autoren setzen die Konfliktregulierung früher an und glauben, dass grundlegender Streit bereits im Moment der Konstitution der politischen Gemeinschaft ausgeschlossen werden müsse. Das bekannteste Beispiel hierfür ist das Modell, das Rousseau in seinem *Contrat Social* vorschlägt. Wie andere Autoren sieht Rousseau, dass Parteien gerade in Republiken der Bildung des „volonté générale" gefährlich werden können. Er entwirft eine gewagte Hypothese: Würden die Bürger untereinander nicht kommunizieren und dennoch gut informiert sein, ergebe sich aus der großen Zahl der kleinen Unterschiede das beste Bild des Allgemeinwillens.

> Mais quand il se fait des brigues, des associations partielles aux dépens de la grande, la volonté de chacune de ces associations devient générale par rapport à ses membres, et particuliere par rapport à l'Etat [...] (R 3, 371).

Weil es in diesem Fall nur noch so viele Interessen wie Parteien gebe, sei das Ergebnis der Abstimmung weniger allgemein. Sollte der Fall eintreten, dass eine Partei größer als alle anderen werde, herrsche nur noch eine „avis particulier" (R 3, 372). Was in unserer heutigen Staatsform also Voraussetzung für das Funktionieren der Demokratie ist, nämlich Parteienbildung, Kampf um die Vorherrschaft von Interessen und Positionen, ist für Rousseau das genaue Gegenteil: das Ende des Volkswillens. Für seine politische Theorie ist entscheidend, dass man „la volonté de tout un peuple" von den „clameurs d'une faction" unterscheiden kann (R 3, 435). Die demokratische Idealgemeinschaft – von der Rousseau im Übrigen weiß, dass sie nicht zu realisieren sein wird – gründet in einem gemeinsamen Gefühl. Am besten wäre es, man müsste erst gar nicht diskutieren, weil alle schon wissen, welche neuen Gesetze notwendig sind.

> Le premier qui les propose ne fait que dire ce que tous ont déjà senti, et il n'est question ni de brigues ni d'éloquence pour faire passer en loi ce que chacun a déjà résolu de faire [...] (R 3, 436).

Wahlen sollten deshalb möglichst einstimmig ausfallen (R 3, 439); auf keinen Fall zu umgehen sei die Einstimmigkeit bei der Konstitution des Ursprungsvertrages der politischen Gemeinschaft. Wer dagegen sei, könne nicht zum politischen Kollektiv gehören (R 3, 440).

Die Herstellung von sozialer Verbindlichkeit durch Verträge ist für das politische Denken des 17. und 18. Jahrhunderts wesentlich. Hobbes, Locke, Pufendorf, Wolff und eben auch Rousseau entwarfen unterschiedliche Modelle, die sich teils überschneiden, teils widersprechen. Das muss hier nicht rekapituliert werden. Rousseau ist deshalb ein interessanter Fall, weil bei ihm die Gefahr des Parteienstreits so übermächtig erscheint, dass die Stimmen der Bürger zu einer Einheit werden müssen. Mit diesem Gedanken stand er nicht allein. Zur selben Zeit wie Rousseau schreibt Justi in *Die Natur und das Wesen der Staaten*, dass die Republik sich durch die „Vereinigung vieler einzelnen Willen in einen einzigen Willen" auszeichne und dadurch „ein einziger Körper" entstehe.[101] Anders als bei Hobbes erfolgt diese Vereinigung bei Rousseau und Justi nicht durch Zwang, sondern aus dem Zustand der natürlichen Freiheit heraus. Dennoch drängt sich bei der Lektüre von Justis Naturrecht der Eindruck auf, dass es das vier Jahre zuvor publizierte Programm der *Policeywissenschaft* philosophisch legitimiert. Trotz aller liberalen Elemente, die Justis Schriften enthalten,[102] sind sie von dem Bedürfnis durchdrungen, die Ruhe und Ordnung des Staates vor Agonalität zu beschützen. Der Volkskörper muss temperiert werden, „weil das Volk bloß nach Leidenschaften handelt und sich so leicht in Hitze und Bewegung setzen läßt." Justi spricht von einer „Menge [...], die sich beständig verändert und von tausend verschiedenen Gesinnungen hin und her beweget wird."[103] Aufgabe der Staatskunst sei es, mit Hilfe der Policey „die enstehenden Partheyen und ihre Bewegungen zu entdecken und in ihrer Geburth zu ersticken".[104] Zusammenrottungen müssen verhindert werden, Aufrührer ins Gefängnis gesteckt, ihre Reden zensiert werden. Eine Reform des Justizsystems sei schon allein deshalb notwendig, weil die Bürger einen Anreiz brauchen, es häufiger anzurufen. Duelle und Selbstjustiz, „unvernünftige Ueberbleibsel barbarischer Zeiten", müssen polizeilich-präventiv unterbunden werden.[105]

3.5 Das progressive Naturrecht im Kontext von Moral Sense und Empfindsamkeit

Der Blick in den *Contrat Social* hat erkennen lassen, dass Rousseau mit seiner politischen Theorie eine emotionale Harmonisierungsstrategie verfolgt. Dies gibt einen ersten Hinweis auf mögliche Schnittstellen zwischen Naturrecht

---

101 Justi 1760, S. 37, 42. Ebenso argumentiert der Polizeiwissenschaftler Sonnenfels 1770, S. 17–20.

102 Wilhelm 1995, S. 119–154.

103 Justi 1760, S. 162. Vgl. wiederum Sonnenfels 1770, S. 23: „Der Pöbel in Demokratien ist immer kühn, weil er nichts zu verlieren hat, immer bereit es auf das Aeußerste ankommen zu lassen, und Alles zu wagen, weil dieses Alles Nichts ist."

104 Justi [1756] 1969, S. 264.

105 Ebd., S. 267.

und Empfindsamkeit. Wie bei vielen Denkern der Aufklärung nimmt die Gesellschaft bei Rousseau in einem Zusammenschluss freier und gleicher Menschen ihren Ausgang. Das Gemeinschaftsgefühl, das der *Contrat Social* propagiert – „ce que tous ont déjà senti" –, ist in der Naturrechtsdiskussion jedoch nur ein optionales, kein notwendiges Element des *status civilis*. Wie gezeigt, setzen Locke und andere bei der Selbstliebe an und entwickeln aus ihr die unveräußerlichen Rechte des Einzelnen gegenüber dem Staat: ein liberales Element, das bei Rousseau bekanntlich zu kurz kommt. Dennoch muss die gefühlspolitische Fundierung von Gleichheit keinen Widerspruch zu den Rechten des Einzelnen bilden. Um das Verhältnis beider zu beschreiben, soll in einem ersten Schritt geklärt werden, ab wann in der deutschsprachigen Naturrechtsdiskussion liberale Elemente zu beobachten sind und wie stark sie ausgeprägt waren.

Dies ist seit jeher umstritten. Diethelm Klippel setzt ab Mitte der 1780er Jahre eine Blütezeit des liberalen Naturrechts an,[106] dessen Vertreter (Schlettwein, Abicht, Bergk und Heydenreich) heute weitgehend vergessen sind. Andere wie Uwe Wilhelm sprechen von einem Frühliberalismus, der sich unter englischem Einfluss bereits in den ersten Jahrzehnten des 18. Jahrhunderts entwickelt habe.[107] Auch Klippel räumt ein, dass das Konzept der *libertas naturalis* eine erste Tendenz zur möglichen Bewahrung von Freiheitsrechten im Staat zeige.[108] Entscheidend bleibt für ihn aber, dass die von Thomasius ins Spiel gebrachten angeborenen Rechte (*iura connata*) zwar individuelle Rechte theoretisch modellieren, aber im *status civilis* wieder kassieren.[109] Damit verortet Klippel das ältere deutsche Naturrecht und insbesondere Wolff im Absolutismus. Einige Interpreten folgen ihm,[110] andere sehen in Wolff eher einen präliberalen Denker.[111] Wilhelm gibt zu bedenken, dass für Wolff Pflicht und Staatszweck, natürliches und positives Recht zusammenfallen. Anders als Locke sehe er keinen Widerspruch zwischen den Rechten des Einzelnen und dem Staat.[112] Unbestritten ist aber, dass Wolff die von Thomasius entwickelte Trennung von Recht und Moral wieder aufhebt, der Staat soll oberster Tugendwächter sein.[113]

---

106   Klippel 1976.
107   Wilhelm 1995.
108   Klippel 1976, S. 82–91.
109   Ebd., S. 75–81.
110   Lutterbeck 2002.
111   Bachmann 1977; Thomann 1995.
112   Wilhelm 1995, S. 75–95.
113   Hüning 2015, S. 50.

Unabhängig davon, wie man die Rolle der Frühaufklärung für die Entwicklung des Liberalismus sieht, ist davon auszugehen, dass die Forderung
nach einer Stärkung von Menschenrechten und demokratischen Strukturen
am Ende des Jahrhunderts lauter wurde. Ende der 1770er Jahre treten bei
Autoren wie dem Kameralisten Johann Friedrich von Pfeiffer die liberalen
Elemente deutlicher zu Tage, selbst wenn auch hier noch keine verbindlichen
Abwehrrechte formuliert werden.[114] Klippel zählt von 1785 bis 1810 über sieb-
zig Abhandlungen, die sich auf die Begründung von Freiheit, Gleichheit und
Menschenrechten konzentrierten. Sie profitieren von dem Import liberaler
Theorien aus England, Schottland und Frankreich, ab den 1790ern von der
Philosophie Kants.[115] Die Autoren, so Klippel, statten den Freiheitsbegriff
des älteren Naturrechts „mit Abwehrsubstanz"[116] gegenüber dem Staat aus.
Der Naturzustand erscheine nun konsequent als Zustand der Geselligkeit,
der vom Staat nicht geändert werden könne.[117] Nicht mehr die Wolffsche Vervollkommnung des Menschen in der *salus publica*, sondern Freiheits- und
Menschenrechte werden zum Staatszweck erklärt und in den entworfenen
Verfassungen verankert. Man stellt umfangreiche Kataloge von Menschenrechten auf, propagiert Religionsfreiheit und will die Gewalten des Staates
trennen.[118] Der Herrscher wird an das Recht gebunden.[119] Revolutionär waren
die meisten dieser Schriften nicht,[120] auch wenn die Revolutionen in Amerika
und Frankreich das politische Potential des progressiven Naturrechts sichtbar
machten.[121] Die wesentlichen Rechte der *Bill of Rights* und der *Déclaration des
droits de l'homme* fanden sich auch in den neueren deutschen Naturrechts-
systemen. Grundton blieb aber die gemäßigte Forderung nach Reformen.
Demokratisches Freiheits- und Gleichheitspathos fand man eher in der politischen Publizistik.

Das Tempo, in dem Reformen im Alten Reich vorankamen, lässt sich aus dieser medialen Dynamik nicht ablesen, auch wenn die Aufklärer die politische

---

114   Pfeiffer 1778–1779. Vgl. hierzu Klippel 1976, S. 71.
115   Ebd., S. 178–182.
116   Ebd., S. 113.
117   Ebd., S. 114–119.
118   Ebd., S. 131–135, 153–158.
119   Ebd., S. 148.
120   Vollhardt 2018, S. 376; Klippel 1976, S. 150–152, 174–176; Bödeker 1987, S. 23–29.
121   Zum Einfluss des Naturrechts auf die Französische Revolution und die *Déclaration des
      droits de l'homme* vgl. Schmale 2006. Die theoretische Diskussion in Deutschland um 1800
      in Bezug auf die Revolution schildert Eke 1997, S. 167–230. Er legt u.a. dar, wie in radikal-
      demokratischen Theorien das Recht des Volkes auf eine revolutionäre Umwälzung
      vertrags- und naturrechtlich aus der *volonté générale* bzw. der Idee des Abwehrrechts
      begründet wurde.

Wirkung ihres Denkens immer mitbedachten und viele Autoren als hohe Beamte in Staatsdiensten standen. Neben den üblichen sozialen Beharrungskräften ist zu bedenken, dass das Naturrecht institutionell verankert war und vom 17. bis in die erste Hälfte des 19. Jahrhunderts an den Universitäten als Teil der Rechtswissenschaft gelehrt wurde.[122] Es war als subsidiäre Rechtsquelle anerkannt. Mit dieser Institutionalisierung ging die Trägheit herkömmlicher Strukturen einher. Noch in der zweiten Hälfte des 18. Jahrhunderts diente das Naturrecht als Verständigungsorgan der juristischen Elite, der es nicht um eine Revolution, sondern um konkrete rechtswissenschaftliche Probleme im Reich ging.[123] Die Umsetzung aufklärerischer Reformideen war ein langsames, schwieriges und nur teilweise geglücktes Unterfangen.[124] Größere Erfolge wie die Aufhebung der Leibeigenschaft in Baden 1783, die Abschaffung der Todesstrafe durch das Josephinische Strafgesetzbuch 1787 und die Einführung des Allgemeinen Landrechts in Preußen 1794 sind erst gegen Ende des Jahrhunderts zu verzeichnen. Der Ausbruch der Revolution in Frankreich wirkte kurzfristig eher kontraproduktiv, da er die deutschen Fürsten abschreckte und ab den 1790er Jahren dazu führte, dass Reformvorhaben nicht durchkamen oder wieder zurückgenommen wurden.

An welchen Stellen der Diskussion kommt nun die Verknüpfung von Gleichheit und Gefühl ins Spiel? Sie ist bereits zur Mitte des Jahrhunderts prominent. Es sei noch einmal die Formulierung Hutchesons zitiert, der zufolge das „moralische Gefühl eine ursprüngliche Bestimmung in unsrer Natur sey".[125] Es ist für Hutcheson die Grundlage des menschlichen Hangs zur Geselligkeit und steht noch über kulturell bereits verfeinerten Empfindungen wie Mitleid und Sympathie.[126] Die Vernunft ist lediglich eine Gehilfin, der „letzte Endzweck" unseres Handelns wird „durch eine Empfindung" festgesetzt.[127] Die „secret chain between each Person and Mankind",[128] wie Hutcheson den Moral Sense in der *Inquiry* nennt, hat den Status einer sinnlichen „occult Quality".[129] Von diesem Standpunkt aus lässt sich „ein heiliges Band der Natur" postulieren, „welches

---

122   Schröder/ Pielemeier 1995.

123   Stollberg-Rilinger 2006, S. 117.

124   Zur Umsetzung liberaler Reformvorhaben in mittelgroßen Territorien des Reiches siehe Demel 2006. Dass auch die Habsburgermonarchie trotz der josephinischen Reformpolitik nicht über den „Torso eines Naturrechtsstaates" hinauskam, konstatiert Brauneder 2006, S. 168.

125   Hutcheson 1756, S. 110.

126   Ebd., S. 71–73.

127   Ebd., S. 118.

128   Hutcheson [1725] 1971, S. 111.

129   Ebd., S. 156. Diese Formulierung findet sich ab der zweiten Auflage der *Inquiry*. Vgl. hierzu Schrader 1984, S. 76f., der auf den Einfluss Lockes hinweist. Für Hutcheson sei der Moral

uns auch an Fremde verknüpft", d.h. ein „Gefühl der Billigkeit, des Mitleidens und des Wohlwollen, welches wir allen schuldig sind."[130] Zur Begründung der „natürliche[n] Gleichheit der Menschen" aus dem Naturrecht und zur grundsätzlichen Verurteilung der Sklaverei[131] ist es dann nur noch ein kleiner Schritt. Der Vorteil der Definition des Moral Sense als unhintergehbares Gefühl ist, dass Hutcheson von einem *universellen* Vermögen ausgehen kann, das keiner Vorbildung bedarf. Der Moral Sense finde sich bei allen Völkern,[132] selbst bei ungebildeten, rohen Menschen. Man müsse nicht Pufendorf gelesen haben, um ein soziales Wesen zu sein und gute von schlechten Taten unterscheiden zu können.[133]

Francis Hutcheson ist es wesentlich zu verdanken, dass die Idee des Moral Sense in Deutschland so erfolgreich wurde. Er hat dabei aber nicht einfach das Konzept Shaftesburys popularisiert, sondern auf eine neue Grundlage gestellt.[134] Tatsächlich hat Shaftesbury bereits zu Beginn des 18. Jahrhunderts mit der emotionalen Fundierung der Geselligkeit experimentiert und daraus die Idee des Moral Sense entwickelt. Sie blieb aber Skizze,[135] erst Hutcheson weitete sie aus und systematisierte sie. Shaftesbury wurde bereits in der Frühaufklärung und dann insbesondere durch Spaldings Übersetzung seit der Jahrhundertmitte in Deutschland rezipiert. Hutcheson zählte seit den 1760er Jahren zum moralphilosophischen Kanon, Shaftesbury galt dagegen als der Erfinder des schottischen Systems.[136] Die zentralen Themen, um die die Rezeption kreise, waren natürliche Religion, Empfindsamkeit, Geselligkeitskult und Freundschaft.[137] Dennoch sind in der Forschung Zweifel laut geworden, ob die empfindsame Moralphilosophie und ihre Vorstellungen von Menschenliebe und Gleichheit allein in der Moral-Sense-Lehre gründen. Während Sauder dies nahelegt,[138] plädiert Vollhardt für eine Situierung des empfindsamen Moraldiskurses im Naturrecht Pufendorfs, Wolffs und Thomasius'. Zu prüfen sei, „ob

---

Sense eine „simple idea" und damit eine nicht hinterfragbare Voraussetzung des moralischen Urteils.

130   Hutcheson 1756, S. 167.
131   Ebd., S. 443–446.
132   Ebd., S. 160f.
133   Hutcheson [1725] 1971, S. 115; Hutcheson 1756, S. 73.
134   Dehrmann 2008, S. 124.
135   Ebd., S. 120. Dehrmann weist darauf hin, dass sich die wichtigen Textstellen zum Moral Sense bei Shaftesbury auf mehrere Schriften verteilen. Dieser hat erst kurz vor seinem Tod ein Register der in den *Characteristicks* versammelten Schriften erstellt, in der einige dieser Stellen unter dem Lemma ‚Moral Sense' versammelt sind.
136   Ebd., S. 16, 124.
137   Ebd., S. 217, 248.
138   Sauder 1974, S. 73–85.

die frühe Rezeption der schottischen Morallehre nicht einer Aneignung und Bestätigung" der dort „bereits vielfach variierten Denkmuster" entsprochen habe.[139] Es ist jedoch nicht notwendig, zwischen schottischen und deutschen Vorbildern zu wählen, zumal auch Vollhardt einräumt, dass in der Mitte des 18. Jahrhunderts der Einfluss des Moral Sense vor allem in den Moralischen Wochenschriften eine originäre Bedeutung gewinne. Das moralische Gefühl werde dort als „erste Erkenntnis- und Urteilsinstanz" anerkannt, die *socialitas* als „eine Neigung und zugleich ein natürliches Gesetz" beschrieben.[140] Die von den liberalen Naturrechtslehren geforderten Freiheitsrechte werden in den Wochenschriften mit dem Prinzip der Geselligkeit begründet.[141]

Die deutsche als auch die schottische Konzeption des Naturrechts haben die in Kapitel 2 vorgestellte Gefühlspolitik befördert. Was die Betonung der sinnlichen und emotionalen Grundlagen der Geselligkeit betrifft, sind die Schriften Shaftesburys und Hutchesons jedoch eindeutiger. Zu bedenken ist zum einen, dass Thomasius in den *Grundlehren des Natur- und Völcker-Rechts* von der vergleichsweise positiven Anthropologie seiner *Einleitung zur Sitten-Lehre* abrückte. Der frühe Thomasius gründete seine Liebeskonzeption in der christlichen *caritas ordinata*, die in die „vernünftige Liebe" überführt wird.[142] Sie erschien als „menschheitszugewandte Prädisposition", die „als ein Grund-affekt das Handeln antreibt und organisiert."[143] Doch in seinen späteren Schriften ist Thomasius um einiges skeptischer und gibt der Selbstliebe in der Grundlegung des Naturrechts größeres Gewicht. Die Menschenliebe konzen-triert sich nun auf die Lehre vom *decorum naturale* und *decorum politicum*, wobei erstgenanntes Prinzip zur Idee einer Gesellschaft freier und gleicher Personen tendiert, letzteres dagegen der ständischen Hierarchie Tribut zollt.[144]

Wie der frühe Thomasius geht Shaftesbury davon aus, dass die Neigung des Menschen zum Guten eine natürliche Anlage sei.[145] Er konzipiert sie aber unter anderen Prämissen. Das Gute zeige sich in der Liebe zur Allgemeinheit: „And having once the Good of our Species or Publick in view, as our End or Aim, 'tis in a manner impossible we shou'd be misguided by any means to a wrong Apprehension or Sense of Right and Wrong."[146] Auch wenn er kein Naturrechts-system im eigentlichen Sinne entwickelte, argumentiert Shaftesbury, dass es

---

139   Vollhardt 2001, S. 42f.
140   Ebd., S. 224f.
141   Ebd., S. 214.
142   Grundlegend hierzu immer noch Schneiders 1971.
143   Vollhardt 2001, S. 176.
144   Kühnel 1999, S. 191–232.
145   Shaftesbury [1711] 1981, S. 66.
146   Shaftesbury [1711] 1984, S. 102.

Aufrichtigkeit, Gerechtigkeit und Tugend bereits im Naturzustand gegeben haben müsse.[147] Das Gefühl fungiert in diesem Modell als Begründungsinstanz, es ist aus dem Naturwesen Mensch nicht wegzudenken. Deshalb zeigt sich der gute Charakter eines Menschen für Shaftesbury nicht allein darin, dass er seiner Pflicht nachkommt oder eine Norm erfüllt, das Gute sei immer auch „the immediate Object of some Passion or Affection moving him."[148] Gesellig zu sein und Gutes zu tun, führt zu „Pleasure" und „Enjoyment", zur sozialen Anerkennung.[149] Was also ist der Moral Sense?

> [T]his *Sense* of Right and Wrong [...] must consist in a real Affection or Love towards *Equity* and *Right*, for its own sake, and on the account of its own natural Beauty and Worth.[150]

Wie Hutcheson geht auch Shaftesbury davon aus, dass es genüge, sich an seiner eigenen natürlichen Neigung zur sozialen Wohlfahrt, an seinem „social Feeling" bzw. „Sense of Partnership with Human Kind" zu orientieren.[151] Man brauche keine Philosophie, um moralisch zu handeln, es sei ausreichend, den Prinzipien von „Peace" und „mutual Love" zu folgen.[152]

Der Abstand zur deutschen Frühaufklärung sollte deutlich geworden sein. Dennoch darf nicht übersehen werden, dass Shaftesbury den Moral Sense nicht so eindeutig in den Sinnen verortet wie Hutcheson, sondern eine reflexive Ebene einzieht (Kap. 2.2). Er leugnet nämlich nicht, dass der Mensch ein Kulturwesen ist und unmoralische Praktiken unser naturgegebenes moralisches Urteilsvermögen und unsere Anlage zum Guten auf Dauer überdecken können.[153] Deshalb muss es die Möglichkeit geben, unsere natürliche Neigung wieder freizulegen, gute Handlungen zu erkennen und einzuüben. In der *Inquiry* spricht Shaftesbury von einem „use of Reason sufficient to secure a right application of the Affections".[154] Die Sinne bedürfen des Verstandes.[155] Es gibt nicht nur das Gefühl, das einen angesichts einer guten oder schlechten Tat unmittelbar trifft, sondern auch das Gefühl, das die bloße Vorstellung einer

---

147   Shaftesbury [1711] 1981, S. 76.
148   Shaftesbury [1711] 1984, S. 54.
149   Ebd., S. 194.
150   Ebd., S. 90. Zu den Voraussetzungen und Entstehungsbedingungen der Moral-Sense-Theorie Shaftesburys: Dehrmann 2008, S. 119–124.
151   Shaftesbury [1711] 1981, S. 73.
152   Ebd., S. 106–108.
153   Shaftesbury [1711] 1984, S. 92.
154   Ebd., S. 76.
155   Shaftesbury [1711] 1987, S. 358.

Tat auslöst.[156] Wir haben die Möglichkeit, in uns hineinzuhorchen und das sittliche Fundament unseres Wesens, sollte es verdeckt sein, wiederzuerkennen. Der Moral Sense ist kein Instinkt, sondern ein „reflexives Urteilsvermögen".[157] Obwohl Hutcheson in dieser Hinsicht hinter Shaftesbury zurückfällt, wird bei ihm – und bei Gellert – das Moment der ruhigen Selbstschau doch eine wichtige Rolle spielen: Sie ist Voraussetzung dafür, das Gute in sich zu erkennen und bildet damit, wie Shaftesbury schreibt, die Grundlage für die „Exercice of Benignity and Goodneß", die kulturelle Pflege unserer naturgegebenen Sittlichkeit.[158]

Man kann die Bedeutung der schottischen Aufklärung für die liberale Auslegung des Naturrechts nicht überschätzen. Indem Shaftesbury die moralische Autonomie des Einzelnen in der menschlichen Natur verankert, riskiert er den Konflikt mit Hof und Kirche[159] – wiederum zeigt sich die Dialektik von Selbstliebe und Geselligkeit. Er äußert Kritik an der Konzentration der staatlichen Gewalt in der Hand eines Einzelnen – „There ist no real Love of Virtue, without the Knowledg of Publick Good. And where Absolute Power is, there is no Publick"[160] – und ist einer der ersten Philosophen der Aufklärung, die Tugend konsequent anthropologisch und nicht mehr religiös begründen. Die Lehre von der Erbsünde war damit obsolet.[161] Die von Shaftesbury gestiftete Verbindung von Naturrecht, emotional fundierter Moral und Liberalismus lässt sich die gesamte schottische Moralphilosophie hindurch beobachten. Hume und sein Freund Smith sind die prominentesten Beispiele,[162] Hutcheson und Ferguson stehen ihnen nicht nach. Im Gegenteil: Letzterer gründet seine *Moralphilosophie* nicht nur auf Moral Sense und Menschenliebe, sondern ruft auch emphatisch zu deren Durchsetzung auf:

> In wichtigen Dingen sind wir verbunden, auch wider die herrschende Gewohnheit und Meynung das zu wählen, was zum Besten der Menschen gereicht. So sind wir verbunden, alles zu thun, was die Tugend zu befördern, dem Verderbniß vorzubeugen, und die Rechte der Menschen zu vertheidigen abzielt [...].[163]

---

156 Shaftesbury [1711] 1984, S. 86.

157 Dehrmann 2008, S. 122. Das reflexive Element in Shaftesburys Moral Sense heben auch Schrader 1984, S. 10–17 sowie Frazer 2010, S. 15–39 hervor.

158 Shaftesbury [1711] 1984, S. 190. Entsprechend betont auch Hutcheson, dass das Gute der Verbesserung und Ausbildung bedürfe, siehe Hutcheson 1756, S. 120–122.

159 Dehrmann 2008, S. 10f.

160 Shaftesbury [1711] 1981, S. 72. In diesem Abschnitt von *Sensus Communis* wird eine Tendenz zur Republik deutlich, auch wenn Shaftesbury einen tugendhaften Alleinherrscher für möglich hält.

161 Dehrmann 2008, S. 97.

162 Frazer 2010, S. 40–111; Schrader 1984, S. 169–185.

163 Ferguson 1772, S. 163.

Die deutschen liberalen Naturrechtssysteme seit den 1780er Jahren stehen in
der Kontinuität dieses Denkens. Zwar hatte die liberale Rezeption Shaftesburys
immer einen schweren Stand,[164] die Idee des Moral Sense hatte aber schon in
den Jahrzehnten zuvor Wurzeln geschlagen. So erinnert Gellert in seinen *Moralischen Vorlesungen*, es gebe „außer dem Unterrichte, den uns die Vernunft von
unsern Pflichten anbeut, noch eine andere Belehrung, die uns das Herz durch
eine angebohrne Empfindung von dem, was gut oder böse ist, ertheilet."[165]
Philosophiegeschichtlich gesprochen: Wolff sollte durch Shaftesbury ergänzt
werden. Als Schiller in den 1770er Jahren die Stuttgarter Karlsschule besuchte,
las man dort Shaftesbury ebenso wie Hutcheson und Ferguson.[166] Die Reden,
die der Marquis Posa in *Don Karlos* mit naturrechtlich beglaubigtem Pathos
schwingt, sind ein Erbe des langen 18. Jahrhunderts.

Schiller musste nicht zu den Schotten greifen, um sie zu formulieren. 1784
waren in Gießen *Die Rechte der Menschheit oder der einzige wahre Grund aller
Gesetze* erschienen. Geschrieben hatte sie der bedeutende Physiokrat Johann
August Schlettwein. Sie versammeln wesentliche Topoi des liberalen deutschen Naturrechtsdiskurses und seien deshalb beispielhaft zitiert. Grundlage
von Schlettweins System ist die „innere wesentliche Tendenz der Menschen-
kraft zu den positiven Bestimmungen der Menscheit", kurz: „die natürliche
Menschenliebe."[167] Und weiter:

> der innere Sinn, die innere Strebung, die überwiegende Neigung des innern
> Menschen, jedem Mitmenschen gutes zu thun, weil es ihm Lustgefühl ist, die
> Vollkommenheit der Menschheit steigen zu sehen, ist die innerliche Menschen-
> Liebe. Diese allein ist die nie versiechende Quelle alles Guten, und Edlen, und
> Großen im Menschen.[168]

Wäre dieses Streben der Menschenliebe endlich, wäre ihre moralische Kraft
limitiert. Deshalb müsse sie sich „immer weiter auf andere Wesen ergießen".[169]
Für agonale Momente ist in dieser Theorie naturgemäß wenig Raum. Der Krieg
aller gegen alle wird im Naturzustand vermieden, weil der Mensch die Rechte
seiner Mitmenschen nie verletzt.[170] Die Neigung zur Selbstliebe, solange sie
nicht in moralischen Egoismus ausarte, wird lediglich geduldet.[171] Die naturrechtlichen Ansprüche der Menschenliebe gehen so weit, dass ein Mensch, der

---

164   Dehrmann 2008, S. 100.
165   Gellert 1770, S. 33.
166   Alt 2008, S. 229.
167   Schlettwein 1784, S. 73.
168   Ebd., S. 90.
169   Ebd., S. 93.
170   Ebd., S. 160.
171   Ebd., S. 94–96.

gerade einmal so viele Dinge besitzt wie zu seiner Selbsterhaltung erforder-
lich, einem anderen, dem diese Dinge fehlen, etwas abgeben müsse.[172] Das
Naturrecht könne nur Menschenrecht sein, wenn es für alle Menschen gelte,
egal welchen Standes; sie sind vor dem Gesetz gleich.[173] Wie bei Shaftesbury
gestaltet sich der Übergang vom *status naturalis* in den *status civilis* fließend.
Der Staat dient nur dazu, das Naturrecht zu schützen; positive Gesetze sind
Bekanntmachungen natürlicher Gesetze.[174] Hieraus gewinnt Schlettwein seinen Katalog liberaler Forderungen: Unveräußerlichkeit und uneingeschränkte
Gültigkeit der Menschen- und Freiheitsrechte,[175] religiöse Toleranz,[176] freie
Meinungsäußerung.[177] In Fragen der Herrschaftsform zeigt er sich weniger
entschieden. Zwar betont er, dass in einer „gleichen Gesellschaft [...] die sämtlichen Glieder mit vereinigtem Willen die Grundgewalt ausüben" müssen,[178]
die Macht des Herrschers wird aber von der *volonté générale* getrennt. Ihm
schwebt eine reformierte Monarchie vor, in der dem Volk ein Widerstandsrecht gegen den Missbrauch obrigkeitlicher Gewalt eingeräumt wird.[179]

   Die politische Institutionalisierung des liberalen Naturrechts war also auch
nach der Amerikanischen Revolution heikel. Dazu trug nicht nur die Angst vor
Zensur bei, sondern auch die Tatsache, dass die Zweifel an demokratischen
Herrschaftstechniken die gesamte Aufklärung hindurch vernehmbar waren.
Etwa bei Rousseau, der in seinem *Contrat Social* der in der Aufklärung gängigen Unterscheidung von Demokratie und Republik folgt und Demokratie, ähnlich wie die Griechen, als Form uneingeschränkter Volksherrschaft deutet. Sie
gilt als nicht realisierbar, weil sie in logische Widersprüche verstrickt ist. Woll-
ten alle die Macht ausüben, müssten alle immer versammelt sein. Wenn alle
regieren, gibt es keinen mehr, der regiert wird. Daraus folgt: „il n'a jamais existé
de véritable Démocratie, et il n'en existera jamais." (R 3, 404) Hier kommt nun
die Frage nach der Größe von Territorium und Bevölkerung ins Spiel. Wollte
man trotz aller Einwände versuchen, eine Demokratie zu etablieren, so müsste
man einen kleinen Staat wählen,

---

172   Ebd., S. 171.
173   Ebd., S. 113–118, 160–161.
174   Ebd., S. 354, 108.
175   Ebd., S. 355, 367.
176   Ebd., S. 475–477.
177   Ebd., S. 187–189.
178   Ebd., S. 364.
179   Ebd., S. 454–468.

un Etat très petit où le peuple soit facile à rassembler et où chaque citoyen puisse aisément connoitre tous les autres: secondement une grande simplicité de moeurs qui prévienne la multitude d'affaires et les discussions épineuses [...]. (R 3, 405)

Auch Shaftesbury stellte die Größe des Territoriums vor Probleme. In *Sensus Communis* schreibt er, dass die Liebe zu einer größeren Form von Gemeinschaft, zur Nation oder gar zur Menschheit, abstrakt bleiben müsse.[180] Man kenne die Menschen nicht, die man liebe, die Zuneigung sei nicht konkret erfahrbar. Dies berge die Gefahr, dass das brüchige Gemeinschaftsgefühl durch Krieg und Heldenverehrung gestärkt werde oder das Kollektiv in Parteien zersplittere. In den Dialogen der *Moralists* dagegen scheint ein Ausweg aus diesem Dilemma gefunden. Wer einen bestimmten Menschen liebe, liebe in ihm immer auch die Menschheit, Nächsten- und Fernstenliebe schließen sich nicht aus.[181] „Do you think [...] that particular Friendship can well subsist without such an enlarg'd Affection, and Sense of Obligation to Society?"[182] Gerade die Integration des Unbekannten zeige die Macht der Menschenliebe.[183] Weitere Argumente für die Einrichtung großer Republiken finden sich bei Hume und Hutcheson. Hume sieht, wie in Kapitel 3.4 gezeigt, in großen Territorien die Möglichkeit, Parteienstreit besser einzuhegen. Hutcheson geht davon aus, dass größere Staaten die allgemeine Wohlfahrt besser durchdenken und regulieren und einen vielfältigen Austausch unter den Menschen organisieren können.[184] Es spricht also einiges dafür, in der politischen Empfindsamkeit die Vorbereitung des *nation building* zu erkennen.[185]

Die in seinen Augen unmögliche Realisierbarkeit der Demokratie führt Rousseau dazu, im *Contrat Social* das Vorbild der römischen Republik und ihrer Mischverfassung zu loben. Ihr widmet er den Großteil des vierten Buches (R 3, 444–458). Dies ändert aber nichts daran, dass er in seinem gerade einmal ein Jahr zuvor erschienenen Roman *Julie ou la Nouvelle Héloïse* auf das utopische Potential der Literatur zurückgriff und einen kleinen Idealstaat entwarf, der die meisten der im *Contrat* genannten Voraussetzungen erfüllte. Im vierten und fünften Teil des Buches schildert Rousseau ausführlich das idyllische Leben auf dem Landgut Clarens (R 2, 398–636). Nach dem Vorbild

---

180   Shaftesbury [1711] 1981, S. 80–84.
181   Shaftesbury [1711] 1987, S. 42.
182   Ebd., S. 100.
183   Ebd., S. 104.
184   Hutcheson 1756, S. 431f.
185   Koschorke [1999] 2003, S. 188.

Montesquieus fungieren die klimatischen und sittlichen Gegebenheiten als
Voraussetzungen geglückter Staatenbildung. Die Tugend bildet, wie von
Montesquieu[186] und auch im *Contrat* (R 3, 405) gefordert, das Fundament des
harmonischen Zusammenlebens. Es herrscht keine Demokratie, aber Julie als
Verwalterin des Landgutes liebt und respektiert ihre Diener und Arbeiter und
behandelt sie gerecht. Sie wirtschaftet vernünftig und installiert einen einfachen Lebensstil ohne jenen Luxus, den Rousseau im *Contrat* als Gefahr für
die Demokratie ausmachen wird (R 3, 405).

Nicht zufällig ist die Tugend, die in Clarens herrscht, eine empfindsame.
Die emotionale Verstärkung der sittlichen Gemeinschaftsbildung erscheint
als Voraussetzung eines guten und gerechten Sozialwesens. Diese gefühlspolitische Idee hatte in Deutschland einige Befürworter. Man glaubte, dass
„ein weicheres Menschengeschlecht auch zugleich ein besseres ist",[187] malte
sich eine „Gesellschaft von denkenden, moralischen und zärtlichen Freunden"
aus[188] und warb für die Erziehung der Fürsten zu empfindsamen Menschen.[189]
Die „patriotische [...] Schwärmerey", die Platner in der Empfindsamkeit am
Werk sah,[190] stieß allerdings auf Kritik. Man wandte ein, dass Gefühle nicht
nur Harmonie, sondern auch „Abstand und Mißklang" in einer Gesellschaft
erzeugten, ihre Regulierung durch die Vernunft sei deshalb unabdingbar.[191]
Wie man es auch wendete, entkam die politische Diskussion der Aufklärung
nie den Widersprüchen, die in der Idee des Naturrechts angelegt waren.

186   Montesquieu 1748, S. 30–34.
187   Jenisch 1800, S. 332f.
188   Ringeltaube 1765, S. 235.
189   Küster 1773, S. 48.
190   Platner 1784, S. 143.
191   Hottinger/ Sulzer 1778, S. 153f.

TEIL II

Gattungen und Formen

KAPITEL 4

Eskalationen.
Agonalität als Formproblem des Trauerspiels

4.1 Agonalität des Dramas

Wie lassen sich die in den vorigen Kapiteln gewonnenen Erkenntnisse über das Politische der Aufklärung auf die Analyse von Dramentexten übertragen? Entgegen einer jüngst geäußerten Annahme[1] hat das Phänomen politischer Gemeinschaften in der germanistischen Literaturwissenschaft durchaus Aufmerksamkeit erfahren. Im Zug der Rezeption des Postfundamentalismus[2] (Kap. 1.1) sind seit den 1990er Jahren viele Studien publiziert worden, die das Politische der Literatur und damit die in ihr dargestellten Konstitutionen von Gemeinschaft in den Fokus gerückt haben. Im Zentrum standen erstens wissenspoetische Fragestellungen: die Formung von Kollektiven in ökonomischen, medizinischen und politischen Diskursen,[3] zweitens die Funktion des Imaginären, etwa von Körpermetaphern, in symbolisch organisierten Gemeinschaftsstiftungen.[4] Eine hervorgehobene Rolle spielte dabei die Zeit ‚um 1800‘. Man geht von diskursiven Verschiebungen und politischen Umbrüchen seit der Französischen Revolution aus, die die Jahrhundertwende für die Analyse literarischer Repräsentationen von Gemeinschaft prädestiniere. Erstaunlicherweise jedoch ist das Interesse für das Politische der Aufklärungsepoche nicht in gleichem Maße vorhanden. Zurecht bemerkt Steffen Martus, dass die meisten wegweisenden Arbeiten, die in den letzten Jahrzehnten zum

---

1   Margot Brink und Sylvia Pritsch schreiben in der Einleitung des von ihnen herausgegebenen Sammelbandes *Gemeinschaft in der Literatur*, dass die „Auseinandersetzung mit dem Problem und dem Konzept der Gemeinschaft" in den Literatur- und Kulturwissenschaften „insbesondere im deutschsprachigen Raum" noch immer die „Ausnahme" darstelle. Trotz der Arbeiten von Joseph Vogl habe sich „eine eigenständige Diskussion um Gemeinschaftlichkeit" in der Literaturwissenschaft „nicht entwickelt", in der Germanistik gebe es nur „punktuell Publikationen". Brink/ Pritsch 2013, S. 11, 18.

2   Zu nennen ist hier insbesondere die von Joseph Vogl herausgegebene Anthologie *Gemeinschaften. Positionen zu einer Philosophie des Politischen*: Vogl 1994b.

3   Vogl 2004; Gamper 2007; Zumbusch 2012; Rocks 2020.

4   Matala de Mazza 1999; Hebekus et al. 2003; Lüdemann 2004; Koschorke et al. 2007.

© BRILL FINK, 2023 | DOI:10.30965/9783846767634_005

Drama des 18. Jahrhunderts publiziert wurden, „andere Kontexte als den politischen" bevorzugten, insbesondere affektrhetorische und poetologische.[5]

Die vorliegende Studie liest die Dramen der Aufklärung als Texte, in denen sich das Politische in ästhetischer Form zeigt. Sie konzentriert sich dabei auf die Untersuchung agonaler Dynamiken. Gerade Dramentexte bieten sich für dieses Vorhaben an. Methodische Prämisse ist das aristotelische Verständnis des Dramas als sozialer Mimesis. Die Figuren ahmen Reden und Handlungen nach, die der Beobachtung der Umgebungswelt des Textes entlehnt sind. Mimesis bedeutet hier nicht Verdopplung, sondern Neukombination des vorgefundenen Materials unter den Bedingungen der Diegese. Zu diesem Material zählen die symbolischen Praktiken der Lebenswelt ebenso wie schriftlich überlieferte Diskurse. Sie bilden den Hintergrund, aus dem die dargestellte Welt mit ihren Figuren hervortritt und von dem sie sich zugleich abhebt.

Es gibt darüber hinaus eine zweite Ebene der Mimesis, die phänomenologischer Natur ist. Was das Drama auszeichnet, ist seine Ästhetik der Konfrontation. Dramen lassen Figuren, ihre Handlungen, Haltungen und Reden, im szenischen Raum unmittelbar aufeinandertreffen. Es geht dabei um eine phänomenologische Schicht der Bedeutungsproduktion, die jeder Darstellung von Konflikten vorausgeht, und nicht um die herkömmlichen Definitionen des Dramas als dialogischer Konfliktform. Bernhard Waldenfels beschreibt den Moment, in dem der Mensch auf die Welt trifft, in ihr Erfahrung macht, als „Getroffensein". Mit ihm sei eine spezifische Zeiterfahrung, ein „Zwischengeschehen" verbunden.[6] Diese Theorie ist literaturwissenschaftlich im Hinblick auf die Zeitdarstellung des Erzählens fruchtbar gemacht worden.[7] Auf das Drama bezogen, lässt sich die mimetische Verarbeitung des Getroffenseins, der unvorhergesehenen Begegnung, als Mimesis von Handlungserfahrung beschreiben, d.h. von Konfrontation und Kontingenz. Unabhängig davon, wie harmonisch oder unversöhnlich die Figuren interagieren: Immer wirkt latent das Moment ihrer Konfrontation, ihres Sich-Gegenüber-Stehens im vorgestellten oder konkret-theatralen Raum. Indem Dramen diese Konfrontation in Szene setzen, können sie den ihr inhärenten Erfahrungsgehalt mimetisch bewahren: Sie sind imaginative Verarbeitungen sozialer Konfrontationen. Natürlich ist es auch Romanen oder erzählender bzw. szenischer Lyrik möglich, das Aufeinandertreffen von Menschen ästhetisch erfahrbar zu machen. Aber

---

5 Martus 2011, S. 17. Martus nennt hier u.a. die Arbeiten von Ranke 2009; Lukas 2005; Hollmer 1994; Meier 1993; Mönch 1993; Schulz 1988; Zeller 1988.

6 Waldenfels 2004, S. 58; Waldenfels 2002, S. 137.

7 Siehe Waltenberger 2016 sowie, daran anschließend, der Autor der vorliegenden Studie: Schneider 2016c.

solange dies nicht, narratologisch gesprochen, im unmittelbaren szenischen Modus geschieht, hat man es mit einer ganz anderen Form der Darstellung als in Dramen zu tun. Die Präsenz einer Erzählstimme, die eine Konfrontation wiedergibt, federt diese gleichsam ab. Die Zeit- und Raumerfahrung ist eine andere. Natürlich weisen Dramen vermittelnde Instanzen auf und es kann in ihnen erzählt werden.[8] Sie verfügen aber über genuine ästhetische Möglichkeiten, Konfrontationen mimetisch zu intensivieren.

Wie im Roman hat man es im Drama mit einem mimetischen Wechselspiel zu tun, da Leser oder Zuschauer die dort vorgestellten Handlungen beobachten und nachahmen können. Eben darin liegt, wenn man Arendts Theorie des Handelns zugrunde legt, ein Moment der Kontingenz und Offenheit (Kap. 1.1). In *Vita activa* stellt Arendt die These auf, dass das eigentliche Produkt des Handelns nicht die Verwirklichung von Zielen sei, sondern das Hervorbringen von Geschichten, die eigentlich nicht intendiert waren und in Kunstwerken aufbewahrt werden können.[9] Zwar sind die Reden und Handlungen der Figuren im Skript des Textes ‚vorgeschrieben‘, aber während der ersten Lektüre bleibt zunächst offen, was die Figuren als nächstes tun werden. Selbst beim Wiederlesen kann dieses Moment der Offenheit, des unsicheren Ausgangs, erlebt werden. Die dargestellten Handlungen werfen Fragen auf, können so oder so gedeutet werden. Drama und Theater operieren im Modus gesteuerter Kontingenz.

Konfrontation und Kontingenz sind also die Voraussetzung der Darstellung von Agonalität im Drama. Der Einwand, dass das unmittelbare Aufeinandertreffen von Figuren nur auf eine bestimmte historische Form des Dramas zutrifft, ist richtig. Man muss dabei nicht einmal an das späte 20. Jahrhundert und die Textformen des von Hans-Thies Lehmann beschriebenen ‚postdramatischen Theaters‘ denken,[10] sondern wird schon im 18. Jahrhundert auf Theater- und Dramenformen treffen, in denen die ästhetische Erfahrung der Konfrontation stark reduziert oder sogar aufgehoben ist. Zu denken ist hier zum Beispiel an das Monodrama, in dem nur eine einzelne Figur auftritt. Sie spricht zur begleitenden Musik einen Monolog, in dem Gefühle reflektiert, Begebenheiten erzählt und immer wieder Pantomimen ausgeführt werden. Die methodischen Prämissen beanspruchen deshalb keine Geltung für das Drama an sich. Sie beziehen sich auf ein ästhetisches *Potential*, das in diesen Texten

---

8   Tatsächlich ist Pfisters Modell der im Drama fehlenden vermittelnden Erzählstimme problematisch, vgl. Pfister 2001, S. 20–22. Es gibt im Drama und Theater sehr wohl epische Instanzen (aktuell hierzu Horstmann 2018), dies ändert aber nichts an ihrem herausgehobenen konfrontativen Potential.

9   Arendt 2007, S. 226f.

10   Lehmann [1999] 2015.

aufgerufen werden *kann*. Dieses ist auf einer phänomenologischen Ebene verortet und fällt deshalb nicht mit den *Formen* der Darstellung zusammen, auch
wenn Mimesis und Diegesis in einem wechselseitigen Abhängigkeitsverhältnis
stehen.

Auf Ebene der symbolisch verfassten Diegese wird in den Dramen der Aufklärung[11] die ganze Spannweite von Agonalität, Antagonalität und ihrer Aufhebung durch Harmonisierung sichtbar. Auch deshalb plädiert die Studie dafür,
nicht von jenem dialogischen Modell auszugehen, dass die Ästhetik des 19. und
die Literaturwissenschaft des 20. Jahrhunderts als für das Drama wesentlich
bestimmt hat. In ihm treibt der Konflikt zwischen Protagonist und Antagonist die Handlung voran, diese durchläuft idealtypisch einen Spannungsbogen
von Knüpfung des Konflikts, Höhepunkt und Lösung in der Katastrophe. Der
heuristische Wert des Modells ist beträchtlich, aber es kann das Drama nicht
als Ort fiktionaler Gemeinschaftskonstitution erfassen. Diese beruht in einem
umfassenderen Sinne auf Antagonalität. So verhandeln die in dieser Studie untersuchten Dramen, seien es Trauerspiele, Geschichts- oder Familiendramen, permanent Krisen und Neugründungen von Gemeinschaften, den
Übergang von einer alten zu einer neuen Ordnung.[12] Sie partizipieren an jener
Semiose, die Claude Lefort als symbolische Instituierung der Macht und Lac-
lau/Mouffe als das Verhältnis von „Artikulation" und „Diskurs" beschreiben.[13]
Sie evozieren in der ästhetischen Erfahrung das Gefühl bedrohter Gemeinschaft und inszenieren zugleich deren Stabilisierung. Das antagonale Moment
des Zusammenbruchs und der Neukonstitution symbolischer Ordnungen
durch Gewalt, Exklusion und Hegemonie[14] ist ebenso gegeben wie die Darstellung agonaler Praktiken innerhalb der Ordnung selbst. Die These, dass
die Texte in erster Linie den Kampf des aufstrebenden Bürgertums gegen den
Adel spiegeln, greift zu kurz.[15] Streit um den Status der Religion, um Ehre und
Ansehen, Karriere und Rang gehören ebenso zu den Dramen der Aufklärung
wie der bloße Kampf um politische Macht, Aufstände und Kriege. Ausgetragen

---

11   Bisher ist der Begriff der Agonalität lediglich in Bezug auf Rhetorik und Drama des anti-
         ken Griechenland angewendet worden, vgl. Nullmeier 2000, S. 177.

12   Das ist vor allem in Hinblick auf das Werk Schillers immer wieder betont worden, vgl.
         Alt 2000b, S. 373f.; Koschorke et al. 2007, S. 292. Dass eine Voraussetzung des republika-
         nischen Trauerspiels des Klassizismus eine Notsituation des Staates ist, zeigt Meier 1993,
         S. 20. Auf die Störung und Neukonstitution der familiären Ordnung im empfindsamen
         Drama verweist Sørensen 1984, S. 17.

13   Marchart 2011, S. 131–146; Laclau/ Mouffe 2015 [1985], S. 139–142.

14   Mouffe 2014, S. 22–26.

15   Vgl. hierzu die Kritik an der Verbürgerlichungsthese in den Kapiteln 1.3 und 2.1.

werden diese Kämpfe in den Häusern von Familien genauso wie am Hof, auf Straßen, Marktplätzen und Schlachtfeldern. Die Zerbrechlichkeit politischer Kollektive ist allgegenwärtig.

Dieses Kapitel zeigt, welche dramaturgischen und formalen Probleme bzw. Innovationen mit der Diegese des Agonalen verbunden sind. Als Gattung, in der Konflikte nicht empfindsam gelöst werden können, bietet sich hierfür das Trauerspiel an. In den Fokus rücken zwei historische Wegmarken, an denen sich bedeutende Verschiebungen abzeichnen. Die erste lässt sich in die Mitte der 1740er Jahre setzen und exemplarisch an Schlegels Trauerspiel *Canut* (1746) zeigen (4.2). Dieses Werk machte in der Figur des Ulfo das agonale Moment des Politischen auf eine Art und Weise sichtbar, die in ihrer Radikalität neu war und die dichotomische Konfliktstruktur der klassizistischen Tragödie in Frage stellte. Die zweite umfasst die Dramenproduktion des Sturm und Drang und setzt 1773 mit Goethes *Götz von Berlichingen* ein (4.3): Ein Text, der laut Paratext zwar kein Trauerspiel, sondern ein „Schauspiel" (FA 4, 279) sein will, der aber agonale Eskalationsdynamiken auf außergewöhnlich intensive Weise zur Darstellung bringt und damit zum Vorbild für viele Trauerspiele der 1770er und 80er Jahre wurde. Die Konfliktstruktur des *Götz von Berlichingen* belegt zudem, dass die Ästhetik des Agonalen mit dem herkömmlichen Verständnis von dialogischer Redeordnung nicht adäquat zu beschreiben ist. Deshalb wird vorgeschlagen, sie um die Elemente der multipolaren und polylogen Eskalation zu erweitern (4.5).

Den zweiten Schwerpunkt des Kapitels bildet die Spannung zwischen Agonalität und Empfindsamkeit. Von den klassizistischen Tragödien der 1740er Jahre bis zu den Trauerspielen der frühen 1780er lässt sich zeigen, wie sich Empfindsamkeit als Herrschaftspraxis ausbildet und dadurch Gegenstand politischen Widerstandes wird (4.4). Es entsteht die Figur des Rebellen, der sich einem agonalen Habitus verschreibt um den sanftmütigen Herrscher zu Fall zu bringen. Zugleich jedoch greifen die Rebellen immer häufiger auf das empfindsame Wertesystem zurück, um ihren Widerstand zu begründen. Ein Konflikt, der in Schillers *Räubern* in der Figur des Karl Moor internalisiert wird: Er denkt agonal und empfindsam zugleich und scheitert, weil er beide Pole nicht vereinen kann.

4.2   Das Problem des Agon: Schlegels Ulfo

Seit Dieter Borchmeyers Studie über *Staatsräson und Empfindsamkeit* ist Johann Elias Schlegels *Canut* als Modell empfindsamer Herrschaftstechnik

lesbar geworden.[16] König Canut ist jederzeit bereit, die Umsturzversuche seines Schwagers, des aufstrebenden Militärs Ulfo, zu verzeihen. Anstatt ihn zu
strafen und aus der Staatsgemeinschaft auszuschließen, versucht Canut bis
zum Schluss, ihn durch Versöhnung zu integrieren. Er scheitert jedoch an
der Sturheit Ulfos. Neuere Studien haben diese Interpretation bekräftigt und
erweitert. Die sanfte Regierungsweise des Titelhelden sei keine Innovation
Schlegels, sondern werde in den Tragödien der deutschen Frühaufklärung
sowie in den empfindsam geprägten Herrscherdramen Frankreichs und Englands vorbereitet.[17] Spätestens mit der Sensation machenden Veröffentlichung
des *Anti-Machiavel* des preußischen Kronprinzen Friedrich 1740 war die Realisierung tugendhafter, auf Menschlichkeit gegründeter Herrschaft eine politische Option. Insofern ist es folgerichtig, dass Borchmeyer Schlegels Stück
einen „dramatischen Fürstenspiegel" für den dänischen König Friedrich V.
nennt,[18] zumal der von Schlegel gewählte nordische Stoff sich für den Spielplan des neuen Kopenhagener Hoftheaters empfahl. Im Prolog, einer fingier-
ten „Anrede Canuts des Grossen An Se. Majest. Friedrich den Fünften", heißt
es, dieser solle „für frohe Völker wachen,/ Ein ganzes Reich erfreun, und Herzen glücklich machen,/ Mit ernster Weisheit sich der Menschenliebe weyhn,/
Ihr Vater, Sorger, Freund und auch ihr Beyspiel seyn".[19]

   Größere Probleme bereitet demgegenüber die Deutung des Ulfo, mit dessen
Widerständigkeit nicht nur Canut, sondern auch die Interpreten seit jeher zu
kämpfen haben. „Kann ein abscheulicherer Mann als Ulfo gefunden werden?"[20]
Mit dieser rhetorischen Frage gab Nicolai in seiner *Abhandlung vom Trauerspiele* die Richtung vor. Das ästhetische Problem der intensiven Darstellung des
Hässlichen und Schrecklichen, auf die Nicolai mit dieser Bemerkung hinweist,
hat Schlegel in seinen eigenen theoretischen Schriften über die Nachahmung

---

16   Borchmeyer 1983b, die These bestätigend Meier 2000, S. 261; Braungart 2005, S. 287–
      291. Inwiefern Schlegel mit der idealisierenden Gestalt des *Canut* den aufkommenden
      Nationaldiskurs bedient, thematisieren Detering 1994 und Schütz 1980. In diesem
      Zusammenhang darf nicht vergessen werden, dass das Stück für das neue dänische Thea-
      ter in Kopenhagen gedacht war und allein aus diesem Grund einen Stoff der dänischen
      Geschichte wählte.

17   Vgl. hierzu die Ausführungen von Lukas 2005, S. 45–84 über die Darstellung von Empfind-
      samkeit in den Tragödien Behrmanns, Gottscheds und Quistorps. In Bezug auf Schlegels
      Canut stellt Lukas das Scheitern der empfindsamen Kommunikationsversuche in den
      Vordergrund, siehe ebd., S. 147–154. Zur von Racines *Bérénice* bis Schlegels *Canut* aus-
      gehenden empfindsamen Herrschertragödie Frankreichs, Englands und Deutschlands
      siehe sowohl Borchmeyer 1983b, S. 170f. als auch Meyer-Sickendiek 2016, S. 113–184.

18   Borchmeyer 1983b, S. 155. Dass die Figur des Canut das Ideal des aufgeklärten Absolutis-
      mus repräsentiere, glaubt auch Schulz 1980, S. 91–95.

19   Schlegel 1746, o.S.

20   Nicolai 1757, S. 51.

zu beantworten versucht. Er ging davon aus, dass die *nature désagréable* zwar Objekt der Darstellung werden dürfte, aber poetisch gemildert werden müsse.[21] Schlegel folgte damit im Wesentlichen den klassizistischen Theorien seiner Zeit und nicht denjenigen Bodmers und Breitingers, die sich dem Pathos des Schrecklichen gegenüber aufgeschlossener zeigten. Dennoch äußerte er sich gegenüber den Dramen Shakespeares positiver als Gottsched.

Welche Funktion erfüllt ein so extremer Charakter wie Ulfo aber innerhalb der dargestellten Welt? Ist er ein Wegbereiter der Kraftgenies des Sturm und Drang, wie die ältere Forschung glaubte?[22] Oder repräsentiert er eine Form des Heldentums, die unter den Bedingungen aufgeklärter Souveränität keinen Raum mehr hat?[23] Dass beide Thesen eine wichtige Facette der Figur treffen und zugleich ein wesentliches Element übersehen, zeigt sich, wenn man Ulfo als Verfechter eines radikalen, sowohl anthropologisch als auch politisch fundierten Agon deutet.[24] Bereits im Eröffnungsauftritt des Dramas, der ihn im Dialog mit seiner Gemahlin Estrithe und seinem Rivalen Godewin zeigt, entfaltet er ein dezidiert agonales, machiavellistisches[25] Politikverständnis. Obwohl er zuvor vergeblich versucht hat, Canut durch ein militärisches Bündnis mit dessen Feinden zu stürzen, lehnt er es entschieden ab, für seinen Verrat um Verzeihung zu bitten. Sein Schicksal sei „zu streiten, nicht zu flehn."[26]

---

21 Insbesondere die zwischen 1742 und 1746 publizierte *Abhandlung von der Nachahmung* ist hier zu nennen, sowie die *Abhandlung, dass die Nachahmung der Sache, der man nachahmet, zuweilen unähnlich werden müsse* aus dem Jahr 1745. Der Vergleich dieser Schriften mit der Poetik Gottscheds hat in der Forschung gegenläufige Thesen provoziert. Wilkinson 1973, S. 47–96 geht davon aus, dass Schlegel einen umfassenderen Begriff von Mimesis vertrete als Gottsched, Martinson bezeichnet im Nachwort der von ihm herausgegebenen Theorie-Schriften (Schlegel 1984, S. 85–93) diese als Bruch mit der Gottsched-Tradition. Auch Rowland 2010 hebt die Unterschiede zu Gottsched hervor. Demgegenüber argumentiert Bretzigheimer 1986, S. 62–148, Schlegel stehe fest auf dem Terrain der zeitgenössischen Theorie.

22 So urteilt Wolff 1892, S. 134: „Wie ein urechter Sturm- und Drang-Charakter giebt sich dieser Ulfo". Vgl. auch Schonder 1940, S. 28f.; May 1957, S. 13–41. Letzterer erkennt in Ulfo die für den Sturm und Drang typische „Geisteshaltung eines frühen monomanisch exzentrischen Subjektivismus" (ebd., S. 16). Noch Alt 1994, S. 137 stellt den Bezug zum Sturm und Drang her. Gegen die These, dass Schlegel aus Ulfo den bewunderungswürdigeren Protagonisten gemacht habe, argumentiert Jones 1974, Schlegel habe in Ulfo die Parodie eines stoischen Helden vom Schlage Catos gezeichnet (ebd., S. 158). Als lächerliche Figur deutet ihn auch Schulz 1980, S. 111–113.

23 Martus 2011, S. 34–36.

24 In diese Richtung weisen bereits die Interpretationen des Ulfo von Ranke 2009, S. 276–282 und Wirtz 1994, S. 348–368. Obwohl beide den kompetitiven Charakter Ulfos erwähnen, entwickelt keiner von beiden daraus ein stichhaltiges Analysemodell der Agonalität.

25 So Ranke 2009, S. 277f. unter Hinweis auf die Verbindung von List und Mut in Ulfos System.

26 Schlegel 1746, S. 2.

Er strebe, so tut er der verzweifelten Estrithe kund, nach „Ehre", „Ehrgeitz" und „Ruhm" und werde deshalb abermals versuchen, Canut loszuwerden. Unumwunden gibt er zu, dass sein Ziel sei, Canut „gleich zu seyn".[27] Er erträgt nicht, dass der König „allein die Welt mit seinen Thaten" füllt:

> Sein Nahme wird genennt, und meiner bleibt im Stillen./ [...] Uns, die wir schlechter sind, will er nichts übrig lassen./ Was bleibt mir, soll mich nicht zu leben ganz gereun,/ Zur Ehre für ein Weg, als der, sein Feind zu seyn?[28]

Im Streitgespräch mit seinem Rivalen Godewin im vierten Auftritt des zweiten Aktes erhebt Ulfo dann seine eigene Ruhmbegier zum wünschenswerten politischen Prinzip:

> Wo sind die Jahre hin, da nur der Streit ergetzte,/ Da ieder nur sich selbst der Krone würdig schätzte,/ Da, wenn ein tapfrer Arm kaum seine Kraft erkannt,/ Er unterthan zu seyn für sich zu schimpflich fand,/ Sich aus dem Staube hub, ein Heer zusammenraffte,/ Und sich Gelegenheit zu grossen Thaten schaffte,/ Da sich ein edler Geist durch Trutz und Unruh wieß,/ Und widerspänstig seyn doch kein Verbrechen hieß?/ [...] Jtzt glaubt ein ieder sich als Unterthan beglückt,/ Die Güte des Canut hat allen Muth erstickt./ Die Stolzen lieben schon der Herrschaft sanfte Bande,/ Und ein Verzagter hält den Ehrgeitz fast für Schande.[29]

Die Forschung hat bislang übersehen, dass Ulfo hier vor dem Hintergrund des aufklärerischen Naturrechts argumentiert.[30] Ihm geht es um die Bewahrung der Agonalität als Element gesellschaftlicher Dynamik. Ein Gemeinwesen ohne Widerspenstigkeit und Streit würde verzagen und erschlaffen. Vorbild ist ein historischer Naturzustand („wo sind die Jahre hin"), der von ungebundener Agonalität geprägt war und nun durch monarchische Herrschaft zum Erliegen gekommen sei. Mit diesem Bild kontrastiert das an der Pflicht gegenüber der Gemeinschaft orientierte Naturrechtsverständnis Canuts:

---

27 Ebd., S. 2.

28 Ebd., S. 3f.

29 Ebd., S. 25f.

30 Wenn, dann wurden in der Figurenrede naturrechtliche Argumente der Herrschafts-begründung entdeckt, so von Schulz 1980, S. 95. Dass auch Ulfo sich auf das Naturrecht beruft, widerlegt, dass er lediglich „Unrecht und Barbarei" verkörpere und „der rein auf den Glanz der eigenen Person bedachte Immoralist" sei, wie Borchmeyer 1983b, S. 159 schreibt, bzw. „ohne jedes Unrechtsbewußtsein" agiere, wie wiederum Schulz 1980, S. 101 glaubt. Schulz sieht in Ulfo sogar „einen Nachfahren des Miltonschen Satans, als eine in irdisch-historische Verhältnisse transponierte Modifikation der Teufelsgestalt" (ebd., S. 108).

> Ich will nicht, daß mit mir Gewalt und Zwist regieren,/ Und Bürger meines
> Reichs mit Bürgern Kriege führen./ Und daß man den erhebt und noch mit
> Ruhm bekrönt,/ Der der Geselligkeit geweyhte Rechte höhnt.[31]

So geläufig bereits in der ersten Hälfte des 18. Jahrhunderts Ulfos Idee ist,
dass die Gesellschaft ohne Agonalität ihre Entwicklungsdynamik einbüßt
(Kap. 3.3), so scharfen Widerspruch erfährt sie in Schlegels Drama. Dies liegt
daran, dass Ulfos Plädoyer für Agonalität auf dem Grundsatz der Gleichheit
gründet: wiederum ein typisches naturrechtliches Paradox, das die Radikalität
von Ulfos Forderungen noch intensiviert. „Ist Stärke, Muth, Verstand an denen
denn verlohren,/ Die kein partheyisch Glück zu Königen gebohren?/ Hab ich
zur Ewigkeit nicht soviel Recht als er?"[32] Die Zuordnungen, die bei der ersten
Lektüre noch klar schienen, werden so auf den Kopf gestellt. Das Schicksal,
das den einen zum König macht und den anderen zum Untertan, erscheint
als Form ungerechter, weil kontingenter Konkurrenzverhältnisse – „partheyisch Glück" –, der Widerstand gegen den vermeintlich gerechten Herrscher
als Weg zur Meritokratie. Folgerichtig nennt Ulfo den loyalen Godewin „skla-
visch", seine Loyalität gegenüber Canut „Knechtschaft".[33] Ulfos Haltung hat,
auch wenn sie zunächst nur seinen eigenen Ehrgeiz rechtfertigen soll, revolu-
tionäres Potential. Deshalb stößt sie auf erbitterten Widerstand. Sein Streben
nach Ehre sei, so Estrithe verächtlich, „[n]ichts als ein blöder Stolz, der ungern
bittet".[34] Auch Godewin warnt vor einem „Ruhm, der aus dem Unrecht grünet"
und glaubt, dass der „Heldenmuth" seines Gegners nur dazu führe, „des Landes Glück zu stören:/ Ich will verzagter seyn, und meinen König ehren./ Wenn
unter ihm durch mich ein Feind der Ruh erliegt".[35]

Das innovative Potential des Stücks liegt in der agonalen Radikalität des
rebellischen Untertanen Ulfo, der Darstellung des Agon als anthropologisch
fundierte Leidenschaft (Kap. 1.1). Zwar waren eindeutig agonale Eigenschaften
bereits in der ersten Jahrhunderthälfte in Staatsdramen präsent, aber sie
waren den Herrscherfiguren vorbehalten. Ein frühes Beispiel ist der Protagonist von Johann Georg Ludovicis erfolgreicher Haupt- und Staatsaktion *Karl*

---

31 Schlegel 1746, S. 34.

32 Ebd., S. 4.

33 Ebd., S. 27, 25. Die Parallelisierung von Ulfos Rede mit dem Naturrecht Hobbes' (Martus
    2011, S. 36; Ranke 2009, S. 280) trifft deshalb nur einen Teil ihres politischen Gehalts. Glei-
    ches gilt für die These, Ulfo vertrete gegenüber dem aufgeklärten Canut die archaischen,
    ja barbarischen Werte (Faustrecht) des Wikingertums (Ranke 2009, S. 280f.; Schulz 1980,
    S. 102f.).

34 Schlegel 1746, S. 9.

35 Ebd., S. 26.

der Zwölfte vor Friedrichshall (1724).[36] Dieses Porträt des schwedischen Königs, der sein Land durch den Großen Nordischen Krieg führte, zeigt Züge des ruhmsüchtigen und unnachgiebigen Kämpfers, für den der Krieg zum Zweck an sich wird – in diesem Sinne hat ihn später auch Voltaire in seiner *Histoire de Charles XII.* dargestellt.[37] Er habe, sagt Karl von sich selbst, „das Geblüt eines andern Alexanders".[38] Bei Ludovici erscheinen diese Charakterzüge aber nicht unbedingt negativ,[39] auch wenn Karl von seinen Verbündeten und dem auftretenden „Verhängnis" ermahnt wird, den Krieg nicht zu weit zu treiben.[40]

Die Charakterisierung von Herrschern als agonal ist auch im republikanischen Trauerspiel, das Schlegels Drama als unmittelbares Vorbild dient, keine Seltenheit. In Gottscheds *Sterbender Cato* (1732) ist es Cäsar, der diese Funktionsstelle einnimmt. Er ist ein erfolgreicher Feldherr, ein „Ueberwinder" (AW 2, 71), der sich seine politische Macht militärisch erkämpfen musste. „Du willst dem Siege stets Gesetz und Regeln geben", wirft er Cato vor, „O! laß mich doch nur selbst nach Ruhm und Ehre streben!" (73) Was ihn antreibt, ist die fehlende Anerkennung der Mächtigen:

> Ich bin den Ocean der Britten überstiegen;/ Und doch versaget mir der ungerechte Rath,/ Weil mich Pompejus haßt, ein schlechtes Consulat?/ [...] und was mein Schweiß, mein Wachen,/ Mein eignes Blut erkämpft, des Staates höchstes Amt,/ Fällt meinen Feinden zu! Das, das hat mich entflammt!/ Halb rasend fieng ich an der Römer Feind zu werden [...]. (70)

Anders als für Ulfo ist Agonalität für Cäsar jedoch kein Wert an sich, sondern Mittel zum Zweck. So stellt er es zumindest selbst im Gespräch mit seinem Diener Domitius dar: „Ich selber hatte nie am Blutvergießen Lust:/ Es klopft ein zartes Herz in meiner Vaterbrust." (64) Es geht in Gottscheds *Cato* nicht darum, Agonalität als solche in einer Figur zu verdichten und zu reflektieren, sondern um die Darstellung eines agonalen Konfliktes zwischen zwei Parteien. Dem Eroberungs- und Machtdrang Cäsars steht das Rechtsverständnis

---

36 Ludovici [1724] 1845. Zur Deutung des Stücks im Kontext der Militärdramen des 18. Jahrhunderts siehe Venzl 2019, S. 153–172.

37 Voltaire 1731.

38 Ludovici [1724] 1845, S. 84.

39 So schreibt Venzl 2019, S. 163: „Karl erscheint als vollkommener Held im Zeichen militärischer Wehrhaftigkeit und Beständigkeit gegenüber den Widrigkeiten des menschlichen Schicksals." Jedoch finde die heroische Haupthandlung ihre „Travestie" in den Hanswurstszenen und ihrer Schilderung des einfachen Soldatenlebens (ebd., S. 164).

40 Ludovici [1724] 1845, S. 89, 99.

des Republikaners Cato gegenüber, der in Cäsar nichts als den „Tyrannen" (38) sieht.[41] Diese Oppositionsbildung von agonalem Eroberer und Belagerten, von ehrgeizigen Alleinherrschern und tugendhaften Republikanern, strukturiert auch andere bedeutende Dramen des Genres. Voltaires *Mahomet* schildert 1742 den unerbittlichen Konflikt zwischen dem Titelhelden und seinem Gegenspieler Zopire, ein Konflikt, der wie bei Gottsched in einen Bürgerkrieg auszuarten droht. Mahomet erscheint in den Augen Zopires als „un traître, un cruel,/ Et de tous les Tyrans cest le plus criminel."[42]

Auch wenn nicht alle klassizistischen Dramen der 1730er und 40er Jahre die Auseinandersetzung von Republik und Alleinherrschaft beschreiben, folgen sie stets einer dichotomischen Form.[43] Es stehen sich im Innern der Gemeinschaft zwei Parteien gegenüber, die Figuren werden entsprechend in zwei Gruppen aufgeteilt.[44] Die agonale Spannung des Politischen verteilt sich wie in einem Magnetfeld auf zwei Pole. Zwischen ihnen stehen Schwellenfiguren, die mit beiden Parteien verbunden sind und zu vermitteln versuchen. Das ist in Dramen wie Voltaires *Zayre* ebenso der Fall wie in formal avancierteren Stücken, etwa in Gottscheds *Parisischer Bluthochzeit* und Schlegels *Herrmann*. Eben dies ist es, was sich in *Canut* ändert. Denn Ulfo führt keine Partei an, sondern ist auf sich allein gestellt. Weder seine Frau Estrithe steht hinter ihm, noch sein vermeintlicher Verbündeter Godschalk. Das heißt nicht, dass sich in Ulfo die Ideen von Autonomie und Individualität verwirklicht finden, sondern dass das Drama Alleinherrschaft ästhetisch erfahrbar macht. König Canuts empfindsame Macht ist, der zentralen Souveränitätsmetapher des Stückes zufolge, „umfassend".[45] Er hat keinen ranggleichen Gegenspieler; Ulfo kann sich nur mit Canuts Untertan Godewin duellieren.[46] Agonalität findet nicht mehr horizontal, als Machtkampf zwischen Parteien statt, sondern vertikal: Ulfo, der ehrgeizige Untertan, macht dem empfindsamen Monarchen seine Position streitig. Es ist in diesem Zusammenhang durchaus bedenkenswert, dass Ulfo die Staatsform der Alleinherrschaft genau wie Cato und Zopire

---

41   Zu beachten ist allerdings, dass Gottsched die dichotomische Struktur des Dramas an einigen Stellen untergräbt. Cato ist nicht frei von agonalen Impulsen und Cäsar besitzt durchaus auch Züge von *clementia* und *magnanimitas*, so Schulz 1988, S. 96.

42   Voltaire 1742, S. 14.

43   Das konnte die auf einem breiten Korpus beruhende, strukturalistische Studie von Wolfgang Lukas zeigen, vgl. Lukas 2005, S. 23–30.

44   Zugleich wird, wie Lukas 2005, S. 25–27 betont, die Gemeinschaft als Ganzes von einem äußeren Feind bedroht. Das zeigt auch das Beispiel des *Cato*, wo Pharnaces den Titelheld zu Fall bringen will. Jedoch werde, so Lukas, dem inneren Konflikt stets mehr Bedeutung zugemessen als dem außenpolitischen.

45   Schlegel 1746, S. 4, 5, 41.

46   Dies zeigt Martus 2011, S. 34.

kritisiert, trotzdem aber aufgrund seiner Lügen und Intrigen als lasterhafte Figur erscheint. Sobald die Tugendhaftigkeit des Monarchen möglich scheint, muss das Prinzip der Agonalität und mit ihm die Lasterhaftigkeit offenkundig auf andere Figuren projiziert werden.

Der Konflikt verläuft, wie das einzige Treffen zwischen Canut und Ulfo zeigt, asymmetrisch.[47] Anders als Cäsar in Gottscheds *Cato*, wo der Konflikt zwar nicht militärisch, aber verbal auf Augenhöhe ausgetragen wird (Kap. 4.5), kommt Ulfo kaum zu Wort. Obwohl Schlegel das Aufeinandertreffen Ulfos und Canuts an herausgehobener, buchstäblich zentraler Stelle in Akt III/3 platziert, widerlegt bereits die Form des Gesprächs dessen vermeintliche Bedeutung. Es handelt sich um eine Audienz, in der Canut Ulfo mitteilt, welche Pläne er für ihn hat. Zu einer dialogischen Auseinandersetzung zwischen den in den Figuren repräsentierten, widerstreitenden Prinzipien kommt es nicht. Schlegel zeige, so folgern Wolfgang Lukas und Steffen Martus, dass die Idee empfindsamer Souveränität zu einem neuen Verhältnis von Fürst und Staatsbürger führe – im Hintergrund steht Foucaults These der Gouvernementalität durch Biopolitik. Da empfindsame Herrschaftstechniken auf die Psyche des Einzelnen zugreifen, heiße Rebellion immer auch Verteidigung von Autonomie, so Lukas.[48] Schlegel zeige an der Figur des Ulfo ex negativo, schließt Martus, dass aufgeklärte Souveränität auf „die Selbststeuerung des Staatsbürgers" angewiesen ist. Die Figur des Godewin sei im Gegenzug ein Exempel des „staatsbürgerlichen Heroismus".[49] Beide brächten auf ihre Art zum Ausdruck, dass im Zuge der modernen, biopolitischen Konzeption von Herrschaft nun nicht mehr der Souverän, sondern der Staatsbürger zum Held werden muss, zu einem Held freilich, der seine eigene Kraft immer schon zum Wohl des Ganzen temperiert.[50]

---

47 Schlegel 1746, S. 38–43. Treffend formuliert Martus 2011, S. 33: „Ulfo kann gar nicht der Gegenspieler Canuts sein. Ulfo schätzt sich irrtümlicherweise als Antagonist des Königs ein". Kritisch zu sehen ist deshalb die These Meiers: „Schlegels Zuspitzung seines Titelhelden auf eindeutig positive Eigenschaften wie Güte, Selbstbeherrschung oder Gerechtigkeit bildet die Voraussetzung für den Antagonismus zwischen Canut und Ulfo, der die Kontrastierung zweier moralischer Prinzipien trägt und die polaren Gegensätze von Tugend und Laster, Vernunft und Leidenschaft, Verantwortung und Egozentrik illustriert." Meier 2000, S. 261.

48 Lukas 2005, S. 151–153.

49 Martus 2011, S. 37, 40. Auch Schulz sieht „in Godewin den vorbildlichen Untertan" verwirklicht. „Für die staatspolitische Seite des Dramas ist diese Gestalt des Godewin hochbedeutsam." Schulz 1980, S. 96.

50 Martus 2011, S. 40. Bereits Ranke 2009, S. 282 kommt zu dem Schluss, „eigentliches Thema" des Dramas sei „die Soziabilität des Helden." Er verweist in diesem Kontext auf das Vorbild der Tragödien Corneilles (ebd., S. 282–303).

Entscheidend ist jedoch, dass sich in Ulfo das Prinzip der Agonalität in einem Maß verdichtete, das für die Tugendvorstellungen der Empfindsamkeit nicht zu tolerieren war.[51] Gezeigt wird, wie eine Haltung, die die politische Welt als Kampfplatz betrachtet, gezielt eingedämmt wird. Schlegel hat in seinen politischen Schriften, etwa in *Über die Liebe des Vaterlandes* oder *Daß die Belohnung der Verdienste das wahre Kennzeichen einer löblichen Regierung sey*, die Notwendigkeit einer Eindämmung des Agon bekräftigt.[52] Auch im Vorbericht des *Canut* betont er, dass das wesentliche Verdienst des historischen Canut gewesen sei, Duelle an seinem Hof gesetzlich unterbunden zu haben.[53] Deutet man das Stück also als Darstellung empfindsamer Machttechniken, so sollte man immer auch auf die damit einhergehende Bekämpfung der Agonalität hinweisen. Ehre und Ruhm werden innerhalb eines festgesetzten Rahmens zwar akzeptiert: als verinnerlichte Ehre, als gesetzeskonforme Ehre, als Vermeidung von Ehrenlosigkeit – Estrithe wirft Godewin vor, er sei feig und unehrenhaft vom Schlachtfeld geflohen.[54] Jedoch wird ein möglicher Kampf um die Machtpositionen im Staat durch die formale Anlage des Dramas eingehegt. Vom Standpunkt empfindsamer Herrschaftskonzeption geht es nicht mehr nur um den Kampf der Tugend gegen das Laster, sondern um die Temperierung des politischen Kampfes überhaupt. Dies ist der Sinn von Canuts finaler Sentenz: „die Ruhmbegier, der edelste der Triebe,/ Ist nichts als Raserey, zähmt ihn nicht Menschenliebe."[55]

4.3 Intensivierung von Agonalität: Goethes *Götz* und das Drama des Sturm und Drang

Schlegels *Canut* zeigt zweierlei: Erstens konnte sich im Drama der Aufklärung das Kräfteverhältnis von Agonalität und Tugendempfindsamkeit zugunsten

---

51 Eben dies spricht gegen die These von Meyer-Sickendiek 2016, S. 182, die Figur des Arviane aus La Chaussées Rührstück *Mélanide* als Vorbild für Ulfo zu sehen. Arviane ist zwar ein Rebell, aber ein empfindsamer Rebell und propagiert keine agonale Moral.

52 Vgl. hierzu Schulz 1980, S. 98f.

53 Schlegel 1746, o.S.

54 Godewin: „Die Ehre bleibt allein des Herzens Eigenthum" (Schlegel 1746, S. 44). Estrithe: „Was Ehre bringt, das muß auf Recht gegründet seyn" (ebd., S. 33). Ihr Vorwurf an Godewin findet sich ebd., S. 12. Wie sich im Lauf des Dramas herausstellt, ist dieser Vorwurf falsch und wurde von Ulfo erfunden. Dass im Stück der höfische Ehrbegriff des Barock mit dem verinnerlichten Ehrbegriff der Aufklärung konkurriert, zeigt Alt 1994, S. 126–128 bzw. Alt 1993, S. 88. Bereits Wolf 1964, S. 149f. betont die Bedeutung von Ruhm und Ehre für Ulfos Handeln.

55 Schlegel 1746, S. 78.

einer Seite verschieben. Zweitens verlangte die Darstellung einer solchen Verschiebung eine neue Form. Damit soll nicht die These von der „Übergangsgestalt"[56] Schlegel gestärkt werden, die seit Hermann Schonders gleichlautender Studie aus dem Jahr 1940 in der Forschung immer wieder aufs Neue Bestätigung findet. Es scheint innerhalb des Paradigmas einer ‚um 1750' einsetzenden Modernisierung schwer, in Schlegels Texten etwas anderes zu sehen als eine Brücke vom Barock bzw. von Gottsched zu Lessing, von der Frühen Neuzeit zur Moderne, etc. Doch auch wenn man dieser Beschreibung nicht folgt, kann es im Hinblick auf das deutsche Theater[57] der 1740er Jahre sinnvoll sein, *Canut* in einer Gruppe von Texten zu verorten, die Tugend emotional fundieren.[58] Schlegel orientiert sich zwar in poetologischer Hinsicht stark am französischen Klassizismus,[59] dennoch hat sein Drama zusammen mit den Tragödien und Komödien Behrmanns, L.A.V. Gottscheds, Steffens, Krügers, Mösers und Lessings an einer innovativen Dynamik teil.[60]

Einige Beispiele dieser Reihe seien herausgegriffen. Georg Behrmann gibt tugendempfindsamen Elementen in seinen bereits in den 1730er Jahren uraufgeführten, aber erst später in den Druck gelangten Trauerspielen *Timoleon der Bürgerfreund* (1741) und *Die Horazier* (1751) großen Raum.[61] Jedoch ist in diesen für das klassizistische deutsche Theater wegweisenden Dramen die affektpolitische Konstellation eine andere. In *Timoleon* ist der Herrscher ein agonal denkender Tyrann, der von den eigentlich sanftmütigen Figuren seines Umfelds gestürzt werden muss, weil er sich unbelehrbar zeigt. In den *Horaziern* spielt die Figur der empfindsamen Camilla eine zentrale Rolle, sie kann die agonale Austragung des Krieges zwischen Römern und Albanern und

---

56   Schonder 1940.

57   In Frankreich und England ist die empfindsame Herrschertragödie und das rührende Lustspiel bekanntlich bereits in der ersten Hälfte des 18. Jahrhunderts etabliert, vgl. Meyer-Sickendiek 2016, S. 113–184 sowie Borchmeyer 1983b. Auch das deutschsprachige Musiktheater hat an der Emotionalisierung der Anthropologie schon lange vor der Jahrhundertmitte Anteil, vgl. Jahn 2005b, S. 275–350. Dort heißt es unter anderem, dass das „Vokabular [...] der empfindsamen Liebe" in den Libretti „schon um 1700 vollständig entwickelt[]" gewesen sei (ebd., S. 302).

58   Ausführlich hierzu Lukas 2005, S. 115–193, der die Jahre zwischen 1745 und 1750 als „frühaufklärerisch-empfindsame Phase" bezeichnet. Lukas sieht in den Tragödien und Komödien dieser Zeit ein „narratives Modell der *emotionalistischen Neu-Legitimation* von Normen" am Werk, die in dieser Form in den Dramen der *Schaubühne* nicht existiere. Der innere Konflikt etabliere sich nun als „autonomer, empfindsamer Konflikt" (ebd., S. 117).

59   Meier 2000, S. 253–258; Meier 2016, S. 122–126.

60   Ein weiteres, häufig genanntes Element der Innovation ist die Stoffwahl des *Canut*, die der nordischen Geschichte entstammt. Vgl. u.a. Detering 1994.

61   Vgl. hierzu die Nachworte Florian Schmidts in der von ihm verantworteten Neuausgabe beider Dramen: Behrmann [1751] 2020, S. 87–107; Behrmann [1741] 2020, S. 103–132.

damit die Ermordung ihres Gatten durch ihren Bruder nicht verhindern. Zwar erscheinen auch die anderen Figuren der Tugendempfindsamkeit fähig, sie stellen jedoch agonale Werte über diejenigen der Menschlichkeit. Es gibt aber auch Beispiele, in denen die Herrschaft selbst empfindsam wird. Man denke an die großen Metastasio-Libretti der 1740er Jahre, die unentwegt die *clemenza* des Fürsten fordern und preisen, aber auch an das deutsche Trauerspiel der Zeit, wie die 1744 erstmals publizierte *Panthea* L.A.V. Gottscheds belegt.[62] Der persische König Cyrus ist wie Canut ein Muster empfindsamer Regierungs-technik und auch er hat mit Araspes einen Untertan, dessen agonales Streben nach Ruhm und Ehre sich nicht in dieses Muster fügen will. Jedoch attackiert Araspes nicht den Thron selbst, sondern lässt einen fremden, in persischer Gefangenschaft befindlichen Fürsten ermorden, um dessen Frau zu erobern.

Für das in Schlegels *Canut* beschriebene Spannungsverhältnis von empfind-samem Fürst und rivalisierendem Untertan ist der Vergleich mit Justus Mösers 1749 gedrucktem *Arminius* am ergiebigsten. Lukas hat in dieser Tragödie ebenso wie in Schlegels *Canut* die Herausbildung eines Paradigmas erkannt, in der sich die politische Empfindsamkeit als Machttechnik etabliert und sich zunehmendem Widerstand ausgesetzt sieht. Dieses Paradigma ist laut Lukas bis in die 1760er Jahre hinein in Tragödien und Komödien wirksam.[63] Der Befund lässt sich durch die Beobachtung stärken, dass der Gegenspieler des Arminius, Sigestes, wie Ulfo das Prinzip der Agonalität repräsentiert. Jedoch orientiert sich Sigestes' Ehrgeiz nicht am eigenen Ruhm, sondern an dem des Vaterlandes. Er erscheint nicht einseitig lasterhaft, außerdem ist die Titelfigur weniger ideal als Canut. Schon Nicolai kritisierte, dass dieser „der gütigste, vor-trefflichste Mann" sei, aber: „was kann diesen vortrefflichen Charakter tragisch machen?"[64] Das könnte nur ein Fehler Canuts, die *hamartia*, die er aber nicht zeige.[65] Anders Arminius: Er wird von Sigestes getötet, weil er sich gegenüber dem bereits gefangen gesetzten Rebell empfindsam zeigt. Er wendet sein Gesicht von Sigestes ab, um den Unterlegenen nicht zu kränken. Dies nutzt sein Rivale für den tödlichen Streich.[66]

Die Persistenz des Widerstandes gegen empfindsame Herrschaftstechniken zeigt sich noch am Ende der 1750er Jahre in Lessings Einakter *Philotas*. Es ist

---

62   Gottsched [1744] 2016.

63   Lukas 2005, S. 147–154, 197–231.

64   Nicolai 1757, S. 53.

65   Wie Nicolai sieht auch Lessing die *hamartia* des Canut darin, durch seine Nachsicht gegenüber Ulfo den Staat zu gefährden. Aber Schlegel zeige dies nicht, Canuts Fehler habe keine Konsequenzen, so Lessing an Mendelssohn während des *Briefwechsels über das Trauerspiel* am 18. Dezember 1756 (B 3, 701).

66   Möser 1749, S. 77.

sicher kein Zufall, dass es ein ambivalentes ‚Heldendrama' des Siebenjährigen Krieges ist, das die von Schlegel inszenierte Konfrontation der agonalen Titelfigur – einem „Held ohne Menschenliebe" (B 4, 31) – mit einem empfindsamen Herrscher wieder aufnimmt. Ihre Beziehung erscheint auch in diesem Stück zunächst asymmetrisch: Philotas ist der Kriegsgefangene des Königs Aridäus, erfährt aber im Lauf der Handlung, dass dessen Sohn seinem Vater, dem Kontrahenten des Aridäus, in die Hände gefallen ist. Das Gleichgewicht der Kräfte wird also wieder hergestellt, aber nicht inszeniert: Das Stück zeigt nur das Geschehen am Hof des nachsichtigen und menschlich wirkenden Aridäus. Dessen Verhältnis zu dem jungen, ehrsüchtigen Philotas, der sich wie Ulfo am Ende ins Schwert stürzt, hat die Forschung vor einige Probleme gestellt. Die Diskussion soll hier nicht ausführlich wiedergegeben werden,[67] referiert seien ihre Grundzüge. Die traditionelle Deutung, es handele sich hier um ein in der Linie der preußisch-patriotischen Literatur der Mobilmachung[68] stehendes Heldenstück – Philotas opfert sich für den Ruhm des Vaterlandes –, hat Conrad Wiedemann überwunden.[69] Anhand von Aridäus' abschließender Ankündigung, er werde zugunsten seines Sohnes auf den Thron verzichten, stellte Wiedemann den Gegensatz von kriegerischer Politik und empfindsamen Rückzug ins Private heraus. In der Folge hat die Forschung die Skepsis betont, die das Stück dem kriegstauglichen Streben nach Ruhm, Ehre und Vaterland entgegenbringe.[70] Neuere Deutungen heben hervor, dass Lessing in *Philotas* resignativ den unüberwindbaren Konnex von Souveränität und Antagonalität eingestehe.[71] Aufschlussreich ist für den hier diskutierten Zusammenhang auch der von Gisbert ter Nedden vorgeschlagene und von Monika Fick weiterverfolgte Ansatz, dass der Einakter weniger den Gegensatz von politischem Kampf und unpolitischer Privatheit als vielmehr den Widerspruch zweier politischer Konzepte, patriotischer Konfrontation vs. weltbürgerlicher Kooperation, zur Darstellung bringe.[72] Fick hat in diesem Zusammenhang auf die Bedeutung des *Anti-Machiavel* Friedrichs II. hingewiesen.

---

67 Verwiesen sei auf deren Zusammenfassung bei Fick 2016b, S. 162–165.

68 Vgl. zu den Medien und der Literatur des Siebenjährigen Krieges Adam/ Dainat 2007; Blitz 2000 sowie aktuell die Studie von Hildebrandt 2019.

69 Wiedemann 1967. Zu Lessings politischer Positionierung während des Siebenjährigen Krieges und seiner Ablehnung des patriotischen Fanatismus vgl. Barner 2017, S. 213–224.

70 So schreibt etwa Pütz 1986, S. 100: „das Drama enthüllt am Beispiel des Philotas die Perversion menschenfreundlicher Regungen zur rücksichtslosen Eigenliebe. Diese sieht ihre einzige Erfüllung in dem mit allen Mitteln zu erstrebenden Ziel, ein Held zu sein, wobei die Ehrsucht über Leichen geht."

71 Braungart 2005, S. 291–293; Blitz 2000, S. 233–247; Stiening 1998.

72 Ter-Nedden 2016, S. 177–239; Ter-Nedden 2007; Fick 2016b, S. 165–170.

In ihren Trauerspielen verhandelten Schlegel, L.A.V. Gottsched, Möser und Lessing ein politisches Problem, das die gesamte Aufklärung über bestand. Zugleich legten sie die Grundlage für eine weitere wichtige Phase der Innovation, die die 1770er Jahre und die Dramen des Sturm und Drangs markieren. Diesmal neigt sich die Waage auf die andere Seite, die Agonalität gewinnt gegenüber der empfindsamen Gefühlspolitik an Gewicht. Vieles spricht dafür, die Beiträge Goethes, Leisewitz', Klingers und Schillers als schriftstellerische Unternehmen zu deuten, denen es um eine Rehabilitierung und Intensivierung der Agonalität ging. Flankiert wurde dieses Unternehmen von den ästhetischen Ideen der Genie-Bewegung, die, wie etwa Lenz' *Anmerkungen über das Theater* (1774), nicht auf empfindsame Rührung und Mitleid, sondern auf die Erschütterung des Zuschauers setzten.

Insofern ist die Figur des Ulfo, ebenso wie Mösers Sigestes und Lessings Philotas,[73] durchaus als Vorläufer des Sturm und Drang zu verstehen und die Bearbeitung von Schlegels Stück durch Büschel im Jahr 1780[74] hierfür ein Indiz. Dort begründet Ulfo seine Apologie der Agonalität mit der „Stimme der Natur", auf die „Helden" hören müßten, „sie schuf uns gleich, bannte Tyranney aus ihrem Gebiet, pflanzte den Keim der Freyheit in uns, der uns allein adelt".[75] Seine revolutionäre Seite tritt nun deutlicher hervor. Büschel schenkt Ulfo einen Monolog, in der er seine Manneskräfte im bekannten Duktus der Stürmer und Dränger preisen darf: „[...] mich bis zum Ziel hindurch ringen – riesenförmige Hindernisse mit diesen Händen zermalmen wenn sie mich aufhalten wollen – und sink ich mitten unter ungeheurn Arbeiten, von meinen eignen Trophäen bedeckt, so errichte man mir ein Denkmal".[76] Die Redeanteile des Ulfo sind gegenüber der Vorlage Schlegels gewachsen, und auch wenn es ihm immer noch nicht gelingt, Canut zu überwinden, ist seine szenische Präsenz doch hervorgehoben. Er erscheint nun als tatsächlicher Kontrahent des Königs. So wird es für den Leser einfacher, seinen Trotz und Wagemut zu bewundern – eine Möglichkeit der Rezeption, die bereits Nicolai angedeutet hatte.[77]

---

73 Burgard 1987.

74 Büschel 1780, S. 91–162.

75 Ebd., S. 113.

76 Ebd., S. 128. Hierzu Meier: „Hierin zeigt sich Ulfo als erhabener Verbrecher". Meier 2000, S. 269; ebenso Borchmeyer 1983b, S. 160.

77 In der *Abhandlung vom Trauerspiele* schreibt Nicolai: „So verabscheuenswürdig er uns auch vorkommen muß, so müssen wir ihn doch gewissermaßen bewundern". Nicolai 1757, S. 52. Vgl. hierzu Ranke 2009, S. 268–271, der bei Schlegel zudem eine eigene „szenische Wirkungslogik" der Figur des Ulfos erkennt (ebd., S. 344).

Offenkundig konnte Büschels Bearbeitung aus einem Fundus dramatischer
Charaktere schöpfen, in denen diese Verbindung von Kampfkraft, Freiheits-
drang und Rivalitätsbereitschaft angelegt war. Der bekannteste von ihnen
ist zweifellos Götz von Berlichingen.[78] In zahlreichen Momenten des gleich-
namigen Dramas werden agonale Spannungen evoziert, die in Gewalt aus-
schlagen. Zwar spielt Goethes Stück zu Beginn des 16. Jahrhunderts, aber die
politische Lage lässt sich mit der der Aufklärungszeit vergleichen.[79] „Der Kaiser", so der Bischof,

> hat nichts angelegners, als vor erst das Reich zu beruhigen, die Fehden abzu-
> schaffen, und das Ansehn der Gerichte zu befestigen. Dann, sagt man, wird
> er persönlich gegen die Feinde des Reichs und der Christenheit ziehen. Jetzt
> machen ihm seine Privathändel noch zu tun, und das Reich ist, trotz ein vierzig
> Landfriedens, noch immer eine Mördergrube. (FA 4, 303f.)

Die Frage, wie Rivalitäten im Innern durch Gesetze befriedet werden können,
ist im Alten Reich auch im 18. Jahrhundert allgegenwärtig (Kap. 1.2). Goethe
geht es darum, die „Händel", die auf allen Ebenen der Gesellschaft[80] und zwischen verschiedenen Gruppen ausgetragen werden, sichtbar zu machen. Und
so scheint es in diesem Stück, als liege jeder mit jedem im Streit. Das gilt nicht
nur für den Titelhelden, der gegen den Bischof, Weislingen und andere kämpft,
sondern auch für die Nebenfiguren. Reiterksnechte geraten an Bauern (FA 4,
281–283), Gelehrte machen sich im Disput ihren Rang streitig (303), der Diener
Franz möchte seinen Herrn aus der Welt schaffen, weil er ihm die Geliebte
neidet (380), die aufständischen Bauern befehden sich gegenseitig (373), etc.
Selbst der Mönch, der zu Beginn auftritt, trägt den Namen des römischen
Kriegsgottes Mars (Martin) und würde lieber in den Kampf ziehen als seinem
christlichen Gewissen zu folgen (287f.). Goethe spielt sämtliche Formen der

---

78 Die folgende Untersuchung beschränkt sich wie auch im Fall der anderen Dramen des
     Korpus auf die erste in den Druck gelangte Fassung. Den handschriftlich überlieferten
     ‚Urgötz' *Geschichte Gottfriedens von Berlichingen mit der eisernen Hand* bezieht sie des-
     halb nicht ein. Zur Entstehungsgeschichte beider Fassungen und den Bearbeitungs-
     tendenzen der Druckfassung vgl. Graham 1965. Obwohl Goethe auch in den Szenen des
     Bauernaufstandes einige Änderungen vornahm (siehe hierzu Beise 2010, S. 360–372), ist
     die Ästhetik des Agonalen in der Druckfassung immer noch fassbar. Dies betont auch
     Hinderer 1992a, S. 22–24. Er ist der u.a. von Wertheim 1955, Zimmermann 1979, S. 39–76
     und Martini 1979, S. 114 vertretenen Auffassung entgegengetreten, der ‚Urgötz' sei der
     Druckfassung aufgrund seiner politischen und künstlerischen Radikalität der späteren
     Überarbeitung vorzuziehen.
79 Willems 1995, S. 142–150; Hinderer 1992a, S. 25.
80 Bereits Friedrich Sengle bemerkt in seiner Abhandlung über *Das historische Drama in
     Deutschland*, dass das Stück das Bild eines „politischen Gesamtzustandes" der Gesell-
     schaft zeige, vgl. Sengle 1952, S. 28.

Konfliktaustragung durch, von der Wirtshausschlägerei bis zum Bürgerkrieg. Er treibt die Eskalation bis zu dem Punkt, an dem Agonalität in Antagonalität umschlägt und die politische Gemeinschaft an der Brutalität militärischer Auseinandersetzung und rebellischer Aufstände zerbricht.

Die erste Szene des Dramas exponiert diese Ästhetik agonaler Eskalation. Zwei Bauern und zwei Reitknechte des Bischofs von Bamberg sitzen in einer Herberge. Die Bauern unterhalten sich über den Streit zwischen Götz und dem Bischof, offenkundig, um die Reiter zu provozieren. „[N]och einmal" erzählen sie sich die Geschichte, und verhehlen nicht ihre Sympathie für Götz und die Verachtung für den „Pfaffen" (FA 4, 281). Die Reiter bemerken die Provokation, treten an den Tisch, fünf Repliken später notiert Goethe: „Sie fallen über einander her." (282) Der Wirt sorgt kurzzeitig für Ordnung, indem er die Streithähne aus seiner Stube wirft. Doch der Konflikt wird dadurch nur auf die nächste Stufe getragen, die Spirale der Eskalation dreht sich weiter. Draußen treffen die Bauern auf zwei Reiter Berlichingens und erzählen ihnen von der Ankunft der Bamberger und Weislingens. Damit ermöglichen sie Weislingens Gefangennahme und setzen so den politischen Konflikt in Gang. Doch damit nicht genug: Die Bauern bitten Berlichingens Reiter, ihnen im Duell gegen die Bamberger beizustehen, diese verweigern die Hilfe. Einer der Bauern bezeichnet sie deshalb als „Scheißkerle", die nur gegen Geld arbeiten, und beschließt, gegen die Bamberger alleine vorzugehen. „Dürften wir nur so einmal an die Fürsten, die uns die Haut über die Ohren ziehen." (283) Innerhalb weniger Zeilen merkt der Leser, dass hier nicht nur die Untertanen ihr Recht gegenüber der Obrigkeit einfordern – die beiden Bauern werden später zu den Anführern des Aufstandes zählen – sondern auch die Angehörigen der niederen Stände untereinander im Clinch liegen.[81]

Die Eingangsszene zeigt, wie ein agonaler politischer Konflikt in den Alltag eines Wirtshauses dringt und von den Menschen Parteizugehörigkeit einfordert. Und nicht nur das: Sie demonstriert auch, wie schnell die Grenze zwischen Agonalität und Antagonalität überschritten ist. Berlichingens Reiter verweigern nämlich deshalb die Hilfe, weil die Bauern sonst gegenüber den Bambergern in die Überzahl gerieten (283). Das implizite Gebot der Fairness im Duell zeigt hier noch die für die Agonalität typische soziale Rahmung, die im Lauf des Stückes immer wieder und immer gewalttätiger durchschlagen wird. Götz erscheint zunächst als Ritter, der noch im Sieg über seine Kontrahenten

---

81   Arnd Beise weist im Kontext der Volksdarstellungen im Drama des 18. Jahrhunderts darauf hin, dass Goethe insbesondere die Bauern in dieser und auch in späteren Szenen schlecht wegkommen lasse. Er sei „in der Darstellung rebellischer Unterschichten [...] der herrschenden Ideologie" nachgekommen. Beise 2010, S. 377. Diese Deutung übersieht jedoch, dass in diesem Stück sämtliche Figurengruppen und Individuen in den Sog eskalierender Agonalität geraten, unabhängig von ihrem Stand.

Größe zeigt. Seinem Gefangenen Weislingen verspricht er unter Berufung auf die „Ritterpflicht", ihn nicht zu mißhandeln (294). Den ehemaligen Knecht Lerse, der ihn einst mutig in einem Reitergefecht bekämpft und verwundet hat, nimmt er als Mitstreiter auf (338). Götz repräsentiert eine Form von Agonalität, die soziale Anerkennung und Aufstiegsmöglichkeiten produziert. Dies entgeht Interpreten, die glauben, dass Götz die Gewalt um ihrer selbst willen genieße.[82] Als er bereits unter Reichsacht steht, er also aus der politischen Gemeinschaft ausgeschlossen und der Konflikt mit dem Kaiser antagonal wird, glaubt er daran, dass er seine agonale Veranlagung in den Dienst des Ganzen stellen könnte. Er gleicht in diesem Moment deshalb nur dem ersten Anschein nach dem isolierten Rebellen. Während des letzten Essens mit seinen Gefolgsleuten vor seiner Gefangennahme – die Anspielung auf das Neue Testament ist nicht zu übersehen – entwirft er eine Utopie wechselseitiger ökonomischer und politischer Anerkennung:

> Sollten wir nicht hoffen, daß mehr solcher Fürsten auf einmal herrschen können, und Verehrung des Kaisers, Fried und Freundschaft der Nachbarn, und der Untertanen Lieb, der kostbarste Familien Schatz sein wird der auf Enkel und Urenkel erbt. Jeder würde das Seinige erhalten und in sich selbst vermehren, statt daß sie jetzo noch zuzunehmen glauben, wenn sie nicht andere verderben. (353)

Auf die naheliegende Frage Georgs: „Würden wir hernach auch reiten?" imaginiert Götz seine zukünftige Bestimmung als Verteidiger der Außengrenzen des Reiches. Im Kampf gegen Türken und Franzosen könnte er „die Ruhe des Ganzen beschützen" und „seine Haut vor die allgemeine Glückseligkeit" setzen (353).

Wie weit entfernt er davon aber ist, zeigt der vierte Akt. Der vom Kaiser auferlegte Hausarrest, mit dem die antagonale Eskalation des Konfliktes vorerst doch noch abgewendet werden kann, bekommt Götz nicht. Hatte er während des letzten Abendessens mit seinen Männern noch gehofft, sie könnten sich in Friedenszeiten einfach als Jäger betätigen (353), leiden nun alle unter dem befohlenen Müßiggang. Georg klagt: „Das sind wir aus braven Reutern geworden. Aus Stiefeln machen sich leicht Pantoffeln." (368) Götz entschließt sich, seinen Hausarrest zu brechen und die aufständischen Bauern als Hauptmann anzuführen. Das besiegelt seinen Untergang. Er will den Kampf der Bauern in eine zivilisierte politische Form überführen, Antagonalität in

---

82   Dies behauptet, den Dialog mit Lerse zitierend, Lange 2001, S. 2: „It is quite conspicuous, for example, how much Götz seems to love violence for it's own sake."

Agonalität verwandeln. Sie sollen aufhören, zu brandschatzen, zu plündern und zu morden. Er erinnert sie an ihr politisches Ziel, den Kampf um Recht und Freiheit:

> Warum seid ihr ausgezogen? Eure Rechte und Freiheiten wieder zu erlangen! Was wütet ihr und verderbt das Land! Wollt ihr abstehen von allen Übeltaten, und handeln als wackere Leute, und die wissen was sie wollen, so will ich euch behülflich sein zu euren Forderungen, und auf acht Tag euer Hauptmann sein. (372)

Er schließt deshalb mit den Aufständischen einen Vertrag, der jedoch kurz darauf von zwei der Anführer in Zweifel gezogen wird. Sie wollen die zügellose Gewalt nicht beenden, weil sie sich an ihren „Feinden [...] rächen" wollen (373). Das Projekt der agonalen Einhegung von Antagonalität scheitert.

Diese szenische Intensivierung von Agonalität ist zu Beginn der 1770er Jahre tatsächlich neu. Dennoch waren für die Zeitgenossen die Charakterzeichnung der Titelfigur, der Bruch mit den aristotelischen Einheiten und der vermeintliche Nationalgehalt des Stückes interessanter.[83] So auch für die germanistische Forschung, auch wenn der Pathos, der frühe Deutungen des Dramas durchzieht, längst selbst Gegenstand kritischer Analyse geworden ist. Seit jeher erfährt die Darstellung der Titelfigur große Aufmerksamkeit, ähnlich wie im Fall Ulfos geht es dabei in erster Linie um die dramatische Produktion von Genie, Charakter, Heldentum und autonomer, ‚großer' Individualität – eine Deutung, der bekanntlich Lenz in seinem Aufsatz über *Götz von Berlichingen* den Weg gewiesen hat.[84] Während die These vom ‚Charakterdrama' in den 1960er Jahren dominierte, begann man ein Jahrzehnt später, verstärkt über die soziale Determiniertheit des Protagonisten und den politischen Gehalt des ‚Gesellschaftsdramas' nachzudenken.[85] Aktuellere Studien versuchen meist, beide Aspekte zusammenzuführen.[86] Daran schließen sich Deutungen an zum

---

83   Die zeitgenössische Wirkung kommentiert Dieter Borchmeyer in FA 4, S. 780–790. Die entsprechenden Rezeptionsdokumente sind versammelt bei Henning 1988.

84   Lenz 1901.

85   So haben Graham 1963 und Ryder 1962 *Götz von Berlichingen* als Charakterdrama und dezidiert nicht als Gesellschaftsdrama begriffen. Jedoch hat bereits Martini 1979, S. 104–128 entschieden auf die soziale Determiniertheit von Götz' Schicksal hingewiesen und die These vom „Charakterdrama" relativiert. Auch van Ingen 1986, S. 6 bezeichnet das Werk als „im wahrsten Sinn [...] politisches Drama".

86   Zum Thema der Individualität und Gesellschaft differenziert und grundlegend Willems 1995. Ihre These: „Im *Götz* werden die historischen Prozesse gesellschaftlichen Wandels dargestellt, die zur sozialstrukturellen Außenstellung des Individuums führen" (ebd., S. 238). Die aktuelle Studie von Rocks widmet sich dem Thema der Heldendarstellung im Stück und kommt zu dem Schluss, dass es in erster Linie darum gehe zu zeigen, wie

Geschichts- und Nationaldiskurs,[87] zu Götz' Rechtsauffassung sowie zur im Stück vernehmbaren Kritik am Reichsdenken der Aufklärung.

Besonders der letzte Punkt ist im Hinblick auf die diskursiven Grundlagen der im Stück dargestellten Agonalität relevant. Dies zeigt der Blick auf die Gerichtsszene des vierten Aktes, in der Götz' Rechtsverständnis zutage tritt. Er bezweifelt die Legitimität der Richter, weil er dem Kaiser nur direkt, in einer persönlichen Beziehung Untertan sei. Unter Berufung auf das Fehderecht wehrt er sich gegen seine Verurteilung. Um sie zu verhindern, lässt er sich mit Gewalt befreien (FA 4, 359). Er schafft Recht mit Waffen und legt damit die Grundlage für das Scheitern agonaler, in diesem Falle juristischer Konflikttransformation – ein Scheitern, dessen Folgen er im fünften Akt selbst zum Opfer fallen wird. Geht es in dem Stück also um das von Justus Möser beschriebene „Faustrecht"[88] älterer Zeiten? Renate Stauf hat diese beliebte These[89] einer kritischen Prüfung unterzogen. Vor dem Hintergrund ihrer Analyse der historischen Schriften Mösers kommt sie zu dem Schluss, dass das Stück eine „Tragik eines ‚Unzeitgemäßen'" beschreibe.[90] Möser habe nie ernsthaft in Erwägung gezogen, die Sozialstruktur untergegangener Epochen wieder aufleben zu lassen, sondern habe sie als Mittel der Gegenwartskritik begriffen. Götz sei das Beispiel eines an seiner Mission scheiternden „konservativen Rebellen".[91] Die Welt, die er wieder aufleben lässt, muss laut Möser dem historischen Prozess moderner Staatenbildung zum Opfer fallen. Auch Markus Hien hält die Opposition von Faustrecht/älterem Naturrecht auf der einen und Absolutismus/neuzeitlichem Reich auf der anderen Seite im Fall

---

ein politischer Held in der kollektiven Einbildungskraft produziert werde. Götz' Tatkraft erscheint, so gesehen, ambivalent. Rocks 2020, S. 211–272. Zur Kulturgeschichte des Großen Mannes in der Literatur, auch in der der Aufklärung: Gamper 2016.

87   Ausschlaggebend für die Einschätzung des Dramas als erstes echtes Geschichtsdrama in Deutschland war Friedrich Sengles entsprechendes Diktum, siehe Sengle 1952, S. 27. Diese These hat spätestens die Studie von Niefanger 2005 korrigiert.

88   Möser bezeichnet das Faustrecht als „angebohrne[s] Recht", das „weit systematischer und vernünftiger gewesen" sei als „unser heutiges Völkerrecht". Möser 1775, S. 320–322. Er betont in derselben Passage aber, dass das Faustrecht durch ein Gesetz eingehegt gewesen und heute nicht mehr realisierbar sei. Hien 2013, S. 199 nennt sie deshalb eine „Elegie auf ein Heldentum [...], das im Zeitalter uniformer stehender Heere unwiederbringlich verloren ist." Vgl. zum Thema des Nationaldiskurses im Stück auch Dainat 2013; Martus 2005.

89   Beispielhaft Hinderer 1992a, S. 29: „Gegenüber der ‚polirten Nation' mit ihrem dogmatisierten Rechtssystem repräsentiert Götz mit seinen Fehden und seinem altertümlichen Faustrecht eine Möglichkeit menschlicher Freiheit, die das moderne System nicht mehr duldet."

90   Stauf 1991, S. 381.

91   Ebd., S. 383. Die Formulierung ist Martini 1979, S. 106 entlehnt.

des *Götz* für verkürzt. Wesentlicher sei Götz' Verklärung monarchischer Strukturen des Mittelalters und seiner „personellen Treuebeziehung zwischen Kaiser und Vasallen".[92]

Tatsächlich wird die Darstellung der Agonalität im Stück nur schwach durch
naturrechtliche Diskurse flankiert. Stattdessen deutet sich in Götz' Figurenrede eine vage Mischung aus Gewohnheitsrecht und landesväterlichem
Feudalismus an. Überhaupt bleibt seine Agenda neblig und sein politisches
Urteilsvermögen begrenzt.[93] Die Grundlage seiner politischen Haltung bildet seine Selbstdarstellung als freier und ehrbarer Ritter,[94] dessen agonale
Praktiken einem Kodex folgten. Ein Bild, in das der Lauf der Handlung freilich Risse zieht. Es wäre deshalb zu einfach, die Ästhetik des Dramas auf die
im Sturm und Drang anzutreffende Kritik harmonisierender Naturbegriffe
zurückzuführen. Sie konnte sich auf Rousseaus *Discours sur l'inégalité* und
die Isolierung des Menschen im Naturzustand berufen. Der Göttinger Mate-
rialist Michael Hißmann brachte sie 1780 in seinen *Untersuchungen über den
Stand der Natur* auf den Punkt.[95] Die natürliche Geselligkeit des Menschen
hielt er für nicht beweisbar.[96] Dominant sei der Trieb zur Selbstliebe, der aufgrund „der Ungleichheit der physischen und der moralischen Kräfte mehrerer
Menschen" zu einem „Recht[] des Stärkeren" führt.[97] Auch Goethe dachte in
den frühen 1770er Jahren in diesen Bahnen, wie seine Rezension von Sulzers
Allgemeiner Theorie der schönen Künste in den *Frankfurter gelehrten Anzeigen*
zeigt. Dass die Natur eine „zärtliche Mutter" und darauf angelegt sei, „unsre
Gemüther überhaupt zu Sanftmuth und Empfindsamkeit zu bilden" bestreitet
Goethe vehement. Der Mensch wird geformt, indem er sich der Natur widersetzt. Derjenige sei „der stärkste", dem es gelinge, „dem Uebel zu entgegnen,
es von sich zu weißen, und ihm zum Trutz den Gang seines Willens zu gehen."
Die Natur „ist Kraft, die Kraft verschlingt". Egal, ob „schön und häßlich, gut und
bös", in ihr ist „alles mit gleichem Rechte neben einander existirend."[98] Dieses moralisch neutrale Naturrecht des Stärkeren trifft aber gerade nicht den
Kern von Götz' politischem Handeln. Er ist kein Wolf im Sinne des von Hobbes

92 Hien 2013, S. 196. Der Autor rekonstruiert detailliert Goethes Ausbildung in Fragen des
    Reichsrechts (ebd., S. 186–196) und zeigt deren Parallelen zum Stück.
93 Dies zeigt ausführlich Rocks 2020, S. 211–272.
94 Vgl. Willems 1995, S. 158–165.
95 Siehe hierzu Stiening 2017, S. 36.
96 Hißmann 2013, S. 170–174.
97 Ebd., S. 194.
98 Frankfurter gelehrte Anzeigen 1772, S. 803f.

imaginierten Naturzustandes[99] und repräsentiert nicht „das politische Genie",
das sich durch gesetzliche Normen nicht „einhegen lassen" will.[100] Als Hauptmann der aufständischen Bauern ist sein erklärtes Ziel, den brutalen Zustand
der Rechtlosigkeit zu verhindern. Er glaubt, so wird es Goethe in *Dichtung und
Wahrheit* ausdrücken, „zu Zeiten der Anarchie sei der wohlwollende Kräftige
von einiger Bedeutung" (FA 14, 834). Sein Verständnis von Agonalität ist von
sozialen Codes gerahmt.

Wichtig für das Stück ist das Naturbild des Sturm und Drang allein dort,
wo es mit Leidenschaft konvergiert. In empfindsamer Perspektive sind heftige Affekte problematisch und bedürfen der Mäßigung, ihre literarische
Darstellung war umstritten. Bezeichnenderweise war es ein Disput um Rousseaus *Julie*, der den Autoren des Sturm und Drang eine Legitimation für eine
ungezügelte Darstellung der Leidenschaft bot. Moses Mendelssohn hatte
Rousseau in den *Briefen, die neueste Literatur betreffend* vorgeworfen, sich
keiner angemessenen Sprache für die Darstellung von Affekten zu bedienen.
Daraufhin verfasste Johann Georg Hamann mit den *Chimärischen Einfällen*
eine Replik, die große Aufmerksamkeit finden sollte.[101] Er bezweifelte darin
das Vermögen von Gelehrten wie Mendelssohn, ein adäquates ästhetisches
Verständnis von Leidenschaft zu entwickeln. Wo „unmittelbares Gefühl" herrsche, dürfe man es nicht mit „Regeln binden", so Hamann. „Wie wollen Sie
den erstgebornen Affect der menschlichen Seele dem Joch der Beschneidung
unterwerfen?"[102]

Die Konstruktion einer unmittelbaren, gleichsam unkastrierten dramatischen Sprache ist ein wesentliches Unternehmen des *Götz*. Der Titelheld
handelt impulsiv, ist ein erklärter „Feind von Explikationen" und redet „von
der Leber weg" (FA 4, 299). Seine Mitstreiter, ob Georg, Lerse oder Sickingen,

---

99   Es verfängt trotz der Beschreibung Götz' als Wolf (FA 4, 293, 298) nicht, das Drama wie
       Lange 2001 als ästhetische Darstellung des *Leviathan* zu lesen. Walter Hinderer verweist
       auf den Wolf als Wappentier des Götz, auf den hier angespielt werde (Hinderer 1980,
       S. 31). Überhaupt ist Langes Beschreibung der Hobbesschen Philosophie, deren wesent-
       liche Elemente „the state of nature, the social contract, and the sovereign's enforcement
       of public peace" (Lange 2001, S. 19) – viel zu allgemein, um sie von den Naturrechtslehren
       und den politischen Allegorien des 18. Jahrhunderts absetzen zu können. Vgl. hierzu auch
       Wittkowski 1987.
100   Stiening 2017, S. 36. In dieselbe Richtung zeigt bereits die Deutung Ferdinand van Ingens,
       der Götz als Individuum schildert, das gegen die rationale Staatsgewalt vergeblich
       ankämpft: „Die Aporie der Freiheit wird an den schroffen Gegensätzen evident – der auf
       dem Boden des Naturrechts stehende und im Einklang damit handelnde Götz wird nach
       den Maßstäben eines neuen Rechts angeklagt und verurteilt." Van Ingen 1986, S. 13.
101   Hamann 1762, S. 79–96.
102   Ebd., S. 93f.

tun es ihm gleich. Goethe betreibt einen großen ästhetischen Aufwand, um Götz als ehrlichen Mann des Volkes zu präsentieren und die Sympathie des Lesers auf ihn zu lenken. Dies führt zu einer zweiten wichtigen Innovation: Der Repräsentant der Agonalität erscheint plötzlich in einem helleren Licht. In den Jahrzehnten davor waren Figuren wie Cäsar, Mahomet und Ulfo negativ konnotiert, nicht nur in der klassizistischen Tragödie, sondern auch im bürgerlichen Trauerspiel (etwa in Brawes *Freygeist*) sowie in den Kaufmanns- und Spielerdramen Englands. In Lillos *London Merchant* ist es Milwood, die ihre Intrigen mit dem Naturrecht des Stärkeren begründet: „All Actions seem alike natural and indifferent to Man and Beast; who devour, or are devour'd, as they meet with others weaker or stronger than themselves."[103] Gleiches tut der Bösewicht Stukeley in Moores *The Gamester*.[104] Mit Goethes *Götz* wurde es möglich, agonales Denken und Handeln den Rezipienten schmackhaft zu machen – unter der Voraussetzung, dass die kämpfenden Protagonisten an die soziale Rahmung des Agons gebunden blieben, Werte wie Aufrichtigkeit und Ehrlichkeit vertraten und nicht intrigierten. Dass Götz' Ritterethos den allgemeinverbindlichen Maximen aufklärerischer Moral zuwiderläuft und er im Rechtsverständnis der Zeit Verbrechen begeht, fiel dann nicht mehr ins Gewicht.[105] Im Ritter Götz von Berlichingen ist die Brutalität antagonaler Naturrechtsentwürfe gemildert, um den Agon als moralische Option zu präsentieren.

Die Folge ist, dass die empfindsamen Gegenspieler zu hinterhältigen, unaufrichtigen Schwärmern werden.[106] Eben das ist die Funktion Weislingens. Zu seiner Darstellung greift Goethe in das Reservoir der Empfindsamkeitskritik.[107]

---

103 Lillo 1731, S. 53.

104 Ein Beispiel aus einer Replik Stukeleys: „Fools are the natural Prey of Knaves; Nature design'd them so, when she made Lambs for Wolves. The Laws that Fear and Policy have fram'd, Nature disclaims". Moore 1753, S. 31.

105 „Das, was Götz als rechtschaffen, edel und treu auszeichnet, ist dagegen nur im Bezugsrahmen der Ordnungs- und Wertvorstellungen des Lehnsverbands zu plausibilisieren und läuft dem zeitgenössischen Rechts- und Moralverständnis völlig zuwider." Willems 1995, S. 161. Willems betont in diesem Zusammenhang, dass Götz' Fehden nach den um 1770 geltenden Rechtsmaximen nichts anderes sind als „Unrecht, Raub und Erpressung" (ebd., S. 162).

106 Willems 1995, S. 180–204 spricht deshalb zurecht von einer „Abweisung des empfindsamen Lösungsversuchs" im Stück. Sie übersieht in ihrer Deutung aber das politische Potential der Empfindsamkeit. Weislingen und Maria sind eher typische Objekte der Schwärmerkritik als Vertreter der tatkräftigen Spielart der Empfindsamkeit.

107 Begrifflich unpräzise ist deshalb die Charakterisierung Weislingens als „verweichlichte, verzärtelte Existenz am Hofe", die im Gegensatz zu Götz einen „schwachen Ichkern" und „Minderwertigkeitsgefühle" zeige und „im Schillerschen Sinne eine sentimentalische [...] Figur" sei. Hinderer 1992a, S. 38, 51–52.

Weislingen hat, wie Elisabeth diagnostiziert, „ein weiches Herz" (FA 4, 381). Dies disponiert ihn aber nicht zur Tugend, sondern zur Unbeständigkeit. Er phantasiert sich mit Maria in eine intime und exklusive Liebesgemeinschaft, „von der Welt entfernt" will er sein, unabhängig von der „Gnade des Fürsten" und vom „Beifall der Welt" (306). Doch als sein Diener Franz ihm von der Schönheit Adelheids berichtet, ist sein Interesse schnell geweckt.[108] Der Text signalisiert, dass Weislingen dabei einer empfindsamen Idealisierung erliegt: „So fühl ich denn in dem Augenblick, was den Dichter macht", so Franz über seine Erzählung, „ein volles, ganz von einer Empfindung volles Herz." (310) Und eben weil Weislingen ein leicht zu verführender Schwärmer ist, wirft er sein Versprechen gegenüber Götz und Maria über Bord und landet wieder in der Welt des Hofes. Der dort herrschenden Sprache der Intrige ist sein empfindsames Herz, sein Hang zur Innerlichkeit nicht gewachsen, wie Liebetraut berichtet:

> Dann redete ich von Bamberg und ging sehr ins Detail, erweckte gewisse alte Ideen, und wie ich seine Einbildungskraft beschäftigt hatte, knüpfte ich würklich eine Menge Fädger wieder an, die ich zerrissen fand. [...] Wie er nun in sein Herz ging, und das zu entwickeln suchte, und viel zu sehr mit sich beschäftigt war um auf sich Acht zu geben, warf ich ihm ein Seil um den Hals, aus drei mächtigen Stricken, Weiber- Fürstengunst und Schmeichelei gedreht, und so hab ich ihn hergeschleppt. (317)

Weislingen stirbt einen unrühmlichen Tod, weil er Adelheids Täuschungen erliegt und in seinem Herz keinen moralischen Kompass findet. Sie sehe ihn, so die seiner schwächlichen Empfindsamkeit überdrüssige Adelheid, „jammernd wie einen kranken Poeten, melancholisch wie ein gesundes Mädgen, und müßiger als einen alten Junggesellen." (326)

Wohlgemerkt: Auch die Figur des Götz und seine ritterliche Agonalität werden im Stück gebrochen. Goethe zeigt, dass selbst die soziale Einhegung des Agons nicht vor antagonalen Eskalationen schützt. Und doch markiert sein Drama eine bedeutende Verschiebung hin zur positiven Gestaltung des agonalen Helden. Vorbereitet wird sie durch eine zunehmende Faszination für Verbrechensdarstellungen in der Tragödie nach 1750, die lasterhaften Figuren fungieren dort aber immer noch als *negative* Gegensätze zu den empfindsamen.[109] In den klassizistischen Tragödien erschienen agonale Figuren in

---

108   Auch wenn Weislingen das Gegenteil behauptet – „Meine sanfte Marie wird das Glück meines Lebens machen" (FA 4, 311) – deutet sich in seinen vorhergehenden Repliken reges Interesse an: „Die! Ich hab viel von ihrer Schönheit gehört. [...] Ist ihr Mann bei Hofe?" (310f.).

109   Lukas 2005, S. 197–231. Zur ästhetischen Fundierung dieser Faszination des Grauens in der Aufklärung vgl. Zelle 1987.

einem bestenfalls ambivalentem Licht (Sigestes in Mösers *Arminius*), in den bürgerlichen, auf Abschreckung zielenden Trauerspielen dagegen als eindeutig lasterhaft – man denke wiederum an Henley aus Brawes *Freygeist*. Auch Genres wie Komödien und Rührstücke boten keinen Raum für eine vergleichbare Darstellung von Agonalität. Die nach dem Siebenjährigen Krieg entstandenen Soldatendramen brachten meist aus dem Feld zurückgekehrte Veteranen auf die Bühne, die naturgemäß wenig Begeisterung für militärische Rivalität zeigten. Am ehesten ließen sich Appiani und Odoardo aus *Emilia Galotti* nennen, die Lessing als liebende und tugendhafte, zugleich auch tatkräftige Gegenspieler des Prinzen und Marinellis porträtiert. Dass sie sich von ihren Pendants Mellefont und Sampson unterscheiden, ist klar. Dennoch ist *Emilia Galotti* von den Vorstellungen, die die Stürmer und Dränger von Agonalität entwickeln, weit entfernt.

Goethe hat im Nachfolgedrama *Clavigo* die unterschiedlichen Charakterzüge Götz' und Weislingens neu verteilt. Der Titelheld ist immer noch eine eindeutig agonal disponierte Figur. Gleich bei seinem ersten Auftritt tut er seinen Ehrgeiz kund, zu den „Ersten" in Spanien gehören zu wollen. Das ist nicht selbstverständlich, handelt es sich bei Clavigo doch um einen Aufsteiger „ohne Stand, ohne Namen, ohne Vermögen" (446), der es in der Hauptstadt zum erfolgreichen Publizisten bringt und sich seine neue soziale Stellung erkämpfen musste.

> Mir ist's so wohl, wenn ich den Weg ansehe, den ich zurückgelegt habe. Geliebt von den Ersten des Königreichs, geehrt durch meine Wissenschaften, meinen Rang! Archivarius des Königs! Carlos! das spornt mich alles; ich wäre nichts, wenn ich bliebe was ich bin! Hinauf! hinauf! (446)

Man mag darin, wie viele Interpreten, die Betonung des Konfliktes von Adel und Bürgertum entdecken,[110] aber abseits dieser Perspektive bietet sich ein neuer Ausblick auf die spezifische Variation des Verhältnisses von Agonalität und Tugend, die das Drama zur Darstellung bringt. Clavigo denkt agonal, aber er ist anders als Götz unaufrichtig und unbeständig. Er gleicht, wie schon Goethe feststellte, in seiner emotionalen Sprunghaftigkeit Weislingen.[111] Wiederum wird dies auf eine empfindsame Charakterdisposition zurückgeführt. Clavigo hat, so sein Freund Carlos, einen „lebhaften empfindlichen Charakter"

---

110   Guthke 2006, S. 105 sowie Dieter Borchmeyer im Kommentar der hier verwendeten Ausgabe (FA 4, 924). Grundsätzliche Kritik an dieser Deutung hat Willems 1995, S. 259–289 geäußert.

111   Im Brief an G.F.E. v. Schönborn im Juni 1774: „[...] mein Held ein unbestimmter halb groß halb kleiner Mensch, der Pendant zum *Weislingen* im Götz" (FA 4, 910).

(472); er ist um Tränen des Selbstmitleids nicht verlegen (478). Auch er macht eine Marie unglücklich, indem er ihr zunächst seine Liebe verspricht und dann wieder entzieht. Dies geschieht aus agonaler Motivation. Schon vor Einsatz der Handlung ließ er Marie, die „arm, ohne Stand" ist (476), in dem Moment sitzen, als ihm das königliche Amt und damit der gesellschaftliche Aufstieg sicher war: „Ich fürchtete, all meine Plane, all meine Aussichten auf ein ruhmvolles Leben durch diese Heurat zu Grunde zu richten." (460) Er willigt ein zweites Mal in ein Eheversprechen, in der Absicht, nun allen „Stolz" fahren zu lassen (465) und zur „Tugend" zurückzukehren (470). Jedoch gelingt es Carlos im vierten Akt, Clavigo umzustimmen. Er erinnert ihn an seinen Plan, vom Archivar zum Minister aufzusteigen und verdeutlicht ihm, wie nachteilig die Heirat mit Marie hierfür wäre. Da Clavigo aus dem Nichts komme, müsse er reich werden und eine gute Partie machen (474f.). Stattdessen drohe ihm nun der soziale Niedergang, ja die öffentliche Schmach. Clavigo beschließt ein zweites Mal, Marie zu verlassen.

Carlos nimmt den Platz des Intriganten ein, der Clavigo auf den falschen Weg führt. Im bürgerlichen Trauerspiel ist diese Konstellation aus Brawes *Freygeist* bekannt, mit dessen Negativfigur Henley teilt Carlos auch die libertäre Haltung, in seinem Fall gegenüber Frauen (446). In Goethes *Clavigo* zeigt sich abermals, dass der Figurentypus des „vicious rake" der *restoration comedy* einen prominenten Platz im bürgerlichen Trauerspiel gefunden hat. Carlos vertritt dementsprechend das naturrechtliche Primat des Selbsterhaltungstriebes: „Man soll sich für niemand interessieren als für sich selbst, die Menschen sind nicht wert" (474). Die Idee des genialischen Kraftkerls, die Carlos propagiert, wird jedoch durch seine Handlungen konterkariert. Obwohl er und Clavigo sozialen Aufstieg über alles stellen, scheuen sie die direkte Auseinandersetzung. Ein Duell wollen sie vermeiden, sein Gegenspieler, so Carlos, verdiene nicht, „daß wir ihn für unsres gleichen achten" (481). Eben diesem Gegenspieler, Beaumarchais, scheint in dieser Konstellation die Rolle des Tugendhaften und Aufrichtigen zuzukommen, der für die Ehre seiner Schwester eintritt. Zugleich aber zeigt sich Beaumarchais leidenschaftlich und kämpferisch. Als er vom zweiten Eidbruch Clavigos erfährt, will er ihn „erwürgen", ihn „meuchelmörderisch aus dem Wege" räumen. „Bin ich ein rasendes Tier geworden!" (487) Obwohl es ihm zu Beginn des Stücks gelingt, sich zu „Klugheit" und „Mäßigung" zu zwingen (452) und seine Affekte in eine „unparteiische Erzählung" (451) zu überführen, lässt er schnell durchblicken, dass er ein Duell mit seinem Gegenspieler nicht fürchtet (459). Auch Clavigo denkt daran, Beaumarchais zu ermorden, schreckt aber davor zurück (460).

Das tragische Ende erfolgt in diesem Stück aufgrund der Intensität der agonalen Spannung. Trotz der Bitten seiner Schwester Sophie findet Beaumarchais nicht mehr zur Mäßigung. Als er während des Trauerzuges der Schlussszene die Stimme Clavigos vernimmt, spürt er „glühende Wut", zieht wie „wild" den Degen und ersticht Clavigo im Kampf (491). Er lässt keinen Zweifel aufkommen, dass ihn „Rache" am Niedergang und Tod seiner Schwester zum Mord getrieben hat (492). Damit rückt eben jener antagonale Affekt ins Zentrum des bürgerlichen Trauerspiels, der mit dem Aufkommen des Genres Mitte der 1750er Jahre als moralisches Problem sichtbar wurde und es bis in die 70er Jahre blieb. Das Drama führt die Gemeinschaft zurück in einen Naturzustand, in der die Menschen einander wie wilde Tiere gegenübertreten. Die gewaltsame Beseitigung des Rivalen oder der Rivalin, auf die die Rachephantasien der Figuren hinauslaufen – Marwood, Orsina, Odoardo und Beaumarchais sind hier nur die bekanntesten Beispiele – ist der neuralgische Punkt der dramaturgischen Anlage. Der antagonale Ausbruch von Gewalt muss aus aufklärerischer Perspektive verhindert werden, ein Vorhaben, dessen Scheitern den Trauerspielen gattungsgemäß eingeschrieben ist.

Das Besondere an der im Clavigo inszenierten Variante dieser Konstellation ist die Abwesenheit der tugendempfindsamen Position. Mag das für ein Ritterschauspiel wie den Götz verständlich sein, ist es für ein bürgerliches Trauerspiel[112] ungewöhnlich. Obwohl Goethe relativ viele Nebenfiguren einführt, gibt es keine unter ihnen, die diese Position einnehmen würde. Gleiches gilt für die Hauptfiguren. Dass mit Clavigo der Herausgeber einer moralischen Wochenschrift[113] als passiver Schwärmer porträtiert wird, ist eine perfide Pointe.[114] Carlos erscheint als intellektueller Intrigant,[115] der den unentschlossenen Clavigo zu jenen Taten drängt, vor denen er selbst zurückscheut. Einzig Beaumarchais ist tatkräftig und aufrichtig, zugleich aber von Rache getrieben. Es gibt keine Figur, die einen verbindlichen Maßstab für ein tugendhaftes und friedliches Zusammenleben auch nur formulieren würde. Die Abschreckungsästhetik, der die meisten bürgerlichen Trauerspiele folgen,[116] mag auch im Clavigo noch aktiv sein, aber es gibt, außer der verpönten Aussicht auf ein „Glück in einem stillen bürgerlichen Leben, in den ruhigen häuslichen Freuden" (FA 4, 479), keine Kontrastfolie mehr, die universale Menschlichkeit

---

112 Zum *Clavigo* als bürgerlichem Trauerspiel vgl. Strohschneider-Kohrs 1973; Valk 2012, S. 144; Guthke 2006, S. 104f.; Mönch 1993, S. 158–166. Letztere zeigt besonders viele Ähnlichkeiten zum Genre und geht damit über die üblichen Argumente der bürgerlichen Standeszugehörigkeit der Protagonisten, der häuslichen Szenerie und des Prosastils hinaus.

113 Hierzu Valk 2012, S. 150–152.

114 Die Passivität und Unentschlossenheit Clavigos beschreibt Durzak 2007.

115 Alt 2008, S. 58–60.

116 Mönch 1993.

zumindest denkbar erscheinen lässt. Die überraschende Wendung der Schlussszene, in der Clavigo Carlos auffordert, seinen Mörder Beaumarchais vor der
spanischen Justiz zu retten, ja in der die Geschwister Maries Clavigo vergeben
und sogar die Hand reichen (492), ist nicht aus der Handlung heraus motiviert.
Sie ist der abschließende Beleg der emotionalen Unbeständigkeit der Figuren
und deshalb kein empfindsames Tableau[117] in der Diderotschen Tradition des
Rührstücks. Goethe machte bei der von ihm initiierten Intensivierung von
Agonalität auch vor dem bürgerlichen Trauerspiel nicht halt.

Die Wirkung dieser agonalen Ästhetik auf den Sturm und Drang zeigt sich
in einem Motiv, das nicht wenigen seiner Werke Form verleiht: dem Bruderkampf. Während sie sich an ihre gemeinsame Kindheit und Jugend erinnern,
nennt Götz Weislingen seinen „Zwillingsbruder" (FA 4, 297). Ihr Konflikt ist es,
der das Drama von Anfang bis Ende bestimmt. Bereits Gerstenberg zeigt im
Ugolino (1768), den Kampf zwischen Brüdern um die Anerkennung der Eltern
und um das nackte Überleben.[118] Goethe und andere folgten: Klinger in *Otto*
(1775), den *Zwillingen* (1776), *Stilpo* (1780), Leisewitz im *Julius von Tarent* (1776),
Lenz im Fragment *Der tugendhafte Taugenichts* (1775–76).[119] Die Darstellung
verfeindeter Brüder ist allerdings kein Alleinstellungsmerkmal des Sturm und
Drang. Dreißig Jahre bevor Götz und Weislingen, Guelfo und Ferdinando in
Streit geraten, erscheint mit Krügers *Vitichab und Dankwart* (1746) eine klassizistische Tragödie, die den Brudermord ins Zentrum rückt.[120] Anders als in

---

117   Ein solches sieht Dieter Borchmeyer am Werk: „Freilich siegt im Finale die bürgerlich-
      familiäre ‚Tugend'. *Clavigo* endet mit dem typischen Schlußtableau des empfindsamen
      Trauerspieltypus" (FA 4, 925).

118   Im 1. Akt wird deutlich, dass Anselmo dem Erstgeborenen Francesco seine Position in
      der Familie neidet und fürchtet, dieser könne durch eine geglückte Flucht aus dem Turm
      zum Helden werden. Gerstenberg 1768, S. 13. Im 4. Akt versucht Anselmo dann den jün-
      geren Bruder Gaddo im Wahn zu erwürgen, was nur durch das Einschreiten Francescos
      verhindert werden kann (ebd., S. 48f.). Jedoch bleibt es lediglich bei der Andeutung von
      Agonalität und Antagonalität; immer wieder beschwören die Brüder ihre gegenseitige
      Liebe und Zuneigung.

119   Die Forschung hat seit langem auf die Virulenz dieses Motivs im Drama des Sturm und
      Drang hingewiesen. Wegweisend waren Mann 1974, S. 36–41 sowie der Aufsatz von Mar-
      tini 1979, S. 129–186, der in seiner Analyse des *Julius von Tarent*, der *Zwillinge* und *Räu-
      ber* die Einfügung des Bruderkampfes in die psychologische und soziale Dynamik der
      Familie des 18. Jahrhunderts hervorhebt. Mit Otto Rank deutet er den Brudermord als
      einen verschobenen Vatermord. Vgl. zum Thema auch Schonlau 2017, S. 282–297; Kel-
      ler 2010, S. 105–122; Jürgensen/ Irsigler 2010, S. 94–105; Han 1995 sowie Wenzel 1993. Auf
      die Brüderkonstellation Götz-Weislingen spielen mehrere Studien an, ohne das Thema
      genauer auszuführen, z.B. Rocks 2020, S. 238; Schonlau 2017, S. 258–260; Willems 1995,
      S. 238f.

120   Krüger 1746.

den Dramen der Stürmer und Dränger werden hier die Verwandtschaftsver-
hältnisse zwischen den Protagonisten erst am Schluss aufgedeckt. Der aus
Unwissenheit erfolgte Mord am Bruder dient dazu, den Moment der Anagnorisis zu historisieren: Dankwart erkennt erst am Ende, dass es sein Bruder
war, den er getötet hat und sich damit ein alter Orakelspruch erfüllt. Zugleich
erscheint das gewaltsame Ende des Konflikts als Folge mangelnder Disposition
zu Nachsicht und Menschlichkeit.[121] Krügers Tragödie ist in ihrer Dramaturgie
und Ästhetik von den Werken Goethes, Klingers und Leisewitz' weit entfernt.
Dennoch zeigt sie, dass der Brudermord aus tugendempfindsamer Perspektive ein großes Problem war. Die natürliche Liebe zu den eigenen Verwandten,
zu seinem Fleisch und Blut, war schließlich ein wesentlicher Baustein in der
Argumentation des an Moral Sense und Menschenliebe ausgerichteten Naturrechts.[122] Gerade deshalb ließ sich mit der Darstellung des Bruderkampfes die
dramatische Spannung intensivieren. Vor dem Sturm und Drang war es Christian Felix Weiße, der das in seinem Tantaliden-Drama *Atreus und Thyest* (1766)
unter Beweis stellte.[123] Er hielt sich dabei aber noch an die Idee Krügers, den
Mord in der Familie an die unbewusste Erfüllung eines Orakelspruches zu
knüpfen und als Folge mangelnder Orientierung an empfindsamen Moralvorstellungen darzustellen.

   Goethe, Klinger und Leisewitz ändern diese Konstellation grundlegend. Der
Konflikt wird nun im vollen Bewusstsein davon ausgetragen, dass der Feind
der eigene Bruder ist. Der Vater ist wie bei Krüger und Weiße in den Konflikt
involviert,[124] leidet unter ihm aber mehr, als dass er ihn fördert. Er erscheint
im Angesicht des Hasses, der zwischen seinen Söhnen herrscht, machtlos. Die
zweite Innovation betrifft das Verhältnis von Agonalität und Empfindsamkeit. Es geht nicht mehr um einen agonalen Konflikt, der wegen mangelnder empfindsamer Disposition der Figuren in Gewalt umschlägt. Stattdessen
verkörpern sich in den Brüdern Agonalität und Empfindsamkeit als wider-
streitende Prinzipien. Damit wird Schlegels Idee, beide Pole in Ulfo und Canut
zu personifizieren, auf überraschende Weise aktualisiert und radikalisiert.[125]
Der Repräsentant der Agonalität – Götz, Guelfo, Guido – geriert sich als Tat-
mensch, formuliert in seinen Repliken ein politisches Programm des Kampfes,

---

121   Lukas 2005, S. 118–125.

122   Das deutet bereits an: Martini 1979, S. 133.

123   Weiße 1766, S. 1–110.

124   In *Götz von Berlichingen* nimmt der Kaiser diese Rolle ein.

125   Der Kampf zwischen agonalem und empfindsamem Bruder findet sich auch in Richard
      Cumberlands Komödie *The Brothers* aus dem Jahr 1769. Iffland bietet in den *Mündeln*
      (1785) ebenfalls eine friedliche Lösung des Bruderkampfes, genauso Kotzebue 1798 in *Die
      Versöhnung oder Bruderzwist*.

das von naturrechtlichen Diskursen begleitet sein kann. Die Vertreter der Empfindsamkeit erscheinen dagegen als zögerlicher und sanftmütiger Gegenpol, zeigen aber wie Weislingen und Ferdinando, die Karriere am Hof machen, Ehrgeiz. Ihre Gefühle neigen zur Unbeständigkeit, die Julius bereits bei seinem ersten Auftritt eindrücklich beklagt: „Immer ward ich von einem Ende der menschlichen Natur zum andern gewirbelt, oft durch einen Sprung von entgegengesezter Empfindung zu entgegengesezter, oft durch alle, die zwischen ihnen liegen, geschleift."[126] Gemäß der Empfindsamkeitskritik, die der Sturm und Drang in seine Dramen integriert, neigen sie zur Schwärmerei und Melancholie. Besonders deutlich wird dies in der Figur des Grimaldi, die Gert Mattenklott als Guelfos Zwillingsbruder im Geiste gedeutet hat.[127] Natürlich variiert jedes Drama diese Konstellation – Leisewitz und Klinger motivieren den Bruderkampf nicht nur durch die Rivalität um politische Macht, sondern auch durch ihre Liebe zu der gleichen Frau[128] – es soll an dieser Stelle aber der Hinweis auf die verbindenden Strukturelemente genügen.

Mit Blick auf das Unternehmen des Sturm und Drang, Agonalität zu intensivieren, erscheint die Häufung von Bruderkämpfen naheliegend. Das biblische Vorbild von Kain und Abel ist ein agonaler Urtext, auf den zurückgegriffen werden kann.[129] Seit Augustinus' *De Civitate Dei* ist er auch als politischer Gründungsmythos lesbar. Die Geschichte des Menschen beginnt für den Kirchenvater mit dem Brudermord.[130] Mit Romulus und Remus wiederholt sich dieses Muster am sagenhaften Beginn der Stadt Rom. Auch die Stürmer und Dränger begreifen den Bruderkampf als konstitutives Element der politischen Gemeinschaft. Mit seiner Hilfe lösen sie die Empfindsamkeit aus ihrer Funktion als moralisch übergeordnete Herrschaftsinstanz und ziehen sie in die Niederungen des Parteienstreits. Die empfindsamen Figuren stehen nun im Kampf um soziale Teilhabe und politische Macht den agonalen Figuren unvermittelt gegenüber. Die integrative Wirkung politischer Empfindsamkeit ist verbraucht. Exemplarisch zeigt sich dies in dem Widerstand Guelfos gegen die wohlwollenden Versuche seiner Familie, ihn wieder zu einem Teil ihrer Gemeinschaft zu machen. Hinter der Zuneigung seines Bruders vermutet er

---

126   Leisewitz 1776, S. 6.
127   Mattenklott 1968, S. 59–85.
128   Weiße arbeitete bereits Anfang der 1770er Jahre an einem bürgerlichen Trauerspiel, in dessen Zentrum der tödliche Kampf zweier Brüder um eine Frau steht. Es erschien aber erst 1780 unter dem Titel *Die Flucht*. Weiße 1780, S. 1–120.
129   Martini 1979, S. 131 verweist auf die Kain-und-Abel-Dichtungen der Jahrhundertmitte (z.B. Klopstock) als mögliche Prätexte. Ausführlich hierzu aktuell Schonlau 2017, S. 209–222.
130   Ottmann 2004, S. 32.

Manipulation und Intrigen.[131] Als die Mutter an seine Gefühle appelliert, ihn mit „Kosen und Streicheln" in die Familie zurückholen will, gibt Guelfo zurück: „Sie irren sich. Meine Lippen sind nicht sanft, meine Stimme klingt nicht süß, ich bin nicht weise, bin der rauhe Ritter Guelfo."[132]

4.4 Empfindsamkeit im Kampf: Von Schröders *Hamlet* bis Schillers *Räuber*

Dass sich die von den Dramen des Sturm und Drang inszenierte Intensivierung von Agonalität auch mit Anbruch der neuen Dekade nicht erledigt hatte, zeigt ein Blick in das 1782 erschienene Ritterschauspiel *Otto von Wittelsbach, Pfalzgraf in Bayern*. Das Stück aus der Feder des ehemaligen Mannheimer Theatersekretärs Joseph Marius von Babo[133] ist im Kontext anderer bayrischer Patriotendramen wie Joseph August von Törrings *Agnes Bernauerin* (1780) und *Kaspar Der Thöringer* (1785) zu verorten. Es knüpft direkt an die Charaktere und Handlungsmuster des *Götz von Berlichingen* an. Im Zentrum steht der aus dem Mittelalter überlieferte Konflikt zwischen dem Wittelsbacher Pfalzgrafen Otto und Kaiser Philipp. Letzterer verdankt Ottos militärischer Stärke seine Macht, bricht jedoch aus politischem Kalkül sein Versprechen, ihm seine Tochter zur Frau zu geben. Wie bei Goethe steht ein gebrochenes Heiratsversprechen im Zentrum des Streits, wie Götz erscheint Otto als aufrichtiger und charismatischer Volksheld, dessen derbe Art und Kämpfernatur an höfischen Intrigen und der staatlichen Ordnung zerschellt. Die am „Brauch" orientierte Rechtsvorstellung Ottos kollidiert mit den Reichsgesetzen.[134]

Erstaunlich ist jedoch, dass Babo die gewaltsame Austragung des Konfliktes weiter treibt als Goethe. Während des Ritterturniers in Bamberg, das Otto gewinnt, kommt es zur unmittelbaren Konfrontation mit dem Kaiser.[135] Das Wortgefecht zwischen den Männern eskaliert; Otto wirft dem Kaiser vor,

---

131   Klinger [1776] 1997, S. 104, 128.
132   Ebd., S. 40. Es geht dennoch zu weit, den Konflikt zwischen Guelfo und seiner empfindsamen Familie als Beleg für ein mangelndes gesellschaftskritisches Interesse des Dramas zu werten. Dies tut Sørensen 1984, S. 125–130, der seine Deutung damit derjenigen von Martini 1979, S. 233f. entgegensetzt. Das Stück handle nur an der Oberfläche vom Kampf um das Erstgeburtsrecht respektive die politische Herrschaft. Da es Guelfo um die Zuneigung der Eltern gehe, bleibe „die soziale Umwelt [...] ausgeschaltet". Sørensen 1984, S. 129.
133   Zur Biographie Babos vgl. Roidner 2007, S. 31–35.
134   Babo 1782, S. 14.
135   Siehe das ausführliche Zitat am Eingang von Kap. 1.

„Schandthaten" zu begehen, dieser nennt Otto einen „Schänder der Majestät".[136] Als Philipp ins Nebenzimmer flieht, stürmt Otto hinterher und kommt kurz darauf mit blutigem Schwert zurück. Er hat den Kaiser ermordet.[137]

Das Drama löste in München einen Skandal aus. Es wurde nach wenigen Aufführungen von der Bühne verbannt, fand aber seinen Weg schnell in andere Städte des Reiches. *Otto von Wittelsbach* ist eines der großen Erfolgsstücke der späten Aufklärung, gespielt wurde es bis weit in die Mitte des 19. Jahrhunderts. Die Forschung verortet es immer noch im Konfliktfeld von aufkommendem Nationalismus und höfischer Zensurpraxis.[138] Das Schauspiel belegt aber noch etwas anderes: Die Darstellung von Agonalität hatte zu Beginn der 1780er Jahre ihre Strahlkraft nicht eingebüßt. Und nicht nur das: Der von Goethe so eindrücklich in Szene gesetzte Umschlag ins Antagonale konnte nun sogar zur Eliminierung des Souveräns führen. Davon zeugen neben *Otto von Wittelsbach* zwei in den 1770er und 80er Jahren ungemein erfolgreiche Bearbeitungen englischer Vorlagen, Friedrich Ludwig Schröders *Hamlet* und Johann Gottfried Dyks *Graf von Eßex* nach der Vorlage von John Banks. Bei Schröders Adaption Shakespeares handelt es sich um eines der erfolgreichsten deutschsprachigen Stücke des letzten Viertels des 18. Jahrhunderts.[139] Es wurde erstmals im September 1776 in Hamburg aufgeführt. Ein Jahr später erschien es anonymisiert, zwei Jahre später wurde es, mit einigen Änderungen, im dritten Band von Schröders *Hamburgischem Theater* publiziert. Dazu trugen die Darstellungen Schröders als Geist, bzw. Brockmanns als Hamlet wesentlich bei. Der zeitgenössischen Rezeption folgend, hat die Forschung die Aufführungen dieses *Hamlet* als Musterbeispiel des neuen, illusionsbildend und ,natürlichen

---

136   Babo 1782, S. 146.

137   Ebd., S. 147.

138   Höyng 2003, S. 177–186; Wimmer 1999; Konrad 1995, S. 68–77. Zum Verhältnis von Patriotismus und Reichsdiskurs in *Otto von Wittelsbach* und *Kaspar der Thoringer* vgl. Hien 2013, S. 211–219. Allgemein zum Ritterdrama des 18. Jahrhunderts Wood 2018; Heitz 2006; Krause 1982, S. 194–224; Ludwig 1925; Brahm [1880] 2010.

139   Dies belegt ein Blick in die Online-Datenbanken der Hamburger, Weimarer und Berliner Theaterzettelsammlungen. In Hamburg gelangte das Stück seit der Uraufführung bis 1805 insgesamt 95 Mal auf den Spielplan und war damit eines der am meisten gespielten. In Weimar war Schröders *Hamlet* erstmals am 30. April 1785 im Hoftheater zu sehen und erlebte 16 Aufführungen bis 1801. Auch Iffland brachte das Stück während seiner Intendanz am Berliner Nationaltheater regelmäßig auf die Bühne, insgesamt 12 Mal von 1797 bis 1812. Aufgrund der Strahlkraft dieser drei wichtigen Bühnen und Schröders Wirken in Mannheim und Wien ist davon auszugehen, dass die tatsächliche Aufführungszahl im Alten Reich um ein Vielfaches höher liegt. Vgl. stadttheater.uni-hamburg.de; theaterzettel-weimar.de; berlinerklassik.bbaw.de/BK/theater.

Schauspielstils' in der Nachfolge Garricks gedeutet.[140] Zugleich gilt er als Beleg für die Nähe des jungen Theaterdirektors Schröder zu den Anhängern des Sturm und Drang. Zwar war er nicht Teil der Gruppierung, aber er zog in den 1770er Jahren Shakespeare der französischen Klassik vor und forderte, etwa in seinem Prolog zur Erstaufführung der *Emilia Galotti*, die Produktion deutscher Originaldramen nach englischem Vorbild.[141] Schröder inszenierte *Götz von Berlichingen* und *Clavigo*. Texte wie *Die Zwillinge* und *Julius von Tarent* wären ohne seine Förderung nicht entstanden, da sie auf ein von ihm und seiner Mutter Dorothea Ackermann ausgelobtes Preisausschreiben zurückgingen.

Wie ist nun aber Schröders *Hamlet* im Hinblick auf die Darstellung des Politischen zu bewerten? Blickt man auf das Stück im Kontext der hier diskutierten Ästhetik der Agonalität, ergeben sich, zunächst einmal wenig überraschend, zahlreiche Parallelen zu den Dramen des Sturm und Drang. Schröders Bearbeitung nimmt am Projekt der Intensivierung von Agonalität teil. Hamlet ist mit seiner kräftigen, oft derben Sprache, seinem Hang zur unmittelbaren Konfrontation der Autoritäten, seinem angedeuteten Wahnsinn ein typischer ‚ganzer Kerl'. Gegenüber Ophelia beschreibt er sich als „sehr stolz, rachgierig, ehrsüchtig, zu mehr Sünden aufgelegt, als ich Gedanken habe, sie zu erzählen".[142] Mit seinem Schwur, den Mord an seinem Vater zu rächen, verschreibt er sich zugleich einem antagonalen Unternehmen: der Eliminierung des Souveräns. Schon früh wird darauf angespielt, dass Hamlet den Gedanken hegen könnte, dessen Stelle einzunehmen. Güldenstern unterstellt ihm den „Ehrgeiz", ein „König" werden zu wollen, Dänemark sei „zu enge für Euren Geist."[143] In seinem Monolog über „Seyn, oder nicht seyn" denkt Hamlet darüber nach, ob der, „der sich wider alle die Heere des Elendes rüstet, und widerstrebend es endigt" nicht „edler" sei als ein anderer, „der Wurf und Pfeil des angreifenden Schicksals duldet?"[144] Es sei das Gewissen und die Erwartung

---

140 Auf Seiten der zeitgenössischen Rezeption ist hier in erster Linie Johann Friedrich Schinks *Ueber Brockmanns Hamlet* aus dem Jahr 1778 zu nennen. Vgl. hierzu Malchow 2022, S. 299–308. Zum *Hamlet* als Beispiel des ‚natürlichen Schauspielstils' siehe ebd., S. 284–333 sowie Häublein 2005, S. 56–93. Mit der Implementierung dieses Stils in Schröders Hamburgischen Theatergesetzen setzt sich Malchow 2017 auseinander. Eine wichtige Differenzierung der These vom ‚natürlichen Schauspielstil' hat Martin Schäfer anhand seiner Analyse von Schröders Darstellung des König Lear vorgenommen. In ihr ergebe sich „eine Theatersituation, die nicht in der Illusion von ‚Natur und Wahrheit' aufgeht, sondern in der die Gemachtheit von ‚Natur und Wahrheit' allen Beteiligten stets bewusst ist." Schäfer 2017, S. 156.

141 Häublein 2005, S. 57–59, 68–69.

142 Schröder 1777, S. 61.

143 Ebd., S. 49.

144 Ebd., S. 58.

eines Lebens nach dem Tod, die verhinderten, dass der Mensch sich gegen „die Bosheit des Unterdrückers, die Verachtung des Stolzen" auflehne.

> So macht uns das Gewissen zu Feigen, so schwindet die frische Farbe des Ent-
> schlusses unter dem blassen Scheine des Nachdenkens; und Unternehmungen,
> die groß und ehrenvoll sind, wenden ihren Strom abwärts, und hören auf, wirk-
> sam zu seyn.[145]

Seine Gegenspieler, der König und die Königin, versuchen zu Beginn, Hamlet wieder in die Familie zu integrieren. Wie die Eltern Guelfos greifen sie hier- für zur Sprache der Empfindsamkeit. Vor seinem Hofstaat betont der König die Liebe zu seinem verstorbenen Bruder, spricht von „Herzen in Trauer", dem „allgemeinen Schmerz". Obwohl die Hochzeit mit der Königin ihn mit Freude erfülle, fließe ein Auge „von Thränen über".[146] Hamlet sei sein „geliebter Sohn", er wolle ihm „der zärtlichste Vater" sein. Die Königin fleht Hamlet an: „Laß deine Mutter keine Fehlbitte thun, Hamlet! ich bitte dich, bleibe bey uns."[147] Auf- fällig ist jedoch, dass sich Hamlets Gegner zugleich eines didaktischen Tonfalls bedienen, der sie auf den ersten Blick als Vertreter der abwägenden Vernunft ausweist. Laertes setzt seiner Schwester Ophelia in einem langen Monolog die Schwierigkeiten ihrer Liaison mit Hamlet auseinander; in der folgenden Szene wird er selbst von seinem Vater Oldenholm[148] im gleichen Tonfall ermahnt, auf seiner Reise nach Frankreich Vorsicht walten zu lassen.[149] Auch der König und die Königin belehren Hamlet zu Beginn des Stückes, dass er den Tod sei- nes Vaters akzeptieren und sich in die neue Herrschaftsordnung fügen müsse. Es sei, so der König, „ein Zeichen eines ungeduldigen feigen Gemüths, oder eines schwachen und ungebildeten Verstandes", zu lange um den Vater zu

---

145   Ebd., S. 58f.

146   Ebd., S. 10.

147   Ebd., S. 11–13.

148   Bei Shakespeare die Figur des Polonius. Oldenholms scheinbar vernünftige Aus-
       führungen werden in der Fassung von 1778 ins Groteske gesteigert und lassen ihn als jene
       lächerliche Figur des Pedanten erscheinen, die aus der Komödie der Aufklärung bekannt
       ist. Besonders deutlich wird dies in folgender Replik des Oldenholm, in der er Hamlets
       Wahnsinn erklären will: „Daß er toll ist – das ist wahr; daß es wahr ist – ist zu bedauern;
       und zu bedauern ist es, daß es wahr ist. – Eine drolligte Figur! aber ich will keine künst-
       liche Umschweife brauchen. Laßt uns also annehmen, daß er toll ist, – nun ist übrig, daß
       wir die Ursache dieses Effekts, oder, richtiger zu reden, dieses Defekts ausfindig machen;
       denn dieser defekte Effekt hat seine Ursache, und diese ist – ich habe eine Tochter".
       Schröder 1778, S. 38.

149   Schröder 1777, S. 21–25.

trauern.[150] Die Mutter bittet Hamlet, er solle „diese nächtliche Farbe" ablegen, es sei „das allgemeine Schicksal, alle, welche leben, müssen sterben."[151]

Wie in Klingers *Zwillingen* (1776), wo Guelfo sich der Aufnahme in die empfindsame Familie verweigert, scheitert auch hier die Integration des widerständigen, agonalen Elementes. Hamlet und der Geist seines Vaters fügen sich nicht in die Redeordnung der vernunftbetonten Aufklärung. Ihr Rachewunsch folgt der Affektrhetorik des Sturm und Drang. Jedoch – und das ist gegenüber den Dramen Goethes und Klingers eine entscheidende Änderung – folgt Hamlet einem Plan. Sein Verhalten ist Verstellung. Er vollführt jene Verschränkung von „method" und „madness", die bereits bei Shakespeare angelegt ist. Nachdem der Geist seines Vaters ihm von dem Verbrechen seines Onkels erzählt hat, teilt Hamlet seinen Mitstreitern mit, dass er sich nun „seltsam und widersinnich" verhalten werde.[152] Immer wieder zeigt er sich fähig, in die didaktische Tonlage zu wechseln. So im Gespräch mit seinem Freund Gustav[153] und sogar mit seiner Mutter, deren Heirat mit dem Bruder ihres Mannes er als Mangel an Vernunft und Übermaß von Sinnlichkeit deutet.[154] Vor dem Auftritt der Schauspieler schärft Hamlet ihnen die Grundsätze des natürlichen Schauspielstils ein, die seiner eigenen Rhetorik offenkundig zuwiderlaufen:

> Denn alles Uebertriebene ist gegen den Endzweck der Schauspielerkunst, der nichts anders ist, als der Natur gleichsam einen Spiegel vorzuhalten, der Tugend ihre eigene wahre Gestalt zu zeigen [...]. Wird hierin etwas übertrieben, oder auch zu matt und unter dem wahren Leben gemacht, so kann es zwar die Unverständigen zum Lachen reizen, aber Vernünftigen wird es desto anstößiger seyn, und das Urtheil von diesen soll in euern Augen allemal ein ganzes Haus voll von jenen überwiegen.[155]

Hamlet selbst gibt also einen deutlichen Hinweis darauf, dass sein exaltiertes Verhalten und seine Tendenz, immer wieder in die Kraftsprache des Sturm und Drang zu verfallen, nicht der auf Mitte, Maß und Tugend gerichteten Theaterästhetik Schröders entsprechen. Dennoch erscheint der Protagonist nicht zwangsläufig als unmoralisch, da er beharrlich auf den Brudermord des Onkels, den Verrat seiner Mutter und die Unrechtmäßigkeit ihrer Herrschaft verweist.

---

150 Ebd., S. 13.
151 Ebd., S. 12.
152 Ebd., S. 39.
153 Ebd., S. 70f.
154 Ebd., S. 88f.
155 Ebd., S. 68.

Dass diese ambivalente Anlage des Stückes einen Clou bereithält, wird am Schluss deutlich. Laertes will sich wegen der Ermordung seines Vaters und des Todes seiner wahnsinnig gewordenen Schwester an Hamlet rächen. Dennoch fallen sie nicht wie bei Shakespeare im Duell, sondern versöhnen sich.[156] Dies wird durch den König selbst vorbereitet, der Hamlet und Laertes zur Beilegung des Streits zusammenruft. Beide zeigen sich einsichtig; der Streit scheint nach Maßgabe der aufgeklärten Vernunft lösbar. Hamlet schreibt seine im Affekt verübte Rache seinem Wahnsinn zu:

> Was ich gethan habe, daß in Euch Natur, Ehre und Rache gegen mich aufreitzen möchte, hat, ich erklär es hier öffentlich, meine Raserey gethan. Es war nicht Hamlet, der Euch beleidigte – Hamlet war nicht er selbst, da er es that, er verabscheut die That seiner Raserey.[157]

Laertes wiederum erklärt sich bereit, den Tod seines Vaters nicht selbst zu rächen, sondern das Urteil eines Gerichts abzuwarten:

> Ich bin befriedigt, in sofern ich Sohn und Bruder bin: Namen, die in diesem Fall mich am meisten zur Rache auffordern; aber als ein Edelmann kann und will ich keine Versöhnung eingehen, bis ich von einigen ältern und bewährten Richtern dessen, was die Ehre fordert, die Versicherung erhalten habe, daß ich es, ohne meinen Namen zu entehren, thun könne. Inzwischen nehme ich, bis dahin, eure angebotene Freundschaft als Freundschaft an, und will sie nicht misbrauchen.[158]

Jedoch zerstört die Persistenz des antagonalen Konflikts die Grundlage der vernünftigen Konfliktbeilegung. Der König will seinen Neffen vergiften, der in Wahrheit immer noch auf Rache sinnende Laertes weiß davon. Auch Hamlet selbst lässt nicht von seinem Racheplan ab, wie er Gustav kurz zuvor gesteht.[159] Der latente Konflikt schlägt abrupt in Gewalt um, als die Königin versehentlich den für Hamlet vorgesehenen Giftbecher trinkt. Dieser erkennt sofort die Mordabsicht seines Onkels und ersticht ihn. Die anderen ziehen ihre Degen, doch als die sterbende Königin gesteht, dass sie und der König Hamlets Vater ermordet haben, bewertet Laertes die Taten Hamlets plötzlich als „gerecht", bezeichnet sich selbst als „verblendet" und verzeiht seinem Rivalen. Dieser erscheint nun als natürlicher Thronfolger und „königlicher Herr".[160]

---

156   Dies geht zurück auf die Wiener Fassung Heufelds, die Schröder 1776 kennenlernte. Vgl. zu den aufeinander aufbauenden Fassungen Heufelds und Schröders Hochholdinger-Reiterer 2014.

157   Schröder 1777, S. 126.

158   Ebd., S. 126.

159   Ebd., S. 123.

160   Ebd., S. 128.

Schröders Bearbeitung des *Hamlet* ist eines der ungewöhnlichsten Dramen der deutschen Aufklärung. Der Text bedient sich der Shakespeare-Begeisterung des Sturm und Drangs und kombiniert sie mit den Diskursen der Aufklärung. Er stellt Agonalität aus, funktionalisiert sie und hüllt sie zugleich in den Schleier des Scheins. Die moralische Bewertung des Titelhelden ist verzwickt. Seine Affekte, die auf die Beseitigung des Souveräns zielen, erscheinen als Mittel zum Zweck. Hamlet übt Rache an einem Brudermörder und schafft damit eine durch einen antagonalen Akt unrechtmäßig erworbene Herrschaft aus der Welt. Die gewaltsame Lösung des Konflikts erscheint als Kompensation. Zuvor hat Hamlet im Streit mit der Mutter auf das Porträt seines Vaters verwiesen, in das die Gesichtszüge Jupiters und Mars zugleich eingeschrieben sind.[161] Der Agon soll in die Herrschaft integriert werden, während die empfindsame Kommunikation des Souveräns immer schon verräterisch erscheint. Der König in *Hamlet* ist nur noch eine Schwundstufe Canuts.

Verwandelt Shakespeares Intensivierung der Antagonalität den Staat noch in einen Trümmerhaufen, der am Schluss an den ehemaligen Feind Fortinbras übergeben wird, geht bei Schröder die Macht auf Hamlet über. In einer erstaunlichen Wendung wird der vorgeblich wahnsinnige Kraftkerl zum König. Jedoch können Leser und Zuschauer in Hamlets Taten das verdeckte Wirken der Vernunft und der Gerechtigkeit erkennen. Seine regelmäßig eingestreuten, am Wertsystem der Aufklärung orientierten Repliken zeichnen das Bild eines Protagonisten, der seine Affekte letztlich beherrscht und den Kampf als ultima ratio zur Eliminierung des Lasters begreift. In seinen Schlussworten wendet sich Hamlet an das Publikum und ruft es auf, trotz allem „Entsetzen" über diese „schauernde[] Begebenheit" zu „Zeugen" zu werden: „euch überlaß ich meine Ehre und meine Rechtfertigung."[162] Das Theater soll zu jenem öffentlichen Gericht werden, das Laertes zuvor als vermittelnde Instanz der Konfliktlösung aufgerufen hat.[163]

Einen anderen Weg geht Dyks im Jahr 1777 erstmals aufgelegter *Graf von Eßex*.[164] Das Stück nimmt einen beliebten Dramenstoff des 17. und 18.

---

161 Ebd., S. 88.

162 Ebd., S. 128.

163 Thomas Weitin hat dargelegt, wie die Idee des Theaters als öffentliches, d.h. nicht geheim-inquisitorisches Gericht in Schillers *Räubern* ihre Wirkung entfaltet, siehe Weitin 2007. Angesichts der hier vorgestellten Befunde ist davon auszugehen, dass Schiller auf einen Topos zurückgreift, der seit den 1770er Jahren in den Dramen als Konfliktlösungsmodell angeboten wird.

164 Bislang hat das Stück lediglich als Vorlage für Schillers *Maria Stuart* Beachtung gefunden, vgl. Immer 2004.

Jahrhunderts auf,[165] indem es anhand der überlieferten Geschichte des Grafen von Essex die Rivalitäten am Hof Elisabeths I. schildert. Der ehrgeizige Titelheld und der intrigante Staatssekretär Burlee stehen sich im Kampf um die Gunst der Königin gegenüber. Ergänzt wird diese Konstellation um Southampton, der auf der Seite von Eßex steht und als tugendhaft und ausgleichend erscheint. Damit nicht genug: Auch die Frauenfiguren liegen im Streit, da sowohl die empfindsame Rotland als auch die mit Burlee paktierende Nottingham in den Grafen verliebt sind. Die Königin selbst ist keine unparteiische Instanz, sondern in die emotionalen und politischen Konflikte verwickelt. Sie ist unschlüssig, wie sie die Normverletzungen des ungestümen Eßex bestrafen soll, da sie heimlich Gefühle für ihn hegt.

Die Figur des Eßex kombiniert den in Schlegels Ulfo angelegten Typus des höfischen Rebellen mit dem des impulsiven, direkten Kraftmenschen à la Götz von Berlichingen. Während Burlee die politischen Ränkespiele beherrscht und parlamentarische Mehrheiten zu organisieren versteht, setzt Eßex auf seinen errungenen Heldenstatus. Er ist ein aufstrebender Militär, der weiß, dass „Macht" und „Ansehn" der Königin von seinen Erfolgen abhängen.[166] Burlee erreicht, dass Eßex als Marschall und Statthalter Irlands abgesetzt wird, weil er gegen den Befehl der Königin in Irland einen Waffenstillstand mit Aufständischen verhandelt hat. Dieser will die Schmach nicht hinnehmen und besteht darauf, mit der Königin persönlich sprechen zu dürfen. Hier tritt nun ein zweiter agonaler Konflikt zutage, der noch tiefer in die Konstitution des Staates eingreift: Der charismatische Eßex scheint mit der königlichen Autorität Elisabeths zu konkurrieren. Vorbereitet wird dies im dritten Akt im Gespräch zwischen Rotland und Elisabeth. Um für Eßex zu werben, berichtet Rotland der Königin davon, dass er sie stets mit „dem alles überströmenden Glanze des Sonnenlichts" vergleiche.[167] Kurz darauf aber verrät Rotland unfreiwillig die latente Konkurrenz: Eßex' Seele sei „reiner als die Sonne, die Flecken hat, irdische Dünste an sich ziehet und Geschmeiß ausbrütet."[168] Die Leidenschaft wiederum, mit der Rotland von Eßex schwärmt, erregt die Eifersucht der Königin: „Wie ist dir, Rotland? Du geräthst außer dir. Ein Wort ein Bild überjagt das

---

165   Für die deutsche Rezeption der französischen und englischen Essex-Dramen ist nicht nur Dyks Bearbeitung, sondern auch Lessings ausführliche Besprechung der Werke von Thomas Corneille (1678) und John Banks (1682) in der *Hamburgischen Dramaturgie* von Bedeutung.
166   Dyk 1777, S. 26.
167   Ebd., S. 55.
168   Ebd., S. 58.

andere. Was spielt so den Meister über dich? Ist es bloß deine Königinn, ist es Eßex selbst, was diese wahre oder diese erzwungene Leidenschaft wirket?"[169]

Der Konflikt eskaliert während der großen Audienz im dritten Akt. Da Eßex sich weigert, sich vor der Königin reumütig und unterwürfig zu zeigen und stattdessen seinen ebenfalls anwesenden Gegenspieler Burlee der Intrige bezichtigt, gerät Elisabeth außer sich und befiehlt ihm zu schweigen. Eßex bleibt stur:

> Ich soll nicht reden? nicht einmal reden? – Ich bin Ihr Unterthan; die Welt kennt keinen getreuern: dennoch kann ich nicht schweigen. – Sklaven denken; Britten reden! – Ja, ich will meine angeborne Freyheit behaupten, und sollte ich den letzten Othemzug zu ihrer Vertheidigung aufopfern.[170]

Der agonale Rebell beruft sich bezeichnenderweise auf seine „angeborne" Redefreiheit und damit auf ein naturrechtliches Begründungsmuster. Zwar grenzt Eßex dieses Recht von dem der „Sklaven" ab, es schließt aber das Volk der „Britten" ein und ist insofern durchaus als avanciert zu bezeichnen. Elisabeth nennt ihn daraufhin einen „Verräther", Eßex kontert mit der Aufzählung seiner für England errungenen militärischen Erfolge.[171] Derart provoziert, gibt die Königin ihm zum Abschied eine Ohrfeige, Eßex zieht den Degen, den er aber mit der Begründung, dass Elisabeth eine Frau sei und er sich deshalb nicht mit ihr duellieren werde, wieder einsteckt. „Warlich, wären Sie ein Mann, Sie hätten sich das nicht erkühnt!"[172]

Der Höhepunkt des Dramas wiederholt damit die tragische Anlage des *Götz*. Agonale Normen – man klärt Beleidigungen im Duell – führen zur antagonalen Bedrohung der politischen Gemeinschaft: Die Ermordung des Souveräns steht für wenige Augenblicke als Möglichkeit im Raum. Dass Eßex eben das immer schon geplant habe, befürchtet Elisabeth zu Beginn des vierten Aktes und sieht sich von den Berichten Burlees bestätigt. Eßex habe versucht, einen Volksaufstand gegen die Königin anzuzetteln, sei damit aber gescheitert und gefangengenommen worden. Das Todesurteil ist ihm sicher. Dennoch verlangt Elisabeth, ihren Rivalen noch einmal zu sehen. Da das Gespräch und der nahende Tod Eßex' sie zu „Thränen" rühren,[173] zeigt dieser plötzlich Reue. „O, ich sehe nun meine Thorheit! Ich sehe, wie strafbar ich gehandelt habe! – Ich Elender! Verblendeter." Er schwört jedoch, es nie auf die Königin abgesehen

---

169   Ebd., S. 60.
170   Ebd., S. 65.
171   Ebd., S. 66f.
172   Ebd., S. 68.
173   Ebd., S. 83.

zu haben. „Ihre Krone, Ihr Leben – nach diesen zu streben; nein! So verrucht war ich nie!"[174] Genau in dem Moment also, als Elisabeth zur *empfindsamen* Monarchin wird – das Gespräch findet in ihren Privatgemächern statt – bringt sie den agonalen Rebell zur Einsicht. Damit restituiert das Stück gezielt die durch den Sturm und Drang in Frage gestellte Fähigkeit der Empfindsamkeit, Agonalität einzuhegen. Anders als Götz erkennt Eßex am Schluss, dass sein Streben nach Ruhm und Ehre falsch war. In seinem letzten Monolog im Gefängnis glaubt er zu fühlen, „wie nichtig aller Wetteifer um die Eitelkeit dieser Welt ist."[175] Und nicht nur das: Er verwandelt sich zu einem vorbildlich Empfindsamen, der Southampton zärtlich um Verzeihung bittet und an nichts als das Wohl seines Freundes und Rotlands denkt. In mehrfacher Umarmung gehen die Freunde ein letztes Mal auseinander.[176]

Dyks *Graf von Eßex* imitiert die agonale Ästhetik der Dramen des Sturm und Drang, um sie mit der empfindsamen Gefühlspolitik zu versöhnen. Das Stück greift damit den Rührstücken Ifflands und Kotzebues vor (Kap. 5). Wie Ulfo und Götz muss auch Eßex der Ordnung der politischen Gemeinschaft geopfert werden. Anders als seine Vorgänger zeigt er sich aber geläutert und erkennt die Notwendigkeit seines Todes an: „[...] die Ruhe Ihro Majestät erfodern dieses Opfer".[177] Dennoch bleibt der Schluss ambivalent. Sein Rivale Burlee hat gesiegt, Eßex und sein tugendhafter Freund Southampton müssen sich geschlagen geben. Die Überwindung des Sturm und Drang geht in diesem Fall auf Kosten der politischen Progression.

Die rechtlichen und moralischen Konsequenzen der Tötung des Souveräns[178] waren in den Stücken selbst keineswegs eindeutig. Von einer frühen Form der Revolutionsdramatik zu sprechen, wäre deshalb zu einfach.[179] Die

---

174   Ebd., S. 84.

175   Ebd., S. 116.

176   Ebd., S. 110–115.

177   Ebd., S. 86.

178   Zur theoretischen Debatte, die in der Folge der Französischen Revolution um das Widerstandsrecht zum Königsmord geführt wurde, siehe Eke 1997, S. 214–230. Er betont, dass in der Perspektive auch der radikalen deutschen Revolutionsfreunde die Errichtung einer neuen, auf dem Naturrecht begründeten Gesellschaft nicht ohne die Tötung des Souveräns zu haben war. Solche Positionen blieben aber in der Minderheit.

179   Zur deutschen Revolutionsdramatik im engeren Sinne zählen verschiedene Dramen der 1790er Jahre, in denen die Geschehnisse der Französischen Revolution oder ihre Folgen zur Darstellung gelangen. Eine positive Bewertung der Revolution ist damit nicht unbedingt verbunden. Grundlegend hierzu Eke 1997 mit einer Auflistung der wichtigsten dramatischen Quellen ebd., S. 303–314. Eke weist darauf hin, dass nur die wenigsten Dramen zur Aufführung gelangten und wohl als Lesedramen gedacht waren (ebd., S. 26–28). Es finden sich, gerade bei revolutionsfreundlichen Stücken, zahlreiche Drucke ohne Autorangaben. Darüber hinaus stammen bekannte Werke aus der Feder Karl Buris:

Autoren bemühten den schon in der politischen Philosophie der Antike und des Mittelalters als legitim bewerteten Tyrannenmord, indem sie die Herrschaft des Souveräns als unrechtmäßig erscheinen ließen. Dennoch musste die unerhörte Tat Konsequenzen haben, weshalb das Gericht als vermeintlich unparteiische Institution der Konfliktregulierung angerufen wird.[180] Götz erkennt das im vierten Akt über ihn gehaltene Gericht nicht an, Hamlet dagegen wendet sich in den Schlussversen an das Publikum und kündigt an, sich dessen Urteil zu beugen.[181] Er wiederholt damit die Geste Odoardos, der sich nach der Ermordung seiner Tochter freiwillig dem Gericht und damit seinem Gegenspieler, dem Prinzen ausliefert (B 7, 371).

Babos *Otto von Wittelsbach* dagegen gibt der moralischen und juristischen Bewertung des Königsmordes ausführlich Raum.[182] Sie steht im Zentrum der letzten beiden Akte. Der Text bietet jede mögliche Entlastung des Protagonisten an: Otto spricht den Kaiser im Streit als „Philipp" und „Herzog" an,[183] da er, anders als Götz, die beiden Körper des Herrschers zu trennen weiß. Er betont immer wieder, dass er das Amt achte, aber nicht seinen Inhaber. „Das Reich hat mich nicht beleidigt, sondern Philipp."[184] Hat er also nur diesen ermordet? Der Wortbruch Philipps wird wiederholt und im Detail ausgeführt, durch einen Brief eindeutig belegt. Herrscht er damit unrechtmäßig, wie Otto glaubt? „Fluch dem deutschen Manne, der seinen Kaiser nicht verehrt! aber meynt ihr, ihr trügt des großen Karls Schwert, um der Fürsten heilige Ehre zu kränken?"[185] Dennoch halten die Fürsten in seiner Abwesenheit Gericht über ihn und sprechen die Reichsacht aus. Bei diesem Urteil gab es, wie der tugendhafte Friedrich von Reuß betont, „kein' Arglist". Er erzählt Otto, dass die Fürsten den Urteilsspruch bedauerten, aber keine andere Wahl hatten. Philipp

---

    Die Stimme des Volkes oder die Zerstörung der Bastille (1791) und *Ludwig Capet* (1793), am meisten Aufmerksamkeit in der Forschung haben aber revolutionskritische bzw. satirische Dramen gefunden, vor allem Ifflands *Die Kokarden* (1791), Kotzebues *Der weibliche Jacobiner-Club* (1792) und Goethes *Der Groß-Cophta* (1791), *Der Bürgergeneral* (1793), *Die Aufgeregten* (1793).

180   Gerichtsverfahren spielen bereits im Drama der Frühaufklärung eine Rolle. Hinweise darauf gibt die Studie von Wirtz 1994, die jedoch daran leidet, dass nur wenige Beispiele des ohnehin schmalen Korpus (Gottscheds *Cato*, Quistorps *Aurelius*, Corneilles *Horazier*, Schlegels *Canut*) Gerichtsverhandlungen in Szene setzen. Ein Rückgriff auf die Komödie der Frühaufklärung, z.B. Quistorps *Bock im Processe*, hätte sich hier angeboten.

181   Damit belegt Schröders *Hamlet* die Fähigkeit des Aufklärungstheaters, als öffentliche Urteilsinstanz zu fungieren. Vgl. hierzu Wihstutz 2017, der die ‚Gerichtsbarkeit der Bühne' um 1800 und um 2000 in Beziehung setzt.

182   Zum Folgenden vgl. Hien 2013, S. 217–219 sowie Roidner 2007, S. 48f.

183   Babo 1782, S. 145.

184   Ebd., S. 115.

185   Ebd., S. 146.

selbst habe sich noch im Sterben an seine Freundschaft zu Otto erinnert.[186] All dies führt dazu, dass Otto seine Tat als Verbrechen anerkennt. Nur widerwillig führt er, um seine Brüder zu schützen, Fehde gegen das Reich. Als er am Ende, seiner Macht und Güter beraubt, hinterrücks erstochen wird, verzeiht er seinem Mörder.[187] Damit löst sich das Schauspiel in einem entscheidenden Punkt von Goethes Vorlage. Das Urteil des Gerichts und die Wiederherstellung der staatlichen Ordnung erscheinen als gerecht, der Repräsentant der Agonalität erkennt seinen Angriff auf die Souveränität als unrechtmäßig. Wie im *Graf von Eßex* geht es um die Zurschaustellung der Reue des Rebellen. Diese ist aber keine Folge empfindsamer Kommunikation des Herrschers. Der agonalen Grundkonstellation des Sturm und Drang gemäß ist auch Philipp dem Figurenkabinett der Empfindsamkeitskritik entnommen. Er ist schwächlich, zaudert, erträgt keine direkte Auseinandersetzung.[188] Babo greift deshalb auf eine andere Instanz zur Einhegung der Agonalität zurück: Recht und Ordnung des Alten Reiches.

Der Umgang der deutschen Dramatiker mit der Ästhetik der Agonalen seit Mitte der 1770er Jahre lässt Rückschlüsse auf das politische Klima der Zeit zu. In Amerika tobte der Unabhängigkeitskrieg, die Revolution hatte mit der *Declaration of Indepence* von 1776 gezeigt, dass eine Realisierung naturrechtlicher Ideen von Gleichheit und Freiheit möglich schien. Die Ereignisse in Übersee fanden in den Staaten des Alten Reiches großen Widerhall. Dies galt auch für das Theater. Im selben Jahr, als die Amerikaner im Namen der universellen Menschenrechte ihre Unabhängigkeit erklärten, führte Schröder erstmals seinen *Hamlet* in Hamburg auf. Es war kein Revolutionsstück, aber es zeigte die gewaltsame Ablösung des unrechtmäßigen Souveräns und ließ die Bewertung dieser Tat offen. Fast zur gleichen Zeit veröffentlichte Dyk seine Bearbeitung des *Graf von Eßex*, in der die Ermordung der Monarchin und die Revolution aus der Idee von Freiheit und Gleichheit zumindest angedeutet wurden. Goethe hatte mit dem *Götz von Berlichingen* die Struktur geschaffen, in der diese politischen Konflikte dargestellt wurden, sein Modell des konservativen Rebellen aber hatte ausgedient. Auch wenn Schauspiele wie Babos *Otto von Wittelsbach* den Kaisermord als Verbrechen darstellten, war der Geist aus der Flasche.

Dies zeigt ein weiteres wichtiges Drama aus der Feder Klingers, *Stilpo und seine Kinder* (1780).[189] Es schildert den Kampf um die Herrschaft der Stadt Flo-

---

186   Ebd., S. 185.
187   Ebd., S. 215.
188   Ebd., S. 133, 140, 147.
189   Das Stück findet bis heute in der Literaturwissenschaft so gut wie keine Beachtung. Dass sich die Forschung fast ausschließlich mit den *Zwillingen* und *Sturm und Drang* beschäftigt hat, zeigt Poeplau 2012, S. 12.

renz. Der abgesetzte General Stilpo liegt im Streit mit dem Fürsten Hilario und dessen General Pandolfo. Zwischen Stilpo und Pandolfo herrscht der typische agonale Wetteifer um Ruhm und Ehre.[190] Der Streit mit dem Fürsten betrifft das politische System als solches. Stilpo ist überzeugter Republikaner, Hilario wird als Despot gekennzeichnet.[191] Der Konflikt entzweit auch die Söhne Stilpos, hat sich Piedro doch, anders als sein Bruder Horazio, der Partei Hilarios verschrieben. Das Stück endet in einem Volksaufstand, einem antagonalen „Streit über Leben, Tod und Freiheit"[192] und den Staat als Ganzes. Der Souverän wird ermordet und die Republikaner siegen. Horazio aber kommt ums Leben. Stilpo und seine Frau Antonia, die den tödlichen Stoß gegen den Herrscher ausführte, werden durch den Verlust ihrer Söhne bestraft. Die letzte Szene des Dramas ist ein Familientableau, aus dem die Söhne gelöscht wurden. Der Mord am Souverän wird kompensiert, indem die verfeindeten Brüder geopfert werden.

> STILPO, *auf den Leichnam des Fürsten sehend.* Antonia! so bitter war nie Freude – Theuer! theuer! – *an ihren Hals sinkend.* Seraphine *an Antonias Knien.* Mutter! – Mutter ohne Kinder! ANTONIA. Vater ohne Kinder![193]

Die Innovation Klingers innerhalb des Spannungsgefüges intensivierter Agonalität tritt in diesem gebrochenen Familientableau deutlich hervor. Stilpo und seine Familie sind kämpferisch *und* empfindsam. Sie appellieren durchweg an das „Herz" als moralische Instanz.[194] Das Familienoberhaupt ist ein General, den der Anblick eines liebevoll gepflegten Gartens zu Tränen rührt.[195] Antonia wird das gesamte Drama über als empfindsame Mutter beschrieben, die aber am Despoten Rache nehmen und deshalb mit ihrem Mann in den politischen Kampf ziehen will. „Ich bin sanft und gut, und habe diese Leidenschaften nie in meiner Brust Raum nehmen lassen. Vielleicht daß sie jezt mit größrer Gewalt einkehren." Wie die Reaktion Stilpos zeigt, ist Rührung hier geradezu Voraussetzung dafür, in die Schlacht zu ziehen: „Es war so, wie du sprachst, als habe die Allmacht der Natur aus deinen Augen geleuchtet, und dieses Herz mit nie gefühlter Wärme erfüllt."[196] Der ‚verlorene Sohn' Piedro

---

190   Klinger 1780, S. 39, 45–46.
191   Ebd., S. 53f., 105.
192   Ebd., S. 145.
193   Ebd., S. 196.
194   Ebd., S. 29, 32–33, 36, 62, 79.
195   Ebd., S. 81.
196   Ebd., S. 89.

dagegen wird als gefühlskalt beschrieben.[197] Er scheut die direkte Konfrontation, aber nicht, weil er ein empfindelnder Schwächling ist, sondern weil er seine Empfindungen negiert: „Ich will kein Herz haben, ich will gar keinen Degen mehr tragen!"[198]

Spätestens an dieser Stelle muss die Verbindung geklärt werden, die die besprochenen Dramen zum Heldendrama des Siebenjährigen Krieges aufweisen. Dass die Linie von Schlegels Ulfo zum Sturm und Drang über Lessings *Philotas* führt, wurde im vorigen Abschnitt bereits dargelegt. Der ruhmsüchtige Protagonist dieses Stückes steht aber noch ganz in der Tradition der skeptischen Darstellung von Agonalität. Weniger eindeutig verhält es sich bei Weißes Blankversdrama *Die Befreyung von Theben*, das 1764 und damit kurz nach Kriegsende erschien.[199] Es ist aber kein Kriegsdrama im eigentlichen Sinne, sondern ein Revolutionsdrama. Es zeigt wie Klingers *Stilpo* den Sturz eines Tyrannen im Namen der Freiheit. Auch hier ist es eine Frau, die den Tyrannen ermordet, auch hier raubt das tragische Ende Charon, dem Anführer der Revolution, seine Kinder. Und sogar die politische Bedeutung, die Weiße der Empfindsamkeit einräumt, weist auf Klinger voraus.[200] Charon wird als gemischter Charakter gezeichnet, in dem Pflichtbewusstsein und Vatergefühle miteinander ringen.[201] Während sein Sohn Callicrates mit seinem Streben nach agonalem Ruhm ein Wiedergänger des Philotas ist, beharren die Mitverschwörer während der Vorbereitung ihres Anschlages darauf, dass die Menschenliebe in ihre Handlungen integriert werden müsse. So fordert Epaminondas:

> doch Freunde, laßt/ Die Menschlichkeit stets eine Thräne noch/ In der Tyrannen Blut uns weinen: dieß/ Wäscht unsre Hand noch vor der Nachwelt rein,/ Daß uns nicht Stolz, Geiz, eigne Rachsucht nicht/ Das Schwerd zu geführt [...].

197   Ebd., S. 37: „Ich versteh mich nicht, versteh sie nicht. Ich bin so taub und dumm in mir, und es drükt mich alles so nieder – Was wollen sie denn von mir? Ich soll Empfindungen haben und andeuten, wovon ich nichts in mir spühr. Was kann ich dafür, daß die Natur mich kalt und vernünftig, wie der Fürst mich nennt, gepflanzt hat".

198   Ebd., S. 9.

199   Die Forschung hat das Stück als Prätext des Sturm und Drang gedeutet, z.B. Meier 1993, S. 264 und Heitner 1963, S. 264f. Zu kurz greift die Interpretation von Steinmetz 1987, S. 106f., der die *Befreyung von Theben* von „tatkräftigem Patriotismus und glühender Vaterlandsliebe" geprägt sieht.

200   Meier 1993, S. 247 verweist auf die Kritik Bodmers, dem Weißes Bearbeitung des Stoffes „unerträglich ‚zärtlich und süß'" erschien und der 1768 mit seinem Trauerspiel *Pelopidas* eine „polemische[] Kontrafaktur" geboten habe.

201   Ebd., S. 251–253. Meier sieht in dem Stück eine Abkehr von der stoizistischen Bewunderungsdramaturgie Gottscheds. Die psychologisch packenden Charaktere sollen das Publikum dazu bringen, mitzufühlen, zu empfinden.

Daraufhin Pelopidas:

> Die Menschlichkeit, die Deine Brust durchströmt,/ Sanft wie das Saitenspiel von
> Dir gerührt,/ Aus Deinen Lippen tönt, und Deinen Muth/ In Harmonie, zu weiser
> Güte lenkt,/ Wird unserm Grimm die Nüchternheit verleihn,/ Wenn Rach und
> Zorn sie allzusehr berauscht [...].[202]

Empfindsamkeit wird hier noch eindeutig funktionalisiert. Sie soll die notwendige Kühle und soziale Anerkennung für den Erfolg des politischen
Gewaltaktes garantieren. Wie in Mösers *Arminius* und Lessings *Philotas*
bleibt die altruistische Komponente des Agon auf das Wohl der *eigenen*
Gemeinschaft bezogen. Klinger geht in diesem Punkt über Weiße hinaus: Die
revolutionäre Familie hat die emotionale Disposition der Empfindsamkeit verinnerlicht, gerade dies schafft die Voraussetzung für die tatkräftige Umsetzung
des Tyrannensturzes.

    Dies ist eine für die deutsche Dramengeschichte des späten 18. Jahr-
hunderts kaum zu überschätzende Neubewertung der politischen Funktion
der Empfindsamkeit. Auffällig war ja, dass sich die agonalen Aggressionen
von Ulfo, Sigestes, Philotas, Götz, Guelfo, Hamlet und Otto gegen die Empfindsamkeit als Herrschaftspraxis richten.[203] Kommunikationsformen, die ihr
Gegenüber emotional integrieren wollen, stehen unter Verdacht, die Kraft der
Gemeinschaft zu gefährden. Voraussetzung für die Formulierung dieser Kritik
ist, dass die Repräsentanten der Empfindsamkeit nur deren passive, verzärtelte
Seite zeigen, während die agonalen Protagonisten zwar in hellerem Licht
erscheinen als zuvor, selbst aber nicht empfindsam sein können. Der *Graf von
Eßex* gibt mit der Figur des tugendempfindsamen, auf eine reformierte Monarchie hoffenden[204] Southampton einen ersten Hinweis darauf, dass die tatkräftige, politisch engagierte Seite der Empfindsamkeit an Gewicht gewinnt
und nicht mehr mit dem Herrscher identifiziert wird. Klingers *Stilpo* zieht
daraus die Konsequenzen und beschreibt eine erfolgreiche Revolution, die
von einer empfindsamen Familie ausgeht – zu dem Preis, dass diese selbst zerstört werden muss. Dies war auch möglich, weil die Eindimensionalität agonaler Charaktere nun einer bereits bei Lessing angelegten psychologischen

---

202   Beide Zitate Weiße 1764, S. 138.

203   Dies gegen Sørensen 1984, S. 110–127, der behauptet, dass der Kampf gegen den empfind-
       samen Vater/Herrscher im Sturm und Drang keine Rolle spiele und es allein um die fami-
       liäre Konstellation als solche gehe. Die Analyse der Dramen zeigt zudem, dass nicht allein
       Schiller „in der Identifizierung des Herrschers mit dem neuen Vaterbild den Keim für den
       Verfall der politischen Ordnung" sieht (Koschorke et al. 2007, S. 299).

204   Dyk 1777, S. 9f.

Darstellung Raum gab, die zwei Extreme integrierte: Agonalität und Empfindsamkeit, Rache und Mitgefühl, Rebellion und Tugend.

Dies ist das Feld, auf dem Schillers *Räuber* gewachsen ist. Die Literaturgeschichte deutet dieses Stück noch immer als letzte Eruption des Sturm
und Drang.[205] Übersehen wird dabei, dass Schillers Debüt dem in Tragödien
und Schauspielen, sogar in Rührstücken und Komödien (Kap. 5) der frühen
8oer Jahre weit verbreiteten Muster gesteigerter Agonalität folgte. Die Frage,
ob es sich bei den *Räubern* noch um einen Text des Sturm und Drang handelt, ist letztlich sekundär, wenn man auf die Dramenproduktion ihrer Ent-
stehungszeit blickt. Es geht um eine Gewichtsverschiebung auf der Waage des
Politischen, die mit dem Sturm und Drang einsetzte, aber längst im ganzen
Theater- und Literaturbetrieb Wirkung zeigte und unterschiedliche Möglichkeiten der dramatischen Verarbeitung bot. Schiller, der für aktuelle Trends in
Drama und Theater stets ein gutes Gespür besaß, reihte sich hier ein. All dies ist
zu berücksichtigen, wenn man sich der agonalen Ästhetik des Dramas nähert.

In den *Räubern* führt Schiller Klingers Experiment des empfindsamen Revolutionärs fort. Damit rückt bereits in seinem literarischen Debüt ein Figuren-
typ ins Zentrum, der sein restliches dramatisches Schaffen prägen wird – wie
übrigens auch das seines Konkurrenten Kotzebue. Dass das Stück die Frage
nach den moralischen Grundlagen des gewaltsamen Aufstandes gegen die
Obrigkeit stellt, hat die Forschung seit langem erkannt. Schiller verfolgte die
Ereignisse der Amerikanischen Revolution bekanntlich mit großem Interesse.[206] Die Anklänge an das Naturrecht und den radikalen Materialismus in
den Figurenreden Franz' und seines Bruders sind, meist anhand der philosophischen Ausbildung Schillers in der Karlsschule, ausführlich erörtert worden.[207] Gleiches gilt, im Hinblick auf die politische Dimension des Dramas,

---

205   In einem neueren Handbuch heißt es: „Mit den *Räubern* ist der Abgesang auf den Sturm
        und Drang angestimmt, mit großer Geste, mit großem Pathos und mit großer Literatur."
        Luserke-Jaqui 2017, S. 384. Christoph Jürgensen und Ingo Irsigler fassen das Verhältnis der
        Räuber zum Sturm und Drang unter das Motto „Summe, Überbietung, Nachhall" (Jürgen-
        sen/ Irsigler 2010, S. 106). Ausführlich und textnah belegt die Nähe des Dramas zum Sturm
        und Drang die Studie von Wacker 1973. Dem widerspricht Michelsen 1979. Er führt „die
        sprachliche, gestische und szenische Gestaltung" des Dramas auf die „Bühnenkunst der
        großen Oper und des Balletts" zurück, die Schiller in Ludwigsburg und Stuttgart intensiv
        verfolgt habe (ebd., S. 65).

206   Müller-Seidel 2009, S. 68f.

207   Bereits Michelsen 1979, S. 77–79 zieht einen Vergleich zwischen der Philosophie Franz
        Moors und derjenigen des Thomas Hobbes. Sørensen 1984, S. 167–172 deutet die natur-
        rechtlichen Ausführungen der Brüder vor dem Hintergrund der Idee der natürlichen
        Liebe innerhalb der Familie. Im Gegensatz zu Karl lehne Franz diese ab. Auch Alt 2000a,
        S. 290–292 sieht in der philosophischen Haltung des jüngeren Bruders eine Pervertierung

für die Bedeutung des Bruderzwistes bzw. des Bruderbundes sowie des Vater-Sohn-Konfliktes.[208] Die folgende Analyse wird sich deshalb auf jene Aspekte beschränken, die dank der Beschreibung des Verhältnisses von intensivierter Agonalität und Empfindsamkeit in den Dramen Goethes, Klingers, Schröders und Dyks sichtbar geworden sind und von Schillers Interpretinnen und Interpreten bisher nicht einbezogen wurden.

Agonalität verteilt sich in den *Räubern* auf drei Figuren, entsprechend den „drei außerordentliche[n] Menschen" (WB 2, 15),[209] die Schillers Vorrede ankündigt: Franz ist der materialistisch denkende Tyrann,[210] der jede Form empfindelnder Schwäche verachtet, sich noch angesichts größten Leids ungerührt zeigt (112–114, 135). Er erobert die Herrschaft nicht in direktem, mit offenem Visier geführten Kampf, sondern durch Heuchelei und Intrigen. Franz täuscht Rührung und Mitgefühl vor, um sich als Teil der empfindsamen Familie zu inszenieren (20–27, 62–65). Da Franz das Moorsche Schloss das ganze Drama über nicht verlässt und sich sein agonaler Ehrgeiz auf die Eroberung der väterlichen Herrschaft und der Geliebten des Bruders richtet, bleibt es Spiegelberg vorbehalten, eine andere und neuere Form des Agons zur Darstellung zu bringen. Ihm geht es um den öffentlichen Ruhm, stolz erzählt er Razmann von seinem Steckbrief und den Zeitungsberichten über seine Bande (69–70). Mit geschickten Methoden wirbt er in Wirtshäusern und auf Marktplätzen neue Anhänger (70–71). Gleichzeitig greift er nach der Macht in der neuen politischen Ordnung des Brüderbundes,[211] die sich in der Räuberbande Karls durch den gemeinsamen Schwur in I/2 konstituiert. Zu den vielen Facetten der Figur des Spiegelberg zählt nicht zuletzt diejenige des gewieften und durchtriebenen Aufsteigers, der sich mit allen Mitteln seinen Platz in der neuen, nicht-feudalen Ordnung erobern will. Er ist mehr als der jüdisch-messianische Aufwiegler und anarchistische Außenseiter, als der er bisher gedeutet wurde.[212]

---

      des säkularen Naturrechts. Zur philosophischen Resonanz, die Schillers Ausbildung an der Karlsschule in den *Räubern* findet, siehe Gerhard Kluge in seinem Kommentar der hier verwendeten Ausgabe (WB 2, 983–984).

208   Müller-Seidel 2009, S. 64–68.

209   Ebd., S. 70 hält Müller-Seidel allerdings zurecht fest, es gebe keinen Beleg für die These, dass Schiller unter diesen drei außerordentlichen Menschen die Figuren Franz, Karl und Spiegelberg verstanden wissen wollte. Auch die Möglichkeit, dass Schiller sich hier auf Amalia oder den alten Moor bezieht, muss offen gehalten werden.

210   Ebd., S. 82–84.

211   Koschorke et al. 2007, S. 291–299. Die mit dem Brüderbund verbundenen Männlichkeitsrituale analysiert Boyken 2014, S. 107–109.

212   Die Figur des Spiegelbergs findet seit der Studie von Mayer 1973 in der Literaturwissenschaft Aufmerksamkeit. Mayers Vorschlag, die messianischen Referenzen in der Figurenrede als Gegenmodell zu den emanzipatorischen Anforderungen der Aufklärung zu

Anders als sein heimlicher Konkurrent[213] Spiegelberg hat Karl keine Lust an Gewalt um der Gewalt willen, sondern zeigt empfindsame Dispositionen. Der Unterschied zwischen beiden wird in der Wirtshausszene des ersten Aktes durch ihre Kindheits- und Jugenderzählungen illustriert. Spiegelbergs agonale Motivation, die sich aus dem Streben nach öffentlicher Anerkennung speist, tritt darin deutlich hervor:

> Da hatt ich neben meinem Haus einen Graben, der, wie wenig, seine acht Schuh breit war, so wir Buben uns in die Wette bemühten hinüber zu springen. Aber das war umsonst. Pflumpf! lagst du, und ward ein Gezisch und Gelächter über dir, und wurdest mit Schneeballen geschmissen über und über. (35)

Dennoch gelingt es Spiegelberg, den Graben eines Tages zu überwinden, den Wettstreit mit seinen Kameraden also doch noch zu gewinnen. Als er einen gefährlichen Hund so stark provoziert, dass dieser sich von der Kette losreißt und ihn zu töten droht, findet Spiegelberg die Kraft zum großen Sprung. Es ist der Wille zur Eskalation, der das agonale Streben zum Ziel führt. Als Erwachsener wird Spiegelberg Verbrechen begehen und die Obrigkeit reizen, um in der Zeitung zu stehen.

Auch in der Erzählung aus Karls Zeit in Leipzig steht ein Hund im Zentrum. Als die Dogge des aufmüpfigen Studenten von den „Herren vom Kollegio" (33) angeschossen wird, setzt sich Karl zur Wehr. Er wendet aber keine Gewalt an, sondern spielt der Obrigkeit Streiche, die die Unfähigkeit der Institutionen decouvrieren. Entsprechend beginnt auch seine Räuberkarriere. Ihm geht es nicht um das Geld, sondern um die Bestrafung des Lasters. Einen Teil der Beute gibt er Waisenkindern (74). Zunächst scheint es also, als kehre in den Figuren Karl und Franz bzw. Spiegelberg die klassische Aufteilung in gute und schlechte Agonalität wieder. Das würde auch die in der Forschung beobachtete Parallelisierung der Brüder in Lexik und dramaturgischem Aufbau[214] erklären: Karl und Franz gleichen sich in ihrer agonalen Anlage.[215]

---

verstehen, wies den Weg für die weitere Forschung. Veit 1973 sieht in Spiegelberg einen betrügerischen, den Messianismus predigenden Sektenführer, Best 1978 betont den anarchistisch-libertären Charakter der Figur. Auf den sozialhistorischen Kontext der im 18. Jahrhundert sich vereinzelt zu Räuberbanden zusammenschließenden verarmten Juden verweist Alt 2000a, S. 288f. Zu den Anspielungen Spiegelbergs auf die jüdische Kulturgeschichte in der Wirtshausszene des ersten Aktes siehe Müller-Seidel 2009, S. 70–72.

213 Vgl. Blawid 2011, S. 265–272.

214 Koc 1981.

215 In diese Richtung weisen auch die Überlegungen von Boyken 2014, S. 93–119, der die Ähnlichkeiten zwischen Franz und Karl auf ihr männlich konnotiertes Hegemoniestreben zurückführt.

So einfach ist es jedoch nicht. Wie in den anderen hier erörterten Dramen der 1770er und frühen 1780er Jahre ist Empfindsamkeit mit Herrschaft korreliert und wird deshalb zum Ziel agonaler Angriffe.[216] Der alte Moor ist ein typischer empfindsamer Fürst und Familienvater, wie ihn politische Philosophie und Literatur der Aufklärung imaginieren. Stärker als die anderen Dramen jedoch macht Schillers Stück klar, welch rigide moralische Exklusionstechniken mit dieser vorgeblich sanften und integrativen Form von Souveränität einhergehen. Dies zeigt sich bereits in der Tatsache, dass Karl seine vergleichsweise harmlosen Studentenstreiche bereut und seinem Vater in einem rührenden Brief bittet, in den Schoß der Familie zurückkehren zu dürfen. Seine Ansage an Spiegelberg zeigt, dass er agonale Karriere und empfindsames Idyll nicht für vereinbar hält: „Steig du auf Schandsäulen zum Gipfel des Ruhms. Im Schatten meiner väterlichen Haine, in den Armen meiner Amalia lockt mich ein edler Vergnügen." (37)

An dieser Stelle kommt der Protestantismus ins Spiel. Schiller zeigt, welche politischen Folgen dessen Programm haben kann. In Form des Pietismus praktizierte der Protestantismus die Intensivierung von Gefühlen und die Internalisierung der Tugend und ermöglichte so die konsequente Verurteilung gesellschaftlicher Missstände und schlechter Herrschaftspraktiken.[217] Dies galt auch für den württembergischen Pietismus. In eschatologischer Perspektive würden Fürsten und Tyrannen für ihre schlechten Taten nach der Wiederkunft Christi bezahlen müssen. Für Johann Albrecht Bengel, der in seinem Konventikel in Denkendorf zwischen 1713 und 1741 fast 300 geistliche Kandidaten ausbildete, waren die Mächtigen „Feinde Gottes".[218] Pietistisch geprägte Reichspublizisten wie Johann Jacob Moser bezahlten ihren Widerstand gegen die despotischen Tendenzen des Herzogs Carl Eugens mit fünf Jahren Gefängnis.[219]

In der Praxis war der Pietismus häufig mit der Strenge der lutherischen Orthodoxie vereinbar, beide mussten sich nicht notwendig ausschließen. Das spiegelt der erbarmungslose Aufklärer Franz seinem Vater, der als gläubigempfindsamer Patriarch gezeichnet wird. Die Verfehlungen Karls seien, mahnt er, nicht ins religiöse Moralsystem des Vaters zu integrieren. Dieser bedauert einerseits „zärtlich" (27) die Laster seines Sohnes und deutet an, er

---

216   Es geht also auch in den *Räubern* nicht um einen Angriff auf die Autorität des Vaters als solche, wie Michelsen 1979, S. 73 glaubt.

217   Zum pietistischen Einfluss in den *Räubern* vgl. aktuell Guthrie 2020, S. 127, grundlegend McCardle 1986, S. 137–180 sowie Bergen 1967, S. 91–105.

218   Alt 2000a, S. 55.

219   Den Bezug zwischen J.J. Moser und dem geistig-religiösen Klima zur Zeit Schillers stellt her: Wiese 1963, S. 62.

könne ihm verzeihen. Franz erinnert ihn jedoch daran, dass die Sünde der Sinnlichkeit – Franz gaukelt dem Vater vor, Karl habe „die Tochter eines Banquiers entjungfert, und ihren Galan einen braven Jungen von Stand im Duell auf den Tod verwundet" (22) – durch Härte und „Schmerz" bestraft werden müsse. Der Mensch dürfe durch „Nachsicht", „Zärtlichkeit" oder „Mitleid" Gottes Urteil nicht verfälschen (26–27). Der alte Moor gibt schließlich nach.

Die *Räuber* führen vor Augen, dass im tugendempfindsamen Kodex der Aufklärung protestantische Elemente persistierten. Schiller kommt es hier vor allem auf die Verknüpfung von pietistischen und lutheranischen Elementen an. Dies führt, wie die Handlungen Karls und seines Vaters zeigen, zu einer paradoxen Kombination von zärtlichen und strengen, ein- und ausschließenden Diskursen. Vater Moor legitimiert seine Handlungen nicht mit Argumenten des säkularen Naturrechts oder vertritt ein progressives Bild des Christentums. Er ist bis zum Schluss bereit, Karl und Franz zu verzeihen und sieht sich doch genötigt, Karl zu verbannen. Mit Franz' Tod findet er sich ab und verzeiht dessen Mörder sogar. Erst als er erkennt, dass es sich bei diesem um Karl handelt, der ein Räuberhauptmann ist, kann er das Ausmaß des Lasters nicht mehr integrieren und stirbt. Extremer noch erscheinen die Vertreter der Kirche, die in diesem Stück zu verdammen, aber nicht zu verzeihen bereit sind. Der Pater, der in II/3 angeblich mit den im Wald eingeschlossenen Räubern verhandeln will, predigt von „Vergeltung" (86). Während er als Vertreter der katholischen Kirche mit der staatlichen Obrigkeit gemeinsame Sache macht,[220] gewinnt der an Schillers eigenen Lehrer angelehnte Pastor Moser seine Strenge gegenüber dem auch für Pietisten unverzeihlichen Laster des Atheismus aus seiner Glaubensüberzeugung. Er warnt Franz kurz vor dessen Tod, er werde „dem Arm des Vergelters im öden Reich des Nichts" nicht entlaufen können (147). Aufschlussreich ist in diesem Zusammenhang Franz' Traum, in dem ein biblisches Gericht ihn für seine Sünden verurteilt. Die drei Richter berufen sich auf „Tugend", „Wahrheit" und das Wägen der „Gedanken" und „Werke" (142). Zwar hält das „Blut der Versöhnung" Franz' zahllose Untaten zunächst im Gleichgewicht, aber als sein Vater seine Locke in die Waagschale der Sünden wirft, sinkt sie plötzlich: „Gnade, Gnade jedem Sünder der Erde und des Abgrunds! du allein bist verworfen!" (143) Der Traum geht, wie Walter Müller-Seidel erkannt hat, auf pietistische Schriften zurück.[221] Der biblische Zorn der Vergeltung trifft Franz in dem Moment, in dem sein Kampf gegen

---

220   Zedler und Adelung verweisen beide darauf, dass der Begriff „Pater" einen Geistlichen der katholischen Kirche bezeichnet, vgl. Zedler 1731–1754, Bd. 26, Sp. 1283 sowie Adelung 1811, Bd. 3, Sp. 669–670.

221   Insbesondere auf Georg Friedrich Gaus und sein *Gebetbuch*, s. Müller-Seidel 1952. Auch die Referenzen auf Klopstocks *Messias* sind seit langem bekannt, vgl. den Kommentar in WB 2, 1107.

die empfindsame Herrschaft des Vaters offensichtlich wird. Das Streitgespräch
zwischen Karl und dem Pater im Wald ist in diesem Kontext aufschlussreich,
weil der Vertreter der Kirche in keiner einzigen Replik von Sanftheit und Vergebung spricht, Karl aber dennoch Christentum und Empfindsamkeit als identisch ansieht:

> Da donnern sie Sanftmut und Duldung aus ihren Wolken, und bringen dem Gott
> der Liebe Menschenopfer wie einem feuerarmigen Moloch – predigen Liebe des
> Nächsten, und fluchen den achtzigjährigen Blinden von ihren Türen hinweg: –
> stürmen wider den Geiz und haben Peru um goldner Spangen willen entvölkert
> und die Heiden wie Zugvieh vor ihre Wagen gespannt [...]. (88)

Zu Beginn des Stückes will Karl aber noch, anders als seine Vorgänger Guelfo
und Piedro, in seine empfindsame Familie zurückkehren. In deren pietistisches
Moralsystem kann er jedoch nicht mehr integriert werden. Eben das ist es,
was ihn an seiner Familie zweifeln lässt: „Ihre Augen sind Wasser! Ihre Herzen
sind Erzt! Küsse auf den Lippen! Schwerder im Busen!" (44) Es lohnt sich, den
in diesem Ausruf genannten Konnex von Protestantismus, Empfindsamkeit
und Gewalt näher zu betrachten. Warum Karl im Gespräch mit Spiegelberg
Agonalität und empfindsame Familie nicht für vereinbar hält, ist erstaunlich,
wenn man die seiner Kindheit und Jugend gewidmeten Passagen liest. Franz
erinnert in der ersten Szene des Dramas den alten Moor daran, welch „goldene[] Träume" er mit Karl gehabt habe:

> Der feurige Geist, der in dem Buben lodert, sagtet ihr immer, der ihn für jeden
> Reiz von Größe und Schönheit so empfindlich macht; diese Offenheit die seine
> Seele auf dem Auge spiegelt, diese Weichheit des Gefühls, die ihn bei jedem Lei-
> den in weinende Sympathie dahinschmelzt, dieser männliche Mut der ihn auf
> den Wipfel hundertjähriger Eichen treibt, und über Gräben und Palisaden und
> reißende Flüsse jagt, dieser kindische Ehrgeiz, dieser unüberwindliche Starr-
> sinn, und alle diese schöne glänzende Tugenden, die im Vatersöhnchen keim-
> ten, werden ihn dereinst zu einem warmen Freund eines Freundes, zu einem
> trefflichen Bürger, zu einem Helden, zu einem *großen großen* Manne machen
> [...]. (23)

In der väterlichen Utopie des empfindsamen Helden sind, wie bei Fieldings
Tom Jones, agonale und emotionale Dispositionen gleichermaßen angelegt.
Weichheit und Kraft, Sympathie und Ehrgeiz, Bürger- und Heldentum gehen
ohne die geringste Reibung ineinander über. Dies hat die Forschung, die
in Karl meist das Kraftgenie[222] respektive die widersprüchliche Figur des

---

222 Jürgensen/ Irsigler 2010, S. 112–115.

idealistisch-despotischen Revolutionärs[223] sehen wollte, bislang zu wenig
herausgearbeitet. Wie wichtig die spannungsvolle Verbindung von Gefühl
und Kampf ist, zeigt auch die Figur der Amalia. Ihr Lied vom Abschied zwischen Andromache und Hektor reflektiert auf den ersten Blick den Versuch,
den männlichen Agon durch weibliches Flehen einzuhegen. Der eigentliche
Clou liegt aber im Schlusscouplet: „Gürte mir das Schwert um, laß das Trau-
ren,/ Hektors Liebe stirbt im Lethe nicht!" (62) Der Transfer des Gefühls auf
das Schlachtfeld indiziert die in Karl personifizierte Verbindung von Empfindsamkeit und Agon. Ein Charakterzug, für den die tatkräftige Amalia[224] sich
begeistern kann. Als Herrmann von den angeblichen Heldentaten Karls im
Krieg erzählt, ruft sie „in Entzückung: Hektor, Hektor! hört ihrs?" (63)
    Warum nun aber bleibt es Karl verwehrt, ein mitfühlender und kämpfen-
der Held zu werden? Ein erster Grund könnte sein, dass der Agon aus der
Herrschaftstechnik des alten Moor ausgeschlossen bleibt. Er ist nicht nur
ein Familienvater, sondern auch, wie das Personenverzeichnis vermerkt, ein
„regierender Graf" (13). Als solcher „überzuckerte [er] seine Forderungen,
schuf sein Gebiet zu einem Familienzirkel um, saß liebreich lächelnd am
Tor, und grüßte sie Brüder und Kinder." (68) Er war, erinnert sich Daniel, „das
Obdach der Waisen, und der Port der Verlassenen" (139). Den Ehrgeiz und die
Intrigen seines Sohnes Franz sieht er nicht, fällt im Gegensatz zu Amalia auf
dessen an Rührstücke angelehnte Inszenierungen[225] herein (63f.).[226] Deshalb
kann er den Angriff des Tyrannen auf seine Herrschaft nicht abwehren. Dazu
bräuchte es die agonale Kraft Karls, die er zuvor verbannt hat. Schiller zeigt,
dass die empfindsame Herrschaft, wie sie die Generation vor ihm entwickelte,
aufgrund der Exklusion des Agons an Widerstandskraft verliert, schwach und
anfällig wird. Dass Könige zu Menschen werden müssen, wie Lessing im 14.
Stück der *Hamburgischen Dramaturgie* forderte (B 6, 251), hatte offenkundig
seinen Preis. Unter der Maßgabe tradierter Vorstellungen des sanften Landesvaters muss die politische Schlagkraft der Tugend außerhalb der sozialen Ordnung bleiben. Und das, obwohl Karls Ziele den Forderungen des progressiven

---

223   Auf die Ambivalenz der Karl-Figur verweisen u.a. Sautermeister 2011; Grätz 2005; Sharpe
      1990. Insgesamt setzt sich die neuere Forschung klar von Thesen ab, die in den Brüdern
      die Dichotomie von „gut" und „böse" erkennen wollen (etwa Müller 1989).
224   Alt 2000a, S. 290.
225   Von den Studien zur Metatheatralität des Stückes sei genannt: Martus 2013.
226   Die dem Stück inhärente Kritik des zärtlichen Vaters und dessen Einordnung in die
      Empfindsamkeitskritik des Sturm und Drang ist in der Forschung gang und gäbe, vgl.
      Boyken 2014, S. 119f.; Alt 2000a, S. 289.

Naturrechts nicht widersprechen.[227] Sein verzweifelter und gewalttätiger Aufstand im Namen der Menschlichkeit und Gerechtigkeit ist also kein „Universal-
haß",[228] sondern entsteht aus der Unvereinbarkeit von Tugend und staatlicher
Gewalt.

Es gibt aber einen tiefer liegenden Grund, der in der per se paradoxen Struktur des Protestantismus zu finden ist. Dass Karl diese internalisiert hat, wird ihm
zum Verhängnis.[229] Bis zum Schluss hält er am idyllischen Bild seiner Kindheit
und seiner Heimat fest, sie wird ihm zum „heiligen Tempel" (106). Er erinnert
sich daran, dass er als Knabe nie sein „Nachtgebet" vergessen habe, nun aber
aus den „Reihen der Reinen", den „Freuden des Himmels" und dem „Geist des
Friedens" ausgeschlossen sei (98). Eine andere Seite zeigt sich in dem scharfen
Blick, den der Tugendhafte auf die Laster der Welt wirft und der sich auch,
wie etwa im radikalen Pietismus, gegen allzu irdisch gewordene Institutionen
richten kann. Schon als Kind mied Karl „den Anblick der Kirche, wie ein Misse-
täter das Gefängnis" und warf das Geld, das er von seinem Vater erhielt, „dem
ersten dem besten Bettler in den Hut" (22). Wie Fieldings Tom Jones ist Karl ein
tatkräftig-tugendhafter Empfindsamer, der in der Kirche Härte, Heuchelei und
Unterdrückung sieht. Anders als Jones kann er sich aber von dem Gewissen,
das ihm diese Institution von klein auf eingeschrieben hat, nicht lösen.[230] Die
zahlreichen Bibel-Zitate in der Figurenrede Karls zeugen, wie Klaus Weimar
gezeigt hat, von seiner sozialen und kulturellen Determiniertheit.[231]

---

227 Damit ist nicht gesagt, dass er ein klar umrissenes politisches Programm verfolgt. Zurecht
     hat die These vom Sozialutopisten Karl in der jüngeren Forschung Skepsis ausgelöst. Sein
     politisches Programm sei zu inkonsistent, schreibt etwa Müller-Seidel 2009, S. 76.

228 So die vielzitierte These von Schings 2009.

229 Man kann hier über biographische Gründe spekulieren. Bekanntlich wurde Schiller von
     seinen Eltern im Geist der württembergischen Frömmigkeitsbewegung erzogen. Den
     Einfluss, den Bibellektüre und Pietismus auf das Drama und das Denken des jungen
     Schiller hatten, zeigen Bergen 1967, S. 38–68; McCardle 1986, S. 41–69; Jahn 2005a, S. 66f.;
     Oellers 2006; Koopmann 1976. Treffend bezeichnet Alt 2000a, S. 298 Karl als „verwirrten
     Aufklärer", leitet dies aber daraus ab, dass Karl an der „vernünftigen Metaphysik festhält,
     auch wenn ihr wirklichkeitsferner Charakter entlarvt ist". Diese Beschreibung würde
     aber eher auf Figuren wie Voltaires Candide zutreffen. Der Konflikt, den Karl austrägt,
     ist aus den Paradoxien der Empfindsamkeit und ihrer prekären Integration des Agon zu
     erklären.

230 So schreibt McCardle 1986, S. 154: „Without a doubt Karl's messianic aspirations are a
     direct outgrowth of the Swabian Pietist mentality shaped and dominated by Bengel's
     eschatology."

231 Weimar 1988. Ob Karl sich im Lauf des Stücks von den angelesenen Diskursen emanzi-
     piert, wie Weimar behauptet, ist freilich eine andere Frage. Dass literarische Einbildungs-
     kraft in dem Stück als Machttechnik der Manipulation verwendet wird, zeigt Jahn 2005a.

Die Mischung aus Menschenliebe und unnachgiebiger Härte[232] wird Karls politische Handlungen prägen. „[V]erwilde zum Tyger sanftmütiges Lamm" (44) ruft Karl, als er sich von seiner Familie lossagt. Er emanzipiert sich damit aber nicht von deren ambivalentem Moralsystem, sondern wiederholt es. Er sagt sozialen Missständen, Korruption und Ausbeutung, vor allem aber der Herrschaft selbst den Kampf an. Er ist aufrichtig und zeigt Mitgefühl.[233] Schufterle will er aus dem Brüderbund der Räuber verbannen, weil dieser einen Säugling in die Flammen geworfen hat (82). Er handelt aber nicht nach den Grundsätzen der Aufklärung. Seine Urteile überprüft er nicht, seine Strafen haben kein Maß. Sie erinnern an Predigten der lutherischen Orthodoxie und ihren Forderungen nach harten Interventionen Gottes. Karl wird zum „Würgeengel" (138), der die Welt, koste es was es wolle, von Sünden reinigen will. Er ermordet einen geldgierigen Advokaten (75) und lässt die Stadt, aus deren Gefängnis er seinen Kamerad Roller befreit, kurzerhand abfackeln (79). Dass er glaubte, dabei im Auftrag des Himmels zu handeln, macht sein schlechtes Gewissen angesichts der Opfer deutlich:

> Höre sie nicht, Rächer im Himmel! – Was kann ich dafür? Was kannst du dafür, wenn deine Pestilenz, deine Teurung, deine Wasserfluten, den Gerechten mit dem Bösewicht auffressen? [...] geh, geh! du bist der Mann nicht, das Rachschwert der obern Tribunal zu regieren, du erlagst bei dem ersten Griff [...]. (82)

Karl ist, wenn man so will, der erste protestantisch geprägte Linksterrorist der deutschen Kulturgeschichte. „Menschen haben Menschheit vor mir verborgen, da ich an Menschheit appellierte, weg dann von mir Sympathie und menschliche Schonung!" (45) Der Predigerton, den er anschlägt, verleiht seiner Gesellschaftskritik den nötigen Pathos – ein Phänomen, das auch aus Pamphleten Füsslis und Schubarts bekannt ist.[234]

Der letzte Akt führt den unauflösbaren Knoten von Agon und Empfindung an sein tragisches Ende. Der Konflikt zwischen empfindsamer Familie und

---

232   Deshalb ist die Behauptung von McCardle 1986, S. 161, es gebe in den *Räubern* „absolutely no hint of a God of love", irreführend. Auch Bergen 1967, S. 96 geht ausschließlich auf den strafenden Gott der *Räuber* ein.

233   In diese Richtung weist auch die Interpretation von Peter Michelsen, wenn er schreibt, die „Motivation des Menschenhassers" Karl sei „die Menschlichkeit" (Michelsen 1979, S. 86). Er übersieht aber die Paradoxien der Empfindsamkeit und insbesondere des Pietismus, die Karl in diesen psychischen und politischen Konflikt hineintreiben. Aufschlussreich ist die Interpretation von Guthrie 2020, der auf die moralische Ambivalenz Karls aufmerksam macht und diese philologisch durch die Verbindung zu Miltons *Paradise Lost* belegt.

234   Luserke 1997, S. 51–57.

männlichem Kampf spitzt sich im Schlusstableau zu. Es sind Karls Kamera-
den, die ihn an seine Verpflichtungen als Hauptmann erinnern und damit
seinen letzten Fluchtversuch in den Schoß der Empfindsamkeit verhindern.
Während Amalia und Karl „in stummer Umarmung" verharren, streckt ein
Räuber „das Schwert zwischen beide" (157). Zuvor noch hat Karl einen letzten
Versuch unternommen, seine agonalen Affekte moralisch zu rechtfertigen. In
einer Szene, die eine Inversion des *Hamlet* ist, tritt ihm aus dem Turm sein
Vater entgegen, den er zunächst für einen „Geist" hält. Als dieser ihm erzählt,
wie Franz ihn erst töten wollte und dann einsperren ließ, schwört Karl, dem
Skript Shakespeares gemäß, „Rache, Rache, Rache" (136). Er glaubt nun seine
wahre Bestimmung zu erkennen, den zentralen Konflikt des Dramas versöhnt,
„der verworrene Knäul unsers Schicksals ist aufgelöst!" Gott selbst habe ihn
zum „schröckliche[n] Engel seines finstern Gerichtes" gemacht (137). Im Topos
des Racheengels entdeckt Karl die christliche Grundlage der in ihm angelegten
Verbindung von Agon und Empfindsamkeit. Doch wieder macht ihm der alte
Moor einen Strich durch die Rechnung. Dieser fordert ihn nämlich, anders als
der Geist von Hamlets Vater, dezidiert nicht zur Rache an Franz auf und bittet
ihn stattdessen: „Verfluch ihn nicht!" (134) Als er erfährt, dass es sein eigener
Sohn ist, der Franz getötet hat, und dieser Sohn ein Räuber, gibt er, wie Schiller
schreibt, „seinen Geist auf." (155)

Karl, der an der Idee des menschenfreundlichen Kämpfers zerbricht, bleibt
am Schluss nichts, als sich in das Schicksal seiner unempfindsamen Kameraden Götz, Hamlet, Eßex und Otto zu fügen: Er übergibt sich dem Gericht und
opfert sich der wie auch immer fragwürdigen Ordnung des Staates.[235] Anders
als in den Vorgängerdramen wird damit das alte Herrschaftssystem aufgelöst.
Das feudale System, das die Familie Moor repräsentiert, verschwindet. Übrig
ist allein die Räuberbande, deren politischer Wille nach dem Abschied ihres
Hauptmanns im Ungewissen bleibt.

4.5   Formen agonaler Eskalation

Dass die Dramen des Sturm und Drang, allen voran *Götz von Berlichingen*,
mit den Formkonventionen ihrer Zeit brechen, ist allgemein bekannt. Meist
wird auf die drei Einheiten von Ort, Zeit und Handlung verwiesen, deren

---

235   Die Trauerspielfassung behält diesen Schluss bei, nimmt aber am Motiv der Gerichtsbar-
        keit einige wichtige Änderungen vor, vgl. hierzu Weitin 2007, S. 13f.

Missachtung Goethe in seiner *Rede zum Shakespears Tag* 1771 propagierte[236] und welche für die Poetik des Klassizismus leitend gewesen seien.[237] Nun war das Theater vor dem Erscheinen von Goethes Debütwerk weit weniger regelkonform, als Neugermanisten es sich meist vorstellen. Wichtiger aber: Die Feststellung eines Normbruchs sagt noch nichts über die *neue* Form, die aus ihm entsteht. Zu analysieren ist noch, wie genau die Elemente, die Volker Klotz einer „offenen Form" zugeordnet hat[238] – u.a. die Mehrsträngigkeit der Handlung, die Vielzahl an Figuren, Redeweisen und Orten, die Zeitsprünge – in *Götz* und anderen Dramen des Sturm und Drang die beschriebene Intensivierung der Agonalität ästhetisch realisieren.[239] Denn es steht außer Frage, dass Goethes Debütstück eine radikale Darstellung polyloger Eskalation in Gang setzt. Ein gewagtes Experiment, das die transhistorisch zu beobachtende Abneigung des Theaters gegen die unmittelbare Darstellung des Krieges[240] auf eindrucksvolle Weise bricht.

Um die Formsprache polyloger Eskalationen zu erkunden, sei das Augenmerk auf die Auftrittsstrukturen der Dramen gelenkt. Es geht dabei nicht um

---

236 „Ich zweifle keinen Augenblick dem regelmäßigen Theater zu entsagen. Es schien mir die Einheit des Orts so kerkermäßig ängstlich, die Einheiten der Handlung und der Zeit lästige Fesseln unsrer Einbildungskraft" (FA 18, 10).

237 Stellvertretend für andere sei hier Valk 2012, S. 134 zitiert: „Mit seiner ersten Tragödiendichtung revolutioniert Goethe die gesamte Dramenästhetik des 18. Jahrhunderts. Indem er sich vom klassizistischen Diktat der drei Einheiten emanzipiert, die bereits seit Lessing in Auflösung begriffene Ständeklausel ignoriert und die für das Trauerspiel verbindliche Regel einer homogenen Figurensprache aufgibt, suspendiert er die Grundlagen des ‚regelmäßigen' Theaters." Vgl. auch Hinderer 1992a, S. 19f.

238 Klotz 1960.

239 Eine der wenigen Untersuchungen, die sich mit dieser Frage auseinandersetzen, ist Steffen Martus' Aufsatz über *Die Ästhetik des Kriegs in Goethes „Götz von Berlichingen"* (Martus 2018). Die „Logik der Eskalation", so Martus, gewinne Goethe durch die Darstellung von Kriegstechniken der Frühen Neuzeit, die in der Aufklärung und ihren Kabinettskriegen eigentlich überwunden schienen (ebd., S. 159f.). Martus sieht in der intensiven Kriegsdarstellung des *Götz* die Möglichkeit gegeben, individuelles Engagement via Patriotismus mit den Interessen des Reiches zu verbinden (ebd., S. 168). Mit der formalen Innovation des Stückes setzt Martus sich aber nicht auseinander, verweist einzig auf den „radikalen Konventionsbruch[]", der in der „körperlichen Vergegenwärtigung des Kriegsgeschehens" liege (ebd., S. 170).

240 Dies betonen Auer/ Haas 2018 in der Einleitung des von ihnen herausgegebenen Sammelbandes *Kriegstheater*. „Die Kriegserfahrung von Kampf und Schlacht wird praktisch durchweg als ein ungehegtes, der Sicht- und Verfügbarkeit (zumindest teilweise) entzogenes und damit im strengen Sinne unfigurierbares Geschehen gefasst. Statt den Krieg unmittelbar auf die Bühne zu bringen, greifen Drama und Theater zuallermeist entweder auf die schon in der Antike beliebten und in der Frühen Neuzeit wiederauflebenden Techniken von Botenbericht und Mauerschau zurück oder sie entwickeln neuartige – oft ungemein komplexe – Formen einer mittelbaren Darstellung" (ebd., S. 3).

das von Juliane Vogel vorgeschlagene Modell des Heraustretens der Figur aus dem Bühnenhintergrund und das damit einhergehende Wechselspiel von Etablierung und Störung von Auftrittsprotokollen, auch wenn Vogel dessen politische Implikationen in ihrer Studie *Aus dem Grund* auf eindrucksvolle Weise nachgewiesen hat.[241] Die folgenden Ausführungen beschränken sich bewusst auf die Darstellung der politischen Kräfteverhältnisse zwischen Figuren oder Figurengruppen, die sich aus der *Sequenzierung* von Auftritten ergeben. In ihr wird die Erfahrung der Konfrontation (Kap. 4.1) unmittelbar dramatisch verarbeitet.

Ausgangspunkt der Analyse sind zwei Szenen des *Götz*, die die Eskalation der kriegerischen Auseinandersetzung Berlichingens mit den Soldaten des Kaisers zeigen (FA 4, 342f.):

Gebürg und Wald
Götz. Selbitz. Trupp.

GÖTZ Sie kommen mit hellem Hauf. Es war hohe Zeit daß Sickingens Reuter zu uns stießen.

SELBITZ Wir wollen uns teilen. Ich will linker Hand um die Höhe ziehen.

GÖTZ Gut. Und du Franz führe mir die funfzig rechts durch den Wald hinauf, sie kommen über die Heide, ich will gegen ihnen halten. Georg du bleibst um mich. Und wenn ihr seht daß sie mich angreifen, so fallt ungesäumt in die Seiten. Wir wollen sie patschen. Sie denken nicht daß wir ihnen die Spitze bieten können. *Ab.*

Heide auf der einen Seite eine Höhe, auf der andern Wald
Hauptmann. Exekutionszug.

HAUPTMANN Er hält auf der Heide! Das ist impertinent. Er solls büßen. Was! Den Strom nicht zu fürchten der auf ihn los braust.

RITTER Ich wollt nicht daß Ihr an der Spitze rittet, er hat das Ansehen als ob er den ersten der ihn anstoßen mögte umgekehrt in die Erde pflanzen wollte. Reitet hinten drein.

HAUPTMANN Nicht gern.

RITTER Ich bitt Euch. Ihr seid noch der Knoten von diesem Bündel Haselruten, löst ihn auf, so knickt er sie Euch einzeln wie Riedgras.

HAUPTMANN Trompeter blas! Und ihr blast ihn weg. *Ab.*
Selbitz hinter der Höhe hervor im Galopp.

SELBITZ Mir nach! Sie sollen zu ihren Händen rufen: multipliziert euch. *Ab.*
Lerse aus dem Wald.

LERSE Götzen zu Hülf! Er ist fast umringt. Braver Selbitz, du hast schon Luft gemacht. Wir wollen die Heide mit ihren Distelköpfen besäen. *vorbei.*
Getümmel.

---

241 Vogel 2018a.

Dargestellt wird hier die militärische Konfrontation zweier Parteien. Die Anordnung wirkt auf den ersten Blick wenig innovativ. Goethe parallelisiert die strategische Planung beider Lager, wobei der Anführer jeweils mit einem Untergebenen diskutiert. Doch das ändert sich in dem Moment, als der Hauptmann der Kaiserlichen zum Angriff blasen lässt. Es folgen nun in hohem Tempo die Auftritte Selbitz' und Lerses, wobei keiner auf der Bühne bleibt, um mit den in der Folge Auftretenden zu sprechen. Das Personal wechselt in hoher Frequenz, ohne miteinander in Kontakt zu treten. Die Szene endet in ihrer antagonalen Auflösung, im formlosen „Getümmel" des Kampfes.

In nuce führt die Passage ein zentrales ästhetisches Element des *Götz* vor Augen: die schnellen und zahlreichen Orts- und Szenenwechsel. Sieht man sich im dritten Akt den gesamten Verlauf der Auseinandersetzung zwischen Götz und den Kaiserlichen an, benötigt Goethe gerade einmal 164 Zeilen, um die Handlung von Jaxthausen über das kaiserliche Lager, Gebürg und Wald, die Heide, einen Wartturm und das Lager zurück nach Jaxthausen zu führen (341–346). Die Parteien betreten dabei immer abwechselnd die Bühne. Im gesamten Stück verhält es sich nicht anders. Es gibt über fünfzig Szenenwechsel, was im deutschsprachigen Drama des 18. Jahrhunderts singulär ist. Man kann dies, ebenso wie die große Zahl der auftretenden Figuren, literaturhistorisch dem Einfluss Shakespeares, kulturhistorisch der Kriegstechnik des dreißigjährigen Krieges zuordnen. Im Hinblick auf die Ästhetik der Eskalation hat man damit aber noch wenig gewonnen. Wichtiger ist es, die multipolare Struktur zu erkennen, die sich aus den Ortswechseln ergibt. Das Drama springt zwischen den Parteien rasch hin und her, ohne dass zwischen ihnen eine Verbindung entsteht oder eine Vermittlung möglich erscheint. Götz, der Bischof, Weislingen, Adelheid, Sickingen, die Bauern: Sie alle vertreten ihre eigenen Interessen, die sich mit denen der anderen überschneiden können, aber nie kongruent sind. Die Darstellung verschiedener sozialer Schichten und der daraus resultierende Polylog von Sprechweisen und Tonlagen, die Zeitgenossen wie Christian Heinrich Schmid an Goethes Stück lobten,[242] verstärkt diesen

---

242 Schmid 1774, S. 84f. Dass das Einüben dieser divergierenden sozialen Sprechweisen auch Aufgabe eines zukünftigen Nationaltheaters wäre, zeigen Maler Müllers 1776 für die Mannheimer Schauspielschule verfassten Gutachten *Gedanken über die Errichtung eines deutschen National Teaters*. Ein Schauspiellehrer solle, so Müller, seine Schüler „auf das urbane, sittliche, Edle nach jedem Carrakter und Standt" führen, aber auch „auf das Comische von unten stufen weiße biß zur äußersten Spitze hinan – [...] vom breiten Lautlachen des Bauren, durchs trollichte Humoristische hindurch biß zum feinen satyrischen Lächeln des Mannes von Erziehung und Geschäften" (Seuffert 1877, S. 564). Zur Einordnung dieser Schrift in die Theaterpädagogik des 18. Jahrhunderts siehe Zumhof 2018, S. 371–379.

Eindruck. Der Versuch, durch die Verbindung Weislingens mit Maria den Konflikt zwischen Götz und seinem einstigen Freund beizulegen, ist im zweiten
Akt schon wieder vom Tisch. Ab diesem Zeitpunkt bleiben die Parteien unter
sich und treten nicht mehr in direkte Kommunikation. Ausnahmen wie die
Gerichtsverhandlung im vierten und Götz' Kommando über die Bauern im
fünften Akt führen rasch in eine erneute Eskalation.

Die Orts-, Szenen- und Sprecherwechsel bringen eine Gesellschaft zum
Vorschein, in denen Parteien sich wie bei einer Zellteilung vervielfältigen und
auseinandertreiben. Bereits die Eingangsszene (Kap. 4.3) lässt nicht zwei, sondern vier Parteien auftreten, die alle in gegensätzliche Richtungen streben:
die Bauern,[243] die Bamberger Reiter, Berlichingens Reiter und den Wirt. Die
zitierte Kriegsszene des dritten Aktes wiederholt dies: Die Truppen beider
Seiten teilen sich vor der Entscheidungsschlacht. Die Teilung einer ursprünglichen Verbindung ist auf Ebene der *histoire* symbolisch markiert: der Bund
der „Zwillingsbrüder" Götz und Weislingen steht am Anfang der Geschichte;
er zerbricht im Lauf der Zeit, ebenso wie der zwischen Götz und dem Kaiser.
Neue politische und erotische Allianzen erweisen sich als instabil. Einzig Götz
gewinnt mit Lerse und Sickingen im Lauf der Handlung treue Mitstreiter. Weislingen dagegen verliert nicht nur das Vertrauen seines Dieners, sondern auch
das Adelheids. Ein solcher Nährboden treibt, gedüngt von einer hohen agonalen Disposition der Akteure, unentwegt neue Ausbrüche von Gewalt hervor.
Es ist klar, dass dieser komplexen Form mit der klassischen Beschreibung dramatischer Konfliktdarstellung nicht mehr beizukommen ist. Diese beruht seit
den ästhetischen Vorlesungen A.W. Schlegels und Hegels[244] auf dem Prinzip
der dialogischen Entfaltung einer Auseinandersetzung zwischen zwei Antagonisten, Gustav Freytag modellierte daraus in *Die Technik des Dramas* den
bekannten prototypischen Verlauf von erregendem Moment, Höhepunkt und
Katastrophe.[245]

---

243   Die Darstellung des Bauernaufstandes im fünften Akt zeigt, dass sich die Bauern, je nach
      Gewaltbereitschaft, in zwei Parteien teilen (FA 4, 373). Vgl. hierzu Hinderer 1992a, S. 26.
244   Schlegel [1809–1811] 2018, S. 19f.; Hegel [1842] 1986b, S. 493. Noch die Dramentheorien des
      20. Jahrhunderts definieren das Drama als dialogische Form, vgl. Lukács [1911] 1981, S. 38;
      Szondi [1956] 1965, S. 14–19; Hamburger [1957] 1968, S. 158. Eingeräumt wird allerdings,
      dass der Dialog seit dem 19. Jahrhundert in eine Krise kommt, siehe Lukács [1911] 1981,
      S. 131; Szondi [1956] 1965, S. 15.
245   Freytag [1863] 1872, S. 100–120. Freytag denkt den Konfliktverlauf als dialogische Aus-
      einandersetzung zwischen dem „Held" und dem „Gegenspiel". Vgl. auch ebd., S. 91: „In
      jeder Stelle des Dramas kommen beiden Richtungen des dramatischen Lebens, von denen
      die eine die andere unablässig fordert, in Spiel und Gegenspiel zur Geltung; aber auch im
      Ganzen wird die Handlung des Dramas und die Gruppierung seiner Charaktere dadurch
      zweitheilig. Der Inhalt des Dramas ist immer ein Kampf mit starken Seelenbewegungen,

Die Ästhetik intensivierter Agonalität in *Götz von Berlichingen* zeigt dagegen, dass es lohnt, über ein Modell von Multipolarität und Eskalation nachzudenken. Dieses Modell müsste dem Phänomen des Polylogs größere Aufmerksamkeit widmen als bisher geschehen. Obwohl es in den meisten Dramen der Literaturgeschichte nicht die Ausnahme, sondern die Regel ist, dass mehr als zwei Figuren miteinander sprechen, steckt die wissenschaftliche Erkundung des Polylogs noch in den Anfängen. In *Die Technik des Dramas* bespricht Freytag in einer kurzen Passage Szenen, in denen eine dritte Person hinzutritt. Diese sei entweder Schiedsrichter zwischen den Parteien, gehöre zu einer der beiden Parteien oder bilde eine eigene Partei. Letzteres sei aber der „seltenere Fall", es ergebe sich hier nur Spannung, „wenn wenigstens der Eine in verstelltem Spiel auf den Standpunkt eines Anderen übergeht".[246] Sprich: Nur wenn der Polylog dialogisch wird, kommt es zu dramatischer Steigerung. Szenen mit mehr als drei Personen handelt Freytag unter dem Stichwort „Ensembleszenen" ab. Deren Darstellung gibt er großen Raum,[247] was angesichts ihrer Bedeutung für das Theater der zweiten Hälfte des 19. Jahrhunderts nicht verwundert. Im Hinblick auf die dramaturgische Gestaltung, so Freytag, zerstreuten sie eher die Spannung und hätten „vorzugsweise den Charakter vorbereitender oder abschließender Scenen."[248] Obwohl viele der Beispiele, die Freytag aus der Dramengeschichte als gelungene Ensembleszenen anführt, politische und militärische Eskalationen vorbereiten – die Bankettszene im zweiten Akt von Shakespeares *Antony and Cleopatra*, die Rütliszene des *Tell*, der erste Akt des *Demetrius* – bleibt dieser Aspekt außen vor.

Das Gleiche gilt für Manfred Pfister und seine immer noch grundlegende Einführung in die Dramenanalyse. Pfister erkennt zwar, dass das normativ-dialogische Modell des 19. Jahrhunderts „nur einen Teil des historischen Text-korpus abdeckt" und auf viele moderne Dramen nicht zutreffe,[249] entwickelt aber seine strukturalistische Darstellung dramatischer Rede in erster Linie aus dem Wechselspiel von monologischer und dialogischer Sprechweise. Das „Mehrgespräch" bzw. „Polylog" kommt nur in einem kleinen Abschnitt vor, der sich der Quantifizierung der am Sprechakt beteiligten Personen widmet. Pfister weist darauf hin, dass Polyloge einen „qualitativen Sprung" bedeuten, „im Mehrgespräch sind Relationen möglich, die das Zwiegespräch nicht kennt",

---

welchen der Held gegen widerstrebende Gewalten führt." Sowie ebd., S. 191f.: „Der wichtigste Theil der dramatischen Handlung verläuft in der Dialogscene, zunächst im Zwiegespräch."

246 Ebd., S. 198.
247 Ebd., S. 197–210.
248 Ebd., S. 198.
249 Pfister 2001, S. 196.

es sei „semantisch komplexer".[250] Was genau das bedeutet, bleibt aber unklar. Selbst in jenen Abhandlungen, die sich dezidiert der Überwindung des Dialogs bzw. der Idee des Dialogischen im Theater des 20. Jahrhunderts widmen, findet das Mehrgespräch höchstens als abstraktes Prinzip der „Polylogizität" Anwendung. Hans-Thies Lehmann verbindet damit zugleich eine Abwendung vom Drama insgesamt, da im ‚postdramatischen Theater' die Auflösung der Sprecherinstanzen bzw. Figurenreden in nicht-personale Textschichten mit der Abkehr vom Logozentrismus einhergehe.[251]

Die bisherigen Erkenntnisse über die Funktionen des Polylogs im Drama bleiben also entweder dem Prinzip des Dialogs verhaftet, beschäftigen sich mit Ensembleszenen und chorischem Sprechen,[252] oder bleiben für die Szenenanalyse zu abstrakt. Die folgenden Überlegungen zu polyloger Eskalation in Goethes *Götz* möchten dieser Tendenz der Forschung entgegentreten. Zunächst sei ein Ausschnitt der Gerichtsszene des vierten Aktes zitiert. In dieser kommt es zu einem verbalen Schlagabtausch zwischen den kaiserlichen Räten und Götz, der in dem Moment eskaliert, als die Räte die Bürgerwehr rufen (FA 4, 359–361):

> RAT Einem Räuber sind wir keine Treue schuldig.
> GÖTZ Trügst du nicht das Ebenbild des Kaisers, das ich in dem gesudeltsten Konterfei verehre, du solltest mir den Räuber fressen oder dran erwürgen. Ich bin in einer ehrlichen Fehd begriffen. [...]
> *Rat winkt dem Ratsherren, der zieht die Schelle. [...]*
> *Bürger treten herein, Stangen in der Hand, Wehren an der Seite.*
> GÖTZ Was soll das!
> RAT Ihr wollt nicht hören. Fangt ihn.
> GÖTZ Ist das die Meinung! Wer kein Ungrischer Ochs ist, komm mir nicht zu nah. [...] *Sie machen sich an ihn, er schlägt den einen zu Boden und reißt einem andern die Wehr von der Seite, sie weichen. [...]*
> RAT Gebt Euch.
> GÖTZ Mit dem Schwert in der Hand! [...] Versprecht mir ritterlich Gefängnis, und ich gebe mein Schwert weg und bin wie vorher Euer Gefangener.
> RAT Mit dem Schwert in der Hand, wollt Ihr mit dem Kaiser rechten? [...]

---

250   Ebd., S. 197.
251   Lehmann [1999] 2015, S. 46f. Vgl. zur Ablösung der Figurenrede durch von Personen unabhängigen Textschichten im Theater des späten 20. Jahrhunderts bereits die Studie von Poschmann 1997. Maja Sibylle Pflüger hat den Zerfall des Dialogs „in beziehungslose Repliken", die „einander ablösen, ohne aufeinander Bezug zu nehmen" in Bezug auf die Stücke Elfriede Jelineks herausgearbeitet, siehe Pflüger 1996, S. 23.
252   Dieses hat als einzige Spielart des Polylogs in der jüngeren Forschung relativ große Aufmerksamkeit gefunden. Die Studien konzentrieren sich jedoch in den meisten Fällen auf das Theater der Moderne bzw. der Gegenwart, vgl. Lee 2013; Enzelberger et al. 2012; Kurzenberger 2009.

Gerichtsdiener kommt.

GERICHTSDIENER Eben ruft der Türmer: es zieht ein Trupp von mehr als zwei-
hunderten nach der Stadt zu. Unversehens sind sie hinter der Weinhöhe
hervorgedrungen, und drohen unsern Mauern.

RATSHERR Weh uns was ist das?

Wache kommt.

WACHE Franz von Sickingen hält vor dem Schlag, und läßt Euch sagen: er habe
gehört wie unwürdig man an seinem Schwager bundbrüchig geworden seie,
wie die Herrn von Heilbronn allen Vorschub täten. Er verlange Rechenschaft,
sonst wolle er binnen einer Stunde die Stadt an vier Ecken anzünden, und sie
der Plünderung Preis geben.

GÖTZ Braver Schwager!

Es handelt sich hier, wenn man die politischen Positionen von der Zahl der
Figuren abstrahiert, um einen dialogischen Streit zwischen den Vertretern
des Reichs, den Ratsherren Heilbronns, den Bürgern der Stadt auf der einen
sowie Götz und Sickingen auf der anderen Seite. Und doch ist das mehrmalige
Hinzutreten neuer Figuren – die Bürgerwehr, die Wache, der Gerichtsdiener,
Elisabeth, schließlich Sickingen – Voraussetzung für die Eskalation und die mit
ihr verbundene Drohung der Zerstörung der Stadt. Dies führt dazu, dass die
vermeintlich klare Aufteilung der Parteien auseinanderbricht. Die Vertreter
des Kaisers und der Stadt werden uneins. Jeder beharrt auf seinen Positionen,
es kommt zu keinem Kompromiss. Die Situation wird mit der Androhung von
Gewalt aufgelöst (361):

RAT Was ist zu tun?

RATSHERR Habt Mitleiden mit uns und unserer Bürgerschaft, Sickingen ist
unbändig in seinem Zorn, er ist Mann es zu halten.

RAT Sollen wir uns und dem Kaiser die Gerechtsame vergeben.

HAUPTMANN Wenn wir nur Leute hätten sie zu halten. So aber könnten wir
umkommen, und die Sache wär nur desto schlimmer. Wir gewinnen im
Nachgeben.

RATSHERR Wir wollen Götzen ansprechen für uns ein gut Wort einzulegen. Mir
ist's als wenn ich die Stadt schon in Flammen sähe.

RAT Laßt Götz herein.

GÖTZ Was soll's?

RAT Du würdest wohl tun, deinen Schwager von seinem rebellischen Vorhaben
abzumahnen. Anstatt dich vom Verderben zu retten, stürzt er dich tiefer hinein indem er sich zu deinem Falle gesellt.

GÖTZ *sieht Elisabeth an der Tür, heimlich zu ihr:* Geh hin! Sag ihm: er soll unver-
züglich herein brechen, soll hierher kommen, nur der Stadt kein leids tun.
Wenn sich die Schurken hier widersetzen, soll er Gewalt brauchen. Es liegt
mir nichts dran umzukommen, wenn sie nur all mit erstochen werden.

Entscheidend für die analytische Beschreibung der zitierten Passagen ist es, den
Zusammenhang von dialogischer und polylogischer Eskalation zu erkennen.

Die oben zitierte Kriegsszene des dritten Aktes parallelisiert zunächst zwei Parteien, die sich in mehrere Gruppen teilen; die Form der Szene hebt sich schließlich durch das Tempo der Figurenwechsel selbst auf. Auch die Gerichtsszene des vierten Aktes beginnt mit einem Dialog zwischen den gegnerischen Parteien und endet mittels polyloger Eskalation in unvermittelter Vielstimmigkeit und drohender Gewalt.

Die bislang beschriebenen dia- und polylogen Eskalationstechniken sind keine Erfindung Goethes. Beispiele für Dialoge, die den zentralen Konflikt zwischen zwei Gegenspielern verbal bis zum möglichen Gewaltausbruch steigern, finden sich im 18. Jahrhundert zuhauf. Tatsächlich neu ist aber, dass im *Götz* die Figurenkonstellation durch ihre Komplexität fragil wird und nicht von einer verbindenden Kommunikationsstruktur stabilisiert wird. Dieser historische Einschnitt in der Darstellung polyloger Eskalation sei nun näher ausgeführt.

In der dritten Szene des dritten Aktes von Gottscheds *Cato* kommt es zum Streitgespräch des Titelhelden mit seinem Kontrahenten Cäsar (AW 2, 69–78). Es findet sich nicht nur an dramaturgisch, sondern auch an politisch zentraler Stelle: Ein Waffenstillstand erscheint möglich, der tödliche Waffengang zwischen den Parteien könnte vermieden werden. Die Begegnung könnte also zu diplomatischen Verhandlungen führen, kippt aber schnell ins Gegenteil. Gottsched selbst hat die Rhetorik dieser Szene in seiner *Redekunst* analysiert und auf die unterschiedlichen, affektsteigernden Stilmittel wie Exclamatio, Epizeuxis, Cumulus und Hypotyposis hingewiesen (AW 7.1, 347–354).[253] Auch das Tempo der Repliken trägt hierzu bei. Zunächst tauschen Cato und Cäsar in längeren Reden ihre Positionen aus, die entlang der Trennlinie von Republik vs. Diktatur, Menschlichkeit vs. Kampflust, Sanftmut vs. Ehrsucht etc. verlaufen und sich schnell als unvereinbar erweisen. Als Cato sein Gegenüber schließlich als „Tyrannen" beschimpft und ihn der Heuchelei bezichtigt, droht der Dialog in Gewalt umzuschlagen. Die Repliken werden kürzer, die Sprechfrequenz erhöht sich. Cäsar droht: „Erwäg es: wenn ich zürn, so ist ein Augenblick/ Schon lang und groß genug zu deinem Ungelück." Daraufhin Cato: „Wenn ich nicht hoffen darf, die Freyheit zu erwerben:/ So bin ich alt genug, und will ganz freudig sterben." Cäsar: „Ach, weiche dem Geschick!", Cato: „Mein Schicksal heißt sey frey!" (AW 2, 74)

Die Beschleunigung der dialogischen Rede durch die Reduktion der Replikenlänge und den Einsatz von Stichomythie und Enjambement ist im klassizistischen Drama ein probates Mittel zur Darstellung agonaler Eskalation. Nicht zufällig kommt es häufig im zweiten Akt zum Einsatz, in jenem Moment also, in dem die dramatische Spannung steigt. Man denke an die

---

253 Diese analysiert Georg-Michael Schulz im Kontext der Ästhetik des Erhabenen im Trauerspiel des 18. Jahrhunderts, vgl. Schulz 1988, S. 99–101.

direkte Konfrontation von Mahomet und Zopire in Voltaires *Mahomet*[254] oder den zum Duell führenden Streit zwischen Ulfo und Godewin in Schlegels *Canut*.[255] Wenig verwunderlich deshalb, dass Goethe und Schiller diese Technik in ihren klassischen Dramen fortführen. Bekanntes Beispiel ist die Auseinandersetzung Tassos mit Antonio in II.4, die gegen Ende in den einzeiligen Repliken-Rhythmus wechselt und damit schließt, dass Tasso seinen Degen zieht (FA 5, 773). Auch Schiller parallelisiert Eskalation und Akzeleration, wenn er im zweiten Akt der *Jungfrau von Orleans* die Engländer mit Burgund bzw. beide mit Isabeau in Streit geraten lässt (WB 5, 193, 197). Deutlicher noch an das klassizistische Muster angelehnt ist die stichomythische Konfrontation der beiden Chöre in der Gartenszene der *Braut von Messina*, die im Handgemenge endet (347–349).

Die Darstellung dialogischer Eskalation ist auch für das bürgerliche Trauerspiel der frühen 1750er Jahre von Bedeutung. Hier resultiert die Gewalt aber nicht mehr aus der Erhöhung des Replikentempos, sondern im Gegenteil aus dessen Senkung. Eben da, wo der Dialog monologisch wird und eine Figur sich in Rage redet, wird es gefährlich. Es ist nun die psychische Disposition des Einzelnen, die den Umschlag von verbaler in physische Aggression befördert. Zwei einflussreiche Beispiele sollen an dieser Stelle genügen: Als in Edward Moores Erfolgsstück *The Gamester* (1753) der tugendhafte Lewson den Bösewicht Stukeley zur Rede stellt, zieht er den Degen, obwohl Stukeley auf seine heftigen Vorwürfe besonnen reagiert.[256] Der Gewaltausbruch geschieht nicht, weil sich die Spannung zwischen zwei Polen entladen muss. Es sind die Reden und Handlungen einer einzelnen Figur, die dafür verantwortlich sind. Auffällig sind in dieser Hinsicht auch jene beiden Szenen der *Miß Sara Sampson*, in denen Dialoge in Gewalt zu münden drohen. Das erste Mal zieht Marwood gegen Mellefont den Dolch, nachdem sie sich in langen, nur kurz von ihrem Gegenüber unterbrochenen Repliken in eine Rachephantasie hineingesteigert hat (B 3, 463f.). Das zweite Mal ist es Sara, die durch einen scheinbar versöhnenden, in Wahrheit jedoch kränkenden Monolog den Konflikt mit Marwood soweit eskaliert, dass deren Mordabsichten entscheidend vorangetrieben werden (507–509).

Auch Polyloge kommen lange vor Goethes *Götz* zum Einsatz, um die latente Bedrohung gewalttätiger Auseinandersetzungen zur Darstellung zu bringen. Man kann hier an den Schlussakt von Gottscheds *Parisischer Bluthochzeit*

---

254 Voltaire 1742, S. 28.
255 Schlegel 1746, S. 27.
256 Moore 1753, S. 54.

(1745) denken. In den ersten fünf Auftritten, die die Situation im Lager der Protestanten schildern, kommt mit jedem Szenenwechsel eine Figur hinzu, ohne dass die anderen abtreten.[257] Jede dieser Figuren bringt neue Informationen über das Massaker auf den Straßen von Paris, die grausamen Erzählungen setzen die Gruppe in immer neue Aufregung – die meisten Repliken beschränken sich auf einzeilige, erschreckte Ausrufe. In der fünften Szene schließlich betritt der katholische Mob selbst die Bühne.[258] Der Polylog geht hier mit der *Akkumulation* von Figuren einher. Dies ist ein im Drama des 18. Jahrhunderts – und nicht nur dort – häufig anzutreffendes Phänomen. Goethe selbst bediente sich dieser Darstellungstechnik sehr ausführlich im dritten bis fünften Akt des *Clavigo*, wobei besonders der Schlussakt die permanente Erhöhung der Figurenanzahl mit der Herbeiführung der Katastrophe koppelt. Jedoch muss die Akkumulation nicht unbedingt mit einer Eskalation einhergehen, sondern kann auch, wie am stilbildenden Schluss von Diderots *Le Fils naturel* (1757), den konträren Effekt haben und sämtliche Figuren in ein empfindsames Schlusstableau zusammenführen. Oder es werden, wie im fünften Akt von Schlegels *Herrmann* (1743), Eskalation und Gemeinschaftsstiftung kombiniert: Die siegreich von der Schlacht gegen die Römer zurückkehrenden Germanen treffen auf den verräterischen Segest, sein Ausschluss aus dem neu konstituierten Kollektiv wird durch den triumphalen Schlussauftritt Herrmanns besiegelt.[259] Eine ähnliche Dynamik lässt sich in *Wallensteins Lager* (1798) beobachten, wo die wiederholte Akkumulation und Reduktion des Personals auf der Bühne zwar Eskalationspotential birgt, letztlich aber in der Stabilisierung des Korpsgeistes endet. Aus diesem Grund müssen aber am Ende des Prologes sämtliche Figuren, die nicht zur Armee gehören, von der Bühne verschwunden sein: die Bauern ebenso wie der Bürger und der Kapuziner (WB 4, 51–53).

Was Goethes *Götz* also von der Formsprache der Dramen vorangegangener Jahrzehnte unterscheidet, ist nicht die Technik der Eskalation in Zwie- oder Mehrgesprächen. Es ist die Tatsache, dass er diese Momente agonaler Intensivierung in eine fragile Konfiguration der Figuren einfügt.[260] Eine Konfigura-

---

257 Gottsched [1745] 2011, S. 77–88.
258 Ebd., S. 85.
259 Schlegel 1743, S. 66–68.
260 Die Verwendung des Begriffs der Konfiguration bezieht sich hier in erster Linie auf die Dynamik der Auftrittskonstellation. Siehe hierzu Pfister 2001, S. 225–240, 312–318. Er überschneidet sich zum Teil mit einem weiten Verständnis dramatischer Konfiguration, auf das in der Literaturwissenschaft seit Bernhard Seufferts *Beobachtungen über die dichterische Komposition* (1909/1911) kursorisch zurückgegriffen wird und dessen Geschichte Karl Konrad Polheim nachgezeichnet hat (Polheim 1997b). Polheim beschreibt

tion, die multipolar ist und in der die vielen Parteien kaum noch miteinander kommunizieren.[261] Der Grad kollektiver Kohäsion ist gering. Genau das ist neu. Im Drama der Aufklärung lassen sich zwei Techniken der Figuren-führung identifizieren, die die Etablierung von Verbindungen zwischen geg-nerischen Gruppen garantieren. Sie sollen im Folgenden als *Rondo* und *Reigen* bezeichnet werden. Was darunter zu verstehen ist, sei mit Hilfe von Voltaires *Zayre* (1733) erläutert.[262] Es geht dabei nicht darum, die Form dieses ungemein erfolgreichen Werkes als epochemachendes Vorbild zu deuten. Vielmehr kris-tallisieren sich in *Zayre* die Auftrittsmuster in einem ungewöhnlich hohen und gerade deshalb exemplarischen Reinheitsgrad.

Konfiguration im weiteren Sinne wie folgt: „Die Gestalten verteilen sich zu einer vom Dichter bestimmten Aufstellung, in der sie einzeln oder in Gruppen vereinigt ihren Platz einnehmen, und zwischen ihnen spannen sich Bezüge, Einflüsse und Abhängig-keiten, die durch sie hervorgerufen und von denen sie bestimmt werden." (ebd., S. 10). Die Beobachtung dieser Konfiguration fließt meist in ein statisch-symmetrisches Schaubild ein, dass das Beziehungsgefüge der Figuren veranschaulicht, vgl. hierzu die Beiträge in Polheim 1997a. Das von Polheim selbst vertretene enge Verständnis der *einen*, gleichsam verbindlichen Konfiguration, die sich am Ende des Dramas in ihrer „vollständigen und wahren Prägung" enthülle und den Zugang „zum eigentlichen Wesen der Figuren" ent-hülle" (Polheim 1997b, S. 11), ist dagegen für die folgenden Analysen nicht von Interesse.

261   Dies beschreibt auch Slotosch 1997, S. 75, 83. Er beschränkt sich aber darauf, das Aus-einanderfallen einer ursprünglichen Einheit als moderne Grunderfahrung zu deuten. Die These von Hinderer 1992a, S. 46, dass Goethe im *Götz* einer „antithetischen Konstellation der Personen" folge, wird der Komplexität des Phänomens ebenfalls nicht gerecht.

262   Voltaire 1733.

Erster Akt

1	Fatime	Zayre		
2	Fatime	Zayre	Orosmane	
3	Fatime	Zayre	Orosmane	Corasmin
4	Fatime	Zayre	Orosmane	Corasmin	Nerestan
5			Orosmane	Corasmin

Zweiter Akt

1	Nerestan	Chatillon		
2	Nerestan	Chatillon	Zayre	
3	Nerestan	Chatillon	Zayre	Lusignan
4	Nerestan	Chatillon	Zayre	Lusignan	Corasmin

Dritter Akt

1	Orosmane	Corasmin		
2		Corasmin	Nerestan	
3			Nerestan	
4			Nerestan	Zayre
5				Zayre
6	Orosmane			Zayre
7	Orosmane	Corasmin		

Vierter Akt

1	Fatime	Zayre		
2		Zayre	Orosmane	
3			Orosmane	Corasmin
4			Orosmane	Corasmin	Meledor
5			Orosmane	Corasmin
6		Zayre	Orosmane	Corasmin
7			Orosmane	Corasmin

Fünfter Akt

1	Corasmin	Orosmane	Esclave	
2			Esclave	Zayre	Fatime
3				Zayre	Fatime
4				Zayre	
5			Esclave	Zayre	
6	Corasmin	Orosmane	Esclave	
7		Orosmane		
8	Corasmin	Orosmane		
9		Orosmane		Zayre	Fatime
10	Corasmin	Orosmane		Zayre	Fatime	Nerestan

Das Schaubild der Auftrittsfolge der *Zayre* zeigt, dass sich Voltaire aller drei wichtigen Auftrittsmuster bedient. In den ersten beiden Akten und in den letzten beiden Szenen des fünften Aktes kommt die *Akkumulation* von Figuren zum Einsatz, nach dem Muster:

```
A    B
A    B    C
A    B    C    D
A    B    C    D    E
```

Im dritten und fünften Akt dagegen wendet er den *Reigen* an. Hier bleibt jeweils eine Figur auf der Bühne, während eine andere abgeht und eine neue hinzukommt. Diese Figur ist es jetzt, die auf der Bühne bleibt, während ihr Gegenüber geht und wiederum eine neue auftritt, usw.:

```
A    B
     B    C
          C    D
               D    E
```

Bleibt das Muster des *Rondo*, das sich in den Szenen 3–7 des vierten Aktes findet. Hier steht eine Figur permanent auf der Bühne, während neue Figuren abwechselnd auf- und wieder abtreten:

```
A
A    B
A
A    C
A
A    D
A
A    E
A
```

Natürlich kommen die drei Typen in dieser Reinheit nur selten vor, es handelt sich um heuristische Modelle, die aus dem historischen Material extrahiert werden können. Selbst in der *Zayre*, die der idealtypischen Realisierung der Auftrittskonstellationen innerhalb des hier untersuchten Korpus noch am nächsten kommt, finden sich Varianten. So nutzt Voltaire den Reigen des dritten Aktes, um die auf der Bühne bleibende Figur einen Monolog sprechen zu lassen, zugleich führt er die Szenenfolge am Schluss wieder zu der Ausgangspaarung Orosmane/Corasmin zurück. Es wirkt, als würde sich ein Kreis schließen. Auch das Rondo im vierten Akt weicht ab, indem sie nicht eine, sondern zwei Figuren, wiederum Orosmane/Corasmin, ins Zentrum stellt.

Dennoch ist die den drei Typen von Auftrittsfolgen jeweils zugrundeliegende Logik in den Dramen der Aufklärung durchgehend zu beobachten. Damit ist noch nichts über ihre ästhetische Funktion ausgesagt, ebenso wenig über ihr eskalierendes Potential. Die Beobachtung ihrer Persistenz belegt zunächst einmal nur, dass innerhalb einer dramatischen Einheit, seien es Szenenfolgen oder ganze Akte, die dauerhafte Präsenz einer Figur einen Mindestgrad an Kohäsion und kommunikativer Vermittlung zwischen den Parteien zumindest möglich erscheinen lässt. Obwohl nicht nur der Typus der Akkumulation, sondern auch Reigen und Rondo die Spannungen zwischen Parteien erhöhen können, insistiert ihre Form immer schon auf Stabilität. Genau an diesem Punkt greift *Götz von Berlichingen* ein. Er tut dies nicht, indem er überlieferte Auftritts- und Formmuster eliminiert,[263] sondern indem er das Tempo der Szenen- und Ortswechsel so stark erhöht, dass sie die Kommunikation zwischen Figurengruppen kappen. Deutlich wird dies zu Beginn des dritten Aktes (FA 4, 330–337):

Augsburg Garten

1	Kaufleute		
2	Kaufleute	Kaiser	Weislingen
3		Kaiser	Weislingen

Jaxthausen

4	Götz	Sickingen

Lager Reichsexekution

5	Hauptmann	Offiziere

Jaxthausen

6		Sickingen
7	Götz	Sickingen

Palast Bischof, Zimmer Adelheid

8		Adelheid Franz

Die abrupten Ortswechsel durchschneiden förmlich die sich entwickelnde Reigen- und Rondostruktur. Sie sorgen dafür, dass eine Partei die Bühne verlassen muss, bevor die andere auftritt. Goethe wahrt die Form, da die Auftritte

---

263 Den Vorwurf der Formlosigkeit, der Goethes *Götz* seit seiner Veröffentlichung begleitet, hat insbesondere die angelsächsische Forschung in verschiedenen Studien kritisiert. Verwiesen wurde auf wiederkehrende Motive und Metaphern sowie symmetrische Kompositionsprinzipien, vgl. Ryder 1962; Fowler 1987; Teraoka 1984; Hinderer 1992a, S. 33–45.

immer noch nach den bekannten Mustern sequenziert werden. Und doch fällt die politische Gemeinschaft auseinander. Während sich die kriegerische Konfrontation anbahnt, wird direkte Kommunikation zwischen den einzelnen Gruppen unmöglich.

Der Vergleich zwischen Voltaires *Zayre* und Goethes *Götz* sollte nicht zu der Annahme verleiten, dass es vor den 1770er Jahren keine Szenenwechsel innerhalb eines Aktes gegeben habe. Abseits der klassizistischen Tragödie bringt George Lillo bereits 1731 mit *The London Merchant* ein Stück auf die Bühne, das in der Übersetzung Henning Adam von Bassewitz' zu einem der erfolgreichsten Dramen auf den deutschen Bühnen der 1750er Jahre avancierte.[264] Lillo verschärft den Kontrast zwischen den Parteien der Tugend und des Lasters, indem er zwischen den Häusern Thorowgoods und Milwoods changiert. Im dritten Akt, der mit dem Mord Barnwells an seinem Onkel den Höhepunkt der Eskalation markiert, driften die Orte und Figuren ähnlich wie im *Götz* auseinander:

Thorowoogds Haus

1	Thorowgood	Trueman			
2			Maria		
3		Trueman	Maria		

Milwoods Haus

4				Lucy	Blunt

Ein Landsitz

5					Barnwell
6					Onkel
7					Barnwell Onkel

---

264 Bassewitz' Übersetzung erschien 1752 und hat ihrerseits Pierre Clément de Genèves erste vollständige Übertragung ins Französische (1748) zur Vorlage. Sie nimmt, abgesehen von einer starken Kürzung der Szene IV/12, keine einschneidenden Veränderungen vor, wie Klaus-Detlef Müllers Vergleich der drei Textfassungen bestätigt (Lillo [1752] 1981, S. 87–109). Zu Bassewitz und den ersten Aufführungen des Stücks in Deutschland siehe Daunicht 1955 und Seth 1991, S. 259–267. Die literarische Rezeption der Übersetzung in Deutschland nimmt wiederum Müller in den Blick, vgl. Lillo [1752] 1981, S. 143–149. Erst Merciers Bearbeitung *Jenneval ou le Barnevelt françois* (1769), die das Trauerspiel in ein Rührstück verwandelt und Friedrich Ludwig Schröder als Vorlage für *Die Gefahren der Verführung* (1778) dient, ändert die Ästhetik von Lillos Drama und damit auch seine Rezeption in Deutschland grundlegend.

Die Bedrohung, die damit einhergeht, wird aber in den folgenden beiden Akten wieder reguliert. Zum einen beginnen die Partien zu kommunizieren und zu interagieren, die Grenze zum Handlungsort der Gegner zu überschreiten. Im vierten Akt informieren die Diener Lucy und Blunt ihren vermeintlichen Gegenspieler Thorowgood von den Machenschaften ihrer Herrin Milwood. Dieser dringt daraufhin mit einem Officer in Milwoods Haus und lässt sie verhaften. Der letzte Akt zeigt Barnwell im Gefängnis. Er folgt dem Muster des Rondo: Thorowgood, Trueman und Maria besuchen Barnwell abwechselnd und reintegrieren ihn so in die tugendhafte Kommunikationsgemeinschaft (Kap. 6.1). Auch spätere bürgerliche Trauerspiele[265] tasten, obwohl sie die Einheit des Ortes ignorieren, die drei Typen der Auftrittskonfiguration nicht an. Die direkte Kommunikation zwischen den Parteien bleibt intakt. Eskalationen folgen in Stücken wie *Miß Sara Sampson* oder *Der Freygeist* einem anderen Schema.

Götz von Berlichingen ist ein Extremfall, der sich in dieser Form auch im Sturm und Drang nicht wiederholt. Dennoch generiert das Werk neue Möglichkeiten der dramatischen Konfiguration, die in den folgenden Jahren an Bedeutung gewinnen. Während ein Stück wie Klingers *Zwillinge* in seiner Auftrittsordnung noch an klassizistische Vorbilder erinnert, imitiert Lenz im *Hofmeister* (1774) und in den *Soldaten* (1776) die Konfiguration des *Götz*. Innerhalb der Akte finden zahlreiche Ortswechsel statt, häufig öffnet sich mit jedem Auftritt ein neuer Schauplatz. Die Gruppen bleiben unter sich, es gibt wenig Kontakt und Transfer. Die Anzahl der Figuren ist allerdings geringer, auch hält Lenz das Eskalationspotential der Stücke trotz ihrer multipolar-polygonen Ordnung vergleichsweise gering. Einen anderen Weg geht Dyk in seiner Bearbeitung des *Graf von Eßex*. Hier changieren die Schauplätze nur selten. Innerhalb der Szenen garantiert das Auftrittsmuster des Rondo, dass einzelne Figuren wie die Königin – das Stück besteht zu einem großen Teil aus ihren Audienzen – permanent auf der Bühne bleiben. Die Eskalationsdynamik wird aber in der hohen Auftrittsfrequenz sichtbar, im zweiten Akt tritt insgesamt dreizehnmal eine Figur auf oder ab, im fünften Akt gar fünfzehnmal.

Im Hinblick auf die Darstellung agonaler Eskalation ist nun besonders die Formsprache jener Dramen von Interesse, die Aufstände und Revolutionen thematisieren. Dass diese die ganze Aufklärung über virulent sind, hat zuletzt Arnd Beise gezeigt.[266] Er legt den Schwerpunkt auf Weises *Masaniello* und

---

265   Zur Bewertung der Übersetzung des *London Merchant* im Kontext der Affektpoetik des deutschen bürgerlichen Trauerspiels vgl. Mönch 1993, S. 72–81.

266   Beise 2010.

macht von dort einen Sprung zur Frühaufklärung (Gottsched, Behrmann), geht weiter zu Lessing und Bodmer, bevor er bei Schiller und Goethe endet. Auch wenn das Korpus dem Kanon verhaftet bleibt, kommt Beise zweifellos das Verdienst zu, die beständige Wiederkehr des Volksaufruhrs im Drama der Frühen Neuzeit nachgewiesen und damit die gängige These einer Initiierung des Themas durch die Französische Revolution ad acta gelegt zu haben. Er geht dabei nicht von einer homogenen Einheit des Volkes aus, sondern begreift es als vielstimmigen und schwer zu fassenden Akteur. Das Volk sind die, die von den Oberen beherrscht werden.[267] Dennoch bleibt die Frage nach der Ästhetik der Eskalation, die mit der Darstellung von Rebellionen und Revolutionen einhergeht, offen, da sich Beise eher für die Ebene der *histoire* als die des *discours* interessiert.

Grundsätzlich ist festzuhalten, dass die zwischen *Masaniello* und *Götz* publizierten Dramen den Aufstand selbst nicht auf die Bühne bringen, sondern auf Botenberichte zurückgreifen. Eindrucksvollstes Beispiel hierfür ist ohne Frage Gottscheds *Parisische Bluthochzeit*, in der die Bedrohung durch die gewaltbereite Menge auf der Straße stets präsent ist, aber fast nie sichtbar wird (Kap. 8.2). Den Grund hierfür könnte man in der paradoxen Haltung der Aufklärung im Hinblick auf den Umsturz der Herrschaftsverhältnisse vermuten. Einerseits gab man der Idee eines Widerstandsrechts des Volkes[268] oder gar der Revolution einigen Raum. „L'émeute qui finit par étrangler ou détrôner un Sultan est un acte aussi juridique que ceux par lesquels il disposait la veille des vies et des biens de ses Sujets", notiert Rousseau im zweiten *Discours* (R 3, 191). Zugleich herrscht in der akademisch gebildeten Elite der Aufklärung gegenüber dem „Pöbel" eine distanzierte, meist sogar abwertende Haltung. Das einfache Volk erscheint als politisch blind, roh, gewalttätig und leicht zu manipulieren. Wenn Schiller in den *Ästhetischen Briefen* schreibt: „In den niedern und zahlreichern Klassen stellen sich uns rohe gesetzlose Triebe dar, die sich nach aufgelöstem Band der bürgerlichen Ordnung entfesseln, und mit unlenksamer Wut zu ihrer tierischen Befriedigung eilen" (WB 8, 568), dann gibt er einen geläufigen Topos des 18. Jahrhunderts wieder. Die Angst vor einem Bürgerkrieg, der vollständige Zusammenbruch staatlicher Ordnung, geistert als Schreckgespenst durch das Jahrhundert der Vernunft. Und so malt Gottscheds *Parisische Bluthochzeit* in einem fort das Grauen des Bürgerkrieges in die Wortkulissen.[269] Zwar schien die Idee, dass das Volk sich von unrecht-

---

267   Ebd., S. 15–22.
268   Hutcheson 1756, S. 881–883.
269   Gottsched [1745] 2011, S. 17, 22–23, 51–52, 64–66, 74–75. Zu Gottscheds Skepsis gegenüber
         dem Volk als politischem Akteur vgl. Beise 2010, S. 188–190.

mäßiger und despotischer Herrschaft befreit, legitim, die unvermeidliche Brutalität und Anarchie des Umsturzes galt es aber zu bannen.[270]

Warum Gottsched den Mob nur in einer kurzen Szene zeigt und sonst ausschließlich im Außen verortet, dürfte jedoch noch andere, schlichtere Ursachen haben: Die Aufstockung des dramatischen Personals war mit hohem dramaturgischen und auch bühnenpraktischen Aufwand verbunden. Im Falle Gottscheds kam hinzu, dass sie sich mit den Vorgaben der klassizistischen Ästhetik nicht in Einklang bringen ließ. Aber auch spätere Autoren wichen dem Problem aus – so ist etwa in Weißes *Die Befreyung von Theben* das Volk, das befreit werden soll, nicht zu sehen. Dies ändert sich im letzten Viertel des 18. Jahrhunderts, indem die rebellische Menge immer häufiger ein Gesicht erhält. Natürlich gibt es nach wie vor Autoren, die den Aufstand mit Botenberichten einfangen, wie etwa Dyk im *Graf von Eßex*.[271] Aber die polyphone politische Energie der Vielen vor die Augen von Leser und Publikum zu stellen, ist seit *Götz von Berlichingen* wieder eine Option. Dies geht einher mit einer generellen Tendenz, die Figurenzahl der Dramen zu erhöhen, was wiederum durch die verbesserte Ausstattung der Bühnen und das zunehmende Interesse an realistischer Darstellung historischer Stoffe befördert wird.

Abschließend sollen deshalb drei Dramen in den Fokus rücken, die sich in unterschiedlicher Weise an der Darstellung von Volksaufständen versuchen: Klingers *Stilpo*, Goethes *Egmont* und Schillers *Die Verschwörung des Fiesko*. Sie stammen aus den 1780er Jahren und wurden allesamt vor Ausbruch der Französischen Revolution publiziert.[272] Den Anfang macht das bereits besprochene Trauerspiel *Stilpo*. Es zeigt im vierten Akt den Straßenkampf, den die Aufständischen zum Sturz des florentinischen Despoten anzetteln. Damit verleiht er dem republikanischen Trauerspiel eine neue Dimension. Der Streit um „die Freyheit des niedergedrückten Volkes",[273] den die Revolutionäre unter Führung Stilpos und Rinaldos führen, wird auf der Bühne sichtbar. Der Kampf findet auf dem Markt statt, es herrscht „Tumult und Waffen-Geklirre".[274] In den folgenden Szenen schildert das Stück das Geschehen aus der Perspektive

---

270   Eben das ist der Konflikt, um den auch Lessings Dramenfragment *Samuel Henzi* (1753) kreist. Dies hat die Forschung eingehend diskutiert, vgl. Meier 1993, S. 161–180; Nisbet 2008, S. 251–259; Fick 2016b, S. 88–93.

271   Dyk 1777, S. 73f.

272   Zum Revolutionsdrama in Deutschland und seinen politischen Implikationen vgl. Eke 1997; Weiershausen 2018, S. 336–402. Der Darstellung des Volkes in den Mobilmachungsdramen der Revolutionskriege widmen sich am Beispiel von Henslers *Die getreuen Österreicher, oder das Aufgeboth* (1797) Aust et al. 1989, S. 85f.

273   Klinger 1780, S. 145.

274   Ebd., S. 164.

unterschiedlicher Figurengruppen, ohne dass eine vermittelnde Figur auf der Bühne bleiben würde. Auch hier wird also die Fragmentierung der politischen Gemeinschaft im Moment der Eskalation mit dem aus Goethes *Götz* bekannten Auftrittsmuster dargestellt. Zuvor schon wurde die in den ersten beiden Akten etablierte Reigen- und Rondostruktur durch eine Erhöhung der Auftrittsfrequenz destabilisiert. Die letzten drei Akte nehmen gerade einmal so viel Raum ein wie die Eröffnungsakte, verzeichnen aber doppelt so viele Auftritte.

Jedoch bleiben die Vertreter des Volkes bei dieser Revolutionsdarstellung als Individuen unsichtbar. Sie sind eine von der adligen Avantgarde gesteuerte Masse. Nur kurz ruft „Einer vom Volk" seine Mitstreiter zur „Flucht" auf, was Rinaldo, der weiterkämpfen möchte, erzürnt: „Florentiner! Freyheit oder Tod! – Seyd ihr zu Sclaven gebohren, so ergreiffe euch Verderben".[275] Darin liegt nun freilich eine Pointe: Es ist nicht mehr, wie in Gottscheds *Bluthochzeit* und Lessings Trauerspiel-Fragment *Samuel Henzi*, die potentielle Mordlust des Pöbels, die auf Ablehnung stößt, sondern sein mangelnder Kampfgeist. Das Volk muss vom freiheitsliebenden Adel geführt werden und macht seine Sache mehr schlecht als recht. Die Revolution scheitert zunächst und Rinaldo klagt über „Das muthlose Volk, das der Freyheit unwerth ist".[276] Erst als sich im fünften Akt Antonia entschließt, den Fürst zu ermorden, gelingt der Umsturz. „Einige vom Volk" stürmen mit Rinaldo in den Palast, es ist „Geschrey von Freyheit" zu vernehmen.[277] Das ist aber nur schmückendes Beiwerk, die Aufmerksamkeit des Textes gehört der Familie Stilpos.

Klingers Drama macht deutlich, dass soziale Hierarchien innerhalb der Partei der Aufständischen fortleben. Auch Goethe wird sich in *Egmont*, anders als seine Interpreten, für dieses Phänomen interessieren.[278] In diesem Stück, an dessen Arbeit er kurz nach Vollendung des *Götz* begann, zeigt Goethe die Untertanen abermals nicht als anonyme Masse, sondern gibt ihre widersprüchlichen Interessen in polyloger Stimmenvielfalt wieder – das zeichnet ihn gegenüber anderen Dramatikern des 18. Jahrhunderts aus.[279] Doch anders als im *Götz* driften die Stimmen der Vielen in *Egmont* nicht auseinander, das polyloge Eskalationspotential wird eingehegt. Das Stück öffnet mit einem agonalen Setting, einem „Armbrustschießen", zu dem sich Bürger und Soldaten

---

275   Ebd., S. 167f.
276   Ebd., S. 174.
277   Ebd., S. 194.
278   Dass die Forschung *Egmont*, wie schon den *Götz*, meist als Charakterstück bzw. Figurendrama deutet und sich deshalb ganz auf die Deutung der Titelfigur konzentrierte, weist Beise 2010, S. 379f. nach.
279   Vgl. ebd., S. 380 mit Hinweis auf den „Polyperspektivismus" des Stückes.

der Stadt Brüssel zusammengefunden haben. Dieses stiftet keinen Unfrieden, sondern politischen Zusammenhalt, da die Leistung des besten Schützen von den Konkurrenten anerkannt wird. Als der treffsichere Soldat Buyck, ein Ausländer, den Krämer Soest vom Schützenthron stößt, gibt es keinen Widerstand. „Alle" rufen mit vereinter Stimme: „Vivat Herr König hoch!" (FA 5, 461) Die politische Diskussion im Anschluss an das Schießen verläuft weitgehend friedlich, erst als die Soldaten beginnen, lautstark den Krieg zu preisen, widerspricht ihnen der Schneider Jetter. Dennoch endet die Szene harmonisch im allgemeinen Ruf „Sicherheit und Ruhe! Ordnung und Freiheit!", wobei laut Nebentext die Schauspieler die Worte so sprechen sollen, „daß jeder ein anderes ausruft und es eine Art Canon wird." (467)

Als er die Arbeit am *Egmont* im Sommer 1787 in Rom wieder aufnimmt, stellt Goethe fest, „daß sie eben jetzt in Brüssel die Szene spielen, wie ich sie vor zwölf Jahren aufschrieb" (FA 15, 394). Die brabantische Revolution gegen die Herrschaft der Habsburger war in vollem Gange und es wundert nicht, dass Goethe die Nachrichten aus Brüssel an den Beginn des zweiten Aufzugs denken ließen. Dieser endet in einer polylogen Eskalation.[280] Die Bürger treffen sich nicht mehr im Wirtshaus, sondern versammeln sich auf der Straße. Nach und nach kommen mehr Figuren hinzu, auch das „Volk", das anders als die Bürger anonym bleibt. Eben dieser Auflauf ist es, der im Lauf der Szene bedrohlich wird. Zum einen fürchten die Bürger, nach den gewalttätigen Aufständen in Flandern für „Aufwiegler" gehalten zu werden (FA 5, 482), zum anderen jedoch nutzt der Schreiber Vansen die Gelegenheit, die Rechtmäßigkeit der spanischen Herrschaft anzuzweifeln. Besonders das „Volk", das hier für den einfachen Pöbel steht, zieht er dadurch auf seine Seite. Andere wie der Seifensieder nehmen ihm seine aufrührerischen Reden übel. Die Dynamik des Polylogs lässt die politischen Gräben, die die Einwohnerschaft Brüssels durchziehen, immer deutlicher hervortreten. Die Bürgerschaft ist vorsichtiger als das „Volk", dessen Lust am Aufruhr sich leicht entflammen lässt. Aber auch innerhalb des Bürgertums zeigen sich Gegensätze. Der Schreiber Vansen findet seinen Kontrahenten im Seifensieder, andere Bürger jedoch stehen ihm zur Seite. Als Vansen von einem Buch erzählt, das die Verfassung und das dort festgeschriebene Widerstandsrecht der Stände gegenüber dem Fürsten enthalte, wird die Menge hellhörig (485f.):

> EIN ANDRER Wir wollen zu der Regentin gehen mit dem Buche.
> ANDRER Ihr sollt das Wort führen Herr Doktor.
> SEIFENSIEDER O die Tropfen.

---

280 Vgl. Ebd., S. 386–389.

ANDRE Noch etwas aus dem Buche!

SEIFENSIEDER Ich schlage ihm die Zähne in den Hals wenn er noch ein Wort sagt.

DAS VOLK Wir wollen sehen wer ihm etwas tut. Sagt uns was von den Privilegien! Haben wir noch mehr Privilegien?

VANSEN Mancherlei und sehr gute, sehr heilsame. Da steht auch: Der Landsherr soll den geistlichen Stand nicht verbessern, oder mehren ohne Verwilligung des Adels und der Stände! [...]

BÜRGER Und wir leiden die neuen Bischöfe! Der Adel muß uns schützen, wir fangen Händel an!

ANDRE Und wir lassen uns von der Inquisition in's Bockhorn jagen?

VANSEN Das ist eure Schuld.

DAS VOLK Wir haben noch Egmont! Noch Oranien! die sorgen für unser Bestes.

VANSEN Eure Brüder in Flandern haben das gute Werk angefangen.

SEIFENSIEDER Du Hund! *Er schlägt ihn.*

ANDRE *widersetzen sich und ru*fen: Bist du auch ein Spanier?

EIN ANDRER Was? Den Ehrenmann?

ANDRER Den Gelahrten?

Sie fallen den Seifensieder an.

ZIMMERMEISTER Ums Himmels willen, ruht!

Andre mischen sich in den Streit.

ZIMMERMEISTER Bürger was soll das?

Buben pfeifen, werfen mit Steinen, hetzen Hunde an, Bürger stehn und gaffen, Volk läuft zu, andre gehn gelassen auf und ab, andre treiben allerlei Schabernack und Schalkspossen, schreien und jubilieren.

Freiheit und Privilegien! Privilegien und Freiheit!

Die gewalttätige Eskalation wird nun aber, und das ist entscheidend, von Egmont gestoppt. Er tritt just in dem Moment auf, als der Tumult, eine eigenartige Mischung aus karnevalesk-derbem Volksfest und anarchisch-revolutionärer Stimmung, seinen Siedepunkt erreicht. Es ist die Autorität des charismatischen Adligen, der an die Vernunft der Bürger appelliert und damit auch die Menge zur Raison bringt. Er bildet das Zentrum, das die soziale Kohäsion garantiert: „Der Tumult stillt sich nach und nach und alle stehn um ihn herum." (486) Der Polylog führt letztlich zur Stärkung Egmonts und verwirklicht damit, wenn auch nur für einen kurzen Moment, was Götz[281] verwehrt blieb: die Bändigung des Vielen durch einen volksnahen Angehörigen der Oberschicht. Die kurz aufscheinende Möglichkeit einer organischen

---

281   Die Parallelisierung von Götz und Egmont liegt nahe und ist in der Forschung verschiedentlich herausgestellt worden. Beide Figuren agieren im 16. Jahrhundert, gewinnen die Zuneigung des Volkes, wirken offen und authentisch, landen am Schluss im Gefängnis und sterben. Vgl. Schröder 1981, S. 101.

Verbindung zwischen Volk und Herrscher erweist sich jedoch schon in der
Szene als Trug (486f.): Egmont wendet sich nur an die Bürger und damit lediglich an eine der Parteien, den Ruf des Volkes nach „Freiheit" deutet er in die
Forderung nach mehr Freiheit um. Anders als der Zimmermeister glaubt,
ist Egmont kein echter Niederländer, sondern trägt prächtige spanische
Kleidung.[282]

Schiller wird in seinem 1783 erschienenen *Fiesko* das Volk ebenfalls als
Erziehungsobjekt des Adels darstellen.[283] Als im zweiten Akt unzufriedene
Handwerker Fieskos Palast stürmen und den Sturz Dorias fordern, erklärt ihnen
Fiesko nach dem Vorbild des Menenius Agrippa in einer Allegorie, warum
weder Demokratie noch Republik, sondern nur die Monarchie als Staatsform tauge (WB 2, 361–362). Das Volk ist schnell begeistert, nicht umsonst hat
Fiesko über den „blinde[n] unbeholfene[n] Koloß" des Pöbels gelästert (358).
Und doch geht Schiller in der formalen Anlage des Stückes einen Schritt weiter. Das zeigt sich schon in den Eröffnungsszenen des Dramas, die sich nicht
in die gängigen Darstellungen der herrschenden Oberschicht fügen. Die Interaktion von Figuren am Hof folgt in der Regel dem Rondoschema. Es bietet sich
für die Konfiguration von Szenen an, in denen der Herrscher abwechselnd mit
verschiedenen Untertanen kommuniziert, wie beispielsweise der dritte Akt
des *Don Karlos* belegt. Aber auch höfische Intrigen können damit inszeniert
werden, indem der auf der Bühne verbleibende Intrigant seine wechselnden
Gesprächspartner – je nach Parteizugehörigkeit – in den Plan einweiht bzw.
über seine wahren Absichten täuscht. Besonders konsequent geht hier Lessing
im dritten und vierten Akt der *Emilia Galotti* vor. Marinelli bleibt präsent, während die anderen Figuren immer nur kurz auftreten, um mit ihm zu sprechen.
Ebenso verfährt Dyk im ersten Akt des *Eßex* mit dem Intriganten Burlee.

Fiesko hingegen beginnt mit einem „Tumult", der im Haus des reichen und
politisch ambitionierten Titelhelden herrscht (WB 2, 321). Dieser Tumult ist
zwar lediglich auf einen Ball zurückzuführen, den der Graf veranstaltet, aber
er weist auf die kommende Revolution und ihre Straßenkämpfe voraus. Auch
deshalb, weil Schiller hier gerade jene Konstellation einsetzt, die in den Jahren
davor für Szenen des Volksaufruhrs Verwendung fand (321–328):

---

282   Diese Beobachtungen verdanken sich Beise 2010, S. 382f. Beise zeigt, dass Egmont im Lauf
       des Stückes den Kontakt zum Volk verlieren und vergeblich darauf hoffen wird, dass ihn
       die Bürger aus dem Gefängnis befreien.

283   Die Passivität des Volkes im zweiten Akt ist in der Forschung wiederholt betont worden,
       so von Michelsen 1990b, S. 343 und Beise 2010, S. 327–329. Letzterer interpretiert die
       Szene dahingehend, dass das Volk vom öffentlich-politischen Akteur zum Werkzeug für
       Fieskos private Interessen werde.

Saal bei Fiesko

1	Leonore	Rosa	Arabella				
2				Gianettino	Mohr		
3						Kalkagno	Sacco
4							Julia	Fiesko

Dahinter verbirgt sich mehr als eine geschickte Figurenexposition. Zwar treten die wichtigsten Akteurinnen und Akteure in rascher Folge auf, was die gewöhnlich recht statischen Dramaneröffnungen der Zeit dynamisiert und zugleich die Vermittlung der wichtigsten Informationen garantiert, aber ihre Zuordnung wird sich im Lauf des Stücks als brüchig erweisen. Fiesko kehrt zu Leonore zurück, von der er zu Beginn noch denkbar weit entfernt scheint, der Mohr wird nicht mehr für Gianettino arbeiten.

Wie im *Götz*, im *Hofmeister* und den *Soldaten* macht die Form des *Fiesko* sofort klar, dass die politische Gemeinschaft kein Haus ist, das auf einem unerschütterlichen Fundament steht. Sie gleicht eher einem Aggregat, einem instabilen Gemisch, dessen Elemente sich rasch neu zusammensetzen können. Die Auftrittsfrequenz des Dramas ist extrem hoch, insgesamt sieht der Zuschauer 75 Auf- und Abgänge. Es verwundert deshalb nicht, dass das Stück nicht auf eine einzige Eskalation zusteuert, sondern immer wieder Eruptionen der Gewalt verzeichnet. Im ersten Akt versucht der Mohr, Fiesko zu erdolchen, im zweiten kommt es zu einem Volksaufstand. Der vierte inszeniert mit großem Aufwand ein „Schauspiel" (WB 2, 399),[284] das mit der öffentlichen Demütigung der Gräfin Imperiali einen *coup de théâtre* bereithält (Kap. 8.3), der fünfte schließlich bringt die Revolution auf die Bühne. Ironischerweise ist es der in Dramentheorien gerne zum Höhepunkt erklärte dritte Akt, der ereignisarm bleibt und den Parteien lediglich zur Beratung dient.

In diesem permanenten Auf und Ab führt Schiller seine Meisterschaft in der Anwendung traditioneller und neuer Eskalationstechniken vor. Während sich das Attentat aus einem stichomythischen Dialog zwischen dem Mohr und Fiesko ergibt und der Volksaufstand des zweiten Aufzugs wie in der *Parisischen Bluthochzeit* auf dem Wechselspiel von Innen- und Außenraum, von Botenbericht und eindringendem Volk beruht, inszeniert der vierte Akt auf beeindruckende Weise eine Akkumulation. Die Verschwörer treffen nach und nach

---

284   Zum metatheatralen Charakter des vierten Aktes vgl. die Ausführungen zur Öffentlichkeitsdarstellung des Stückes in Kap. 8.3.

im Schloßhof des Fiesko ein. Doch als sich Fiesko nicht sofort zeigt und sie sich wie Schafe in einen Stall getrieben finden, vermuten einige von ihnen einen Hinterhalt (401–403). Schließlich werden sie aber doch in den Konzertsaal geführt, wo sie Zeuge werden, wie Fiesko sich vor aller Augen von Julia lossagt und für Leonore entscheidet (414–416).

Auf diese erotische Eskalation folgt die politische, die nun aber weg vom Schloß auf die Straße führt. Schiller nutzt diese Gelegenheit, um eine Auftrittsfolge zu konfigurieren, die im Drama seiner Zeit[285] ihresgleichen sucht. Sechzehn Figuren und das Volk verteilen sich auf knapp zwanzig Auftritte (421–441). Besonders in den ersten elf ist das Tempo hoch und die Gefechtsstimmung hitzig. Es ergeben sich immer wieder neue Konstellationen, keine ist von Dauer und nicht wenige enden tödlich. Leonore und Gianettino werden ermordet, der Mohr erhängt, neun Rebellen im Kampf getötet, die Stadt von Dieben geplündert und angezündet (427). Danach beruhigt sich das Geschehen mit dem Sieg des vermeintlich neuen Machthabers Fieskos, dessen Präsenz auf der Bühne zunächst Stabilität und Ruhe verspricht. Jedoch merkt er schnell, dass er seine eigene Geliebte erstochen hat und wird am Schluss von Verrina ins Meer gestoßen (440).

Die finale Szene setzt dann einen irritierenden Schlussakkord. Sie zeigt das Volk, wie es sich „eilig, ängstlich" versammelt, weil sich das Kampfglück abermals zu wenden beginnt – „halb Genua springt dem Andreas zu" – während Verrina den Mord an Fiesko öffentlich gesteht. Und nun notiert Schiller als letzte Anweisung an die Schauspieler: „Alle bleiben in starren Gruppen stehn" (441). Die permanente Mobilität, die die Gemeinschaft von Anfang bis Schluss auseinander- und zusammengeführt und die agonale Eskalation zwischen den Parteien befeuert hat, wird zum Tableau gefroren (Kap. 8.3).

---

285 In der älteren Forschung wurde diese Dramaturgie als formsprengend moniert, vgl. Scherrer 1919, S. 159–161. Als theatrale Darstellung des neuen, revolutionären Volkskrieges liest Auer 2018, S. 197 die Auftrittsfolge und erwähnt die Anleihe der raschen Szenenwechsel an Shakespeares Schlachtdarstellungen. Er betont allerdings die Paradoxie der Darstellung, da das Heer nicht an Kontur gewinne und das eigentliche Kriegsgeschehen – der Angriff auf die Flotte der Dorias – unsichtbar bleibe. Dies führt ihn zu dem Schluss, dass die „Umstände des revolutionären Bürgerkriegs" nicht „theatralisierbar[]" seien (ebd., S. 201). Ist aber nicht das Gegenteil der Fall, wenn Schiller keine Mittel scheut, die Umwälzung des Bürgerkrieges, die damit verbundene Unordnung, auf der Bühne sichtbar zu machen?

Fünfter Akt: Große Straße in Genua

Szene	Fiesko	Andreas	Gianettino	Lomellin	Bourgognino	Zenturione	Leibwache	Kalkagno	Leonore	Arabella	Sacco	Mohr	Bertha	Zibo	Verrina	Volk
1	Fiesko	Andreas														
2			Gianettino	Lomellin												
3			Gianettino	Lomeelin	Bourgognino	Zenturione										
4		Andreas					Leibwache	Kalkagno								
5									Leonore	Arabella	Sacco					
6								Kalkagno			Sacco					
7												Mohr				
8													Bertha			
9	Fiesko				Bourgognino											
10	Fiesko										Sacco	Mohr		Zibo		
11	Fiesko								Leonore							
12	Fiesko					Zenturione		Kalkagno			Sacco			Zibo		
13	Fiesko							Kalkagno		Arabella	Sacco			Zibo		
14		Andreas		Lomellin												
15		Andreas			Bourgognino								Bertha		Verrina	
16	Fiesko														Verrina	
17	Fiesko					Zenturione		Kalkagno			Sacco			Zibo	Verrina	Volk

KAPITEL 5

Prävention, Intervention, Kooperation.
Das ‚Schauspiel‘ als empfindsame Gattung

5.1 Gibt es ein (politisches) Drama der Empfindsamkeit?

Wie stark Drama und Theater im 18. Jahrhundert zur Verbreitung und Popu-
larisierung des tugendempfindsamen Programms beigetragen haben, ist in
der Germanistik bislang zu wenig bedacht worden. Dies ist eigenartig, wenn
man den offenkundigen Erfolg empfindsamen Ideengutes auf der Bühne der
Aufklärung bedenkt. Von der *tragédie tendre* und dem Musiktheater um 1700
führt ein breiter Weg über die *sentimental comedy*, die *comédie larmoyante*,
das *drame sérieux* und Gellerts Rührstücke hin zu Lessings bürgerlichen
Trauerspielen, zum Singspiel Weißes, zu Iffland und Kotzebue – um nur die
bekanntesten Genres und Autoren zu nennen. Dennoch ist die Frage, was im
deutschsprachigen Raum eigentlich unter einem Drama der Empfindsamkeit
zu verstehen sei, welche Gattungs- und Formtendenzen ein solches Drama
aufweisen könnte, ohne Antwort geblieben.

Mehrere Gründe sind hierfür ausschlaggebend. Zum einen ist es für die
germanistische Literaturwissenschaft seit jeher der Roman gewesen, der
empfindsame Dispositionen einem breiten Publikum ästhetisch vermittelt
hat. Erstaunlicherweise hat diese Auffassung sämtliche methodischen *Turns*
seit den 1960er Jahren überlebt. Egal, ob man von der Begriffs- und Sozialgeschichte,[1] von der Anthropologie, Religions- und Philosophiegeschichte,[2]
von Luhmanns Systemtheorie[3] oder von einer kulturtheoretisch informierten
Mediologie[4] ausgeht: Wer der Verbindung von Literatur und Empfindsamkeit nachspürt, greift zu Romanen, zu Gellerts *Leben der schwedischen Gräfin
von G***, La Roches *Geschichte des Fräuleins von Sternheim*, Millers *Siegfried
von Lindenberg* oder zu Goethes *Werther*. Diese Vorliebe kann sich wiederum auf den Medienwandel der Aufklärung berufen, auf die fortschreitende
Alphabetisierung und Verschriftlichung der Kommunikation in Briefen sowie
den wachsenden Buch- und Zeitschriftenmarkt.[5] Seit Albrecht Koschorkes

---

1   Jäger 1969; Meyer-Krentler 1984.
2   Fick 2016b, S. 54.
3   Vollhardt 2001, S. 298–326.
4   Koschorke [1999] 2003. Daran anschließend Giurato 2016, S. 334–340.
5   Grimminger 1980a; Wegmann 1988, S. 14–17, 73–80; Martus 2015, S. 624f.

Studie über *Körperströme und Schriftverkehr* ist es die „stumme individuelle Buchlektüre mit immobilisiertem Körper", die die Zirkulation empfindsamer Gefühlszeichen garantiert.[6]

Das Theater und seine Textwerkstatt, das Drama, passen in dieses theoretische Setting nur, wenn man mit dem Mainstream der Forschung, aber gegen jede historische Evidenz (Kap. 1.3), davon ausgeht, dass in der zweiten Hälfte des 18. Jahrhunderts der Zuschauerkörper für die Schaffung des Illusionstheaters diszipliniert und ruhiggestellt worden sei.[7] Sobald man stattdessen von einem hohen Grad sozialer Interaktion zwischen Bühne und Publikum ausgeht, sind die Rezeptionsvoraussetzungen für ein empfindsames Theater im obigen Sinne hinfällig. Wie kann man aber von einem Drama der Empfindsamkeit sprechen, wenn man das Drama als Medium der agonalen Konfrontation definiert (Kap. 4.1)? Und wie verhält es sich mit der politischen Dimension, wenn man bedenkt, dass empfindsame Stoffe meist in privat-häuslichen Szenerien spielen? Bezeugen die populären Rühr- und Unterhaltungsstücke der Zeit nicht gerade den Rückzug aus dem Politischen? Haben sie nicht das Theater durch Empfindsamkeit entpolitisiert?

Dieser weit verbreiteten These will die folgende Darstellung entgegentreten. Sie geht von der Annahme aus, dass sich auch in den Komödien und Familienstücken der Zeit die agonale Struktur des Politischen zeigt. Diese lässt sich nicht auf die Institutionen der Politik – den Hof, den Staat, den Souverän etc. – reduzieren (Kap. 1.1), sondern konstituiert jede Form von Kollektiven. Im Hinblick auf die dargestellte Welt der Familiendramen bedeutet das: Sie spiegelt politische Kräfteverhältnisse, Hierarchien, Gemeinschafts- und Herrschaftsfragen. Durch die Erschließung des Privaten im Drama dringt das politische Wissen der Aufklärung in neue Bereiche, in die Tiefenstruktur der Gesellschaft.[8] Es bildet sich die Analogie von Staat und Haus, Familien- und Landesvater, Familienmitgliedern und Untertanen.[9] Zwischen Lust- und Trauerspiel, Familien- und Staatsdrama entstehen strukturelle Ähnlichkeiten

---

6   Koschorke [1999] 2003, S. 171.

7   Ebd., S. 195.

8   Vogl 2004, S. 132f. und Martus 2011, S. 18f., letzterer unter Bezug auf Lukas 2005. Die Verschränkung des Politischen mit der Empfindsamkeit im Drama der Aufklärung wurde bisher in erster Linie auf das bürgerliche Trauerspiel bezogen. Vgl. Szondi 1977, Frömmer 2008, S. 27–30 und Rocks 2020, S. 56–62.

9   Auf dieser Annahme beruhen die Studien von Weiershausen 2018 und Sørensen 1984. Zu bedenken ist allerdings, dass im politischen Wissen der Aufklärung die aristotelische Trennung von Hausvater und Staatsmann deshalb nicht aufgehoben ist. So insistiert etwa Locke auf die Unterschiede beider Sphären und greift dabei auf das Argument des Aristoteles zurück: Der Staatsmann herrscht über Freie, der Hausvater über Sklaven. Für Locke entsteht der Staat aus Zustimmung und Übereinkunft. Vgl. Aristoteles 2003, S. 87 sowie Ottmann 2006, S. 352.

und Wechselwirkungen, so dass die politische Ästhetik der erst- immer auch auf die der letztgenannten Einfluss hat.[10] Schließlich zielen die im Regelfall für die Aufführung im Theater bestimmten Texte auf die Zurschaustellung des Privaten in der Öffentlichkeit. Ihnen eignet eine repräsentative Funktion: Die Familie, die auf der Bühne gezeigt wird, steht für *die* Familie. Selbst wenn die Sphäre institutioneller Politik außen vor bleibt, ist der fiktionale Raum, in dem Figuren interagieren und dabei von Menschen öffentlich beobachtet werden, immer auch ein politisierter Raum.

In der Forschung war es lange üblich, die politische Relevanz des Auf- klärungsdramas an der bürgerlichen Kritik feudaler Herrschaft festzumachen. Wo man diese nicht gegeben sah, war die Rede vom unpolitischen Drama nicht zu vermeiden.[11] Das Verdikt traf meist das Rührstück des späten 18. Jahrhunderts und seine Autoren Schröder, Iffland und Kotzebue. Gerade die empfindsame Ästhetik des Genres war es, die ihm den Ruf einbrachte, sich an die herrschenden Verhältnisse lieber anzupassen als sie zu kritisieren.[12] Einzig den Dramen des Höhenkamms gestand man zu, aufgrund ihrer ästhetischen Komplexität und ihrer expliziten Thematisierung der Politik die bestehende Gesellschaftsordnung in Frage zu stellen.[13] Damit wurde aber letztlich nur das Urteil einer bestimmten Spielart der spätaufklärerischen Ästhetik über- nommen, die die Produkte des Massengeschmacks scharf von den wenigen bewahrenswerten Kunstwerken getrennt wissen wollte.[14] Schillers Spott über das „Papiergeld der Empfindung" (WB 2, 170), mit dem das Theater seine Zuschauer auszahle, respektive über die gedankenlose „Empfindelei" der Populärliteratur (761), war kein Einzelfall.[15] Noch A.W. Schlegel bemängelt 1811 in seinen Wiener *Vorlesungen über dramatische Kunst und Literatur*:

> Das Repertorium unsrer Schaubühne bietet daher in seinem armseligen Reich- thum ein buntes Allerley dar, von Ritterstücken, Familien-Gemählden und rüh- renden Dramen, welche nur selten mit Werken in größerem und gebildeterem Styl von Shakspeare oder Schiller abwechseln.[16]

---

10   Weiershausen 2018, S. 17–20.

11   Martens 1987, S. 93; Sørensen 1984, S. 191–192, 201–207; Steinmetz 1987, S. 62f.; Szondi 1977. Eine Ausnahme bilden Studien wie diejenigen von Seth 1991, der die Dramen George Lil- los zwar im ‚Prozess der Verbürgerlichung' verortet, aber nicht von einem passiven Rück- zug eines ‚machtlosen' Bürgertums ausgeht, den Dramen ihre politische Dimension also gerade nicht abspricht.

12   Fischer-Lichte 1999a, S. 97f.; Krause 1982, S. 224–243; Glaser 1969; Arntzen 1968, S. 113–124.

13   Wölfel 1987; Martin 2005, S. 170.

14   Dies zeigt Schulte-Sasse 1971, S. 52–112. Wie stark sich die „Negativkanonisierung" von populären Autoren wie Kotzebue im 19. Jahrhundert fortsetzte, beschreibt Winko 1998.

15   Vgl. zu Schillers Verhältnis zur „Trivialliteratur" im Kontext der zeitgenössischen Dis- kussion Feler 2019, S. 95–171.

16   Schlegel 1811, S. 420.

Die moderne Literaturwissenschaft, die sich lange Zeit an den ästhetischen Positionen kanonisierter Autoren orientierte, übernahm dieses Urteil
unhinterfragt.

   Sobald man jedoch der Gattung aus genannten Gründen eine politische
Ästhetik zugesteht und den Vorurteilen gegenüber der sogenannten Trivial-
oder Unterhaltungsliteratur[17] nicht folgt, wird ein neuer Blick auf das Drama
der Aufklärung möglich. Gerade weil Agonalität ein konstitutives Merkmal von
Dramentexten ist, sind die empfindsamen Versuche ihrer formalen Einhegung
von politischem Interesse – insbesondere, wenn man der Empfindsamkeit
eine genuin politische Ausrichtung zuspricht (Kap. 2). Ein solches Unternehmen steht im Einklang mit der Aufmerksamkeit, die das populäre Drama
des 18. Jahrhunderts in den letzten Jahren und Jahrzehnten erfahren hat und
die mit der ideologiekritischen Literatursoziologie der 1960er Jahre einsetzte.[18]
Inzwischen liegen zahlreiche Lexika und Studien vor, die die Erforschung des
Aufklärungsdramas jenseits des Höhenkamms erheblich erleichtern[19] und
erste Hinweise auf seine politische Dimension geben.[20]

---

17   Die Unterscheidung zwischen hoher und niederer Literatur (vgl. Bürger/ Bürger 1982;
      Schulte-Sasse 1971) führt in der Forschung seit jeher zu dem Problem, wie die Litera-
      tur jenseits des Höhenkamms bzw. des Kanons zu bezeichnen sei. Auf die strukturell
      abwertende Konnotation des Begriffs ‚Trivialliteratur' machen Birgfeld/ Conter 2007a,
      S. X–XV aufmerksam und plädieren deshalb für die Bezeichnung ‚Unterhaltungsliteratur'.
      Letztere verdeutliche, dass ein Großteil der Dramenproduktion der Spätaufklärung auf
      eine Verbindung von aufklärerischer Ästhetik und Vergnügen ziele und deshalb nicht
      bloß ‚trivial' sei. Das Problem der grundsätzlichen Abgrenzung von hoher und niederer
      Literatur wird damit aber dennoch affirmiert. In dieser Studie wird deshalb nicht von
      ‚Trivialdramen' oder ‚Unterhaltungsdramen' die Rede sein, sondern von ‚populären Dra-
      men'. Mit diesem Begriff ist die Tatsache bezeichnet, dass diese Dramen Erfolg auf dem
      Buchmarkt und dem Theater hatten, ohne dass damit eine implizite Abwertung dieser
      Texte mitschwingt.

18   Dass der Begriff der Trivialliteratur in erster Linie für literatursoziologische und
      rezeptionsästhetische Fragestellungen relevant war, zeigen Feler 2019, S. 40–70; Krause
      1982, S. 13–38; Bürger 1982b; Schulte-Sasse 1971; Glaser 1969; Klingenberg 1962. Einen ers-
      ten, ausschließlich an der formalen Beschreibung von Gattungen wie ‚Familien-Gemälde'
      und ‚Ritterstück' interessierten Versuch der literaturwissenschaftlichen Integration nicht-
      kanonisierter Dramen um 1800 hatte Kayser 1959 unternommen.

19   Feler 2019; Birgfeld/ Wood 2018; Jahn/ Košenina 2017; Schonlau 2017; Feler et al. 2015;
      Birgfeld et al. 2011; Dehrmann/ Kosenina 2009; Lukas 2005; Hollmer/ Meier 2001; Mönch
      1993. Zum ‚Trivialroman' der Aufklärung und seiner problematischen Rezeption in der
      Forschung siehe Kreuzer 1967; Greiner 1964 sowie Bürger 1982a. Der populären Massen-
      literatur des 19. und 20. Jahrhunderts widmet sich der Sammelband von Kaes/ Kreuzer
      1975–1976.

20   Weiershausen 2018; Birgfeld 2012; Birgfeld/ Conter 2007b; Birgfeld 2007. Es ist allerdings
      noch lange nicht *common sense*, dass die Untersuchung des Politischen im Drama des 18.
      Jahrhunderts auch die populäre Dramatik einbeziehen sollte. So beruft sich Beise 2010,

5.2 Tugend, Rührung und Ästhetik. Schlaglichter eines Diskurses

Dass Dramen, die auf die Rührung ihrer Leser und Zuschauer zielen, politisch sein können, zeigt der ästhetische Diskurs der Zeit. In seiner 1777 in Amsterdam erschienenen Abhandlung *De la sensibilité, par rapport aux drames, aux romans et à l'éducation* entwirft Mistelet das Programm einer tugendempfindsamen Theaterästhetik. Ihre Lektüre macht deutlich, dass es sich hier eigentlich um eine Apologie handelt. Mistelet möchte die Gründe widerlegen, die dem empfindsamen Drama „tant d'ennemis" beschert haben.[21] Er lässt keinen Zweifel daran, dass es sich bei Stücken wie Diderots *Le Père de famille* und Merciers *L'indigent* um ein neues Genre handele, das sich weder der Tragödie noch der Komödie zuordnen lasse. Gerade deswegen sehe es sich von so vielen Seiten Anfeindungen ausgesetzt. Da nicht die Kunstrichter, sondern allein das Publikum zu ihm hielten, gelte es als Beispiel des „effet du mauvais goût de ce siècle".[22] Empfindsame Dramen hätten aber, so Mistelet, einen entscheidenden Vorteil. Anders als die Tragödie, die auf Erschütterung und Abschreckung ziele, könnten sie unser Herz berühren, uns weinen machen.[23] Sie erreichten mehr Menschen als der Pomp der Tragödie, da sie die Welt abbilden, wie wir sie tagtäglich vor unseren Augen haben: „c'est le tableau de la Société que nous avons sous les yeux".[24] Mehr noch: Mit Ausnahme der Werke Voltaires habe die Tragödie kein „but morale déterminé". Sie stelle unerreichbare Helden vor, deren Handlungen nicht auf die aktuelle Gesellschaft zu übertragen seien. Die Welt aber benötige Dramen, die eine „école de morale & de sentiment" seien, „un miroir où les Puissances de la terre pourroient voir & ce qu'elles font, & ce qu'elles devroient faire".[25]

S. 23 auf das „literarische Drama" als „zentralen Ort der Ideologieproduktion" im 17. und 18. Jahrhundert. Aufgrund seiner „Schriftlichkeit" sei es in der Lage gewesen, „sowohl für die Zeitgenossen als auch für die Nachgeborenen die anderen, quantitativ bedeutsameren Bereiche des Theaters zu überlagern, ja zu dominieren". Frömmer 2008, S. 36 wiederum orientiert sich „am sogenannten ‚literarischen Höhenkamm'", damit die „Ergebnisse für die europäische Aufklärung und ihre spätere Rezeption exemplarisch sind." Die auf das Politische des Dramas um 1800 zielende Studie von Rocks 2020 widmet sich ausschließlich den Dramen von Goethe, Schiller und Kleist. Ein Gegenbeispiel ist die Verknüpfung der im 19. und 20. Jahrhundert populären Operette mit dem Politischen bei Matala de Mazza 2018.

21 Mistelet 1777, S. 11. Der Text wurde rasch ins Deutsche übersetzt, vgl. Mistelet 1778.
22 Mistelet 1777, S. 12.
23 Ebd., S. 16.
24 Ebd., S. 20.
25 Ebd., S. 20–22.

Die Argumente Mistelets greifen zurück auf einen Text, der vier Jahre zuvor publiziert wurde und auch in Deutschland auf großes Echo stieß. In seinem Buch *Du théâtre, ou Nouvel essai sur l'art dramatique*[26] widmet sich Louis-Sébastien Mercier dem „nouveau genre, appellé Drame". Dieses stelle eine Mischung aus Komödie und Tragödie dar und werde despektierlich „genre larmoyant" genannt.[27] Er verteidigt es mit eben jenen Argumenten, die auch Mistelet in Anschlag bringen wird: Das Drama sei näher an den Menschen und der Gegenwart,[28] könne Lesern und Zuschauern die „connoissance de l'homme & des choses avantageuses à la société" besser vermitteln.[29] Deutlicher noch als Mistelet verbindet Mercier mit der Anthropologie von „amour", „amitié" und „compassion"[30] ein politisches Projekt. Er bringt es bereits in den Eröffnungssätzen auf den Punkt:

> le Spectacle est un tableau; il s'agit de rendre ce tableau utile, c'est-à-dire de le mettre à la portée du plus grand nombre, afin que l'image qu'il présentera serve à lier entr'eux les hommes par le sentiment victorieux de la compassion & de la pitié. Ce n'est donc pas assez que l'ame soit occupée, soit même émue; il faut qu'elle soit entraînée au bien, il faut que le but moral, sans être caché ni trop offert, vienne saisir le coeur & s'y établisse avec empire.[31]

Was genau er unter dem ‚moralischen Ziel' des Theaters versteht, macht Mercier an späterer Stelle deutlich. Es geht um die Haltung des Dramenautors, der sich an den Grundsätzen des Naturrechts zu orientieren habe:

> je veux entendre un homme au fait de ce qui se passe autour de lui, & qui ne soit pas neuf à ces opérations vastes & curieuses qui mettent l'Europe en action: mouvemens compliqués & qu'il n'est plus permis d'ignorer.
>
> Des millions d'hommes privés du nécessaire, pour nourrir le luxe scandaleux d'un petit nombre de citoyens oisifs, ne seroient pas du moins vengés par la plume du poëte? il n s'éleveroit pas contre cette injustice? Il ne diroit pas hautement qu'elle n'a pas d'autre moyen pour se réconcilier avec la morale que de rendre à l'indigence ce qu'elle lui a enlevé?

---

26   Mercier 1773. Die deutsche Übersetzung besorgte Heinrich Leopold Wagner, sie erschien drei Jahre später mit einem „Anhang aus Goethes Brieftasche", siehe Mercier 1776.

27   Mercier 1773, S. 94.

28   Ebd., S. 103.

29   Ebd., S. 149.

30   Ebd., S. 232. Wie stark Merciers *Nouvel Essai* in der Mitleidsphilosophie des 18. Jahrhunderts wurzelt, zeigt Schings [1980] 2012, S. 59–73.

31   Mercier 1773, S. 1.

[...] Il doit tendre, au contraire, à rétablir l'égalité naturelle, parce que telle est la loi primitive fondée sur la constitution de la nature humaine. Il sentira, sans doute, la nécessité des conditions différentes; mais il sentira encore mieux la nécessité que tous les individus redeviennent égaux devant les loix.[32]

Unabhängig von den Fragen, ob die hier vorgetragene Kritik der Tragödie in den 1770er Jahren nicht schon längst obsolet war und ob das propagierte neue Genre dem politischen Impetus überhaupt gerecht wurde: Offensichtlich ist, dass die Synthese von Empfindung, Moral und Politik im Drama denkbar und von Interesse war. Die sozialkritische Wirkung von Merciers *Essai* ist deshalb nicht auf seine Rezeption im Sturm und Drang zu reduzieren.[33] Es lohnt sich, ihn zusammen mit Mistelets *De la sensibilité* als Theorie eines politischen Dramas der Empfindsamkeit zu lesen. Beide Autoren gingen über den auf die Gattungsästhetik fokussierten Diskurs hinaus. Mistelet wirft den Blick auf die Bedeutung des ,Dramas' für die Bekämpfung des Egoismus, Mercier auf den sozialemanzipatorischen Nutzen.

Beiden war daran gelegen, das Projekt der „imagined empathy"[34] ästhetisch und politisch zu konkretisieren. Die Aufklärung propagierte Moral Sense, progressives Naturrecht und Menschenrechte nicht nur in theoretischen Schriften. Künste und Bildmedien sorgten dafür, dass diese Ideen Teil sinnlich erfahrbarer Gefühlswelten wurden. Wollte die Literatur der Aufklärung nicht nur didaktisch zum Nachdenken über Tugend und Menschenliebe, über den Naturzustand, die Vor- und Nachteile unterschiedlicher Regierungsformen, die unveräußerlichen Freiheiten und die Sklaverei anregen,[35] sondern den ganzen Menschen ansprechen, musste sie die Rezipienten rühren, ihr Mitgefühl wecken. Dem Theater kam dabei eine besondere Rolle zu,[36] da sich der Grad der Identifikation der Zuschauer mit den Figuren mit dem natürlichen Schauspielstil intensivierte. Außerdem konnte es aufgrund seiner visuellen und musikalischen Komponenten während der Aufführung eine ephemere

---

32   Ebd., S. 150–152.

33   Die Forschung hat den Einfluss der Schrift Merciers auf den Sturm und Drang mit unterschiedlichen Argumenten begründet: Heinrich Leopold Wagner war der Übersetzer, Mercier legitimiert den Bruch mit den Regeln des Klassizismus und kombiniert Literatur- mit Sozialkritik. Besonders jedoch wurde das Schlusskapitel und sein Appell an das Genie des jungen Autors hervorgehoben. Vgl. zum Thema: Wille 2017 sowie Boubia 1978.

34   So die Formulierung von Hunt 2008, S. 32 in Anspielung auf Benedict Andersons Studie *Imagined Communities*.

35   Vollhardt 2001, S. 218.

36   Wegmann 1988, S. 36.

Gefühlsgemeinschaft konstituieren.[37] Dies führte wiederum zu agonalen Spannungen in der Öffentlichkeit. Die Theaterfeinde der Aufklärung nahmen – wie bereits Platon – Anstoß daran, dass das Theater als soziale Institution im Modus der Sinnlichkeit operierte.[38]

Bei Mercier und Mistelet wird die Absicht deutlich, sich das empathiestiftende Vermögen des Theaters moralisch und politisch zunutze zu machen. Die philosophische Grundlage hierfür legte die schottische Aufklärung. Adam Smith griff in seiner *Theory of Moral Sentiments* – wie übrigens auch zeitgleich Rousseau im zweiten *Discours* (R 3, 155)[39] – auf Theatermetaphern zurück, um die Funktionsweise der Sympathie zu beschreiben.[40] Diese basiere darauf, sich via Einbildungskraft in sein Gegenüber hineinzuversetzen: „by the imagination we place ourselves in his situation, we conceive ourselves enduring all the same torments".[41] Es lag also nahe, die Leser an ihre Theaterbesuche zu erinnern: „Our joy for the deliverance of those heroes of tragedy or romance who interest us, is as sincere as our grief for their distress", so Smith. „We weep even at the feigned representation of a tragedy."[42] Ebenso argumentiert Hutcheson in Bezug auf den Moral Sense, wenn er an das Mitgefühl erinnert, das wir mit fiktiven Charakteren wie Hekuba und Aeneas empfinden.[43] Die Künste beschäftigten „unser moralisches Gefühl, und unsere geselligen Empfindungen".[44] Wenn Hutcheson in der *Inquiry* noch einen Schritt weitergeht und eine Kongruenz von Schönheit und Ethos postuliert,[45] lenkt er damit den Blick auf Shaftesburys Philosophie. Für diesen sind Schönheit und Tugend immer schon verbunden. Moral Sense bezeichnet im engeren Sinne ein ästhetisches Urteilsvermögen,[46] Ethos und Pathos bilden eine Synthese.

---

37 Schneider 2016b.

38 Von den zahlreichen zu diesem Thema vorliegenden Studien seien exemplarisch genannt das Pietismus-Kapitel bei Jahn 2005b, S. 126–169 sowie Wild 2003.

39 Rousseau vergleicht an dieser Stelle die Wirkung des Mitleids mit der Wirkung, die eine rührende Theateraufführung auf uns habe.

40 Vgl. Wiggins 2015, 87–91.

41 Smith 1759, S. 2.

42 Ebd., S. 5, 91. Weitere Verwendungen der Theatermetapher im selben Kontext finden sich ebd., S. 69, 113–114.

43 Hutcheson [1725] 1971, S. 112.

44 Hutcheson 1756, S. 156.

45 Hutcheson [1725] 1971, S. 238–244.

46 Vgl. die entsprechenden Passagen in der *Inquiry*, in *Sensus Communis* und *The Moralists*, Shaftesbury [1711] 1984, S. 190–192, Shaftesbury [1711] 1981, S. 110–124 und Shaftesbury [1711] 1987, S. 60–62, 344–354. Auf den Konnex von Schönheit, Tugend und Moral Sense bei Shaftesbury haben Dehrmann 2008, S. 122f. sowie Schrader 1984, S. 29–33 verwiesen.

All dies ließe sich natürlich auch anhand anderer Denkschulen und Diskurse zeigen. Es geht an dieser Stelle zunächst einmal darum, die Verknüpfung von Empathie, Drama und Politik in der *longue durée* des 18. Jahrhunderts und im europäischen Kontext zu verorten. Die Diskussion soll nicht auf Lessings Mitleidsdramaturgie verkürzt werden, auch wenn diese einige neue Aspekte einbrachte. Aufgrund der guten Forschungslage mag es an dieser Stelle genügen, die wichtigsten in Erinnerung zu rufen. Für Lessing, der mit der Philosophie des Moral Sense bestens vertraut war,[47] trat in den 1750er Jahren die Frage nach der moralischen Besserung des Menschen durch das Theater in den Vordergrund. In seinem Kommentar zu Gellerts und Chassirons Abhandlungen über das rührende Lustspiel äußerte er noch Zweifel, ob diese Form des Dramas tatsächlich zur Besserung der Zuschauer beitragen könne oder nicht eher zu der „Einbildung" führe, die auf der Bühne gezeigten „guten Eigenschaften" selbst zu besitzen (B 3, 281).[48] Mehr Hoffnung setzte er im Briefwechsel mit Nicolai und Mendelssohn auf das Trauerspiel und dessen Fähigkeit, Mitleid[49] hervorzurufen. Seine stark auf die präreflexive Seite des Mitleids ausgerichtete Argumentation erinnert nicht nur an Rousseau,[50] sondern liest sich wie eine ästhetische Begründung der *Miß Sara Sampson*.[51] In der Forschung herrscht Konsens darüber, dass Lessing später, in der *Hamburgischen Dramaturgie*

---

47   Engbers 2001, S. 91–102.

48   Er wusste sich damit mit Gellert eins, der diese Vermutung in *Pro commoedia commovente* geäußert hatte (B 3, 275). Der Übergangstheologe Miller bezweifelte im siebten Band seiner *Sitten-Lehre des Christentums* (1765) aus ebendiesen Gründen die Fähigkeit des empfindsamen Theaters, den Menschen zu bessern, vgl. Dehrmann 2008, S. 129.

49   Zur Kontextualisierung des aufklärerischen Mitleid-Diskurses vgl. Schings [1980] 2012, S. 21–73 sowie Sauder 1974, S. 184–190. Letzterer gibt wichtige Hinweise auf die Diskussion des Mitleids in der Empfindsamkeit (z.B. bei Ringeltaube) und den Einfluss von Mendelssohns *Rhapsodie* im Hinblick auf die Konzeption des Mitleids als gemischter Empfindung.

50   Schings [1980] 2012, S. 21–34. Während Schings die Rousseau-Rezeption Lessings in den Vordergrund stellt – der Franzose sei „der bedeutendste Verkünder des Mitleids im 18. Jahrhundert" gewesen, der *Discours* sei das „Modell für den Entwurf des Naturzustandes" (ebd., S. 25, 27) – konstatiert Nisbet 2008, S. 281–293 einen gravierenden Unterschied der Mitleids-Konzeptionen beider Autoren. Rousseau habe, im Gegensatz zu Lessings Position im *Briefwechsel über das Trauerspiel*, das Mitleid kognitiv fundiert. Beide Positionen sind im Hinblick auf den *Discours* nicht nachzuvollziehen. Rousseau widmet dem Mitleid nur eine kurze Passage und wählt vorsichtige Formulierungen. Er spricht von einer „répugnance innée" (R 3, 154); der Naturmensch wolle den anderen nicht leiden sehen. Dieses Mitgefühl sei aber, wie alles im Naturzustand, außerhalb der Moral verortet. Das Mitleid („pitié") dagegen ist eine „vertu naturelle" und die Grundlage aller sozialen Tugenden. Sie halte im Naturzustand die Gesetze und Sitten aufrecht (R 3, 156). Ob es sich in den Gesellschaftszustand übertragen lässt, ist fraglich. Eben hier besteht der entscheidende Unterschied zu Lessing, der Mitleid immer im Zusammenhang mit sozialer Praxis denkt.

51   Ebd., S. 287f.

(1767–69), ein gemäßigteres Konzept der Mitleidsästhetik verfolgte. Es zeichnet sich durch drei Elemente aus. Erstens das tugendempfindsame Konzept der Balance: gesucht wird die Mitte zwischen „zu wenig" und „zu viel Mitleid" (B 6, 574). Zweitens werden die Affekte in ein rationales Kausalsystem, in „Ketten von Ursache und Wirkung" (329) eingefügt. Leidenschaften müssen sinnvoll motiviert sein. Drittens entwirft Lessing ein dialektisches Modell, in dem Mitleid und Furcht, Nächsten- und Selbstliebe unauflöslich verwoben sind.[52]

Uneins ist man sich nun aber in der Frage nach den politischen Implikationen dieser Ästhetik. Während Gert Mattenklott und Helmut Peitsch hinter Lessings Tragödientheorie eine Flucht in die Innerlichkeit und damit eine Verschleierung der sozialen Bedingtheit menschlichen Handelns vermuten,[53] gesteht Jochen Schulte-Sasse ihrer empfindsamen Komponente einen emanzipatorischen Gehalt zu – allerdings nur, weil er den Absolutismus mit Vernunft und Rationalität gleichsetzt.[54] Diesen marxistischen und sozialgeschichtlichen Thesen hat Monika Fick in jüngerer Zeit entgegengehalten, dass die Dichotomie von Bürgertum/Gefühl vs. Absolutismus/Vernunft weder der gesellschaftlichen Realität des 18. Jahrhunderts noch der Komplexität der *Hamburgische Dramaturgie* gerecht werde. Deren Gefühlsdramaturgie sei in einem radikalen Sinn ständeübergreifend, Menschsein unabhängig von Rang und Macht.[55] Dies könne durchaus zur „Destabilisierung von Hierarchien"[56] führen, zumal Lessings „emanzipatorisches Menschenbild [...] auf Energie und Selbsttätigkeit" setze.[57] Wenn er die Gefühle durch die Tragödie intensiviert wissen wolle, gehe es ihm immer um „die zielgerichtete Aktivierung der Zuschauer".[58] Katharsis bzw. Reinigung sei, heißt es im 78. Stück, die „Verwandlung der Leidenschaften in tugendhafte Fertigkeiten" (B 6, 574).

Die enorme Aufmerksamkeit, die Lessings Ästhetik in der Poetik des 19. und der Literaturwissenschaft des 20. Jahrhunderts erfahren hat, ist nicht gleichzusetzen mit ihrer dramenhistorischen Wirkung. Cornelia Mönch stellt in einer materialreichen Studie die These auf, dass Lessings Mitleidsästhetik in den bürgerlichen Trauerspielen der zweiten Hälfte des 18. Jahrhunderts weitgehend wirkungslos geblieben sei. Die meisten Dramen seien jener

---

52   Golawski-Braungart 2005, S. 63–91; Golawski-Braungart 1999.

53   Mattenklott/ Peitsch 1974.

54   Schulte-Sasse 1980b, der jedoch betont, dass es Lessing um eine „Versöhnung von Ratio und Affekt" gehe (ebd., S. 316). Diese müsse der Autor leisten. Gefühle müssten so gesteuert werden, dass sie den Vorgaben sozialer Praxis gerecht werden können.

55   Fick 2016b, S. 310.

56   Ebd., S. 322.

57   Ebd., S. 312.

58   Ebd., S. 312.

Abschreckungsästhetik verpflichtet geblieben, die Pfeil zeitgleich zu Lessings *Miß Sara Sampson* mit seiner *Lucie Woodvil* (1756) entworfen habe.[59] Mönchs Befund ist auch deshalb von Interesse, weil Pfeils kurze Abhandlung *Vom bürgerlichen Trauerspiele* (1755) eine ganz andere Katharsistheorie als Lessing entwickelt. Sie zielt nicht auf Reinigung und Tugendbildung durch Mitleid, sondern auf das „Erhabene". Den möglichen Einwand, bürgerliche Figuren könnten keine erhabenen Wirkungen erzielen, versucht Pfeil mit dem Hinweis zu entkräften, es gebe „ein doppeltes Erhabenes". Das eine sei äußerlich und drücke sich durch höfischen Prunk aus, das andere sei innerlich und entspringe „aus den großen und seltenen Eigenschaften der handelnden Personen".[60]

Es lohnt, angesichts dieser weit auseinandergehenden ästhetischen Positionen der 1750er Jahre einen Blick in Sulzers *Allgemeine Theorie der schönen Künste* zu werfen. Hier wird nämlich die Differenz des Rührenden und des Erhabenen deutlich markiert. „Rührend" bezeichne, so steht es im entsprechenden Eintrag, seiner engeren Bedeutung nach „sanft eindringende und stillere Leidenschaften, Zärtlichkeit, stille Traurigkeit, sanfte Freude u.d.gl." und sei etwas anderes als „das Große, das sehr Pathetische". Der Artikel räumt zwar ein, dass die Neigung zu sanften Gefühlen zu einer „nützlichen Würksamkeit" führen könne, der Schaubühne empfiehlt er dennoch, es damit nicht zu übertreiben: „Man thut wol, wenn man auch hierin die Alten zum Muster nihmt, bey denen das Rührende nie herrschend worden".[61]

Der Unterschied von Rührendem und Erhabenem beschäftigt auch Schiller in seiner Kunsttheorie. Obwohl er an der Karlsschule die Moral-Sense-Theorie kennenlernt und in der „Theosophie des Julius" eine optimistische Liebesphilosophie entwirft (WB 8, 222–225), bleiben seine frühen Schriften über das Theater im Hinblick auf das ästhetische Potential der Tugendempfindsamkeit ambivalent. Der Aufsatz *Über das gegenwärtige teutsche Theater* (1782) erklärt das Projekt der sozialen Optimierung durch theatral produziertes Mitgefühl für gescheitert. Die „Gemälde voll Rührung, die einen ganzen Schauplatz in Tränen auflösen" (168), polemisiert Schiller gegen Lessings bürgerliche Trauerspiele, hätten noch kein Mädchen vor der Verführung bewahrt und keinem Vater seine geschändete Tochter zurückgegeben. Ganz anders die zwei Jahre später gehaltene Schaubühnen-Rede, in der Schiller versöhnlicher

---

59   Mönch 1993. Karl S. Guthke hat dem vehement widersprochen, vgl. Guthke 2006, S. 61–64; Guthke 2008. Er hält an der Auffassung fest, dass Lessings *Miß Sara Sampson* und *Emilia Galotti* für das bürgerliche Trauerspiel Modellcharakter gehabt hätten. Vorsichtige Zustimmung erfährt Mönch dagegen von Fick 2016b, S. 143–145.

60   Pfeil 1755, S. 24. Zur Geschichte der Denkfigur des „doppelt Erhabenen" von Pseudo-Longinus bis zur Spätaufklärung vgl. Till 2006.

61   Sulzer 1771–1774, S. 990.

klingt – wahrscheinlich auch aufgrund der beruflichen Hoffnungen, die er an sie knüpfte.[62] Er bestätigt zwar die Divergenz von Politik/Gesellschaft und Theater – „in dieser künstlichen Welt träumen wir die wirkliche hinweg" (200) – stellt jetzt aber dessen tugendempfindsame Kraft in ein helleres Licht. Dem Theater sei zu verdanken, dass „Menschlichkeit und Duldung [...] der herrschende Geist unserer Zeit" geworden und „in das Herz unsrer Fürsten gedrungen" seien (196). Das Theater könnte eine nationale Gefühlsgemeinschaft konstituieren, da in ihm die „Menschen aus allen Kreisen und Zonen und Ständen [...] durch *eine* allwebende Sympathie verbrüdert" würden (200). Man sollte sich jedoch von diesem empfindsamen Duktus nicht blenden lassen. Schiller lässt in beiden Texten erkennen, dass er „Rührung und Schrecken" (193), sanfte und erhabene Ästhetik nicht gegeneinander ausspielt. Das zeigt sich an den Beispielen, die er zur Illustration seiner Ideen heranzieht. Antike Werke werden ebenso zitiert wie Corneille und Shakespeare, nicht nur Lessing findet Erwähnung, sondern auch Gerstenberg, Gotter, Iffland und natürlich Schiller. Er legt sich auf keinen Stil fest und reflektiert damit die dramatische Vielfalt seiner Zeit. Dies führt dazu, dass die Grenze zwischen Empfindung und Erschütterung unscharf bleibt. Dem „Gemälde voll Rührung" sind die „Gruppen des Entsetzens" immer schon beigefügt (168).

Bekanntlich hat Schiller in den 1790er Jahren, angeregt durch die Lektüre Kants, eine Wende vollzogen. Dessen Philosophie und Ästhetik war mit Moral Sense und Empfindsamkeit nicht vereinbar.[63] Für Kant kann das Gefühl nicht die Grundlage der Moral sein, beide bleiben transzendental auf die Vernunft hingeordnet. Selbst wenn die „Lust am Schönen"[64] via Einbildungskraft und „ohne Vermittelung eines Begriffs"[65] mit anderen geteilt werden kann, ja die symbolisch-ästhetische Kommunikation als Grundlage der Zivilisation erscheint,[66] werden Kunst und Moral getrennt. Das Interesse am Schönen geht, anders als bei Shaftesbury, nicht unbedingt mit einem guten Charakter einher. Selbst dort, wo sich ein Gefühl für Moral beobachten lässt, ist damit etwas kategorial anderes gemeint als das Gefühl für das Schöne.[67]

---

62   Vgl. zur Stellung Schillers innerhalb der Kurpfälzischen Deutschen Gesellschaft, vor der
      er die Rede hielt, Kreutz 2017.
63   Sauder 1974, S. 223; Frazer 2010, S. 112–138; Zumbusch 2012, S. 81–85.
64   Kant [1790] 2014, S. 224.
65   Ebd., S. 228.
66   Ebd., S. 229f.
67   Ebd., S. 231–233.

Die Lektüre Kants fügt viele Elemente, die in Schillers Haltung zur Kunst bereits in den 1780er Jahren angelegt waren, in einen neuen Kontext ein. Das Interesse für das Erhabene und Pathetische auf der einen, für das Sittliche auf der anderen Seite ließ sich nun neu formulieren. Die Essenz der Moral musste nicht mehr im Gefühl verortet werden, sondern in der Fähigkeit der Vernunft, gegenüber den Leidenschaften ein Reich der Freiheit zu behaupten. Dementsprechend schreibt Schiller zu Beginn seiner kurzen Studie *Über das Pathetische*: „Das *Sinnenwesen* muß tief und heftig *leiden*; Pathos muß da sein, damit das Vernunftwesen seine Unabhängigkeit kund tun und sich *handelnd* darstellen könne." (WB 8, 423) Lessings Diktum, dass auch Könige nur Menschen seien, muss korrigiert werden. Mittelmäßige Menschlichkeit wird zur Gefahr für die tragische Kunst. „Die Könige, Prinzessinen und Helden eines Corneille und Voltaire vergessen ihren *Rang* auch im heftigsten Leiden nie, und ziehen weit eher ihre *Menschheit* als ihre *Würde* aus." (424)

Die Frage nach der Vermittlung von Sittlichkeit und Kunst hat sich damit aber nicht erledigt, wie die *Ästhetischen Briefe* zeigen. Auch hier folgt Schiller einem „reine[n] *Vernunftbegriff* der Schönheit" (592) und hält es für die Aufgabe der Kunst, durch die „Selbttätigkeit der Vernunft [...] die Macht der Empfindung schon innerhalb ihrer eigenen Grenzen" zu brechen (644). In einer originellen Variation des Naturrechtsdenkens und der Herderschen Geschichtsphilosophie schlägt er ein dreistufiges Modell vor, das vom „dynamischen" (Naturkraft) über den „ethischen" (Gesetz und Zwang) in den „ästhetischen Staat" (Freiheit und Spiel) führt (673f.). Die Frage, welche Rolle die sanften Affekte in der politischen Ästhetik spielen sollen, stellt sich erneut. Schiller geht mit der Moral-Sense-Theorie davon aus, dass das Gesetz der Natur sich dem Menschen „durch ein unvertilgbares Gefühl" einprägt (565), jedoch ist die Natur etwas, das nicht aus sich selbst heraus einen sittlichen Staat hervorbringt, sondern durch transzendental verstandene Vernunft und Moral in die Schranken gewiesen werden muss. Dies führt in der gegenwärtigen Gesellschaft, die die *Ästhetischen Briefe* ins Licht rousseauistischer Kritik tauchen, zu Widersprüchen. Während die rohe Naturkraft im Pöbel aufscheint und es diesen deshalb zu bändigen gilt, zeigt sich in den „zivilisierten Klassen" der widrige Anblick „der Schlaffheit und einer Depravation des Charakters" (568). Empfindsamkeit ist nicht Ausdruck einer *a priori* gegebenen Vermittlung von Gefühl und Moral, sondern unvermeidbare Folge zivilisatorischer Naturunterdrückung. Sie ist Heuchelei: „Mitten im Schoße der raffiniertesten Geselligkeit hat der Egoism sein System gegründet". Zwar benötigt die Moral das Gefühl, beide sind aber unter den Bedingungen des ethischen Staates nicht

in Einklang zu bringen. „Stolze Selbstgenügsamkeit zieht das Herz des Welt-
manns zusammen, das in dem rohen Naturmenschen oft noch sympathetisch
schlägt". Wer das Heil in der „völligen Abschwörung der Empfindsamkeit"
sucht, droht deshalb das Kind mit dem Bade auszuschütten (569).

Auch wenn das Verhältnis von Sittlichkeit und Kunst nicht mehr aus dem
Moral Sense,[68] sondern aus der Vernunft abgeleitet wird, spielen tugend-
empfindsame Ideen in der Ästhetik noch eine Rolle.[69] In der Denkfigur der
„schmelzenden Schönheit", die der siebzehnte Brief entwickelt, kehrt der
Topos der Balance von Verstand und Gefühl zurück. Sie besänftigt das wilde
Gemüt und bahnt ihm den Weg zum Gedanken, zugleich kleidet sie abstrakte
Gedanken in Sinnlichkeit (621). Schiller kommt nicht umhin, den durch das
Schöne angestrebten „mittleren Zustand" mithilfe empfindsamer Denk-
modelle zu konstruieren. Aufschlussreich ist in dieser Hinsicht auch eine
ausführliche Fußnote im dreizehnten Brief, in der Schiller über die Folgen
seines Systems für die „praktische Philanthropie" nachdenkt. Er kommt zu
dem Schluss, dass der Charakter, um nicht in „Kaltherzigkeit" zu erstarren, für
die Empfindung offen bleiben müsse, jedoch auch nicht in formlose „Schwärmerei" verfallen dürfe. „Strenge gegen sich selbst mit Weichheit gegen andre
verbunden, macht den wahrhaft vortrefflichen Charakter aus." (604f.) Trotz der
Persistenz der tugendempfindsamen Tradition, die auch in Schillers Dramen
weiterwirken wird, zielt das System der *Briefe* auf den ästhetischen Staat und
damit auf den Spieltrieb. Nur er, und das heißt die gleichzeitige Lösung aller
Fesseln für Empfindung *und* Gewissen, garantiert, dass wir den anderen Menschen wirklich lieben können (608). Und es ist nicht die Empfindung, sondern,
in Anlehnung an Kant, der Geschmack, der das gute Zusammenleben festigt.
„Wenn schon das Bedürfnis den Menschen in die Gesellschaft nötigt, und die
Vernunft gesellige Grundsätze in ihm pflanzt, so kann die Schönheit allein ihm
einen *geselligen Charakter* erteilen. Der Geschmack allein bringt Harmonie in
die Gesellschaft, [...] nur die schöne Mitteilung vereinigt die Gesellschaft, weil
sie sich auf das Gemeinsame aller bezieht." (674)

Das Ziel der empfindsamen Moralphilosophie bleibt: „Der Konflikt blinder
Kräfte soll in der politischen Welt ewig dauern, und das gesellige Gesetz nie
über die feindselige Selbstsucht siegen? Nichtsweniger!" (580) Zwar erscheint

---

68   Dies im Widerspruch zu Alt 2008, S. 40f., der den Einfluss des Moral Sense auf Schillers
     Kunsttheorie der 1790er stark macht und dabei die fundamentalen Unterschiede zwi-
     schen der Theorie des Moral Sense und des transzendentalen Systems nicht bemerkt.

69   Das übersieht eine Deutung, die sich auf die in den *Ästhetischen Briefen* zweifellos wirk-
     samen Techniken der Apathisierung und Desensibilisierung konzentriert. Vgl. Zumbusch
     2012, S. 130–146. Auf Schillers Unternehmen, das Erbe von Lessings Mitleidsästhetik in
     seine Ästhetik des Pathetischen und Erhabenen zu integrieren, verweist dagegen Schings
     [1980] 2012, S. 50f.

der „Antagonism der Kräfte" (576) als Triebfeder der Kulturentwicklung
(Kap. 3.3), er kann aber aus sich heraus keine Beruhigung schaffen. Den gesamten Text durchzieht eine Metaphorik der Agonalität, die ambivalent bleibt. Sie
belegt aber in jedem Fall das Interesse, das Schiller für die Momente des Spiels
und des Wettkampfs hegt und das auch in seinen Dramen allerorten spürbar
ist (Kap. 4.4 u. 5.7). So beschreibt er das Verhältnis der Kultur der Gegenwart
zur Antike als einen Wettkampf: „Welcher einzelne Neuere tritt heraus, Mann
gegen Mann mit dem einzelnen Athenienser um den Preis der Menschheit zu
streiten?" (571) Die Zivilisierung des Menschen führe zu einer gefährlichen
Dialektik von „Usurpation" und „Insurrektion" der Natur. Werde er nicht gelöst,
droht Gewalt:

> Die Usurpation wird sich auf die Schwachheit der menschlichen Natur, die
> Insurrektion auf die Würde derselben berufen, bis endlich die große Beherr-
> scherin aller menschlichen Dinge, die blinde Stärke, dazwischen tritt, und den
> vorgeblichen Streit der Prinzipien wie einen gemeinen Faustkampf entscheidet.
> (580)

An dieser Stelle tritt die Vernunft auf den Plan. Es ist kennzeichnend für den
agonalen Zug von Schillers Denken,[70] dass sie nicht als Schiedsrichter, sondern als kämpfende Partei erscheint. Sie könne aus dem Streit mit den bloßen Naturkräften nur dann als „siegende Kraft" hervorgehen, wenn sie mit den
Empfindungen eine Allianz eingehe. Nur wenn „Herz[]" und „Trieb[]" ihr zur
Seite stehen, könne die Vernunft triumphieren:

> Erkühne dich, weise zu sein. Energie des Muts gehört dazu, die Hindernisse zu
> bekämpfen, welche sowohl die Trägheit der Natur als die Feigheit des Herzens
> der Belehrung entgegen setzen. Nicht ohne Bedeutung läßt der alte Mythus die
> Göttin der Weisheit in voller Rüstung aus Jupiters Haupte steigen; denn schon
> ihre erste Verrichtung ist kriegerisch. Schon in der Geburt hat sie einen harten
> Kampf mit den Sinnen zu bestehen, die aus ihrer süßen Ruhe nicht gerissen sein
> wollen. (581)

Die Überführung der Analyse ins Transzendentale ändert nichts an der agonalen Struktur der Theorie. Nun kommt es zu einem „Antagonism" (600)
zwischen Form- und Sachtrieb. Ziel ist die Aufhebung dieses Kampfes, ein
„Wechsel-Verhältnis zwischen beiden Trieben" (606), ein Ruhezustand. Dies
soll der „Spieltrieb" der Kunst leisten (607), der theoretisch das Ende des Wettstreits der Prinzipien bedeuten könnte – „da ist keine Kraft, die mit Kräften
kämpfte" (615) – in der Realität jedoch der „Schwankung" unterliege (615).

---

70 Ein solch agonaler Zug lässt sich auch in Goethes kursorisch ausgearbeiteter Tragödien-
    theorie finden, vgl. Alt 2008, S. 35–52.

Kein Weg führt aus der agonalen Metaphorik heraus.[71] Richte sich der Spieltrieb auf den Sachtrieb, gleiche er den brutalen Gladiatorenkämpfen im alten
Rom, ziele er auf den Formtrieb, gleiche er „den Kampfspielen zu Olympia"
und ihren „unblutigen Wettkämpfen der Kraft der Schnelligkeit, der Gelenkig-
keit", also „dem edleren Wechselstreit der Talente" (613).

5.3   ‚Schauspiel‘ und Gattungsmischung

Die referierten Kunst- und Dramentheorien spielen unterschiedliche Kombinationen von Rührung, Pathos, Moral und dem Politischen durch. Ihre
Forderungen sind natürlich nicht deckungsgleich mit den semantischen
und ästhetischen Strukturen, die sich werkübergreifend in den Dramen der
Aufklärung herausbilden. Die diskutierten Begriffe sind aber ein guter Ausgangspunkt, spezifische Formelemente der Zeit zu beschreiben. Ein Beispiel
hierfür sind die dramatischen Gattungen. Das von Mistelet und Mercier propagierte *drame* geht von Diderots *Le Fils naturel* (1757) und *Le Père de famille*
(1758) sowie dem begleitenden Essai *De la poésie dramatique* aus. Gattungs-
ästhetisch brisant war die Frage, welche affektive und moralische Wirkung die
neue Mischform auf die Zuschauer habe. Die Debatte hatte sich in Frankreich
am Beispiel von La Chaussées *Mélanide* (1741) um die *comédie larmoyante* entzündet.[72] Sie führte über Gellerts *Pro commoedia commovente* (1751) bzw. dessen Übersetzung und Kommentierung in Lessings *Theatralischer Bibliothek*
(1754) bis zu Diderot.

  Comédie larmoyante bzw. *drame bourgeois* galten als prädestiniert, empfindsame Tugendideale, eine Gefühlspolitik des Mitleids und der Rührung ästhetisch zu vermitteln.[73] Die Kritik, die sich die Apologeten der neuen Gattungen

---

71   Der Konnex von Spiel und Agon ist in der kulturwissenschaftlichen Spieltheorie seit der
      Studie von Caillois 1960 bekannt, wurde aber bisher nicht für den ästhetischen und poli-
      tischen Begriff des Spiels in Schillers Werk in Anschlag gebracht. Vgl. die Interpretation
      des *Don Karlos* in Kap. 5.7.

72   Wichtigste Publikationen der Kontroverse in Frankreich waren die *Lettres sur Mélanide*
      (1741), die von Lessing ebenfalls 1754 übersetzten und veröffentlichten *Reflexions sur le
      Comique-larmoyant* Chassirons (1749) sowie Voltaires Vorwort zu seiner ‚comédie atten-
      drissante‘ *Nanine* (1749). Angesichts dieses Verlaufs ist es fragwürdig, wie Frömmer 2008,
      S. 49 von Diderot als „Begründer und Apologet der empfindsamen Ästhetik" zu sprechen.

73   Rainer Warning verweist auf die ‚Versöhnung‘ der Empfindsamkeit mit der Komödie bei
      Marivaux, vgl. Warning 1986, S. 17–21. Bedenkenswert ist der Versuch von Schmaus 2014,
      S. 89–94 bzw. Schmaus 2015, unter Rückgriff auf Peter Brooks Studie *The Melodramatic
      Imagination* aus dem Jahr 1976 die hier beschriebenen Phänomene mit dem Begriff des
      ‚Melodrama‘ zu bezeichnen (nicht zu verwechseln mit der musikalisch präformierten

einhandelten, ließ nicht lange auf sich warten. Sie konzentrierte sich auf die Vermischung von Tragödie und Komödie.[74] Damit war allerdings ein Phänomen angesprochen, das lange vor *Mélanide* existierte und bereits in der *tragédie tendre* Racines zu beobachten war. Der Schluss der *Bérénice* (1671) ersetzte den tragischen Tod der Protagonistin bzw. des Protagonisten durch eine Geste zärtlicher Versöhnung. Bérénice, die ihre Liebe zu Titus nicht leben darf und Antiochus' Liebe nicht erwidern kann, fordert in ihrem Schlussmonolog beide Männer auf, ihren Gefühlen zu entsagen und zum moralischen Vorbild zu werden:

> Adieu, servons tous trois d'exemple à l'Univers/ De l'amour la plus tendre, & la plus malheureuse/ Dont il puisse garder l'histoire douloureuse.[75]

Auch wenn das den Text beschließende „Hélas"[76] des Antiochus die Verlusterfahrung der unglücklichen Liebe zur Darstellung bringt, ist das tragische Pathos doch erheblich gedämpft. Hat man es überhaupt mit einer Tragödie zu tun? Racine aktualisierte mit zärtlich-tugendhafter Ästhetik die bereits in vielen antiken Dramen angelegte Möglichkeit, einen ernsten Konflikt zwar darzustellen, aber glücklich bzw. gewaltfrei enden zu lassen. Zahlreiche Autoren des 18. Jahrhunderts folgten ihm; ihre Stücke passen weder ins Tragödien- noch ins Komödienfach. Man hat es in diesen Fällen mit einer hybriden dramatischen Form zu tun, die mit dem Terminus ‚Tragikomödie' nur unscharf bezeichnet ist und über den relativ engen Kreis der Rühr- oder Familienstücke hinausgeht. Bis heute fehlt eine grundlegende Monographie zur Geschichte und Mediologie dieses Phänomens im 18. Jahrhundert.

Im Folgenden soll deshalb die Gattung des ‚Schauspiels' ins Zentrum rücken. Ein guter Grund, sich auf diesen Begriff zu konzentrieren, ist allein die Tatsache, dass er in der Spätaufklärung häufig als paratextuelle Bezeichnung herangezogen wurde. Lessing verwendete ihn 1760 in seiner Übersetzung der Werke Diderots. Was dort *drame* und *genre sérieux* hieß, wurde zum

---

Gattung des um 1770 entstehenden ‚Melodrama'). Die zugrundeliegende These, dass Melodramen eine säkularisierte Form des Moralisch-Okkulten verarbeiten und deshalb „mit einfachen Mitteln, klaren Antithesen und Stereotypen" arbeiteten (Schmaus 2014, S. 91), ist jedoch in Bezug auf das europäische Rührstück zu dichotomisch. Gleichwohl ist die Beobachtung, dass sich diese populären dramatischen Formen an alle Zuschauer wenden und damit zu einer Demokratisierung des Theaters beitragen, nicht von der Hand zu weisen (ebd., S. 92).

74   Dies war der Vorwurf Chassirons, mit dem sich auch Gellert auseinandersetzen musste.

75   Racine 1671, S. 88. Vgl. zur Musterbildung der *tragédie tendre*, insbesondere in Bezug auf das englische Restaurationsdrama: Meyer-Sickendiek 2016, S. 113–184.

76   Racine 1671, S. 88.

‚Schauspiel'. Reinhart Meyer konnte in seinen Spielplananalysen der deutschsprachigen Theater und Wandertruppen zeigen, dass die Theaterzettel ab
den 1770er Jahren immer häufiger ‚Schauspiele' ankündigten.[77] Goethe griff
auf den Begriff sowohl für *Stella* zurück, als auch für *Iphigenie auf Tauris* und
Torquato Tasso. Alle drei Dramen verhandeln auf ernste Weise einen potentiell tragischen Konflikt, der gewaltfrei gelöst wird. Um es mit dem *Brockhaus
Conversations-Lexikon* von 1809 zu sagen:

> *Schauspiel* oder *Drama* im eigentlichen Sinn, welches die Darstellung ernst-
> hafter Begebenheiten ist, deren Entwickelungen einen dem menschlichen Her-
> zen wohlthuenden Ausgang haben.[78]

Die genannten Werke Goethes weisen darauf hin, dass das Phänomen nicht
einfach auf die familiären Rührstücke der Zeit beschränkt ist, sondern bis
in die Weimarer Klassik reicht. Das Repertoire empfindsamer Verhaltensmuster spielt dabei eine wichtige Rolle, besonders der Schluss der *Iphigenie*
erinnert an das Vorbild der *Bérénice*. Von hier aus führt eine Linie zu Iffland
und Kotzebue, die in ihren Dramen sehr häufig auf die Bezeichnung ‚Schauspiel' zurückgreifen. Jedoch lässt sich das entsprechende Muster auch in Dramen finden, die andere Gattungsnamen verwenden. Bei Lessings *Nathan der
Weise* handelt es sich zweifellos im hier verwendeten Sinn um ein Schauspiel,
auch wenn das Stück ein „dramatisches Gedicht" vorstellt.[79] Hierzu zählen
auch Werke, in denen der Sieg der empfindsamen Partei mit Gewalt errungen
wird. So Schlegels *Herrmann*, eigentlich als „Trauerspiel" tituliert,[80] Kotzebues

---

77   Meyer 2012, S. 341–400. Zu bedenken ist aber, dass Meyer sich ausschließlich auf die
      Bezeichnungen von Stücken stützt und deshalb die Bedeutung der spezifischen Struk-
      tur von Schauspielen vor 1770 unterschätzt. Es ist nämlich davon auszugehen, dass zahl-
      reiche Lustspiele sich in dieser Zeit bereits dem Schauspiel annähern, wie nicht zuletzt
      Gellerts *Zärtliche Schwestern* zeigen. Auch die auf die Analyse unterschiedlicher Gat-
      tungen ausgerichtete Arbeit von Wolfgang Lukas führt das ‚Schauspiel' als dritte Rubrik
      neben Trauer- und Lustspiel ein, vgl. Lukas 2005, S. 370.
78   Brockhaus Conversations-Lexikon 1809, S. 85.
79   In der Forschung ist bereits die Nähe zum ‚rührenden Familienspiel' herausgestellt
      worden, meist unter Berufung auf Lessings eigene Deutungen und mit Bezug auf Dide-
      rot. Dass das Stück an einer Struktur partizipiert, die über diese kleinteiligen Genre-
      bezeichnungen hinausgeht, wurde bisher aber nicht deutlich. Vgl. den Kommentar von
      Bohnen und Schilson in B 9, 1142–1145 sowie die Analyse von Nisbet 2008, S. 787, 796, 799,
      der *Nathan* einmal als für das späte 18. Jahrhundert typische Mischform, ein andermal als
      „Ideendrama" oder „Familiengemälde" beschreibt. Formelemente der Komödie erkennt
      Schlossbauer 1998, S. 161–282.
80   Schlegel 1743, S. 1. Schon Schlegels *Canut* stößt an die herkömmlichen Gattungsgrenzen.
      Schulz 1980, S. 116 beschreibt das Stück als Mischung aus Trauer- und Lustspiel. Mönch

Geschichtsdramen und Ritterschauspiele, Schillers *Wilhelm Tell*.[81] Umgekehrt muss nicht überall, wo vom Schauspiel die Rede ist, auch ein guter Ausgang gemeint sein, wie im Fall der ersten Fassung von Schillers *Räubern*. Dies deckt sich mit der Beobachtung Cornelia Mönchs, dass die Gattungsbezeichnung „Schauspiel" nicht nur in Rührstücken à la Diderot, sondern in unterschiedlichen Dramenformen zum Einsatz kam.[82] Um 1750 griffen die ersten deutschsprachigen Trauerspiele mit bürgerlichem Figurenpersonal darauf zurück, da man glaubte, dass die Bezeichnung ‚Trauerspiel' nur für Heldendramen gültig sei. Im Sturm und Drang verwies die Rede vom ‚Schauspiel', siehe *Die Räuber*, auf die Abkehr von der restriktiven Handhabung der drei Einheiten.

Diese Beispiele belegen, wie dynamisch der Prozess der Gattungsbildung im 18. Jahrhundert war.[83] Es gibt keine lineare Entwicklung von der frühaufklärerischen Tragödie über das bürgerliche Trauerspiel und das Rührstück zum Drama der Klassik.[84] Gattungsstrukturen und -bezeichnungen persistieren, andere kommen hinzu. Neues vermischt sich mit Altem, Formen fächern sich auf: Es entstehen Kaufmannsdramen, Vaterländische Schauspiele, Militärdramen, Singspiele, exotische Kolonialdramen, Ritterschauspiele, Melodramen, Revolutionsdramen etc. Goethe klagt noch im März 1824 gegenüber Eckermann, „daß auf unseren Bühnen alles durch einander gegeben wird." (FA 39, 106) Weniger wertend formuliert: Es bildet sich ein komplexer und heterogener „Bestand, aus dem sich die Dramatiker relativ flexibel bedienten, um auf politische, gesellschaftliche, ästhetische oder andere Herausforderungen möglichst angemessen zu reagieren."[85] Das ist kein Alleinstellungsmerkmal der Aufklärung, zeigt aber, dass die gängige Dichotomie

---

1993, S. 286–289 listet zahlreiche als „Trauerspiel" bezeichnete Dramen mit einem *happy end* auf.

81   Zur Bezeichnung des *Wilhelm Tell* als Schauspiel vgl. Schulz 2011 sowie Römer 2015. Beide stellen eine Verbindung her zwischen *Tell, Nathan* und *Iphigenie*. Schulz 2011, S. 231 deutet Schillers Stück als Versuch, die „Antinomie von Trauerspiel und Lustspiel" zu überwinden, Römer 2015, S. 136 hingegen glaubt, dass es sich dabei eigentlich um die „Antinomie von Trauerspiel bzw. Tragödie und Rührstück" handele.

82   Mönch 1993, S. 286–294.

83   Siehe zu diesem Thema aktuell die Habilitationsschrift von Romana Weiershausen, die den konstruktiven und innovationsoffenen Charakter der Gattungskonstitution im 18. Jahrhundert betont (Weiershausen 2018, S. 41–43). Diesem Verständnis von ‚Gattung' ist auch die vorliegende Studie verpflichtet. Ein anderes Ziel verfolgt die Dissertation von Tilman Venzl. Ihr geht es um eine kohärente Beschreibung des ‚Militärdramas' der Aufklärung, das die gesellschaftliche Rolle des Militärs reflektiere. Zu diesem Zweck greift Venzl auf Wilhelm Voßkamps Definition der Gattung als literarisch-soziale Institution zurück (Venzl 2019, S. 80–87).

84   Weiershausen 2018, S. 255.

85   Ebd., S. 404.

von Trauer- und Lustspiel die komplexe Realität der Dramenproduktion und Theaterspielpläne dieser Zeit nicht abbildet. Zu bedenken ist in diesem Zusammenhang, dass sich im 18. Jahrhundert ein normaler Theaterabend aus mehreren Stücken zusammensetzte. Einem fünfaktigen Trauerspiel konnte ein komischer Einakter folgen, Genres wurden unabhängig von ihrer jeweiligen Wirkungsästhetik kombiniert.[86] Dass die Zuschauer des Aufklärungstheaters an Gattungsmischungen gewohnt waren und nur selten nach einem tragischen Ende nach Hause entlassen wurden, relativiert einige der heftigen Diskussionen, die in der Zeit um die Wirkungsästhetik des Trauerspiels geführt wurden.

Die Mischung der Gattungen findet zwar in *tragédie tendre, sentimental comedy* und *rührendem Lustspiel* ihre prominenteste Form,[87] setzt aber auch in anderen Bereichen früh ein. Bereits das Musiktheater um 1700 war heterogen. Die Libretti stellten tragische, komische und pastorale Sujets nebeneinander.[88] Gerade in Deutschland wurden französische und italienische Formen, etwa Ballett und Rezitativ/Da-Capo-Arie, gerne vermengt. Viele Libretti der Hamburger Gänsemarktoper waren mehrsprachig.[89] Auch das Sprechtheater der ersten Jahrhunderthälfte war keine ,reine' Form. Die beliebten Haupt- und Staatsaktionen kombinierten die standesgemäßen Darstellungen politischer Konflikte mit derb-komischen Elementen, Heroismus mit Komik, Alexandriner mit Improvisation. Gottscheds *Sterbender Cato*, eigentlich als Muster gereinigter Tragödienkunst gedacht, ebnet dem bürgerlichen Trauerspiel den Weg: Es öffnet jenen Vorstellungen von Staat und Familie die Tür, die dann bei Lessing, Pfeil und Brawe breiten Raum einnehmen werden.[90] In Gellerts Experimenten mit dem ,rührenden Lustspiel' wurde die längst praktizierte Mischung von Gattungen dann tugendempfindsam legitimiert. Mit Erfolg: In der zweiten Hälfte des 18. Jahrhunderts war es gang und gäbe, rührende Schauspiele als ,Lustspiele' zu bezeichnen – man denke nur an Lessings *Minna von*

---

86   Dies zeigt ein Blick in die Spielpläne der Zeit, verwiesen sei in diesem Zusammenhang auf die digitalisierten Repertorien des Weimarer Hof- und des Hamburger Stadttheaters, vgl. www.theaterzettel-weimar.de; www.stadttheater.uni-hamburg.de.

87   In Bezug auf das Trivialdrama beobachtet Krause 1982, S. 132–134, dass die Autoren die Bezeichnungen ,Schauspiel', ,Lustspiel' und ,Familiengemälde' willkürlich verwendeten.

88   Jahn 2005b, S. 82–103.

89   Die vorliegende Studie verweist kursorisch auf die Oper, verzichtet aber auf ihre systematische Untersuchung. Eine Sichtung der zahlreichen Libretti der Aufklärung und ihrer Vertonungen ist im Rahmen dieser Monographie nicht zu leisten. Damit wird die eminente Bedeutung des Musiktheaters für die Ausbildung des empfindsamen Theaters aber keineswegs bestritten. Es muss aber in diesem Kontext genügen, auf die in dieser Hinsicht grundlegenden Studien von Jahn 2005b und Krämer 1998, S. 133–201 zu verweisen.

90   Weiershausen 2018, S. 48–147.

Barnhelm, Brandes' *Der Graf von Olsbach*, Merciers *La Brouette du Vinaigrier*, Großmanns *Nicht mehr als sechs Schüsseln*, Schröders *Fähndrich*, Kotzebues *Indianer in England* und Ifflands *Die Hagestolzen*.

Je weiter die Jahrzehnte voranschreiten, je weiter sich der Buchmarkt differenziert und die Aufführungszahlen der Theater durch die schrittweise Aufhebung von kirchlichen Spielverboten steigen, desto vielfältiger werden die Kombinationsmöglichkeiten. Ein Stück wie Lenz' *Soldaten* ist nur noch als Mischform angemessen zu beschreiben. Szenen von greller Situationskomik[91] sind eingefügt in den für das bürgerliche Trauerspiel typischen Plot der Verführung einer unschuldigen Bürgertochter durch einen Adligen. Es gibt keinen tragischen Schluss, aber das versöhnende Familientableau und die geglückte Paarbildung werden verweigert. Vater und Tochter finden zwar wieder zusammen, wälzen sich bei ihrem Wiedersehen aber „halb tot auf der Erde".[92] In Reitzensteins *Die Negersclaven* changieren bürgerliches Trauerspiel, Heroismus und Revolutionsdramatik,[93] Schillers *Maria Stuart* steht zwischen klassischer Tragödie und Rührstück.[94] Ein extremes Beispiel ist Kotzebues *Sonnen-Jungfrau*. Das Drama ist eine Melange aus exotischem Tempelstück à la *Lanassa*, Hanswurstiade[95] und Ritterschauspiel. Aber nicht nur das: Elemente des bürgerlichen Trauerspiels wie die außereheliche Schwangerschaft werden in der Vereinigung der Familie und des Paares im Schlusstableau aufgelöst und damit ins Rührstück überführt. Nebenbei webt Kotzebue noch Opernszenen in das Stück.[96] Die von Chassiron, Gellert und Lessing geführte Diskussion, ob eine Mischung von Komödie und Trauerspiel zulässig sei oder nicht, wurde von der Bühnenwirklichkeit schnell überholt. Mit dem ‚Schauspiel' ist ein Phänomen bezeichnet, dessen Komplexität und Dynamik nicht unterschätzt werden sollte.

Die Tugendempfindsamkeit findet darin ihren Platz, mal im Hinter-, mal im Vordergrund. Sie bildet nicht einfach eine neue Gattung aus, sondern ermöglicht eine spezifische Art von Verknüpfung zwischen Gattungen und hat Teil an der Vervielfältigung dramatischer Formen.[97] Das Label ‚Schauspiel' erlaubte im Sprechtheater in struktureller Hinsicht die Kombination

---

91   Etwa Rammlers Besuch beim Juden, vgl. Lenz [1772–1777] 1987, S. 215f.

92   Ebd., S. 245.

93   Reitzenstein 1793. Vgl. zur Gattungsmischung in diesem Drama Weiershausen 2018, S. 333f.

94   Detken 2009, S. 360–367.

95   Als Hanswurst figuriert der gefräßige und vulgäre Diener Diego, z.B. in II,3–5. Vgl. Kotzebue 1791, S. 20–23.

96   Dies zeigt die Verwendung des Chorgesangs in IV,1, vgl. Kotzebue 1791, S. 88f.

97   Vgl. Meyer-Sickendiek 2016, S. 44.

von ernster Konfliktdarstellung und *lieto fine*, zugleich konnten darunter so unterschiedliche Gattungen wie Ritterstücke, Geschichtsdramen oder, wie im Fall Goethes, klassizistische Werke rubriziert werden. Dennoch stellt sich die Frage, ob es nicht innerhalb dieser komplexen *ars combinatoria* der Gattungs-mischung Formen gab, die tugendempfindsame Wertvorstellungen und Hand-lungsideale stärker hervorhoben als andere?

Für die Beantwortung dieser Frage liegt eine intensive Auseinandersetzung mit Gattungen wie dem rührenden Lustspiel und dem Familiengemälde nahe. Die Forschung hat sich jedoch mit der Feststellung begnügt, dass diese Gattun-gen das empfindsame Tugendsystem unkritisch übernehmen und letztlich der Affirmation bürgerlicher Verhältnisse und Wertvorstellungen dienen.[98] Über-haupt konzentrieren sich die meisten Studien auf eine andere Gattung: das bürgerliche Trauerspiel.[99] Seine empfindsame Ästhetik ist meist mit Bezug auf Lessing diskutiert worden. *Miß Sara Sampson* gilt auch neueren Interpreten als exemplarisches Werk der Empfindsamkeit. Nisbet fügt es ein in die Linie der deutschen Richardson-Rezeption und verweist auf die Appellstrukturen des Stückes, die gerührte Reaktionen der Zuschauer hervorrufen sollten.[100] Überhaupt hat die komplexe, nicht auf empfindsame Rührung zu reduzie-rende Affektdarstellung des Stückes großes Interesse gefunden.[101] Sie wurde häufig in einen diskursiven Rahmen eingefügt, so stellt Fick das Konzept des Moral Sense, die empfindsame Konzeption der Religion und die auf Mitleid für sämtliche Figuren zielende Psychologisierung in den Vordergrund.[102] Diese Befunde können sich auf die Mitleidsästhetik des frühen Lessing stützen, der in seiner *Vorrede zu einer Thomson-Übersetzung* feststellte, „nur diese Tränen des Mitleids, und der sich fühlenden Menschlichkeit, sind die Absicht des Trauerspiels, oder es kann gar keine haben." (B 3, 757)

Lessing geht es zweifellos darum, mit der Darstellung des Allgemein-Menschlichen die bestehende Tragödienform zu verwandeln.[103] Kann man des-halb aber sämtliche bürgerliche Trauerspiele in der Phase zwischen *Miß Sara Sampson* und *Emilia Galotti* als „empfindsame" bezeichnen,[104] wie Guthke dies tut? Dagegen sprechen die Befunde der zitierten, die Abschreckungsästhetik

---

98   Zur Darstellung empfindsamer Tugenden in den Lustspielen Gellerts vgl. Steinmetz 1987,
        S. 62–70. Der rührenden Ästhetik der Familiengemälde ab 1780 widmet sich Krause 1982,
        S. 135–149.
99   Prägend für die Forschung war hier vor allem die Arbeit von Pikulik [1966] 1981.
100   Nisbet 2008, S. 267–280.
101   Vgl. hierzu die Anmerkungen zu *Miss Sara Sampson* in 6.5.
102   Fick 2016b, S. 133–143.
103   Ebd., S. 322.
104   Guthke 2006, S. 61–79.

der Gattung betonende Studie von Mönch.[105] Und wie steht es mit der politischen Dimension der Empfindsamkeit im bürgerlichen Trauerspiel? Die
sozialgeschichtlich begründete These Guthkes, der eine Politisierung der Gattung erst mit *Emilia Galotti* und der bürgerlichen Adelskritik dieses Dramas
gegeben sieht,[106] wird durch neuere Forschungen ebenfalls in Frage gestellt.
Weiershausen hat das im Stück verhandelte Verhältnis von Familie und Staat
in den Kontext der Virginia-Dramen Patzkes, von Ayrenhoffs und Voigts
gestellt und konnte so die in der zweiten Jahrhunderthälfte zu beobachtenden
Übergänge und Brüche zwischen heroischer Tragödie, bürgerlichem Trauerspiel und Rührstück differenzierter darstellen.[107] Sie kommt zu dem Schluss,
dass die politischen Implikationen der *Emilia* nicht in denen der Vorläuferund Nachfolgedramen aufgehen, sondern eine Sonderstellung einnehmen, die
sich gerade in der Vermischung der heroischen Tragödie mit dem bürgerlichen
Trauerspiel konstituiert.[108] Aufschlussreich ist in ihrer Darstellung besonders
der Vergleich von Ayrenhoffs *Virginia oder Das abgeschaffte Decemvirat* (1790)
mit dem nur zwei Jahre später publizierten *Der Fürst als Mensch* Voigts. Allein
die zeitliche Nähe von heroischer Tragödie und historischem Rührstück belegt,
dass das Politische im Drama des 18. Jahrhunderts nur durch eine Analyse
gewonnen werden kann, die in einer transitorischen Bewegung die Wechselwirkungen und Kombinationsmöglichkeiten zwischen Gattungen in den Blick
nimmt. In diesen Kontext gehört auch die Einsicht, die Wolfgang Lukas aus seinen strukturalistischen Textanalysen gewinnt. Sie legen den Schluss nahe, dass
empfindsame Moralvorstellungen ab ca. 1745 generell die dramatischen Konflikte und ihre Lösungen steuern.[109] Lessings *Sara* und Brawes *Freygeist* seien
in dieser Hinsicht isomorph. Beide Stücke etablierten „eine übergeordnete
Ebene der Emotionalität und der empfindsamen Interaktionslogik".[110] Damit
ist nicht Lessings Mitleidsästhetik angesprochen, sondern die kritische Reflexion empfindsamer Tugendmuster, die Lukas zufolge das Drama, *unabhängig*
von der Gattung, zwischen 1750 und 1770 dominiert.[111]

---

105   Mönch 1993.
106   Guthke 2006, S. 93–96. Vgl. auch Steinmetz 1987, S. 73, 83–88.
107   Weiershausen 2018, S. 148–255.
108   Ebd., S. 254.
109   Albert Meier weist entsprechend auf empfindsame Tendenzen in der heroischen Tragödie der Spätaufklärung hin, etwa in Hirzels *Junius Brutus*, Weißes *Befreyung von Theben*
      und Schillers *Fiesko*. Vgl. Meier 1993, S. 236, 248, 343.
110   Lukas 2005, S. 272.
111   Ebd., S. 177–322.

5.4   Prävention. Zur Intensivierung von Empfindsamkeit im Schauspiel von Gellert bis Kotzebue

Es haben sich in diesem Kapitel bislang drei Argumente kristallisiert, die für einen Blick über die gängigen Gattungsgrenzen sprechen: Erstens lässt das populäre Drama der Aufklärung, insbesondere das familiäre Rührstück, politisches Potential vermuten. Zweitens entsteht mit dem Schauspiel eine Art Meta-Gattung, die weder in Tragödie noch Komödie aufgeht. Drittens werden Gattungsmerkmale von den Autoren flexibel kombiniert, wobei sich im Lauf des Jahrhunderts das zur Verfügung stehende Material und mit ihm das Spektrum der Kombinationsmöglichkeiten erweitern.

Begreift man politische Empfindsamkeit als gattungsüberschreitendes Phänomen und das Drama an sich als Mimesis sozialer Konfrontation, als fiktiven agonalen Raum (Kap. 4.1), liegt es nahe, sich in einem ersten Schritt der Figurenkonstellationen unterschiedlicher Dramen zu widmen. Wie zeigt sich die im Aufklärungsdiskurs zu beobachtende Matrix der Tugendempfindsamkeit (Kap. 2.2)[112] – Balance von Verstand und Gefühl, Aufrichtigkeit, Menschenliebe, Tatkraft – in den Reden und Handlungen einzelner Figuren? In welcher Weise kollidieren diese mit anderen Wertsystemen, Charaktertypen und Interaktionsmustern?

In einer ersten Annäherung sei eine der bekanntesten Dramenfiguren der Zeit herausgegriffen, die zahlreiche Eigenschaften der Empfindsamkeit in sich vereint. „[S]ein Herz wie offen jeder Tugend,/ Wie eingestimmt mit jeder Schönheit" (B 9, 526): Mit diesen Worten lobt Sittah im Gespräch mit ihrem Bruder Saladin die Vorzüge des Juden Nathan.[113] Obwohl zahlreiche Textstellen in die gleiche Richtung weisen, ist die Forschung auf diesen Aspekt von Lessings Schauspiel bisher nur am Rande eingegangen. Die Konzentration auf die religiösen und philosophischen Diskurse sowie die literaturhistorische Sonderstellung, die man dem *Nathan* gerne zuspricht, haben offenbar verhindert, es

---

112   Die von Meyer-Sickendiek 2016, S. 44f. am Beispiel der ‚zärtlichen' europäischen Dramenproduktion der Aufklärung vorgestellte Matrix konzentriert sich zu stark auf das Phänomen der interpersonalen Liebe und der Familie und vernachlässigt so die Fundierung des Phänomens im Naturrecht und im Moraldiskurs der Zeit.

113   Während die meisten Interpreten Nathan als positive Figur zeichnen, schlägt Scholz 2017 eine andere Deutung vor. Nathan verhindere die Hochzeit von Recha und dem Tempelherrn aus eigennützigen Motiven: Er wolle Recha für sich behalten. Um dies zu begründen, muss Scholz jedoch die offensichtliche Motivation von Nathans Handlung – er erkennt, dass Recha und der Tempelherr Geschwister sind – gegenüber einem vermeintlichen psychologischen Subtext abwerten.

in einem Atemzug mit den Werken Ifflands und Kotzebues zu nennen.[114] Auch
an Anthropologie und Psychologie interessierte Arbeiten beschäftigten sich
bislang nicht mit empfindsamen Einflüssen.[115]

Diese erschöpfen sich gerade nicht darin, dass die Figuren hin und wieder
Tränen vergießen,[116] sondern entfalten sich auf mehreren Ebenen der Handlung. Nathan vertritt das Prinzip der Balance von Affekten. Das Ideal ist die
sanfte Gestimmtheit der Seele. Vernunft bedeutet Besänftigung der Affekte
(B 9, 596), nicht zufällig spricht Nathan in der Wahrnehmung seines Pflege-
kindes Rechas mit „sanfte[r] Stimme" (487). Damit einher geht die Fähigkeit
zur Rührung, die sich in Nathans vergossenen Tränen (531), seiner Disposition
zum Mitleid (621) und zur Freundschaft (498, 533, 587) manifestiert. Ziel ist die
Regulierung der Affekte der jungen Protagonisten. Der impulsive, zur Gewalt
neigende Tempelherr, der sich von der mittigen Gefühlstemperatur Nathans
provoziert fühlt – „Denn lau/ ist schlimmer noch als kalt" (609) – muss
ebenso in tugendempfindsame Bahnen geführt werden wie die schwärmerische Recha.[117] Der ethische Imperativ der Ringparabel – „komme dieser Kraft
mit Sanftmut,/ Mit herzlicher Verträglichkeit, mit Wohlthun,/ Mit innigster
Ergebenheit in Gott, zu Hülf!" (559) – vereint eine aufgeklärte Form des Glau-
bens[118] mit dem Ethos des sanften sozialen Ausgleichs. Der Schluss scheint die
Konflikte im Fluss „allseitiger Umarmungen" (627) aufzulösen und damit die
Idee der allgemeinen Menschenliebe szenisch zu realisieren.

Lessing setzt mit *Nathan der Weise* Appellstrukturen in Szene, die eine
Rezeptionslenkung im Sinne empfindsamer Rührung suggerieren. Die Vereinigung der ‚Familie' im Schlusstableau wird von Sittah und Saladin explizit

---

114   Jene Deutungen, die den Charakter der Gattungsmischung und die Nähe zum familiären
      Rührstück hervorheben (s. 5.3), erwähnen meist Diderot.

115   Stattdessen heben Böhler 1971 und Fick 2016b, S. 458f. die Bedeutung von Leibniz'
      Monadenlehre für die im Stück dargestellte Konzeption des Unbewussten hervor.

116   Deshalb kann die These von Nisbet, dass die empfindsamen Elemente im *Nathan* zurück-
      gedrängt seien, nicht überzeugen. Nisbet schreibt: „Rührend empfindsame Szenen gibt es
      nach wie vor, etwa wenn Nathan eine Träne über den angesengten Mantel des Tempel-
      herrn vergießt oder den Verlust seiner ursprünglichen Familie beschreibt; doch sind sol-
      che Szenen weniger häufig und weniger gefühlsfreudig als in *Miss Sara Sampson* oder
      auch in *Minna von Barnhelm*." Nisbet 2008, S. 788.

117   Vgl. Pütz 1986, S. 256f.

118   Über die Formel „Ergebenheit in Gott" schreibt Fick 2016b, S. 466: „Sie markiert die Ver-
      schiebung vom Gott der Offenbarungsreligionen zu einem Gottesbegriff, der, obwohl
      Gegenstand der Vernunft, von ihr immer nur vorläufig, immer nur annäherungsweise
      erfasst werden kann; ein Gottesbegriff, der selbst im philosophischen Kontext noch die
      Option auf einen Akt des Glaubens offenlässt. Zugleich markiert das Wort ‚Ergeben-
      heit' den Umschlag von der Vernunftanstrengung zu einer Haltung, einer habituell
      gewordenen Erfahrung, einem Berührtwerden".

als Szene der „Rührung" benannt (626), Lessing selbst hat sein Werk mit diesem Begriff in einem Brief an seinen Bruder charakterisiert. Er spielt darin auf den öffentlichen „Kampfplatz" des Fragmentenstreits an, den er nicht mit einer Satire, sondern mit einem „rührende[n] Stück" verlassen wolle.[119] Nimmt man diesen Selbstkommentar ernst, läge die Funktion des Stückes in dem Versuch, öffentliche Konflikte mit Hilfe empfindsamer Ästhetik beizulegen. Jedoch haben verschiedene Forschungsbeiträge darauf hingewiesen, dass die dem Stück inhärente Poetologie eine argumentative Form der Persuasion verfolgt,[120] die sich nicht auf empfindsame Diskurse reduzieren lässt. Zur Mischform, die dieses Schauspiel konstituiert, gehört auch die Kombination gegenläufiger Ästhetiken.

Entscheidend für die Annäherung des *Nathan* an das Rührstück ist die im Vergleich zu den Dramen des Sturm und Drang große Anzahl potentiell empfindsamer Figuren. Während *Götz von Berlichingen* und seine Nachfolger Agonalität in erster Linie dadurch intensivieren, dass sie die Zahl agonaler Charaktere erhöhen und die der empfindsamen reduzieren (Kap. 4.3), gehen Schauspiele wie *Nathan* genau umgekehrt vor. Fast alle Figuren weisen eine mehr oder weniger starke Disposition zu tugendhaftem Handeln auf. Die Konflikte des *Nathan* können gelöst werden, weil sämtliche Figuren mit Ausnahme des Patriarchen der Empfindsamkeit fähig sind. Der Tempelherr hat noch vor Beginn der Handlung Recha aus den Flammen eines brennenden Hauses gerettet; Saladin und Sittah zeigen Sanftheit, Rührung und den Willen zur guten Tat. Dass Lessing in diesem Schauspiel an seiner Psychologie des gemischten Charakters festhält, die Figuren sich also durch ein Wechselspiel von Tugenden und Lastern auszeichnen,[121] steht nicht im Widerspruch zur Dominanz tugendempfindsamer Handlungsideale. So wird der vermeintlich sanfte Regierungsstil Saladins – er begnadigt den Tempelherrn und verteilt zu Lasten der Staatskasse Almosen an die Armen – vom Derwisch kritisiert. „Es wär' nicht Geckerei,/ Bei Hunderttausenden die Menschen drücken,/ Ausmärgeln, plündern, martern, würgen; und/ Ein Menschenfreund an Einzeln scheinen wollen?" (501f.) Die Kritik erfolgt bezeichnenderweise aber nicht aus einer Anthropologie der Eigenliebe heraus, sondern hält am Wert guter Herrschaft fest. Ebenso wie das friedliche, aufgeklärte Verhältnis der Religionen ist

---

119   Brief vom 20.10.1778, vgl. B 9, 1142. Zum Fragmentenstreit im Kontext von Öffentlichkeit und Skandal siehe Dücker 2005, zu Lessing und der Streitkultur der Aufklärung Mauser/ Saße 1993.

120   Simon 1991.

121   Fick 2016b, S. 459f.

tugendempfindsames Handeln das Telos, das nicht gegeben ist, sondern erst noch verwirklicht werden muss.

Dramen mit einer hohen Zahl potentiell tugendhafter Figuren treten im Sprechtheater der Aufklärung zu unterschiedlichen Zeitpunkten und in unterschiedlichen Formen des Schauspiels auf. Man findet sie Mitte der 1740er Jahre bei Gellert und in den 50er Jahren bei Diderot, aber auch am Ende der 60er bzw. zu Beginn der 70er Jahre, als der gesellschaftliche Umgang mit den Folgeschäden des Siebenjährigen Krieges auf der Bühne verhandelt wird. In den 80er Jahren gilt es dann eine Antwort zu finden auf den Sozialrealismus des Sturm und Drang und seiner demonstrativen Zurschaustellung von Agonalität, in den 90ern auf die Ereignisse der Französischen Revolution. Auch wenn diese Schauspiele die Komödientradition teilweise integrieren, drängen sie deren eskalative und gewalttätige Elemente stark zurück oder eliminieren sie ganz. Szenen wie die Aufstände des Pöbels in Holbergs *Politischem Kanngießer*[122] (1722/ dt. 1742) oder die polyloge Eskalation des Streits zwischen den Frömmlerinnen in der *Pietisterey im Fischbein-Rocke* L.A.V. Gottscheds[123] sind in diesem Typus des Schauspiels undenkbar. Dies liegt nicht daran, dass die komische Darstellung sozialer Gewalt in späteren Phasen der Aufklärung keine Rolle mehr spielte. Im Wiener Volkstheater war das sowieso nicht der Fall, aber auch nicht in den Lustspielen des norddeutschen Raums, wie etwa die bekannte Prügelszene im vierten Akt von Schröders *Der Ring* (1786) beweist.[124]

Ein gutes Beispiel, wie sich das Spektrum empfindsamer Eigenschaften auf verschiedene Figuren verteilt, ist das Personenverzeichnis des *Deutschen Hausvaters*.[125] Dieses 1782 publizierte „Schauspiel in drey Aufzügen" stammt aus der Feder des damaligen Dramaturgen des Mannheimer Nationaltheaters, Otto Heinrich von Gemmingen-Hornberg. Es war nicht nur ein Publikumsmagnet, sondern prägte auch die Gattung des Familiengemäldes. Das Verzeichnis ist mit seinen detaillierten Figurenbeschreibungen für die Zeit innovativ, Schiller und Iffland übernahmen diese Technik wenige Jahre später in *Fiesko* und *Verbrechen aus Ehrsucht*.[126] Der Text gibt den Schauspielern Empfehlungen, wie sie die Charaktere zu spielen haben, und Hinweise auf die Gestaltung

---

122 Holberg 1742, S. 435, 483–485.
123 Gottsched 1736, S. 89–98.
124 Schröder 1786b, S. 115f.
125 Gemmingen-Hornberg 1782, S. 6–8. Die Konstitution des Figurenpersonals ist im 18. Jahrhundert immer vor dem Hintergrund des an den Theatern etablierten Rollenfachsystems zu begreifen, vgl. hierzu grundlegend Detken/ Schonlau 2014.
126 Das Personenverzeichnis des *Fiesko* findet sich in WB 2, 319f. Iffland verlegt die Beschreibung der Figuren und die Hinweise für die Schauspieler in das Vorwort der Erstausgabe, siehe Iffland 1784, S. V–VIII.

der Kostüme. Die Ermahnung, die negativ scheinenden Figuren nicht als „Karrikatur" darzustellen, belegt die Abgrenzung zur Typen- respektive Verlachkomödie. Die Rezeptionslenkung wird durch die normativen Autorkommentare mehr als deutlich.

PERSONEN.

Der Hausvater. Ein biederer, thätiger, deutscher Mann, bekannt mit der Welt; antiker Grundsätze über seine Familie, aber doch mehr ehrlicher Mann als Edelmann. – Einfache Kleidung.

Karl. Ehrbegierde, Thätigkeitstrieb, – die Haupteigenschaften seines Geistes. Liebe seine Leidenschaft. Viel Geradheit in seinem Umgang, in dem überhaupt nicht viel Weltpolitur liegt, mehr Gepräge von Genie. – Im Frack.

Ferdinand. Mit gutem Herzen ganz ein Opfer der Weltfreuden – Uniform.

Monheim. Hofmann; greifend nach Schatten; im Getümmel der Welt; leeren aber nicht unfühlbaren Herzens. – Bei jeder Gelegenheit einen andern Rock, Stern und Band.

Dromer. Einer Art Menschen, wie es tausend für einen giebt. Komplimente statt That – Wohldienerei und Schmeichelei, statt innerlichen Werthes. Freundschaft sein drittes Wort; übrigens in seinem äussern Wesen immer nachäffend die Hauptperson mit der er zu thun hat. – Ja nicht Karrikatur; auch sein Anzug nicht lächerlich.

Mahler. Ein herrlicher deutscher Mann, ohne falsch, warmen und vollen Herzens, das ihm zuweilen überläuft; edlen Selbstgefühls; ganz Künstler aber ohne Marktschreierei. Viel wahrer Anstand in seinem äusserlichen Wesen; sauber aber einfach gekleidet.

Amtmann. In einem Rocke mit goldenen Borden, die er auf der Wage der Gerechtigkeit hat abwiegen lassen. Wohl steif; aber wiederum ja keine Karrikatur.

Bauer. Geraden, schlichten Sinnes; wie man Gott sey Dank! noch mehrere unter den Bauern, die nicht zu nahe an der Hauptstadt wohnen, findet.

Fritz. Ein sechsjähriger Knabe: Englisch gekleidet, französisch gelehrt und erzogen.

WEIBER.

Amaldi. Hohen Sinnes, – viele Kenntnisse; daher mehr Kopf als Herz. – Prachtvoll gekleidet.

Sophie. Mehr Herz als Kopf – An Empfindelei ein wenig krank, welches man auch an ihrer Kleidung bemerkt.

Lottchen. Ein ganzes Naturkind, ganz Liebe, ganz unglückliches Opfer derselben. Aeusserst reinlich, einfach und geschmackvoll gekleidet.

Anne. Eine alte Wärterin der Art, die den Kindern ihren Willen thun, damit sie nicht weinen, und den Mädchen, wenn sie erwachsen sind, in der Liebe helfen, um sie nicht zu betrüben.

Die meisten Figuren zeigen durch ihr „Herz" oder ihre „Liebe" die notwendige Disposition zur Empfindsamkeit, jedoch scheint der Grad emotionaler Empfänglichkeit zu variieren. Die Balance zwischen Verstand und Gefühl ist mit den Figuren der Amaldi („mehr Kopf als Herz") und Sophie („Mehr Herz als Kopf") angesprochen, aber auch Karl, der Sohn des Hausvaters, scheint durch seine „Leidenschaft" zum übersteigerten Affekt zu tendieren. Zugleich kommen er und sein Vater dem Ideal der Tatkraft am nächsten, während nicht nur sie, sondern auch der Maler und der Bauer wahlweise als ehrlich, gerade und „ohne Falsch", sprich: als aufrichtig gekennzeichnet sind. Auf der Seite des Lasters steht vor allem Dromer, der als unehrlicher Opportunist erscheint. Weitere typische Charakterfehler finden sich aber, und das ist entscheidend, auch bei den sonst positiv gezeichneten Figuren. Karl neigt zur „Ehrbegierde", Ferdinand ist ein „Opfer der Weltfreuden", dem Maler läuft sein Herz „zuweilen über", Sophie neigt zu „Empfindelei", Lottchen sei „ganz Liebe, ganz unglückliches Opfer derselben".

Eine empfindsame Gemeinschaft wird sich also nur dann konstituieren können, wenn die positiven Eigenschaften kombiniert und die negativen zurückgedrängt werden. Die Vorbildlichkeit der Figuren ist, entgegen einem häufig geäußerten Vorwurf, im familiären Rührstück bzw. im populären Drama nicht einfach gegeben. Sie kann erst am Ende eines Experiments destilliert werden, das im Theaterlabor der Aufklärung immer wieder aufs Neue durchgeführt wird: Wie können sich die empfindsam-tugendhaften Anlagen des Menschen im Feld sozialen Handelns durchsetzen und gesellschaftliche Konflikte friedlich gelöst werden? Die Versuchsanordnung ist im Schauspiel der intensivierten Empfindsamkeit freilich eine andere als im Drama der Frühaufklärung, im Sturm und Drang oder in Schillers klassischen Dramen. Denn das tugendhafte Potential ist *a priori* zu einem hohen Grad gegeben und die Befriedung sozialer Auseinandersetzungen deshalb einfacher zu bewerkstelligen. Nicht *Eskalation* steht im Zentrum dieser Ästhetik, sondern *Prävention*.

Einige Beispiele prominenter Dramen verschiedener Zeiträume und Gattungen mögen als Beleg dieser These genügen. Den Anfang machen Gellerts 1747 veröffentlichte *Zärtliche Schwestern*, die neben den empfindsamen französischen und englischen Schauspielen der ersten Jahrhunderthälfte den deutschen Autoren der zweiten als Modell dienten. Lottchen, die im Zentrum der Handlung steht, ist aufrichtig, zärtlich und vor allem selbstlos: „Es ist meine größte Wollust, die Regungen des Vergnügens bey andern ausbrechen zu sehen."[127] Als der egoistische und betrügerische Siegmund, der durch das Vortäuschen von Liebesgefühlen an die Erbschaft von Lottchens Schwester Julchen zu kommen versucht, am Ende des Stücks aus der empfindsamen Gemeinschaft verbannt wird, spielt sie mit dem Gedanken der „Vergebung".[128]

---

127 Gellert [1747] 1966, S. 49.
128 Ebd., S. 105.

Sie gibt ihm sogar Geld, damit er in Zukunft nicht mehr betrügen muss.[129] Streit und „Feindschaft"[130] werden im Keim erstickt. Wenn Liebeshändel agonal zu werden drohen, genügt ein Appell an die empfindsame Seele. „Dein Herz ist von Natur friedfertig, wenn gleich die Liebe etwas zänkisch ist",[131] so Lottchen zu Julchen. Als Damis Lust verspürt, den untreuen Siegmund umzubringen, zeigt er sich schnell geläutert: „Mein Herz ist viel zu groß zur Rache".[132]

Gleiches geschieht in einem weiteren prägenden Schauspiel der Epoche, Diderots *Le Fils naturel* (1757). Die jungen Protagonistinnen und Protagonisten, zwei Frauen und zwei Männer, sind miteinander befreundet. Das erotische Konfliktpotential ist zu vernachlässigen. Die einzige Szene, die einen gewaltsamen Kampf schildert, findet außerhalb der Bühne statt und verstärkt die Bande zwischen den Figuren: Fremde greifen Clairville an, sein Freund Dorval eilt ihm zu Hilfe.[133] Auch Kotzebue verbannt drei Jahrzehnte später in *Menschenhaß und Reue* (1790) die agonale Konstitution des Sozialen ins Außen. Wenn der Major Neuigkeiten „aus der politischen Welt" erzählt, klingen diese zwar bedrohlich – „der Krieg zwischen den benachbarten Mächten" werde „wahrscheinlich bald ausbrechen"[134] –, sie haben aber für die Handlung keine Bedeutung. Die vermeintliche Herrscherfigur des Stückes, der Graf, hat sich in den Ruhestand begeben, weil er an der Aufrüstungspolitik seines Fürsten kein Interesse hatte und wenig Lust zeigte, an täglichen Exerzitien mitzuwirken.[135] Als der Major und Meinau entdecken, dass sie beide im selben Krieg gekämpft haben, sind sie sich einig, nicht darüber sprechen zu wollen. „Ich versah meinen Dienst mit Pünktlichkeit und Eifer, ohne empor zu streben, ohne Auszeichnung zu begehren", so Meinau.[136] Beide sind, ohne es zu wissen, Konkurrenten um die Liebe Eulalias. Doch als der Major dies erkennt, entsagt er rasch seiner Leidenschaft: „Ich kann nicht selbst glücklich seyn, aber es steht vielleicht in meiner Macht, zwey schöne Seelen wieder zu vereinigen, die des Schicksals tückische Laune trennte."[137]

Es war möglich, diese ästhetische Intensivierung der Tugendempfindsamkeit ins Feld der Politik zu überführen. Dies beweisen verschiedene Schauspiele der 1790er Jahre, die die Gattungen des romantischen Ritterstücks und

---

129   Ebd., S. 105–110.
130   Ebd., S. 39.
131   Ebd., S. 76.
132   Ebd., S. 101.
133   Diderot 1757, S. 50f.
134   Kotzebue 1790b, S. 39.
135   Ebd., S. 38.
136   Ebd., S. 113f.
137   Ebd., S. 144.

des Geschichtsdramas kombinieren. *Der Graf von Burgund* (1798), ebenfalls aus der Feder Kotzebues, verbannt Krieg und Gewalt konsequent in die Sphäre der intradiegetischen Erzählung. Das Stück beginnt mit den Zeilen eines Kriegsliedes, die der Knabe Heinrich während der Arbeit singt: „Und die Banner flattern/ Hoch in der Luft!/ Und die Schwerdter klirren/ Wenn das Harsthorn ruft."[138] Obwohl Heinrich der Sohn eines Einsiedlers ist und in den Schweizerbergen aufwächst, zeigt er großes Interesse am Krieg und am martialischen Rittertum. Dies geschieht nicht von ungefähr, denn sein Vater Peter erzählt häufig vom Krieg und stimmt selbst das ein oder andere Lied an. Dies regt die Gewaltphantasien Heinrichs an:

> Jede schöne That treibt mir das Blut zum Herzen, und Wasser in die Augen; jeden braven Rittersmann möchte ich an meine Brust drücken, und jedem Schalk mit der Streitaxt den Schädel spalten.[139]

Man begegnet hier einem Motiv, das für die politische Ästhetik[140] von Kotzebues Dramen fundamental ist: Kampf und Empfindsamkeit bilden nicht zwangsläufig einen Gegensatz, sondern können vereint werden. Herz, Tränen und Brutalität bilden einen harmonischen Akkord. Der Vater ist zufrieden: „So wollte ich dich haben."[141]

Die empfindsam-kriegerische Ausbildung des Knaben dient, wie Leserinnen und Leser in den ersten beiden Akten nach und nach erfahren, einem höheren politischen Zweck. Heinrich ist nämlich der legitime Nachfolger des Fürstentums von Burgund. Sein Vater Albrecht wurde von seinem Bruder Ulrich ermordet, Peter gelang es, Heinrich zu retten, in die Schweiz zu bringen und dort, auf bessere Zeiten in Burgund hoffend, als seinen eigenen Sohn aufzuziehen. Als Peter, der in Wahrheit der Ritter Hans von Bonstetten ist, von seinem alten Diener Bruno am Ende des ersten Aktes die Nachricht erhält, dass Fürst Ulrich gestorben ist, beschließt er, Heinrich aufzuklären und mit ihm nach Burgund zu gehen. Es scheint also dramaturgisch alles auf einen gewaltsamen Kampf um die Herrschaft hinauszulaufen, denn die Lage ist prekär: In Burgund bildet sich ein politisches Vakuum, aus der Schweiz reist ein dem Volk

---

138 Kotzebue 1798, S. 3.

139 Ebd., S. 7.

140 Diese ist bislang nur selten Gegenstand wissenschaftlicher Untersuchungen geworden. Als erster unternimmt Kahn 1952 den Versuch, beschränkt sich aber auf die These, Kotzebue habe den Status Quo erhalten wollen. Demgegenüber legen die Aufsätze von Elias 2010 bzw. Elias 2011 die Grundlage für die Situierung des Autors Kotzebue in der politischen Theorie der Aufklärung.

141 Kotzebue 1798, S. 7.

unbekannter Thronfolger an. „Führt mich in die Schlacht! Ruhm oder Tod!"[142]
ruft Heinrich vor seiner Abreise.

Aber es kommt anders. In Burgund treffen Heinrich und seine Gefährten
auf keinen nennenswerten Widerstand. Es ist ihnen ein leichtes, das Volk auf
ihre Seite zu ziehen. Als dieses sich zu Beginn des dritten Aktes versammelt
und ein polyloges Gespräch beginnt, hat es kurz den Anschein, als könnte die
Szene wie im zweiten Akt des *Egmont* eskalieren (Kap. 4.5). Man hält Peter
für den Mörder des Fürsten Albrecht, weil er dessen Siegelring trägt. Doch der
alte Ritter kann den Irrtum klären und überzeugt das Volk rasch, dass er mit
Heinrich den legitimen Thronfolger nach Burgund geführt habe. Sogleich trägt
das Volk Heinrich „auf den Händen herbey" und hebt ihn auf eine Tonne. „Ein
lautes Jubelgeschrey steigt in die Luft."[143] Der Kampf um den frei gewordenen
Fürstensitz bleibt aus. Der Sohn des Brudermörders Ulrich, Guido, ist noch
ein Kind. Das aufgebrachte Volk, das lange unter der tyrannischen Herrschaft
Ulrichs zu leiden hatte, fordert von Heinrich „Blutrache".[144] Doch der junge
Graf entscheidet anders und verschont Guido, worauf das Volk schließlich mit
„Zeichen der Rührung"[145] reagiert.

Kotzebue verlegt den antagonalen politischen Gründungsakt des Sturm
und Drang, den Brudermord, weit in die Vergangenheit. An seiner Stelle zeigt
er, wie sich aus der Versöhnung und Verbrüderung der Folgegeneration eine
neue Gemeinschaft konstituiert:

> HEINR. Knabe! wie nennt man dich?
> KNABE. Ich heisse Guido.
> HEINR. Willst du mein Bruder seyn?
> KNABE. Recht gern. Wie heissest du denn?
> HEINR. Heinrich.
> KNABE. Also bist du mein Bruder Heinrich?
> HEINR. Ja, ich schwöre es dir im Angesichte Gottes und meines Volkes![146]

Dank der konfliktfreien Nachfolge muss auch das revolutionäre Potential der
empfindsamen Kampfbereitschaft nicht ausgeschöpft werden. Dieses wurde in
den agonalen Phantasien Heinrichs zu Beginn des Dramas mehr als deutlich.
Sie stammen aus Erzählungen des Schweizer Befreiungskrieges, insbesondere
aus der Schlacht von Sempach.[147] Der künftige Graf von Burgund nennt „Tell

---

142   Ebd., S. 59.
143   Ebd., S. 75.
144   Ebd., S. 79.
145   Ebd., S. 81.
146   Ebd., S. 80.
147   Ebd., S. 4f.

und Stauffacher" seine Vorbilder,[148] er will für die Sache der „Eidgenossen" und des „Vaterlandes" in die Schlacht ziehen.[149]

Aufgrund der Popularität, die die Helden der Schweizer Geschichte, insbesondere Tell, während der Französischen Revolution genossen, war für die Zuschauer der Zeit leicht zu erkennen, welche politische Haltung sich in den Reden Heinrichs und seines Vaters Peter ausdrückte. Dass das Stück dennoch für die Obrigkeit unproblematisch war und nicht zuletzt in Wien bis in die Mitte des 19. Jahrhunderts gespielt wurde, dürfte daran liegen, dass Kotzebue den Freiheitskampf – anders als in seinem drei Jahre zuvor gedrucktem *Graf von Benjowsky* – nicht zur Darstellung bringt. Peter handelt vorausschauend und *präventiv*. Er wartet, bis der Tyrann stirbt und besetzt den Posten dann neu. Das System bleibt unangetastet. Heinrich ruft nicht die Republik aus, sondern wird zum empfindsam aufgeklärten Fürsten. „Das süße Gefühl, Menschen zu beglücken, ist es untheilbar?" fragt Heinrich. Und weiter:

> Gewinnt es nicht höhern Reitz durch Mittheilung? darf der Fürst nicht Hausvater seyn? *muß* er es nicht seyn? um im Kleinen zu lernen, was er im Großen üben soll? [...] Der Fürst, der Gatte und Vater ist [...] hat ein zärteres Gefühl für das Glück seiner Unterthanen; er wird dem Weibe nicht den Geliebten; der Mutter nicht den Sohn entreissen, um ihn in Schlachten zu führen [...].[150]

Der Bezug zur Schweiz, den die erste Hälfte der Handlung herstellt, ist also doppelt lesbar. Einmal als revolutionäre Fundierung des Tyrannensturzes, einmal als aufgeklärter Fürstenspiegel im Stile der Tifan-Episode aus Wielands *Goldenem Spiegel*, wo der zukünftige mildtätige Herrscher vor seinen Rivalen in Sicherheit gebracht und mitten in der Natur in einfachen Verhältnissen erzogen wird.[151]

Es ist möglich, diese Kehrtwende in Kotzebues Drama mit der Sozialgeschichte der 1970er Jahre als Kapitulation vor den herrschenden Verhältnissen zu verstehen.[152] Es bietet sich aber noch eine andere Deutung an: Die Zweiteilung des Dramas in revolutionäre Kampfbereitschaft auf der einen und friedliebende Alleinherrschaft auf der anderen Seite enthält sich gerade dadurch, dass sie nicht zu motivieren und zu vermitteln ist, einer eindeutigen politischen Wertung. Beide Haltungen scheinen legitim. Indem das populäre Schauspiel Elemente entfernter Gattungen wie das Revolutionsdrama, das

---

148   Ebd., S. 6.
149   Ebd., S. 4f.
150   Kotzebue 1798, S. 84.
151   Wieland 1979, S. 204–216.
152   Denkler 1973, S. 50–85 u.a.

Geschichtsdrama und das Ritterschauspiel zitiert und kombiniert, wendet es sich an ein breites Publikum,[153] integriert emanzipatorische und konservative Elemente.

Die Biographie Kotzebues reflektiert die politische Ambivalenz seiner Dramen. In den Jahren nach der Französischen Revolution galt er vielen als Demokrat und Jakobiner. Seine zwischen 1789 und 1791 entstandenen Schauspiele – *Menschenhaß und Reue, Die Indianer in England, Das Kind der Liebe* und *Die Sonnen-Jungfrau* – lassen eine gesellschaftlich liberale Haltung erkennen. Als Kotzebue nach dem Tod seiner ersten Frau 1790/91 nach Paris und Mainz reist, gerät er sogar in Verdacht, ein französischer Spion zu sein. Bereits ein Jahr später publiziert er aber mit *Der weibliche Jacobiner-Club* einen Einakter, der die Revolution verspottet und der ihm seitens der Demokraten scharfe Kritik einbringt.[154] 1800 dann wird er in Russland verhaftet – man hält ihn nun wieder für einen politisch Radikalen – und nach Sibirien deportiert, kurz darauf aber wieder freigelassen und von Kaiser Paul I. begnadigt. Die antinapoleonischen Kriege unterstützt er publizistisch,[155] in der Zeit nach der französischen Besatzung und der einsetzenden Restauration wird der russische Staatsrat dann aber zum Feindbild der nationalistischen Studentenschaft. Im März 1819 ermordet der Burschenschaftler Carl Ludwig Sand Kotzebue in Mannheim.[156]

Kotzebues *Graf von Burgund* unterscheidet sich damit von jenen Gelegenheitsdramen, die zu den Kaiserwahlen 1790 und 1792 die Reform der Monarchie aus dem Geist der Empfindsamkeit propagierten. Die Rede ist von Ifflands *Friedrich von Oesterreich* und Friedrich Wilhelm Zieglers *Fürstengröße*, die jeweils ein Jahr nach den Wahlen Leopolds II. respektive Franz II. im Druck

---

153   Kotzebues Dramen fanden in sämtlichen Gesellschaftsschichten Gefallen. Sie waren nicht nur bei Zuschauern der Unter- und Mittelschicht beliebt, auch Teile der Presse rezensierten seine Stücke positiv. Das Wohlwollen des europäischen Hochadels, nicht zuletzt des russischen Kaisers Paul I. und des österreichischen Kaisers Franz II./I., ist dokumentiert, an den deutschen Höfen hatte Kotzebue mit Friedrich Wilhelm II. und Anna Amalia einflussreiche Fürsprecher. Vgl. Stock 1971, S. 133–158; Maurer 1979, S. 199–229.

154   Kotzebue 1792. Vgl. Birgfeld et al. 2011, S. 243.

155   Vgl. Lachhein 2014.

156   Einen aktuellen biographischen Überblick bietet Schröter 2020, die Wandlungen von Kotzebues politischen Positionen und seines öffentlichen Rufes beleuchtet Elias 2010. Zur politischen Dimension des Attentates auf Kotzebue vgl. Röttger 2014, Röttger 2017. Die Verbindung des Attentats zur publizistischen Polemik, die Kotzebue zeitlebens auslöste und aktiv befeuerte, ziehen Mattern 2011 und Williamson 2000. Letztgenannter zeigt ausführlich, dass Carl Ludwig Sand kein wirrer Einzeltäter war, sondern das Attentat das Ergebnis einer jahrelangen öffentlichen Bekämpfung der antinationalistischen Tendenzen Kotzebues war.

erschienen. Wie *Der Graf von Burgund* kombinieren diese Werke Elemente des Geschichtsdramas mit dem des Ritterschauspiels und gewinnen ihr bewegendes Moment aus einem bedrohlichen Machtvakuum. Jedoch scheinen sie die agonale Situation zu verschärfen, indem sie zwei Parteien um den frei gewordenen Thron streiten lassen. Der Ausbruch eines Krieges kann aber im letzten Moment durch Diplomatie und die Tugendhaftigkeit der Beteiligten gelöst werden.

Stärker noch als Iffland und ebenso wie Kotzebue zeichnet Ziegler ein durch und durch empfindsames Figurentableau. Friedrich und Ludwig, die beide legitime Ansprüche auf den Thron anmelden, werden als milde und aufrichtig charakterisiert. Konfliktverstärkend wirken nur die Nebenfiguren: der intrigante Ritter Alzei auf Seiten Ludwigs sowie Leopold, der Bruder Friedrichs. Letztgenannter ist ein typischer Nachfolger von Goethes Götz: kämpferisch, impulsiv, ehrliebend und volksnah. Die Handlung findet ihre politische Pointe darin, dass Friedrich und Ludwig bereits bei ihrem ersten direkten Aufeinandertreffen im dritten Akt dank empfindsamer Kommunikation einen Kompromiss aushandeln. Beide versichern sich ihres Willens zum Frieden. Ludwig: „Menschenliebe spricht aus mir", Friedrich: „In dieser königlichen Tugend weiche ich keinem. Auch der Wunsch meines Herzens ist Friede".[157]

In der Folge müssen die Negativfigur Alzei ausgeschlossen und der agonal denkende Leopold in das empfindsame Herrschaftsmodell integriert werden. Ersteres wird möglich, als der tyrannische Alzei seinen Diener Baltiger misshandelt. Er „stößt ihn um", „tritt mit dem Fuße auf seinen Nacken" und will ihn schließlich „ermorden". Jedoch gelingt es Baltiger, sich zu befreien und seinen Herrn mit den Worten „ich fühl's, ich bin ein Mensch" zu überwinden und auf einen Stuhl zu stoßen.[158] Wie bei Kotzebue wird der empfindsamrevolutionäre Akt also nicht per se verworfen, sondern integriert. Er erscheint sogar als gerechtfertigt, bleibt dem als aufrichtig charakterisierten Baltiger doch keine andere Wahl, als sich gegen den Bösewicht Alzei zur Wehr zu setzen. Jedoch ist der revolutionäre Elan, anders als im *Graf von Burgund*, keine Eigenschaft eines jugendlichen Thronfolgers, sondern allein der unterdrückten Leibeigenen. Er wird sofort von der herrschenden Gewalt unterbunden. Ludwig betritt die Szene und verhindert, dass Baltiger seinen Herrn erschlägt. Als Baltiger ihm entdeckt, dass Alzei heimlich die Gattin Friedrichs entführt hat, wird Alzei bestraft und Baltiger befreit. Herrschaft ist nur dort legitim, wo sie

---

157 Ziegler 1793, S. 57f.
158 Ebd., S. 43.

gerechte Ordnung herstellt: „Gott setzte Menschen über Menschen, die Schuldigen zu strafen; aber nicht sie zu mißhandeln".[159]

Schwieriger ist die Aufgabe, Leopold zu besänftigen. Im Gegensatz zu seinem Bruder weigert er sich stur, Ludwig als Herrscher anzuerkennen und zieht lieber gegen ihn in den Krieg. Erst als Friedrich und Ludwig im fünften Akt ein zweites Mal aufeinandertreffen und sich in einem tränenreichen Dialog darauf einigen, die Krone zu teilen, kann die Eskalation der Gewalt endgültig gestoppt werden. Wieder gelingt die Neugründung des Staates, indem der agonale Bruderkrieg durch einen empfindsamen Bruderbund substituiert wird:

> FRIEDRICH. (*gerührt durch Ludwigs Thränen*) Wie, Ludwig? Ihr wollet –
> LUDW. Mit dir leben, mit dir streben, meine Krone und mein Reich mit dir theilen.
> FRIEDRICH. Ihr?
> LUDW. O nenne mich du; denn du mußt mein Bruder seyn. – Willst du?
> FRIEDRICH. (*weich*) Ob ich will? (*stürzt weinend an seinen Hals*) Bruder![160]

Diese wenigen Beispiele sollten genügen, um die Figurenkonstellationen des intensiv-empfindsamen Dramas genauer differenzieren zu können. Sie dienen gattungsübergreifend der Etablierung einer sozialen Konfliktprävention. Gewaltsame agonale Auseinandersetzungen können nicht aufkommen, weil die große Mehrheit der Figuren über einen hohen Grad an Empfindsamkeit verfügt. Es geht um die Korrektur der lasterhaften Eigenschaften und die Verbesserung der empfindsamen Kommunikation und Interaktion *innerhalb* der Partei der Tugendhaften.

5.5　Empfindsame Selbstkritik und Gesellschaftsregulierung im Drama nach dem Siebenjährigen Krieg (Lessing, Schröder, Engel, Brandes)

Macht man einen Schritt über die Schwelle zum 19. Jahrhundert, hat es den Anschein, als tauge die Empfindsamkeit nur noch zum Spott. In Kotzebues Satire *Die deutschen Kleinstädter* (1803), eines der populärsten Dramen der Epoche, versucht Sabine, Tochter des Bürgermeisters von Krähwinkel, durch einen Trick der ungeliebten Verlobung mit Herrn Sperling, seines Zeichens „Bau- Berg- und Weg-Inspectors-Substitut",[161] zu entkommen. Sie erinnert ihre Großmutter, die auf die Verlobung besteht, an die „neuen Romane" und deren Erkenntnisse über „das menschliche Herz", man wisse doch, „wie manches

---

159　Ebd., S. 44.
160　Ebd., S. 81f.
161　Kotzebue 1803, S. 158.

arme Mädgen, das zu einer Heirath gezwungen wurde, an der Schwindsucht sterben mußte."[162] Leider korrigiert sie ihr belesener Onkel, der Gewürzkrämer und Vizekirchenvorsteher Staar: „Die weinerlichen Romane sind aus der Mode, ich brauche sie nur noch in meiner Gewürzbude. Räuber müssen es seyn, Banditen!"[163] Um die rührenden Schauspiele scheint es nicht besser zu stehen. Im kulturell zurückgebliebenen Provinznest Krähwinkel ist man stolz darauf, im Liebhabertheater „Menschenhaß und Reue" zu geben, und zwar „recht natürlich".[164] Allerdings zeichnet sich Sperling, der Darsteller des Peter, gerade nicht durch sein natürliches, sondern durch sein affektiertes und pedantisches Auftreten aus. Seine Liebeserklärung an Sabine wird zur Parodie. Sperling imitiert den empfindsamen Gefühlsduktus, ohne zu merken, dass Sabines doppeldeutige Antworten nicht ihm, sondern ihrem heimlichen Geliebten Olmers gelten.[165]

Der zweite Blick jedoch zeigt, dass gerade diese Szene genau jene empfindsame Disposition restituiert, die sie satirisch zu kritisieren vorgibt. Das Liebesgespräch zwischen Sabine und Olmers nämlich, das sie an Sperling vorbei führen, zeichnet sich durch eine Balance von Vernunft und Gefühl aus und trägt sich damit in die dramatische Darstellung tugendempfindsamer Verhaltensweisen des vergangenen Jahrhunderts ein. In diese ist immer auch eine reflexive Ebene eingezogen. Empfindsame Figuren artikulieren und realisieren nicht einfach ein gegebenes Normensystem, sondern sprechen gleichzeitig über dessen Voraussetzungen und Folgen.[166] Die in diesem Prozess zu Tage tretenden Mängel werden dann in das weitere Handeln integriert. Kotzebues Stücke waren auch deshalb so erfolgreich, weil ihr Autor die empfindsame Ironie zu seinem Markenzeichen gemacht hatte. Sein populärstes Drama, *Menschenhaß und Reue*, schafft Raum für soziale Veränderung, indem es unentwegt die eigenen Kommunikationsbedingungen spiegelt. Die Figuren sind nicht zuletzt deshalb empfindsam, weil sie ihre empfindsamen Lektüren permanent reflektieren.[167]

---

162 Ebd., S. 170.

163 Ebd., S. 170.

164 Ebd., S. 215.

165 Ebd., S. 235–241. Vgl. zur „Virtuosität", mit der diese Szene „auf der Klaviatur der verschiedenen Fiktionsebenen spielt", Kraft 2007, S. 215.

166 Es sei in diesem Zusammenhang noch einmal auf die Studie von Lukas 2005, S. 177–322 verwiesen, die zu einem ähnlichen Ergebnis kommt.

167 Kotzebue 1790b, S. 15, 25, 73, 94, 97.

Es waren wieder Gellerts *Die zärtlichen Schwestern*, die dieses Modell in das deutsche Sprechtheater einführten.[168] Lottchen handelt nicht aus naivem Gefühl, sondern ist im Gegensatz zu ihrer Schwester Julchen klug und gebildet. Es ist nicht ihr Vater Cleon, der die Handlungsfäden in der Hand hält, sondern Lottchen.[169] Sie inszeniert ein Verstellungsspiel, um in ihrer Schwester Julchen empfindsame Gefühle zu wecken, denen diese sich stur verweigert.[170] Es wird kein Zweifel daran gelassen, dass Emotionalität ein soziales, begrifflich codiertes Produkt ist.[171] Jedoch geht sie nicht restlos in Begriffen auf, wie die lächerliche Figur des Magisters und seines rationalistischen Versuchs zeigt, das „Rätsel" der Liebe Julchens zu erklären.[172] Empfindsame Emotion konstituiert sich dazwischen, an der Schwelle von Benennen-Müssen und Nicht-Benennen-Können. Julchen hat große Probleme, die Gefühle ihres vermeintlichen Liebhabers Damis zu entziffern: „Was wollen mir Ihre Augen durch diese Sprache sagen? Ich kann mich gar nicht mehr in Ihr Bezeigen finden."[173] Von den anderen Figuren permanent aufgefordert, ihre ‚wahren' Gefühle zu artikulieren und auszusprechen, was sie eigentlich empfinde, antwortet sie: „Ich weis es in Wahrheit nicht."[174] Aus diesem Grund werden Gefühle nicht ausgedrückt,

---

168   Das Stück gilt gemeinhin als erste Übertragung der *comédie larmoyante* in den deutschen Sprachraum. Gellerts *Die Betschwester* dagegen wird noch als typisches Stück der sächsischen Verlachkomödie gedeutet, vgl. Schönborn 2000, S. 224f. Auf die Bedeutung des empfindsamen Liebesdiskurses im Stück ist mehrfach hingewiesen worden, aktuell von Detken 2020. Insgesamt ist die Forschungslage zu den *Zärtlichen Schwestern* und den anderen Lustspielen Gellerts jedoch spärlich. Wie Schönborn/ Viehöver 2009, S. 10–19 in ihrem Forschungsüberblick zeigen, interessierte sich die Literaturwissenschaft seit dem *cultural turn* in den 1990er Jahren in erster Linie für Gellerts Briefe, seinen Roman *Das Leben der Schwedischen Gräfin von G**** und seine wissenschaftlichen Arbeiten. Das bestätigt auch der später erschienene Sammelband von Jung/ Schönborn 2013, der keinen einzigen Beitrag zu Gellerts Dramen enthält.

169   Dies im Widerspruch zu Späth 1990, S. 56–62, die in den *Zärtlichen Schwestern* eine Herrschaft des empfindsamen Vaters am Werk sieht, der die Erziehung seiner Töchter lenke und dessen Willen sie sich letztlich unterwerfen würden.

170   Damit folgt Gellert, wie schon in *Die Betschwester*, einem in den empfindsamen Dramen deutscher Sprache seit ca. 1745 zu beobachtenden Muster. Dieses nimmt, wie Wolfgang Lukas gezeigt hat, seinen Ausgangspunkt in der emotionalen Verfehlung einer potentiell empfindsamen Figur (hier: Julchens), die durch empfindsame Selbstreflexion und Interaktion kompensiert werden muss. Am Ende steht die Reintegration der fehlgeleiteten Figur in die empfindsame Gefühlsgemeinschaft. Vgl. Lukas 2005, S. 125–132, 154–161.

171   Vgl. in diesem Sinne bereits Schönborn 2000, S. 229f.

172   Gellert [1747] 1966, S. 58. Dass der Magister in den Begriffen der Wolffschen Schulphilosophie redet, arbeitet Engbers 2001, S. 37–40 heraus.

173   Gellert [1747] 1966, S. 17.

174   Ebd., S. 40.

sondern übersetzt. So versucht Lottchen dem Versprochenen ihrer Schwester, Damis, deren Zurückhaltung zu erklären:

> Ja, es heißt aber vielleicht nichts anders, wenn man es in seine Sprache über-
> setzt, als: Gehen Sie nicht mit mir, damit Lottchen nicht so deutlich sieht, daß
> ich Sie liebe. Ihre Braut scheut sich nicht vor der Liebe, sondern nur vor dem
> Namen derselben.[175]

Es entsteht ein dramatisches Spiel, in dem, systemtheoretisch gesprochen, die Beobachter sich unentwegt beobachten, die Figuren sich voreinander ver-stecken, um die ‚wahren' Gefühle des Anderen zu entdecken.[176] An dessen Ende muss Lottchen ihre eigene Verblendung erkennen. Ihr Liebhaber Siegmund, den sie für ehrlich hielt, entpuppt sich als Betrüger. „Ihre natürliche Neigung zur Aufrichtigkeit, Ihr gutes Zutrauen macht, daß Sie ihn für aufrichtig halten; aber dadurch wird ers nicht."[177] Siegmund kann Lottchen gerade deshalb täu-schen, weil er den tugendempfindsamen Diskurs so perfekt imitiert – in die-sem Punkt geht Gellert über seine eigenen *Moralischen Vorlesungen* hinaus.[178]

Indem er klassische Komödientechniken der Intrige, des Sichversteckens und -verstellens mit der Darstellung paradoxer empfindsamer Kommunika-tion kombiniert, gewinnt Gellert komische Effekte. Die tiefe, in der deutschen Literaturgeschichte bislang übersehene Allianz von Ironie und Empfindsam-keit wird sichtbar. Sie tritt bereits im englischen Aufklärungsroman deutlich zutage. Texte wie *Tom Jones, The Vicar of Wakefield* und noch *Sense and Sensi-bility* produzieren Empfindsamkeit dadurch, dass sie empfindsame Kommu-nikation und Interaktion ironisch brechen, deren Repräsentanten wiederholt der Selbstreflexion und kritischen Prüfung unterziehen. Nicht zufällig erinnert Austens Elinor an Gellerts Lottchen.

Im deutschen Drama des 18. Jahrhunderts lässt sich die empfindsame Neigung zu Selbstreflexionen und Selbstkritik durchweg beobachten. In der Forschung hat hier meist die unentwegte Kommentierung und Analyse der Gefühle in Lessings *Miß Sara Sampson* Beachtung gefunden. Die in diesem Kon-text vorgelegten rhetorischen und anthropologischen Deutungen haben das Verständnis der Modellierung verbaler und non-verbaler ‚natürlicher' Affekte des Stückes vertieft.[179] Außer Acht blieb jedoch, dass das prekäre Wechselspiel

---

175   Ebd., S. 42.

176   Ebd., S. 8, 46, 86.

177   Ebd., S. 99. Dass die Aufrichtigkeit in diesem Drama als paradoxes Phänomen dargestellt wird, haben Bunke 2015 und vor ihm Saße 1994 herausgearbeitet.

178   Schönborn 2000, S. 239f.

179   Die Grundsatzentscheidung, die Interpretinnen und Interpreten der in *Sara Sampson* entwickelten Affektästhetik treffen müssen, betrifft die Gewichtung von verbalen und

von Gefühl und Bedeutung, Ausdruck und Rede auch für Dramen konstitutiv ist, die einer anderen Ästhetik als Lessings Trauerspiel folgen. Neben Gellerts *Zärtlichen Schwestern* ist hier insbesondere die Dramatik der 1780er Jahre interessant. Sie reagiert auf jene fundamentale Kritik der Empfindsamkeit, die im Sturm und Drang sichtbar wurde (Kap. 4.3), indem sie die Reflexion empfindsamer Interaktions- und Kommunikationsmodelle noch einmal intensiviert.

In Gemmingen-Hornbergs *Deutschem Hausvater* und Großmanns *Nicht mehr als sechs Schüsseln* wird die von den Figuren gepflegte Kultur der Empfindsamkeit theatral zur Schau gestellt. Friedrich Wilhelm Großmann war wie Gemmingen-Hornberg ein erfahrener Theatermann und 1780, zur Zeit der Publikation der *Schüsseln*, Direktor des Bonner Theaters. Großmann bricht die empfindsame Selbstdarstellung seines Familien-Gemäldes in den ersten beiden Akten durch einen grotesken Realismus. Der Hofrat Reinhardt, obwohl „der zärtlichste Ehemann, und der gütigste Vater",[180] wird in der ersten Szene als ungeduldiger und gewalttätiger Tyrann gezeichnet. Er brüllt seinen Diener Friedrich wegen eines Versehens an und gibt ihm bei Widerrede eine Ohrfeige.[181] Karikiert wird auch die pathetische Liebeserklärung des Lieutenants, der die Hofratstochter Wilhelmine als „Engel" verehrt und im „sanfte[n] Druck ihrer Hand" den „Himmel" vermutet. Im folgenden Monolog fühlt sich sein Diener Philipp durch den Anblick des Frühstückskäses an holländische Mädchen erinnert:

---

non-verbalen Codes. Bleiben die Worte bei der Darstellung von Gefühlen dominant oder treffen sie auf eine Grenze, wo nur noch der Körper sprechen kann? Auf die enorme Bedeutung non-verbaler, vor allem mimetischer Codes verweist bereits Ziolkowski 1965, die Differenzierung ihrer Funktionen und Bedeutungen nimmt vor Wentzlaff-Mauderer 2001, S. 50–88. Daraus zieht Michelsen 1990a, S. 163–220 den Schluss, dass der Ausdruck von Affekten in *Miß Sara Sampson* letztlich dem Körper überlassen werde. Anders argumentieren Trappen 1999 und Lemke 2012, die insbesondere in der Racherede Marwoods (Lemke), den Einfluss der Barockrhetorik betonen. Auch Alt 1994, S. 200–203 geht von einer Dominanz der Sprache aus, deren Logos bleibe letztlich unangetastet, teilweise wirke das Stück analytisch und sophistisch. Detken 2009, S. 149f. zieht aus ihrer Analyse der Regiebemerkungen den Schluss, dass die Mimik nicht, wie von Michelsen behauptet, ausdrucksstärker als die Figurenrede ist. Die „sprachliche Realisierung" habe, so Detken, „immer noch Priorität". Das Stück sei noch „der Deklamation verhaftet", erst *Emilia Galotti* setze die Ideen der ‚Natürlichen Schauspielkunst' konsequent um. Košenina 1995, S. 31–151 demonstriert am Beispiel der *Miss Sara Sampson* ausführlich die Entwicklung der neuen, auf ‚natürliche' Affektdarstellung konzentrierten Schauspielkunst und macht dadurch deutlich, dass auch Körpersprache eine kulturell und epistemologisch geformte *Sprache* ist.

180   Großmann 1780, S. 9.
181   Ebd., S. 6–8.

> Ja ja; das liebe Holland! Es ist ein gar gutes Land! Wollt, wir wären schon wieder
> da. Schöne Mädchen! So oft ich an meine kleine runde Holländerinn mit dem
> engen Mieder, mit der reinlichen Schürze, denke [...]; so oft ich mich, (*er schnei-
> det ein großes Stück vom Käse ab*) in deiner Betrachtung vertiefe –

Großmann steigert die komische Brechung empfindsamer Gefühlskultur im
anschließenden Dialog beider Figuren:

> PHILIPP. Herrlicher Käse!
> LIEUTENANT. Warum mußt ich den Engel kennen lernen?
> PHILIPP. Warum mußt ich den Vorschmack deiner Vortreflichkeit geniessen!
> LIEUTENANT. Die Augen, die sie machen wird!
> PHILIPP. Die schönen Augen, die er hat!
> LIEUTENANT. Wenn ich nun so vor ihr stehen, ihr das letzte Lebewohl vor-
> stammeln werde! – Wenn Thränen der Liebe und des Mitleids ihr die Wangen
> herabströmen – –
> PHILIPP. Wenn ich nun so vor dir stehen, zum letztenmal ein Stück von dir
> abschneiden, und deine Thränen fliessen sehen werde![182]

Großmanns Vermischung von Rührstück und Komödie hat die Funktion,
empfindsame Ideale mit ‚harter‘ sozialer Realität zu konfrontieren: zärtliche
Herrschaft mit Gewalt, sanfte Liebe mit Sexualität – die letzten Worte Philipps
spielen an auf die Verführung junger Frauen, die danach von ihrem Liebhaber
allein gelassen werden.

Dieselbe Funktion erfüllt die Reflexion empfindsamer Medien im *Deutschen
Hausvater*. Junge Frauen üben ihre Gefühle in „Romanenlecture" ein, Goethes
Werther ist Teil des Lesekanons, seine *Stella* wird von einem empfindsamen
Maler auf Leinwand gebannt.[183] Dieser zeigt seine Deutung des Schauspiels
dem jungen Grafen Karl, der eine nicht standesgemäße Leidenschaft für Lottchen, die Tochter des Malers, hegt und diese geschwängert hat. Dem Maler
geht es um die Darstellung des Kindstodes und der Verlassenheit der Mutter:

> Und da die arme liebekranke, verlassene Stella stehend am Grab ihres Kindes;
> es ist der Augenblick, wo nach freundlichen hoffnungsgähndenden Träumen, es
> sie auf einmal ergreift, daß sie allein ist, vergebens ihre Arme ausstreckt und im
> Drang und der Fülle der Liebe den Mond herunter ziehen zu wollen scheint.[184]

Doch er geht noch einen Schritt weiter und plant, wie er Karl verrät, eine Serie
zum Motiv der Kindsmörderin:

---

182   Ebd., S. 50f.
183   Gemmingen-Hornberg 1782, S. 21, 59, 66, 94. Es handelt sich um die zweite Auflage.
184   Ebd., S. 95.

> Sehen sie Graf, ich hab hier die Skitzen gemacht; hier ist das unglückliche Mäd-
> chen, wie sie ihr einziges Kind würgt, merken sie da oben in dem Strich da die
> Verzweiflung, die Raserei der Mutter, fühlen sie das Graf?[185]

Das Ziel des Malers, die Emotionen des Betrachters zu wecken, gilt aber nicht
dem Grafen, sondern in erster Linie seiner Tochter Lottchen. Sie ist ebenfalls
anwesend, hat sich aber schon zu Beginn der Szene „weinend"[186] abgewendet.
„Hören sie auf mit ihrem Bilde, sehn sie, wie sie ihre Tochter beunruhigen"
mahnt ihn der Graf, doch der Maler entgegnet: „Wohl ihr, daß sie gegen solche Sachen empfindsam ist, wohl ihr, daß sie's fühlt". Tatsächlich kann Lottchen die Schilderung der Kindsmörderin nicht länger ertragen und fällt in
Ohnmacht.[187]
     Gemmingen-Hornberg und Großmann integrieren eben jene Elemente
des sozialen Realismus in ihre Dramen, die im Sturm und Drang theaterreif
geworden waren. So wie Lottchens aufrichtige und tugendhafte Liebe in den
Zärtlichen Schwestern am Betrug Siegmunds scheitert, müssen die empfindsamen Figuren zu Beginn der 1780er Jahre ihre Gefühle und Handlungen
mit der Realität der sozialen Tatsachen vereinbaren. Gewalt und tragisches
Unglück werden metatheatral integriert um sie zu verhindern – durch reflexive Medialität bei Gemmingen-Hornberg, durch Zitat der Komödientradition
bei Großmann. Empfindsame Emotionen werden *präventiv* geweckt. Es soll
vermieden werden, dass Lottchen das Schicksal einer Kindermörderin erfährt.
Eben deshalb läuft alles darauf hinaus, dass der Herrscher, Karls Vater, der mit
der sozialen Hierarchie unvereinbaren Ehe zustimmt, um einen tragischen
Ausgang zu verhindern.[188] Nicht umsonst verbindet der Maler mit seiner
Ästhetik eine politische Absicht. Er gibt dem Staat eine Mitschuld am Phänomen der Kindermörderin und fordert eine andere Gesetzgebung. Empfindsamkeit geht über in Liberalität:

> Und daß unsere Gesetze daran schuld sind, das ist schröcklich; denn sehen sie,
> wäre nicht Schande, Bestrafung, Verachtung, das Loos so einer Unglücklichen,
> wär all das nicht, vereinigten sich nicht alle diese Gedanken, stürmten sie nicht
> auf die geschwächte Nerven einer Gebährerin, verrückten sie nicht ihr Gehirn,
> welche Mutter würde ihr Kind tödten? Ha Graf! ich möchte kein Fürst seyn, der
> mit diesen Gesetzen das Todesurtheil einer Kindesmörderin unterschrieben,
> kein Diener seyn, der dazu gerathen hätte.[189]

---

185   Ebd., S. 97.
186   Ebd., S. 94.
187   Ebd., S. 97.
188   Ebd., S. 127.
189   Ebd., S. 96.

In vielen Dramen der 1780er Jahre zeigt sich, was bei Gellert bereits angelegt ist: Nur diejenigen Figuren können auf *tugendhafte* Weise empfindsam handeln, die der Selbstkritik fähig sind und ihre Gefühle mit den realen Begebenheiten abgleichen. Lady Milford aus *Kabale und Liebe* – wie der *Hausvater* ein Produkt des Mannheimer Nationaltheaters – ist hier nur das bekannteste, aber bei weitem nicht das erste und einzige Beispiel. Während die schwärmerische Liebe Louises und Ferdinands letztlich blind im eigenen Gefühl stecken bleibt, kann Milford ihre Affekte regulieren. Sie imaginiert sich als Furie, die die Liebe zwischen Ferdinand und Louise zerstören will, beruhigt sich aber schnell wieder (WB 2, 645f.). Sie verwandelt ihre Lebensenttäuschung in Weltkenntnis und wird so fähig, den Notleidenden zu helfen. Ihren Dienern gegenüber gibt sie sich als milde Herrscherin (650). Sie befiehlt, die Diamanten des Fürsten zu verkaufen, um den Unterdrückten zu helfen (592). Sie habe, sagt sie von sich selbst, „*Kerker* gesprengt [...] Todesurteile zerrissen, und manche entsetzliche Ewigkeit auf Galeeren verkürzt." (598) In der Figur der Milford verdichtet Schiller eine zentrale Diagnose der empfindsamen Dramatik seiner Zeit: Tugendhaftes politisches Handeln ist nur im Modus regulierter Emotionalität zu verwirklichen. Der dadurch ermöglichte Verzicht auf die Realisierung der eigenen Wünsche geht über in Edelmut und Selbstlosigkeit, in den freiwilligen Rückzug zugunsten der Konkurrentin oder des Konkurrenten, in die Aufgabe von Ruhm und öffentlicher Anerkennung. Nicht selten entscheidet die Fähigkeit zu selbstlosem Handeln darüber, ob agonale Konflikte im Aufklärungsdrama gelöst werden können oder nicht. Milford überlässt Louise Ferdinand, obwohl sie selbst ihn nicht weniger begehrt. Am tragischen Ausgang des Stückes hat sie keinen Anteil.

Auch das Tugendsystem selbst bedarf jedoch fortwährender kritischer Korrektur. Wie die Naturrechtsdiskussion belegt, ist das Wissen um die richtige Balance von Selbst- und Menschenliebe, von Egoismus und Altruismus ein wesentlicher Baustein aufklärerischer Geselligkeitskonzepte (Kap. 3.2). An der Hervorbringung dieses Wissens hat auch das Drama teil. Dies zeigt sich in jenem Werk Lessings, das als eines der prominentesten Beispiele aufklärerischer Gattungsmischung gelten kann: *Minna von Barnhelm*. Das Stück kontrastiert, ausgehend von englischen und französischen Vorbildern,[190] einen komödiantischen Vorder- mit einem potentiell tragischen Hintergrund[191] und produziert unentwegt Momente der Rührung. Im Zentrum steht die Rekonstitution

---

190 Warning 1986, S. 21–25; Hinck 1965, S. 287–301.
191 Als Tragikomödie liest das Stück Guthke 1961, S. 32–42 und verweist dabei auf den tragischen Hintergrund der Tellheim-Figur (die Anklage der Bestechung). Hierin folgt ihm Michelsen 1990a, S. 272–278.

sozialer Beziehungen nach dem Ende des Siebenjährigen Krieges.[192] Dessen
Gewalterfahrung hallt nach: Der Diener Just träumt im Eröffnungsmonolog
davon, sich mit dem Wirt zu prügeln und plant später sogar, dessen Haus anzuzünden (B 6, 11 u. 27).[193] Es herrscht in diesem Drama eine „Militanz im Kleinen", es werden „alle Begegnungen zu Konfrontationen".[194] Gleichzeitig steht
die Frage im Raum, wie die ausgedienten Soldaten[195] wieder in die Gesellschaft integriert werden können und welche Rolle dabei tugendempfindsame
Verhaltensweisen spielen. Mit Minnas Ironie formuliert: ob „der ruhmvolle
Krieger in einen tändelnden Schäfer" (100f.) verwandelt werden kann.

Die Strategien empfindsamer Agonalitätsprävention, die *Minna von Barnhelm* dabei entwickelt, wurden bisher ausschließlich am Beispiel der Ehrkritik
untersucht. Hierfür bietet das Stück zahlreiche Anknüpfungspunkte, in erster
Linie den Dialog zwischen Minna und Tellheim in IV/6, der sich um die moralische Bewertung der Ehre dreht.[196] Ging man in der früheren Forschung noch
häufig davon aus, dass Tellheim an einem übertriebenen Ehrbegriff leide, der
von Minnas Intrige geheilt werde,[197] ist man spätestens seit Peter Michelsens
Studie *Die Verbergung der Kunst* dazu übergegangen, Tellheims Weigerung,

---

192   Hierzu aktuell Venzl 2019, S. 269–325, zuvor Saße 1993b, S. 87–96.

193   Zugespitzt formuliert Pütz 1986, S. 204: „Eignet allem Dramatischen und Dialogischen
      ein Moment von Auseinandersetzung, so eskaliert diese in der Eingangsszene der *Minna
      von Barnhelm* zu einem fast paramilitärischen Konflikt." Eine aufschlussreiche Lesart die-
      ser Szene schlägt auch Körte 2018 vor. Der Traum markiere, genau wie die im Stück ver-
      handelte Nachkriegszeit, einen Zwischenzustand, in dem noch nicht sicher sei, ob unter
      der Erfahrung des Krieges ein Friede überhaupt möglich ist. Dieser Zwischenzustand
      zeige sich auch in den Techniken der verschobenen Exposition und der verkehrten Rede.

194   Pütz 1986, S. 216. Auf die Bedeutung des Streits im Stück weisen Sanna 1993 und Bauer
      1993 hin. Letzterer betont zwar die durch den Siebenjährigen Krieg ausgelöste Finanz-
      katastrophe als möglichen Hintergrund des Stückes, dieses setze die sozialen Gegeben-
      heiten seiner Zeit aber nicht in Szene.

195   Zum prekären Konzept der ‚Offizierslaufbahn' in diesem Stück vgl. Erhart 1999, S. 158–161.

196   Die Darstellung der Ehre ist in der Forschung seit jeher präsent und hat auch für heu-
      tige Interpretinnen und Interpreten seinen Reiz nicht verloren: Venzl 2019, S. 295–309;
      Fick 2016b, S. 264–268, 276–277; Nisbet 2008, S. 452–454; Ott 2001, S. 154–173; Saße 1993a,
      S. 43–46; Saße 1993b, S. 56–81; Schlaffer 1973, S. 86–125.

197   Diese These findet sich bereits im Lessing-Kapitel von Wilhelm Diltheys *Erlebnis und
      Dichtung*: „Der in seiner Ehre gekränkte Offizier, der sich vor der Braut verbirgt, weil er
      sich ihrer nun unwürdig fühlt, wird aufgesucht, gefunden, und da Liebe und Dialektik des
      mutigen Mädchens abprallen an den edelmütigen Grundsätzen des Geliebten, so wird er
      durch die Täuschung, daß die Braut verarmt sei, zum vollen Bewußtsein und zur freien
      Äußerung seiner Liebe gebracht. Die Menschlichkeit in ihm siegt über das Bewußtsein
      der gekränkten Ehre." Dilthey [1906] 2005, S. 47f. Sie wurde immer wieder aufgegriffen
      und variiert, vgl. Seeba 1973, S. 65–85; Schröder 1969; Arntzen 1968, S. 25–45; Alewyn 1974,
      S. 247–250; Fricke 1939.

Minna zu heiraten, angesichts der sozialhistorischen Gegebenheiten als glaubwürdig zu bewerten – er würde im Falle einer Verurteilung wegen Bestechung mit mehreren Jahren Festungshaft bestraft und würde seine Gemahlin tatsächlich ins soziale Unglück stürzen.[198] Die Einsicht Michelsens war, dass das Stück durch eine eigenartige Struktur der Informationsvergabe – die Exposition und damit der potentiell tragische Ehrkonflikt Tellheims werden verschleiert – eine Zweiteilung von ‚äußerer‘ und ‚innerer‘ Handlung erreiche: Die Figuren werden nicht durch äußere Handlungsanstöße, sondern durch innere Konflikte und komplexe Gefühlslagen charakterisiert.[199] Das Problem ist also das folgende: Tellheim orientiert sich an Ehre *und* Menschenliebe und gerät dadurch in einen inneren Konflikt. Ehre und Tugend sind in diesem Stück, anders als in Gellerts Moralphilosophie, nicht kongruent,[200] ja die Psychologie der ‚gemischten Charaktere‘ durchkreuzt die Tugendtheorie der Zeit geradezu. Tellheim und Minna verhalten sich tugend- und lasterhaft – „[z]ärtlich und stolz, tugendhaft und eitel, wollüstig und fromm" (42) – ihre vermeintlich guten und schlechten Eigenschaften sind unauflöslich ineinander verwoben.[201]

Während die Diskussion um das Ehrkonzept der *Minna von Barnhelm* inzwischen Regalmeter füllen kann, hat die Kritik der Selbstlosigkeit vergleichsweise wenig Interesse gefunden.[202] Und dies, obwohl sie ebenso ins

---

198 Michelsen 1990a, S. 221–280. Die Studie wurde erstmals 1973 publiziert. Ausführlich zum sozialgeschichtlichen Hintergrund der Tellheim drohenden Strafe: Saße 1993b, S. 65–77.

199 Michelsen 1990a, S. 272–275. Den Widerspruch zu Michelsens These der ‚Verschleierung‘ formuliert Ter-Nedden 2016, S. 250. Lessing nehme sich in der *Minna* Molières *Misanthrope* zum Vorbild und enthülle am Ende Tellheims Menschenliebe, indem er die äußeren, Misanthropie erzeugenden Hindernisse aus dem Weg räume.

200 Fick 2016b, S. 268.

201 Ebd., S. 279–281. Gisbert Ter-Nedden deutet dies als Voraussetzung der Theodizee: „Eine Theodizee, die diesen Namen verdient, die also eine aufgeklärte und aufklärende Deutung des Bösen, das die Menschen einander wechselseitig zufügen, soll leisten können, muss die einfache Entgegensetzung des Guten und Bösen aufheben und beides als Gestalten ein und derselben Wirklichkeit begreifen." Ter-Nedden 2016, S. 305. Vgl. auch Schröder 1977, S. 61f.

202 Als einzige hat Ilse Graham darauf hingewiesen, dass *Minna von Barnhelm* nicht als Ehrkritik zu lesen sei, sondern das nötige Gleichgewicht zwischen Geben und Nehmen thematisiere. Vgl. Graham 1973, S. 167–176. Diese Anregung ist in der Forschung aber bis in die jüngste Zeit folgenlos geblieben. Ter-Nedden 2016, S. 275 sieht in dem zu Beginn des Stücks wiederholt zur Schau gestellten Edelmut Tellheims einen durchweg positiven Charakterzug. Ihm sei es „in seiner Liebe wie in seiner Freundschaft im Ernst und ohne eigennützige Hintergedanken um das Wohl des Anderen zu tun". Wittkowski 1991, S. 189 wiederum glaubt in Tellheims Selbstlosigkeit das Prinzip der Theodizee am Werk, während Pütz 1986, S. 234–237 sie mit seiner Mitleidsfähigkeit verknüpft. Saße 1993b, S. 54 deutet Tellheims Verhalten gegenüber Just und Werner als „Manifestation einer

Auge fällt wie die Rede von der Ehre. Sinnbildlich eingeführt wird das Motiv der übertriebenen Selbstlosigkeit in Justs Erzählung von seinem Pudel in I/9. Er berichtet Tellheim, wie er das Tier aus dem Wasser gerettet habe und es ihm darauf überallhin gefolgt sei:

> Ich jagte ihn fort, umsonst; ich prügelte ihn von mir, umsonst. Ich ließ ihn des Nachts nicht in meine Kammer; er blieb vor der Türe auf der Schwelle. Wo er mir zu nahe kam, stieß ich ihn mit dem Fuße; er schrie, sahe mich an, und wedelte mit dem Schwanze. Noch hat er keinen Bissen Brod aus meiner Hand bekommen; und doch bin ich der einzige, dem er hört, und der ihn anrühren darf. Er springt vor mir her, und macht mir seine Künste unbefohlen vor. (B 6, 22)

Die Erzählung hat nicht nur die dramaturgische Funktion, Just als mitleidigen Menschen darzustellen – er bekennt, dass er den Pudel inzwischen ins Herz geschlossen habe (22) – und Tellheim dazu zu bewegen, seinem Diener nicht zu kündigen. Auf einer tieferen Ebene geht es um das Ungleichgewicht von Geben und Nehmen, das in Lessings Drama unentwegt sichtbar wird.

Das bekannteste Beispiel ist Tellheims Umgang mit seinen Finanzen, den die Forschung bislang als Beleg seiner Tugendhaftigkeit gedeutet hat.[203] Obwohl er in Geldnot ist, weigert sich der Major, von der Witwe seines verstorbenen Kameraden Marloff eine Schulderstattung anzunehmen (18–20). Stattdessen versichert er ihr, dass er mit ihr weinen würde, wenn ihm noch Tränen blieben; sie wiederum verabschiedet sich mit den Worten „Empfangen Sie seine Belohnung, und meine Tränen!" (20) Die Kompensation materiellen Vorteils durch empfindsamen Gefühlsausdruck, der Ersatz von Geld durch Tränen, ist jedoch nicht per se gut, also dem sozialen Frieden dienlich. Die Figuren üben sich unentwegt in Uneigennutz und Freigebigkeit, sie versuchen sich geradezu in Selbstlosigkeit zu übertreffen. Ständig will eine Figur einer anderen ihr Geld aufzwingen und trifft dabei auf heftige Gegenwehr. Die Agonalität der Tugend führt einerseits zu komischen Situationen – etwa als Just seinem Herrn vorrechnet, dass nicht Tellheim sein Schuldner sei, sondern umgekehrt (21–23) – andererseits hat sie Eskalationspotential. Als Werner ihm unter Angabe falscher Tatsachen Geld geben will, weigert sich der Major, dem tugendhaften Schwindel nachzugeben und das Geschenk anzunehmen. Er zeigt sich dabei so stur, dass Werner zornig wird und die Kehrseite dieses

---

Standesethik, die in ihrer Generosität zwar anderen hilft, sich selbst aber nicht helfen lassen will".

203 Michelsen 1990a, S. 236–239 interpretiert die übertriebene Freigebigkeit Tellheims als komödientypische Ridikülisierung. Die Bedeutung des Geldes und der Ökonomie hat die Forschung dagegen häufig betont, vgl. Nitschke 2020, S. 57–100; Benthien 2008; Fulda 2005, S. 481–510; Vogl 2004, S. 107–138; Saße 1993b, S. 53–56; Durrani 1989; Guidry 1982.

Rigorismus enthüllt: „Wer von mir nichts nehmen will, wenn ers bedarf, und ichs habe; der will mir auch nichts geben, wenn ers hat, und ich bedarf." (62)

Außergewöhnlich großzügig zeigt sich auch Minna. Sie freut sich derart über das bevorstehende Wiedersehen mit Tellheim, dass sie Franziska ein spontanes Geldgeschenk macht. Diese wehrt sich, aber Minna „zwingt ihr das Geld in die Hand" (38). Wenig später gibt sie dem Spieler Riccaut zehn Pistolen aus ihrer Schatulle, um ihm aus der Not zu helfen. Auch für diese Tat erntet sie den Widerspruch Franziskas. Minna habe „einen Spitzbuben wieder auf die Beine geholfen", einem Bettler, dem man durch Geldgeschenke nicht aufhelfen könne. Ihre Freundin jedoch insistiert, dass auch die schlechten Menschen nicht so schlecht sind, „als sie scheinen" (75f.). Das Problem in diesem Drama ist nicht, dass eine Figur tatsächlich in existenzielle Geldnot geriete. Auch wenn er es erst im Lauf der Handlung erfährt, erhält Tellheim sein Geld zurück und kann damit auch seinen Diener Just bezahlen. Minna verfügt dank ihres reichen Onkels über genug Vermögen, Werner hat gerade erst sein Landgut verkauft. Was verhandelt werden muss, ist die Balance des empfindsamen Tugendsystems, in diesem Fall die zwischen Freigebigkeit und Eigennutz.

Der Streit um das rechte Maß der Selbstlosigkeit ist kein Seitenthema, sondern für die Konflikte des Stückes konstitutiv. Tellheim ist durch eine selbstlose Tat in jene Situation geraten, die ihn nun in den Ruin zu treiben droht. Während seines Militärdienstes sollte er in Thüringen Abgaben eintreiben, zeigte aber gegenüber den Ständen Nachsicht. Er begnügte sich mit der Minimalsumme und schoss die fehlende Summe von zweitausend Pistolen selbst vor (83). Sein Edelmut steht im Dienst der Prävention: Die preußische Besatzung beutete Sachsen aus, gerade Tellheims Regiment der ‚grünen Dragoner‘[204] schreckte vor Gewalt und Brandschatzung nicht zurück. Durch Verhandlungen mit den Ständen beugt Tellheim geschickt der Eskalation vor. Seine Existenz gerät dadurch in Gefahr, er ändert aber dennoch nichts an seinem selbstlosen Verhalten. Schon früh nennt Minna ihn einen „Verschwender" (30). Auch ihre Beziehung zu Tellheim muss das Wechselspiel von Egoismus und Altruismus durchlaufen. Minnas Liebe entzündet sich bekanntlich an seinem edelmütigen Handeln: „Die Tat, die Sie einmal um zweitausend Pistolen bringen sollte, erwarb mich Ihnen. Ohne diese Tat, würde ich nie begierig gewesen sein, Sie kennen zu lernen." (84). Allerdings kann Tellheim sich erst in dem Moment wieder auf Minna einlassen, als er von ihrer vermeintlichen Enterbung erfährt (88). Um ihr zu helfen, lässt er sich schließlich doch von Werner Geld geben (90). Er wird eigennützig, um anderen aus ihrer Notlage zu befreien: „Der Trieb der Selbsterhaltung erwacht, da ich etwas Kostbarers

---

204   Venzl 2019, S. 248–259.

zu erhalten habe, als mich, und es durch mich zu erhalten habe." (95) Tellheims übertriebene Neigung zur Selbstlosigkeit ändert sich also nicht, sondern
wird durch Minnas Intrige nur in neue Bahnen gelenkt. Gemäß der Komödien-
ästhetik des Werkes, die sich am 99. Stück der *Hamburgischen Dramaturgie*
orientiert, erleben die Figuren keine schlagartige Charakterbesserung.[205] Das
Stück thematisiert also nicht einfach nur den Gegensatz bzw. das Wechselspiel von agonaler Ehre und empfindsamer Menschenliebe. Es versucht sich
darüber hinaus an einer kritischen Darstellung von Handlungsnormen, die für
die Prävention von Agonalität prädestiniert scheinen, aber nicht per se vernünftig sind. Die Balance zwischen Selbstlosigkeit und Eigennutz, Selbst- und
Menschenliebe muss von Situation zu Situation neu gefunden werden. Die
Zuschauer werden Zeugen einer typisch aufklärerischen[206] Dialektik: Tugend
und Laster verschwimmen, wenn empfindsame Moralvorstellungen sich in
konkreten sozialen Konflikten beweisen müssen.

Die Wirkung dieser Dramaturgie empfindsamer Selbstkritik ist in den
nachfolgenden Werken populärer Dramenautoren deutlich spürbar. Der lang-
jährige Direktor des Hamburger Stadttheaters, Friedrich Ludwig Schröder,
stellt in einem seiner größten Theatererfolge, dem rührenden Lustspiel *Der
Fähndrich* (1786), eine ähnlich ambivalente Figur wie Tellheim auf die Bühne.[207] Der Baron von Harrwitz, auch er ein ehemaliger Soldat, ist ein Melancholiker, der zugleich des Mitgefühls und des Großmuts fähig ist: „Zwar immer
traurig, aber doch so milde, menschlich, wohlthätig!"[208] Das Problem ist allerdings, dass der Baron auch misanthrope Züge[209] zeigt: „Ein Mensch wie der
andre – Natterbrut!"[210] schimpft er zu Beginn des Stückes. Die Aufforderung
seiner Angestellten, sich gegenüber der verarmten Familie eines verunglückten

---

205   Dies das Ergebnis der Untersuchung von Kornbacher-Meyer 2003, S. 105–108, 268–302.
       Vgl. auch Vollhardt 2018, S. 238 sowie Lach 2004, S. 155–160.
206   Schröder 1977, S. 50.
207   Das Stück zählt zu Schröders erfolgreichsten. Am Hamburger Stadttheater ist es bis zur
       Mitte des 19. Jahrhunderts sein am häufigsten aufgeführtes Stück, vgl. Jahn 2017, S. 19. Zu
       Schröders Dramen findet sich, abgesehen von den Beiträgen in Jahn/ Košenina 2017, noch
       weniger Forschungsliteratur als zu Iffland und Kotzebue. Obwohl Schröder zweifellos
       eine der wichtigsten Figuren des deutschen Theaters der Spätaufklärung war, interessierte
       man sich wenn dann für seine Innovationen im Bereich des ‚natürlichen Schauspielstils'.
       In der ideologiekritisch und sozialkritisch orientierten Forschung der 1960er Jahre geriet
       sein Werk, wie das seiner populärdramatischen Kollegen, unter das Verdikt der Affirma-
       tion gegebener Herrschaftsverhältnisse, etwa bei Arntzen 1968, S. 115–119.
208   Schröder 1786a, S. 32.
209   Zur Bedeutung von Molières *Misanthrope* für Lessings *Minna* siehe Ter-Nedden 2016,
       S. 254–261.
210   Schröder 1786a, S. 4.

Kindes mildtätig zu zeigen, quittiert er mit den Worten „Den Teufel auch! – ich gebe nichts."[211] Selbst die Bitte seiner Tochter Sophie, einer Witwe Almosen zu geben, erteilt er eine rüde Abfuhr. Er sei „keine von den empfindsamen Seelen, die aus lauter Wohlthätigkeit das Ihrige zum Fenster hinauswerfen".[212] Schon im ersten Akt aber erfahren die Leserinnen und Leser, dass der Baron sehr wohl freigebig ist und die Notleidenden mit Geldgeschenken unterstützt. Er tut dies, weil er die Menschen für undankbar und betrügerisch hält, im Verborgenen.[213] Der Grund findet sich in seiner Lebensgeschichte:[214] Als junger Mann ließ er seine Verlobte kurz vor der Hochzeit sitzen, bat seinen Bruder, seine geerbten Güter zu Geld zu machen und ihm nach Frankreich zu folgen. Dort wartete er aber vergebens, musste erfahren, dass sein Bruder und seine Verlobte verschwunden und das Geld fort war. Der Baron deutet diese Wendung der Ereignisse als verdiente „Strafe meiner Schandthat".[215] Alle Menschen, er selbst eingeschlossen, erscheinen ihm als lasterhaft. Er verarmte, schlug sich als Bettler durch und machte schließlich beim Militär Karriere. Da er seinem General in der Schlacht das Leben rettete, vererbte dieser ihm sein großes Vermögen.

Schröder variiert die Darstellung selbstlosen Handelns gegenüber *Minna von Barnhelm* an entscheidenden Stellen. Das Problem ist nicht mehr die übertriebene Großzügigkeit, die die eigene Existenz aufs Spiel setzt, sondern die Weigerung des Barons, den Menschen „unmittelbar wohl zu thun".[216] Er entfernt den Akt der Wohltätigkeit aus dem empfindsamen Kommunikationsraum. Wenn sein Vertrauter, der Doktor, ihn ermahnt, er werde sich durch sein Handeln im Verborgenen „manches seeligen Augenblicks" berauben,[217] so verweist dies auf die Leerstelle, die der Baron im prekären Gefüge des sozialen Austauschs hinterlässt: Er nimmt seinem Gegenüber die Möglichkeit, sich für die Wohltat erkenntlich zu zeigen, sie durch empfindsame Gesten zu kompensieren. Es gibt in den ersten Akten keine Szenen der Dankbarkeit, keine Rührung, keine Tränen.

Wie bedrohlich dies für den sozialen Zusammenhalt sein kann, zeigt der Plot des Stücks. Der Baron hat als Ehemann für Sophie seinen Mieter, einen jungen Fähndrich im Auge, den er wegen seiner Armut für rechtschaffen hält. Er entschließt sich, ihm heimlich eine Spende zukommen zu lassen. Dies führt zu der absurden Situation, dass der Fähndrich dem Baron die ausstehenden

---

211   Ebd., S. 6.
212   Ebd., S. 69.
213   Ebd., S. 49.
214   Ebd., S. 49–51.
215   Ebd., S. 50.
216   Ebd., S. 49.
217   Ebd., S. 49.

Mietschulden mit dessen eigenem Geld begleicht.[218] Selbst als sich dieser endgültig entschließt, dem Fähndrich Sophie zur Frau zu geben, ändert dies nichts an seinem Gesprächsverhalten. Es ist ihm „sauer", dem Fähndrich „das Mädchen selbst anzutragen."[219] In der folgenden Szene wendet Schröder die daraus resultierenden Komplikationen noch ins Lustspielhafte. Während es dem Baron partout nicht gelingt, seine Absichten und Gefühle offen zu kommunizieren, ziert sich der Fähndrich seinerseits, das versteckte Angebot anzunehmen. Obwohl er Sophie aufrichtig liebt, fürchtet er, eigennützig zu handeln.

> BARON. (*vor sich.*) Verdammt! selbst antragen –
> FÄHND. Sie scheinen so unruhig, Herr Baron!
> BARON. Ja – denn – was wollt' ich doch sagen! – Ja. – Herr Fähndrich! Warum suchen Sie nicht Ihr Glück durch eine gute Heyrath zu verbessern?
> FÄHND. Heyrath? – Ich, der ich mich kaum selbst erhalten kann!
> BARON. Hieße das eine gute Heyrath? – Eine Frau, die Geld hat?
> FÄHND. Die würde mich nehmen? mich?
> BARON. Nun, warum nicht? – es giebt viel Narren in der Welt.
> FÄHND. Herr Baron!
> BARON. Sehn Sie, da hat sich nun schon ein Narr gefunden, der Ihnen durch die dritte Hand Geld giebt, und keinen Dank will – wie leicht kann sich ein andrer Narr finden, der Ihnen seine Tochter oder Nichte mit einer guten Aussteuer in die Arme wirft. (*vor sich.*) Wenn er's auch nun nicht merkt! –
> FÄHND. (*erstaunt.*) Herr Baron!
> [...]
> BARON. (*leise zum Doktor.*) Deutlicher kann ich's doch wahrhaftig nicht machen.
> DOKTOR. (*vor sich.*) Wie sich das doch enden wird!
> BARON. Nun, Herr Fähndrich! Sie antworten nicht!
> FÄHND. Was kann ich auf einen so schönen Traum antworten! Gesetzt, es fände sich wirklich ein so großmüthiger Mann – dürft ich mich wohl unterstehen, den ersten Antrag zu thun, ohne in den Verdacht des niedrigsten Eigennutzes zu fallen?
> BARON. (*aufgebracht.*) Das ist aber auch viel begehrt, daß er selbst Ihnen sein Mädchen antragen soll!
> DOKTOR. Auch könnte der Vater aus dieser Zurückhaltung schließen, daß Ihr Herz nicht mehr frey sey.
> FÄHND. Wie falsch würde dieser Schluß seyn!
> BARON. Also ist Ihr Herz noch völlig frey?
> FÄHND. (*seine Hand ergreifend.*) Nein, Herr Baron! es liebt die Tochter eines großmüthigsten Mannes.
> BARON. Sie vermuthen doch nicht, daß ich der Mann bin?
> FÄHND. (*läßt seine Hand fahren.*) Wenn Sie es nicht sind, so ist mein Herz nicht mehr frey.
> BARON. Ich bin's, lieber Junge, ich bin's. Mein Mädchen ist Dein.[220]

---

218   Ebd., S. 53.
219   Ebd., S. 69.
220   Ebd., S. 69–71.

Löst sich der kommunikative Knoten hier noch glücklich auf, deutet sich doch schon ein weiteres Problem an: Auch der Fähndrich hat offenkundig ein problematisches Verständnis von Selbstlosigkeit und aufrichtiger Kommunikation. Dies wird in der Folge beinahe zur tragischen Eskalation des Geschehens führen: Zu Beginn des dritten Aktes erklärt der Fähndrich, die Hand Sophies nicht annehmen zu können. Da er sich weigert, den Grund für seine überraschende Entscheidung zu nennen, vermutet der Baron, dass er heimlich verheiratet sei. Sein Verdacht wird von der Geheimniskrämerei des Fähndrichs genährt. Der Baron und der Doktor wundern sich bereits zu Beginn des Stücks, warum der Fähndrich für seinen Lebensunterhalt so viel Geld benötigt und ständig Medikamente in der Hofapotheke kauft. Auf entsprechende Nachfragen antwortet der Fähndrich mit Ausflüchten und nährt so die Vermutung, dass er eine heimliche Liebschaft oder gar eine Ehefrau haben könnte.

In Wahrheit muss sich der Fähndrich, wie man später erfährt, um seine kranke Mutter kümmern. All sein Geld gibt er für ihre Pflege aus. Was er jedoch nicht weiß: Seine Mutter ist jene Frau, die der Baron als junger Mann sitzen ließ, weshalb sie ihrem Sohn verbietet, seine Schwester Sophie zu heiraten. Dass beide in Wahrheit keine Geschwister sind, kann sie allerdings nicht wissen: Der Baron hat niemand erzählt, dass er Sophie als Kind aus einem brennenden Haus gerettet und dann adoptiert hat.[221] Weil er abermals eine selbstlose Tat vor den Augen der Welt verbirgt, bricht die empfindsame Kommunikationsgemeinschaft fast auseinander. Denn als der Baron den Fähndrich wegen dessen Ablehnung seiner Tochter zur Rede stellt, kommt es zum handfesten Streit.[222] Auf den Vorwurf des Barons, er sei „niederträchtig verheyrathet", reagiert der Fähndrich beleidigt: „Sie zweifeln an meiner Ehre". Der Baron erwidert, er sei seinerseits durch die Heiratsverweigerung „beschimpft" und beginnt, den Fähndrich mit einer Reihe von Invektiven zu belegen, an deren Höhepunkt – „Ein Schurke bist Du, und kein Officier" – der Fähndrich „wütend den Degen" zieht und „Genugthuung" fordert. Das Drama steuert auf einen tragischen Ausgang zu:

> Fähnd. Schurke! nimm Deinen Degen.
> Baron. Tod und Teufel! (*er nimmt den Degen, dringt wütend auf ihn ein. Der Fähndrich läuft in des Barons Degen, der in möglichster Geschwindigkeit zurückzieht.*)
> Baron. Gott im Himmel! was ist das?
> Fähnd. (*stellt sich wieder.*) Nun, alter Soldat! schon matt? – stoß zu!
> Baron. (*wirft den Degen weg.*) Junger Mensch! Willst Du mich zum Meuchelmörder machen?
> Fähnd. Nimm Deinen Degen, alte Memme!
> Baron. Für meine Liebe zu Dir willst Du mich zum Meuchelmörder machen?

---

221 Ebd., S. 111.
222 Folgende Zitate Ebd., S. 86–88.

FÄHND. Hörst Du nicht? ich nannte Dich Memme.
BARON. Nenn mich, wie Du willst, Du sollst mich nicht reizen. Mein Wahnsinn
ist vorüber, auch der Deine wird schwinden. – Sey mein Sohn, vertrau mir Deinen Kummer, er soll auch der meinige seyn.
FÄHND. (*wirft den Degen von sich.*)[223]

Da die empfindsamen Gesprächsstrategien in diesem Stück nicht funktionieren, wird die Lösung des Konfliktes erst möglich, als Agonalität in Antagonalität umzuschlagen droht, der Ausbruch von Gewalt jedoch durch den
Selbstmordversuch des Fähndrich im letzten Moment verhindert wird. Dass
der junge Mann sich in den Degen seines Gegners stürzt, ist ein letzter Beweis
seines mangelnden Selbsterhaltungstriebes und ebnet doch in einer dialektischen Bewegung dem Happy End den Weg. Es gelingt dem Baron endlich,
dem Fähndrich sein Geheimnis zu entlocken. Es kommt heraus, dass der junge
Offizier seine wahren Lebensverhältnisse – und damit auch sein selbstloses
Verhalten gegenüber der Mutter – aus Scham und militärischem Ehrverständ-
nis verschwiegen hat.[224]

Schröder lässt die Handlung aufgrund der mangelhaften Umsetzung
tugendempfindsamer Konzepte eskalieren. Es kommt fast zur Katastrophe,
weil die Figuren zu unmäßiger Selbstlosigkeit neigen und sich weigern, ihr
selbstloses Handeln mit offener, aufrichtiger Kommunikation zu verbinden.
Es ist bezeichnend, dass die naheliegende agonale Konfliktsituation dagegen
kaum entwickelt wird: Der Fähndrich hat in der Figur des Hauptmanns einen
Konkurrenten, der im Rang höher gestellt ist und ebenfalls um Sophie wirbt.
Doch von Beginn an ist klar, dass diesem keine Chancen eingeräumt werden.
Schröder zeichnet den Hauptmann in der Tradition der sächsischen Typenkomödie als verlachenswert, als Pedanten und angepassten Karrieristen.
Weder Sophie noch ihr Vater wollen ihn in ihrer Familie wissen.[225] Der eigentliche Gegner findet sich im Verhalten des empfindsamen Figurenpersonals,
in einer falschen ethischen Praxis, die die gute Tat zwar übt, aber aus Misanthropie und Achtung vor dem *point d'honneur* vor den anderen versteckt.
Die Verschmelzung von Ernst und Komik, Rührstück und Komödie beruht
auch in Schröders *Fähndrich* auf empfindsamer Selbstkritik.

Wie leicht sich der Transfer dieser dramatischen Verhandlungen um die
rechte Selbstlosigkeit in das Herrschaftswissen der Zeit gestalten ließ, zeigt
ein weiteres, damals ungemein populäres Schauspiel. Johann Jakob Engel, der

---

223   Ebd., S. 91.
224   Ebd., S. 93.
225   Ebd., S. 15–30, 44–45.

spätere Direktor des Berliner Nationaltheaters, veröffentlichte 1774 sein ein-
aktiges „Lustspiel für Kinder" *Der Edelknabe*. Es spielt wie *Minna von Barnhelm*
und *Der Fähndrich* in der Nachkriegszeit. Das Stück erzählt die Geschichte
eines Fürsten, in dessen Dienst sich ein aufrichtiger und freundlicher Knabe
befindet. Seine Mutter, Frau von Detmund, hat im Krieg alles verloren und lebt
in Armut. Engel schildert das Aufeinandertreffen von Herrscher und Untertan
als einen wechselseitigen Lernprozess. Der Fürst erfährt durch die Schilderung
des Bruders der Frau von Detmund von den Folgen des Krieges für die ‚einfachen' Menschen:

> Frey von Schuld war ihr Gut nie gewesen; jetzt ist es völlig in fremder Hand:
> alles ist abgebrannt, ausgeplündert, zu Grund und Boden gerissen; kein Ziegel
> auf dem Dache gehört mehr ihre. – Dazu kommen Processe, gnädigster Herr; die
> sind hinter dem Kriege drein, wie die Pest hinter dem Hunger: und ehe sie aus
> werden, da müssen Kinder und Kindeskinder verderben.[226]

Die Erzählung des Bruders regt das Mitleid des Fürsten an. „So arm! Durch den
Krieg! – Wie viel Elend macht doch der Krieg!" Er selbst habe, entschuldigt er
sich, „aus Nothwendigkeit Theil" genommen, „nicht aus Neigung".[227] Verstärkt
wird seine Empathie für den Knaben durch einen Brief der Mutter, den er
zufällig findet und der von der Liebe des Kindes zum Fürsten berichtet. „Nun,
so ists ja wohl Pflicht, daß ich Dich wieder liebe".[228]

Die Reziprozität liebevoll-empfindsamer Kommunikation entfaltet sich
nun dadurch, dass der Fürst durch einen Akt selbstlosen Handelns den Knaben seinerseits zur Selbstlosigkeit ermuntert. Als dieser ihm von seinem sehn-
lichen Wunsch erzählt, eine Uhr zu besitzen, gibt ihm der Fürst Geld aus seiner
Schatulle. „Sieh hier, kleiner Moritz! Da hätte ich zwölf Dukaten erübrigt, die
ich verschenken könnte, und – ich will sie verschenken. Her deine Hand!"[229]
Auf die Frage, was er denn nun mit dem Geld machen wolle, antwortet der
Knabe, er könne sich doch eine Uhr kaufen. Der Fürst überlässt ihm zwar die
Entscheidung, deutet jedoch an, dass er auch „einen ganz andern, ganz bessern
Gebrauch von dem Gelde" machen könne.[230] Im folgenden Monolog wird der
Knabe zwischen Eigennutz und Selbstlosigkeit hin- und hergerissen:

---

226 Engel 1774, S. 13.
227 Ebd., S. 16.
228 Ebd., S. 17.
229 Ebd., S. 25.
230 Ebd., S. 25f.

Zwölf Dukaten! (*indem er sie ansieht.*) Das ist freylich viel Geld! Gewaltig viel Geld! Wenn sie die hätte, davon könnte sie lange, lange leben. – (*Er drückt das Geld mit beyden Händen gegen die Brust.*) Ach, eine Uhr! eine Uhr! – (*und indem er die Hände wieder sinken läßt.*) Aber auch eine Mutter! eine so gute Mutter! – Sie war noch gestern so niedergeschlagen.[231]

Er entschließt sich dann tatsächlich, auf die Uhr zu verzichten und seiner Mutter das Geld zu geben. Diese reagiert „gerührt",[232] der Fürst wiederum belohnt den Knaben für seine „Zärtlichkeit" und Freigebigkeit, indem er ihm nicht irgendeine, sondern seine eigene Uhr schenkt.[233]

Die Spirale der Empathie und des Moral Sense, die die Begegnung zwischen Herrscher und Untertan in Gang setzt, dreht sich bis in den Raum der Politik. Der Fürst erkennt, wie schlecht es um die Gerechtigkeit in seinem Reich steht:

Aber wenn man's bedenkt: ist es nicht schlimm in der Welt? Die meisten Reichthümer werden von Schwelgern besessen, die sie verschwenden, oder von Geizhälsen, die sie verschließen. Männer, wie Du, sollten reicher seyn; da würde die Welt sich besser stehen. – Und was hindert mich denn, Dich reicher zu machen?[234]

Er schenkt dem Knaben weitere hundert Dukaten. Auch seiner Mutter hilft er, nachdem er sich von ihrer Selbstlosigkeit überzeugt hat. Um ihre Tugendhaftigkeit zu testen, deutet er an, dass die anderen Edelknaben ein „Auswurf des jungen Adels" und „in allen Ränken und Schalkheiten ausgelernt" seien.[235] Die Mutter will ihren Sohn daraufhin sofort aus den Diensten des Fürsten entfernt wissen, da sie um seine Sitten fürchtet. Den Einwand des Fürsten, dass der Junge doch eine Erziehung und Bildung brauche, tritt sie mit jenem Topos entgegen, der im empfindsamen Drama stets die intensivste Form selbstlosen Handelns markiert: die Flammenrettung. „Ich darf nichts bedenken. Ich sehe mein Kind im Feuer; und wenn ichs nur rette – ob ich es nackend rette!"[236] Von dieser Rede gerührt, setzt er der Mutter „hundert Louisd'or zum Jahrgelde an".[237]

Zweifellos zeichnet Engel das Ideal eines liebevollen Landesvaters, dessen tugendhaftes Handeln eine ideologiekritische Prüfung leicht als empfindsame

---

231   Ebd., S. 27.
232   Ebd., S. 32.
233   Ebd., S. 35.
234   Ebd., S. 36.
235   Ebd., S. 39.
236   Ebd., S. 40.
237   Ebd., S. 41.

Machttechnik entlarven kann. Dennoch darf nicht übersehen werden, dass das Schauspiel aus der Spirale empfindsamer Kommunikation konkrete politische Reformvorschläge zur Bewältigung der ökonomischen und juristischen Nachkriegsschäden ableitet. Aufgabe des Staates ist es, für eine gerechtere Verteilung des Reichtums zu sorgen. Dass der Fürst außerdem verspricht, er „hafte dafür", dass Frau von Detmund im Prozess um die ihr zustehende Erbschaft „zu ihrem Rechte" komme,[238] nimmt die Herrschaft juristisch in die Pflicht. Wie schon in *Minna von Barnhelm* muss sich Selbstlosigkeit daran messen lassen, ob sie den ökonomischen und rechtlichen Zwängen der Zeit standhalten und ein Moment der Generosität entgegenhalten kann.

Als letztes Beispiel sei in die Reihe der hier besprochenen Nachkriegsstücke *Der Graf von Olsbach oder die Belohnung der Rechtschaffenheit* (1768) eingefügt. Auch dieses „Lustspiel" hat in der Spätaufklärung zahllose Aufführungen erlebt. Sein Autor, Johann Christian Brandes, war seit dem Siebenjährigen Krieg in den Truppen Schönemanns, Kochs und Schuchs als Schauspieler tätig und veröffentlichte zeitgleich Theaterstücke. Sein *Graf von Olsbach* lässt sich leicht als Reaktion auf die unmittelbar zuvor erschienene *Minna von Barnhelm* entziffern. Es treten drei Soldatenfiguren auf, die die widersprüchlichen Eigenschaften Tellheims unter sich aufteilen. Alle drei sind gerade erst aus dem Krieg heimgekehrt und haben unterschiedliche Schäden davongetragen. Die Titelfigur, der Graf von Olsbach, ist ein kriegstraumatisierter Melancholiker. Er äußert zu Beginn des Dramas den Wunsch, seine Ämter aufzugeben und sich aus der Gesellschaft zurückzuziehen. Er glaubt, dass seine Frau Emilie, die er im Krieg heimlich geheiratet hatte, während eines Feldzuges in einem brennenden Haus ums Leben gekommen ist. Er macht sich Vorwürfe, sie nicht gerettet zu haben.[239] Die zweite Soldatenfigur ist von Wernin, der Freund des Grafen. Er ist ein verabschiedeter Hauptmann, der sich in einer prekären finanziellen Lage befindet und dennoch durch edelmütige Taten glänzt.[240] Schließlich tritt mit dem Obristen von Stornfels die komödientypische Figur des *miles gloriosus* auf, die aber nicht allein an Lessings Werner, sondern aufgrund ihrer körperlichen Versehrtheit[241] ebenfalls an Tellheim erinnert.

Die Regulierung der physischen, psychischen und ökonomischen Nachkriegsschäden wird auch in diesem Schauspiel als Herausforderung für die tugendempfindsame Praxis verstanden. Anders als in *Minna von Barnhelm*, wo in erster Linie die Abstiegsängste des mittleren Standes verhandelt werden,

---

238 Ebd., S. 41.
239 Brandes 1769, S. 24–25, 46–49.
240 Ebd., S. 84.
241 Ebd., S. 92.

ist man nicht mit erwartetem oder erfundenem, sondern mit tatsächlichem Unglück konfrontiert. Die Familie des Obristen lebt in realer Armut. Dennoch schlägt er, wie Tellheim, Hilfsangebote von verschiedenen Seiten konsequent aus und begründet dies mit seinem militärischen Ehrbegriff.[242] Dies erscheint angesichts der Notlage seiner Familie als fragwürdig, aber biographisch verständlich. Von Stornfels hasst die Menschen, weil sie an seinem Leiden keinen Anteil nehmen und ihn stattdessen mit öffentlicher Verachtung strafen.[243] Der Text lässt keinen Zweifel daran, dass man dem alten Offizier übel mitgespielt hat und das Schicksal in einer kontingenten Welt sich nicht an die Vorgaben der Gerechtigkeit hält. Im Gespräch mit Wernin erkundigt sich der Obrist nach der militärischen Karriere des Grafen:

> VON STORNFELS. Was war er?
> VON WERNIN. General.
> VON STORNFELS. Wie viele Feldzüge hat er mitgemacht?
> VON WERNIN. Er dient von seiner Jugend an.
> VON STORNFELS. Hat er sich brav gehalten?
> VON WERNIN. Sehr brav!
> VON STORNFELS. Das freuet mich; Aber, Herr! Ich diene auch von meiner Jugend an, ich war auch brav, und bin doch ein Bettler.[244]

Die Aufgabe des wohlhabenden Grafen besteht im Wesentlichen darin, die durch den Krieg entstandenen Ungerechtigkeiten zu kompensieren. Trotz seiner dauernden Trauer über den vermeintlichen Verlust der Gattin ist er von Akt zu Akt damit beschäftigt, die zufällige und ungleiche Verteilung des gesellschaftlichen Reichtums auszugleichen. Er beschließt deshalb, von Stornfels zu helfen:

> Der rechtschaffene Mann leidet Noth; und Nichtswürdige, Betrüger, prassen von ihrem Diebstahle und mästen sich von meinen Gütern! O Glück! Wie wunderbar theilst du Deine Gaben aus (*er sätzt sich. und denkt einige Augenblicke nach*) Falsches Glück! Ich kann dich beschämen! Diesen Unglücklichen entziehe ich deinen Schlägen [...].[245]

---

242 Ebd., S. 10, 62–64, 79.
243 Ebd., S. 56, 84.
244 Ebd., S. 87.
245 Ebd., S. 95f.

Die Großzügigkeit des Grafen scheint auf den ersten Blick keine Grenzen zu kennen. Seinem Freund Wernin erlässt er die Schulden,[246] den Diener Carl befördert er und schenkt ihm zusätzlich 250 Dukaten.[247]

Doch dieser Eindruck täuscht. Anders als Tellheim und Minna praktiziert von Olsbach seine Selbstlosigkeit mit Augenmaß. Man kann es als eine Spitze gegen Lessing lesen, dass er eben jenen Vorstellungen folgt, die in der *Minna* die skeptische Franziska vertritt. Der Graf hält sein Mündel, den jungen Baron von Birkwitz, finanziell kurz, weil er um dessen Spiel- und Verschwendungssucht weiß.[248] Bettler will er nur unterstützen, wenn er sich ihrer Rechtschaffenheit sicher ist.[249] Gegenüber einer Familie, die gegen ihn glücklos prozessiert und dadurch noch tiefer in Armut zu geraten droht, beharrt er auf seinem Recht. Bevor er ihnen hilft, will er sich ihrer Tugendhaftigkeit vergewissern: „Sie ist arm, doch ich vergebe mein Recht nicht! Der Stolz hat sie unglücklich gemacht? Dürftigkeit muß sie menschlich machen; gelingt es mir, so sollen meine Wohlthaten sie für den Mangel in Sicherheit setzen."[250] Genauso geht er zu Beginn des Dramas im Fall des hochverschuldeten Unternehmers Wichner vor. Dieser belieferte während des Krieges die Armee und wird nun nicht mehr von ihr ausbezahlt, weil man ihm Betrug vorwirft. Der Graf ist sein größter Gläubiger und so klagt Wichner ihm sein Leid:

> WICHNER. Allein, da ich einen geringen Wechsel nicht gleich bezahlen kann, stürzt man mich, und beraubt mich der unentbehrlichen Sachen. Meine Frau, meine Kinder, alle in der bittersten Armuth! verzeihen Sie meinen Thränen, meinem Unwillen, Herr Graf! Es giebt Menschen, die kein Mitleid kennen.
> DER GRAF. Halten Sie, mein Herr! Sie verdienen kein Mitleyd, Sie verdienen Gerechtigkeit. Ich werde solche als Ihr stärkster Gläubiger mit allem Eifer verlangen. Ich empfehle mich Ihnen.[251]

Trotz seiner offenkundigen Disposition zur Empfindsamkeit orientiert sich die Großzügigkeit des Grafen nicht am unmittelbaren Affekt. Erst am Ende des Dramas, nachdem er sich von der Aufrichtigkeit Wichners überzeugen konnte, schreitet er zur Tat. Er erlässt dem glücklosen Unternehmer seine beträchtlichen Schulden und spendet ihm darüber hinaus dieselbe Summe zum Wiederaufbau eines neuen Betriebs.[252]

---

246 Ebd., S. 38.
247 Ebd., S. 37.
248 Ebd., S. 27f.
249 Ebd., S. 113.
250 Ebd., S. 97.
251 Ebd., S. 22f.
252 Ebd., S. 115f.

Der Graf von Olsbach hat genau jene vernünftige Form empfindsamer Selbstlosigkeit von Beginn an verinnerlicht, die in anderen Dramen des Zeitraums erst mit fortschreitender Handlung erprobt und eingeübt werden muss. Der Fürst in Engels *Edelknabe* erkennt erst durch die Begegnungen mit dem Kind und seiner Mutter die Notwendigkeit der staatlichen Regulierung der Kriegsschäden. Sein mildtätiges Handeln wird durch die Interaktion mit der empfindsamen Familie gefestigt und verstärkt. Anders der Graf von Olsbach, an dessen vernunftgesteuerter Empathie sich nichts ändert. Worin besteht dann aber das Problem, das das Stück lösen muss? Brandes verlegt es geschickt in die Vorgeschichte. Während des fatalen Feldzuges, in dem der Graf seine Frau Emilie vermeintlich verloren hat, stand ihm der Obrist von Stornfels, wie sich herausstellt, als Gegner gegenüber. Den Befehl jedoch, die Stadt anzuzünden, gab keiner der beiden, sondern der Vetter des Grafen.[253] Diese Tat ist es, die das Unglück des Grafen bestimmt und auch die militärische Karriere des Obristen beendet. Sie wird von beiden verurteilt und als ehrlos gekennzeichnet,[254] wohingegen ihr Aufeinandertreffen im Feld keinerlei Problem für ihre Kooperation in der Nachkriegszeit darstellt. Agonaler Kampf und antagonale Gewalt werden klar unterschieden; letztere ist es, die im Lauf des Dramas empfindsam geheilt werden muss. Die Brutalität des Siebenjährigen Krieges verschonte bekanntlich auch die zivile Bevölkerung nicht.

Die erfolgreiche Kompensation der Kriegsschäden kann der Graf jedoch nicht allein leisten, da er selbst betroffen und auf Hilfe angewiesen ist. Hier kommt die Figur des Hauptmanns von Wernin ins Spiel. Er sorgt dafür, dass das psychische Leiden des Grafen ein Ende findet. Er ermuntert ihn, seine Tätigkeit zum Wohl der Gemeinschaft nicht aufzugeben und fordert ihn auf, die Stadt nicht zu verlassen.[255] Er appelliert dabei an die empfindsame Tugend des mittigen Gefühls: Die traumatische Erinnerung des Grafen sei zwar verständlich, sein soziales Wirken dürfe von ihr aber nicht beeinträchtig werden:

> Ihr Schmerz ist zu neu, es wäre Thorheit, auf einen unnatürlichen Sieg zu dringen; sechs Monate Zeit, die seit dieser traurigen Begebenheit verflossen, sind zu wenig, Ihren Schmerz gänzlich zu heben; aber doch genug, ihn zu mäßigen.[256]

Von Wernin stellt Nachforschungen an, weil er hofft, dass die Frau des Grafen noch leben könnte. Gleichzeitig kümmert er sich selbstlos um die Familie des Obristen und führt damit, ohne es zunächst zu merken, den Grafen und Emilie

---

253   Ebd., S. 126.
254   Ebd., 93, 126.
255   Ebd., S. 23–26, 39.
256   Ebd., S. 25.

wieder zusammen. Letztere ist nämlich von Stornfels' Tochter und wurde von diesem in besagter Nacht aus dem brennenden Haus gerettet. Dem Happy End steht damit nichts im Weg: Von Olsbach findet seine Frau wieder und gibt von Wernin seine nicht minder mildtätige[257] und tugendhafte Schwester Julie zur Gattin.

Die im Gegensatz zu Lessings komplexer Figurenpsychologie trivial scheinende Zuteilung einzelner Eigenschaften auf einzelne Charaktere folgt also einem tieferen Sinn. Brandes' Schauspiel zeigt, dass die Elemente der tugend-empfindsamen Matrix sich unterschiedlich verteilen und deshalb Kooperation notwendig ist. Der Graf ist reich, aber in seiner Tätigkeit beeinträchtigt; von Wernin arm, aber aktiv. Psychische und ökonomische Schäden werden reziprok *kompensiert* und so die Konstitution einer gerechten Nachkriegsordnung garantiert. Es ist auffällig, dass auch in diesem Drama der glückliche Ausgang von den Interaktionen der empfindsamen Figuren untereinander abhängt und nicht von ihrem Kampf gegen einen Feind, der außerhalb ihres Wertsystems steht. Zwar gibt es mit dem korrupten und intriganten Haushofmeister Kulpel einen negativen Charakter, die dem empfindsamen Moralkodex diametral entgegensteht, der Graf jagt ihn aber noch im ersten Akt vom Hof.[258] Auch sein Betrugsversuch am Ende des dritten Aktes fliegt schnell auf und beeinflusst den Gang der Handlung nicht wesentlich.[259] Anders als in der Komödie der Frühaufklärung geht es im Familienschauspiel der zweiten Jahrhunderthälfte nicht um die Besserung jener Figuren, die außerhalb des zu realisierenden Tugendsystems stehen, sondern um ihre präventive Exklusion. Kulpel repräsentiert den eigennützigen und geldgierigen Kriegsprofiteur – „Wenn doch nur noch ein halbes Jahr Krieg gewesen wäre!"[260] – der an den Schaltstellen der Macht Unheil anrichtet. Das Drama beginnt mit der Auftrittskonstellation eines Rondo (Kap. 4.5), in der nicht der Graf, sondern Kulpel Audienz hält. Die Schwäche des empfindsamen Herrschers, sein drohender Rücktritt, erscheinen für das Gemeinwesen deshalb umso bedrohlicher. Doch die Entfernung lasterhafter Elemente aus dem Staatsdienst ändert nichts daran, dass die tugendhaften Figuren die Kriegsfolgen selbst bewältigen müssen.

Die bisherigen Ergebnisse seien zusammengefasst. Erstens: Die Prädisposition zum empfindsamen Handeln, die die Figuren der besprochenen Dramen aufweisen, muss erst in der Praxis erprobt werden. Das Geschehen wird nicht allein in der Auseinandersetzung mit unempfindsamen und lasterhaften

---

257   Ebd., S. 52.
258   Ebd., S. 21.
259   Ebd., S. 70–82.
260   Ebd., S. 6.

Charakteren entschieden, sondern immer auch durch Selbsterkenntnis und Handlungsoptimierung der tugendhaften. Die Verwirklichung empfindsamer Moralvorstellungen wird erst durch Selbstreflexivität und Selbstkritik möglich. Zweitens: Der Transfer empfindsamer Selbsterprobungen aus der Sphäre der Familie in die der Herrschaft und des Staates ist im populären Drama gängig. Lässt sich Lessings *Minna von Barnhelm* als ein Abschied von den Interventionen des Souveräns, als seine Substitution durch Formen interpersonaler Verbindlichkeiten lesen,[261] so drängt er in den Schauspielen der Folgezeit mit aller Macht auf die Bühne zurück. Deshalb kann aus der Analyse der *Minna* allein kein stimmiges Urteil über die politische Disposition des spätaufklärerischen Theaters abgeleitet werden.[262] Autoren wie Engel und Brandes – und nicht sie allein – binden den Fürst in jenes Netz tugendhafter Kommunikation und Handlungen ein, die das Soziale aus Perspektive des aufklärerischen Wissens erst konstituiert. Lessings Dramen kommt hier eine Sonderstellung zu; für das Verständnis des Aufklärungstheaters sind sie erhellend, aber nicht repräsentativ.

Diese Befunde lassen sich anhand der kritischen Darstellung weiterer zentraler Elemente des empfindsamen Tugendsystems erhärten. Als Beispiel sei die Ausbildung von Empathie und Vertrauen genannt. Mit ihr sind die folgenden Probleme verbunden: Wer des Mitgefühls fähig ist, muss unterscheiden lernen, ob die Gefühle seines Gegenübers echt oder unecht sind. Den Menschen blind zu vertrauen, kann, wo böse Absichten im Spiel sind, gefährliche Folgen für die Gemeinschaft haben. Die Lösungen, die angeboten werden, unterscheiden sich je nach Zeitraum, Gattung und Autor/in. Lillo stellt ins Zentrum seines *London Merchant* (1731) den jungen Kaufmann Barnwell, der als „honest, grateful, compassionate, and generous"[263] beschrieben wird und gerade deshalb auf die Verführungskünste Milwoods hereinfällt. Die komödiantische Variante dieses Topos brachte L.A.V. Gottsched fünf Jahre später mit ihrer *Pietisterey im Fischbein-Rocke* (1736) auf die Bühne, wo der Hausstand der Frau Glaubeleicht aufgrund der ihrem Namen eingeprägten Eigenschaft nur knapp der Katastrophe entgeht: Während der Abwesenheit ihres Mannes verfällt Frau Glaubeleicht dem Betrüger Scheinfromm, einem Nachfolger des Tartuffe. Er schmeichelt sich mit pietistischem Gebaren bei ihr ein, um ihr ihren Besitz abzuluchsen. Frau Glaubeleicht zeigt sich unfähig, die Unaufrichtigkeit Scheinfromms zu entziffern. Im Gegenteil: Er sei ein „Heiliger", ein Mensch, der „mit der Liebe, mit der Sanfftmuth, mit der Aufrichtigkeit gantz erfüllt ist!"

---

261 Vogl 2004, S. 129–133.
262 Dies tut Joseph Vogl: Ebd., S. 132–138.
263 Lillo 1731, S. 34.

Er habe sie gelehrt, „wie man allezeit mit Sanfmuth und Gelindigkeit reden, wie man den Frieden lieben, und die Salbung des Geistes schmecken soll"[264] etc. Erst mit Hilfe ihres Schwagers Wackermann erkennt sie ihren Fehler, dieser mahnt sie, ihre schlechte Erfahrung zu nutzen und ihre tugendhaften Anlagen zu immunisieren: „Sie sind redlich; sie haben ein gutes Herz; sie sind Gottsfürchtig; deswegen war es sehr leicht; daß sie durch die Scheinheiligkeit dieser Leute konnten verführet werden. GOtt gebe nur, daß sie dieses Exempel behutsamer macht".[265]

Einen ganz anderen Weg geht Diderot in seinem *Fils naturel*, indem er den Weg zum richtigen Vertrauen als Balance aus Selbstbezogenheit, Misstrauen und Geselligkeit beschreibt. Der Einzelgänger und Außenseiter Dorval – „je hais le commerce des hommes"[266] – muss lernen, ein geselliger Mensch zu werden.[267] Dies gelingt mit Hilfe einer Frau, Constance, die das Verhältnis von Einsamkeit und *socialitas* als notwendiges Wechselspiel begreift. Sie selbst sei einst, erzählt sie Dorval, vor unglücklichen Banden geflohen und habe in der Isolation die erste Stufe der Freiheit genommen:

> J'avois éprouvé tous les malheurs des noeuds mal assortis. Libre des ces noeuds, je m'étois promis une indépendance éternelle, & j'avois fondé mon bonheur sur l'aversion de tout lien, & dans la sécurite d'une vie retirée. Après les longs chagrins, la solitude a tant de charmes! On y respire en liberté."[268]

Einsamkeit ist für Constance ein sinnvolles Durchgangsstadium auf dem Weg zur empfindsamen Gefühlsgemeinschaft. Dem Einzelnen wird eingeräumt, sich aus den „noeuds mal assortis" zu befreien – am Ziel der Vergemeinschaftung ändert das nichts. Constance appelliert an Dorval: „Vous, renoncer à la société! J'en appelle à votre coeur, interrogez-le, & il vous dira que l'homme de bien est dans la société, & qu'il n'y a que le méchant qui soit seul."[269] Dennoch lässt das Drama die Individualität der Figuren gelten und keinen Zweifel daran, dass es Einzelne sind, die sich zum Ganzen zusammenschließen.

Beide Traditionslinien sind in das Werk Ifflands eingeflossen, wie seine 1793 erschienene Komödie *Die Hagestolzen* belegt. Der ledige Hofrat Reinhold leidet unter seiner Schwester, die ihn mit Hilfe des Dieners Valentin manipuliert. Sie gaukelt ihrem Bruder lange Zeit erfolgreich vor, eine empfindsame

---

264   Gottsched 1736, S. 17, 11, 131.
265   Ebd., S. 157.
266   Diderot 1757, S. 96.
267   Damit grenzt er sich deutlich von dem *Discours sur l'inégalité* seines damaligen Freundes Rousseau ab, vgl. Dieckmann 1972, S. 161.
268   Diderot 1757, S. 19f.
269   Ebd., S. 97.

und mildtätige Seele zu sein, der es allein um die „Armen" und die „Blümlein im Felde" zu tun sei.[270] Als Valentin bei Herrn Reinhold in Ungnade zu fallen droht, appelliert sie erfolgreich an dessen Mitgefühl – „Valentin ist ein Mensch. Valentin weint" – und an seine religiösen Werte: „Ein ächter Christ muß sein Unrecht willig wieder gut machen".[271] Zwar spürt der Hofrat, dass seine „Gutheit [...] oft schrecklich gemißbraucht" werde, aber sie werde „so *überall* gemißbraucht, daß ich nicht weiß wo ich anfangen soll abzubauen."[272] Erst als er erkennt, dass seine geldgierige Schwester ihn hintergangen hat, flieht er aus der Stadt. Obwohl ihn dazu die Enttäuschung über das menschliche Laster in der eigenen Familie verleitet und er beschließt, als Junggeselle zu sterben, findet er bei einer armen, aber ehrlichen und aufrichtig empfindsamen Familie auf dem Land Zuflucht und schließlich auch sein Liebesglück. Sicher: Man kann der schlichten Dichotomie von Stadt/Natur und Laster/Tugend künstlerische Dürftigkeit attestieren,[273] aber man würde dabei übersehen, dass Iffland sehr gekonnt die Modelle der sächsischen Typenkomödie auf der einen und des rührenden Schauspiels Diderots auf der anderen Seite vermengt. Die Kritik der Heuchelei und Scheinheiligkeit wird kombiniert mit der Flucht aus den „noeuds mal assortis", den Zwängen einer schlechten Gemeinschaft: eine Flucht, die die drohende Einsamkeit in Kauf nimmt und dafür mit Geselligkeit belohnt wird.

Die Übertragung dieses Modells in das romantische Ritterschauspiel und damit in den Bereich der Politik und des Militärs erprobt wiederum Kotzebue. In *Johanna von Montfaucon*, erstmals im Jahr 1800 erschienen, ist es die empfindsame Vertrauensseligkeit des Burgherrn Adalbert, die zu einer existenziellen politischen Krise führt. Er weigert sich, gegen die offenkundigen Machenschaften seines Gegenspielers Lasarra vorzugehen, weil er mit ihm „Friede" geschlossen habe.[274] Diese Haltung wird in dem Moment zum Problem, als sein altgedienter Knappe Wolf einen Kundschafter Lasarras festnimmt. Adalbert weigert sich, ihn zu verhören und lässt ihn stattdessen frei. Wolf ermahnt ihn:

> Großmuth, Vertrauen, ja ja, es sind schöne Blümlein, doch ehe ihr sie in fremden Boden pflanzt, untersucht vorher das Erdreich, sie gedeihen nicht überall. Sonderbar! Als man Euch die fremden Obstbäume aus Wälschland sandte, da habt Ihr lange rings umher ein Plätzchen gesucht, wo die zarten Früchte

---

270 Iffland 1793, S. 20.
271 Ebd., S. 25.
272 Ebd., S. 41f.
273 So etwa, stellvertretend für andere, Arntzen 1968, S. 121.
274 Kotzebue 1800, S. 33.

gedeihen möchten, aber den Saamen Eures Vertrauens werft Ihr ohne Unterschied in jedes Herz.[275]

Selbst seine empfindsame Gemahlin Johanna kann Adalbert nicht bewegen,
seine Politik des Appeasements gegenüber Lasarra zu überdenken:

> JOH. Du bist so sicher, mein Adalbert! Lebst du doch, als ob kein Faustrecht in
> der Welt wäre. Wie oft schon blieben unsere Brücken die ganze Nacht herab-
> gelassen, und die Wächter schlummerten.
> ADALB. Mein Herz steht jedem Menschen offen, warum nicht auch meine Burg?
> JOH. Wie, – wenn Verrätherey –
> ADALB. Bin ich denn ein böser Herr? Wo ich Liebe gebe, da erwarte ich Treue.[276]

Das Unvermeidliche geschieht: Lasarra nimmt die Burg ein, Adalbert wird vertrieben und Johanna gefangengesetzt. Erst ab der sechsten Szene des vierten
Aktes finden die zerstreuten Mitglieder der tugendhaften Partei in einer „wilde[n], waldigte[n] Gegend"[277] zusammen und beginnen, auf dieser neuen,
‚natürlichen‘ Grundlage, die Restitution ihrer Herrschaft zu organisieren. Der
fünfte Akt schildert die Rückeroberung der Burg und die Wiedervereinigung
der Herrscherfamilie, die durch das naive Verständnis von Großmut und Vertrauen in Gefahr geraten war.

5.6 Intervention. Zur aktiven Einhegung agonaler Ehre in den Hausväterdramen der frühen 1780er Jahre

Dramen, die einer Ästhetik intensiver Empfindsamkeit folgen, stellen meist
Figurentableaus auf, die auf einer breiten Palette empfindsamer Eigenschaften
basieren. Ihr Geschehen konzentriert sich zum einen auf die Kritik und die
Balance der daraus resultierenden Kommunikationsformen und Interaktionsmuster. Zum anderen aber zeigen sie, wie die Bedrohung der sozialen Ordnung durch lasterhaftes Verhalten dank empfindsamer Tatkraft eingedämmt
werden kann. Bereits in der Analyse der empfindsamen Selbstkritik in Brandes' *Graf von Olsbach* hat sich angedeutet, dass sie nicht zuletzt die Aktivierung von Tatkraft zum Ziel hat. Dies soll im Folgenden anhand eines Motivs
erläutert werden, das sich durch zahlreiche Familiendramen der Aufklärung

---

275 Ebd., S. 34.
276 Ebd., S. 36.
277 Ebd., S. 140.

zieht: die Einhegung agonaler Ehrsucht durch ein tugendempfindsames Familienoberhaupt.

Dass Väter ihre Moralvorstellungen gegen den Widerstand äußerer Gegner, vor allem aber innerhalb der eigenen Familie durchzusetzen versuchen, ist gang und gäbe.[278] Vaterfiguren wie Nathan sind mit Charakteren, Handlungen und Emotionen konfrontiert, die das tugendempfindsame Telos der allgemeinen Menschenliebe gefährden und nur durch tatkräftiges Handeln zu bewältigen sind. Der in sich gekehrte und zugleich aufbrausende Tempelritter[279] verweigert die aufrichtige Kommunikation und die Temperierung der Affekte gleichermaßen. Rechas Schwärmereien neigen zu Egozentrismus. Damit bedrohen beide das Ideal der tatkräftigen Verbesserung der Gesellschaft. Nicht umsonst ermahnt Nathan seine Pflegetochter: „Begreifst du aber, wie viel *andächtig schwärmen* leichter, als/ *Gut handeln* ist?" (497) Gleiches gilt für den Tempelherrn, dessen Handlungen, wie er im Gespräch mit Nathan einräumt, das richtige Maß fehlt: „Ich bin ein junger Laffe,/ Der immer nur an beiden Enden schwärmt;/ Bald zu viel, bald viel zu wenig tut" (610). Doch auch Nathan selbst muss sich erinnern, dass die Konflikte nicht mit sanften Empfindungen allein zu lösen sind: „Aber laßt uns länger nicht/ Einander nur erweichen. Hier brauchts Tat!" (597)

Den Boden für diese Form der empfindsamen Intervention bereitete La Chaussée 1741 mit seiner *Mélanide*, einem Werk, das in der europäischen Geschichte des rührenden Schauspiels einen Meilenstein setzt. Es schildert einen Konflikt, in dem der Marquis d'Orvigny und der junge Militär D'Arviane um dieselbe Frau werben. Da sie beide aufgrund ihrer frühen Trennung nicht wissen, dass sie in Wahrheit Vater und Sohn sind, droht der Konflikt in einem Duell zu eskalieren. Dies wird nur durch das beherzte Eingreifen Theodons, der der Generation des Vaters angehört, verhindert. Ein weiteres prominentes und tatkräftiges Familienoberhaupt betritt dreißig Jahre später in Cumberlands *The West Indian* die Bühnen Europas. Stockwell ist wohlhabend und einflussreich genug, um die soziale Ordnung des Dramas nach den Maßstäben empfindsamer Tugend aufrechtzuerhalten und zu reorganisieren. Er richtet seine Handlungen nach den Maßstäben des Naturrechts und des Mitleids

---

278 Vgl. hierzu Nitschke 2012 und Frömmer 2008. Anders als der folgende Abschnitt interessieren sich diese beiden Arbeiten, wie schon Sørensen 1984, für den empfindsamen Vater als Herrscherfigur (vgl. Kap. 5.3). Sie operieren deshalb mit dem system- und diskurstheoretischen Modell von Exklusion und Inklusion. Wen schließt die Menschenliebe der empfindsamen Väter aus, welche neuen Hierarchien bringt sie hervor?

279 Während die meisten Interpretationen den Patriarchen als größten Gegenspieler Nathans sehen, weist Koebner in Göbel et al. 1987, S. 181 diese Rolle dem Tempelritter zu.

aus,[280] kommuniziert liebevoll und aufrichtig.[281] Obwohl er ein Vertreter der „temperate and restrained authority" ist,[282] sorgt er für die Bestrafung der Verbrecher und damit für den guten Ausgang des Dramas. Beide Vorbilder sind für die deutschsprachigen Hausväterdramen der 1780er Jahre prägend. Der Protagonist von Gemmingen-Hornbergs *Deutschem Hausvater*, der Hofrat Reinhard in Großmanns *Nicht mehr als sechs Schüsseln* sowie Herr Ahlden in Ifflands *Verbrechen aus Ehrsucht* müssen an entscheidenden Wendepunkten aktiv in die Handlung eingreifen. Sie tun dies, wie zu zeigen sein wird, weil sie das agonale Sturm-und-Drang-Verhalten ihrer Söhne in den Griff bekommen müssen.

Wenn man unter empfindsamer Dramatik mehr versteht als bloße Tränenseligkeit, muss man zu dem Schluss gelangen, dass sie einen tieferen Konflikt verhandelt als den zwischen Gefühl und Rationalität. Die Matrix der Tugendempfindsamkeit findet in Figurentypen wie dem zärtlichen Familienvater eine Form, die für die Zuschauer leicht zu identifizieren war. Gleichzeitig jedoch kann die agonale Disposition des Dramas Denk- und Interaktionsmuster auf den Plan rufen, die die soziale Utopie der Empfindsamkeit durchkreuzen, sie mit ihren eigenen Mängeln konfrontieren und zwingen, sich dem Laster tatkräftig entgegenzustellen. Dies sei im Folgenden am Beispiel der Einhegung von Ehre und Ehrgeiz im populären Familiendrama näher ausgeführt. Wie wird innerhalb eines dominant empfindsamen Figurengefüges mit Agonalität als solcher umgegangen?

Neben *Nathan dem Weisen* bietet der *Graf von Olsbach*, wie die Analyse des vorhergehenden Kapitels angedeutet hat, ein relativ frühes Beispiel dafür, dass die Durchsetzung der empfindsamen Ordnung nicht ohne väterliche Tatkraft gelingen kann. Dies schließt ein, dass die Vertreter der tugendhaften Partei den Ausbruch antagonaler Gewalt aktiv unterbinden. Wie das gelingen kann, führt Brandes am Beispiel des Barons von Birkwitz vor, Olsbachs Mündel. Der junge Mann ist nicht nur ein Spieler, dessen Verschwendungssucht die Selbstlosigkeit seines Erziehers unterläuft, sondern er vertritt auch ein aggressives Ehrkonzept – „Meine Ehre ist mir lieber als Alles"[283] – das immer wieder in die Eskalation führt. Wegen seiner Spielschulden gerät er eines Nachts mit

---

280 Stockwell dringt darauf, den Fremden Belcour, der von einem anderen Kontinent nach England gereist ist, mit „hospitality", „pity" und „indulgence" zu behandeln. Cumberland 1771, S. 90. Es ist aufschlussreich, dass der deutsche Übersetzer Bode „pity" mit „allgemeine Menschenliebe" übersetzt. Cumberland 1775, S. 168.

281 Cumberland 1771, S. 43f.

282 Ebd., S. 8. Bode übersetzt die Stelle textnah mit „sanfter und eingeschränkter Herrschaft". Cumberland 1775, S. 15.

283 Brandes 1769, S. 35.

seinem Gläubiger aneinander.[284] Die Katastrophe kann nur durch die Intervention der Vätergeneration vermieden werden. Von Stornfels verhindert den
Kampf, indem er einschreitet und die Schläger auseinanderbringt.[285] Als der
Baron am nächsten Tag aufgrund seines vermeintlich verletzten Ehrgefühls
seinem Gläubiger eine Duellforderung schickt, ist es der Graf, der dazwischen-
geht. Er weist seinen Diener Carl an, den Baron nicht mehr aus dem Haus zu
lassen.[286] Dennoch müssen dessen agonale Tendenzen ein drittes Mal eingehegt werden, diesmal durch von Wernin. Wie dieser hat der Baron auf die
Schwester des Grafen ein Auge geworfen[287] und versucht deshalb seinen Rivalen in die Schranken zu weisen. Er erinnert ihn daran, dass sich für ihn nur
„eine gute bürgerliche Heyrath" schicke und er deshalb nichts in der adligen
Familie des Grafen zu suchen habe: „dringen sie sich nicht weiter in Familien,
als sie zugelassen werden!"[288] Von Wernin reagiert auf diese offenkundige
Beleidigung nicht nur gelassen, sondern verhindert auch, dass der ebenfalls
anwesende von Stornfels gegen den Baron die Klinge zieht.[289] Gleiches tut er,
als der Betrug des Intriganten Kulpel aufgedeckt wird und von Stornfels diesem Gewalt antun will:

> VON STORNFELS Halt! (*fast Kulpeln bey der Schulter*) Du kulplichter Windhun!
> Das Geld heraus!
> VON WERNIN. (*faßt ihn von der andern Seite*) Keinen Schritt! Oder! - - - !
> VON STORNFELS. (*wird es gewahr*) Pfuy, Herr! Nicht zwey über einen! (*Er läßt
> Kulpeln los, der Herr von Wernin, der in der Meynung steht, der Oberiste halte ihn,
> läßt auch los; Kulpel läßt das Geld fallen, und entläuft.*)
> VON STORNFELS. Spitzbübischer Bärenhäuter! So wahr ich lebe, du muß daran!
> (*er zieht den Degen, und eilt Kulpeln nach.*)
> VON WERNIN. Halten sie ein![290]

Diese Szene zeigt *in nuce*, wie im populären Schauspiel der Aufklärung komödiantische Selbstkritik und tatkräftige Konfliktlösung ineinandergreifen
können. Der Ehrbegriff von Stornfels' und von Wernins, der ihnen verbietet,
sich in Überzahl auf Kulpel zu stürzen, ermöglicht diesem absurderweise die
Flucht. Jetzt muss von Wernin intervenieren, da von Stornfels seinen Degen
zieht und den Intriganten mit dem Tod bedroht. Wäre es nicht sinnvoller

---

284   Ebd., S. 13.
285   Ebd., S. 61.
286   Ebd., S. 30.
287   Ebd., S. 28.
288   Ebd., S. 88.
289   Ebd., S. 88–90.
290   Ebd., S. 81f.

gewesen, den Bösewicht zu zweit festzuhalten und so den Ausbruch von Gewalt im Keim zu ersticken? Die Grenzen empfindsamer Tatkraft scheinen jedenfalls der Prüfung zu bedürfen.

Brandes' Nachkriegsdrama legt nahe, dass ebenjene Ehrkritik, die die Forschung lange Zeit in Lessings *Minna von Barnhelm* am Werk sah, in Wirklichkeit in den nachfolgenden populären Dramen zuhause ist. Entscheidend ist dabei, dass die Neigung zum Agon, die sich in der Ehre manifestiert, mit den Mitteln empfindsamer Selbstkritik allein nicht eingehegt werden kann, sondern einer aktiven Antwort bedarf. In den Hausväterdramen der 1780er Jahre, die nun in den Fokus der Analyse rücken sollen, ist die tatkräftige Initiative noch dringlicher gefordert: Die agonalen Spannungen sind deutlicher zu spüren als bei Brandes und Lessing. Dies hat damit zu tun, dass die im Anschluss an den Sturm und Drang entstehenden populären Bühnenwerke dessen Impulse aufnehmen.[291] Die Intensivierung der Agonalität zeigt sich an den Söhnen: Es sind impulsive und ehrgeizige junge Männer, die zum Erreichen ihrer Ziele auch vor Verbrechen nicht zurückschrecken. In den Vätern finden sie tugendhafte Antagonisten, die sich ihnen entschlossen entgegenstellen. Da die pädagogische Strategie sanfter Nachsicht angesichts der Steigerung der agonalen Disposition zum Scheitern verurteilt ist, wird mit harter Hand durchgegriffen. Dramengeschichtlich lässt sich dieses Phänomen als unmittelbare Antwort auf die scharfe Kritik empfindsamer Herrschaftstechniken im Sturm und Drang lesen (Kap. 4.3 u. 4.4). War man in den 1770er Jahren damit beschäftigt, die Nachteile sanfter Regierung sichtbar zu machen – eine Entwicklung, die in Schillers Darstellung des greisen und überforderten Vaters Moor kulminiert –, entwickeln Gemmingen-Hornberg, Großmann und Iffland zu Beginn der neuen Dekade einen anderen, hybriden Typus von Herrschaft: den sowohl sanftmütigen als auch entschlossen intervenierenden Familienvater.

Dass Iffland von einer hohen Intensität der sozialen Konflikte seiner Zeit ausgeht, belegt sein „ernsthaftes Familiengemählde" *Verbrechen aus Ehrsucht* (1784). Das Stück ist der erste große Bühnenerfolg des Autors, der in den frühen 1780er Jahren als Schauspieler am Mannheimer Nationaltheater angestellt war und dessen Renommee er im Verbund mit Schiller und Dalberg kräftig beförderte.[292] Mit seinem Familiengemälde trieb Iffland die sich bei Gemmingen-Hornberg und Großmann abzeichnende Tendenz des populären Schauspiels in Deutschland weiter und hob sie auf eine neue Stufe. Obwohl er an einer empfindsamen Bühnenästhetik festhielt, gelang es ihm auf subtile

---

291 Auf die Verbindungen zwischen den Dramen des Sturm und Drang und denjenigen Gemmingen-Hornbergs und Großmanns weist auch Krause 1982, S. 126–130 hin.

292 Zu Iffland und Schiller in Mannheim vgl. Sharpe 2007, S. 35–131 sowie Košenina 2017.

Weise, die sozialen Härten der Aufklärungsgesellschaft abzubilden. Die Forschung hat wiederholt darauf hingewiesen, dass Ifflands Dramenschlüssen
häufig etwas Erzwungenes, Unmotiviertes eignet.[293] Zu erklären ist dies
dadurch, dass er seine tugendempfindsamen Figuren in eine Welt setzt, in der
gesellschaftlicher Abstieg und öffentlicher Ehrverlust, Ehestreitigkeiten und
Verbrechen keine Chimären, sondern reale Optionen sind. Dennoch schreibt
Iffland keine bürgerlichen Trauerspiele. Er weigert sich, seine ernsten Stücke tragisch enden zu lassen und setzt stattdessen auf die rührende Wirkung
optimistischer Schlusstableaus. Ziel ist, den Zuschauern „Thränen des Wohlwollens für eine gute Sache" zu entlocken, „jedes schöne Gefühl" in ihnen
wachzurufen.[294] Dies gilt auch für *Verbrechen aus Ehrsucht*. „Die Sache mag
Ernst werden", kündigt der junge Ahlden in seinem eröffnenden Monolog an,
„*traurig* wird sie nicht."[295]

Wenn Iffland das Stück ein „ernsthaftes Familiengemälde" nennt, darf dies
als Abgrenzung zu Großmanns *Nicht mehr als sechs Schüsseln* verstanden
werden, das von Publikum und Kritik leicht als Prätext identifiziert werden
konnte. Auch Großmann nennt sein Drama ein „Familiengemälde",[296] arbeitet aber im Text mit traditionellen, teils possenhaften Komödien-Elementen.
Davon ist in *Verbrechen aus Ehrsucht* nichts mehr zu finden. Was Iffland aber
von Großmann übernimmt, ist die Mésalliance als Kernkonflikt der Handlung.

---

293 So spricht Alexander Košenina im Nachwort der von ihm herausgegeben Edition von *Ver-*
brechen aus Ehrsucht von „zweifelhaften Lösungen", zu denen Iffland in seinen Stücken
neige. Vgl. Iffland [1787] 2014, S. 110.

294 Iffland hat keine dramentheoretische Schrift hinterlassen, es finden sich aber verschiedene Zeugnisse, die sein Konzept der rührenden Ästhetik belegen. In der Vorrede
der zweiten Auflage von *Verbrechen aus Ehrsucht* schreibt er: „Mit Rührung sehe ich –
nach öftern Wiederholungen, gedrängte Reihen im Schauspiel, und weiß, daß diesem
Stücke noch Tränen fließen. Es ist unmöglich sage ich mir oft, daß die mir ihren Antheil
versagen sollten, denen ich sanfte Tränen entlocke!" Iffland [1787] 2014, S. 8. Entsprechend
heißt es in *Meine Theatralische Laufbahn* (1798) über die Mannheimer Uraufführung des
Dramas am 9. März 1784: „Mehr als tausend Menschen nach und nach zu Einem Zwecke
gestimmt, in Thränen des Wohlwollens für eine gute Sache, allmählich in unwillkührli-
chen Ausrufungen, endlich schwärmerisch in dem lauten Ausruf, der es bestätigt, daß
jedes schöne Gefühl in ihnen erregt sey zu erblicken – das ist ein herzerhebendes Gefühl.
Die meisten Menschen verlassen mit innigem Wohlwollen die Versammlung, bringen es
mit sich in ihren häuslichen Zirkel, und verbreiten es auf ihre Angehörigen. Lange noch
tönt die Stimmung nach, welche sie in den dicht gedrängten Reihen empfangen haben,
und schon vertönt, wird, wenn auch später ähnliche Gefühle an dieser Saite vorüber ziehen, diese nun leichter ergriffen, und antwortet in vollerem Klange." Iffland 1798, S. 124f.
Er lehnt sich damit an die Ästhetik Diderots an, die auf die Ausbildung eines neuen,
empfindsamen Rollenverhaltens der Leser bzw. Zuschauer zielt, vgl. Frömmer 2008, S. 51.

295 Iffland 1784, S. 2.

296 Großmann 1780, S. 1.

In den *Schüsseln* wird eine bürgerliche Familie durch Aufstiegswillen und Ehrsucht in Gefahr gebracht. Hofrat Reinhard hat eine adlige Frau geheiratet, die, angetrieben von ihrer ehrsüchtigen Schwester von Schmerling, ihre Familie durch die Heirat ihrer Tochter Wilhelmine mit dem adligen Kammerherrn von Wilsdorf wieder in höchste Gesellschaftskreise zurückführen will. Der Hofrat jedoch ist strikt dagegen. Die aus diesem Konflikt resultierende agonale Spannung intensiviert Großmann in Manier des Sturm und Drang. Er beschreibt soziale Beziehungen als permanenten Kampf zwischen und innerhalb der Stände. Herr Reinhard schlägt seinen Diener,[297] weil seine adlige Schwägerin ihm das Leben schwer macht. Die Diener streiten sich um die Gunst des Dienstmädchens,[298] der Sattler wiederum freut sich, seinem Konkurrenten eine Lieferung weggeschnappt zu haben. Sein Kommentar ist für das Stück und das populäre Schauspiel der frühen 1780er Jahre programmatisch: „Es geht kurios zu in der Welt: immer einer über den andern."[299]

Überhaupt ist die Figurenrede von Schlacht- und Kriegsmetaphern durchdrungen. Frau von Schmerling, die durch eine Intrige Wilhelmine verschleppen und heimlich dem zwielichtigen Kammerherren zuführen will, vergleicht ihre Handlungen mit denen eines Generals.[300] Die entscheidende Gegenintrige der empfindsamen Partei, in der die Machenschaften von Schmerlings und ihrer Verbündeten aufgedeckt werden, erzählt der Diener Philipp, ein ehemaliger Soldat, im Stil eines Kriegsberichtes:

> Ich meyne, wir haben die Postklepper nicht verschont, um dem Feinde einen Marsch abzugewinnen. Wir stiegen vorm Wirthshause ab, und darauf vertheilte mein Herr seine Posten: Wir mußten zurück reiten; ich hielt fünfzig Schritte vor dem Schlagbaum; und der Kaspar am Schlagbaum. Es dauerte nicht lange, so erblickten wir die feindlichen Vorposten; weil ich aber keine Ordre hatte, mich mit ihnen einzulassen, so scharmuzirte ich gar nicht mit ihnen, sondern zog meinen andern Posten an mich, und zurück auf die Hauptarmee.[301]

Großmanns Text balanciert zwischen Ernst und Komik. Einerseits bilden die Militärmetaphern einen humoristischen Kontrast zum familiären Setting des Stücks, andererseits sind die Folgen, die von Schmerlings Intrigen ausgehen, tatsächlich eine Bedrohung. Sie zielen schließlich nicht nur auf die Familie des Hausvaters, sondern auch auf die Verwaltung des Staates. Von Schmerlings wichtigster Alliierter, der Kammerherr, ist die rechte Hand des Fürsten und

---

297 Ebd., S. 6.
298 Ebd., S. 156.
299 Ebd., S. 36.
300 Ebd., S. 37.
301 Ebd., S. 138.

an der geplanten Entführung der Tochter beteiligt. Im Fürstentum, daran lässt
der Text keinen Zweifel, herrschen Korruption und Vetternwirtschaft.[302] Nur
mit viel Glück gelingt es, den daraus Profit ziehenden Akteurinnen und Akteuren das Handwerk zu legen und den Fürsten von den notwendigen Reformen
zu überzeugen.[303]

Das Militär kommt dann *realiter* zum Einsatz, als der Machtkampf zwischen dem Hausvater und seinem Sohn Fritz offen ausbricht. Dieser neigt zu
Verschwendungssucht, hat sein Studium abgebrochen und will sich dem Willen des Vaters, eine Beamtenlaufbahn einzuschlagen, nicht beugen. „Um mich
da von jedem Geheimensekretär, von jedem Rath übers Maul fahren zu lassen,
und abzuschreiben, was ein anderer in einem barbarischen Kanzleystyl hin-
gekleckst hat?"[304] Hierarchien lehnt Fritz per se ab und verkündet: „Mit meinem Kopf, mit meiner Kraft, komm ich durch die ganze Welt."[305] Die einzigen
Optionen sind für ihn die Auswanderung nach Amerika oder die Offizierslaufbahn.[306] Der Hofrath steckt seinen Sohn in Hausarrest. Als er jedoch heraus-
findet, dass auch Fritz in die geplante Entführung seiner Schwester involviert
war, gibt er ihn in die Obhut eines befreundeten Majors. Dieser soll garantieren, dass Fritz als einfacher Soldat Disziplin und Gehorsam lernt:

> MAJOR. Lassen Sie mich nur machen. Ich habe andere Köpfe zur Raison
> gebracht; wir haben der verhätschelten Muttersöhnchen mehr bey der Kompag-
> nie. Hier haben Sie meine Hand, Freund, und der Teufel soll mich holen! Wenn
> Kommißbrod und ein Spanischrohr in vier Wochen nicht einen tüchtigen Kerl
> aus ihm machen. [...] (*zu Fritz, der da steht und an den Nägeln kaut.*) Nun, wie
> steht ihr? Den Kopf in die Höhe. (*er richtet ihn*) Die Brust h'raus. Den Leib ein-
> gezogen. Die Arme am Leibe herunter. Marsch![307]

Der militärische Drill soll die Zurichtung der überschwänglichen Individualität des Sturm und Drangs garantieren und Träume vom schnellen sozialen
Aufstieg mit Gewalt ersticken. Der agonale Trieb des Einzelnen wird in die
aufklärerische Militärmaschine überführt. Zwar versucht der Sohn des Hof-
rates, die im Sturm und Drang gängige Rebellion gegen den empfindsamen
Herrscher zu wiederholen – Väter seien allesamt „Tyrannen"[308] – diese
schlagen nun aber zurück und weisen ihre Sprösslinge mit den Straf- und

---

302   Ebd., S. 91.
303   Ebd., S. 108–112, 151–153.
304   Ebd., S. 94.
305   Ebd., S. 95.
306   Ebd., S. 93f.
307   Ebd., S. 123.
308   Ebd., S. 95.

Disziplinierungstechniken des 18. Jahrhunderts in die Schranken. Obwohl der Hofrat betont, es breche ihm das „Herz",[309] seinen Sohn so behandeln zu müssen, führt er dessen charakterliche Entwicklung auf zu große Nachsicht in der Erziehung zurück: „Ich habe dich bisher immer gestreichelt; ich will dich einmal kurz halten."[310]

In *Verbrechen und Ehrsucht* reinszeniert Iffland diese agonale Spannung zwischen Adel und Bürgertum auf der einen, Vätern und Söhnen auf der anderen Seite. Bekanntlich unternimmt er dies zeitgleich mit seinem Mannheimer Kollegen Schiller, der im selben Jahr sein Trauerspiel *Kabale und Liebe* veröffentlicht. Anders als Schiller stellt Iffland aber keinen tyrannischen und intriganten Vater auf die Bühne, gegen dessen ungerechte Herrschaft sich ein tugendempfindsamer Sohn leidenschaftlich zur Wehr setzen müsste. Er folgt stattdessen den ästhetischen Vorgaben des intensiv-empfindsamen Schauspiels und verteilt Tugend und sanfte Emotion in unterschiedlichem Grad und in unterschiedlicher Weise auf sämtliche Figuren des Dramas. Die innovative Handhabung der Gattung Schauspiel zeigt sich nun aber gerade darin, dass die empfindsamen Figuren von der agonalen Struktur des Sozialen eingeholt werden und nur äußerst knapp dem Unglück entrinnen.

Im Zentrum der Handlung steht Eduard Ruhberg, Sohn eines bürgerlichen Rentmeisters und einer adligen Mutter. Deren Standesbewusstsein hat ihn, zum Leidwesen des Vaters, mit großen sozialen Ambitionen ausgestattet. Im Dialog der Eheleute in der achten Szene des ersten Aktes lässt Frau Ruhberg erkennen, dass sie ihren „Stand" und ihre „Verbindungen" dazu einsetzen will, ihren Kindern „ein glänzendes Glück" zu verschaffen.[311] Die Metapher des Glanzes fällt hier nicht grundlos, indiziert sie doch jenen Luxus, der den bürgerlichen Tugenden der Bescheidenheit entgegensteht. Eduard hat diese ehrgeizigen Ziele seiner Mutter verinnerlicht. Er will seiner Familie Ehre machen, indem er sich teure Kleider kauft, sich in Adelskreisen aufhält und das wohlhabende Fräulein von Kanenstein als zukünftige Gattin ins Auge fasst. Dabei hat er sich jedoch in Schulden gestürzt, die durch seine Spielsucht noch verstärkt werden. Die Neigung zum Spiel fungiert hier, wie in vielen anderen Dramen der Zeit, als Agonalitätsmarker. Der Spieler setzt sich der Konkurrenz aus, riskiert im Extremfall sein Vermögen und seine Existenz. Dem Publikum wurde dieser Zusammenhang spätestens mit Moores Trauerspiel *The Gamester* (1753) radikal vor Augen geführt. Dessen Protagonist Beverley geht durch

---

309   Ebd., S. 122.
310   Ebd., S. 92.
311   Iffland 1784, S. 22.

seine Spielsucht zugrunde und Eduard, der von seiner Mutter in die „glänzenden Spielgesellschaften"[312] eingeführt wurde, droht dasselbe Schicksal.

Eduards Verhalten ist für seine Familie nicht zuletzt deshalb so bedrohlich, weil die einst üppige Mitgift der Mutter inzwischen aufgebraucht ist. Die
Ruhbergs müssen die meisten ihrer Diener entlassen und daran denken, in ein
kleineres Haus zu ziehen. Als Eduards Schuldenberg so stark wächst, dass er
keinen Ausweg mehr sieht, entwendet er eine hohe Geldsumme aus der vom
Vater verwalteten staatlichen Rentenkasse. Die Aufdeckung des Diebstahls
durch den Oberkommissair Ahlden, der finanzielle Ruin und die öffentliche
Schmach treiben die Familie immer näher an den Abgrund. Die Beziehung
zwischen Eduard und seinen Eltern scheint zerrüttet, der Vater erleidet zwei
Anfälle und kämpft mit dem Tod. Die Hochzeitspläne der Tochter Louise zer-
schlagen sich, da ihr Verlobter der Sohn des Oberkommissairs ist.

Die Handlungsskizze macht deutlich, dass Iffland das protorealistische
Erbe des Sozialdramas der 1770er Jahre weiterführt.[313] Eduard Ruhberg ist
eine tragische Figur, in dessen Innern sich agonale und empfindsame Werte
auf unglückliche Weise verknotet haben: Er will mit aller Gewalt zu Geld und
Ansehen gelangen, um seine Familie glücklich zu machen. Eindrucksvoll
beschreibt dies sein Monolog im sechsten Auftritt des zweiten Aktes:

> Das rasende *va Banque* – meine Ehre verpfändet, und keine Aussicht sie retten
> zu können – ganz und gar keine! – Muth! Muth! Mein Unglück ist nur Unglück,
> wenn ich den Muth verliere. Pfui! Ich verdiene kein Glück, da das Unglück mich
> zum unmännlichen Kläger, zum ängstlichen Zweifler gemacht. Zu dem – wenn
> es zu enge wird, in der dichten Umzäunung, worinn engbrüstige Convenienz-
> Menschen ihr Leben wegkränkeln – wer zum wachsen und gedeihen, das weite
> große Feld braucht – der ist ein Dummkopf, wenn sein Plan nicht Schwierig-
> keiten umfaßt, ein zaghafter Knabe, wenn er davor steht und sie anstaunt. Zu

---

312 Ebd., S. 21.

313 Dieser Aspekt von Ifflands Dramen ist in der Forschung bislang deutlich zu kurz
     gekommen, es finden sich lediglich kursorische Hinweise wie derjenige von Klingen-
     berg 1962, S. 50f., 58 auf „wirksame und realistische Details" in *Albert von Thurneisen*
     und die „im Detail so klare[] Sozialkritik" der *Jäger*. Ebenfalls am Beispiel der *Jäger* zeigt
     Salehi 1990, S. 183, dass der gesellschaftskritische Aspekt der Dramen Ifflands bereits in
     zeitgenössischen Rezensionen keine Rolle spielte. Als einer der Wenigen hat Martens 1977
     darauf hingewiesen, dass Ifflands Familiendramen nicht einfach eine unpolitische Privat-
     sphäre zur Schau stellen, sondern offensiv am politischen Diskurs der Zeit partizipieren.
     Diese Anregung nimmt Birgfeld 2007, S. 81–84 auf. Allerdings beschränken sich sowohl
     Martens als auch Birgfeld auf Ifflands Revolutionsdrama *Die Kokarden* (1791) und damit
     auf ein thematisch naheliegendes Werk (Iffland 1791a). Dass die politische Tendenz des
     Stückes eine anti-revolutionäre ist, die in einzelnen Figurenreden nicht zuletzt den spät-
     aufklärerischen Diskurs der Allgemeinen Menschenrechte diskreditiert, betont Gabbia-
     dini 2015.

viel Vorsicht ist weibische Furcht – und somit weiter – dem glänzenden Ziele zu, wo ich alle glücklich machen kann – Vater und Mutter – Vater und Mutter und Schwester.[314]

Für das „glänzende Ziel", dem der ehrgeizige Eduard entgegenstrebt, fehlen ihm jedoch die gesellschaftlichen Grundlagen. Er erleidet eine Niederlage nach der anderen. Im Spiel mit seinen adligen Freunden verliert er so deutlich, dass er zum öffentlichen Gespött, ja zur „Persiflage" wird.[315] Die Hochzeit mit dem Fräulein von Kanenstein, auf die er und seine Eltern ihre letzten Hoffnungen setzen, kommt nicht zustande. Eduard erhält stattdessen eine schroffe und verächtliche Absage.[316] Wegen seines Kassendiebstahls droht ihm eine harte, womöglich die Todesstrafe.[317] Sein Scheitern im agonalen Raum treibt Eduard so sehr in die Enge, dass er sich im fünften Akt nicht anders zu helfen weiß, als sich an denen zu rächen, die ihn gedemütigt haben. Aufgebracht will er aus dem Haus stürmen, um das Fräulein zu stellen: „Buhlerinn – verfluchte Buhlerinn, so mit meinen Hofnungen zu spielen. Teufel – Teufel – so zu locken – mich bis an die Hölle zu locken! – Rache! Rache!"[318]

Die zeitgenössischen Leser und Zuschauer durften nach dieser Racherede damit rechnen, dass das Stück der Bahn des bürgerlichen Trauerspiels folgt und mit einer abschreckenden Katastrophe endet. Zudem war es im Sturm und Drang nicht unüblich gewesen, dass agonal frustrierte Männer ihre Schmach mit Gewalt kompensierten. Genau in diesem Moment jedoch schwenkt das Stück um und überschreibt das Handlungsmuster des bürgerlichen Trauerspiels mit dem des Schauspiels. Iffland verfährt hier nach dem Vorbild Merciers, der 1769 in seinem *Jenneval, ou le Barnevelt françois* Lillos *London merchant* zu einem Rührstück umbog.[319] Im Fall von *Verbrechen aus Ehrsucht* gelingt dies, weil die Generation der Eltern interveniert. Iffland gestaltet diesen Vorgang differenziert, da er mit dem Oberkommissair Ahlden und Vater Ruhberg gleich zwei Vaterfiguren einführt und zudem Eduards Mutter in das Geschehen eingreifen lässt. Entscheidend ist dabei, dass Iffland die

314   Iffland 1784, S. 35f.
315   Ebd., S. 61–64.
316   Ebd., S. 119–125.
317   Ebd., S. 77–79.
318   Ebd., S. 125. Aus diesem Grund greift die These von Niehaus 2007 zu kurz, in Ifflands Dramen würden Konflikte empfindsam-kommunikativ gelöst. Gerade *Verbrechen aus Ehrsucht*, das Niehaus als Beispiel heranzieht, zeigt das Gegenteil.
319   Zu dieser Strukturähnlichkeit zwischen Merciers Stück und *Verbrechen und Ehrsucht* siehe Salehi 1990, S. 138f. Friedrich Ludwig Schröder legte 1778 unter dem Titel *Die Gefahren der Verführung* eine eigene Bearbeitung des *London Merchant* vor, die auf Merciers *Jenneval* beruht.

Empfindsamkeitskritik des Sturm und Drang zunächst wiederholt. Vater und Mutter Ruhberg erscheinen als nachsichtig und schwach. Der Vater beklagt, in der Erziehung seines Sohnes versagt zu haben: „Warum war ich ein schwacher Mann, ein weichlicher Vater!"[320] Die Mutter sieht dem Niedergang Eduards hilflos zu und zieht sich auf ihre empfindsame Position zurück: „was könnte ich thun, als mir Vorwürfe machen, dir nachweinen und sterben?"[321]

In dieser Haltung verbleiben die Eltern noch im Angesicht der Katastrophe. Als der Diebstahl Eduards entdeckt und damit seine Existenz sowie Wohlstand und Ansehen der Familie auf dem Spiel stehen, sehen sie ihre einzige Handlungsoption im Selbstopfer. Sie setzen alles daran, ihrem Sohn zur Flucht zu verhelfen. Obwohl Eduard seinen kranken Vater daran erinnert, dass damit das Verbrechen auf diesen selbst zurückfalle und er sich in öffentliche „Ketten der Schande" lege, beharrt der alte Ruhberg auf seinem Entschluss:

> Ich vergebe dir, ich segne dich. Ich drücke dich mit Todesangst an mein Herz. Ich bitte Gott, daß er dein Vater sey, wenn ich nicht mehr bin, daß er – daß (*er wird ohnmächtig*).[322]

Das inszenierte Selbstopfer des Vaters drängt Eduard in die Rolle des Vatermörders. „Weh über mich. Heiliger – mit Segen gegen deinen Mörder, giengst du aus der Welt".[323] Das empfindsame Martyrium des alten Ruhberg löst den Konflikt nicht, sondern verstärkt die Schuld des Sohnes. Seine Frau benennt die Ambivalenz dieses Handelns: „Stilles Dulden ist seine Rache und Verzeihung sein Fluch. O! daß er hart wäre – grausam".[324] Sie selbst handelt jedoch nicht anders, sondern lenkt im Gespräch mit dem Fiscal, der den Kassenraub im Namen der Obrigkeit untersucht, die Schuld auf sich und gibt vor, das Geld selbst entwendet zu haben. Der Einwand des Beamten, dass sie damit ihr Leben in Gefahr bringe, kann sie nicht abhalten:

> Ich weiß auch das – kommen sie – ich will mit ihnen gehen. Ich folge ihnen geduldig – sie brauchen keine Wache – wir nehmen einen Mithwagen – und sie liefern mich dem Gerichte.[325]

---

320   Iffland 1784, S. 13.
321   Ebd., S. 47.
322   Ebd., S. 140.
323   Ebd., S. 140. Als „Vatermörder" bezeichnet sich Eduard auch an anderen Stellen des Dramas, vgl. ebd., S. 126. Seine Schwester Louise fürchtet ebd., S. 134, dass eine Begegnung zwischen Sohn und Vater das Ende des Letzteren bedeuten könnte: „Ach ich zittre vor dieser Zusammenkunft, sie ist meines Vaters Tod."
324   Ebd., S. 113.
325   Ebd., S. 131.

Das auf den ersten Blick empfindsame Verhalten der Eltern verstößt offenkundig gegen die naturrechtliche Vorgabe der Selbsterhaltung. Dass diese in Anbetracht der heraufziehenden Katastrophe auf dem Spiel steht, zeigt die Tatsache, dass der Vater sämtliche Gewehre aus Eduards Zimmer schaffen lässt und diesem das Versprechen abringt, „die Hand nicht an sich selbst" zu legen.[326]

Es ist der Obercommissair Ahlden, der die extremen Affekte aus dem Drama vertreibt und die tugendempfindsame Balance wieder herstellt. Er tut dies, indem er in der letzten Szene in die Rolle des unnachgiebigen Tyrannen schlüpft und damit das Pathos auf die Spitze treibt. Ahlden spricht zur versammelten Familie „hart", spottet über ihren Niedergang und droht schlimme Konsequenzen an. Eduard könne nicht mehr fliehen, die Mutter dessen Schuld nicht auf sich nehmen. „Auf allen Seiten", schließt er, „Elend und nirgends Rettung."[327] Doch es kommt anders:

> OBERCOMM. Die Thüren eurer vornehmen Freunde sind verschlossen – es eckelt ihnen für eurer Noth. (*mit großer Härte steigend*) Mich habt ihr verkannt, vielleicht verachtet, meiner altväterischen Sitte verspottet. – Meinen Sohn haben sie für ihre Tochter nicht gewollt – nun will ich ihre Tochter nicht für meinen Sohn – (*Alle drücken in willkührlichen Worten die tiefste Verachtung aus*) Mein Sohn soll ein reiches Mädgen heyrathen – ein Mädgen – (*er wirft einen Geldsack hin und umarmt Louisen*) – die allenfalls einen unglücklichen Vater auslösen kann. (*Alle erstaunen lebhaft in einzelnen unarticulirten Tönen, aber niemand spricht*) Ja ich wäre gern schuldenfrey gestorben – es soll nicht seyn [...].[328]

Die Affektregie des Nebentextes macht deutlich, dass Ahldens Rede eigentlich gegen den empfindsamen Codex verstößt. Seine Härte trifft auf Verachtung, Frau Ruhberg nennt ihn gar „Unmensch".[329] Doch seine „Kur",[330] wie er selbst sie nennt, erscheint nicht ohne Grund unbarmherzig. Sie macht genau jene Form konsequenter Herrschaft ästhetisch erfahrbar, die den Eltern in ihrer Erziehung offenkundig fehlt. Das Gleichgewicht der Affekte ist restituiert, während die Geldschulden der Familie getilgt werden.

So innovativ Ifflands Kombination von bürgerlichem Trauerspiel und *lieto fine* auch war, bleibt fraglich, ob die letzte Szene allein die über fünf Akte errichtete Drohkulisse vergessen machen kann. Auch in moralischer Hinsicht handelt sich Iffland ein Problem ein. Ahldens Verhalten verlagert das finanzielle

---

326 Ebd., S. 118, 140.
327 Ebd., S. 141–144.
328 Ebd., S. 144.
329 Ebd., S. 142.
330 Ebd., S. 145.

Problem nur, da er selbst Schulden aufnehmen muss. Darüber hinaus vertuscht er das Verbrechen Eduards und macht sich der Strafvereitelung schuldig.[331] Nicht umsonst sah sich Iffland aufgrund entsprechender Kritik genötigt, in den folgenden Jahren mit *Bewußtseyn!* (1787) und *Reue versöhnt* (1789) zwei Fortsetzungsstücke zu schreiben, in denen er die offen gebliebene Schuldfrage zu lösen versuchte. In *Verbrechen aus Ehrsucht* jedoch erscheint das Verhältnis von sozialer Realität und moralischem Ideal, Agonalität und Empfindsamkeit inkommensurabel. Die Frage Frau Ruhbergs, ob „der Drang von Verhältnissen und Begebenheiten, den sanftmüthigsten Menschen zum wüthendsten Teufel machen können?" verliert nichts von ihrer Dringlichkeit.[332]

Ifflands Drama etabliert ein neues Modell des empfindsamen Schauspiels. Es zeigt exemplarisch, wie dessen wesentliche Tendenzen zusammengeführt werden können. Die *Prävention* agonaler Konflikte durch die tugendhafte Anlage sämtlicher Figuren, die *Selbstkritik* empfindsamen Verhaltens, die *Kompensation* interner Mängel des aufklärerischen Tugendsystems und schließlich die Fähigkeit der *Intervention* im Fall der Konfliktverschärfung. Es bleibt darauf hinzuweisen, dass zahlreiche Dramen der 1780er und 1790er Jahre diese Elemente immer wieder neu zusammensetzen. Das zeigt, wie schon im Fall von *Verbrechen aus Ehrsucht*, das Thema der Ehrkritik. Nur wenige Monate nach seinem ersten großen Bühnenerfolg präsentierte Iffland dem Mannheimer Publikum mit den *Mündeln* ein neues Stück,[333] das die Einhegung der Ehrsucht mit der Figurenkonstellation der unterschiedlichen Brüder (Kap. 4.3) verknüpft. Hier kommt es aber nicht, wie im Sturm und Drang, zu einer Eskalation in Form des Bruderkampfes. Stattdessen schließen sich der ruhmsüchtige Ludwig und der tugendempfindsame Philipp, trotz aller Verschiedenheiten, am Ende zusammen, um den korrupten Kanzler zu Fall zu bringen. 1785 dann veröffentlicht Iffland mit den *Jägern* ein Drama, in dessen Zentrum wieder der Konflikt zwischen Vater und Sohn steht.[334] Diesmal jedoch zeigt der leibliche Vater ebenfalls eine Neigung zu einem gesteigerten Ehrbegriff, was den Kampf zwischen beiden intensiviert. In die Kritik gerät dabei die Gerichtsordnung der Aufklärung, die unfähig ist, die Eskalation des Streits zu verhindern.

Im Zeichen tugendempfindsamer Agonalitätskritik steht auch Kotzebues Lustspiel *Die Indianer in England* (1790), das das Modell des Hausväterdramas der frühen 80er Jahre imitiert. Das Streben nach Höherem, realisiert im Standesbewusstsein einer adligen Mutter, deren „moralische Welt" sich

---

331   Dies konstatiert Alexander Košenina, vgl. Iffland [1787] 2014, S. 110.
332   Iffland 1784, S. 130.
333   Iffland 1785b.
334   Iffland 1785a.

um „Geburt und Geld" dreht,[335] wird ebenso verworfen wie der dadurch aus-
gelöste Kampf zwischen Gruppen: „Unseliger Parteigeist in so einer kleinen
Familie."[336] Die Spur lässt sich verfolgen bis in die dramatischen Satiren beider Autoren. Iffland schildert in *Figaro in Deutschland* (1790) einen schlecht
regierten Duodezhof, in dem grotesker Standesdünkel und agonale Intrigen
die effektive Staatsverwaltung hemmen. Erst die tatkräftige Intervention des
naturrechtlich geschulten Figaros bringt die Dinge wieder ins Lot. Es wird ein
Vertrag ausgehandelt, dessen erster Artikel „ewige Freundschaft unter beyden
Partheyen" vorsieht.[337] Nicht weniger scharf verspottet Kotzebue in den *Deutschen Kleinstädtern*[338] die Titel- und Rangsucht der Protagonisten, die Neid
produzieren und empfindsamen Geselligkeitskonzepten im Weg stehen.

  Es muss nicht mehr betont werden, dass die meisten der in diesem und dem
vorhergehenden Kapitel untersuchten Dramen enorme Bühnenerfolge waren.
Das populäre Schauspiel führte dem Publikum der Aufklärung in unterschiedlichen Konstellationen vor, wie die Kollision empfindsamer Wertvorstellungen
und agonaler Praktiken zu bewältigen sein könnte, welche überraschenden
Verbindungen zwischen Agonalität und Moral sich zeigten und wie erst eine
selbstkritische Haltung der Tugend soziale Wirksamkeit verleiht. Wie immer
man auch zur ästhetischen Qualität dieser Dramen stehen mag: Sie waren
ganz sicher mehr als reines Unterhaltungstheater.

5.7   Kampf und empfindsame Kooperation: Von Schillers *Don Karlos* zu Kotzebues *Graf Benjowsky*

Die seit den 1740er Jahren im empfindsamen Schauspiel zu beobachtenden
Strategien der Agonalitätsreduktion haben einen gemeinsamen Nenner: Sie
greifen nicht auf das Mittel physischer Gewalt zurück. Entweder hat man es
mit falschen Verhaltensweisen im Innern der empfindsamen Gemeinschaft
zu tun, die es durch Prävention, Selbstkritik und Intervention zu korrigieren
gilt, oder man arbeitet an der Kompensation der Spätfolgen antagonaler, in
diesem Fall kriegerischer Auseinandersetzungen. Die lasterhaften Figuren, die

---

335 Kotzebue 1790a, S. 17.
336 Ebd., S. 7.
337 Iffland 1790, S. 206. Die Komödie ist eines der wenigen Dramen Ifflands, das vor den
      Augen der sozialkritisch ausgerichteten Forschung der 1960er Jahre Gnade fand. So urteilt
      Arntzen 1968, S. 119, das Stück habe „trotz dramaturgischer Mängel und trotz seiner Län-
      gen mehr Originalität als seine weiteren Arbeiten."
338 Kotzebue 1803.

außerhalb der empfindsamen Gemeinschaft stehen, sind nicht die zentrale Bedrohung und greifen ihrerseits nicht zu Gewalt.

Anders verhält es sich im bürgerlichen Trauerspiel, wo die empfindsamen Hausväter den Ausbruch tödlicher Gewalt nicht aufhalten können. Das gilt bereits für Thorowgood in Lillos gattungsprägendem *The London Merchant* (1731). Er verzeiht seinem Ziehsohn Barnwell zwar großmütig sämtliche Fehler – „so gentle, and so good a Master"[339] –, kann aber nicht verhindern, dass dieser zum Mord an seinem Onkel verleitet wird. Lessings Sampson und Pfeils Wilhelm Southwell (*Lucie Woodvil*, 1756)[340] müssen zusehen, wie ihre Töchter zugrunde gehen. Im bürgerlichen Trauerspiel scheitern die empfindsamen Figuren nicht nur daran, ihre eigenen Affekte und Aktionen zu korrigieren, sie agieren auch in einem agonalen Raum, in dem ihnen Amoralität aggressiver entgegentritt. Die Söhne und Töchter des populären Schauspiels mögen vom Pfad der Tugend abgekommen sein, sie bleiben heilbar. Das ist nicht der Fall bei Figuren, die das Laster personifizieren und der Partei der Empfindsamen als Antagonisten gefährlich werden.

Sie lassen sich einem überschaubaren Typenkreis zuordnen, der auf dem Theater des 18. Jahrhunderts persistiert. Am prominentesten sind die Intriganten, die das Kommunikationsideal der Aufrichtigkeit durchkreuzen. Da dieser Typus gut erforscht ist,[341] genügt es, an einige bekannte Beispiele zu erinnern. In *The London Merchant* ruiniert der junge Barnwell nicht zuletzt deshalb sein Leben, weil er die verbalen und non-verbalen Codes der verführerischen Milwood für bare Münze nimmt: „Oh, Heavens! she loves me, worthless as I am; her Looks, her Words, her flowing Tears confess it".[342] Der tugendhafte Thorowgood durchschaut zwar Milwoods Pläne als „artful story",[343] kann Barnwell aber nicht mehr retten. Dies liegt nicht zuletzt daran, dass er und Barnwell keine aufrichtige Kommunikation etablieren können. Als dieser ihm an einem frühen Punkt der Handlung seine Verfehlungen gestehen will, entgegnet Thorowgood: „Not a Syllable more upon this Subject".[344] Mit der Aussprache wird auch die Möglichkeit der Korrektur preisgegeben.[345] In Edward Moores ebenso populärem *The Gamester* ist es Stukeley, der mit seinen Intrigen die Existenz des Protagonisten zugrunde richtet: „here he comes---I must

---

339   Lillo 1731, S. 10.
340   Pfeil 1756.
341   Schonlau 2017; Alt 2008, S. 53–71; Memmolo 1995.
342   Lillo 1731, S. 11.
343   Ebd., S. 51.
344   Ebd., S. 20.
345   Vgl. Mönch 1993, S. 76f.

dissemble".[346] Im deutschsprachigen bürgerlichen Trauerspiel übernehmen diese Rollen Betty, die durchtriebene Bediente Lucie Woodvils, Henley (*Der Freygeist*), Marinelli (*Emilia Galotti*) oder Wurm (*Kabale und Liebe*). All diesen Figuren ist gemein, dass sie das empfindsam fundierte Normgefüge der Gemeinschaft bedrohen und sich damit aus ihr ausschließen. Es nimmt nicht Wunder, dass Intrigen in der politischen Metaphorik des Aufklärungsdramas meist Erscheinungsformen despotischer Herrschaft sind. Viele Intrigantinnen und Intriganten werden von ihren tugendempfindsamen Gegenspielern als Tyrannen bezeichnet oder dienen einem solchen. Der Übergang vom Staats- zum Familiendrama ist hier fließend. Voltaires Mahomet, prototypischer Despot des republikanischen Trauerspiels, erscheint als intriganter Antagonist des zärtlich-aufrichtigen Vaters Zopire. Und auch der Präsident in *Kabale und Liebe* kann seine Herrschaft nur mit Hilfe der Intrigen Wurms aufrechterhalten.

Wie aber Figuren bekämpfen, die per se schlecht sind und weder überzeugt noch gebessert werden können? Wie in einem despotischen System die Werte der Empfindsamkeit durchsetzen? Dass Sanftheit und Selbstlosigkeit in diesem Fall nicht genügen, zeigt das bürgerliche Trauerspiel auf teils brutale Weise. Das im buchstäblichen Sinn schlagende Beispiel hierfür ist der Fechtkampf zwischen Clerdon und Granville im vierten Akt von Brawes *Freygeist*. Vom finsteren und rachsüchtigen Intriganten Henley aufgehetzt, sieht der eigentlich tugendhafte Clerdon in seinem Freund Granville plötzlich seinen ärgsten Feind. Er fordert ihn zum Duell, von dessen Ausgang Clerdon berichtet:

> Mein zügelloser Grimm war gegen alles taub. Ich fand den Granville. Er streckte schon die Arme aus, mich in einer zärtlichen Aufwallung zu umarmen. Tobend stürmte ich auf ihn ein, und foderte ihn zum Zweykampfe auf. Er entsetzte sich, er flehte, er beschwor mich auf das rührendste, ihm nur sein Verbrechen vorher zu eröffnen; er verschwendete die zärtlichsten Liebkosungen; nichts erweichte mich. Ich entblöste den Degen, und fiel ihn an. Er zog endlich den seinigen, sich zu vertheidigen, – und eine wehmüthige Thräne entfloß seinem Auge, da er es that. Zweymal gab ihm meine unbändige und unvorsichtige Hitze mein Leben in seine Gewalt, und zweymal [...] wandte er die tödtliche Spitze von meiner Brust hinweg. Hätte nicht dieses meine blutdürstige Wuth entwaffnen sollen? In dem ganzen Kampfe schien er mit größrer Besorgniß für mein Leben, als für das seinige eingenommen zu seyn. Diese zärtliche Großmuth ward ihm endlich nachteilig. Es gelang mir – [...] Ich sah ihn fallen. Ströme von Blut bedeckten ihn.[347]

Die mangelnde Kampfbereitschaft Granvilles verfehlt ihr Ziel auch im übertragenen Sinne. Clerdon wird durch das Vorbild seines Freundes nicht

---

346 Moore 1753, S. 32.
347 Brawe 1758, S. 161f.

gebessert. Zwar erkennt er im Gespräch mit dem sterbenden Granville die Grausamkeit seiner Tat und muss sich eingestehen, dass er von Henley zu ihr verleitet wurde. Doch die übermenschliche, jeden Selbsterhalt negierende Tugend Granvilles, der ihm selbst im Angesicht des nahenden Todes vergibt, verkraftet Clerdon nicht:

> Erhabner, schon den Unsterblichen, die deiner warten, ähnlicher Mann, wenn ein Elender aus seiner Tiefe dich um etwas beschwören darf, o so tödte mich nicht mehr durch diese mehr als menschliche Güte! Sie ist Marter, unerträgliche Marter für mich.[348]

Das empfindsame Selbstopfer Granvilles rückt seine Tugend in die tragische Sphäre des Erhabenen und beraubt sie so ihrer unmittelbaren sozialen Wirksamkeit. Obwohl Granville in seinen letzten Worten den Freund bittet, zur Besinnung zu finden, entschließt sich der verzweifelte Clerdon zur Rache. Er ersticht Henley und kurz darauf sich selbst.[349]

Die antagonale Eskalation findet ihre Ursache in der agonalen Motivation Henleys.[350] Er rächt sich an Clerdon, weil dieser ihm die Schwester Granvilles streitig gemacht hatte. Dies gesteht er ihm in der Schlussszene des Dramas:

> Sie wissen wie ich mit ihnen zu London bey der Rückkehr von meiner Reise bekannt wurde. Sie waren damals in dem Schose eines blühenden Glücks. Ueberall ertönte das Lob ihrer Tugenden; überall folgte ihnen Glanz und Bewundrung nach. Sie wissen die Vortheile die ihnen diese Vorzüge über mich gewannen – Unselige Vortheile für sie! – Ich ward ihr Todfeind, der letzte und wichtigste Triumph den sie bey unsrer Bewerbung um Miß Granville davon trugen, machte meinen Haß unversöhnlich, und ihren Untergang gewiß.[351]

Die Weigerung Granvilles, der Agonalität tatkräftig entgegenzutreten und stattdessen in empfindsamer Schönheit zu sterben, ist die Grundlage des tragischen Ausgangs des Stückes. Es zeigt, was geschehen kann, wenn die Tugend nicht Elemente integriert, die ihrem Selbstbild widersprechen. Wo der Griff zum Schwert verweigert wird, bleibt die Empfindsamkeit in einem hochgradig agonalen Handlungsfeld wehrlos.

Iffland zieht in *Verbrechen aus Ehrsucht* die Konsequenz und versucht mit Hilfe einer paradoxen Intervention das Verhältnis von Agonalität und

---

348 Ebd., S. 169.
349 Ebd., S. 190.
350 Agonalität wird auch in diesem Stück durch den Ehr-Diskurs legitimiert, vgl. Alt 1994, S. 228.
351 Brawe 1758, S. 187f.

Empfindsamkeit zugunsten der letzteren zu entscheiden. Dies gelingt aber nur deshalb, weil es keinen Gegenspieler vom Schlage eines Henley gibt. Einen anderen Weg wählt sein Mannheimer Gefährte Schiller. Dieser experimentierte bereits in den *Räubern* mit der im Drama seit 1780 sich abzeichnenden Figur des empfindsamen Kämpfers (Kap. 4.4). In *Don Karlos*,[352] der 1787 erstmals vollständig im Druck erschien,[353] ging er diesen Weg weiter, wählte nun aber eine andere Form. Das Stück ist ein für die Zeit typischer Theaterhybrid, dessen ästhetische Potentiale die in der Forschung notorische Frage nach der Einheit des Werkes[354] zwangsläufig verfehlen muss. Zunächst als „Familiengemählde in einem fürstlichen Hauße" konzipiert,[355] wurde aus *Don Karlos* eine „Tragödie"[356] in Jamben, die sowohl an die republikanische Tragödie als auch an das bürgerliche Trauerspiel anschließt. Die Ausgabe von 1805 jedoch kündigt das Stück mit Anspielung auf Lessings *Nathan* als „dramatisches Gedicht" an (WB 3, 773).[357] Politische Verschwörungen[358] und höfische Intrigen gehen in diesem Werk einher mit handfesten Familienkonflikten und Freundschaftskrisen; empfindsame Rührung und erhabenes Pathos wechseln sich ab. Nicht wenige Zeitgenossen störten sich an dieser Kombinationsfreude. Wieland bemängelte in seinem Gutachten für den Weimarer Hof, dass sich in Schillers Versen „Ausdrücke, die nur in der bürgerlichsten Art von Lustspielen passend seyn können", auf seltsame Weise abhöben „von der schwülstigen Sprache die im Ganzen die Oberhand hat".[359] Schiller sah sich gezwungen, sein Stück nach Erscheinen der ersten Rezensionen in den im *Teutschen Merkur* gedruckten *Briefen über Don Karlos* öffentlich zu verteidigen. Die Theaterfassung, die er in Absprache mit Schröder für die Hamburger Uraufführung vorlegte, ist gegenüber dem Erstdruck um mehr als ein Drittel gekürzt.

---

352 Im Folgenden wird der Einfachheit halber von *Don Karlos* gesprochen, obwohl Schiller das Stück in den *Thalia*-Drucken und der Erstausgabe noch *Dom Karlos* nannte und die Schreibweise erst in der Ausgabe von 1801 nach einem Hinweis Wielands korrigierte.

353 Es wird im Haupttext nach dieser Erstausgabe zitiert, wobei der dritte Band der hierfür zugrunde gelegten *Werke und Briefe in zwölf Bänden* (WB 3) aufgrund von Schillers Beanstandungen der ersten auf die ebenfalls 1787 erschienene zweite Auflage zurückgreift.

354 Böckmann 1974, S. 569–588; Bohnen 1980, S. 23f.; Polheim 1985. Die Frage wurde von Schiller selbst befeuert. In den *Briefen über Don Karlos* schreibt er: „Und was wäre also die sogenannte Einheit des Stückes, wenn es *Liebe* nicht sein soll, und *Freundschaft* nie sein konnte?" (WB 3, 454).

355 Brief an Wolfgang Heribert von Dalberg vom 7. Juni 1784 (WB 3, 1075).

356 Vorwort Schillers zu den ab 1785 erschienenen Dramenfragmenten in der *Thalia* (WB 3, 19).

357 Die Forschung hat diese und andere, auch formale Parallelen zwischen beiden Dramen immer wieder herausgestellt, zuletzt Schneider 2020, S. 21–29.

358 Vgl. hierzu, in systemtheoretischer Perspektive, Hahn 2008, S. 191–220 und Werber 1996.

359 Wieland schrieb das Gutachten für Carl August am 8. Mai 1785 auf Basis des in der *Thalia* erschienenen ersten Aktes (WB 3, 1104f.).

Die Vermischung ‚bürgerlicher' Gattungen mit Elementen des Geschichts-
und Staatsdramas[360] hat die Forschung immer wieder dazu verleitet, den
politischen Gehalt des Werkes zu relativieren oder ganz in Frage zu stellen[361] –
zumal Schiller in einem Brief an Dalberg verspricht, sein „Familiengemählde"
werde „nichts weniger seyn, als ein politisches Stük" (1075). Die vorliegende
Studie vertritt die entgegengesetzte Position. Sie geht davon aus, dass sich
auch in vermeintlich auf das Private beschränkten Gattungen die Konstitution des Politischen zeigt und deshalb im Aufklärungsdrama immer schon ein
Wechselspiel von Familien- und Staatskonflikt abgebildet ist.[362] In dieser Perspektive erscheint *Don Karlos* als besonders markanter Kreuzungspunkt, an
dem sich zwei Entwicklungslinien überschneiden. Die eine hat ihren Anfangs-
punkt im Drama intensivierter Agonalität, wie es der Sturm und Drang in den
1770er Jahren entwickelt (Kap. 4.3), die andere im empfindsamen Schauspiel
und seinen unterschiedlichen Ausprägungen. In *Don Karlos* führt Schiller
beide Linien zusammen, indem er die politische Aktion einer empfindsamen
Gruppe innerhalb eines intensiv-agonalen Raumes schildert.

Auch wenn das Drama ambivalente Charaktere entwirft, zeigen die Königin,
Karlos und Posa doch eine eindeutige Tendenz zur politischen Empfindsamkeit. Dies ist von der Forschung bisher nicht deutlich genug betont worden. Da
die meisten Interpreten das Werk in der Übergangszeit von Sturm und Drang
und Weimarer Klassik verorteten, übersahen sie die offenkundig empfindsamen Verhaltensmuster der Protagonisten.[363] Elisabeth erscheint in den

360   Damit setzt sich die folgende Deutung von Versuchen ab, Schillers *Don Karlos* nicht aus
       dem Kontext der zeitgenössischen Dramatik, sondern wie etwa Campe 2018, S. 250 aus-
       schließlich „aus Shakespeare, dem Barocktheater und der französischen Klassik" heraus
       zu erklären.

361   Letzteres tun Koopmann 1992 und Genton 2000. Die große Nähe des *Don Carlos* zum
       bürgerlichen Trauerspiel und damit zur Sphäre der Familie stellt auch Müller 1987 in
       den Vordergrund, leitet daraus aber keine Entpolitisierung des Stoffes ab. Schiller wolle
       die unmenschlichen Zwänge zeigen, die im hierarchischen System des Hofes herrsch-
       ten. Eine vermittelnde Position nimmt auch Hofmann 2000 ein, der im Stück zwei
       unterschiedliche „Formen der Instrumentalisierung privater Beziehungen zu politischen
       Zwecken" am Werk sieht. Philipp vertrete das Prinzip „der repressiven Politik der Allianz",
       während Posa eine „subtile Manipulation" der Gefühle des Infanten „durch ödipale Subli-
       mierung" betreibe (ebd., S. 98).

362   Verwiesen sei noch einmal auf die für diesen Kontext grundlegende Studie von Weiers-
       hausen 2018. Dass Familie und Politik in *Don Karlos* ein intrikates symbolisches Verweis-
       system bilden, hat in diskursanalytischer Perspektive Kittler 1984 herausgearbeitet.

363   Auch Immer 2008, S. 279–291, der die „empfindsame Veranlagung" (ebd., S. 286) des Titel-
       helden hervorhebt, fokussiert dabei die passiven und träumerischen Aspekte der Figur
       und setzt diese in Gegensatz zu den „politischen Intentionen" Posas (ebd., S. 294). Ebenso
       verfährt Luserke-Jaqui 2011, S. 98, der konstatiert, dass die „Tränen […] als Zeichen der

Augen ihrer Freunde und Feinde als Inbegriff der „Tugend" (257), als „schöne
Seele" (371). Warum dies so ist, wird im Dialog mit Karlos in der fünften Szene
des ersten Aktes deutlich. Die Königin weist dort die Leidenschaft des Infanten
in die Schranken, indem sie dessen erotische Liebe in die Liebe zum großen
Ganzen überführen will: „Elisabeth/ war Ihre erste Liebe. Ihre zwote/ sei Spanien. Wie gerne, guter Karl,/ will ich der besseren Geliebten weichen!" (207)
Die Affektregulierung verbindet sich, dem tugendempfindsamen Programm
gemäß, mit Menschenliebe. Der Aufforderung des Königs, der blutigen Hinrichtung angeblicher Ketzer beizuwohnen, will sie nicht nachkommen. Sie
bittet Philipp um „Barmherzigkeit", sie sei „ein Weib – ein weiches Weib – ein
Mensch" (212). Domingo, der Beichtvater des Königs, argwöhnt zurecht, dass
Elisabeth auf Seite der „Neuerer" stehe (265). Sie sympathisiert mit Posas Plan,
in den Niederlanden eine Rebellion anzuzetteln (329–331) und ist bereit, dessen Umsetzung tatkräftig zu unterstützen.

Karlos' Neigung zu „Mitgefühl" und „Tugend" ist keine fixe Idee Posas (214),
sondern wird durch verschiedene Erzählungen und kleine, unscheinbare Gesten verifiziert. Als Kind war der Infant bereit, an seines Freundes statt eine
harte Züchtigung auf sich zu nehmen (185). Als einziges Mitglied des Hof-
staates spricht er dem Admiral Medina Sidonia, dessen politische Stellung,
ja dessen Leben aufgrund einer militärischen Niederlage in Gefahr ist, auf-
munternde Worte zu (299). Aus seiner Verachtung für den Hof und dessen Kultur der Überwachung und Verstellung macht er keinen Hehl (179–181, 213). Der
Page der Königin beschreibt ihn als „trefflich/ und groß, und doch dabei so gut!
O Schade,/ daß er ein König werden muß – Er hätte/ ein Bruder werden sollen."
(241) Tatsächlich sieht Karlos in Posa seinen Bruder und Freund, glaubt, „daß
die schaffende Natur/ den Rodrigo im Karlos wiederholte,/ und unsrer Seelen
zartes Saitenspiel/ am Morgen unsres Lebens gleich bezog" (184). Politisch steht
er auf Seite der aufgeklärten Reform des Staatswesens und der Überwindung
des religiösen Dogmatismus durch Vernunft. Aus diesem Grund fürchtet ihn
Domingo: „Sein Herz entglüht für eine neue Tugend,/ die, stolz und sicher und
sich selbst genug,/ von keinem Glauben betteln will." (264) Jedoch zeigt der

---

Menschlichkeit [...] im Kreise von familiärer Härte, fehlender Kommunikation und politischer Herrschaft keinen Platz" fänden. Damit reihen sich beide in eine Deutungstradition
des *Don Karlos* ein, die aus der affektiven Grundierung der Figuren einen Gegensatz von
„Herzensanspruch" und „totalem Staatsinteresse" (Bohnen 1980, S. 29) bzw., vor dem
Hintergrund des Inzestmotivs, von natürlichem Trieb und Staatsgewalt abgeleitet hat
(Böckmann 1982, S. 37). Noch Alt 2000a, S. 464 stellt die These auf, dass in *Don Karlos*
„[p]olitische Aktivität [...] die Transformation der Idee in das immer gleiche Gesetz der
Macht" bewirke. Als einziger integriert Hofmann 2000 die empfindsamen Tendenzen des
Stückes in seine Interpretation, ohne sie gegen die politischen auszuspielen.

Infant dieselben problematischen Anlagen wie seine im Schauspiel der frühen 1780er Jahre auftretenden Namensvettern. Zu denken ist nicht nur an den Karl der *Räuber*, sondern auch an den Karl aus Gemmingen-Hornbergs *Deutschem Hausvater*, dessen impulsive Leidenschaft im Lauf des Stücks reguliert werden muss, sowie an den jungen Leutnant Karl in Großmanns *Nicht mehr als sechs Schüsseln*, dessen melancholische Neigung seinem gesellschaftlichen Erfolg im Weg steht. Wie seine Vorgänger trägt auch Karlos diese Charakterzüge, die der Abweichung von der tugendempfindsamen Norm der Mitte entspringen. Der Infant wird immer wieder „von Empfindung überwältigt" (207), sein „krankes Herz" (181) will sich in die soziale Isolation zurückziehen. Von Beginn an ist deshalb das politische Programm Posas mit der Notwendigkeit verknüpft, Karlos eine empfindsame Selbstkur zu verschreiben.

Der Marquis de Posa ist es auch, in dem die Tugendempfindsamkeit am stärksten veranlagt ist. Man hat in der Forschung nicht umsonst die Ähnlichkeit seiner Position zu Naturrechts- und Staatstheorien des 18. Jahrhunderts[364] (Kap. 3.5) und zu Geheimbünden wie den Freimaurern und Illuminaten betont.[365] Unbemerkt blieb aber, dass Schiller mit Posa einem bestimmten, im Drama der Aufklärung prominenten Figurentypus ein Denkmal setzt: Der Marquis repräsentiert den empathischen Kämpfer für Menschlichkeit. Dass Schiller sich mit Posa ein ästhetisches Glaubwürdigkeitsproblem einhandelte, zeigt die Rezeption. Der Kritik erschien er als „zu idealisch" (428), weshalb Schiller sich in den *Briefen über Don Karlos* genötigt sah, seine dramaturgische Konzeption ausführlich zu erläutern. Gleich zu Beginn ist er bemüht, die ideale Komponente der Figur von jeder Form von Trivialität abzugrenzen. „Die Ideen von Freiheit und Menschenadel" seien im 16. Jahrhundert noch neu gewesen, sie haben „durch einen langen abnützenden Gebrauch das triviale noch nicht, das heut zu Tage ihren Eindruck so stumpf macht" (429).[366] In literaturhistorischer Perspektive ist diese Behauptung nicht haltbar. Die Figur des Posa belegt, wie eng die Revolutionsrhetorik der 1780er Jahre an die

---

364 Böckmann 1974, S. 490–507 unterstreicht den Einfluss Rousseaus, Schings 1996, S. 110–115 verweist auf Montesquieu; die Diskussion fasst zusammen Alt 2000a, S. 445–451. Eine bis dato wenig beachtete Verbindungslinie, die von der schottischen Aufklärung über Thomas Jefferson und der Amerikanischen Revolution zu Schillers Philosophieunterricht an der Karlsschule und *Don Karlos* führt, arbeitet High 2005 heraus.

365 Schings 1996, S. 101–129; Beaujean 1978; Blunden 1978.

366 Das Urteil Schillers über die populäre Literatur seiner Zeit erscheint dann allerdings in der Korrespondenz mit Goethe differenzierter. Dort begreift er, wie Feler 2019, S. 175–216 zeigt, das Triviale als anregende Stoffvorlage, als möglichen Ausgangspunkt der höheren Literatur. Die Beobachtung, dass sich in Schillers Dramen Elemente des Trivialen finden, ist nicht neu und findet sich bereits in der zeitgenössischen Rezeption, vgl. Stock 1971, S. 66–72.

Empfindsamkeit gebunden war (Kap. 2.2). Der Marquis zeigt Anlage zu Rührung und Freundschaft (184),[367] seine Liebe zur Menschheit wird nicht durch die Liebe zu einer Frau getrübt. Er kann selbst am Hof aufrichtig sein, wie seine Dialoge mit der Königin und dem König belegen (196, 312–314). Ehre, Geld und Familienerbe interessieren ihn nicht (215), das Schicksal seiner Mitmenschen geht ihm über sein eigenes. Als der König sich trotz Posas leidenschaftlichem Plädoyer für das Menschenrecht nachsichtig zeigt, insistiert er: „Und meine/ Mitbürger, Sire? – O! Nicht um mich war mir's/ zu tun; nicht *meine* Sache wollt' ich führen." (320) Er bezeichnet sich als „Abgeordneter der ganzen Menschheit", kritisiert „den gift'gen Schierlingstrank/ des Pfaffentums" (182f.) und die Monarchie (214). Entscheidend ist dabei, dass Posa im Unterschied zu Karlos tatendurstig ist. Er kommt an den spanischen Hof, um im Innern der konservativen Reaktion die politischen Verhältnisse Europas zu ändern. Während sein Freund meist mit sich selbst und seiner Gefühlswelt beschäftigt ist, gilt Posas Aufmerksamkeit dem sozialen Außen. „Aus einem müßigen Enthusiasten", so Schiller in den *Briefen über Don Karlos*, „ist ein tätiger handelnder Mensch geworden", Posas Schwärmerei sei zu „pragmatischer Brauchbarkeit" heruntergestimmt (435f.).

Betrachtet man nun die gesamte Figurenkonstellation des Dramas, so scheint es auf den ersten Blick einer der klassizistischen Tragödie entlehnten dichotomischen Struktur zu folgen. König Philipp, Herzog Alba und Prinzessin Eboli agieren auf Seite der traditionellen Herrschaft, während Don Karlos, der Marquis von Posa und Königin Elisabeth einen nach Maßgabe des progressiven Naturrechts organisierten Staat anstreben. Der agonale Konflikt wird durch oppositionelle Paarungen strukturiert: Der König und Karlos liegen im Clinch: „Zwei unverträglichere Gegenteile/ fand die Natur in ihrem Umkreis nicht." (188) Sie kämpfen um die Liebe der Königin, die einst Karlos versprochen war und dann doch mit seinem Vater verheiratet wurde. Der Kampf der Männer

---

367 Dass die Darstellung von Freundschaft im *Don Karlos* mit der medienpolitischen Strategie Schillers einhergeht, sein Publikum freundschaftlich an sich zu binden, legt Stockinger 2006 nicht zuletzt anhand der Vorabpublikationen in der *Thalia* dar. Sie sieht in der Figur des Posa trotz seiner heimlichen Intrige eine vorbildliche Verwirklichung von Schillers Freundschafts-Ideal (ebd., S. 493–496), die der Leserbindung diene. Damit negiert sie allerdings die im Stück angelegte empfindsame Selbstkritik aufrichtiger Kommunikation (s.u.). Auch Schneider 2020, S. 14–21 unternimmt den Versuch, der Publikumsdramaturgie des Stückes auf den Grund zu kommen, geht dabei jedoch von der gemeinschaftsstiftenden Funktion des Tableaus aus. So naheliegend der Konnex von Tableau und politischer Gemeinschaft auch ist (vgl. auch Kap. 8.3), ist er in diesem Fall unzutreffend. Die Audienzszene zwischen dem König und Posa, die Schneider als Beleg anführt, ist höchstens, wie er selbst einräumen muss, ein „Meta-Tableau" bzw. eine „rhetorische[] Aktion" (ebd., S. 20).

um erotischen Erfolg wird mit einer Anekdote aus der agonalen Sphäre des
Ritterturniers veranschaulicht. Domingo erinnert Karlos in der ersten Szene
des Dramas:

> Wenn Eure Hoheit Sich des letzteren/ Turniers zu Saragossa noch entsinnen,/ wo
> unsern Herrn ein Lanzensplitter streifte –/ Die Königin mit ihren Damen saß/
> auf des Pallastes mittlerer Tribune,/ und sah dem Kampfe zu. Auf einmal rief's:/
> ‚Der König blutet!' – Man rennt durch einander,/ ein dumpfes Murmeln dringt
> bis zu dem Ohr/ Der Königin. ‚Der Prinz?' ruft sie und will,/ und will sich von
> dem obersten Geländer/ herunter werfen. – ‚Nein! Der König selbst!'/ gibt man
> zur Antwort – ‚So laßt Ärzte holen!'/ erwidert sie, indem sie Atem schöpfte. (179)

Verschärft wird die Auseinandersetzung zwischen Vater und Sohn dadurch,
dass Philipp im aufbrausenden Karlos einen unliebsamen Thronfolger findet.
Dessen vermeintliche „Herrschbegierde" ist ihm verdächtig, ja er glaubt in ihm
sogar seinen zukünftigen „Mörder" zu erblicken (225).

Alba wiederum repräsentiert in Personalunion die Prinzipien der Tyrannei
und der Agonalität. Er ist ein „in Ketten geboren[er]" Aufsteiger (296), der es
mit brutaler Härte zum ruhmreichen Militär gebracht hat; ein Spieler, der im
Notfall auf *Vabanque* setzt. Der König erinnert sich im Gespräch mit Alba, „daß
ihr in scharfen Schlachten euer Leben/ an etwas weit geringeres gewagt –/ mit
eines Würfelspielers Leichtsinn für/ des Ruhmes Unding es gewagt" (296). Seinen Einfluss auf den König sieht Alba durch den Aufstieg des tugendhaften
Marquis von Posa gefährdet und versucht diesen zusammen mit Domingo,
dem Vertreter des Klerus, zu Fall zu bringen. Die Königin schließlich findet
in der Prinzessin Eboli ihre Konkurrentin. Diese ist in Karlos verliebt, wird
von ihm aber zurückgewiesen. Daraufhin schwört sie der Königin, der Karlos'
Leidenschaft gilt, Rache. Sie verbündet sich mit Alba und Domingo und wird
zur Geliebten des Königs, um den Intrigen gegen die Königin und den Infanten
zum Erfolg zu verhelfen. Dies könnte für Eboli einen Aufstieg innerhalb der
höfischen Hierarchie bedeuten. Domingo sieht in ihr „eine Bundsverwandtin",
in der „eine Königin uns blühn" soll (266).

Diese binäre Struktur von Oppositionspaaren wird jedoch durch polyloge
Agonalität (Kap. 4.5) intensiviert und letztlich aufgehoben. So sieht Alba
nicht nur in Posa, sondern auch in Karlos und der Königin seine Rivalen. Dem
Infanten hat er nicht verziehen, dass dieser ihn einst öffentlich vor der Hof-
gesellschaft demütigte (263f.). Karlos wiederum ist gekränkt, dass sein Vater
nicht ihn, sondern Alba zum Anführer der brabantischen Militärmission wählt
(226). Im fünften Auftritt des zweiten Aktes kommt es zum Streit, an dessen
Ende beide Männer ihre Schwerter ziehen (233–237). Gegen die Königin hegt
Alba einen alten Groll, weil sie die Entführung des Prinzen von Bourbon

vereitelte. „Die Königin von Spanien versetzte/ mir eine Wunde – eine Wunde, die – –/ woran ich in Jahrtausenden noch blute. [...] Sie warnte Frankreich; das Verbrechen ging/ zurücke, und mein Name war geschändet." (265)

Der Agon dringt auch, und das ist entscheidend, in die Gruppe der Empfind-samen. Er erzeugt eine subtile Spannung zwischen Karlos und Posa, die für den unglücklichen Ausgang ihres politischen Unternehmens ausschlaggebend ist. Die Beziehung der beiden ist in mehrfacher Hinsicht asymmetrisch. Karlos steht im Rang über Posa, was in ihren Dialogen immer wieder zur Sprache kommt (185). Sie sind „Kronprinz und Vasall" (282), eine Hierarchie, die durch die Inszenierung eines Brüderbundes am Ende des ersten Aktes eliminiert werden soll: „Dies Possenspiel des Ranges/ sei künftighin aus unserm Bund verwiesen!" (213) Gleichzeitig jedoch ist Karlos in seiner psychischen Dis-position dem Marquis unterlegen. Seine Neigung zu Melancholie und sozia-ler Isolation, seine unglückliche Liebe zur Königin wird von Posas Liebe zum Gemeinwohl konterkariert. Im Moralsystem der Empfindsamkeit steht er damit unter dem Marquis. Diesen Gegensatz bezeichnen schon die althoch-deutschen Wurzeln der Vornamen, ist mit Karl doch die häusliche Sphäre des Ehegatten, mit Rodrigo, wie der Marquis von Posa heißt (181), die Sphäre des Herrschers bezeichnet. In einer psychologisch erhellenden Replik erklärt Karlos seine Liebe zum Marquis mit der Kompensation seiner offenkundigen Unterlegenheit: „kein Schmerz mich drückte, als von deinem Geiste/ so sehr verdunkelt mich zu sehn – ich endlich/ mich kühn entschloß, dich grenzenlos zu lieben,/ weil mich der Mut verließ, dir gleich zu sein." (184)

Eine zusätzliche Spannung entsteht, weil die Königin ihr Interesse an Posa nur schlecht verhehlt. Dies zeigen schon die Worte, mit denen sie ihn ihren Damen vorstellt: „Der Marquis/ von Posa, der im Ritterspiel zu Rheims/ mit meinem Vater eine Lanze brach,/ und meine Farbe dreimal siegen machte –/ der erste seiner Nation, der mich/ den Ruhm empfinden lehrte, Königin/ der Spanier zu sein." (195) Nach dem Austausch galanter Komplimente schickt die Königin die Prinzessin Eboli mit einer List fort, um allein mit Posa zu sein und ihre Zuneigung zu signalisieren: „Chevalier, ich müßte/ mich sehr betrügen, oder Ihre Ankunft/ hat einen frohen Menschen mehr gemacht/ an diesem Hof." (197) Posa bezieht diese Worte auf Karlos, was aber aus der Figurenrede Eli-sabeths nicht abzuleiten ist. In ihren vorhergehenden Repliken deutet nichts darauf hin, dass sie von der Jugendfreundschaft zwischen Karlos und Posa weiß. Von latenter Erotik zeugt nicht nur die Begrüßung im ersten, sondern auch der Abschied im vierten Akt. „Wir sehn uns wieder" verspricht der zum Selbstopfer längst entschlossene Marquis und greift damit auf den in der Lite-ratur des 18. Jahrhunderts gängigen Topos des Wiedersehens der Liebenden im

Jenseits zurück. Die Königin, die seinen Plan erkennt, macht ihm Vorwürfe –
„Mögen tausend Herzen brechen,/ was kümmert Sie's, wenn sich Ihr Stolz nur
weidet!" – und verlässt ihn schließlich, da sie ihn nicht umstimmen kann, mit
verhülltem Gesicht. „Gehen Sie/ Ich schätze keinen Mann mehr." (374) Bereits
zuvor ist sie Posas Bitte, seinen Freund Karlos „unwandelbar und ewig" zu lieben, nicht nachgekommen, sondern antwortet doppeldeutig: „Mein Herz,/
versprech' ich Ihnen, soll allein und ewig/ der Richter meiner Liebe sein." (375)

Offensichtlicher gestaltet Schiller die Konkurrenz der beiden jungen Männer um die Anerkennung des Vaters. Der König gesteht, dass er in Posa den
Sohn erblickt, den er gerne gehabt hätte (407). Entsprechend gekränkt reagiert
Karlos, als er erfährt, dass Posa genau jene Vorzugsbehandlung erhält, die er
selbst zu Beginn des zweiten Aktes vergeblich von seinem Vater gefordert hat
(335, 353). Der endgültige Bruch zwischen den ‚Brüdern' scheint unvermeid-
bar. „Ja! Es ist gewiß!" ruft der Infant verzweifelt, „Jetzt hab' ich ihn verloren."
(353) *Don Karlos* nimmt eine Mittelstellung ein zwischen den feindlichen Brüdern des Sturm und Drang und jenen Ritterschauspielen der 1790er Jahre, die
die Rekonstitution des Staates durch einen empfindsamen Bruderbund legitimieren (Kap. 5.4). Karlos und Posa bilden keine scharfen charakterlichen
Gegensätze wie Götz und Weislingen, Guelfo und Ferdinando, Karl und Franz.
In ihnen stehen sich nicht Agonalität und Empfindsamkeit unversöhnlich
gegenüber, vielmehr bringt die agonale Spannung, insbesondere der Kampf
um die Gunst des Vaters, das Verhältnis zweier empfindsamer Brüder aus der
Balance. Die Reform oder gar die Neugründung des Staates aus dem Geist der
Gleichheit ist deshalb, anders als in Kotzebues *Graf von Burgund* und Zieglers
Fürstenliebe, zum Scheitern verurteilt.

In *Don Karlos* scheint der Kampf um die Macht den Staat in seinen Grund-
festen zu erschüttern. Die Handlung nähert sich wiederholt dem Punkt, an
dem Agonalität in Antagonalität zu kippen droht. Aus Sicht Albas und Domin-
gos ist die größte Gefahr, dass Karlos und Elisabeth den König stürzen und
gemeinsam „den Thron ergreifen" (265). Dass dies nicht aus der Luft gegriffen
ist, wird gleich zu Beginn deutlich, als Karlos im abschließenden Monolog der
Eröffnungsszene über eine „Rebellion" phantasiert: „Dein Thron steht fest.
Doch –" (181). Just in diesem Moment wird er durch die Ankunft Posas unter-
brochen, dessen Auftritt damit wie eine Antwort auf die heimlich gehegten
Umsturzpläne des Infanten wirkt. Außer Zweifel steht auch, dass mit Karlos'
Übernahme des Throns ein radikaler Politikwechsel vollzogen würde. Schon
in seiner Jugend träumte er davon, „das Paradies dem Schöpfer abzusehn,/
und dermaleins als unumschränkter Fürst/ in Spanien zu pflanzen" (183). Im
Gespräch mit der Königin spricht er sogar vom „Umsturz der Gesetze" (205).
Auch sein Freund Posa glaubt an „das kühne Traumbild eines neuen Staates"

(370) und will aus dem Habsburger Imperium ein „Paradies für Millionen"
schaffen (369). Im großen Dialog mit dem König in III/10 entwirft er eine auf
Grundlage des Naturrechts reformierte Monarchie, in denen der Herrscher
seinen Untertanen Freiheitsrechte gewährt – „Geben Sie,/ was Sie uns nahmen, wieder" (317) – und äußert die Idee, dass auf einem solchen Boden „der
Freiheit/ erhabne, stolze Tugenden" von selbst gedeihen würde.[368] „Römer-
wallung, Nationalstolz,/ das Vaterland" solle nach und nach in die „Herzen"
der Bürger dringen (319). Posa ist, wie Schiller in den *Briefen über Don Karlos*
betont, Republikaner (429f., 437), er strebt also einen Staat an, der auf Grundlage einer Verfassung steht. Damit ist nicht unbedingt ein Bruch mit dem
System der Monarchie verbunden, da diese durchaus republikanisch verfasst
sein kann. Posa setzt auf einen Sinneswandel des Throninhabers respektive
auf die Erneuerung der Monarchie durch seinen Nachfolger. Da sich jedoch
seine Hoffnung auf einen schnellen Politikwechsel in Madrid zerschlägt,
rückt sein ursprünglicher Plan wieder in den Vordergrund, den Freiheitskampf der Niederländer gegen das spanische Regime zu unterstützen. Karlos
soll heimlich nach Brüssel reisen, um dort Alba direkt entgegenzutreten und
den bewaffneten Aufstand gegen die spanischen Machthaber zu organisieren
(329). Gleichzeitig organisiert Posa militärische Bündnisse, die „Flotte Soli-
mans" und „alle nord'schen Mächte" sollen den von Karl angeführten Freiheitskampf unterstützen (403f.).

Die politischen Ideen der empfindsamen Partei und die Aversion des
Infanten gegen seinen Vater sind stark genug, den entschiedenen Widerstand
der Machthaber zu provozieren. Der König misstraut Karlos und Elisabeth,
Alba und Domingo arbeiten daran, beide zu stürzen (265). Als Posa unver-
mutet zum wichtigsten Berater des Königs aufsteigt und so das politische
Gefüge des Hofes aus dem Gleichgewicht bringt, eskaliert die Situation. Im
vierten Akt schlägt das Drama mit 27 Szenen eine sehr hohe Auftrittsfrequenz
an, der Konflikt wird immer verwickelter[369] und kann im fünften Akt nur noch
mit Gewalt beendet werden. In diesem Augenblick steht tatsächlich der Staat

---

368   Daraus folgt aber nicht, dass Posa in den Akten III und IV „nicht mehr politisch handelnd,
      sondern als schwärmerischer Vertreter einer liberalen Philosophie dargestellt" werde, wie
      Gerhard Kluge im Kommentar der hier verwendeten Ausgabe behauptet (WB 3, 1151).

369   „Von nun wird die ganze Handlung unerträglich verwickelt", so der Rezensent der *All-
      gemeinen Literatur-Zeitung* (WB 3, 1120). Ein Urteil, das bis in die Nachkriegsgermanistik
      reichte, wie Benno von Wieses Äußerung über die „etwas gewaltsamen und in den Moti-
      vierungen sehr anfechtbaren Ballungen und Auflösungen des IV. und V. Aktes" zeigt
      (Wiese 1963, S. 248). Dagegen macht die aktuelle Interpretation von Cornelia Zumbusch
      sichtbar, dass Posas übereiltes Handeln im Zeichen der Beschleunigungsprozesse der
      beginnenden Moderne steht. Posa radikalisiere „als Krisenbeschleuniger die Offenheit
      der Zukunft". Zumbusch 2018, S. 70.

als Ganzes auf dem Spiel. Der König lässt Posa in Karlos' Beisein erschießen, dieser droht, ihn dafür zu töten. Während er sein Schwert auf Philipp richtet, erklärt er den sozialen Frieden für nichtig und rechtfertigt die Gewalt des Widerstandes mit der Gewalt der Herrschaft: „Natur?/ Ich weiß von keiner. Mord ist jetzt die Losung./ Der Menschheit Bande sind entzwei. Du selbst/ hast sie zerrissen, Sire, in deinen Reichen./ Soll ich verehren was du höhnst?" (393) Die Rückkehr zu einem negativen Naturzustand, zum Krieg aller gegen alle, droht in dem Moment, als das von Hobbes propagierte Gewaltmonopol des Monarchen seine Geltung zu verlieren scheint. Zwar gibt Karlos sein Schwert zurück, aber der Rückhalt für Philipp in den eigenen Reihen schwindet. Da der Infant verkündet, dass ihm nichts mehr am Leben und seinem Erbe liege, steht die Gefahr im Raum, dass Spanien ohne Thronfolger dastehen könnte. „Um den König herum ist eine tiefe Stille. Seine Augen durchlaufen den ganzen Kreis, aber niemand begegnet seinen Blicken." (396) Er glaubt in diesem Moment, seine Macht verloren zu haben. „Mein Urteil ist gesprochen. [...] Meine Untertanen haben mich gerichtet." (396) Zugleich bricht in den Straßen eine „Rebellion" los:

> Ganz Madrid in Waffen!/ Zu Tausenden umringt der wütende/ Soldat, der Pöbel den Pallast. Prinz Karlos,/ verbreitet man, sei in Verhaft genommen,/ sein Leben in Gefahr. Das Volk will ihn/ lebendig sehen, oder ganz Madrid/ in Flammen aufgehn lassen. (397)

Der herrschaftsmüde Philipp kann nicht mehr auf die Gefahr reagieren und fällt in Ohnmacht. Die Granden erkennen schnell das Machtvakuum: „Rebellion im Herzen seiner Hauptstadt,/ und ohne Oberhaupt das Reich!" (398) In diesem Augenblick der antagonalen Eskalation wäre die Möglichkeit einer Neukonstitution der Herrschaft gegeben. Es läuft eigentlich alles auf Karlos hinaus. Er ist der legitime Thronfolger, Teile des Militärs und des Volkes schlagen sich auf seine Seite, der alte König wirkt schwach, die Granden zögern. Karlos aber schweigt und spricht in dieser entscheidenden Szene kein einziges Wort, verharrt stattdessen trauernd über dem Leichnam Posas. Es fällt Alba deshalb leicht, das Vakuum zu füllen, die Granden zu einem erneuten Treueschwur für Philipp zu zwingen und den Aufstand mit Gewalt niederzuschlagen (398).

Karlos versäumt es, im richtigen Moment nach der Macht zu greifen und verharrt stattdessen in seiner Gefühlswelt. Dies ist eine Ursache für das Scheitern des tugendempfindsamen Projekts einer neuen Politik. Aber es ist nicht die einzige. Die Eskalation kommt auch in Gang, weil die empfindsame Rhetorik im Stück nicht genug Überzeugungskraft entfaltet. Karlos versucht im zweiten Auftritt des zweiten Aktes seinen Vater zu überreden, ihm die Führung der

Militärmission in die Niederlande zu überlassen. Um sein Ziel zu erreichen, appelliert er an dessen väterliche Gefühle:

> Niemals oder Jetzt – Wir sind/ allein – des Ranges Ketten abgefallen –/ der Etikette bange Scheidewand/ ist zwischen Sohn und Vater eingesunken./ Jetzt oder nie. Ein Sonnenstrahl der Hoffnung/ glänzt in mir auf, und eine süße Ahndung/ fliegt durch mein Herz – der ganze Himmel beugt/ mit Scharen froher Engel sich herunter,/ voll Rührung sieht der Dreimalheilige/ dem großen, schönen Auftritt zu! – Mein Vater!/ Versöhnung! *Er fällt ihm zu Füßen.* (219)

Don Karlos' expliziter Verweis auf die Theatralität seines Appells – er spricht von einem „schönen Auftritt" und inszeniert die Himmelsbewohner als gerührte Zuschauer – zeigt erneut, dass der Ästhetik des empfindsamen Dramas immer schon eine reflexive Ebene eingezogen ist. Seit La Chaussées *Mélanide* indiziert der Fußfall vor dem Vater die Versöhnung zwischen ihm und seinem rebellischen Sohn und damit die Befriedung ihres agonalen Konfliktes.[370] Auch Iffland zitiert die Geste in *Verbrechen aus Ehrsucht*.[371] In *Don Karlos* jedoch scheitert die empfindsame Versöhnung. Der König will sich von seinem Sohn „losreißen" und durchschaut dessen Auftritt als „Gaukelspiel" (220). Der zweite Versuch schlägt ebenfalls fehl. Karlos erinnert seinen Vater an dessen Einsamkeit, dieser reagiert „ergriffen", woraufhin sein Sohn „mit Lebhaftigkeit und Wärme" auf ihn zugeht. „Hassen Sie mich nicht mehr,/ ich will Sie kindlich, will Sie feurig lieben" (221), verspricht er dem König,

> Wie entzückend/ und süß ist es, in einer schönen Seele/ verherrlicht uns zu fühlen [...]/ Wie groß und süß, in seines Kindes Tugend/ unsterblich, unvergänglich fortzudauern,/ wohltätig für Jahrhunderte! (221f.)

Zwar reagiert Philipp diesmal „nicht ohne Rührung" (222) auf die empfindsame Rhetorik seines Sohnes, dennoch verwehrt er ihm seine Bitte, das Heer nach Flandern zu führen. Er traut der sanften Menschlichkeit keine politische Durchsetzungskraft zu.

> Du redest wie ein Träumender. Dies Amt/ will einen Mann und keinen Jüngling [...]./ Und Schrecken bändigt die Empörung nur,/ Erbarmung hieße Wahnsinn – Deine Seele/ ist weich, mein Sohn. (224)

Die gleiche Szene wiederholt sich, als der Marquis von Posa im folgenden Akt den König in einer leidenschaftlichen Rede von einer tugendempfindsamen

---

370 Chaussée 1741, S. 78.
371 Iffland 1784, S. 136.

Neuausrichtung seiner Politik überzeugen will.[372] Es gelingt Posa, den Herrscher mit seinen Worten zu bewegen. Dieser zeigt erst „Erstaunen" und „Ver-
wunderung" (308f.), bevor er sich eingestehen muss, dass Posa sein Inneres
berührt: „Bei Gott,/ er greift in meine Seele!" (314) Er kann den Blick des jungen Mannes kaum erwidern und sieht stattdessen „betroffen und verwirrt zur
Erde" (315).[373] Der Marquis nutzt die Chance, „nähert sich ihm kühn und faßt
seine Hand, indem er feste und feurige Blicke auf ihn richtet":

> O könnte die Beredsamkeit von allen/ den Tausenden, die dieser großen
> Stunde/ teilhaftig sind, auf meinen Lippen schweben,/ den Strahl, den ich in
> diesen Augen merke,/ zur Flamme zu erheben! – Geben Sie/ die unnatürliche
> Vergött'rung auf,/ die uns vernichtet. Werden Sie uns Muster/ des Ewigen und
> Wahren. [...]/ Ein Federzug von dieser Hand, und neu/ erschaffen wird die Erde.
> Geben Sie/ Gedankenfreiheit – *Sich ihm zu Füßen werfend.* (317)

Doch auch dieser Versuch schlägt fehl. Der Marquis bleibt für den König ein „[s]
onderbarer Schwärmer" (317). So erfrischend er dessen Jugend und Aufrichtigkeit findet, seine politischen Ziele befremden ihn: „Nichts mehr/ von diesem
Inhalt, junger Mann" (320). Obwohl Schiller auch in anderen Szenen des Stückes genug Signale setzt, die die Härte von Philipps Regime relativieren – er
zeigt sich gegenüber dem gescheiterten Admiral Medina Sidonia gnädig (300),
betont seine zärtlichen Gefühle für seine Gattin (204) und weint sogar am Ende
(379) – gründet sein Handeln auf einer konsequenten Trennung von Gefühl
und Politik. Karlos und Posa können Philipp als Vater und Mensch berühren,
als König bleibt er eisern. In keinem anderen Drama der späten Aufklärung
wird das Scheitern der tugendempfindsamen Idee des liebevollen Landesvaters so detailliert begründet wie in *Don Karlos*.[374]

Da die Redekunst ihr Ziel verfehlt, bleibt dem Marquis nur noch der Gang
in den agonalen Raum der politischen Aktion.[375] Unverhofft zum wichtigsten

---

372 Den in *Don Karlos* affektästhetisch fassbaren Widerspruch von Rührung, Weichheit, Ver-
     flüssigung auf der einen und unnachgiebiger Härte andererseits beschreibt Zumbusch
     2012, S. 170–175 ebenso wie seine politischen Implikationen und seine metatheatrale Dar-
     stellung in den an ein Rührstück erinnernden Szenen.

373 Braungart 2005, S. 294 fasst Funktion und Wirkung der Rede demgegenüber optimisti-
     scher: „So ist der Dialog mit Philipp auch eine Probe auf die Kraft der Rede, nicht mehr
     nur im Sinne rhetorischer Überredung, sondern vielmehr als ästhetischer Erziehung, die
     in den Tränen Philipps eine erste, wenn auch nicht dauerhafte Wirkung zeigt."

374 Dass Karlos und Posa versuchen, dieses Ideal auf Philipp zu übertragen, zeigt Braungart
     2005, S. 280.

375 Ilse Graham hat als eine der ersten darauf hingewiesen, dass Posa nicht einfach ein tat-
     kräftiger Charakter sei, sondern an zahlreichen Stellen der ersten drei Akte passiv und
     kontemplativ wirke. Posa eigne eine ästhetische Dimension. Insofern ist sein plötzliches

Berater des Königs avanciert, versucht er das Geschehen mit Intrigen zu lenken. Wie aber kann eine empfindsame Gruppe, die sich am Wert der Aufrichtigkeit orientiert, in der opaken Sphäre der Macht ihre Ziele durchsetzen?[376] Schiller macht bekanntlich den dunklen Hintergrund der Macht in seinem Stück theatral erfahrbar.[377] Politisches Handeln ist in *Don Karlos* immer dem Wechselspiel von Entdeckung und Verschleierung ausgesetzt. Wer die Geheimnisse des Gegners enthüllt und seine eigenen zu verbergen weiß, gewinnt. Der vierte Akt macht die Probe aufs Exempel: Kann eine Gruppe von Figuren, die sich an den Normen der Tugendempfindsamkeit orientiert, eine erfolgreiche Intrige durchführen? Von der Beantwortung der Frage hängt ab, welche politische Schlagkraft diesen Normen zuzutrauen ist.

Dass die Tugend der Aufrichtigkeit den heimlichen Plänen der Gruppe in die Quere kommt, zeigt die Unfähigkeit des Infanten im Umgang mit der Lüge.[378] Er tut sich schwer damit, Heuchelei als solche zu erkennen und selbst auszuüben. In Eboli setzt er sein Vertrauen, obwohl Posa ihn vom Gegenteil zu überzeugen versucht (277f.). Er wendet sich im vierten Akt im Augenblick höchster Gefahr an sie und will ihr seine Geheimnisse erzählen, weshalb sein Freund intervenieren muss (356f.). Doch Karlos ist bis zum Schluss überzeugt, dass die Prinzessin eine schöne Seele sei. „Nein. Nein. Sie war/ gerührt. Du irrest dich. Gewiß war sie/ gerührt." (388) Nicht weniger fatal ist die Neigung des Thronfolgers, seine Gefühle in jeder Situation offen zu zeigen. „Heucheln' konnt er nie" (263) – Albas Vermutung erweist sich in einem entscheidenden politischen Moment als wahr. Nach der Ermordung Posas will der König seinen Sohn aus dem Gefängnis entlassen. Das war der Plan des Marquis, der bewusst den Verdacht auf sich zieht, um Karlos zu entlasten. Dieser soll die Gelegenheit erhalten, nach Flandern zu entkommen. Karlos weiß eigentlich, was er zu tun hat, da Posa ihn kurz vor seinem Tod von seinem Vorhaben in Kenntnis setzt: „Rette dich für Flandern!/ Das Königreich ist dein Beruf. Für dich/ zu

---

Eindringen in den politischen Handlungsraum von Beginn an prekär. Vgl. Graham 1974, S. 82–98. Zur Deutung Posas als Künstler siehe auch Guthke 1994, S. 133–164.

376   Die These, es gehe im vierten und fünften Akt um „die Unzulänglichkeit des menschlichen Planens" (Böckmann 1982, S. 42) bzw. um den „Gegensatz von Reden und Handeln" (ebd., S. 43) ist zu allgemein gefasst. Die Konfrontation von Aufrichtigkeit und Geheimnis im Raum des Politischen ist ein spezifisches Problem des von empfindsamen Diskursen geprägten Theaters der Aufklärung.

377   Vogel 2018a, S. 105–108.

378   Der Bezug auf den in der Aufklärung allgegenwärtigen Diskurs um die Aufrichtigkeit liegt näher als das Verfahren der Parrhesia, das Rüdiger Campe aus den Theorien Baumgartens und Kants entwickelt und auf die Wahrheitssuche des Königs im dritten Akt des *Don Karlos* überträgt, vgl. Campe 2018, S. 253–261.

sterben war der meinige" (390). Doch auch in dieser Situation verpasst Karlos
den günstigen politischen Augenblick:

> KÖNIG *mit gütigem Ton:* Deine Bitte/ hat Statt gefunden, mein Infant. Hier bin
> ich,/ ich selbst, mit allen Großen meines Reichs,/ dir Freiheit anzukündigen.
> [...]. *Er nähert sich ihm, reicht ihm die Hand und hilft ihm sich aufrichten.* Mein
> Sohn ist nicht an seinem Platz. Steh auf./ Komm in die Arme deines Vaters.
> KARLOS *empfängt ohne Bewußtsein die Arme des Königs – besinnt sich aber plötz-*
> *lich, hält inne und sieht ihn genauer an:* Dein/ Geruch ist Mord. Ich kann dich
> nicht umarmen. *Er stößt ihn zurück.* (391f.)

Indem er nun dem König und den versammelten Granden in einer furiosen
Rede alle geheimen Pläne des Marquis offenbart, riskiert Karlos sein Leben
und die Befreiung der Niederlande. Kurz zuvor wollte er Posa noch davon
überzeugen, gemeinsam zum König zu gehen, um ihm alles zu enthüllen:

> Nein! Nein!/ Er wird – er kann nicht widerstehn! So vieler/ Erhabenheit nicht
> widerstehn! – Ich will/ dich zu ihm führen. Arm in Arme wollen/ wir zu ihm
> gehen. Vater, will ich sagen,/ das hat ein Freund für seinen Freund getan./ Es
> wird ihn rühren. Glaube mir: er ist/ nicht ohne Menschlichkeit, mein Vater. Ja!/
> Gewiß! es wird ihn rühren. Seine Augen werden/ von warmen Tränen übergehn,
> und dir/ und mir wird er verzeihen [...]. (390f.)

Karlos glaubt bis zum Schluss an das Modell des empfindsamen Landesvaters
und kann seine Vorstellung von Aufrichtigkeit und Rührung nicht der Realität
anpassen. Er reiht sich damit ein in die Riege jener Figuren des empfindsamen
Dramas, die den idealen Gehalt von Tugend und Gefühl rein halten wollen und
damit das zum wirksamen Handeln nötige Mittelmaß verfehlen. In dieses Bild
passt auch die Intervention Posas, der seinen Freund kurzerhand gefangen
nehmen lässt und damit eine für das Drama der Zeit typische Präventions-
maßnahme zur Einhegung jugendlicher Impulsivität einleitet.[379] Er verbietet
dem allzu aufrichtigen Karlos, mit anderen zu sprechen (358) und erklärt ihm
später, er habe aus reiner „Vorsicht" gehandelt (384). In diesem Sinne steht
Don Karlos in der Tradition des populären Schauspiels und der Mannheimer
Bühnenproduktion der frühen 1780er Jahre. Sein Blick ist allerdings pessimisti-
scher: Wie schon in den *Räubern* ist tugendempfindsame Tatkraft im agonalen
Raum des Politischen zum Scheitern verurteilt.

---

379 Die Interventionen Posas lassen sich auch im Sinne einer ‚ästhetischen Medizin' des
       Impfens gegen überströmende Affekte lesen, vgl. Zumbusch 2012, S. 162–169. Kittler
       1984, S. 265 liest Posa als Wiedergänger von Schillers Philosophielehrer Abel, der seine
       Theorien „in zwanglos-freien Gesprächen einem Jüngling beibringt, der zugleich Schüler,
       Freund und Geliebter ist."

Das Verhalten des Marquis ist für den Befreiungskampf nicht weniger problematisch. Im Gegensatz zum Infanten ist er übertrieben unaufrichtig. Sein entscheidender Fehler ist, dass er seine Mitstreiter nicht in seine Pläne einbezieht, sondern auf eigene Faust handelt.[380] Genau das muss er sich im Abschiedsdialog mit Karlos eingestehen: „Doch ich, von falscher Zärtlichkeit bestochen,/ von stolzem Wahn geblendet, ohne dich/ das Wagestück zu enden, unterschlage/ der Freundschaft mein gefährliches Geheimnis./ Das war die große Übereilung!" (388) Der Marquis nimmt in Kauf, dass sein Freund, aber auch die Königin misstrauisch werden und gefährdet so sein Unternehmen. Bezeichnend für seine Neigung zum Alleingang sind die Sprechpausen und rätselhaften Andeutungen in den Dialogen mit Karlos (189, 281f.). Sie indizieren, dass Posa einen neuen Plan gefasst hat, den er seinem Freund aber nicht verrät. Folgerichtig wird schon in einem frühen Stadium seiner Intrige die „Zweideutelei" und „Unredlichkeit" des Marquis für die Königin zum Problem (326). Noch als klar ist, dass er sein Vorhaben nur durch ein Selbstopfer retten kann, redet er mit Elisabeth in „Rätseln" (369). Motiviert erscheint das fragwürdige Verhalten des Marquis durch einen weiteren aus dem empfindsamen Schauspiel bekannten Charakterzug. Er ist ein impulsiver Spieler, der gerne alles auf ein Blatt setzt. Auch hier verweist die Metapher des Spiels nicht allein auf das dem Politischen inhärente Moment der Kontingenz,[381] sondern auf seine agonale Struktur.[382] Posa ist für das Spiel der Politik zu hektisch und unvorsichtig. „Ich fürchte/ Sie spielen ein gewagtes Spiel" mahnt ihn die Königin, als es schon zu spät ist. „Ich hab' es/ verloren" gesteht Posa. „Denn wer,/ wer hieß auf einen zweifelhaften Wurf/ mich alles setzen? Alles? So verwegen,/ so zuversichtlich mit dem Himmel spielen?" (368)

---

380 Dieses Problem hat auch Schiller gesehen und in den *Briefen über Don Carlos* diskutiert. „Warum nimmt er seine Zuflucht zur *Intrigue*, wo er durch ein *gerades* Verfahren ungleich schneller und ungleich sicherer zum Ziele würde gekommen sein?" (WB 3, 462). Reinmüller 2007, S. 67 bemerkt in ihrer linguistisch ausgerichteten Analyse der Sprachhandlungen der Figuren: „Zweifel an der Aufrichtigkeit beherrscht nicht nur das Gespräch zwischen Fremden oder Gegnern, sondern zeigt sich auch im Gespräch von Verbündeten oder auch Freunden, ja selbst noch in der wiederholten Versicherung der Freundschaft zwischen Posa und Karlos schwingt Misstrauen gegenüber der Wahrheit der Äußerungen mit." Jedoch zieht auch sie, wie die meisten Interpreten, den Schluss, dass die „Wahrheitsmaxime" in *Don Karlos* vor allem deshalb „suspendiert" werde, weil es das starre höfische Herrschaftssystem verlange (ebd., S. 74).

381 Dieses Element rücken Hahn 2008, S. 213–218 und Stauf 2007 in den Fokus ihrer Interpretationen des *Don Karlos*.

382 Daniel Fulda 2013, S. 19–25 unterscheidet bei Schiller ein ästhetisches und strategisches Modell des Spiels, wobei er letzteres in erster Linie in den politisch handelnden Spieler-Figuren der Dramen ausmacht.

Ironischerweise verhalten sich die negativ gezeichneten Gegner der tugend-empfindsamen Partei auf klügere Weise aufrichtig.[383] Eben das ist der Sinn des dramaturgischen Kniffs, nicht einen, sondern zwei Intriganten ins Spiel zu bringen. Alba und Domingo haben voreinander keine Geheimnisse. Sie kooperieren offen und effektiv, stimmen ihre Handlungen jederzeit ab. Dies führt zu dem Schluss, dass die dem Werk eingeschriebene Kritik der Auf-richtigkeit auf eine Kritik der Freundschaft hinausläuft. Karlos, Posa und Eboli können nicht umsetzen, was Dramen wie *Der Graf von Olsbach* propagierten. Es gelingt ihnen nicht, ihre jeweiligen Schwächen zu kompensieren und sich gegenseitig zu stärken. Am Schluss des *Don Karlos* ist auch die empfindsame Idee gescheitert, dass die Leidenschaft der Exklusionsliebe in die Liebe zur Menschheit verwandelt werden könnte. Man mag einwenden, dass es Eboli und am Schluss auch Karlos gelingt, der Liebe zu entsagen, nicht zuletzt weil Posa seinen Freund wiederholt auffordert, seine Tränen um den Ver-lust der Geliebten in Tränen für die Niederlande zu verwandeln (183, 280).[384] Das eigentliche Problem aber bleibt davon unberührt: Freundschaft und Menschenliebe sind nicht identisch, sondern different. Schiller verweist auf diesen Umstand, wenn er im siebten der *Briefe über Don Karlos* schreibt, „daß das Interesse der Freundschaft einem höhern nachsteht" (452) und als Beleg die folgende Replik des Königs zitiert:

> Und wem bracht' er dies Opfer?/ Dem Knaben meinem Sohne? Nimmermehr./ Ich glaub' es nicht. Für einen Knaben stirbt/ ein Posa nicht. Der Freundschaft arme Flamme/ füllt eines Posa Herz nicht aus. Das schlug/ der ganzen Mensch-heit. (408)

Da die großen politischen Ideen wichtiger sind als die Verbesserung der Freund-schaft in konkreter empfindsamer Praxis, muss „der Freundschaft göttliche Geburt", als die der Marquis den Staat der Menschenliebe und Freiheitsrechte entwirft, ein „Traumbild" bleiben (370). Liest man das Stück in der Perspektive empfindsamer Selbstkritik, die sich im Schauspiel des Aufklärungsdramas aus-bildet, liegt die Problematik der Figur des Posa nicht in ihrer ideologischen Kompromisslosigkeit.[385] Der Marquis ist kein Ideen-Despot, dessen Unerbitt-

---

383   Es ist deshalb ungenau, von einer „Hofwelt des Mißtrauens" im *Don Karlos* zu sprechen, wie Alt 2000a, S. 441 das tut.

384   Diese aufklärerisch-empfindsame ‚Konditionierung der Gefühle' analysiert sehr ein-drücklich Hofmann 2000. Indem Posa versuche, Karlos' Liebe zur Königin durch die Liebe zu einer abstrakten Idee zu substituieren, zeige sich, dass der aufgeklärte Diskurs der Freiheit letztlich auch auf „Fremdbestimmung" beruhe (ebd., S. 106).

385   Die Forschung zu *Don Karlos* hat immer wieder und unter Bezugnahme auf ent-sprechende Passagen im elften der *Briefe über Don Carlos* (WB 3, 462–466) auf die in

lichkeit die des revolutionären Terrors vorwegnähme. Was das Stück zur Darstellung bringt, ist die Destruktion aufrichtiger und kooperativer Praktiken[386] durch eigensinniges und impulsives Handeln. Die aufgeklärten Rebellen scheitern, weil das in ihrer Gruppe etablierte Band dem politischen Kampf nicht standhält.

Auch wenn *Don Karlos* zahlreiche Elemente des empfindsamen Schauspiels integriert, endet das Stück als Trauerspiel. Wesentlich hierfür ist das Moment des Selbstopfers Posas, in dessen Schilderung sich die Ästhetik des Erhabenen mit der Ästhetik der Rührung überschneidet.[387] Karlos verkennt ihren Unterschied, wenn er glaubt, dass die „Erhabenheit" des Selbstopfers bei seinem Vater eine empfindsame Reaktion hervorrufen werde (390f.). Eine weniger dem Schauspiel als der klassizistischen Tragödie entlehnte Wirkung

---

Posas Handeln sichtbar werdende Diskrepanz von Ideal und Wirklichkeit hingewiesen. Die hieraus resultierende moralische Ambivalenz Posas avancierte zu einem der zentralen Deutungsprobleme. Luserke-Jaqui 2002/2003, Schings 1996, S. 1–4 und Malsch 1990 zeichnen die wesentlichen Streitpunkte und Positionen nach. Schon Wiese 1963, S. 266 schreibt, in Karlos und Posa stünden sich nicht „Freund und Freund, sondern Freund und Held gegenüber." Ähnlich argumentiert Böckmann 1974, S. 506. Dass die Verwirklichung des Ideals der Menschenliebe paradoxerweise auf Kosten des Individuums geschehe, heben Polheim 1985, S. 99f., Alt 2004 und Immer 2008, S. 297–301 hervor. Von hier aus ist es nicht mehr weit zu der These, die Darstellung Posas sei eine Art vorweggenommene Revolutionskritik. Ist er die deutsche Vorahnung Robespierres? In dieser Traditionslinie stehen Gronicka 1951; Storz 1959, S. 144–150; Borchmeyer 1983a; Karthaus 1989, S. 219. Auch Hofmann 2000, S. 109 spricht von einem „Despotismus im Dienste der Freiheit". Hans-Jürgen Schings beschreibt Posa als Revolutionär (Schings 1996, S. 122; Schings 2012, S. 41–68), allerdings ohne daraus eine negative Bewertung der Figur abzuleiten. Am gründlichsten arbeiten Malsch 1988 und Müller-Seidel 1999, S. 214–221 bzw. Müller-Seidel 2009, S. 109f. den in der Figur Posas ausgetragenen Konflikt von politisch-praktischem Handeln und moralischem Anspruch heraus. Beide formulieren ihn aber zu allgemein – das Ideal müsse immer an der Praxis scheitern – und übersehen deshalb, wie alle Interpreten, die konkreten historischen Grundlagen des Konfliktes in der Empfindsamkeit und in der Gattung des ‚Schauspiels'.

386 In eine ähnliche Richtung zeigen die Überlegungen von Link 1994, der das Scheitern der Revolte an der Überkomplexität der von Posa zu bewältigenden Handlungsmuster und -optionen festmacht. Werber 1996, S. 217–221 verweist dagegen auf die misslingende Geheimhaltung der Pläne Posas. Die Revolte schlage „aus schlichten nachrichtendienstlichen Gründen" fehl (ebd., S. 217). Den Konnex von Postsystem und Geheimhaltung beleuchtet auch Simons 2006. Keiner von beiden geht aber darauf ein, dass *innerhalb* der Gruppe der Verschwörer mangelnde Aufrichtigkeit die Revolte gefährdet.

387 Mit dem Motiv des Opfers in *Don Carlos* beschäftigen sich Müller-Seidel 1999, S. 210–214 bzw. Müller-Seidel 2009, S. 113–122, Braungart 2005 und Zumbusch 2012, S. 175–179. Letztere weist darauf hin, dass sich in Karlos' Tod das Selbstopfer für eine freiheitliche Ordnung und das Geopfertwerden für den autoritären Staat des Vaters überkreuzen (ebd., S. 177).

erwartet auch Elisabeth von dem Vorhaben Posas, wenn sie ihm unterstellt, er buhle nur um „Bewunderung" (374). Tatsächlich huldigt der Marquis, indem er sich von seinem Freund abwendet und für eine höhere Sache opfert, einem in seinen Augen eigentlich überkommenem Verständnis von Politik. Ist es doch Alba, der sagt: „Dem menschlichen Geschlechte Menschen opfern,/ ist höhere Barmherzigkeit, mein Prinz,/ als auf Gefahr der Menschheit Menschen lieben." (236) Die Unvereinbarkeit von Opfer und Menschenliebe, Trauerspiel und Schauspiel, Erhabenheit und Rührung, die *Don Karlos* sichtbar macht, geht mit der Unvereinbarkeit von Agonalität und Empfindsamkeit einher. Dieses Problem wird Schiller sein Leben lang beschäftigen, nicht nur in den *Ästhetischen Briefen*, wo die Rührung mit dem Spiel des Agon vermittelt werden soll (Kap. 5.2), sondern auch in späteren Dramen wie *Wallenstein* und *Die Jungfrau von Orleans*. Ob der tugendhafte Max im Kampf fällt oder Johanna ihre Kampfkraft im Moment ihrer Gefühlswerdung verliert: Dem Schiller der Weimarer Klassik geht sein skeptisches Interesse für die politische Empfindsamkeit nicht verloren.

Die Inszenierung des Opfers markiert zugleich den Riss, der zwischen *Don Karlos* und dem Schauspiel der Spätaufklärung verläuft. Das wesentliche Anliegen in *Verbrechen und Ehrsucht* war es ja gerade, das empfindsame Selbstopfer zu verhindern. Parallel hierzu unternehmen es vor allem die exotistischen Schauspiele, den Kampf der empfindsamen Aufklärung gegen die Institution des Opfers auf die Bühne zu bringen. Besonders erfolgreich ist Lemierre mit der *Veuve du Malabar*, die 1770 erstmals in Frankreich aufgeführt wird, zehn Jahre später im Druck erscheint und 1782 von Carl Martin Plümicke ins Deutsche übersetzt wird. Eine breite Rezeption erfahren auch Glucks Iphigenie-Opern, die 1774 und 1779 in Paris gegeben werden; Goethe schuf aus demselben Stoff 1779 respektive 1786 ein Schauspiel, das die Unvereinbarkeit von Empfindsamkeit und Opferkult verhandelt (Kap. 7.2). Die ebenfalls von Gluck vertonte Sage um das von Herkules verhinderte Selbstopfer der Alceste wurde in Deutschland von Christoph Martin Wieland durch das gleichnamige Singspiel popularisiert.[388] Noch im letzten Jahrzehnt des 18. Jahrhunderts war diese Spielart des exotistischen Dramas ein Garant für große Bühnenerfolge. Peter Winter und Franz Xaver Huber erlangten 1796 mit ihrer Wiener Oper *Das unterbrochene Opferfest* Berühmtheit.

Fünf Jahre zuvor war mit Kotzebues Schauspiel *Die Sonnen-Jungfrau* ein weiteres Opferdrama erschienen, das sich lange auf den Spielplänen halten

---

388   Hartmann 2017, S. 281–546.

sollte.[389] Der Kampf gegen Despotie und religiösen Fanatismus schließt in diesen Texten den Griff zu den Waffen ein. Besonders interessant ist in diesem Zusammenhang Kotzebues Gestaltung des eigentlich Unvereinbaren, der Anwendung von Gewalt im Namen der Empfindsamkeit. In der *Sonnen-Jungfrau* versucht der Inkakrieger Rolla die Opferung seiner Geliebten durch einen bewaffneten Aufstand und die Erstürmung des Tempels zu verhindern.[390] Es ist ein revolutionärer Akt, der im Namen des Naturrechts und der Menschenliebe erfolgt.[391] Für die Dramen, die Kotzebue in den 1790er Jahren veröffentlicht, ist dies alles andere als ungewöhnlich. In *Die Spanier in Peru* (1796), dem zweiten Teil der *Sonnen-Jungfrau*, ziehen die tugendhaften Helden gegen den Conquistador Pizarro in die Schlacht, bevor dann zu Beginn des neuen Jahrhunderts die Protagonistin des Ritterschauspiels *Johanna von Montfaucon* ihre empfindsamen Mitstreiter in den Kampf gegen den verbrecherischen Lasarra führt.

Es zeigt sich hier abermals eine große thematische Nähe zwischen Schiller und dem in Weimar geborenen Erfolgsautor. Von der Abneigung, die in einigen öffentlichen und privaten Äußerungen der Klassiker gegen das Werk und die Person Kotzebues durchdringt, sollte man sich nicht täuschen lassen. Es finden sich andere, die belegen, dass Goethe und Schiller ihren Kollegen als begabten Autor populärer Bühnentexte und Stofflieferanten durchaus zu schätzen wussten.[392] Auch die Tatsache, dass Kotzebues Mörder Carl Ludwig Sand, so wie viele nationalistische Burschenschaftler, ein begeisterter Leser Schillers war,[393] darf nicht dazu verleiten, beide Autoren als Vertreter einer gegensätzlichen politischen Ästhetik zu begreifen.

Besonders eindrücklich und komplex gelingt Kotzebue die Vermittlung von Sanftmut und Aggressivität in *Graf Benjowsky oder die Verschwörung auf Kamtschatka*. Das fünfaktige Schauspiel wurde 1794 wie *Don Karlos* in Hamburg

---

389 Zu Kotzebues exotistischen Dramen vgl. Krause 1982, S. 174–194. Röttger 2001 verortet sie innerhalb des Versuchs der Aufklärung, sich ein „Feld kontrollierter Imagination" zu schaffen, in dem jenseits der Vernunft liegende Phänomene im Modus der „Verklärung", aber auch der „Dämonisierung" zur Darstellung gelangen konnten. Diese Ambivalenz durchziehe auch Kotzebues Dramen: „Er übte keine Kritik am Orientalismus. Er durchkreuzte jedoch die Normen des Diskurses und der Repräsentation des orientalisierten Anderen", so Röttger ebd., S. 112.

390 Kotzebue 1791, S. 131f.

391 Die Propagierung aufklärerischen Gedankengutes in diesem Stück erwähnt Maurer 1979, S. 75–79.

392 Vgl. Klingenberg 1962, S. 13–20.

393 Röttger 2017.

uraufgeführt[394] und erschien ein Jahr später im Druck. Die Geschichte seiner Rezeption auf dem Theater verrät, dass sein Inhalt für die staatliche Obrigkeit durchaus problematisch war. Während der französischen Besetzung Mannheims schreibt der dortige Intendant Dalberg an seinen Regisseur Heinrich Beck, man habe ihm nahegelegt „Benjowsky (ein aufruhrstück gegen die rechtmäßige autorität) *jezt* ja nicht zu geben."[395] Fünf Jahre zuvor hatte das Leipziger Messe-Publikum bei einer Aufführung in den Schlachtruf „Freiheit oder Tod!"[396] eingestimmt, was zur sofortigen Absetzung des Stückes führte. In Frankfurt sorgte zur gleichen Zeit eine Protestnote der russischen Vertretung für ein Verbot, in Wien fand es erst, genau wie *Don Karlos*, erst gar nicht den Weg ins Repertoire.[397] Jedoch konnte *Graf Benjowsky* in Städten, wo der Widerstand geringer war, große Erfolge feiern. In Hamburg erlebte es bis 1806 knapp vierzig, in Ifflands Berliner Nationaltheater dreißig Wiederholungen. Schillers *Don Karlos* wurde in beiden Städten im vergleichbaren Zeitraum nur halb so oft gespielt. Einzig Weimar zeichnet hier ein anderes Bild. Goethe setzte den *Benjowsky* 1798 nach nur neun Aufführungen in vier Jahren ab, *Don Karlos* dagegen wurde regelmäßig und durchgängig gegeben. Immerhin schien die Weimarer Inszenierung von Kotzebues Drama doch so spannend zu sein, dass Herder während der Premiere, einem Bericht Böttigers zufolge, „vor Angst alle Bonbons in seiner Tasche" aufaß.[398]

Der Stoff ist einem Bestseller der Spätaufklärung entnommen, den 1790 in London veröffentlichten *Memoirs* des ungarischen Grafen Móric Ágost Aladár Benyovszky. Dieser erzählt, wie er als junger Soldat auf Seiten der polnischen Konföderation von Bar gegen den von Russland protegierten König Stanislaus II. gekämpft habe, bevor er von 1769 von russischen Streitkräften gefangen genommen und auf der sibirischen Halbinsel Kamtschatka interniert worden sei. Von dort sei ihm im Frühling 1771 mit der Hilfe einer Gruppe von Aufständischen die Flucht gelungen. Zurück in Europa, habe er

---

394   In beiden Inszenierungen spielt im Übrigen Friedrich Ludwig Schröder, der Direktor des Hamburger Theaters, die Rolle des Herrschers, d.h. des Königs respektive des Gouverneurs. Die Verbindung zwischen Kotzebue und Schiller ist in der Forschung bereits herausgestellt, aber nicht durch Analysen der Dramentexte vertieft worden. Vgl. Stock 1971, S. 59–72. Erstaunlicherweise lässt Feler 2019, S. 216–306 in ihrer großflächigen Beschreibung der strukturellen Beziehungen zwischen Schillers Werk und der „Trivialliteratur" seiner Zeit das Werk Kotzebues außen vor.

395   Brief Dalbergs an Beck vom Mai 1799, zit. nach Walter 1899, S. 246. Vgl. hierzu Bohengel 2017.

396   Kotzebue 1795, S. 172.

397   Birgfeld et al. 2011, S. 88.

398   Böttiger 1998, S. 102. Das schwierige Verhältnis des Autors Kotzebue zum Theaterdirektor Goethe beschreibt Schröter 2020, S. 59–63.

dann von Frankreich aus eine Expedition nach Madagaskar initiiert, wo er
Ende 1773 landete, um eine Handelskolonie aufzubauen. Benyovszkys Auto-
biographie gilt nach heutigem Forschungsstand als zumindest teilweise fiktio-
nal und stieß bereits in zeitgenössischen Rezensionen auf Skepsis. An ihrem
durchschlagenden Erfolg auf dem Buchmarkt änderte das nichts. Noch im
Erscheinungsjahr wurde sie ins Deutsche übersetzt, 1791 dann ins Niederländische, Französische und Schwedische. Theateradaptionen ließen nicht
lange auf sich warten. Noch vor Kotzebue verwandelte Christian August Vulpius 1792 den Stoff in ein Trauerspiel, zur Jahrhundertwende brachte dann
die Pariser Opéra Comique den *Beniowski* Alexandre Dumas' und François
Adrien Boieldieus heraus. Zur gleichen Zeit wurde Kotzebue auf seiner Reise
nach Russland an der Grenze verhaftet und nach Sibirien verbannt. Man hielt
ihn für einen politischen Agitator, was der Autor später auf seinen *Benjowsky*
zurückführte.[399]

Wie *Don Karlos*, den Kotzebue sehr geschätzt hat,[400] ist sein Drama eine
Mischung aus Familienschauspiel und Verschwörerdrama.[401] Benjowsky wird
nach seiner Ankunft in Kamtschatka dem Gouverneur vorgestellt und als Hauslehrer der Tochter Afanasja engagiert, die sich in ihn verliebt. Im Lager trifft er
auf seine Mithäftlinge, die ihm von ihren Fluchtplänen erzählen und ihn zum
Anführer wählen. Benjowsky versucht, die Gefühle Afanasjas und seine privi-
legierte Stellung beim Gouverneur für den Ausbruch zu nutzen. Entsprechend
changiert der Schauplatz des Dramas permanent zwischen dem Haus des
Gouverneurs und dem Gefangenenlager, zwischen empfindsamer Kommunikation und politischem Komplott. Einzig die letzten Szenen des dritten Aktes,
die auf einem „freyen Platz unter dem Fenster des Schlosses" spielen,[402] und
der einen „Theil des Hafens" vorstellende Schluss[403] weichen von diesem
Schema ab. Der effektvollen Dramatisierung des Aufstandes widmet Kotzebue den gesamten fünften Akt. Hier nähert er sich, auch wenn der bewaffnete
Kampf zwischen den Parteien nur über Botenberichte und „in der Ferne"[404] zu
hörende Schüsse erfahrbar wird, der Ästhetik des französischen Revolutions-
theaters. Kotzebue blendet die gewalttätige Dimension des Aufstandes nicht
aus, sondern bringt die brutale Geiselnahme des Gouverneurs unmittelbar szenisch zur Darstellung. Angesichts der hektischen Dramatik, die der letzte Akt

---

399 Kotzebue 1802, S. 112.
400 Stock 1971, S. 62.
401 Zum Verschwörerdrama um 1800 vgl. die Studie von Hahn 2008, die sich allerdings fast
    ausschließlich auf die Dramen Schillers konzentriert.
402 Kotzebue 1795, S. 96.
403 Ebd., S. 183.
404 Ebd., S. 171.

entwickelt, ist es erstaunlich, dass in die ersten Akte noch komische Momente eingeflochten werden konnten. Den Hettmann der Kosaken zeichnet Kotzebue als einen „Narren", der in unsinnigen Phrasen spricht und heimlich irre Umsturzpläne schmiedet.[405] Das Bühnenbild des dritten Aktes nutzt er dazu, mit den Dienerfiguren Feodora und Kudrin eine für die Opera Buffa typische Liebesanbahnung mit abschließender Prügelei zu inszenieren.[406]

Die enorme Dehnbarkeit der Schauspielästhetik Kotzebues verdankt sich dem Umstand, dass er die Lessingsche Maxime der detaillierten psychologischen Motivation verwirft. Die Handlungen seiner Figuren unterliegen nur sporadisch dem Prinzip von Ursache und Wirkung. Deshalb kann der Protagonist Charakterzüge vereinen, die eigentlich inkommensurabel sind. Benjowsky ist tugendempfindsam und findet zugleich Gefallen am Krieg. Er beruft sich, indem er die Gefangenen als „Menschen" bezeichnet wissen will, auf das Naturrecht,[407] ist mitfühlend[408] und tugendhaft. Letzteres zeigt sich besonders deutlich in seiner Bereitschaft, seinen Gegnern zu verzeihen. Einem Kaufmann, der ihn vergiften wollte, vergibt er:

> BENJ. Ich habe Ihr Wort, daß mein Ausspruch sein Schicksal bestimmen soll?
> GOUV. Mein Wort darauf.
> BENJ. Wohlan, ich verzeihe ihm.
> GOUV. Wie?
> HETTM. Was?
> KASAR. (*seine Knie umfassend.*) Gott! welch ein Mann! (*mit erstickter Stimme.*)
> Ich habe – nicht Worte – mögte diese Thräne meine Schuld vertilgen –
> BENJ. Steh auf, geh, und sey mein Freund.
> GOUV. Nein Graf, das darf ich nicht zulassen.
> BENJ. Ich habe Ihr Wort.
> GOUV. Ihre That ist edel, aber –
> BENJ. Ist sie edel, desto besser: so bürgt Ihr Herz für Ihr Wort.
> GOUV. (*umarmt ihn gerührt*) Ich habe Sie hochgeschäzt, nun bewundere ich Sie.
> (*zu Kasarinoff*) Geh und mach dich seiner Verzeihung würdig.
> KASAR. (*schluchzend.*) Ich kann nicht reden – ich will meine Kleinen hohlen –
> die sollen ihm danken. (*er geht.*)[409]

Diese exemplarische Geste der Tugendempfindsamkeit, die aus Feinden Freunde machen will, wiederholt sich im vierten Akt. Als der Mitgefangene Stepanoff, der dem Grafen die Beziehung zu Afanasja und seine Stellung als

---

405   Ebd., S. 82.
406   Ebd., S. 100–105.
407   Ebd., S. 66.
408   Ebd., S. 66, 188.
409   Ebd., S. 89.

Anführer neidet, eines Mordkomplotts gegen Benjowsky überführt wird, verzeiht dieser ihm:[410] „Verzeihung dem Feinde ist eine Aussaat, die oft reiche Erndte trägt."[411]

Eine ganz andere Seite zeigt der Graf aber als Politiker und Revolutionär. Seine Neigung zum Agon führt die erste Szene des Dramas vor Augen, in der Benjowsky in das Schachspiel zwischen dem Hettmann und dem Gouverneur eingreift und es zugunsten des letzteren entscheidet.[412] Nicht nur mental, auch körperlich ist er den anderen Figuren überlegen.[413] Er liebt die Jagd, weil er sie mit Krieg und Freiheit verbindet: „Jagd und Waffen! Des Krieges Bild! Und mindestens ein Traum von Freiheit!"[414] Überhaupt ist ihm „Schwerdtgeklirr" lieber als bloßes „Reden".[415] Sobald es zum Kampf kommt, zeigt sich der Feldherr der Freiheit unbarmherzig. Die Anwendung von Gewalt nimmt er „Achseln zuckend" in Kauf[416] und befiehlt seinen Männern, nicht nur den Gouverneur, sondern auch wehrlose Zivilisten als Geiseln zu nehmen: „Schleppt Weiber, Kinder, Greise in die Kirche, und droht, sie anzuzünden, wenn man uns nicht ungehindert ziehen läßt."[417] Die mögliche Eliminierung der drei für die Intensivierung rührender Emotionen wichtigsten Figurengruppen markiert die Distanz Benjowskys zum empfindsamen Tugendsystem. In seiner kämpferischen Rede vor den Verschwörern wird klar, dass der Graf die Revolution als agonales Unternehmen versteht:

> Schwerdtgeklirr sey unsere Sprache! der Schwur der Treue unser Morgen-Gruß! der Freiheit Jauchzen unser Abendsegen! Stärker sind des Unglücks Bande als Sclavenfesseln! stärker ist Verzweiflung als Todesfurcht! – Ihr kennt mich nicht, ich kenne Euch nicht; aber wir sind elend, wir sind Brüder. Ist einer unter Euch, der williger sein Blut für Euch verspritzen möchte, der trete auf, ich huldige ihm. Mein Ehrgeiz heischt keinen Vorzug! Ach an Eurer Spitze nur, laßt mich die steile Höh' erklimmen, wo der Freiheit Palme blüht, unbekümmert ob ein Felsenstück herabrollt, mich zerschmettert.[418]

Sein „Ehrgeiz" zum Freiheitskampf zeigt, dass Benjowsky, der Karl der *Räuber* und der Marquis von Posa Brüder im Geiste sind. Während jedoch die Vereinigung von Empfindsamkeit und Sturm und Drang in einer einzigen Figur

---

410 Ebd., S. 117.
411 Ebd., S. 114f.
412 Ebd., S. 8f.
413 Ebd., S. 66.
414 Ebd., S. 12.
415 Ebd., S. 39.
416 Ebd., S. 166.
417 Ebd., S. 179.
418 Ebd., S. 39f.

in den *Räubern* und *Don Karlos* problematisch bleibt, ja den tragischen Ausgang der Dramen präformiert, addiert Kotzebue divergente Eigenschaften nach Belieben. Seine populäre Ästhetik des unvermittelten Nebeneinanders schafft so auf dem Theater der Spätaufklärung eine wirkmächtige Alternative zu Schillers Skepsis.

Das wird auch in Benjowskys politischen Handlungen deutlich, die von Beginn an intrigant sind. Zwar grüßt er bei seiner Ankunft im Lager seine Mitgefangenen „brüderlich", schmiedet aber schon nach kurzer Zeit heimlich Allianzen. Sein erster Verbündeter ist der im Lager angesehene und einflussreiche Greis Crustieff, den er dazu überredet, die Auslosung der Zimmergenossen zu manipulieren.

> GURC. (*kömmt zurück.*) Hier sind die Loose.
> CRUST. (*schüttet sie in seine Mütze, und sucht unbemerkt eines heraus, welches er Benjowsky heimlich zusteckt.*) Stellt euch als habt ihr dieses ergriffen. (*laut.*) Jezt ziehe ein Jeder den Namen seines künftigen Gefährten. [...]
> BENJ. (*greift zum Schein in die Mütze, öffnet seinen Zettel und liest.*) Crustiew![419]

Die Manipulation des Losverfahrens, das in den politischen Theorien der Zeit als Instrument des demokratischen Abstimmungsprozesses gilt, ist nur der erste strategische Schritt. Crustiew setzt große Hoffnungen in den charismatischen Benjowsky. Dieser soll seinen alten Plan, aus dem Lager auszubrechen und mit einem Schiff zu fliehen, endlich in die Tat umsetzen. Er ruft die anderen in seine Hütte, um den Grafen an die Spitze der Revolution wählen zu lassen. Abermals konterkariert das Verfahren das Selbstverständnis der Lagerinsassen als gleichberechtigte „Freunde" und „Brüder" eines „Bundes".[420] Benjowsky und Crustiew sprechen sich vorher ab, letzterer ist der gewählte Anführer und will seinen Posten an den Grafen abtreten. Beide bringen sich, noch bevor es zur Abstimmung kommt, in eine herausgehobene Position:

> Eine große Anzahl Verwiesener tritt auf, unter ihnen auch Stepanow. Man grüßt sich wechselseitig, man schüttelt sich die Hände. Die Versammlung bildet einen halben Cirkel, in dessen Mitte *Crustiew* und *Benjowsky*.[421]

In einem eindringlichen Appell preist Crustiew die Vorzüge des Grafen als neuen Anführer, bevor dieser mit seiner kurzen, aber flammenden Rede (s.o.) die Bewohner des Lagers von seiner Entschlossenheit überzeugen darf.

---

419   Ebd., S. 26.
420   Ebd., S. 38.
421   Ebd., S. 38.

Unaufrichtigkeit und Manipulation steuern die weiteren Schritte Benjow-skys. Als der Kapitän, dessen Schiff die Verschwörer für ihre Flucht benutzen wollen, von ihrem Plan erfährt und Benjowsky im Beisein des Gouverneurs der Rebellion bezichtigt, leugnet der Graf alles. Er nutzt seinen Einfluss, um den Gouverneur unter Angabe falscher Tatsachen von seiner Unschuld zu überzeugen. Dass der Kapitän dafür ins Gefängnis gesperrt und gefoltert wird, nimmt er in Kauf.[422] Noch schwerer wiegt im Hinblick auf die rührende Dramaturgie des Stückes, dass Benjowsky die aufrichtige Kommunikation innerhalb der Familie des Gouverneurs unterläuft. Er weiß um Afanasjas Gefühle für ihn und will sie für seinen Erfolg im agonalen Spiel des Politischen nutzen: „Die Liebe mischt die Karten, das Spiel ist gewonnen."[423] Aus diesem Grund verschweigt er ihr, dass er bereits verheiratet ist und wird so zum künfti-gen Schwiegersohn des Gouverneurs.[424] Dass damit ein wesentliches Element des empfindsamen Moralsystems verletzt wird, macht der vorhergehende Dia-log zwischen Benjowsky und Afanasja deutlich – preisen beide doch die Auf-richtigkeit als wesentliches Element des guten Charakters.[425] Dass Benjowsky, *last not least*, das Vertrauen des als gutmütiger Landesvater[426] dargestellten Gouverneurs missbraucht, und ihm „frey ins Gesicht"[427] lügt, verstärkt diese Tendenz noch. Als der Gouverneur den Betrug des Grafen entdeckt, erscheint sein Zorn mehr als gerechtfertigt. Sein Urteil gleicht dem jener empfindsamen Familienväter, die im bürgerlichen Schau- und Trauerspiel mit dem Laster in Gestalt eines gefährlichen Intriganten konfrontiert werden. Es wird nun offen-kundig, dass Benjowsky „angebohrnes Wohlwollen", sprich: den Moral Sense, verletzt hat:

> Es giebt Verbrechen, die das Herz empören, Menschenhaß erzeugen, und ange-bohrnes Wohlwollen in Grausamkeit verwandeln. Der tückische Bösewicht hat mit meinem Herzen sein Spiel getrieben, er soll mich kennen lernen.[428]

Die ambivalente Charakterzeichnung Benjowskys stieß in der Presse, wenig überraschend, auf Kritik. So urteilte der Rezensent der Berliner Inszenierung: „Die Verstellungsfertigkeit gegen den Gouverneur, sein ganzes Benehmen gegen denselben vom Anfang bis zu Ende sind gar nicht dazu geeignet, um das

---

422   Ebd., S. 67–69, 83–85.
423   Ebd., S. 59.
424   Ebd., S. 93f.
425   Ebd., S. 77f.
426   Ebd., S. 12, 93, 180.
427   Ebd., S. 135.
428   Ebd., S. 150.

Bild eines großen Mannes vor unsre Seele zu bringen oder vor ihr lebhaft zu erhalten."[429]

Wie gelingt es dem Text, das Verhalten Benjowskys dennoch als gerechtfertigt erscheinen zu lassen? Zum einen setzt Kotzebue eine Negativfigur ein, die den Grafen in ein helleres Licht taucht. Nicht der Gouverneur, sondern der Mitgefangene Stepanoff ist der eigentliche agonale Konkurrent. Er macht Benjowsky die Nachfolge Crustiews als Anführer der Verschwörung streitig.[430] Vor allem jedoch neidet er ihm seinen Erfolg bei Afanasja. Stepanoffs Liebe zur Tochter des Gouverneurs erscheint den anderen Figuren als Irrsinn.[431] Ihm jedoch ist seine Leidenschaft wichtiger als die Sache der Revolution, weshalb er einen Mordanschlag auf Benjowsky ausheckt und am Ende des vierten Aktes dem Gouverneur den Fluchtplan der Verschwörer verrät. Sein Tod gleicht dem der unverbesserlichen Bösewichte des Aufklärungsdramas:[432]

> STEP. (*mit verbißner Wuth.*) Laßt mich – ich ergebe mich – Du hast gesiegt Benjowsky – sie war Dein Schutz-Gott – ich empfinde Reue – vergebt mir – tödtet mich –
> BENJ. Führt ihn fort!
> STEP. Nur noch einmal Afanasja – reiche dem Verbrecher Deine sanfte Hand – daß ich sie an meine Lippen drücke – zum Zeichen der Vergebung –
> AFAN. (*ihm mitleidig die Hand reichend.*) Unglücklicher!
> STEP. (*zieht schnell ein Messer hervor und will sie erstechen.*)
> BENJ. (*schleudert sie fort.*) Ha! Ungeheuer!
> STEP. Auch das mißlang!
> BENJ. Jetzt haut ihn nieder!
> ALLE. (*ziehen die Säbel.*)
> STEP. Die Freude sollt Ihr nicht haben. (*Er stößt sich das Messer in die Brust.*)
> AFAN. (*fährt mit Entsetzen zurück, und verbirgt ihr Gesicht an Benjowsky's Busen.*)
> BENJ. Wüthender!
> STEP. (*sich krümmend.*) Getroffen – Gut getroffen – Fluch Dir Benjowsky! – Fluch! –[433]

Geschickt nutzt Kotzebue das Figurenrepertoire des Aufklärungsdramas, um die Darstellung seines Protagonisten ästhetisch in der Balance zu halten. Er steht zwischen der rein empfindsamen Afanasja und dem durch und durch lasterhaften Stepanoff. Wie dieser denkt und handelt Benjowsky agonal, er bedient sich Intrigen und Gewalt, um seine Ziele zu erreichen. Mit seinem Verhalten gefährdet er die Stabilität einer empfindsamen Familie, da Afanasja mit

---

429   Neue Berlinische Dramaturgie, 1798, Nr. 11, S. 176.
430   Kotzebue 1795, S. 19, 40–42.
431   Ebd., S. 20, 74, 115.
432   Vgl. hierzu die zahlreichen von Mönch 1993, S. 60–131 genannten Beispiele.
433   Kotzebue 1795, S. 169f.

ihm fliehen will und ihrem Vater entrissen wird. Und doch wird er Lesern und Zuschauern, anders als sein Konkurrent, nicht als abschreckendes, „Entsetzen" evozierendes Exempel, sondern als bewundernswerte Figur vorgestellt. Nicht zufällig wechselt Kotzebue in Benjowskys Repliken in jambische Metrik. In der folgenden Passage scheint es fast, als wolle er das Pathos des *Don Karlos* imitieren:

> CRUST. Ich kenne mich. Der Knabe kann ein rascher Jüngling werden, der Greis wird nie ein Mann. Gieb mir Zeit, ein Ding von allen Seiten zu beschauen, so ist mein Muth oft der Erfahrung gleich. Wo aber plötzliche Gefahren wie Blitze vor mir in den Boden schlagen, wo Jahre an Minuten hängen, so oder so – da schwindelt mir, da bin ich unentschlossen, da taugt mein Alter nicht.
> BENJ. Gesetzt du fändest einen Mann, wie deine Phantasie ihn heischt; was soll ihm jener Haufe niedriger Verbrecher? Tollkühn ohne Muth, furchtlos ohne Seelen-Größe, ein Rausch ohne Dauer! wer bürgt für ihre Treue?[434]

Erhaben wird der Graf dadurch, dass das übergeordnete politische Ziel seiner Handlungen der Freiheit und Brüderlichkeit gilt: „Nur unser Vortheil, unsre Freiheit schwebten mir vor Augen"[435] rechtfertigt er sich, als Crustiew ihm wegen seiner falschen Versprechungen gegenüber Afanasja Vorwürfe macht. Seine „Verstellung" sei „Notwehr" gewesen.[436] Er will die Gefangenen von ihrem Elend erlösen und setzt nicht auf „Fürstengnade", sondern auf die „vereinte Kraft" der Unterdrückten.[437] Anders als der Marquis von Posa, und das ist der entscheidende Punkt, fördert er diese Vereinigung der Gleichgesinnten konsequent. Aufrichtige und empfindsame Kommunikation setzt er innerhalb der eigenen Partei um.[438] Sie dient ihm dazu, den Kreis seiner Verbündeten schrittweise zu erweitern und eine schlagkräftige Gemeinschaft zu etablieren, die durch das geteilte Ziel der Freiheit emotional gefestigt wird. Nachdem er Crustiew für sich gewonnen hat, nimmt er die anderen Lagerinsassen für sich ein. Der von ihm begnadigte Kaufmann Kasarinoff wird sein Freund und dient der Verschwörung, indem er den Mordanschlag auf Benjowsky vereitelt. Schließlich weiht er auch Afanasja in seine Pläne ein und gesteht ihr zugleich, dass er bereits verheiratet ist.[439] Anstatt ihn aus enttäuschter Liebe bei ihrem Vater zu verraten, reiht sich Afanasja in die aufständische Bruderschaft ein. Leidenschaftliche Exklusionsliebe wird umstandslos in die politische Liebe

---

434 Ebd., S. 32.
435 Ebd., S. 61.
436 Ebd., S. 111.
437 Ebd., S. 34.
438 Ebd., S. 110f.
439 Ebd., S. 121–128.

zur Gemeinschaft der Gleichen transferiert: „Wohlan! Ich entsage dir. (*ihm die Hand reichend.*) Mein Bruder! Darf ich so dich nennen?"[440] fragt sie, und erklärt wenig später, an Benjowsky Seite „fechtend sterben"[441] zu wollen. Seinen Höhepunkt findet das Spiel aus Verstellung und Aufrichtigkeit am Schluss des vierten Aktes, als der Gouverneur seine Tochter dazu zwingt, Benjowsky einen „zärtlich und süß" klingenden Liebesbrief zu schreiben, um ihn in die Falle zu locken.[442] Afanasja gelingt es aber, „eine rothe Bandschleife"[443] in den Brief zu schmuggeln, und den Grafen so vor dem drohenden Anschlag auf sein Leben zu warnen. Die doppelte Codierung garantiert das Überleben der empfindsamen Kommunikation im politischen Kampf.

Der Schluss des Schauspiels versucht, die Wunden zu heilen, die dem aufklärerischen Wertsystem durch Benjowskys Aktionen im Lauf der Handlung geschlagen wurden. Dank der Geiselnahme des Gouverneurs gelingt es den Aufständischen, das rettende Schiff zu erreichen. Afanasja ist in Begleitung des Grafen, doch ihr gefesselter Vater bittet sie inständig, ihn nicht zu verlassen:

> Bleibe bey mir mein Kind! [...] ich bin alt und schwach. [...] Du bist meine einzige Freude! mein einziger Trost! [...] O daß mein Haar noch nicht so grau wäre, in diesem Augenblicke müßte es grau werden, und dieser Anblick würde dich rühren.[444]

Afanasja fällt in Ohnmacht, Benjowsky zeigt sich „sehr bewegt".[445] Schließlich wendet sich der Vater direkt an ihn:

> GOUV. (*außer sich vor Angst und Schmerz.*) Graf Benjowsky! wenn du einen Gott glaubst so höre mich! Ich hab dich nie beleidigt! ich habe dir Gutes gethan so viel ich konnte! du hast mir alles genommen! du hast mich um Amt und Ehre gebracht! laß mir meine Tochter, und ich bin reich geblieben! [...] (*Er fällt auf beyde Knie nieder, und hebt seine Hände zitternd gen Himmel.*) Graf Benjowsky ich habe keine Worte – ich habe keine Thränen, aber Gott hat Blitze! –
> BENJ. (*heftig erschüttert, legt die ohnmächtige Afanasja in die Arme des knienden Greises.*) Da hast du sie alter Vater! (*Er zieht das Bild seines Weibes hervor.*) Emilie! meine Gattin! – Fort zu Schiffe! (*Verwirrtes Getöse. Alles eilt zu Schiffe.*)
> GOUV. (*seine Tochter in frohem Wahnsinn an sein Herz drückend, indem er die andere nach dem Schiffe ausstreckt.*) Gott segne dich Fremdling! Gott segne dich! (*Der Vorhang fällt.*)[446]

---

440 Ebd., S. 126.
441 Ebd., S. 153.
442 Ebd., S. 152.
443 Ebd., S. 152.
444 Ebd., S. 186.
445 Ebd., S. 187.
446 Ebd., S. 187f.

Das Dramenende wird der Komplexität der Handlung gerecht. Appellstrukturen des bürgerlichen Trauerspiels und des Familienschauspiels überlagern sich, wobei die ästhetische Legitimierung des Befreiungskampfes auf
dem Spiel steht. Die Emotionen von „Angst und Schmerz", die Drohung mit
der Rache Gottes, die Verwechslung der ohnmächtigen Tochter mit einer
„Leiche", die beklagte Vernichtung der eigenen Existenz zitieren Topoi der
Abschreckungsästhetik, die das bürgerliche Trauerspiel seit den 1750er Jahren
in Szene setzt. Gleichzeitig jedoch wird die rührende Lösung des Konfliktes in
der väterlichen Bitte an die Tochter offen gehalten und durch die Restitution
zweier Familien auch durchgesetzt: Afanasja kehrt zu ihrem Vater, Benjowsky zu seiner Frau zurück. Dies ist der entscheidende Unterschied zu Vulpius'
gleichnamigem Trauerspiel, an dessen Ende der Gouverneur von den Verschworenen ermordet wird.[447]

Allerdings inszeniert Kotzebue kein Schlusstableau, wie es für das Familienschauspiel typisch wäre. Es findet keine Vereinigung sämtlicher empfindsamer
Figuren zu einer harmonischen Gemeinschaft statt. Stattdessen trennt sich
deren revolutionswilliger Teil von dem Modell des Staates als Familie und des
Herrschers als Landesvater. Kompensiert wird diese politische Progression
dadurch, dass der Anführer der Revolution just im Moment des Aufbruchs in
eine neue Welt die traditionelle Ordnung mit der Rückgabe der Tochter wieder instand setzt. Kotzebues *Graf Benjowsky* zeigt exemplarisch, dass die Gattung Schauspiel die Komplexität des Politischen nicht reduziert, sondern dank
ihrer vielfältigen Kombinationsmöglichkeiten intensiviert.

---

447   Vulpius 1792, S. 134.

TEIL III

Fallstudien

KAPITEL 6

Das Gefängnis als Verhandlungsort politischer Empfindsamkeit

Samuel Richardsons Roman *Pamela*, der als einer der Gründungstexte der europäischen Literatur der Empfindsamkeit gilt, erzählt die Geschichte einer Gefangenschaft. Die Titelfigur, eine junge Dienerin in adligem Haus, wird von ihrem Lord sexuell bedrängt, widersetzt sich jedoch seinen plumpen Annäherungsversuchen. Da es ihm nicht gelingt, Pamela zu verführen, lässt er sie unter dem Vorwand, sie zu ihren Eltern zu fahren, aus dem Haus schaffen und bringt sie an einen ihr unbekannten Ort. Dort setzt er sie gefangen, um ihren Willen zu brechen. Er stellt eine Gefängniswärterin ein, die grobschlächtige Mrs. Jewkes, die Pamela von nun an auf Schritt und Tritt folgt, ihr den Kontakt mit der Außenwelt, ja sogar den Gang in die Kirche untersagt und jeden Widerstand mit Gewalt und verschärften Sanktionen bestraft. Pamela versucht mehrmals vergeblich aus ihrem Gefängnis auszubrechen. Erst als der Lord ihr Tagebuch liest und erfährt, dass sie sich aus Verzweiflung umbringen wollte, gibt er nach und lässt sie ziehen.

Anders als häufig dargestellt, ist die Protagonistin des Romans nicht einfach ein naives und tugendhaftes Mädchen, das sich aus Angst um den Verlust ihrer Unschuld und der damit verbundenen öffentlichen Schmach den unmoralischen Avancen ihres Herrn entzieht. Pamela bleibt nicht passiv. Während der Roman die Leiden ihrer Gefangenschaft schildert, lässt er auch ihre Widerstandsfähigkeit hervortreten. Die kluge, belesene und schlagfertige Pamela widersetzt sich ihrer Wärterin Mrs. Jewkes mit List, ihrem Herrn widerspricht sie offen und lässt sich selbst von seiner Drohung, Gewalt anzuwenden, nicht einschüchtern. Der Kampf zwischen der Dienerin und ihrem Lord wird spätestens in dem Moment politisch,[1] als er ihr einen Vertrag vorlegt, der Pamela, sollte sie ihn unterzeichnen, aus ihrem Gefängnis befreien und zur

---

1 Richardsons Romane und also auch *Pamela* politisch zu lesen, ist in der Literaturwissenschaft seit langem *state oft the art*. Zugänge bilden der stoffgeschichtliche Hintergrund der Lukrezia-Legende, vgl. Donaldson 1982, S. 59–63, die feministischen Aspekte des Romans, etwa bei Harris 1987, S. 12–17, Gwilliam 1995 und Oliver 2017, die Darstellung sozialer Hierarchie und Mobilität (Lipsedge 2017, S. 305f.), oder die sozialgeschichtlich fundierte Ideologiekritik des Bürgertums bei Eagleton 1982, S. 29–39. Innovativ ist der Ansatz von Dussinger 1999, den Konflikt zwischen der schreibenden Pamela und ihrem die Schriften überwachenden und zensierenden Lord als Spiegel der verlegerischen Erfahrungen Richardsons zu begreifen.

© BRILL FINK, 2023 | DOI:10.30965/9783846767634_007

bezahlten Mätresse ihres Herrn machen würde. Dieser Vorgang ist ambivalent, verfolgt der Vertrag doch das Ziel, die Herrschaft des Patriarchen zu perpetuieren, indem er Leibeigenschaft in Lohnabhängigkeit verwandelt. Andererseits enthält er ein Moment der Anerkennung, zeigt sich der Lord doch bereit, seine Dienerin zumindest als eine rechtsfähige, mit einem freien Willen ausgestattete Person gelten zu lassen. Richardson bringt diese Ambivalenz zur Darstellung, indem er die Klauseln des Vertrags und Pamelas Antwort parallel setzt:

VI. Now, *Pamela*, will you see by this, what a Value I set upon the Free-Will of a Person already in my Power; and who, if these Proposals are not acceptet, shall find that I have not taken all these Pains, and risqued my Reputation, as I have done, without resolving to gratify my Passion for you, at all Adventures, and if you refuse, without making any Terms at all.	VI. I know, Sir, by woful Experience, that I am in your Power: I know all the Resistance I can make will be poor and weak, and perhaps stand me in little stead: I dread your Will to ruin me is as great as your Power: Yet, Sir, will I dare to tell you, that I will make no Free-will Offering of my Virtue.[2]

In *Pamela* verbindet sich Tugendempfindsamkeit mit dem Projekt des Widerstandes einer jungen, mittellosen Frau gegen ihren patriarchalen Unterdrücker. Unentwegt ist im Roman der Einfluss Lockes zu spüren,[3] ist von ‚slavery‘, ‚tyranny‘, ‚resistance‘, ‚freedom‘ und ‚liberty‘ die Rede.[4] Dass Pamela sich nach ihrer überraschenden Entlassung aus dem Gefängnis in die neue Tugendhaftigkeit ihres Herrn verliebt, freiwillig zu ihm zurückkehrt, ihn schließlich heiratet und sich seinem Willen unterwirft, scheint ihre rebellische Haltung allerdings zu brechen und die herkömmliche Ordnung zu restituieren.[5] Dennoch: Das mutige „I reject“, mit dem sie die Bedingungen eines in ihren Augen

---

2   Richardson [1740] 2001, S. 190.

3   Harris 1987, S. 17–21.

4   Die Persistenz dieses Motivs in Richardsons Romanen *Clarissa* und *Sir Charles Grandison* stellt Weinbrod 2017 heraus.

5   Diese Tendenz des Romans, die sich in der Fortsetzung *Pamela in her exalted condition* (1742) noch verstärkt (Schellenberg 1991), nimmt Terry Eagleton zum Anlass, seine dialektische Struktur herauszustellen. Pamela sei sowohl Stimme der unterdrückten Klasse als auch Subjekt ihrer Auflösung in bürgerliche Ideologie: „*Pamela* tells the story of a woman snatched into the ruling class and tamed to its sexist disciplines; yet it contains, grotesque though it may sound, a utopian element. [...] *Pamela* is a sickly celebration of male ruling-class power; but it is also a fierce polemic against the prejudice that the most inconscpicuous serving maid cannot be as humanly valuable as her social superiors." Eagleton 1982, S. 37.

unwürdigen Angebotes zurückweist,[6] bleibt ein Akt des Widerstandes, der den Herrscher zurück auf den Pfad der Tugend führen soll.

Aus literaturwissenschaftlicher Sicht ist von Bedeutung, dass die Gefangennahme Pamelas die Verschriftlichung ihrer Emotionen intensiviert. Sie schreibt ein Tagebuch, dessen Kapitel die Tage ihres Freiheitsentzuges zählen: „I am now come to MONDAY, the 5th Day of my Bondage and Misery."[7] Die Isolation des Gefängnisses setzt Gefühle frei und die literarische Produktion der Empfindsamkeit in Gang. Das Eingeschlossensein wirft die Gefangene auf sich selbst zurück und bietet ihr die Möglichkeit, an ihrer eigenen Tugendhaftigkeit zu arbeiten. Selbst für die vorbildliche Pamela wird das Gefängnis zur Besserungsanstalt: Sie muss die aufkommenden Selbstmordgedanken abwehren, da Suizid im christlichen Normsystem eine Sünde ist. Was als einzige Zuflucht bleibt, ist das Schreiben:

> THURSDAY, FRIDAY, SATURDAY, SUNDAY, the 28th, 29th, 30th, and 31st Days of my Distress.
> And Distress indeed! For here I am still! And every thing has been worse and worse! Oh! the poor unhappy *Pamela*! Without any Resource left, and ruin'd in all my Contrivances. But, Oh! My dear Parents, rejoice with me, even in this low Plunge of my Distress; for your poor *Pamela* has escap'd from an Enemy worse than any she ever met with; an Enemy she never thought of before; and was hardly able to stand against. I mean, the Weakness and Presumption, both in one, of her own Mind! which had well high, had not divine Grace interposed, sunk her into the lowest last Abyss of Misery and Perdition! I will proceed, as I have Opportunity, with my sad Relation: For my Pen and Ink (in my now doubtly secur'd Closet) is all that I have, besides my own Weakness of Body, to employ myself with: And, till yesterday Evening, I have not been able to hold a Pen.[8]

Lenkt man den Blick von Richardsons 1740 erschienenen und epochemachenden Roman auf das Drama der Aufklärungszeit, ist man überrascht, wie häufig dort das Gefängnis als realer und metaphorischer Ort in Szene gesetzt wird. Tatsächlich ist es schwierig, Dramen zu finden, in denen das Moment der Gefangenschaft keine Rolle spielt. Die Sistierung der Bewegungen und Interaktionen einer Figur gibt Gelegenheit, die Verknüpfung intimer Emotionen und politischer Diskurse sichtbar zu machen. Nicht nur das Machtverhältnis zwischen dem Gefangenen und der Herrschaft, die ihn bestraft, steht auf dem Spiel, sondern auch die Mitleidsfähigkeit der Zuschauer und die Tugendhaftigkeit des Gefangenen selbst.

---

6 Richardson [1740] 2001, S. 189.
7 Ebd., S. 119.
8 Ebd., S. 170.

Bevor dies im Folgenden anhand exemplarischer Dramentexte näher erläutert wird, seien einige kontextualisierende Bemerkungen vorausgeschickt. Obwohl sowohl die Inszenierung von Gefangenschaft als auch das Schreiben im Gefängnis in der Kulturgeschichte von eminenter Bedeutung sind, findet sich wenig Forschungsliteratur zum Thema. Die einzige aktuelle, in systematischer wie historischer Perspektive umfassende Arbeit stammt von Monika Fludernik und widmet sich der englischsprachigen Literatur. Sie konzentriert sich, wie der Titel verrät, auf *Metaphors of Confinement*[9] und damit auf literarische Imaginationen und Symbolisierungen von Gefangenschaft. Fludernik fasst ihren Untersuchungsgegenstand sehr weit und nimmt auch die Rede vom ‚Gefängnis der Liebe' oder dem ‚Ehe-Gefängnis' in den Blick, ohne dass in den jeweiligen Texten der konkrete Ort des Gefängnisses sichtbar würde. Dennoch bleibt die politische Dimension der Gefangenschaft, d.h. die Ausübung staatlicher Gewalt über die Individuen und die moralische Disziplinierung der Insassen für Fludernik zentral, so dass ihre Studie für die folgenden Überlegungen zahlreiche Anregungen bereithält.

Für den englischen und französischen Sprachraum liegen darüber hinaus vereinzelt Arbeiten zum 18. und 19. Jahrhundert vor.[10] Der Konnex von Literatur und Gefangenschaft in der deutschen Literatur hat dagegen seit Sigrid Weigels Monographie zur Gefängnisliteratur[11] kaum mehr Interesse gefunden. Da Weigel sich auf Texte beschränkt, die während einer realen Gefangenschaft geschrieben wurden, und das 18. Jahrhundert nur kurz streift,[12] betritt die Erforschung des Gefängnisses im deutschen Aufklärungsdrama Neuland.[13] Die folgenden Abschnitte betrachten das Phänomen aus drei Perspektiven, die für die Frage nach der politischen Dimension der Empfindsamkeit wichtig sind. Erstens wird es um das Gefängnis als sozialen Raum gehen, der die Zirkulation von Gefühlen zwischen empfindsamen Figuren nicht unterbricht, sondern intensiviert und so die moralische Besserung junger Männer in Aussicht stellt. Im Gegensatz dazu handelt der zweite Abschnitt von der Befreiung junger Frauen aus der Gefangenschaft tyrannischer Eltern und Ehemänner. Abschließend soll dann die in einem engeren Sinne politische Problematik von Gefangenschaft aufgezeigt werden, insofern das Mitleid mit den Internierten

---

9   Fludernik 2019.
10 Mulryan/ Grélé 2016; Besozzi 2015; Bailey 2013; Wright/ Haslam 2005; Bender 1987.
11 Weigel 1982.
12 Ebd., S. 20–30 analysiert die Autorin die in der Haft entstandenen Texte von Friedrich v. d. Trenck und C.F.D. Schubart.
13 Ausnahmen bilden kleinere Arbeiten wie das Kapitel über das Motiv der Gefangenschaft bei Schiller in Graham 1974, S. 148–168. Selbst bei Fludernik 2019 kommt die englische Aufklärung nicht in gleicher Intensität zur Sprache wie andere Epochen.

ins Zentrum rückt und die Macht der Obrigkeit, ihre Untertanen einzusperren, der Kritik verfällt.

Da auch im Fall der Gefängnisdarstellung im Drama von einer beständigen Präsenz des Topos auszugehen ist – schon im Musiktheater um 1700 waren Gefängnisszenen so häufig, dass sie in den Augen der Operntheorie keine Überraschung mehr boten[14] –, fällt die Auswahl exemplarischer Texte naturgemäß schwer. Naheliegend wäre es, sich auf prominente Gefangenendramen wie etwa Lessings *Philotas* (1759), Gerstenbergs *Ugolino* (1768), Kotzebues *Graf Benjowsky* (1795), Duvals *Le prisonnier ou la ressemblance* (1798)[15] oder Schillers *Maria Stuart* (1801) zu konzentrieren. Schließlich hält sich der Protagonist bzw. die Protagonistin in diesen Dramen ausschließlich oder hauptsächlich im Gefängnis auf. Dass dennoch auf andere Beispiele zurückgegriffen wird, hat einen einfachen Grund: Gerade weil die für die folgende Analyse ausgewählten Dramen nicht nur die Gefangenschaft als solche auf die Bühne bringen, sondern auch die vorausgehende Gefangennahme respektive die Handlungen, die zu ihr geführt haben, machen sie die soziale und politische Funktion des Gefängnisses sowie seine Konsequenzen für die moralische Entwicklung der Figuren sichtbar.

Den diskursiven Kontext der hier vorgestellten Untersuchungen bilden die emotionsbasierten Tugend- und progressiven Naturrechtslehren, die sich im Lauf des 18. Jahrhunderts herausbilden und die Kapitel 3.5 ausführlich beschrieben hat. Es soll deshalb genügen, kurz auf die Prominenz zu verweisen, die dem Topos der Gefangenschaft in diesen Schriften zukam. Vier Jahre bevor Voltaire sich im *Traité sur la tolérance* über die Gefangennahme, Folter und Ermordung des Jean Calas echauffierte, konnte man auf den ersten Seiten von Adam Smiths *Theory of moral sentiments* folgende Zeilen lesen:

> Though our brother is upon the rack [Folterbank, M.S.], as long as we are at our ease, our senses will never inform us of what he suffers. They never did and never can carry us beyond our own persons, and it is by the imagination only that we can form any conception of what are his sensations. Neither can that faculty help us to this any other way, than by representing to us what would be our own if we were in his case. It is the impressions of our own senses only, not those of his, which our imaginations copy. By the imagination we place ourselves in his situation, we conceive ourselves enduring all the same torments, we enter as it were into his body and become in some measure him, and thence form some idea of his sensation, and even feel something which, though weaker in degree, is not altogether unlike them. His agonies, when they are thus brought home to

---

14 So argumentierte Barthold Feind in seinen 1708 publizierten *Gedancken von der Opera*, siehe Jahn 2005b, S. 97f.

15 Kotzebues Übersetzung von Duvals Stück erschien 1800 unter dem Titel *Der Gefangene*.

ourselves, when we have thus adopted and made them our own, begin at last to
affect us, and we then tremble and shudder at the thought of what he feels. For
as to be in pain or distress of any kind excites the most excessive sorrow, so to
conceive or to imagine that we are in it, excites some degree of the same emotion, in proportion to the vivacity or dulness of the conception.[16]

Wie Lynn Hunt gezeigt hat, ließ sich dieses Mitgefühl mit den Gefangenen und
Gefolterten sowohl für liberale als auch autoritäre Auslegungen des Strafrechts
instrumentalisieren. Während sich Cesare Beccaria in seinem einflussreichen
Werk *Dei delitti e delle pene* (1764) ebenso wie Voltaire gegen Folter und Todesstrafe wandte und dies unter anderem mit der Empathie für den Mitmenschen
begründete,[17] sahen seine Gegner gerade darin den Grund, die brutalen Straf-
praktiken beizubehalten: weil der Zuschauer mit dem Gefolterten mitleide,
wolle er ihnen entgehen.[18]

Wie also mit Verbrechern umgehen? Sollte man mit Rousseaus *Contrat
Social* annehmen, dass diejenigen, die das *droit social* verletzt haben, nicht
mehr Teil der politischen Gemeinschaft sein können, da ihre Untaten die freie
Gesellschaft bedrohen? In seinen eigenen, gewohnt kompromisslosen Worten:
„En effet il n'y a que les malfaiteurs de tous états qui empêchent le Citoyen
d'être libre. Dans un pays où tous ces gens-là seroient aux Galeres, on joui-
roit de la plus parfaite liberté." (R 3, 440)[19] Oder folgte man Hutcheson und
Ringeltaube? Der eine behauptete, dass man selbst „den ruchlosesten Leuten
Menschenliebe schuldig" sei und sogar bei schweren Verbrechen „unnütze
Grausamkeiten" vermeiden solle.[20] Der andere schrieb, wie wichtig es sei,
selbst Kriegsgefangenen zu verzeihen. „Die Zärtlichkeit gegen die Feinde und
Widersacher empfindet und bezeiget ein herzliches Mitleiden und wahre
Barmherzigkeit gegen sie, weil sie ihre elenden Mitbrüder sind. [...] Wir haben
Nationalakten der Menschlichkeit, darinn die zu London und andern Orten
eröffneten Subscriptionen, für die französischen Kriegsgefangnen in Engeland,
sehr rührend sind."[21]

In der *longue durée*[22] setzten sich die Justizreformer durch, wobei die Perspektiven Rousseaus und Hutchesons sich als weniger unvereinbar erwiesen,

---

16   Smith 1759, S. 2f.
17   Hunt 2008, S. 80f.
18   Ebd., S. 92–94.
19   Vgl. zu Rousseaus Begründung dieser Haltung R 376f., wobei Rousseau rät, die Todesstrafe
      nicht zu häufig zu verhängen, da man fast jeden Menschen bessern könne.
20   Hutcheson 1756, S. 556f. Vgl. zur Behandlung von Gefangenen außerdem ebd., S. 792–802.
21   Ringeltaube 1765, S. 172f.
22   Die von Foucault in *Überwachen und Strafen* beschriebene Transformation des euro-
      päischen Gefängnisses schließt nicht aus, dass die im modernen Gefängnissystem

als es auf den ersten Blick schien. Der Glaube, dass die meisten Menschen moralisch gebessert werden könnten, fand in Deutschland im letzten Viertel des 18. Jahrhunderts im Aufbau der Straffälligenfürsorge seinen Ausdruck,[23] mit dem Übergang zum 19. Jahrhundert wurde die Haftstrafe zum ubiquitären Instrument der Justiz. Die Idee der Gleichheit und Menschlichkeit bewirkte eine Abkehr von der öffentlichen Tortur und Hinrichtung der Gefangenen und schrieb stattdessen dem staatlich verordneten Freiheitsentzug das Telos der moralischen Optimierung ein. Dahinter verbarg sich, wie Foucault in *Überwachen und Strafen* erkannt hat, eine Innovation der Disziplinarmacht:

> Eines steht ja fest: das Gefängnis war nicht zuerst eine Freiheitsberaubung, der man dann die technische Funktion der Besserung aufgebürdet hat. Die Gefängnisstrafe war immer schon eine ‚legale Haft' mit dem Zweck der Besserung bzw. ein Unternehmen zur Veränderung von Individuen, das durch die Freiheitsberaubung legalisiert wird.[24]

6.1   Der Kerker als moralische Anstalt: Lillos *The London Merchant*

Das Wissen, dass der Raum des Gefängnisses der Besserung des Straftäters sowie der emotionalen Restitution des sozialen Friedens dienen kann, ist bereits im englischen Drama der ersten Jahrhunderthälfte vorhanden. In der Passage aus Smiths *Theory of Moral Sentiments* fällt es der Einbildungskraft („imagination") zu, den Gefühlstransfer zwischen Subjekten zu organisieren und dadurch einem unbeteiligten Zuschauer das Nachempfinden von Folterqualen zu ermöglichen. Es liegt deshalb nahe, diese Fähigkeit auch der Literatur zuzusprechen, ist sie doch das Medium der Einbildungskraft schlechthin. Genau dies geschieht in George Lillos Trauerspiel *The London Merchant* (1731). Das Stück nutzt eine Gefängnisszene, um anhand der unterschiedlichen Reaktionen der Figuren auf das tragische Schicksal des Gefangenen die

---

dominierenden Diskurse nicht schon in der Vormoderne zu beobachten waren und umgekehrt Praktiken des vormodernen Gefängnisses nicht auch bis ins 19. Jahrhundert hinein dauern konnten. Vgl. zu dieser Korrektur Foucaults mit Hinweis auf aktuellere Forschungsliteratur Fludernik 2019, S. 13–16. Dennoch hält sie ebd., S. 15 fest: „The invention of the *penitentiary* as a place in which prisoners are reformed through discipline remains a late eighteenth- and early nineteenth-century innovation".

23   Schauz 2008. Die Änderungen des Strafsystems verfolgt Weigel 1982, S. 23–27 in ihrer an Foucault geschulten Studie am Beispiel der ‚Besserung' des in der Festung Asperg einsitzenden C.F.D. Schubarts. Dieser sei „der im Schwange der Aufklärungsbestrebungen wuchernden Erziehungsmilitanz" unterworfen gewesen (ebd., S. 23).

24   Foucault 2013, S. 937.

Bandbreite empfindsamen Mitgefühls sichtbar zu machen. Zugleich führt es vor, dass selbst ein Mörder im Gefängnis auf moralische Besserung hoffen kann. Damit schließt Lillo an Daniel Defoes *Moll Flanders* (1722) an, wo die durch die Gefangenschaft hervorgerufene Reue der Protagonistin die Umwandlung des Gefängnisses in eine Besserungsanstalt literarisch ankündigt.[25]

Nachdem die verführerische Milwood ihn angestiftet hat, seinen Onkel zu ermorden und die Obrigkeit ihn festnehmen ließ, findet sich der junge Kaufmannslehrling George Barnwell im fünften Akt im Gefängnis wieder, wo er in seiner Zelle[26] die Vollstreckung des Todesurteils erwartet. Der Beginn des Aktes zeigt, dass sich sein tugendhafter Förderer Thorowgood nicht von ihm abgewandt hat. Im Gegenteil: Er hat Barnwell, wie er Milwoods ehemaligen Dienern Lucy und Blunt verrät, einen „Reverend Divine"[27] zur Seite gestellt, der für den Seelenfrieden seines ehemaligen Zöglings sorgen soll. Sogar die als durch und durch lasterhaft geschilderte Milwood bezieht er in diese Wohltat ein, sie aber lehnt sein Angebot ab. „This pious Charity for the Afflicted well becomes your Character",[28] lobt Lucy die Großzügigkeit des Kaufmanns und lässt damit keinen Zweifel aufkommen, dass das Mitleid mit gefangenen Verbrechern als vorbildlich zu gelten hat. „With Pity and Compassion let us judge him", so Thorowgood über Barnwell.[29]

Als er diesen schließlich in seiner Kerkerzelle besucht, stellt er freudig fest, dass seine tugendhafte Intervention ihr Ziel nicht verfehlt hat. Dank des Geistlichen, so Barnwell, habe er „the infinite Extent of heavenly Mercy" kennengelernt und wisse nun „that my Offences, tho' great, are not unpardonable; and that 'tis not my Interest only, but my Duty to believe and to rejoice in that Hope".[30] Die Freude, die in der Hoffnung auf Gnade liegt, macht aus dem „sad place"[31] des Gefängnisses einen Ort empfindsamer Emotion. Schrecken wird in gerührte Dankbarkeit verwandelt: „Joy and Gratitude now supply more Tears, than the Horror and Anguish of Despair before."[32]

---

25   Bender 1987, S. 43–62.
26   Die Darstellung der Haft als Einzelhaft, die in literarischen Texten verschiedener Epochen dominiert, ist in diesem Fall nicht von den sozialhistorischen Verhältnissen gedeckt. Üblich war zu dieser Zeit noch die gleichzeitige Unterbringung mehrerer Gefangener in großen Räumen. Die Einzelhaft war politischen oder als besonders gefährlich eingestuften Gefangenen vorbehalten, vgl. Fludernik 2019, S. 15f.
27   Lillo 1731, S. 55.
28   Ebd., S. 55.
29   Ebd., S. 56.
30   Ebd., S. 57.
31   Ebd., S. 63.
32   Ebd., S. 58.

Lillo unterstreicht die Besonderheit des Gefängnisses, indem er den fünften Akt als Zäsur innerhalb der Raumstruktur inszeniert. Die Handlung der
ersten vier Akte folgte einem dialektischen Schema, indem sie zwischen den
Wohnungen der Antipoden Thorowgood und Milwood changierte. So wurde
Barnwell von der einen Sphäre in die andere und wieder zurück getrieben, was
seine Zerrissenheit zwischen Tugend und Laster theatral sinnfällig machte.
Das Gefängnis unterbricht diese Topologie und damit auch die agonale Spannung des Dramas. Die Handlungen der Figuren kommen zum Stillstand. An
ihre Stelle tritt ein Raum, der an der Schwelle zwischen Leben und Tod[33] verortet ist: Barnwell erwartet seine Hinrichtung und verabschiedet sich von seinen Nächsten. Dies wirft die Frage auf, welche Affektästhetik das Trauerspiel
verfolgt. Wie geht Barnwell mit seinem nahen Ende um, wie Thorowgood,
wie sein Freund Trueman, wie seine Geliebte Maria? Welche Bedeutung wird
dabei den empfindsamen Gefühlen[34] von Mitleid, Nachsicht und Rührung
beigemessen?

Die Beantwortung dieser Fragen ist nicht nur in ästhetischer, sondern
auch in politischer Hinsicht wichtig. Denn das Gefängnis ist ein Ort, in dem
Intimität und Öffentlichkeit unauflöslich verbunden sind. Barnwells Kerkerzelle bietet aufgrund ihrer Abgeschiedenheit von der Außenwelt die Möglichkeit zur Intensivierung von Innerlichkeit. Sie ist mit einem Tisch und einer
Lampe ausgestattet, zu Beginn liest der Gefangene in einem Buch, was sein
Besucher Thorowgood als „viewing of your self",[35] als eine Form von Selbst-
lektüre bezeichnet. Der empfindsame Leser, der im Buch seine Seele erkundet,
befindet sich in diesem Fall jedoch nicht in einem rein privaten Raum, da
sein Freiheitsentzug durch das öffentliche Interesse legitimiert ist. Nicht nur
er selbst muss in seinem „Retirement"[36] geheilt werden, sondern auch die
Gemeinschaft als Ganzes. Dabei ist es aus Perspektive der empfindsamen Aufklärung nicht gleichgültig, wie der Delinquent und die Rezipienten die Strafe
bewerten bzw. emotional verarbeiten, da Justiz und Affektästhetik sich im 18.
Jahrhundert zu verschränken beginnen.

---

33   Dies ist für metaphorische Darstellungen von Gefangenschaft durchaus typisch. Fluder-
      nik 2019, S. 26 spricht von „frequent references to a fear of entombment with prison figu-
      red as the antechamber of death, a liminal space." Sie erinnert in diesem Zusammenhang
      an die *Gothic Novel*, in der unterirdische Gewölbe als Gefängnisse und Bestattungsorte
      gleichermaßen genutzt werden (ebd., S. 256f.).
34   Die Forschung hat Lillos Drama immer schon eine herausragende Stellung in der engli-
      schen und europäischen Empfindsamkeit zugesprochen, vgl. Havens 1945, Szondi 1977,
      S. 90, den Kommentar von Klaus-Detlef Müller in Lillo [1752] 1981, S. 132, Carson/Carson
      1982, Seth 1991, S. 124–151, Wallace 1991–1992 und Detken 2009, S. 144f.
35   Lillo 1731, S. 57.
36   Ebd., S. 57.

Eine weitere formale Besonderheit betrifft die Auftrittsstruktur des fünften Aktes, die an diejenige des zweiten Aktes anschließt. Lillo greift in beiden auf das Rondoschema zurück (Kap. 4.5), dem zufolge eine Figur permanent auf der Bühne bleibt und abwechselnd von einer anderen besucht wird, wobei der Abgang der einen und der Auftritt der nächsten Figur Raum lässt für einen Monolog der Hauptfigur.

Zweiter Akt				**Fünfter Akt**		
1	Barnwell					
2	Barnwell	Trueman		2	Barnwell	Thorowgood
3	Barnwell			3	Barnwell	
4	Barnwell	Thorowgood		4–7	Barnwell	Trueman
5	Barnwell			8	Barnwell	
6	Barnwell	Footman		9–10	Barnwell	Trueman, Maria
7	Barnwell					
8/9	Barnwell	Milwood, Lucy				
10	Barnwell					

Die Wiederholung des Auftrittsschemas dient in diesem Fall der Kompensation des vorhergehenden Geschehens, denn im zweiten Akt scheiterte die empfindsame Kommunikation. Barnwell weigerte sich, seinem Freund Trueman seine Gefühle aufrichtig zu gestehen, obwohl dieser ihn eindringlich darum bat: „Something dreadful is labouring in your Breast, O give it vent and let me share your Grief, 'twill ease your Pain shou'd it admit no cure". Reagierte Barnwell in dieser Szene noch ablehnend – „Vain Supposition! my Woes increase by being observ'd"[37] – ist im Gefängnis der Moment der emotionalen Aufrichtigkeit gekommen. Barnwell lässt Trueman nun an seinem Schuldgefühl und an seiner Angst vor Ächtung teilhaben. Er sei ein „Murderer", ein „bloody Monster" und habe es nicht verdient, von seinem Freund im Arm gehalten zu werden. Er wirft sich auf den Boden, nur noch das „flinty Pavement" solle ihn tragen.[38] Trueman jedoch hält zu ihm: „Thy Miseries cannot lay thee so low, but Love will find thee, (*Lies down by him.*)"[39] Das Gefängnis intensiviert angesichts des in ihm aufbewahrten Leids das Mitgefühl der Figuren. Es wird zu einem Kommunikationsraum, in dem Empathie frei zirkulieren kann, zu einer empfindsamen Echokammer:

---

37   Ebd., S. 16.
38   Ebd., S. 61. Das Adjektiv „flinty" ist hier doppeldeutig. Es bezeichnet einerseits den Feuerstein, aus dem der Gefängnisboden gemacht ist, andererseits eine abweisende und gefühllose Haltung.
39   Ebd., S. 61.

TR. [...] Our mutual Groans shall eccho to each other thro' the dreary Vault. – Our Sighs shall number the Moments as they pass, – and mingling Tears communicate such Anguish, as Words were never made to express.
BARN. Then be it so. – Since you propose an Intercourse of Woe, pour all your Griefs into my Breast, – and in exchange take mine, (*Embracing.*) Where's now the Anguish that you promis'd? – You've taken mine, and make me no Return. – Sure Peace and Comfort dwell within these Arms, and Sorrow can't approach me while I'm here![40]

Ziel ist die Herstellung einer Gefühlsgemeinschaft aus dem Geist der Versöhnung. Sie ist im Fall des *London Merchant* auf die Jugend gerichtet, der die moralische Aufmerksamkeit des Stückes gilt. „Much lov'd – and much lamented Youth": Mit diesen Worten verabschiedet sich Thorowgood von seinem Schützling.[41] Er selbst nähert sich dem Zirkulationsraum der Gefühle[42] nur vorsichtig und zieht sich rasch wieder aus ihm zurück. Am tränenreichen Prozess gegen Barnwell nimmt er nicht teil[43] und verabschiedet sich von ihm mit der Begründung, seinen Gefühlen nur alleine freien Lauf lassen zu können: „This Torrent of Domestick Misery bears too hard upon me, – I must retire to indulge a Weakness I find impossible to overcome."[44] Repräsentiert Thorowgood noch eine Generation, die tugendempfindsames Verhalten zwar fördert, aber nicht offen kommuniziert, teilt die Jugend, wie die Abschiedsszenen zwischen Barnwell, Trueman und Maria zeigen, ohne Hemmungen Umarmungen und Tränen.[45]

Das bleibt für die formale Struktur und die Affektästhetik des Dramas nicht folgenlos. Am Beginn und am Ende der vorhergehenden Akte bzw. Bühnenbilder spricht eine Figur einen Monolog, die das Geschehen kommentiert und moralisch einordnet. Diese intradiegetischen Prologe und Epiloge entfallen im Gefängnis. Es wird eine neue Appellstruktur etabliert, die das Mitgefühl der Rezipienten unmittelbarer evozieren soll. Mit ihr nähert sich Lillos Trauerspiel

---

40   Ebd., S. 61.
41   Ebd., S. 59.
42   Im Anschluss an die von Vogl 2004, S. 97–100 im *London Merchant* konstatierte Verschränkung ökonomischen Wissens und affektiver Subjektkonstitution liegt es nahe, die Gefühlszirkulation der Gefängnisszene mit den in I/1 und III/1 gepriesenen Kommunikations- und Zirkulationskompetenzen der Kaufleute in Analogie zu setzen. Es sei in diesem Zusammenhang darauf hingewiesen, dass die politische Deutung des Dramas meist auf seine Darstellung des bürgerlichen Kaufmannsstandes bzw. der Ökonomie als solcher zielt, vgl. Szondi 1977, S. 51–73, Seth 1991, S. 124–132; Damlos-Kinzel 2003, S. 164–187.
43   Lillo 1731, S. 55.
44   Ebd., S. 58f.
45   Ebd., S. 60–66.

der Tableaustruktur des rührenden Schauspiels, entsprechend ablehnend äußern sich die jungen Protagonisten über das Abschreckungsritual schlechthin, die öffentliche Hinrichtung.[46] Das Element der Abschreckung wird jedoch nicht ganz zurückgedrängt, hofft Barnwell in seinen letzten Worten doch, sein „Example" könne „secure Thousands from future Ruin."[47] Zudem zeigt die letzte Szene Trueman im Gespräch mit den Dienern Milwoods, die eine andere Affektästhetik als diejenige der Rührung beschreiben. Ihre Herrin sei von „unalterable Woe" eingenommen: „She goes to Death encompassed with Horror, loathing Life, and yet afraid to die; no Tongue can tell her Anguish and Despair."[48]

Lillos London Merchant bietet damit unterschiedliche Rezeptionshaltungen an: Abschreckung angesichts des Grauens der Hinrichtung (Milwood), tugendhaftes Mitgefühl bei gleichzeitig distanzierter Kommunikation (Thorowgood), Rührung, Tränen und emotionale Nähe (Trueman).[49] Das Drama vergisst aber auch nicht, die Folgen übertriebenen Mitleidens vor Augen zu führen. Diese Funktion erfüllt der letzte Auftritt Marias, die in Barnwell verliebt ist und sein Schicksal nicht zu verkraften scheint. „Let Women, like Milwood [...] smile in Prosperity, and in Adversity forsake. Be it the Pride of Virtue to repair, or to partake, the Ruin such have made".[50] Mit diesen Worten grenzt Maria sich von ihrer lasterhaften Geschlechtsgenossin ab, zeigt sich jedoch der selbst gestellten Aufgabe nicht gewachsen, den sozialen Niedergang des Geliebten zu teilen und zu heilen. Sie versinkt in Melancholie und sieht keinen Ausweg mehr, sogar an Selbstmord denkt sie. All dies ist, wie Truemans abschließender Kommentar zeigt, die Folge entgrenzter Empathie, die sich mit dem Gefangenen identifiziert: „Grief has impair'd her Spirits; she pants, as in the Agonies of Death."[51]

---

46   Ebd., S. 65: „To give a Holiday to suburb Slaves, and passing entertain the savage Herd, who, elbowing each other for a Sight, pursue and press upon him like his Fate."

47   Ebd., S. 66.

48   Ebd., S. 67. In der fünften Auflage ergänzte Lillo sein Drama um eine Schlussszene, die die Abschreckungsästhetik intensivierte. In der Ferne ist die Hinrichtungsstätte zu sehen, die zum Tode verurteilten Barnwell und Milwood treffen ein letztes Mal aufeinander. Diese Szene wurde in der französischen Übersetzung von Clément (1748) nicht übernommen und findet sich auch nicht in der deutschen Übertragung Henning Adam von Bassewitz' (1752). Erst 1757 publizierte die Bibliothek der schönen Wissenschaften und der freien Künste die Szene auf Deutsch, sie ist wiedergegeben in Lillo [1752] 1981, S. 75–78.

49   Deshalb greift die scharfe Gegenüberstellung der Ästhetiken Lillos und Diderots, die Szondi 1977, S. 132 vornimmt, zu kurz. Unter Rückgriff auf den marxistischen Begriff der Vermittlung des Gesellschaftlichen in der Kunst schreibt er: „Die Vermittlung findet bei Lillo in der Bestimmung der tragischen Wirkung als einer korrigierenden, bei Diderot als einer rührenden statt."

50   Lillo 1731, S. 64.

51   Ebd., S. 65.

Das Gefängnis als Raum, in dem die Verbrechen junger Männer emotional und moralisch korrigiert werden, ist nicht nur für den *London Merchant*, sondern für das Drama der Aufklärung insgesamt von großer Bedeutung. Das Motiv wird immer wieder aufgegriffen und dabei, je nach Gattung und Zeitraum, variiert. So zeigt schon Moores Trauerspiel *The Gamester*, das über zwanzig Jahre nach Lillos wegweisendem Werk erscheint und nicht weniger erfolgreich ist,[52] einige Abweichungen in der Darstellung von Gefangenschaft. Auf den ersten Blick verläuft die Handlung beider Dramen parallel. Ein junger Mann, Beverley, wird von einer lasterhaften Figur, Stukeley, in den gesellschaftlichen Ruin getrieben. Da er in Schulden steckt und auf Beverleys soziales Fortune neidisch ist, hat sich Stukeley dessen Freundschaft erschlichen und ihn zum Glücksspiel verleitet. Sein Ziel ist, sich auf diesem Weg Beverleys gesamtes Vermögen anzueignen. Tatsächlich scheint sein Opfer diesen agonal motivierten Machenschaften zu erliegen. Er macht immer größere Schulden und geht gegenüber seinen Vertrauten, d.h. seiner Frau, seiner Schwester Charlotte, seinem alten Diener Jarvis und seinem Freund Lewson, auf Distanz. Wie im *London Merchant* gibt es auch in *The Gamester* einen reichen Onkel, den Beverley zwar nicht ermorden, aber doch auf Stukeleys Betreiben schröpfen soll.

Stukeleys letzter Streich, mit dem er Beverley endgültig vernichten will, folgt im fünften Akt. Er hat mit seinen Dienern Bates und Dawson ein Komplott geschmiedet. Die beiden sollen Lewson ermorden und die Tat Beverley anhängen. Stukeley lässt Beverley bereits zuvor verhaften, um vorgeben zu können, er habe die von seinem Freund angeblich seit langem geplante Tat verhindern wollen. An diesem Punkt setzt mit der vierten Szene des fünften Aktes die das Stück beschließende Gefängnisszene ein. Genau wie im *London Merchant* sistiert auch sie das permanente Changieren des Bühnenbildes zwischen Beverleys und Stukeleys Haus, zwischen Tugend und Laster. Und doch gestaltet Moore die Szene anders als Lillo. Der wesentliche Unterschied besteht darin, dass Beverley, im Gegensatz zu Barnwell, noch nicht verurteilt ist. Dem Freiheitsentzug ist kein Prozess vorausgegangen, weshalb Beverley die Chance hat, das Gefängnis wieder verlassen zu können.

---

52   Moores Tragödie wird meist in einem Atemzug mit *The London Merchant* genannt, wenn es um die Entstehung des bürgerlichen Trauerspiels geht, vgl. Carson/Carson 1982, S. 132–135; Guthke 2006, S. 30f. Der Einordnung als bloßes ‚Nachfolgestück' hat zuletzt Mönch 1993, S. 87–95 widersprochen, die die unterschiedliche Handlungskonstellation und Affektpoetik beider Dramen betont. *The Gamester* bilde, so Mönch, einen eigenen Typus von bürgerlichem Trauerspiel heraus. Die Übersetzung ins Deutsche erfolgte rasch, 1754 legte Johann Joachim Bode eine Prosaübertragung vor, ein Jahr später folgte Johann Heinrich Steffens Versbearbeitung. Beide Fassungen unterscheiden sich nur unwesentlich und nehmen gegenüber der englischen Vorlage keine einschneidenden Veränderungen vor.

Während der letzte Akt des *London Merchant* die Handlung zum Stillstand brachte und sich auf die Etablierung einer empfindsamen Kommunikationskultur konzentrierte, inszeniert Lillo eine dramatische Steigerung. Dies zeigt sich in der Auftrittskonstellation, die nicht dem Rondo- sondern dem Akkumulationsschema folgt.

Fünfter Akt, Gefängnisszene[53]
Bevereley
Bevereley Jarvis
Bevereley Jarvis Mrs. Beverley Charlotte
Bevereley Jarvis Mrs. Beverley Charlotte   Stukeley
Bevereley Jarvis Mrs. Beverley Charlotte   Stukeley   Bates
Bevereley Jarvis Mrs. Beverley   Stukeley   Bates
Bevereley Jarvis Mrs. Beverley   Stukeley   Bates   Dawson
Bevereley Jarvis Mrs. Beverley Charlotte   Stuckeley Bates   Dawson   Lewson

Es versammeln sich nach und nach sämtliche Figuren des Stückes. Am Höhepunkt der Szene stehen acht Figuren auf der Bühne, so viele wie an keiner anderen Stelle des Dramas.[54] Damit einher geht die scheinbare Peripetie des Schicksals zu Beverleys Gunsten. In einem *coup de théâtre* wenden sich Stukeleys Diener von ihrem Herrn ab. Es stellt sich heraus, dass sie dessen Plan durchkreuzt und Lewson nicht umgebracht haben; dieser betritt überraschend das Gefängnis und sorgt dafür, dass Stukeley abgeführt wird.[55] Da zugleich, wie Beverleys Frau ihrem Mann berichtet, sein reicher Onkel gestorben ist und ihm sein gesamtes Vermögen vermacht hat, stünde einem glücklichen Ausgang eigentlich nichts im Weg.

Dennoch siegt in *The Gamester* die Tragödie über das Rührstück, da sich Beverley zu Beginn der Gefängnisszene entscheidet, Gift zu schlucken und so seinem Leben ein Ende zu setzen:

> I have judg'd deliberately, and the Result is Death. How the Self-Murderer's Account may stand, I know not. But this I know – the Load of hateful Life oppresses me too much- - -The Horrors of my Soul are more than I can bear – (*Offers to kneel*) Father of Mercy! – I cannot pray- - -Despair has laid his iron Hand upon me, and seal'd me for Perdition [...].[56]

---

53   Die Szenen sind in der hier verwendeten Erstausgabe des *Gamester* nicht nummeriert.
54   Moore 1753, S. 79–81.
55   Ebd., S. 79–81.
56   Ebd., S. 73.

Den einzigen Moment, den er allein im Gefängnis verbringt, nutzt Beverley nicht zur inneren Einkehr und moralischen Besserung, sondern zur Selbstjustiz. Er verhängt über sich das Todesurteil. Die damit verbundenen Affekte sind eindeutig auf Seiten der Abschreckungsästhetik verortet: „Horrors" und „Despair".

Die im Anschluss an diese Tat einsetzende Dynamisierung der Handlung durch die Akkumulation des Figurenpersonals bewirkt zum einen, dass die eigentlich glückliche Wendung des Geschehens die tragische Wirkung des Selbstmordes verstärkt. Das Gift beginnt langsam zu wirken und während Beverley miterlebt, wie Stukeley entlarvt und bestraft wird, versagt sein Körper ihm nach und nach seine Dienste. Zum anderen aber, und das ist im Hinblick auf die politische Dimension des Dramenschlusses entscheidend, garantiert die Versammlung der Figuren – anders gesagt: die Präsenz der Gesellschaft – die empfindsame Besserung des Protagonisten. Dass das Gefängnis in *The Gamester* seiner ursprünglichen Funktion beraubt wird, den Gefangenen vom Rest der Gesellschaft zu trennen, hat einen tieferliegenden Grund. Der Doppelcharakter des Kerkers als intimer Verhandlungsort von Gefühlen sowie als öffentliches Tribunal von Schuld und Gerechtigkeit kommt zum Tragen, weil seine Freunde auf Beverley einwirken. Schwang er sich in seinem Monolog noch zum Richter des eigenen Schicksals auf, zeigt er sich nun bereit, sich dem Urteil Gottes zu überlassen. Erst jetzt vermag er, zu was er in der Isolation nicht in der Lage war: in sein Inneres zu blicken, für sein Heil zu beten und den Himmel um Nachsicht zu bitten.

> And now I go to my Account. This Rest from Pain brings Death; yet 't s [sic] Heaven's Kindness to me. I wish'd for Ease, a Moment's Ease, that cool Repentance and Contrition might soften Vengeance- - -Bend me, and let me kneel. (*They lift him from his Chair and support him on his Knees*) I'll pray for You too. Thou Power that mad'st me, hear me! If for a Life of Frailty, and this too hasty Deed of Death, thy Justice dooms me, here I acquit the Sentence. But if, enthron'd in Mercy where thou sit'st, thy Pity has beheld me, send me a Gleam of Hope; that in these last and bitter Moments my Soul may taste of Comfort![57]

Seine Bitte scheint erhört zu werden:

---

[57]   Ebd., S. 82f. Das Gefängnis wird deutlicher als in *The London Merchant* als ein Ort der Transzendenz inszeniert, Fludernik 2019, S. 30 spricht von „the mental/spiritual projection of the prisoner into the realm of the transcendental (God, peace, love), or through the consolatory ingress of spiritual help, visions of God, of angels providing food."

Already Death has seiz'd me- - -Yet Heaven is gracious- - -I ask'd for Hope, as the
bright Presage of Forgiveness, and like a Light, blazing thro' Darkness, it came
and chear'd me [...].[58]

Wie in *The London Merchant* erfolgt auch in *The Gamester* die moralische Besserung des Lasters durch die Besänftigung negativer Affekte („sof-
ten Vengeance"). Beverley wird einsichtig und übergibt sich dem Gericht
Gottes. Die Schmerzen, die er zuvor verspürt hat und die seinen Gefühls-
haushalt überhitzten – „How his Eyes flame!", „A Furnace rages in this Heart"[59] –
beruhigen sich. Lewsons abschließender, ans Publikum gewandter Appell, aus
dem „Example" Beverlys zu lernen, beruht deshalb, wie schon bei Lillo, auf
einer gemilderten Form der Abschreckung.

Beide Trauerspiele schaffen mit dem Gefängnis einen Ort, der den Tod des
Protagonisten reflexiv abfedert. Den zum Laster verführten jungen Männern
bietet sich die Möglichkeit zu Einsicht und Reue. Hier können sie sich mit
ihrem Schicksal versöhnen, die Gnade Gottes und ihrer Nächsten empfangen.
Die mit dem Tod Barnwells und Beverleys einhergehende Abschreckung wird
zwar beibehalten, aber mit Elementen des rührenden Schauspiels kombiniert:
Affektästhetisch bleibt das Gefängnis in diesen Fällen ein unbestimmter Ort.
Zugleich ist die Frage nach Sinn und Form staatlicher Strafaktionen immer
präsent. Während im *London Merchant* öffentliche Hinrichtungen verurteilt
werden, bezweifelt Lewson in *The Gamester* den Sinn der Todesstrafe. Diese
sei für Verbrecher wie Stukeley zu milde: „Imprisonment, unpity'd Misery
[...] shall make Life hateful to him".[60] Das Beispiel dieser auch im deutschen
Sprachraum weithin rezipierten Dramen zeigt, dass der Konnex von not-
wendiger Strafe und empfindsamer Versöhnung auf unterschiedliche Weise
hergestellt werden konnte. Entweder deutete man wie Lillo das Gefängnis als
vorwiegend intimen Ort, oder wie Moore als Ort sozialer Interaktion.

Betrachtet man von diesem Standpunkt aus die Darstellung von Gefangenschaft im deutschsprachigen Drama der Aufklärung, so ist die hohe Variabili-
tät in der Behandlung des Topos auffällig. Sucht man nach Texten, in denen
der Protagonist im fünften Akt im Gefängnis auf seinen Tod wartet, stößt man
in erster Linie auf politische Dramen wie Dyks *Graf von Eßex*, Goethes *Götz*
oder *Egmont*. In ihnen geht es nicht in erster Linie um die moralische Korrektur des Lasters, sondern um die Gefangenschaft als Ergebnis eines agonalen
Kampfes. Darauf wird weiter unten in Abschnitt 6.3 einzugehen sein. Näher an

---

58   Moore 1753, S. 83.
59   Ebd., S. 81.
60   Ebd., S. 80f.

der Grundidee der bürgerlichen Trauerspiele Lillos und Moores sind deshalb jene empfindsamen Schauspiele, die zwischen den späten 1760er und frühen 1780er Jahren entstehen (Kap. 5.5 u. 5.6). Der Gattungstendenz nach kommen die jugendlichen Protagonisten zwar nicht ums Leben, ihre Eingliederung in die empfindsame Gemeinschaft nimmt aber den Umweg über das Gefängnis bzw. gefängnisähnliche Räume und Situationen. Der Graf von Olsbach sperrt in Brandes' gleichnamigem Stück sein Mündel, den jungen Baron, in Hausarrest, damit er sich nicht duelliert. Seinen Diener Carl installiert er als „Gefangenenwärter".[61] Gleiches geschieht mit den Söhnen in *Nicht mehr als sechs Schüsseln* und *Der deutsche Hausvater* sowie mit dem Tempelherrn in Lessings *Nathan*. Dessen Aufnahme in die am Schluss des Dramas sich neu konstituierende Familie verläuft über seine Gefangennahme im Krieg, die Begnadigung und schließlich die Freisprechung durch den Sultan. Zu Beginn sieht man den Tempelherrn noch, wie er, einem Tier im Käfig gleich, „auf und nieder geht" (B 9, 504). Dem Klosterbruder sagt er, er sehe sich trotz seiner Begnadigung nach wie vor „als Gefangenen" (508). Erst in IV/4 lässt der Sultan ihn wissen, dass er ihm nun „die Freiheit schenken" werde (582).

Die Gefangenschaft nicht als Endpunkt, sondern als transitorischer Raum des Dramas, den junge Männer durchschreiten müssen, bevor sie in die Gefühlsgemeinschaft aufgenommen werden, ist kein zufälliges, sondern ein strukturelles Element des deutschen Rührstücks. Als solches kann es auch auf rein metaphorischer Ebene Anwendung finden, etwa in der beliebten Rede von der Ehe als Gefängnis.[62] Goethe setzt sie geschickt in der Erstfassung von *Stella* ein, wo Fernandos Beziehung zu Frauen wiederholt als Gefangenschaft bezeichnet wird. Er meint, sich nach seiner Rückkehr „wieder in den alten Ketten" zu finden (FA 4, 552). Schon in seiner ersten Ehe mit Cezilie glaubte er, wie der Verwalter ihn erinnert, „gefesselt, gefangen zu sein" (554). Es überrascht daher nicht, dass auch Cezilie in Fernando „einen Gefangenen" (558) sieht, jedoch gelingt es ihr am Schluss des Dramas, ihn aus seinen Fesseln zu befreien. Sie erzählt ihm die aus dem Mittelalter überlieferte Geschichte des Grafen vom Gleichen, jene Geschichte also, die Goethe überhaupt erst die Idee für sein Schauspiel gab und in der es bekanntlich um die päpstliche Legitimation einer Doppelehe geht. Die Funktion der Erzählung erschöpft sich aber nicht darin, „das religiöse und moralische Fundament" für die Dreierbeziehung zwischen Stella, Cezilie und Fernando zu legen.[63] Es geht um die Befreiung des

---

61   Brandes 1769, S. 31f.
62   Vgl. Fludernik 2019, S. 267–281.
63   Valk 2012, S. 160.

Grafen aus der Gefangenschaft, die in seiner Befreiung aus den Konventionen
der Gesellschaft mündet:

> CEZILIE Er war ein Biedermann; er liebte sein Weib, nahm Abschied von ihr,
> empfahl ihr sein Hauswesen, umarmte sie und zog. Er zog durch viele Länder,
> kriegte, und ward gefangen. Seiner Sklaverei erbarmte sich seines Herrn Toch-
> ter; sie löste seine Fesseln, sie flohen. [...] Mit Sieg bekrönt gings nun zur Rück-
> reise! – zu seinem edlen Weibe! – Und sein Mädgen! – Er fühlte Menschheit! – er
> glaubte an Menschheit, und nahm sie mit. (572f.)

Die Erzählung Cezilies, in der die Frau des Grafen die Befreierin als neue
Geliebte ihres Mannes akzeptiert und so den Weg für eine *ménage à trois* frei-
macht, bietet das Skript für den glücklichen Ausgang des Rührstücks. Stella
fällt dabei die Rolle der Befreierin zu: „Du hast ihn gerettet – von ihm selbst
gerettet" (574). Die psychologische Entwicklung Fernandos wird als Erlösung
aus der Gefangenschaft lesbar.[64]

Noch in seinem klassizistischen Schauspiel *Torquato Tasso* (1790) inszeniert
Goethe die Gefangenschaft als pädagogisches Instrument. Diesen wichtigen
Aspekt hat die Forschung bislang ebenso übersehen wie die Tatsache, dass
sich Goethe an die strukturellen Vorgaben des empfindsamen Familienschauspiels hält. Man liest das Stück seit jeher als das Drama eines Künstlers, der in
der Welt des aufgeklärten Hofes um Selbsterkenntnis und Autonomie ringt.[65]
Auch Interpretationen, die das von Alphons, Antonio und den beiden Leono-
ren an Tasso erprobte höfische „Bildungsprogramm" in den Blick nehmen,[66]
erwähnen mit keinem Wort, dass das Gefängnis Teil dieses pädagogischen
Unternehmens ist. Überhaupt ist zu fragen, ob die Differenz von Hof und
Künstler geeignet ist, das Beziehungsgefüge des Textes adäquat zu beschreiben.
Der Vergleich mit den empfindsamen Dramen der 1780er Jahre zeigt, dass sich

---

64   Dieses Deutungsangebot der intradiegetischen Erzählung Cezilies sollte nicht darüber
      hinwegtäuschen, dass Fernando bis zum Schluss als ein Gefangener der Liebe erscheint.
      Wie Detken 2009, S. 284–288 anhand des Nebentextes der Schlussszene deutlich macht,
      scheint Fernando von beiden Frauen gegen seinen Willen festgehalten zu werden. Sie
      widerspricht damit der gängigen, prominent von Pikulik 1992, S. 107 formulierten These,
      dass das Dramenende „die Wunschphantasie eines männlichen, seinem männlichen
      Selbstverständnis nachsinnenden Autors" sei. Pikulik weist allerdings im selben Auf-
      satz darauf hin, dass *Stella* nicht nur als „utopisches", sondern auch als „pessimistisches
      Drama" zu lesen ist (ebd., S. 114). Am ausführlichsten beschäftigt sich Mellmann 2001 mit
      dem utopischen Gehalt des Dramenendes, dort ist auch die Forschungsdiskussion und
      Rezeptionsgeschichte zusammengefasst.
65   Stellvertretend für andere seien hier Rasch 1954, Borchmeyer 1977, S. 55–130, Girschner
      1986, Hinderer 1992b sowie Reiss 1993, S. 204–217 genannt.
66   Hinderer 1992b, S. 245.

im *Tasso* genretypische Handlungsmuster wiederholen, zu denen auch die präventive Gefangensetzung des jungen Protagonisten gehört. Tasso wird, weil er in II/3 gegen Antonio im Streit den Degen gezogen hat, vom Fürsten unter Hausarrest gestellt. Der Freiheitsentzug soll auch hier, wie bei Brandes, Großmann und Gemmingen-Hornberg, die agonale Veranlagung des jugendlichen Hitzkopfes eindämmen, ihm erzieherische Grenzen setzen:

> ANTONIO Wo schwärmt der Knabe hin? Mit welchen Farben/ Malt er sich seinen Wert und sein Geschick?/ Beschränkt und unerfahren hält die Jugend/ Sich für ein einzig auserwähltes Wesen/ Und alles über alle sich erlaubt./ Er fühle sich gestraft, und strafen heißt/ Dem Jüngling wohltun, daß der Mann uns danke. (FA 5, 779)

Die klassizistische Ästhetik von Goethes Drama soll nicht in Abrede gestellt werden. Es kann aber gefragt werden, ob diese nicht auch, siehe Iphigenie (Kap. 7.2), Strukturähnlichkeiten mit dem populären Drama der Zeit ausbilden konnte. Bekanntlich hat die Tatsache, dass das Stück kein tragisches, sondern ein offenes Ende hat und sich überhaupt schwer einer Gattung zuordnen lässt, Zeitgenossen und späteren Interpreten einiges Kopfzerbrechen bereitet.[67] Man könnte jedoch den paratextuellen Hinweis, dass es sich um ein „Schauspiel" handelt (731), als Fortsetzung des in *Stella* begonnenen Versuchs lesen, empfindsame Gemeinschaften und ihre Bruchlinien in Szene zu setzen.

Die Gefangensetzung des Protagonisten erfolgt nicht am Ende, sondern in der Mitte des Stückes. Dem Willen des Herzogs entsprechend soll der Hausarrest ein bloßer Übergang sein, da Leonore und Antonio den Gefangenen durch Besuche beruhigen würden: „Lenore Sanvitale mag ihn erst/ Mit zarter Lippe zu besänft'gen suchen:/ Dann tritt zu ihm, gib ihm in meinem Namen/ Die volle Freiheit wieder, und gewinne/ Mit edeln, wahren Worten sein Vertraun."[68] (779f.) So kommt es dann auch. Der vierte Akt spielt durchgehend in

---

67   Die zeitgenössischen Besprechungen rieben sich vor allem an der Handlungsarmut des Stückes, aber auch daran, dass es sich keiner Gattung eindeutig zuordnen lässt, vgl. die Dokumentation in FA 5, 1402–1407. Die Tendenz der Forschung, den *Tasso* als Tragödie zu begreifen, konstatiert Hinderer 1992b, S. 208. Dagegen hat der nachdrückliche Hinweis von Forster 1969, S. 22, dass es sich bei dem „Schauspiel" um keine Tragödie handele – und Goethe es auch nicht als solche begriffen habe – nur wenig Resonanz gefunden. Liewerscheidt 2017, der als einer der wenigen versucht, den Text als „Tragikomödie" zu lesen, listet die Deutungen des *Tasso* als Tragödie auf (ebd., S. 339). Liewerscheidt selbst begründet seine Haltung mit der vermeintlichen Bedeutung komischer Szenen in Goethes Schauspiel.

68   Dass auch der Prinzessin im Stück eine Vermittlungsfunktion zukommt, zeigt Wokalek 2014.

Tassos Zimmer, wo er nun, dem Rondoschema folgend, abwechselnd Besuch
von Leonore und Antonio erhält (797–815):

Vierter Akt

1 Tasso

2 Tasso   Leonore

3 Tasso

4 Tasso   Antonio

5 Tasso

Anders als bei Lillo scheitert jedoch der Versuch, in der Isolation des Protagonisten einen empfindsamen Gefühlsraum zu etablieren und Tassos
ungestümen Eigensinn durch Gefangenschaft einzuhegen. Bereits in seinem
Eröffnungsmonolog des vierten Aktes wird klar, dass Tasso sich für unschuldig
hält und von Einsicht weit entfernt ist. „Hab' ich verbrochen daß ich leiden
soll? / Ist nicht mein ganzer Fehler ein Verdienst?" (797) fragt er und bekräftigt
gegenüber Leonore seine agonalen Ambitionen[69] gegen Antonio: „Ich denk'
ihn mir als meinen ärgsten Feind,/ Und wär' untröstlich wenn ich mir ihn nun/
Gelinder denken müßte." (801) Die Versuche Leonores und Antonios, Tasso in
ihre Gemeinschaft zu reintegrieren, schlagen fehl. Er misstraut seinen Freunden mehr als zuvor: „Lenore selbst, Lenore Sanvitale/ Die zarte Freundin! Ha,
dich kenn' ich nun!/ O warum traut' ich ihrer Lippe je!" (805)

Tassos Hausarrest wird aufgehoben, er gibt vor, Ferrara verlassen zu wol-
len,[70] um in Rom mit anderen Dichtern über sein neues Werk zu sprechen.
Der Fürst gewährt ihm widerwillig die Reise, Tasso jedoch kann sich von der
Prinzessin, die er liebt, nicht lösen. Die Handlung eskaliert ein zweites Mal, als

---

69 Das agonale Moment des Dramas ist bislang nur kursorisch interpretiert worden. Hinde-
    rer 1992b, S. 218f. verhandelt es im Kontext der Misanthropie des Protagonisten. Borch-
    meyer 1977, S. 95–102 stellt im Anschluss an Norbert Elias die These auf, dass die in
    Antonio sich verdichtende Rationalisierung der Höfe in der Aufklärung spontane Duell-
    forderungen wie diejenige Tassos unterbinden müsse.

70 Die Fluchtwünsche Tassos haben in der Forschung allerlei Spekulationen über den bio-
    graphischen Hintergrund des *Tasso* ausgelöst: Hat Goethe seine Erfahrungen des ersten
    Weimarer Jahrzehnts im Stück verarbeitet? Er selbst hat solchen Deutungen mit der
    Bemerkung gegenüber Eckermann Vorschub geleistet, die „Hof-Lebens- und Liebesver-
    hältnisse" seien „in Weimar wie in Ferrara" gewesen, „und ich kann mit Recht von meiner
    Darstellung sagen: sie ist Bein von meinem Bein und Fleisch von meinem Fleisch." 6. Mai
    1827, in: FA 39, 615. Dieser Behauptung hat Dieter Borchmeyer widersprochen. Tasso sei,
    anders als Goethe, ein reiner Hofdichter, weshalb seine Stellung eher mit der Klopstocks
    am Kopenhagener Hof zu vergleichen sei (FA 5, 1411f.). Goethes Rolle habe eher der Anto-
    nios entsprochen.

er ihr vor den Augen der anderen in die Arme fällt und sie fest an sich drückt
(829). Aus Furcht vor weiteren Sanktionen wähnt sich Tasso nun am Ende, hält
Antonio für den „Kerkermeister" und „Marterknecht" des „Tyrannen" Alphons:
„Du hast den Sklaven wohl gekettet, hast/ Ihn wohl gespart zu ausgedachten
Qualen" (830). Tatsächlich versagt Antonio ihm im Schlussdialog seinen
Wunsch, aus dem Herzogtum zu fliehn:

> TASSO [...] Ich will hinweg! Und wenn du redlich bist,/ So zeig' es mir, und laß
> mich gleich von hinnen.
> ANTONIO Ich werde dich in dieser Not nicht lassen;/ Und wenn es dir an Fas-
> sung ganz gebricht,/ So soll mir's an Geduld gewiß nicht fehlen.
> TASSO So muß ich mich dir denn gefangen geben?/ Ich gebe mich und so ist es
> getan [...]. (832)

Tasso endet vorerst als Gefangener, oder besser: als Insasse. Seine Freiheits-
beraubung wird nicht juristisch, sondern psychopathologisch begründet.[71]
Goethe deutet Gefangenschaft in seinem Schauspiel weder als Transitraum
in die empfindsame Gemeinschaft, noch als Vorraum des Todes, der dem jungen Protagonisten eine letzte Gelegenheit zur Einsicht böte. Stattdessen wird
Tasso in einer eigenartigen Schwellensituation zwischen Vernunft und Wahnsinn gefangen gehalten, in der es zur unerwarteten Annäherung zwischen
ihm und seinem Widersacher Antonio kommt. Sein Schicksal, wie das Barnwells und Beverleys, kann wahlweise rührend oder entsetzlich wirken: „Nur
Eines bleibt", so Tasso. „Die Träne hat uns die Natur verliehen./ Den Schrei des
Schmerzens, wenn der Mann zuletzt/ Es nicht mehr trägt" (833).

6.2   *Le Père de famille* oder wie man junge Frauen befreit

Die Darstellung von Gefangenschaft im Aufklärungsdrama verläuft entlang
der Geschlechterdifferenz.[72] Während junge Männer durch das Gefängnis
gebessert werden sollen, müssen junge Frauen aus dem Gefängnis befreit werden. Dies sei nun gezeigt am Beispiel von Diderots Rührstück *Le Père de famille*
(1758). Bekanntlich schätzte der französische Aufklärer Lillos *London Merchant* und Moores *The Gamester* – letzteres übersetzte er sogar. In Deutschland

---

71   Tassos seelische Krankheit, ob als Melancholie, romantischer Wahnsinn oder Verfolgungs-
      wahn beschrieben, ist für die Forschung von ungebrochenem Interesse, vgl. Bergengruen
      2018, S. 19–72, Müller 2018, S. 695, Bölts 2016, S. 324–353, Valk 2002, S. 106–138.
72   Die Geschichte weiblicher Gefangenschaft und Gefängnisliteratur sowie ihre literari-
      schen Darstellungstraditionen im 19. und 20. Jahrhundert dokumentiert Fludernik 2019,
      S. 532–591.

gewannen seine Schauspiele dank der textnahen Übersetzung Lessings[73] rasch
Leser und fanden auch den Weg auf die Bühne.[74] In der Forschung herrschte
lange die Meinung, dass die theoretischen Anhänge zu Diderots Dramen
bedeutender seien als die Dramen selbst.[75] In den letzten dreißig Jahren hat
sich das Bild jedoch gewandelt und man wendet sich immer häufiger auch den
theaterpraktischen Innovationen des französischen Aufklärers zu.

Mit der Figur der Sophie bringt Diderot ein französisches Pendant von
Richardsons Pamela auf die Bühne. In den Augen der Männer ist Sophie,
wie ihr englisches Vorbild, ein tugendhafter Engel: „quelle modestie! quels
charmes!"[76] schwärmt der Jüngling St-Albin, der Sophie liebt und sie heiraten möchte. Auch sein Vater, der aufgrund des Standesunterschiedes gegen
die Heirat ist, kann seine Begeisterung nicht unterdrücken: „Quels charmes!
Quelle modestie! Quelle douceur!... Ah!..."[77] Sophie, die mit ihrem Vormund
in Armut lebt, gerät ungewollt zwischen die Fronten eines Konfliktes, der die
Familie des Hausvaters zu zerreißen droht. St-Albin hat die mittellose Sophie
beim Besuch der Messe kennengelernt und sich sofort in sie verliebt. Er verkleidet sich als armer Arbeiter, um sich ihr zu nähern; Sophie erwidert seine
Gefühle.[78] Der Hausvater jedoch willigt nicht in die Ehe ein, nicht zuletzt aufgrund seines reichen und herrschsüchtigen Bruders, des Kommandanten. Dieser ist auf die Familienehre und sein Vermögen bedacht und tut alles, um die

---

73   Lessing 1760. Inzwischen liegt mit Diderot/ Lessing 2014 eine kommentierte synoptische
     Ausgabe vor, vgl. hierzu den Beitrag der Herausgeber Immer/ Müller 2009. Zur Bedeutung
     von Lessings Beschäftigung mit Diderot für seine Theorie und Praxis des Theaters siehe
     Golawski-Braungart 2005, S. 149–188.

74   Vgl. Mortier 1972, S. 47–53. Bekannt ist, dass Lessing den *Père de famille* erst als Dramaturg
     in Hamburg auf der Bühne sah und sich daraufhin im 84.-86. Stück der *Hamburgischen
     Dramaturgie* noch einmal mit dem Drama auseinandersetzte. Detken 2009, S. 189–199
     weist mit Rückgriff auf die von Chouillet 1982 gesammelten Materialien darauf hin, dass
     der *Père de famille* auf der Bühne erfolgreicher war als der *Fils naturel*. Er kam in Frank-
     reich zu Beginn der 1760er Jahre allerdings meist stark verändert auf die Bühne – gleiches
     könne für Deutschland nicht ausgeschlossen werden. Pellerin 1999, S. 91 berichtet, dass
     der *Père de famille* in der Comédie Française von 1769 bis 1788 über hundertmal gespielt
     wurde.

75   So schreibt etwa Dieckmann 1972, S. 158: „Weder *Le Fils naturel* noch *Le Père de famille*
     sind gute Theaterstücke. Diderots deklamatorischer Stil, seine Sentimentalität und sein
     Pathos stoßen die meisten Leser ab und stellen zuweilen selbst den begeisterten Diderot-
     Verehrer auf eine harte Probe." Ebenso Stackelberg 1983, S. 48: „So zutreffend es also sein
     mag, so unoriginell und so relativ unwichtig ist es auch festzustellen, daß Diderot als
     Praktiker auf dem Gebiet des Theaters weitgehend versagt hat: entscheidend sind seine
     neuen Ideen."

76   Diderot 1758, S. 22.

77   Ebd., S. 57.

78   Zur Standesdifferenz zwischen Sophie und St-Albin siehe Frömmer 2008, S. 117.

Liebe zwischen St-Albin und Sophie zu sabotieren. Er besorgt deshalb einen *lettre de cachet*, der die junge Frau ins Gefängnis bringen soll. Jedoch widersetzt sich St-Albins Freund Germeuil diesem Plan und bringt Sophie, bevor sie verhaftet werden kann, heimlich in das Haus der Familie. Dort will er sie vor dem Kommandanten verstecken, aber auch vor St-Albin, der Sophie entführen will: „Et toi, pauvre innocente, qui te sauvera de deux hommes violens qui ont également résolu ta ruine?"[79] Die Ankunft Sophies im Haus in der zweiten Szene des dritten Aktes wird von Diderot eindrücklich inszeniert:

> *Sophie entre sur la scène comme une troublée. Elle ne voit point. Elle n'entend point. Elle ne sçait où elle est.* [...]
> SOPHIE. Je ne sçais où je suis ... Je ne sçais où je vais ... Il me semble que je marche dans les ténébres ... Ne rencontrerai-je personne qui me conduise?... O Ciel, ne m'abandonnez pas![80]

Sophies Auftritt erinnert an eine Gefangene, die nach Jahren aus einem dunklen Kerker befreit wurde und sich erst an ihre Umgebung gewöhnen muss. Sie sieht und hört nichts, verfügt über keine Orientierung. Sie ist körperlich stark geschwächt, „fait quelques pas, & tombe sur ses genoux".[81] Obwohl Germeuil sie vor dem Gefängnis gerettet hat, glaubt Sophie, gefoltert worden zu sein: „Les cruels! .. Que leur ai-je fait?"[82] Ihr Zustand erregt das Mitleid von St-Albins Schwester Cécile, die Germeuil in seinen Rettungsplan eingeweiht hat. Eigentlich möchte sie, aus Angst ihren Vater zu verraten, Sophie nicht aufnehmen, empfindet aber Mitleid mit ihrem Schicksal:

> Qu'elle me peine! .. Oh que ceux qui peuvent la tourmenter, sont méchans! (*Ici la pitié succede à l'agitation dans le coeur de Cécile. Elle se panche sur le dos d'un fauteil, du côté de Sophie, & celle-ci continue*).[83]

Die ausführlich inszenierte Empathie mit der Gefangenen führt zu der Entscheidung, Sophie im Haus der Familie zu verstecken. Diese Tat wird mit politischer Metaphorik aufgeladen, denn die Verfolgte fordert von ihren Rettern „asile" und mahnt: „Tendez la main à celle qu'on opprime".[84]

---

79   Diderot 1758, S. 108.
80   Ebd., S. 112.
81   Ebd., S. 113.
82   Ebd., S. 113.
83   Ebd., S. 115.
84   Ebd., S. 114f.

Ironischerweise gleicht das Asyl, das Cécile und Germeuil der jungen Frau gewähren, einem Hausarrest.[85] Sie wird in ein Zimmer gesperrt, das sie nicht verlassen darf und das von Céciles *femme de chambre* bewacht werden muss. Folgerichtig sieht Sophie sich nicht als Geflüchtete, sondern als Gefangene. Dies tritt im Dialog mit St-Albin zutage, der inzwischen in die Rettungsaktion eingeweiht wurde. Ihn macht Sophie für ihren Freiheitsentzug verantwortlich:

> SOPHIE. Où suis-je? Que fais-je ici? Qui est-ce qui m'y a conduite? Qui m'y retient?... Monsieur, qu'avez-vous résolu de moi?
> S.ᵀ ALBIN. De vous aimer, de vous posséder, d'être à vous malgré toute la terre, malgré vous.
> SOPHIE. Vous me montrez bien le mépris qu'on fait des malheureux. On les compte pour rien. On se croit tout permis avec eux. Mais, Monsieur, j'ai des parens aussi.
> S.ᵀ ALBIN. Je les connoîtrai. J'irai. J'embrasserai leurs genoux; & c'est d'eux que je vous obtiendrai.
> SOPHIE. Ne l'espérez pas. Ils sont pauvres, mais ils ont de l'honneur ... Monsieur, rendez-moi à mes parens. Rendez-moi à moi-même. Renvoyez-moi.
> S.ᵀ ALBIN. Demandez plûtôt ma vie. Elle est à vous.
> [...]
> SOPHIE. (*relevée*). Vous êtes sans pitié ... Oui, vous êtes sans pitié ... Vil ravisseur, que t'ai-je fait? Quel droit as-tu sur moi?... Je veux m'en aller ... Qui est-ce qui osera m'arrêter?[86]

Der intertextuelle Bezug zu *Pamela* liegt nicht nur nahe, weil man Diderot als Autor der *Eloge de Richardson* (1761) kennt, sondern auch, weil das französische Publikum mit Richardsons Romanen seit Beginn der 1740er Jahre vertraut war.[87] Die Bezeichnung St-Albins als „Ravisseur" entspricht nicht dem Handlungsverlauf des Dramas, aber dem Topos der jungen, aus armen Verhältnissen stammenden Frau, die von einem reichen Mann begehrt und festgesetzt wird. Wie Pamela wehrt sich auch Sophie gegen ihr Schicksal, pocht auf ihre Rechte und bittet, nachhause gehen zu dürfen. Die empfindsame Rezeption wird nicht nur durch den Appell an das Mitleid, sondern auch durch eine jener innovativen Figuren- und Raumordnungen gelenkt, die für Diderots Dramen typisch sind: „Cécile & Germeuil se retirent au fond du théâtre, où il demeurent

---

85   Das Haus als Gefängnis ist in der europäischen Literatur seit Charles Dickens eine prominente Metapher, vgl. Fludernik 2019, S. 243–256. Wie das Beispiel des *Père de famille* zeigt, ist sie aber bereits in der Aufklärung anzutreffen – und das jenseits der in der Komödie des 17. und 18. Jahrhunderts gängigen Rede von der Liebe und der Ehe als Gefängnis.

86   Diderot 1758, S. 169–171.

87   *Pamela* erschien 1742 auf Französisch, *Clarissa* 1751 und *Sir Richard Grandison* 1755.

spectateurs de ce qui se passe entre Sophie & Saint-Albin."[88] Sophie nutzt die Theatralität der Szene, um sich direkt an die ‚Zuschauer' im Bühnenhintergrund zu wenden: „O Dieu, que vais-je devenir! (*à Cécile, à Germeuil d'un ton désolé & suppliant*). Monsieur ... Mademoiselle ...".[89]

Der Verweis auf Sophies niedrigen sozialen Rang ist nicht kursorisch, sondern konsequent. Ihre Gefangensetzung lässt die gesellschaftliche Ungleichheit, die in *Le Père de famille* permanent präsent gehalten wird, noch deutlicher hervortreten.[90] Diderot betont im Vorwort, wie groß der Beitrag der einfachen Leute zur „subsistance commune" sei,[91] um gleich zu Beginn des Stückes zu zeigen, wie schlecht es darum bestellt ist. So schildert St-Albin, der Sophies Lebensumstände kennengelernt hat, seinem Vater im ersten Akt „la vie de ces infortunés" und seine sozialen Härten, den Mangel an Geld und Nahrung.[92] Damit einher geht die Verweigerung gesellschaftlicher Anerkennung. „Parce que nous sommes pauvres, on nous méconnoît, on nous repousse":[93] Diese Feststellung Sophies wird in der Handlung des Dramas gespiegelt. Für den Kommandanten ist sie aufgrund ihrer Armut nichts als eine „créature",[94] aber auch den Hausangestellten geht es nicht besser. Der Vater, eigentlich der empfindsame Gegenpart des Kommandanten, entlässt kurzerhand einen Diener, weil dieser von den nächtlichen Ausflügen St-Albins Kenntnis hatte.[95]

Die offenkundige soziale Ungerechtigkeit wird zum politischen Problem, weil sich die junge Generation der wohlhabenden und privilegierten Mittelschicht der Gleichheitsidee des Naturrechts verschrieben hat. St-Albin bezeichnet seinen Vater wiederholt als Tyrannen;[96] Cécile wirft dem Kommandanten vor, dass er trotz seines Reichtums den armen Mitgliedern der Familie jede Hilfe verweigert habe. Sie nennt sein Verhalten „une inhumanité sans

---

88 Diderot 1758, S. 169. Solche meist in den Nebentexten festgehaltenen Anordnungen (Tableaus, scènes composées, Pantomimes etc.) untersucht detailliert Detken 2009, S. 163–199. Sie hebt hervor, welch neue Anforderungen für die Theater damit einhergingen. Fragwürdig ist deshalb die These von Frömmer 2008, dass Diderots Theaterästhetik „die Instanz der medialen Vermittlung" von Affektivität „zum Verschwinden" bringe (ebd., S. 50).

89 Diderot 1758, S. 171.

90 Man hat in der Forschung nicht ohne Grund immer wieder auf den realistischen Gehalt von Diderots Theaterreform und seinen Dramen hingewiesen. Vgl. Dieckmann 1972, S. 167, der von einem „neuen Realismus", ja „Verismus" spricht, oder sozialgeschichtlich orientierte Arbeiten wie diejenige von Albert 1983, S. 61–63.

91 Diderot 1758, S. XII.

92 Ebd., S. 27–29.

93 Ebd., S. 172.

94 Ebd., S. 122.

95 Ebd., S. 45.

96 Ebd., S. 81, 105.

exemple", die gegen „les loix de la nature & de la société" verstoße.[97] Diderot selbst verbindet in seinem Vorwort die Sensibilität für soziale Ungleichheit mit dem naturrechtlich begründeten Kampf gegen tyrannische Alleinherrschaft.[98] Die Jugend müsse „la misere" der Armen kennen,

> afin qu'ils y soient sensibles, & qu'ils sçachent par leur propre expérience qu'il y a autour d'eux, des hommes comme eux [...], qui ont à peine de la paille pour se coucher, & qui manquent de pain. [...]
> Rappellez-vous souvent à vous-même qu'il ne faut qu'un seul homme méchant & puissant pour que cent mille autres hommes pleurent, gémissent & maudissent leur existence. [...]
> Que la nature n'a point fait d'esclaves, & que personne sous le Ciel n'a plus d'autorité qu'elle.[99]

Die politische Struktur, die durch das Ereignis der Gefangenschaft Sophies entlarvt wird, beruht auf der Ausbeutung der Armen durch die Privilegierten, einer fortschrittlich denkenden Jugend innerhalb der wohlhabenden Mittelschicht sowie einer Imagination von Herrschaft, die zwischen dem empfindsamen Landesvater und dem autoritären Alleinherrscher oszilliert. Der Konflikt um Sophie verschärft die Spannungen zwischen den verschiedenen Gruppen, die Jugend verbündet sich mit der Dienerschaft. Es entsteht eine revolutionäre Situation, die in der letzten Szene des Dramas zu eskalieren droht.[100] Die Bühne füllt sich ab V/8 nach und nach mit den älteren Figuren des Stücks, wobei der Kommandant und der Hausvater im Zentrum stehen. Sie streiten sich über die Führung des Hauses, der Kommandant beschreibt den

---

97   Ebd., S. 124.

98   Dabei ist, wie Frömmer 2008, S. 127 schreibt, die Widmungsrede des *Père de famille* wiederum „geschlechtspolitisch codiert". Der Vater erscheine als zivilisiert, die Mutter werde der Natur zugeordnet.

99   Diderot 1758, S. XIIIf. Das Vorwort ist an die Prinzessin von Nassau-Saarbrücken gerichtet und in Form eines Rollenmonologes gehalten. Diderot legt der Prinzessin eine pädagogische Rede an die Jugend in den Mund. Dadurch versucht er zu kaschieren, dass es sich um seine eigenen Gedanken handelt, zugleich setzt er den *Père de famille* von der in der Rede evozierten politischen Theorie ab: „Voilà, MADAME, les pensées que médite une Mere telle que vous, & les discours que ses enfans entendent d'elle. Comment après cela un petit événement domestique, une intrigue d'amour, où les détails sont aussi frivoles que le fond, ne vous paroîtrent-ils pas insipides? Mais j'ai compté sur l'indulgence de VOTRE ALTESSE SERENISSIME" (ebd., S. XXI).

100 Dies könnte ein Grund sein, warum der *Père de famille* im Theater der Französischen Revolution, wie Pellerin 1999, S. 91 konstatiert, trotz seines konservativen Endes einen prominenten Platz einnahm und knapp zweihundertmal gespielt wurde. Dass sich der antirevolutionäre Furor der Restauration auch auf Diderots Stück richtete, bemerkt Behrens 1985, S. 46.

Hausvater als schwachen und gefühlsseligen Herrscher, der die Kontrolle über seine Untergebenen verloren habe.[101] In der zwölften Szene schließlich stürmt die Jugend herein, begleitet von sämtlichen Domestiken des Hauses. St-Albin ist mit einem Schwert bewaffnet, es kommt zum „tumulte".[102]

Die Präsenz der Dienerschaft in dieser Szene ist auch deshalb von Bedeutung, weil Diderot in Le Père de famille auffallend viele Dienerfiguren einsetzt. Ihre Zahl übersteigt die der Familienmitglieder bei weitem. Zum anderen gewinnt die Schlussszene dadurch an Brisanz, dass noch zu Beginn des zweiten Aktes der Vater im Stil eines Monarchen in seinem Haus Audienz gehalten hat, während der sich seine Untergebenen bzw. Bittsteller in die Ordnung des ,Zeremoniells' einfügten.[103] Obwohl er dort eine mildtätige Regentschaft erkennen ließ, droht die politische Gemeinschaft, der er vorsteht, am Schluss des Dramas unter dem Druck der autoritären Reaktion auf der einen und den progressiven Forderungen der Jugend auf der anderen Seite zu zerbrechen. Der Konflikt spitzt sich zu: Der Kommandant beharrt darauf, Sophie verhaften zu lassen, St-Albin will deshalb Gewalt anwenden und muss von Germeuil zurückgehalten werden.[104]

Die Lösung wird nur möglich, weil Sophie sich als die Nichte des Kommandanten entpuppt und dessen autoritärer Haltung damit die Grundlage entzieht. Der Hausvater ist wieder als empfindsamer Familienherrscher eingesetzt, seine Kinder werfen sich vor ihm auf die Knie.[105] Der ursprüngliche Konflikt wird einfach umgangen: Die Verbindung von St-Albin und Sophie ist standesgemäß und die Frage nach der sozialen Anerkennung der sozial Benachteiligten muss nicht mehr beantwortet werden. Am Schluss verlassen die Figuren die Bühne in hierarchischer Ordnung: „Le Pere de Famille conduit ses deux filles; Saint-Albin a les bras jettés autour de son ami Germeuil; Monsieur le Bon donne la main à Madame Hébert: le reste suit en confusion".[106] Der Tyrann in Gestalt des Kommandanten ist verschwunden, die empfindsame politische Gemeinschaft hat sich rekonstituiert. Dennoch hat die Gefangenschaft Sophies die sozialen Unterdrückungsmechanismen zu Tage treten lassen und das

---

101   Diderot 1758, S. 194.
102   Ebd., S. 205.
103   Ebd., S. 39–45.
104   Ebd., S. 206.
105   Ebd., S. 216.
106   Ebd., S. 220. Zu diesem Wechselspiel von empfindsamer Kommunikation und familiärer Blutsbande in der Gemeinschaftskonstitution des Père de famille vgl. Frömmer 2008, S. 103–109, 118–121.

revolutionäre Moment, das mit der Befreiung junger, entrechteter Frauen verbunden ist, lange vor dem Sturz des Ancien Régime sichtbar gemacht.[107]

In der deutschsprachigen Dramenproduktion der Aufklärung muss man
nach einer ähnlichen Konstellation weiblicher Gefangenschaft lange suchen.
Das ist erstaunlich, wenn man die intensive Rezeption von Diderots Drama in
Deutschland sowie die Popularität des Topos ,Gefängnis' bedenkt. Zwar finden sich einzelne metaphorische und konkrete Darstellungen junger Frauen in
Gefangenschaft, ihre Befreiung wird aber nur in ganz wenigen Fällen als revo-
lutionärer Akt inszeniert. Dies könnte daran liegen, dass die empfindsamen
Lustspiele der 1740er Jahre sich dem Thema auf andere Weise nähern. In Tex-
ten wie Gellerts *Die Betschwester* (1745) oder Schlegels *Der Triumph der guten
Frauen* (1748) befinden sich Frauen nur im übertragenen Sinn in Gefangenschaft (Kap. 7.1). Das einzige Drama der vorrevolutionären Zeit, das sich wie *Le
Père de famille* an dem von *Pamela* vorgegebenen Muster orientiert, ist Lessings
Emilia Galotti (1772). Bekanntlich wird die Titelfigur im dritten Akt in das Lust-
schloss des Prinzen entführt. Dieser versucht sich ihr dort zu nähern, weshalb
sein Höfling Marinelli alles daransetzt, die aufgebrachten Eltern Emilias davon
abzuhalten, ihre Tochter zu sehen und nachhause zu bringen. Lessing zeigt,
wie zuerst Claudia, dann Odoardo versuchen, Emilia aus den Händen des
Prinzen zu befreien[108] – die Protagonistin selbst bleibt in diesem Akt bis zur
vorletzten Szene des Dramas unsichtbar. Odoardo will „die gekränkte Tugend
[...] retten" (B 7, 359). Damit ist unweigerlich eine bildpolitische Mission verbunden. Der Staat, repräsentiert durch den Alleinherrscher, darf die Tugend,

---

107   Behrens 1985 kommt das Verdienst zu, die sozialkritische Schlagkraft des Stücks heraus-
      gearbeitet und dabei die politisch-emanzipatorische Dimension von *sentiment* und *pitié*
      einbezogen zu haben. Er wendet sich damit gegen die einflussreiche These von Szondi
      1977, S. 91–147, der die rührenden Züge des Stückes als bürgerlichen Eskapismus deutete.
      Dennoch ist Szondi eine konzise Analyse der politischen Widersprüchlichkeit des *Père
      de famille* zu verdanken. Seiner Ansicht nach verläuft die Differenz zwischen „revolutio-
      nären Zügen" und „konventionelleren" (ebd., S. 131) entlang der Trennlinie von Ästhetik
      und Dramentext. Da er seiner Deutung der Perspektive der ,Verbürgerlichung' der Gesell-
      schaft des 18. Jahrhunderts treu bleibt, sieht er in den Dramen die „Verteidigung der
      bürgerlich-empfindsamen Kleinfamilie als realer Utopie, in deren Abgeschiedenheit der
      rechtlose Bürger seine Ohnmacht in der absoluten Monarchie vergessen und sich trotz
      allem Augenschein der Güte der menschlichen Natur versichern kann." (ebd., S. 144) Die
      sozialen Konflikte, die *Le Père de famille* erstaunlich weit treibt, entgehen Szondi deshalb.
      Im Fahrwasser von Szondis Thesen bewegt sich auch das Diderot-Kapitel in der Studie
      von Albert 1983, S. 59–76.
108   Aufgrund dieses Plots hat die frühere Forschung das Drama als Konflikt zwischen Adel
      und Bürgertum gelesen, vgl. den Forschungsüberblick bei Fick 2016b, S. 347f. sowie die
      Kritik an diesem Ansatz ebd., S. 348f. und bei Ter-Nedden 2016, S. 328–333.

die durch ein junges, unberührtes Mädchen symbolisiert wird, nicht schän-
den. Die Forschung hat aus diesem Grund das Stück meist als Bearbeitung
des Virginia-Stoffes analysiert,[109] jedoch erlaubt der Hinweis auf die zeitlich
näher liegenden Prätexte *Pamela* und *Le Père de famille*, die Dimension der
Gefangenschaft und ihre Verbindung zur Herrschaftskritik[110] des Stückes in
den Vordergrund zu stellen.

Da es ihm nicht gelingt, seine Tochter aus ihrem Hausarrest zu befreien,
denkt Odoardo daran, den Prinzen zu ermorden. Orsina steckt ihm zu diesem
Zweck ihren Dolch zu (355), jedoch gelingt es Emilias Vater zunächst, sich zu
beruhigen.[111] In einer letzten Finte erklärt Marinelli dann die Entführung zum
Justizfall. Es gebe Gerüchte, dass ein Nebenbuhler mit Emilias Einverständ-
nis ihren Gemahl ermordet und sie verschleppen wollte. Deshalb müsse man
die junge Frau von ihren Eltern trennen und „in eine besondere Verwahrung"
nehmen. Der entsetzte Vater bittet darum, seine Tochter lieber in den „tiefsten
Kerker" zu sperren, der Prinz jedoch will „von Gefängnis" nicht reden hören
und Emilia in das Haus seines Kanzlers bringen (364–366). Als die endgültige
Festsetzung seiner Tochter durch den lasterhaften Fürsten kurz bevorsteht,
will Odoardo ihn erdolchen, schreckt jedoch im letzten Augenblick zurück:

> ODOARDO [...] Nicht, Prinz? nicht? – O wie fein die Gerechtigkeit ist! Vortreff-
> lich! *fährt schnell nach dem Schubsacke, in welchem er den Dolch hat*
> DER PRINZ *schmeichelhaft auf ihn zutretend:* Fassen Sie sich, lieber Galotti –

---

109 Vgl. u.a. die Interpretationen von Woesler 1997; Frömmer 2008, S. 181 und aktuell Weiershausen 2018, S. 174–206. Letztere erfolgt im Kontext von Virginia-Dramen der zweiten
Hälfte des 18. Jahrhunderts (Patzke, von Ayrenhoff, Voigt). Dem ‚Skandal', der in der Perspektive vieler aufgeklärter Zeitgenossen in Lessings Variation des Virginia-Topos lag –
Emilia ersticht sich am Schluss des Stückes auf Wunsch des Vaters – ist Ter-Nedden 2016,
S. 311–333 mit dem wichtigen Hinweis begegnet, dass Lessing die tödlichen Konsequenzen des Wahnes zeigen wolle, in den sich Odoardo verstricke. Auf die lebens- und sinnes-
feindliche „Halsstarrigkeit", die in Lessings Trauerspiel mit dem Tugendbegriff des Vaters
einhergeht, hat bereits Hillen 1970 verwiesen und damit der kritischen Bewertung der
Odoardo-Figur in der neueren Forschung den Weg geebnet. Zu den negativen Wirkungen
der moralischen Rigorosität Odoardos auf die Vater-Tochter-Beziehung vgl. Wosgien 1999,
S. 220–232.

110 Als Kritik am Absolutismus lesen das Stück Sørensen 1984, S. 82–93; Alt 1994, S. 251–270;
Nisbet 2008, S. 653–663.

111 In ihrer innovativen Analyse des Dramas hat Weiershausen 2018, S. 174–206 die große
Bedeutung des Wortfeldes Ruhe/Unruhe herausgearbeitet. Sie deutet dies als Folge einer
„gesellschaftsrelevante[n] Unordnung", die „Verhältnisse sind in ihren Grundlagen nicht
mehr so, dass sie ein stabiles Ordnungsgefüge herzustellen vermöchten" (ebd., S. 199). Im
Licht der hier vorgestellten Erkenntnisse lässt sich diese Destabilisierung sozialer Ordnung genauer bestimmen als durch agonale Mobilisierung erzeugte Unruhe.

ODOARDO *bei Seite, indem er die Hand leer wieder heraus zieht*: Das sprach sein
Engel! (365)

Obwohl dies im Drama der Zeit durchaus darstellbar war (Kap. 4.4), führt Odoardo den revolutionären Akt des Tyrannenmordes in dieser Szene nicht aus.
Als er kurz darauf seiner Tochter davon erzählt, redet sie ihm die Tat endgültig
aus und lenkt die politische Aggression stattdessen auf sich selbst (369).

Das vom Vater ausgeführte Selbstopfer Emilias erscheint, und das ist entscheidend, als Folge einer doppelt drohenden Gefangenschaft. Sie hat keine
Aussicht auf Freiheit, da der ursprüngliche Plan des Vaters war, sie in ein Kloster zu bringen (362) – dem Ort erster Wahl, wenn es im 18. und 19. Jahrhundert
darum geht, junge Frauen auf Dauer wegzusperren. Die Entscheidung des
Prinzen, Emilia in Gewahrsam zu nehmen, wird durch seine Sorge verstärkt,
sie könnte ihm auf immer entzogen bleiben (359). Wie Pamela und Sophie
weigert sich auch Emilia, das Recht des Herrschers anzuerkennen, sie zum
Schaden ihrer Tugend gefangen zu setzen:

> Ich allein in seinen Händen? – Nimmermehr, mein Vater. – Oder Sie sind nicht
> mein Vater. – Ich allein in seinen Händen? – Gut, lassen Sie mich nur; lassen
> Sie mich nur. – Ich will doch sehn, wer mich hält, – wer mich zwingt, – wer der
> Mensch ist, der einen Menschen zwingen kann. (368)

Emilia bietet sich aber im Gegensatz zu ihren Vorgängerinnen keinen Ausweg. Die Flucht ist ihr verwehrt, die Ermordung des Herrschers ebenfalls. Sie
könne sich zwar dessen Gewalt widersetzen, aber nicht seinen Verführungs-
versuchen (369). Damit setzt sich der Text ein letztes Mal und explizit von
den Prätexten Richardsons und Diderots ab. Denn in diesen ist es letztlich
die Heirat zwischen der jungen tugendhaften Frau und ihrem Verführer, die
die Lösung des Konfliktes garantiert. Indem Pamela den Lord heiratet, der sie
gefangengesetzt und gequält hat, garantiert sie symbolisch die Erneuerung des
Absolutismus aus dem Geist der empfindsamen Tugend. Gleiches geschieht in
Le Père de famille, wo Sophie ihrem „vil ravisseur" St-Albin verzeiht und sich am
Ende bereit erklärt, ihn zu heiraten. Lessings Trauerspiel entzieht sich diesem
populären Muster. Die Emilia zugeschriebene Tugend kann nur durch ihre
Ermordung bewahrt werden und damit durch eine Tat, die den Vater an der
Tochter statt ins Gefängnis bringt und so die Hoffnung auf die Bestrafung des
lasterhaften Fürsten bewahrt: „Ich gehe und liefere mich selbst in das Gefängnis. Ich gehe, und erwarte Sie, als Richter. – Und dann dort – erwarte ich Sie vor
dem Richter unser aller!" (371)

Die Befreiung tugendhafter Frauen aus der Gefangenschaft lässt eine
genuin empfindsame Herrschaftskritik sichtbar werden. Diese führt aber im

Aufklärungsdrama in der Regel nicht zum *regime change*, sondern zur symbolischen Integration der Tugend in die bestehenden Machtverhältnisse. Das gilt
auch für populäre Theatertexte, die nach den großen Revolutionen entstanden
sind. So trennt Kotzebue in *Der Graf von Burgund* (1798) die Handlungsstränge,
die zur Erneuerung der Herrschaft und zur Befreiung der jungen Frau führen.
Erst als Heinrich den Thron Burgunds übernommen hat, kehrt er in die Schweiz
zurück und heiratet die Nachbarstochter Elsbeth. Deren Vater hat die Liebe
der Jugendlichen im ersten Akt noch wegen des scheinbaren Standesunterschiedes unterbunden. In Elsbeths Zimmer hängt deshalb ein „Vogel in einem
Käficht",[112] der ihre Gefangenschaft symbolisiert. In Kotzebues Kolonialdrama
Die Sonnen-Jungfrau (1791) gibt die Internierung Coras zwar Anlass zu einem
militärischen Aufstand, dieser führt aber nicht zum Sturz der Herrschaft, sondern zu ihrer Reform.[113]

Es gibt allerdings eine Ausnahme: Plümickes *Lanassa* (1782), eine Adaption
von Lemierres *La veuve du Malabar*, verhandelt ebenfalls die Befreiung einer
jungen Frau, die von religiösen Fanatikern zum Opfertod verurteilt wurde. In
diesem Schauspiel endet der Konflikt zwischen Europäern und Indern mit
einem tödlichen Waffengang, an dessen Ende der tyrannische Oberbramin
sein Leben lässt.[114] Die Befreiung Lanassas und die Verhinderung ihres Opfers
gelingt. Obwohl der General der Europäer zu Beginn vorgibt, man komme in
Frieden und strebe „keine Aenderung in den Gesetzen fremder Völker, keine
Aufhebung ihres Gottesdienst's" an,[115] endet das Stück mit einer gewalttätigen
Missionierung. Ein Blitzschlag setzt den Tempel der Brahminen in Feuer, der
General verkündet den Bau einer christlichen Kirche und befiehlt den Indern,
in Zukunft den Gott der Christen anzubeten.[116] Das revolutionäre Potential
des tugendempfindsamen Befreiungstopos konnte sich im deutschsprachigen
Drama des 18. Jahrhunderts, so scheint es, nur unter der Bedingung verwirklichen, die rückständigen Institutionen Europas auf ferne Kontinente zu
projizieren.

---

112   Kotzebue 1798, S. 92.
113   Kotzebue 1791, S. 130–139.
114   Plümicke 1782, S. 84.
115   Ebd., S. 39.
116   Ebd., S. 86.

6.3   Szenen politischer Gefangenschaft in Goethes und Schillers Geschichtsdramen

Eine dritte Gruppe bilden die politischen Gefangenen, deren Darstellung im Drama sich mit den Elementen der Besserung und Befreiung kombinieren ließ. Politische Gefangenschaft zeichnet sich im Aufklärungsdrama dadurch aus, dass sie Folge eines agonalen Konfliktes, meist eines Kampfes zweier Parteien um die Macht ist. Der Sieger sperrt den Verlierer ins Gefängnis und unterbricht damit die Interaktionsdynamik agonaler Eskalation. Dies ist umso bedeutender, als die Intensivierung von Agonalität (Kap. 4) meist mit einer Steigerung von Mobilität einhergeht: Agonale Figuren sind beweglich und ruhelos.[117]

Ein gutes Beispiel hierfür ist Ulfo, der in Schlegels *Canut* der Titelfigur den Thron streitig macht. Als erfolgreicher Feldherr zeichnet sich Ulfo durch einen großen Eroberungs- und damit auch Bewegungsdrang aus. Seine Gemahlin Estrithe bringt es auf den Punkt: „Er sprach: Wahr ists, wer wird mich hier in Wäldern preisen?/ Hier ist kein Ruhm für mich, wohlan denn! Ich will reisen."[118] Das Drama setzt mit Ulfos Ankunft am Hof Canuts ein, um bereits in III/3 seine erneute Abreise für eine wichtige Militärmission in Aussicht zu stellen. Die Repliken der anderen Figuren dokumentieren Ulfos rastlose Bewegungen im außerszenischen Raum. Er liefert sich mit seinem Rivalen Godewin in aller Öffentlichkeit ein Duell und versucht, Gottschalks Heer für einen Putsch zu verwenden. Seiner Gefangennahme widersetzt er sich, indem er sich in Gottschalks Degen stürzt. Demgegenüber erscheint der empfindsame Herrscher Canut als statisches Element und Ruhepol. Hämisch bemerkt Ulfo, dass er den König genau deshalb zu früherer Zeit auf dem Schlachtfeld besiegt hat: „Zur Rache rief es dich: doch wo war ich? Canut!/ So schnell ist kaum der Blitz, indem er schlägt, verschwunden:/ Ich hatte dich besiegt, und ward nicht mehr gefunden."[119] Bei genauerem Hinsehen jedoch zeigt sich, dass Canuts Bewegungslosigkeit nur äußerlich ist und durch die Intensivierung von kommunikativem Gefühlsverkehr kompensiert wird. Während Ulfo innerlich unbeweglich und unversöhnlich bleibt, herrscht Canut, indem er sämtliche Untertanen, ob nah oder fern, mit seinen sanften Worten auf seine Seite ziehen, „umfassen"[120] kann.

---

117   Zur Darstellung von Agonalität in Schlegels *Canut* vgl. Kap. 4.2, dort auch Hinweise auf die entsprechende Forschungsliteratur.

118   Schlegel 1746, S. 7.

119   Ebd., S. 74.

120   Ebd., S. 38.

Diese Dichotomie von agonaler Mobilisierung und äußerer Ruhe, emotionaler Starrheit und empfindsamer Kommunikation ist für die Analyse der politischen Dimension des Aufklärungsdramas aufschlussreich. Mit seiner Gefangennahme wird einer der Kontrahenten zur Bewegungslosigkeit verurteilt und damit zur Reflexion seiner Gefühle gezwungen. Ähnlich wie im *London Merchant* konstituiert das Gefängnis in den Schlussakten vieler deutschsprachiger Tragödien einen Raum, in dem sich das Ende der agonalen Interaktion mit der Rückschau auf das eigene Leben und der möglichen psychischen Wandlung des Protagonisten überschneiden. Dies gilt in besonderen Maße für den Zeitraum ab den frühen 1780er Jahren, in dem sich die zunehmende Verwicklung der tugendempfindsamen Disposition in das agonale Feld des Politischen beobachten lässt (Kap. 4.4 u. 5.7). Zwar verhandelt auch das Drama des Sturm und Drang in Gestalt des *Götz von Berlichingen* prominent das Thema politischer Gefangenschaft, empfindsame Gefühle spielen dabei aber noch keine Rolle. Götz' Abschied von der Welt in den letzten beiden Szenen des fünften Aktes – sie spielen in Heilbronn, wo Götz im Turmgefängnis sitzt – wird als das Ende eines Freiheitskampfes inszeniert. Das militärische Scheitern des Protagonisten überlässt, so suggeriert die Figurenrede, das Land dem Verderben. Da Götz' einziger Sohn ins Kloster gegangen und sein Ziehsohn Georg in der Schlacht gestorben ist, bleibt keine Hoffnung auf die genealogische Fortführung des Kampfes. Mit dem Helden stirbt eine politische Haltung. Deshalb fordert der sterbende Götz die Hinterbliebenen auf, die empfindsame Kommunikation mit dem politischen Gegner einzustellen: „Schließt eure Herzen sorgfältiger als eure Tore." Es bleibt nichts als die resignierte Affirmation der unfreien Verhältnisse. „Die Welt", so Elisabeth, „ist ein Gefängnis." (FA 4, 388)

Auch wenn ein Stück wie Babos *Otto von Wittelsbach* (1782) in seinen Schlussszenen diese Vorgabe Goethes übernimmt und die verbitterte Stimmung des inzwischen isolierten Protagonisten aus seiner militärischen Niederlage ableitet,[121] zeichnen sich zur gleichen Zeit andere Möglichkeiten dramatischer Darstellungen von politischer Gefangenschaft ab. So greift Dyk in seiner 1777 publizierten Bearbeitung von John Banks' *Earl of Essex* für die Gefängnisszene des fünften Aktes auf das von Lillo verwendete Rondoschema zurück (Kap. 6.1). Während in Banks' Vorlage Eßex' Rivalen, Burleigh und Rawleigh, während der gesamten Szene auf der Bühne bleiben,[122] macht Dyk aus dem Kerker einen intimen Raum, in dem Eßex abwechselnd von Nottingham, Southampton und Rotland besucht wird und Gelegenheit erhält, in einem

121 Babo 1782, S. 204.
122 Banks 1682, S. 64–74.

Monolog seine Gefühle zu reflektieren. Er wird durch das Gefängnis moralisch gebessert, da sein Hang zu agonaler Impulsivität (Kap. 4.4) nun endgültig eingedämmt scheint. „Ich weiß nicht, lieber Graf!", so Southampton, „Sie sind ausnehmend verändert, seit wir hier sind! – So kleinlaut".[123] Eßex zeigt sich nun auf vorbildliche Weise tugendempfindsam. Er verzeiht der Königin, obwohl sie ihn zum Tode verurteilt hat – „Inbrünstig will ich für sie beten"[124]. In seinem abschließenden Monolog schwört er dann dem Agon als solchen ab und zeigt sich sogar gegenüber seinem Todfeind zur Versöhnung bereit. Wieder ist es der Rekurs auf die göttliche Gnade, die dem Todgeweihten den empfindsamen Abschied von der Welt erlaubt:

> Ha! dieser neugestärkte Muth, ist er dein Werk, Ewiger, Allweiser? – (*Niederknieend.*) Sieh, hier lieg' ich! – Glorreich war die Bahn, die du mir zu öffnen schienest; Seegen schien auf mich herabzuströmen. Du endest die Bahn! o ende deinen Seegen nicht! Laß mein Auge im Tode heiter seyn, wie es jetzt ist! (*Steht auf.*) Wenn Burlee einst sich dieser Stunde nähern wird, alsdann wird er fühlen, wie niedrig der Ehrgeiz, wie nichtig aller Wetteifer um die Eitelkeit dieser Welt ist. – Bis dahin, bis dahin, und auf ewig verzeihe ich ihm![125]

Als Eßex seinen Freund Southampton „noch einmal umarmen" will, „ehe wir scheiden", erwidert dieser: „seyn Sie weniger zärtlich, oder ich erliege unter dem Jammer!"[126] Die psychologische Entwicklung des Internierten ermöglicht die empfindsame Rezeption seines tragischen Endes.

Das Mitleid mit dem politischen Gefangenen taucht im europäischen Drama und seinen begleitenden Theorien bereits zur Jahrhundertmitte auf. So schreibt Lessing im Dezember 1756 an Mendelssohn, Ulfo hätte, damit der Leser „Mitleiden im höchsten Grade" mit Canut haben könne, diesen „gefangen nehmen und ermorden" müssen (B 3, 701). Es wundert nicht, dass Diderot den Konnex von Empfindsamkeit und politischer Gefangenschaft nicht nur über metaphorische Umwege in *Le Père de famille* bearbeitet, sondern bereits, ganz direkt, in *Le Fils naturel* (1757). Dort erzählt André ausführlich, wie er und sein Herr von einem feindlichen Staat gefangen gesetzt werden. Die Qualen der Gefängniszeit, „l'horreur du lieu",[127] rufen bei ihm selbst und seinen Zuhörern Trauer und Tränen hervor.[128]

---

123   Dyk 1777, S. 110.
124   Ebd., S. 113.
125   Ebd., S. 116.
126   Ebd., S. 113.
127   Diderot 1757, S. 72.
128   Ebd., S. 70–78.

In Deutschland sind es in erster Linie die Geschichtsdramen Goethes und Schillers, die diesen Konnex in Szene setzen und auf komplexe Weise variieren.[129] Sie reihen sich damit ein in die englische Literatur der Spätaufklärung und Romantik, die das Gefängnis gleichermaßen als Ort des Mitleids und der Revolte begreifen.[130] Es lässt sich zeigen, dass zentrale Szenen der klassischen Dramatik auf typische Elemente von Gefängnisdarstellungen zurückgehen und diese in den Dienst ihrer Ästhetik stellen.

Als erstes Beispiel sei *Don Karlos* genannt, in dessen Schlussakt sich der Titelheld im Gefängnis befindet:

> Ein Zimmer im königlichen Pallast, durch eine eiserne Gittertüre von einem großen Vorhofe abgesondert, in welchem Wachen auf- und nieder gehen. Dom Karlos an einem Tische sitzend, den Kopf vorwärts auf die Arme gelegt, als wenn er schlummerte. Im Hintergrunde des Zimmers einige Offiziere, die mit ihm eingeschlossen sind. Marquis von Posa tritt herein, ohne von ihm bemerkt zu werden, und spricht leise mit den Offizieren, welche sich sogleich entfernen. Er selbst tritt ganz nahe vor Karlos und betrachtet ihn einige Augenblicke schweigend und traurig. (WB 3, 381)

Schiller legt offenkundig großen Wert darauf, die Intimität der Gefängnisszene von Beginn an herauszustellen. Sie muss jene Nähe und Vertrautheit zwischen den Freunden restituieren, die durch Posas Intrige und seine Weigerung, Karlos in diese einzuweihen, verloren gegangen war (Kap. 5.7). Das Gefängnis wird zum Ort der aufrichtigen Aussprache, wobei die dadurch in Gang gesetzte Gefühlszirkulation zwischen den Freunden nicht allein dem empfindsamen Abschied dient, sondern vor allem der Verwirklichung ihres politischen Plans. Posa erzählt Karlos, dass er die Schuld allein auf sich gezogen habe und gibt seinem Freund Anweisungen, wie er die Rebellion zum Sieg führen könne. Kurz darauf wird der Marquis an Ort und Stelle auf Befehl des Königs erschossen. Der Infant wiederum erhält seine Freiheit zurück, um die Intrige gegen seinen Vater zu vollenden. Jedoch kommt es durch seine Gefangensetzung zu einem unvorhergesehenen Aufstand außerhalb des Palastes:

---

129   Gefangenschaft als strukturelles Element der klassischen Geschichtsdramen war bislang nicht Gegenstand der Forschung. Im Folgenden wird deshalb nur kursorisch auf jene Studien verwiesen, die sich mit angrenzenden Phänomenen beschäftigen, etwa der Traumsequenz in der Gefängnisszene des *Egmont*. Die Forschungsliteratur zur politischen Dimension des *Don Karlos* findet sich ausführlich in Kap. 5.7 zitiert.

130   Fludernik 2019, S. 316–343 mit Interpretationen von William Godwins Roman *Caleb Williams* (1794), Mary Robinsons Gedicht *The Dungeon* (1798) und Lord Byrons Verserzählung *The Prisoner of Chillon* (1816).

> Ganz Madrid in Waffen!/ Zu Tausenden umringt der wütende/ Soldat, der Pöbel den Pallast. Prinz Karlos,/ verbreitet man, sei in Verhaft genommen,/ sein Leben in Gefahr. Das Volk will ihn/ lebendig sehen, oder ganz Madrid/ in Flammen aufgehn lassen. (397)

Wenige Jahre vor der Erstürmung der Bastille erkennt Schiller das revolutionäre Potential, dass der Idee der Gefangenenbefreiung innewohnt. Es droht jene tumultartige Erstürmung des Gefängnisses durch das Volk, die im *Père de famille* erstmals angedeutet und später von der Französischen Revolutionsoper endgültig in die Tat umgesetzt wurde.

In Goethes Parallelunternehmen *Egmont* bietet das Gefängnis ebenfalls Raum für empfindsame Affekte und revolutionäre Phantasien. Jedoch verfährt Goethe ganz anders als Schiller. Weil er der spanischen Herrschaft in den Niederlanden gefährlich wird, lässt Alba Egmont ins Gefängnis werfen, wo ihn der Leser im fünften Akt allein in seiner Zelle wiederfindet. Im nun folgenden Monolog erkennt Egmont, dass er zum ersten Mal Angst verspürt, ja überhaupt in seine Gefühle Bewegung zu kommen scheint. „Was schüttelt dich nun? [...] Seitwenn begegnet der Tod dir fürchterlich?" Die für ihn ungewohnten Emotionen sind ihm vor allem rätselhaft, weil er im Krieg nie Todesangst verspürt habe. „Mitten unter Waffen, auf der Woge des Lebens" sei „innerst doch der Kern des Herzens ungeregt" geblieben. (FA 5, 534) Erlaubte es die mit dem agonalen Kampf verbundene Mobilisierung des Körpers noch, den Gefühlen zu entkommen, lässt die Sistierung der Bewegung sie nun frei:

> Auch ist er's nicht der rasche Feind dem die gesunde Brust wetteifernd sich entgegen sehnt, der Kerker ist's, des Grabes Vorbild, dem Helden, wie dem Feigen widerlich. (534)

In keiner anderen Textpassage der deutschen Aufklärungsdramatik wird die affektpolitische Funktion des Gefängnisses so detailliert reflektiert wie in Egmonts Monolog. In seiner Erinnerung erscheint sein Leben plötzlich als Befreiungserzählung. Er habe sich aus der Welt der Politik[131] und ihrer lang-

---

131 Egmonts Rolle als Politiker wird in der Forschung seit jeher kontrovers diskutiert. Interpretinnen und Interpreten wie Zimmermann 1909, S. 119; Brüggemann 1925; Keferstein 1937; Alt 2008, S. 160; Rocks 2020, S. 87 beschreiben Egmont, häufig ausgehend von Schillers Kritik der Figur, entweder als unpolitisch, als politisch naiv oder nicht handlungsmächtig, andere wie Michelsen 1971, S. 286f., Reinhardt 1992, S. 183–186 und Reiss 1993, S. 218f. trauen ihm politische Kompetenz zu, während Borchmeyer 1994, S. 165 das Politische der Figur in ihrem Charisma verortet.

wierigen Verhandlungen in die antagonal bewegte Welt[132] des Politischen geflüchtet:

> Unleidlich ward mir's schon auf meinem gepolsterten Stuhle wenn in stattlicher Versammlung die Fürsten, was leicht zu entscheiden war, mit wiederkehrenden Gesprächen überlegten und zwischen düstern Wänden eines Saals die Balken der Decke mich erdrückten. Da eilt ich fort sobald es möglich war, und rasch aufs Pferd mit tiefem Atemzug. Und frisch hinaus da wo wir hingehören [...]. Wo wir dem erdgebornen Riesen gleich, von der Berührung unsrer Mutter kräftiger uns in die Höhe reißen, wo wir die Menschheit ganz und menschliche Begier in allen Adern fühlen, wo das Verlangen vorzudringen, zu besiegen, zu erhaschen, seine Faust zu brauchen, zu besitzen, zu erobern durch die Seele des jungen Jägers glüht, wo der Soldat sein angeboren Recht auf alle Welt mit raschem Schritt sich anmaßt [...]. (534f.)

Anders als in den bürgerlichen Trauerspielen und Schauspielen der Zeit verfolgt die Initiierung der Empfindung durch den Kerker in dieser Passage nicht das Ziel der moralischen Besserung des Protagonisten. Egmont hofft, dass eine Zirkulation der Gefühle einsetzt, die seine Freunde ermuntert, ihn zu befreien:

> Wird an der Spitze deiner Freunde Oranien nicht wagend sinnen? Wird nicht ein Volk sich sammeln und mit anschwellender Gewalt den alten Freund rächend erreten? O haltet Mauern die ihr mich einschließt so vieler Geister wohlgemeintes Drängen nicht von mir ab, und welcher Mut aus meinen Augen sonst sich über sie belebend ergoß der kehre nun aus ihrem Herzen in meines wieder. O ja, sie rühren sich zu tausenden, sie kommen! (535f.)

Leser und Zuschauer wissen zu diesem Zeitpunkt bereits, dass Egmonts Hoffnung trügt. In der Szene zuvor hat Clärchen versucht, das Volk zur Befreiung Egmonts und zum Kampf gegen die Tyrannei anzustacheln, ist aber gescheitert (530–534). Dennoch schöpft Egmont in der letzten Szene des Dramas Hoffnung, da Albas Sohn Ferdinand nach der Verkündung des Todesurteils bei ihm bleibt und sich als empfindsamer Freund zu erkennen gibt. Ihn rührt das Schicksal Egmonts – „Du bist verloren und ich unglücklicher stehe nur da um dich [...] zu bejammern" (544) –, weshalb der Gefangene den jungen Mann auffordert, ihn zu retten. Dieser zeigt sich jedoch resigniert und ist überzeugt, dass es keinen Ausweg gibt: „ich fühle mich mit dir und mit allen andern gefesselt." (546) Zur selben Zeit begeht Clärchen nach ihrem fehlgeschlagenen Aufstand Selbstmord, sodass Egmont in der jungen Generation

---

132   Zur Diskussion um den Einfluss des Sturm und Drang auf das Stück vgl. Schulz 1997,
      S. 168.

statt empfindsam-revolutionärer Tatkraft nur schwärmerische Identifikation mit seinem Leiden findet.

Welche Haltung aber sollen der gescheiterte Freiheitsheld und seine Zuschauer angesichts der Gefangennahme und bevorstehenden Hinrichtung einnehmen? Welche Ästhetik ist damit verbunden? Ferdinand fürchtet, dass ihn das Miterleben des tragischen Endes Egmonts „taub gegen alles Schicksal", ja „unempfindlich" machen werde (545). Zunächst sieht es so aus, als wolle Egmont ihn in seiner stoischen Haltung bestärken, da er ihn auffordert: „Fasse dich! Stehe, rede wie ein Mann." (545, 547) Er selbst scheint seine Todesangst am Ende abgelegt zu haben, wenn er seinen letzten Monolog mit den Worten einleitet, „Es ist vorbei, es ist beschlossen und was die letzte Nacht mich unge- wiß auf meinem Lager wachend hielt, das schläfert nun mit unbezwinglicher Gewißheit meine Sinnen ein." (549)

Jedoch öffnet sich mit diesem Übergang in den Schlaf die Möglichkeit, die kahlen Mauern des Gefängnisses als Projektionsfläche eines quasi-religiösen Freiheitstraumens[133] zu verwenden. Literaturhistorisch ist dies vor allem des- halb von Interesse, weil die Tendenz zumindest in der englischen Literatur um 1800 eine andere ist: Sie geht dahin, die Imaginationen des Gefangenen zu poli- tisieren, indem man sie säkularisiert.[134] Die politische Niederlage wird ästhe- tisch kompensiert, empfindsame Affekte und agonale Ambitionen erscheinen plötzlich versöhnt:

> Er entschläft, die Musik begleitet seinen Schlummer, hinter seinem Lager scheint sich die Mauer zu eröffnen, eine glänzende Erscheinung zeigt sich. Die Freiheit in Himmlischem Gewand von einer Klarheit umflossen ruht auf einer Wolke. Sie hat die Züge von Clärchen und neigt sich gegen den schlafenden Helden. Sie druckt eine bedaurende Empfindung aus, sie scheint ihn zu beklagen. Bald faßt sie sich, und mit aufmunternder Gebärde zeigt sie ihm das Bündel Pfeile, dann den Stab mit dem Hute. Sie heißt ihn froh sein und indem sie ihm bedeutet daß sein Tod den Provinzen die Freiheit verschaffen werde, erkennt sie ihn als Sieger und reicht ihm einen Lorbeerkranz. [...] Sie hält den Kranz über seinem Haupte schwebend, man hört ganz von weiten eine kriegrische Musik von Trommeln und Pfeifen, bei dem leisesten Laut derselben verschwindet die Erscheinung. Der Schall wird stärker, Egmont erwacht, das Gefängnis wird vom Morgen mäßig erhellt. (549f.)

---

133   Dass Egmont das Prinzip der Freiheit verkörpere, ist eine gerne wiederholte These, vgl. Reinhardt 1992, S. 182. Zur Verbindung von Schicksal, Natur und Freiheit in *Egmont* grund- legend Michelsen 1971.

134   Fludernik 2019, 325–327. Zugleich weist die Szene auf jene sich im 19. Jahrhundert heraus- bildende Trope der Gefängnisliteratur voraus, in der imaginative Projektionen eine Art mentale Fluchtmöglichkeit der Protagonisten bilden, vgl. ebd., S. 340–343.

Was in der Realität scheiterte, nämlich der Übergang von Mitgefühl in revolutionäre Tatkraft, gelingt im Traum mühelos. Das Heldentum Egmonts erscheint weniger als historisches Faktum denn als Produkt kollektiver Imagination.[135] Die Niederlage wird in einen Sieg umgedeutet, indem das Motiv des Wettschießens, mit dem das Drama eröffnete, am Schluss auf das Wappen der niederländischen Republik (Bündel Pfeile) und den Freiheitskampf (Stab und Hut) bezogen wird. Vorbereitet wird dies im Gespräch zwischen Ferdinand und Egmont, wo dieser seine Gefangensetzung und Verurteilung als Resultat eines Wettschießens mit Alba deutet und zugleich in den Rahmen des niederländischen Freiheitskampfes einfügt:

> Noch erinnre ich mich des funkelnden Blicks, der verrätrischen Blässe als wir an einem öffentlichen Feste vor vielen tausend Menschen um die Wette schossen. Er forderte mich auf und beide Nationen standen, die Spanier die Niederländer, wetteten und wünschten. Ich überwand ihn, seine Kugel irrte, die meine traf, ein lauter Freudenschrei der Meinigen durchbrach die Luft. Nun trifft mich sein Geschoß. (543)

Obwohl Egmont am Ende einsam dem Henker entgegengeht, deutet er die „Trommeln" und die auftretenden „Soldaten" mit ihren „Halparten" (550f.) nicht als Hinrichtungskommando, sondern wähnt sich in einer Schlacht. Auf seinen Freiheitsentzug reagiert er mit der Imagination einer agonalen Mobilisierung. „Wie oft rief mich dieser Schall zum freien Schritt nach dem Felde des Streits und des Siegs!" (550) Das Stück endet nicht nur mit einem Traumbild, sondern auch mit einer „Siegessymphonie" (551): Goethe ist offenkundig gewillt, die mit dem historisierenden Theater seiner Zeit aufkommende Expansion visueller und auditiver Darstellungsmittel auszureizen.[136] Das musikalisch untermalte Tableau verwandelt das trostlose Ende des Helden in einen strahlenden Scheinsieg der Freiheit. Das tragische Opfer wird überführt in ein effektreiches

---

135 So auch die Deutung von Rocks 2020, S. 70–87, die zu folgendem Schluss kommt: „Goethes Egmont kann daher als plastisches Beispiel einer dramatischen Figurationsstrategie verstanden werden, in der sich die dramenpoetischen Kategorien der Größe und des Gefühls zu einer Analytik des politischen Imaginären verbinden, die auf die emotionalen Entstehungsbedingungen charismatischen Heldentums aufmerksam macht." (ebd., S. 87) Den Traumcharakter des Politischen stellt Reinhardt 1992 ebenfalls ins Zentrum seiner Interpretation. Dagegen glaubt Borchmeyer 1994, S. 166, dass der Traum eine kathartische Wirkung entfalte und Egmont nach dem Erwachen zu einem prophetisch gestimmten „Freiheitshelden" werde.

136 Dies wird, nicht zuletzt aufgrund der berühmten Vertonung Beethovens, in fast jeder Studie zu *Egmont* herausgestellt. Exemplarisch seien hier genannt: Reinhardt 1992, S. 166–169, Borchmeyer 1994, S. 166f. und Alt 2008, S. 164–166.

Schauspiel, in dem sich empfindsames Mitgefühl mit dem Gefangenen und agonaler Siegestaumel verschränken.

Mit noch größerem Aufwand bringt Schiller in *Maria Stuart* die Gefangenschaft der Protagonistin auf die Bühne. Das Zimmer, in dem ihre Rivalin Elisabeth sie festhält, wird zu Beginn des fünften Aktes mit jenen luxuriösen Gegenständen geschmückt, deren Mangel ihre Amme Kennedy zu Beginn des Dramas noch beklagt hatte (WB 5, 11–13).[137] Dass nun mit der bevorstehenden Hinrichtung Marias „der Überfluß" (127) in das Gefängnis zurückkehrt, hat auch einen theaterästhetischen Grund. Die Neigung des Geschichtsdramas zur Ausstattung der Bühne mit „Prachtgerät" (127) hatte sich seit den späten 1780er Jahren, insbesondere durch die Direktion Ifflands in Berlin, noch einmal verstärkt.[138] In diesem Fall setzt Schiller die luxuriösen Requisiten ein, um die Wirkung des rührseligen Abschieds Marias zu intensivieren. Die Bühne füllt sich, dem Akkumulationsprinzip gemäß, nach und nach mit ihren Getreuen. Es ist die Zusammenkunft einer empfindsamen Familie, die die ersten acht Szenen des fünften Aktes den Konventionen des Rührstücks gemäß zur Darstellung bringen.[139] Obwohl der alte Haushofmeister Melvil mahnt, man solle „standhaft sein" und sich „[e]inander nicht erweichen" (124), drücken die Figuren permanent ihren Schmerz durch „Tränen" und „Weinen" aus (123–132). Die Konstitution der empfindsamen Gemeinschaft wird scharf abgegrenzt von den Schaulustigen, die sich um das bereits errichtete Schafott versammeln und „heiße Blutbegier" zeigen (128).

Auch die in den Gefängnisszenen des Aufklärungsdramas stets präsente Hinwendung zu Gott gestaltet Schiller in *Maria Stuart* mit größerem Aufwand als seine Vorgänger. Er imitiert Teile der katholischen Liturgie und Sakramentsspenden und betreibt damit, durchaus zum Unmut einiger seiner Zeitgenossen, gleichermaßen eine Sakralisierung des Theaters und eine Ästhetisierung der Religion.[140] Melvil errichtet „im Kerker den Altar" und zeigt der Todgeweihten „eine Hostie in einer goldenen Schale", die vom Papst selbst

---

137   Alt 2008, S. 143f. hat auf das zeitgenössische Vorbild der Gefangenschaft Marie-Antoinettes hingewiesen, die erst im Temple und später in der Conciergerie inhaftiert war. In historischen Berichten wurde das Arrestzimmer der französischen Königin als kärglich beschrieben, Durchsuchungen waren üblich.

138   Vgl. hierzu, am Beispiel von Ifflands Berliner *Wallenstein*-Inszenierung (1799), die materialreiche Studie von Streim 2018, S. 97–166.

139   Die an das Rührstück angelehnten Szenen des fünften Aktes nimmt Detken 2009, S. 360–384 in den Blick.

140   Sautermeister 1992, S. 323–325; Port 2005, S. 233–242; Port 2002. Zur Inszenierung Marias als Märtyrerin siehe Alt 2008, S. 151. Anstoß an der Abendmahlszene nahmen im Umfeld der Weimarer Uraufführung nicht zuletzt Herzog Carl August und Herder, vgl. WB 5, 570–574.

geweiht wurde (134). Er nimmt ihr die Beichte ab und spendet ihr die Kommunion (135–137). Die Szene ist als intimes Ritual gestaltet, da Marias Getreue erst im Anschluss wieder auf die Bühne kommen. Auch den dritten Schritt der moralischen Besserung berücksichtigt Schiller: Maria vergibt ihren Gegnern, allen voran Elisabeth. Ihre „Heftigkeit" gegen sie bereut sie (138) und da sie bereits zuvor, während der Beichte, die Schuld an einem Mordkomplott gegen ihre Rivalin von sich gewiesen hat (136), erscheint sie nun, kurz vor ihrem Tod, vom Agon gereinigt.

Während die im Kampf um die Macht unterlegene Maria sich am Schluss als „zärtlich liebend Herz" (140) inszenieren darf und inmitten ihrer trauernden Gefährten in den Tod geht,[141] ist die siegreiche Elisabeth von allen Freunden verlassen. Ihr jahrelanger Vertrauter Talbot quittiert wegen der Enthauptung Marias den Dienst – „Lebe, herrsche glücklich!/ Die Gegnerin ist tot" –, Graf Leicester flüchtet per Schiff nach Frankreich. Mitten im Triumph wird es um die Königin einsam, ihre Gefühle kommen buchstäblich zum Stillstand: „Sie bezwingt sich und steht mit ruhiger Fassung da." (148) Ein größerer Gegensatz zum aufwendig gestalteten Tableau der vorausgehenden Gefängnisszene lässt sich kaum denken. Fast gewinnt man den Eindruck, als sei es nicht die Gefangenschaft und Hinrichtung der Unterlegenen, die diesem Drama Anlass zu tragischer Abschreckung gibt, sondern die Folgen, mit denen die Siegerin leben muss.

Schiller wäre jedoch nicht Schiller, wüsste er die Dramaturgie der politischen Gefangenschaft nicht um eine weitere überraschende Wendung zu bereichern. Die Rede ist vom Folgedrama *Die Jungfrau von Orleans*,[142] an dessen Ende die Protagonistin von den Engländern in einen Wartturm gebracht und in Ketten gelegt wird. Auf einmalige Weise verbindet sich in dieser Gefängnisszene die Zirkulation von Gefühlen mit der Mobilisierung des Agon. Gibt sich die gefangene Johanna gegenüber ihrem Verehrer Lionel, der sie retten will, noch kaltherzig – „Nicht lieben kann ich dich" (WB 5, 269) – zeigt sie sich ab dem Moment „begeistert" (270), als ein Hauptmann von der beginnenden Schlacht berichtet:

---

141 Man hat diese Inszenierung meist als Figuration einer ‚schönen Seele' interpretiert, vgl. u.a. Luserke-Jacqui im Kommentar der hier verwendeten Ausgabe, S. 579–581 sowie Sautermeister 1992, S. 320–324 und Alt 2000b, S. 507. Dagegen zeigt Detken 2009, S. 367–384, dass die Forschung Maria zwar als ‚schöne' oder ‚erhabene' Seele gedeutet, die Theaterpraxis der Zeit sie aber als rührende Figur auf die Bühne gestellt habe.

142 Zur Forschungsliteratur in Bezug auf das Politische in der *Jungfrau von Orleans* siehe den Beginn des folgenden Kapitels.

> Das ist der Kriegsmarsch meines Volks! Wie mutig/ Er in das Herz mir schallt
> und siegverkündend!/ [...] Auf, meine Tapfern! Auf! Die Jungfrau ist/ Euch nah,
> sie kann nicht vor euch her wie sonst/ Die Fahne tragen – schwere Bande fesseln
> sie,/ Doch frei aus ihrem Kerker schwingt die Seele/ Sich auf den Flügeln eures
> Kriegsgesangs. (271)

Bezeichnenderweise befreit sich Johanna erst in dem Moment aus ihren Fesseln und greift ins Geschehen ein, als der König und mit ihm das gesamte
französische Heer an den Rand der Niederlage gedrängt wird. Die zu jeder
Gefängnisszene gehörende Anrufung Gottes dient der Protagonistin dazu, ihre
Ketten buchstäblich zu sprengen: „Du willst und diese Ketten fallen ab,/ Und
diese Turmwand spaltet sich" (273). Als sie dann die Nachricht vernimmt, der
König sei „[g]efangen", gelingt es ihr, ihre Fesseln zu zerreißen (274).

Der Sinn dieser Handlungsfolge erschließt sich erst, wenn man bedenkt,
dass die Mobilisierung des schwärmerisch veranlagten Herrschers (175–178)
von Anfang an der Zweck von Johannas Mission war. Es geht auch in diesem
Drama Schillers wieder um die Verknüpfung empfindsamer Herrschaft mit
politischem Kampf. Johanna rettet den König, indem sie sich blitzartig von
einem Ort zum anderen bewegt:

> Mitten/ Im Kampfe schreitet sie – Ihr Lauf ist schneller/ Als mein Gesicht – Jetzt
> ist sie hier – jetzt dort –/ Ich sehe sie zugleich an vielen Orten!/ – Sie teilt die
> Haufen – Alles weicht vor ihr,/ Die Franken stehn, sie stellen sich auf's neu!/ –
> Weh mir! Was seh ich! Unsre Völker werfen/ Die Waffen von sich, unsre Fahnen
> sinken –/ [...] Grad' auf den König dringt sie an – Sie hat ihn/ Erreicht – Sie reißt
> ihn mächtig aus dem Kampf. (274)

Die Befreiung Johannas aus der Gefangenschaft wird als Befreiung des Königs
und des französischen Volkes in Szene gesetzt. Ihre Lösung aus den Fesseln
wiederholt sich in den letzten Versen der sterbenden Kriegerin auf metaphorischer Ebene: „Wie wird mir – Leichte Wolken heben mich –/ Der schwere
Panzer wird zum Flügelkleide." (277) Die Befreiung ihres Körpers aus irdi-
scher Gefangenschaft dient der Konstitution der empfindsam-patriotischen
Gemeinschaft. „Alle stehen lange in sprachloser Rührung – Auf einen leisen
Wink des Königs werden alle Fahnen sanft auf sie niedergelassen, daß sie ganz
davon bedeckt wird." (277)

KAPITEL 7

Friedensstifterinnen.
Zum Konnex von Weiblichkeit und Diplomatie

Am Ende des zweiten Aktes der *Jungfrau von Orleans* wird die Figur der Johanna um eine neue Facette bereichert. Trat sie bisher als gottgesandte Kriegerin in Erscheinung, die sich ihren Mitmenschen unempfindsam (WB 5, 152f.) und ihren Feinden auf dem Schlachtfeld mitleidlos (204) zeigte, gewährt sie im Monolog der achten Szene einen Einblick in ihre Gefühle. Sie schrecke eigentlich davor zurück, die englischen Soldaten zu erschlagen: „In Mitleid schmilzt die Seele und die Hand erbebt,/ Als bräche sie in eines Tempels heil'gen Bau", jedoch statte die „Erhabne Jungfrau" sie mit buchstäblich übermenschlichen Kräften aus: „Dies Herz mit Unerbittlichkeit bewaffnest du." (207)

Diese Reflexion setzt ein, kurz bevor ein weiterer feindlicher Ritter auf die Bühne stürmt und Johanna herausfordert. Es ist diesmal aber kein Engländer, sondern der Herzog von Burgund, der sich mit den Franzosen überworfen und mit den Invasoren verbündet hat. Ihm stellen sich Dünois und La Hire entgegen, die auf Seiten Frankreichs stehen. Es sieht alles nach einer gewaltsamen Eskalation aus, denn die Männer „bereiten sich zum Kampf". Just in diesem Moment geschieht jedoch Überraschendes: Johanna, die bis dahin jede militärische Auseinandersetzung mit großer Begeisterung vorangetrieben hat, „tritt dazwischen", „stellt sich in die Mitte und trennt beide Teile durch einen weiten Zwischenraum". Sie zeigt sich offenkundig entschlossen, den Konflikt ohne Gewalt zu lösen. „Haltet inne!/ Trennt sie La Hire – Kein französisch Blut soll fließen!/ Nicht Schwerter sollen diesen Streit entscheiden." (208)

Johanna errichtet eine diplomatische Pufferzone zwischen den Konfliktparteien und tritt darin als wortgewandte Vermittlerin auf.[1] Sie tauscht das Schwert mit der Redekunst, wodurch es ihr gelingt, Burgund wieder auf die Seite der Franzosen zu ziehen. Obwohl der Herzog sich zunächst gegen die versöhnliche Rhetorik der Jungfrau wehrt und behauptet, mit „süßer Rede schmeichlerischem Ton" (209) sei bei ihm nichts zu erreichen, gibt er

---

1 Bislang ist Johanna meist im Kontext der Kulturgeschichte der Amazone gedeutet worden, vgl. Bridgham 2000; Stephan 2004, S. 113–134; Hinderer 2006, S. 67–72. Gezeigt wurde aber auch der ambivalente Charakter der Geschlechterzuschreibung. Inge Stephan in Stephan/ Weigel 1988, S. 35–66 arbeitet die Doppelung Johannas als Heilige und Hexe heraus; Alt 2008, S. 101 betont den Kontrast von Anleihen an die Kriegsgöttin Pallas Athene auf der einen und an die Marienimitation auf der anderen Seite.

© BRILL FINK, 2023 | DOI:10.30965/9783846767634_008

schließlich nach. Dies liegt daran, dass Johanna empfindsame Überzeugungs-
strategien einsetzt.[2] Sie nennt Burgund wiederholt ihren Freund und Bruder,
bezeichnet ihn als „Flüchtling" (209), der wieder zu den Seinen zurückkehren
solle: „unsre Arme/ Sind aufgetan dich zu empfangen [...]./ Ich selbst, die Gottgesandte, reiche dir/ Die schwesterliche Hand. Ich will dich rettend/ Herüber-
ziehn auf unsre reine Seite!" (209f.). Vor allem jedoch eignet ihrer Rede ein
naives Element, dem sich der Herzog nicht entziehen kann. Ihre Worte glichen
denen „eines Kindes" und ahmten „die Unschuld siegreich nach." Johanna
selbst bezeichnet sich als „das kind'sche Hirtenmädchen", sie wolle einzig
„Frieden stiften" und „Haß Versöhnen" (210).

Die rhetorische Aktivierung zweier empfindsamer Topoi, der Rückkehr
des verlorenen Sohnes in den Schoß der Familie und die aufrichtige, direkt
auf das „Herz" (211) zielende Rede des naiven Kindes, führt zur emotionalen
Neukonstitution der Gemeinschaft. Burgund betrachtet die Rednerin „mit
Erstaunen und Rührung", die „rührende Gestalt" Johannas habe ihm „das
Herz im tiefsten Busen" gewendet (210f.). Und auch Johanna selbst zeigt sich
empfindsam:

> Er ist gerührt, er ist's! Ich habe nicht/ Umsonst gefleht, des Zornes Donnerwolke
> schmilzt/ Von seiner Stirne tränentauend hin,/ Und aus den Augen, Friede strah-
> lend, bricht/ Die goldne Sonne des Gefühls hervor./ – Weg mit den Waffen – drü-
> cket Herz an Herz –/ Er weint, er ist bezwungen, er ist unser!
> *Schwert und Fahne entsinken ihr, sie eilt auf ihn zu mit ausgebreiteten Armen und*
> *umschlingt ihn mit leidenschaftlichem Ungestüm. La Hire und Dünois lassen die*
> *Schwerter fallen und eilen ihn zu umarmen.* (211)

Das empfindsame Schlusstableau steht, wie die meisten Szenen dieses Schauspiels, im Zeichen der politischen Funktionalisierung der Gefühle. Der Auftrag
der Jungfrau ist es, die Engländer auf dem Feld zu schlagen und die französische Nation zu einen. Anders als Isabeau, die zu Beginn des zweiten Aktes
die Engländer und Burgund eint, indem sie an den militärischen Nutzen des
Bündnisses erinnert (194–196), setzt Johanna auf empfindsame Ästhetik.

Was sich am Ende des zweiten Aktes als spontane Vereinigung ereignet, muss
zu Beginn des dritten Aktes durch ein religiöses Zeremoniell gefestigt werden.
Burgund versöhnt sich offiziell mit König Karl, der Erzbischof „tritt zwischen
beide" und hält eine kurze Ansprache, in der er die Wiedervereinigung Frankreichs mit den Worten preist, das Land steige wie ein „neu verjüngter Phönix

---

2   Vgl. hierzu Sauder 1992, S. 358f. Die empfindsame Konnotation der Szene übersieht dagegen
    Kollmann 2004, S. 111, die Johanna einseitig als charismatische, aber unempfindsame Heldin
    deutet.

aus der Asche" (218). Nun tritt jedoch Johanna hinzu. „Sie ist in Harnisch aber ohne Helm, und trägt einen Kranz in den Haaren", was der König wie folgt deutet: „Du kommst als Priesterin geschmückt Johanna,/ Den Bund, den du gestiftet, einzuweihn?" (219) Tatsächlich erfüllt die Jungfrau in dieser Szene eine religiöse Funktion.[3] Sie erinnert die Versammlung daran, dass der Grund für Burgunds Abkehr von Frankreich immer noch nicht beseitigt ist, da er Dü Chatel, dem Mörder seines Vaters, noch nicht verziehen habe. Sie erinnert den Herzog an das christliche Gebot der *caritas*: „Ein güt'ger Herr tut seine Pforten auf/ Für alle Gäste, keinen schließt er aus;/ Frei wie das Firmament die Welt umspannt,/ So muß die Gnade Freund und Feind umschließen." (220) Wieder gelingt es ihr, Burgund zu überzeugen:

> Mein Herz ist weiches Wachs in ihrer Hand./ – Umarmt mich Dü Chatel; Ich vergeb' euch./ Geist meines Vaters zürne nicht, wenn ich/ Die Hand, die dich getötet, freundlich fasse./ Ihr Todesgötter, rechnet mir's nicht zu,/ Daß ich mein schrecklich Rachgelübde breche. (221)

An die empfindsame Handlung schlechthin: den Verzicht auf Rache und die Versöhnung mit dem Feind, knüpft sich die Frage, ob sich die neugebildete politische Gemeinschaft als stabil erweisen wird. Deshalb befragt der König die ‚Priesterin' nach seiner politischen Zukunft, Johanna wird nun zum „Orakel" (222). In ihrer Antwort verknüpft sie das Schicksal des Königs und der Nation abermals mit dem Ziel der gütigen Herrschaft: „Verweigre nicht Gerechtigkeit und Gnade/ Dem letzten deines Volks, denn von der Herde/ Berief dir Gott die Retterin – du wirst/ Ganz Frankreich sammeln unter deinen Zepter" (221). Sollte er jedoch dem „Hochmut" verfallen und das „Herzen seines Volks" verlieren, drohe die Revolution, die „von den niedern Hütten" ausgehen werde (221f.).

Der Appell an das zeitgenössische Publikum des Schauspiels könnte deutlicher nicht sein. Politische Empfindsamkeit wird nicht verstanden als affektiver Verstärker des Kampfes gegen Ungerechtigkeit, sondern als präventive Stabilisierung der Monarchie durch die Integration sanfter Herrschaftstechniken. Zu vermeiden gelte es darüber hinaus den Kampf zwischen Fürsten, da auch er die Gemeinschaft auf lange Sicht bedrohe. Agonalität verfällt in den Worten der irenisch-empfindsamen Priesterin Johanna der grundsätzlichen Kritik:

---

3 Zu den Reminiszenzen, die Schillers *Jungfrau von Orleans* an der Bildpolitik der Französischen Revolution nimmt, vgl. Koschorke 2006. Er lässt in seiner Analyse allerdings die Inszenierung Johannas als irenische Priesterin außen vor und konzentriert sich auf ihre Darstellung als Allegorie der Republik, in der Attribute der Fruchtbarkeit und des Kampfes kombiniert werden.

> Ihr Könige und Herrscher!/ Fürchtet die Zwietracht! Wecket nicht den Streit/
> Aus seiner Höhle wo er schläft, denn Einmal/ Erwacht bezähmt er spät sich wie-
> der! Enkel/ Erzeugt er sich, ein eisernes Geschlecht,/ Fortzündet an dem Brande
> sich der Brand. (222)

Die Forschung hat sich in den letzten fünfzig Jahren eingehend mit der literarischen Genese von Weiblichkeit in der Aufklärung beschäftigt. Im Zentrum stand, insbesondere im Hinblick auf die empfindsame Gefühlskultur,
die These von der ‚Naturalisierung‘ der Frau. In ihrer wegweisenden Studie
Die imaginierte Weiblichkeit legte Silvia Bovenschen dar, wie im Zeitalter der
Empfindsamkeit die Frau auf die Kategorie der Natürlichkeit reduziert und
als Supplement des Mannes begriffen wurde.[4] War in den rationalistischen
Programmen der Frühaufklärung zumindest theoretisch die Möglichkeit
eines weiblichen Gelehrtentypus angedacht worden,[5] lehnten Rousseau, Herder und andere unter Berufung auf die natürliche Ordnung eine solche Vermischung von ‚männlichen‘ und ‚weiblichen‘ Eigenschaften ab. Der Idealtyp
der tugendhaften ‚schönen Seele‘ erscheint in dieser Perspektive als kulturelle
Konstruktion, die den Frauen zentrale Elemente des aufklärerischen Moralsystems einschrieb. Sie sollten ein Reservoir der Tugend sein, aus dem die
Männer schöpfen konnten.

Aus der Naturalisierung ließ sich als zweite These die Exklusion von Weiblichkeit aus den männlich geprägten Domänen von Kultur und Herrschaft
ableiten.[6] Gezeigt wurde, wie die symbolische Zähmung, Unterdrückung, ja:
Vernichtung der Frau[7] in Literatur und Diskursen der Aufklärung funktio-
nierte.[8] Man konnte sich dabei auf Erkenntnisse der historischen Forschung
stützen, die zur gleichen Zeit den Ausschluss der Frauen aus der politischen

---

4 Bovenschen [1979] 2003, S. 150–190.

5 Vgl. hierzu, im Fahrwasser der Theorie Bovenschens, die Darstellung von Wosgien 1999,
   S. 27–56, mit zahlreichen Belegen aus den deutschsprachigen Moralischen Wochenschriften.

6 So hat Juliane Vogel in *Die Furie und Das Gesetz* anhand von Davids *Schwur der Horatier*
   exemplarisch dargelegt, wie der weibliche Körper als ekstatischer bzw. flüssig-weicher
   Körper inszeniert wird und als solcher von der symbolischen Ordnung des Politischen ausgeschlossen bleibt. Vogel 2002, S. 78–87.

7 Bekanntes Beispiel hierfür ist die Idee der Republikgründung durch den Tod einer jungen
   Frau, wie ihn Livius' *Ab Urbe Condita* erzählt und die Virginia-Dramen des 18. Jahrhunderts,
   nicht zuletzt Lessings *Emilia*, verhandeln. Vgl. hierzu Frömmer 2008, S. 181.

8 In diesem Zusammenhang ist deutlich geworden, dass die Exklusion der Frauen zugleich
   eine Inklusion bedingt. So schreibt Judith Frömmer in ihrer Studie *Vaterfiktionen. Empfindsamkeit und Patriarchat in der Literatur der Aufklärung*: „Das Patriarchat befestigt seine Herr-
   schaftsstrukturen, indem es seine auf das Weibliche projizierte Zersetzbarkeit mitreflektiert
   und ‚Weiblichkeit‘ durch diese Marginalisierung in gewisser Weise integrieren kann." Frömmer 2008, S. 33.

Teilhabe dokumentierte. Obwohl weibliche Autonomie und Partizipation denkbar war und vereinzelt auch gefordert wurde[9] – etwa in den Schriften Condorcets, Hippels, Astells und Wollstonecrafts – und obwohl es Fortschritte in der Bildung und der sozialen Gleichbehandlung gab, blieb die naturrechtlich[10] begründete Egalität der Geschlechter ein Gedankenspiel.[11] Die Sphäre der Öffentlichkeit war den Männern vorbehalten, die Sphäre des Hauses den Frauen.[12] Trotz ihrer Forderung nach Gleichheit aller Menschen war die Französische Revolution ein Beschleuniger dieses Prozesses.[13] Frauen erhoben auf der Straße ihre Stimme und trugen zum Sturz des Ancien Régime das ihre bei, wurden dann aber von den Revolutionären mundtot gemacht. Sie verboten politische Clubs von Frauen – was Kotzebue mit seinem komischen Einakter *Der weibliche Jacobiner-Club* (1792) wohlwollend kommentierte[14] –, mit Olympe de Gouges endete die bekannteste Frauenrechtlerin auf dem Schafott. „Aus dem Brüderbund der Republik bleiben letztlich sowohl die *Fremden* als auch die *Frauen* ausgeschlossen."[15]

Die Naturalisierung von Weiblichkeit im Lauf des 18. Jahrhunderts impliziert, dass Frauen ein höherer Grad an Empfindsamkeit zugesprochen wurde als Männern. Dies heißt zum einen, dass sie in den Augen vieler Anthropologen stärker zur Empfindelei und Weichlichkeit neigten, da ihr Nervensystem zarter sei als das des Mannes.[16] Deshalb sahen sich Autoren wie Carl Friedrich Pockels in ihren moralphilosophischen Schriften veranlasst, „empfindsame Weiber" dafür zu kritisieren, dass sie ihren Ehemännern mangelnde Zärtlichkeit

---

9   Die Entwicklung feministischen Gedankenguts im 18. Jahrhundert und ihre positiven sozialpolitischen Wirkungen zeichnet Browne 1987 nach.

10   Der Berufung auf das Naturrecht bei Condorcet, Hippel und Wollstonecraft stehen allerdings jene Theorien entgegen, die aus dem Naturrecht die Beschränkung der Frau auf die private Sphäre begründeten. Dies zeigt Engelhardt 1995 an den Schriften Knigges, Campes, Kants und Hegels.

11   Lynn Hunt analysiert die politische Stellung der Frau im 18. Jahrhundert in ihrer Studie *Inventing Human Rights* anhand unterschiedlicher Aspekte. Zwar hatten Frauen keine den Männern vergleichbare politischen Rechte, sie waren aber nicht, wie z.B. viele Angehörige religiöser Minderheiten, zur Identitätsleugnung gezwungen oder, wie die Sklaven, völlig rechtlos. Zwar erkannte man ihnen nach 1789 das Erb- und Scheidungsrecht zu, letzteres wurde aber während der Restauration wieder kassiert. Vgl. Hunt 2008, S. 18, 28, 66–67, 167–175.

12   Landes 1988.

13   Vgl. hierzu Rand 2005; Opitz 2002, S. 133–191; Eke 1997, S. 131–163; Marand-Fouquet 1989; Hassauer 1988; Abray 1975; Michelet 1854.

14   Conter 2004, S. 94–102; Eke 1997, S. 137–139.

15   Koschorke et al. 2007, S. 259.

16   Barker-Benfield 1996, S. 1–36; Sauder 1974, S. 168. Zur Bedeutung der Anthropologie für die Formierung des Diskurses von der ‚Weiblichkeit' ab 1750 siehe Honegger 1992.

vorwarfen. Ein „empfindsamer Mann" sei „ein lächerlicheres Ding" als sein weibliches Pendant, „seine überströhmende Zärtlichkeit gegen Freunde und Freundinnen, sein Seufzen und Stöhnen setzt ihn, in unserer Vorstellung, von seiner männlichen Würde herab".[17]

Hier tritt eine im Hinblick auf die politische Empfindsamkeit wichtige Dichotomie zutage. Würde und Ehre des Mannes waren an Agonalität gebunden, die Tugend der Frau an Zartheit, Nachsicht und Selbstlosigkeit.[18] Jedoch blieben beide Pole aufeinander bezogen. Die Idee lag nahe, dass das emotionale Reservoir der Frau die männliche Kampfkraft vor der Erschöpfung bewahren könnte. Lenz begründet sein Plädoyer für die Soldatenehe wie folgt: „Ach, in den Armen der Ruhe wird er wahrhaftig nicht erschöpft, nicht entnervt, nicht weibisch werden, er wird neue Stärke dort holen, um hernach die Waffen regieren zu können."[19] Dieses Modell ließ sich auch auf den bürgerlichen Hausstand übertragen. So heißt es bei Stolberg, „in der süssen ehelichen Umarmung" finde der Mann „Ruhe", durch den Umgang mit Kindern werde, „was der oft rauhe Pfad des Lebens an ihm gehärtet hatte [...] wieder erweicht", kurz: „Der Mann wird vom Weibe zu mancher sanften Empfindung gestimmt".[20]

Daran schloss sich eine zweite Möglichkeit an, die entgegengesetzten Elemente aufeinander zu beziehen: Die empfindsame Disposition der Frau konnte zur Lösung männlich-agonaler Konflikte eingesetzt werden. Zwar sollte es, folgte man der politischen Theorie, überparteilichen Schiedsrichtern vorbehalten bleiben, Streitigkeiten zu regeln. So betonen Hutcheson und Justi, obwohl sie von unterschiedlichen Auslegungen des Naturrechts ausgehen, wie wichtig die Einrichtung unabhängiger staatlicher Konfliktlösungsinstanzen für die Erhaltung des sozialen Friedens sei.[21] Dass Frauen hier eine wichtige Rolle zukommen könnte, deutet im politischen Schrifttum der Jahrhundertmitte Rousseau in der an die Bürger Genfs gerichteten Widmung seines *Discours sur l'inégalité* an:

> Pourrois-je oublier cette précieuse moitié de la République qui fait le bonheur de l'autre, et dont la douceur et la sagesse y maintiennent la paix et les bonnes moeurs? [...] Heureux! quand votre chaste pouvoir exercé seulement dans l'union

---

17   Pockels 1788, S. 36–39.
18   Frevert 2013, S. 17–43; Ott 2001, S. 74–96.
19   Lenz [1776] 1914, S. 37.
20   Stolberg 1777, S. 4.
21   Vgl. Hutcheson 1756, S. 85–86, 576, 712–720, 835 und Justi [1756] 1969, S. 246–252.

conjugale, ne se fait sentir que pour la gloire de l'Etat et le bonheur public. [...]
Quel homme barbare pourroit resister à la voix de l'honneur et de la raison dans
la bouche d'une tendre épouse [...]. C'ést à vous de maintenir toûjours par vôtre
aimable et innocent empire et par votre esprit insinuant l'amour des lois dans
l'Etat et la Concorde parmi les Citoyens [...]. Soyez donc toûjours ce que vous
étes, les chastes gardiennes des moeurs et les doux liens de la paix, et continuez
de faire valoir, en toute occasion, les droits du Coeur et de la Nature au profit du
devoir et de la vertu. (R 3, 120)

Auch bei Rousseau bleibt der Wirkungskreis der Frau auf die „union conjugale" beschränkt; sie soll von innen heraus auf die Republik wirken. Gleichwohl benennt er in dieser kurzen Passage bereits präzise jene Eigenschaften
und Aufgaben, die Schillers Jungfrau von Orleans knapp fünfzig Jahre später
als Friedensstifterin auszeichnen werden: Überzeugungskraft, Tugendhaftigkeit, Erhalt von Eintracht und Frieden.[22]

Im fiktionalen Raum des Aufklärungsdramas treten die Frauen nun aber
aus dem engen Wirkungskreis des Hauses und überschreiten die Grenze zur
politischen Aktion. Die folgenden Analysen werden diesen Weg begleiten. Sie
wollen erkunden, inwieweit die tugendempfindsamen Funktionen von Prävention und Heilung sozialer Konflikte (Kap. 5) im Drama des 18. Jahrhunderts
als spezifisch weibliche Mission konzipiert wurden. Sichtbar wird dadurch
eine paradoxe Form der *Agency*, die Frauen zwar als Intervenierende in das
agonale Feld des Politischen einführt, ihnen aber die Teilnahme am Kampf
verwehrt. Die Figur der Friedensstifterin nimmt auch in dieser Hinsicht eine
vermittelnde Stellung ein, steht sie doch zwischen den tugendhaften Naturmädchen auf der einen sowie den Kriegerinnen und Herrscherinnen auf der
anderen Seite.[23]

---

22   Dieses sozialintegrative Vermögen der Frau in den politischen Schriften Rousseaus wurde,
      wie Opitz 2002, S. 108–129 darlegt, bereits in der zeitgenössischen Rezeption und spä-
      ter dann in der an Genderfragen interessierten historischen Forschung zum Zankapfel.
      Während die einen das emanzipatorische, ja utopische Element dieser Geschlechts-
      zuschreibung hervorhoben, bezeichneten die anderen Rousseau aufgrund seiner ein-
      deutigen Naturalisierung der Frau als Anti-Feminist.

23   Zu beachten ist hierbei, dass auch die Figur der Kriegerin im Drama um 1800 eine Figur
      des Zwischen ist, die eindeutige kulturelle Ordnungsmuster aufhebt. Dies ist das Ergeb-
      nis der Monographie von Kollmann 2004. Sie zeigt, wie in Schillers *Jungfrau von Orleans*
      und anderen Dramen der Epoche typische Geschlechtszuschreibungen wie das ‚rasende
      Weib' und die ‚tugendhafte Frau', ja generell Männlichkeit und Weiblichkeit in der Figur
      der Kämpferin kombiniert und in eine prekäre Synthese gebracht werden.

7.1   Weibliche Interventionen in empfindsamen Lustspielen der Jahrhundertmitte (Gellert, Schlegel)

Bevor als einleitender Schritt der Untersuchung die weibliche Konfliktintervention im empfindsam geprägten Lust- und Schauspiel der 1740er und 50er Jahre in den Blick rückt, seien kurz mögliche Gründe für das gehäufte Auftreten von Friedensstifterinnen im Aufklärungsdrama erörtert. Der erste dieser Gründe ist naheliegend: Frauen müssen intervenieren, weil die Diplomatie der Männer scheitert. Exemplarisch lässt sich dies bereits im klassizistischen Drama beobachten. Der Aushandlung eines Waffenstillstandes zwischen den Kriegsparteien folgt in Gottscheds *Sterbender Cato* (1732) ein langer Dialog zwischen den Anführern, Cato und seinem Rivalen Cäsar. Er ist in III/3 und damit exakt in der Mitte des Dramas platziert (AW 2, 69–87). Ihr Gespräch trägt aber nichts zur Krisenlösung bei, sondern eskaliert im Gegenteil die Auseinandersetzung. Es gibt keine vermittelnde Position, die die agonale Spannung zwischen beiden Männern reduzieren könnte. Nicht anders verlaufen die diplomatischen Bemühungen gleich zu Beginn von Voltaires *Mahomet*. In I/4 betritt dessen Sendbote Omar die Bühne, um Zopire Frieden anzubieten,[24] die politischen Positionen beider Parteien erweisen sich jedoch als unversöhnlich.

Macht man einen Sprung von vierzig Jahren nach vorne, erweist sich die männliche Konfliktintervention als ebenso ineffektiv. Die kulturelle Codierung des politischen Kommunikationsraumes hat sich allerdings geändert. Sie verläuft nun entlang der Differenz von Aufrichtigkeit und Verstellung bzw. Geheimnis. Eine Figur wie Babos Otto von Wittelsbach insistiert auf einer direkten und aufrichtigen Kommunikation zwischen streitenden Männern, provoziert damit jedoch eher Gewalt, als sie zu vermeiden. Seine Gegner sind ihm immer einen Schritt voraus, da sie indirekt über Briefe kommunizieren,[25] während der Analphabet[26] Otto von Ort zu Ort hetzt, um das Gespräch zu suchen.[27] Er ist unfähig, die höfische Verstellungskunst zu entziffern und muss deshalb mit dem Schwert für seine Interessen kämpfen. Ein Gegenmodell hierzu scheint Schiller in *Die Braut von Messina* (1803) in Szene zu setzen, als der von ihrer Mutter Isabella initiierte Dialog zwischen den verfeindeten Brüdern Don Manuel und Don Cesar überraschend zum Erfolg führt. Beide führen ihren Streit auf die indirekte Kommunikation durch Boten zurück, „die Diener tragen alle Schuld", sie hätten „böse Worte hin und wieder" getragen und mit „falscher Deutung jede Tat vergiftet" (WB 5, 310). Der diplomatische

---

24   Voltaire 1742, S. 11–16.
25   Babo 1782, S. 62, 93–94, 110–112, 135.
26   Ebd., S. 108.
27   Ebd., S. 88.

Erfolg gipfelt in dem Versprechen transparenter Kommunikation: „Auch kein Geheimnis trenn uns ferner mehr,/ Bald soll die letzte dunkle Falte schwinden!" (313) Eben daran scheitert ihr Bündnis, da sich beide unabhängig voneinander in dieselbe junge Frau verlieben. Sie verheimlichen ihre Liebesgeschichte vor dem Bruder und Isabella, welche wiederum ihren Söhnen verheimlicht, dass es sich bei der jungen Frau um ihre Schwester handelt.

Damit verweist Schillers Trauerspiel auf eine weitere, eher traditionelle Form weiblicher Konfliktvermittlung, nämlich die Heiratspolitik. Durch sie werden junge Frauen instrumentalisiert, um Bündnisse zwischen von Männern beherrschten Staaten zu stiften. Dass Messina am Ende von Schillers Drama aufgrund der erotischen Konkurrenz zwischen den Prätendenten zu zerbrechen droht, hebt die Bedeutung von Eheallianzen für die Konstitution des Staates hervor. Aber auch diese Form der Friedensstiftung scheitert meist. Zwar zeigt sich Arsene/Porcia in Gottscheds *Cato* bereit, zwischen den Parteien zu vermitteln, da sie Catos Tochter und gleichzeitig in Cäsar verliebt ist. Ihren Versuch, den Konflikt durch eine Ehe mit Cäsar beizulegen – „Der Frieden soll die Frucht von meiner Liebe seyn" (AW 2, 84) –, lehnt ihr Vater jedoch strikt ab.[28] Das klassizistische Trauerspiel ist reich an solch gescheiterten Heiratsallianzen. Dies belegt nicht nur Schlegels *Canut*, wo die Ehe zwischen Canuts Schwester Estrithe und Ulfo nichts an der antagonalen Eskalation der Handlung ändert, sondern auch Voltaires *Zayre* und, auf besonders dramatische Weise, Gottscheds *Parisische Bluthochzeit*.

Es sind also zwei Probleme, die Friedensverhandlungen zwischen Männern im Aufklärungsdrama zu einer prekären Angelegenheit machen: Als Akteure im politischen Feld müssen sie für ihre Interessen kämpfen und agonal handeln. Cato und Zopire können ihren Rivalen nicht nachgeben, da sie damit ihr politisches Projekt aufs Spiel setzen würden. Hinzu kommt mangelnde kommunikative Kompetenz: Nicht wenige Männer des Aufklärungsdramas vermögen nicht zu erkennen, in welcher Situation Aufrichtigkeit und in welcher Verstellung angebracht wäre. Dies ist der Punkt, an dem jene Frauen intervenieren können, die selbst interesselos, d.h. nicht in den Kampf um soziale Teilhabe involviert sind, und zugleich über rhetorisch-diplomatisches Geschick verfügen. Man trifft sie nicht zufällig in empfindsamen Schau- und

---

28   Dies findet im Übrigen seine Begründung in Gottscheds Poetik. Im Vorwort schreibt er: „Endlich zum 3ten gefiel mirs im englischen Trauerspiele nicht, daß der sterbende Cato, dieser strenge Verfechter der Freyheit, der ganz andre Dinge im Kopfe hatte, noch in seinem Letzten ein paar Heurathen bestätigen muß. Das Hochzeitmachen hat in theatralischen Vorstellungen dergestalt überhand genommen, daß ich es längst überdrüßig geworden bin. Die Alten haben es überaus selten angebracht, und ich habe es daher auch hier versuchen wollen, ob denn ein Trauerspiel nicht ohne die Vollziehung einer Heurath Aufmerksamkeit erlangen könne?" AW 2, 15.

Lustspielen an. Im deutschsprachigen Raum ist hier in erster Linie an die
Figur der Lottchen in Gellerts *Die Zärtlichen Schwestern* (1747) du denken. Sie
ist nicht nur klug und gebildet, sondern auch empfindsam.[29] „Ich darfs ihr
nur nicht sagen", so Lottchens Vater Cleon, „aber sie sieht eine Sache manch-
mal besser ein, als ich."[30] Ihre Aufgabe im Stück besteht darin, ihre hübsche
Schwester Julchen von den Vorteilen der Liebe zu überzeugen und dazu zu
bewegen, den tugendhaften Damis zu heiraten. Von Beginn an nimmt Lottchen deshalb die Fäden der Handlung in die Hand und setzt eine Intrige in
Gang: Damis soll sich gegenüber Julchen plötzlich desinteressiert zeigen, um
ihr Interesse zu wecken; ihr eigener Liebhaber Siegmund dagegen soll so tun,
als würde er um Julchen werben.[31] Diese Intervention wird begleitet von einer
regen Vermittlungstätigkeit. Lottchen erteilt Damis Ratschläge, wie er sich
gegenüber Julchen verhalten soll[32] und weist ihre Schwester darauf hin, dass
sie sich ihrer Gefühle nicht zu schämen brauche.[33] Sie ist in den ersten zwei
Akten diejenige Figur, die mit allen anderen Figuren, sei es Cleon, Siegmund
oder Damis' Vormund Simon, Einzelgespräche führt. Besonders deutlich wird
Lottchens Rolle der intervenierenden Vermittlerin in II/5 und III/3, wo sie
jeweils in dem Moment die Bühne betritt, als der Dialog zwischen Julchen und
Damis ins Stocken gerät:

> JULCHEN. [...] Sie wollten ja gehn. Ist Ihnen meine Unruhe beschwerlich? Sagen
> Sie mir nur, warum Sie ... Sie reden ja nicht.
> DAMIS. Ich?
> JULCHEN Ja.
> DAMIS. O wie verschönert die Wehmuth Ihre Wangen! Ach Juliane!
> JULCHEN. Was seufzen Sie? Sie vergessen sich. Wenn doch Lottchen wieder
> käme! Bedenken Sie, wenn sie Sie so betrübt sähe, und mich ... Was würde sie
> sagen?
> (*Lottchen tritt aus der Scene hervor.*)

---

29   Auf die Vorbildfunktion Lottchens innerhalb des Dramas weist auch Schönborn 2000,
      S. 243f. hin und stellt sie in den Kontext der „Funktionalisierung der Frau zur Multiplika-
      torin des Aufklärungsprogramms" (ebd., S. 244). Das im vorliegenden Kapitel behandelte
      Phänomen der weiblichen Mittlerfunktion ist jedoch in der Forschung zu Gellerts Dra-
      men bislang nicht aufgearbeitet worden. Wosgien 1999, S. 134–143 bleibt in ihrer Unter-
      suchung der in *Die Betschwester* und *Die zärtlichen Schwestern* entwickelten Frauenbilder
      auf bekanntem Terrain: Dem für die Aufklärung typischen Wechselspiel von weiblicher
      Gelehrsamkeit und Unterordnung. Die Studien zu anderen in den *Zärtlichen Schwes-
      tern* dargestellten empfindsamen Verhaltens- und Kommunikationsmustern finden sich
      zitiert im entsprechenden Abschnitt in Kap. 5.5.
30   Gellert [1747] 1966, S. 62.
31   Ebd., S. 12.
32   Ebd., S. 43.
33   Ebd., S. 19.

Fünfter Auftritt.
Die Vorigen. Lottchen.
LOTTCHEN. Ich würde sagen, daß man einander durch bekümmerte Fragen und Thränen die stärkste Liebeserklärung machen kann, ohne das Wort Liebe zu nennen. Mehr würde ich nicht sagen.[34]

Die Simultaneität von buchstäblicher Intervention und Vermittlung ist in diesem Auftritt deutlich zu fassen: Lottchen fungiert als Übersetzerin der Gefühle. Mit diesem Vorgehen gelingt es ihr schließlich in III/3, das Liebespaar zusammenzuführen. Sie klärt die Missverständnisse auf, die durch die Intrige entstanden sind, und spielt abermals die Übersetzerin:

> Du hast dich fangen lassen, meine gute Schwester. Und ich merke, daß es dir schon weh thut, daß du deinen Geliebten wegen deiner Hitze noch nicht um Vergebung gebeten hast. Ich will es an deiner Stelle thun. (*Zum Damis.*) Mein Herr, seyn Sie so gütig, und vergeben Sie es Julchen, daß Sie zärtlicher von ihr geliebt werden, als Sie gedacht haben.[35]

Die Pointe des Stücks ist, dass die Diplomatin Lottchen, die permanent damit beschäftigt ist, für eine gelingende Kommunikation zwischen den Parteien zu sorgen, am Ende ihre eigenen Heiratspläne begraben muss. Da Siegmund sie hintergeht, gibt sie ihm in der Schlussszene den Abschied. Damit festigt sich jedoch zugleich ihre Position als jene Figur, die zwischen und damit auch über den Parteien steht. Da sie es ist, der das bedeutende Erbe der Tante zufällt, scheint sie am Ende zum Oberhaupt der Familie zu werden. Nicht ihr Vater, sondern sie führt Julchen vor den Augen der versammelten Gemeinschaft in die Arme ihres zukünftigen Gatten und verbannt zugleich das Laster aus der Familie:

> DAMIS. Ach liebste Jungfer Schwester, ich bitte Sie ...
> LOTTCHEN. Was bitten Sie? Wollen Sie Julchen von meinen Händen empfangen? (*Sie führt sie zu ihm.*) Hier ist sie. Ich stifte die glücklichste Liebe. Und Sie, Herr Siegmund ...
> SIEGMUND. Ich nehme Ihr Herz mit der vollkommensten Erkenntlichkeit an, und biete Ihnen diese Hand ...
> LOTTCHEN. Unwürdiger! Mein Vermögen kann ich Ihnen schenken; aber nicht mein Herz. [...] Sie aber werden so billig seyn, und ohne sich zu verantworten, uns verlassen.
> SIEGMUND. Recht gern. (*Indem er geht.*) Verflucht ist die Liebe![36]

---

34 Ebd., S. 46.
35 Ebd., S. 77.
36 Ebd., S. 109.

Wie wichtig Gellert die Idee weiblicher Diplomatie und Gemeinschaftsstiftung war, lässt sich auch im Vorgängerdrama *Die Betschwester* (1745) erkennen. Dieses Lustspiel, das sich stärker als *Die zärtlichen Schwestern* an die sächsische Typenkomödie anlehnt, stellt mit der Figur der Lorchen wieder eine Frau ins Zentrum der Handlung. Ihre Ähnlichkeit mit Lottchen rührt nicht allein vom Gleichklang der Namen her. Auch Lorchen ist klug, gebildet und tugendempfindsam; sie sieht ihre Aufgabe darin, das Eheglück ihrer Mitmenschen zu befördern. Sie ist das Hausmädchen einer reichen, aber geizigen Frömmlerin, Frau Richardinn, die sich ziert, ihre Tochter Christianchen dem tugendhaften Simon zur Frau zu geben. Aus diesem Grund beginnt Lorchen, zwischen den Parteien zu vermitteln. Anders als Lottchen in den *Zärtlichen Schwestern* tut sie dies ohne den Rückhalt des Vaters; sie ist von Beginn an auf sich allein gestellt.

Der aufklärerische Charakter ihrer Intervention tritt in I/9 hervor. Lorchen empfiehlt Simon, Christianchen nach der Heirat in „muntre Gesellschaft" zu geben, da sie zu lange unter der „sklavische[n] Erziehung"[37] ihrer Mutter gelitten habe. Ihr Ziel ist es, Christianchen aus den Händen ihrer tyrannischen Mutter zu befreien – ein Unternehmen, das sich unmittelbar in das der Befreiung junger Frauen aus dem Gefängnis der Gesellschaft einreiht (Kap. 6.2). Lorchen schlägt Simon vor, mit Christianchen nach Berlin zu ziehen, wo sie für ihre Erziehung sorgen wolle: „Ich will sie in Gesellschaft bringen. Ich will mit ihr reden. Ich will ihr gute Bücher, vernünftige Romane vorlesen."[38] Simons Brautwerber Ferdinand ist begeistert: „Lorchen beschämt uns alle beyde an Einsicht. Sie verdient Hochachtung und Gehorsam. Folgen Sie Ihr. Mein Rath ist kein andrer, als der ihrige."[39]

Wie Lottchen bleibt auch Lorchen am Ende des Dramas ohne Mann. Obwohl Simon ihr wegen des andauernden Widerstandes der Richardinn seine Liebe erklärt und sie an Christianchens statt heiraten möchte, schlägt sie sein Angebot aus. Dem enttäuschten Simon erklärt sie:

> Lassen Sie mich ausreden, so werden Sie hören, ob ich Ihnen Unrecht thue. Sie haben mich gewiß aus der besten Absicht gewählt, und ich glaube, daß ich Ihr Herz einigen von meinen Eigenschaften zu danken habe. Allein überlegen Sie wohl, ob nichts mehr, als die Liebe, an dieser Wahl Antheil hat? Der Verdruß, den Sie mit der Frau Richardinn gehabt, hat sich gewiß ohne Ihr Wissen mit in das Spiel gemengt. Sie schlug Ihnen Christianchen ab, und gleich darauf trugen Sie mir Ihr Herz an. Ich mache Ihnen keinen Vorwurf; ich will Ihnen auch Ihre Liebe zu mir nicht verdächtig machen. Ich will nicht sagen, daß sie zu geschwind entstanden ist. Nein, ich will es anders ausdrücken. Ich glaube nicht, daß ich so

---

37   Ebd., S. 167.
38   Ebd., S. 169f.
39   Ebd., S. 170.

viel Reizungen besitze, daß ich in so kurzer Zeit mir Ihre Liebe zu eigen machen könnte. Gesetzt auch, daß Ihre Liebe zu mir noch so gegründet wäre, so bleibe ich doch bey meinem Vorsatze. Ich habe alles wohl überlegt. Ihr Herz gehört niemanden, als Christianchen.[40]

Das so feine wie dichte Gewebe psychologischer Begründungen, das Lorchen hier knüpft – das Zitat umfasst nur die Hälfte ihrer Rede – lässt Simon keine andere Wahl, als sich in den offenkundig vernünftigen Plan zu fügen. Damit setzt Gellert eine Form weiblicher Beredsamkeit in Szene, die in der Frühaufklärung aus der Idee der rhetorischen Ausbildung für Frauen entwickelt wurde.[41] Obwohl in seinem Stück auch die Tendenz zur Naturalisierung der Frau in Gestalt Christianchens zu Tage tritt, bleibt die Figur der intervenierenden Empfindsamen auf vernünftige Überzeugungskunst angewiesen.[42] Überhaupt lässt der Konnex von weiblicher Intervention und Rhetorik im Aufklärungsdrama den Schluss zu, dass die Frauenrede nicht einfach aus dem Diskurs verbannt wurde[43] bzw. auf die Sphäre der Häuslichkeit beschränkt blieb. Das Ende weist auf dasjenige der *Zärtlichen Schwestern* voraus – „Erlauben Sie mir das Vergnügen, daß ich Sie zu Ihrer Braut führen darf"[44] – und damit gehen Lorchen und Lottchen als ein besonderer Typus der tugendempfindsamen Frau in die Literaturgeschichte ein: Sie garantieren den Fortbestand der sozialen Institution Ehe, indem sie selbst auf sie verzichten.

Aus den bisherigen Analysen ließe sich schließen, dass die Ehelosigkeit der empfindsamen Friedenstifterin eine *conditio sine qua non* darstellt. Schlägt nicht auch Johanna in *Die Jungfrau von Orleans* (WB 5, 223–226) mit Hinweis auf ihre göttliche Einigungsmission die Avancen ihrer Verehrer aus? Der Blick in die empfindsame Literatur Frankreichs zeigt, dass diese These zu kurz greift. In Rousseaus *La nouvelle Héloïse* ist es Claire, die ihre Cousine und Freundin

---

40   Ebd., S. 222.

41   Vgl. hierzu Tonger-Erk 2012, S. 211–235. Sie zeigt am Beispiel von Frauenzimmer-Lexika der Zeit, dass die Rednerin in der Frühaufklärung zwar nicht „als sozialhistorisches Subjekt", wohl aber als „Gedankenspiel" vorstellbar war (ebd., S. 235). Zum Konzept der Mitte in der empfindsamen Rhetorik siehe Arnold 2012, S. 108–117.

42   Damit stehen beide Dramen Gellerts quer zu literarischen Darstellungen der ‚natürlichen', allein an Körper und Stimme gebundenen weiblichen Rede, die Bischoff 2003 anhand von empfindsamen Gedichten (u.a. Gellerts) und La Roches *Geschichte des Fräuleins von Sternheim* herausgearbeitet hat. Dass die weibliche Beredsamkeit in der zweiten Hälfte des 18. Jahrhunderts zwischen Naturalisierung und Ermächtigung changierte, zeigt Tonger-Erk 2012, S. 235–408 auf Grundlage der Rhetoriken sowie der Erziehungs- und Anstandsliteratur der Zeit.

43   Diese These stellt Frömmer 2008, S. 158 im Rahmen ihrer Analyse von *Miß Sara Sampson* auf.

44   Gellert [1747] 1966, S. 226.

Julie unentwegt vor den Gefahren der Liebe zu Saint-Preux warnt und dafür sorgt, dass sich ihre Leidenschaft in eine tugendhafte Freundschaft wandelt. Die „inséparable", wie Claire in den Briefen unzählige Male genannt wird, ist als intervenierende Mittlerin aus der Beziehung zwischen Julie und Saint-Preux nicht wegzudenken. Es ist ihr zu verdanken, dass sich der Liebesroman in einen empfindsamen Roman verwandelt: „vous, unique et parfait modele d'amitié, qu'on citera seule entre toutes les femmes, et que les coeurs qui ne ressemblent pas au votre oseront traiter de chimere" (R 2, 220). Dennoch bleibt Claire die Ehe nicht verwehrt, sie heiratet den nicht minder tugendhaften Monsieur d'Orbe.

Gleiches gilt für Constance in Diderots *Le Fils naturel* (1757). Auf sie trifft das Bild, das Dorval zu Beginn des Dramas von den Frauen entwirft, in hohem Maße zu: „leur ame est si sensible [...]. Mon ami, leur ame est semblable au cristal d'une onde pure & transparente où le spectacle tranquille de la nature s'est peint."[45] Wichtiger jedoch: Constance ist vernünftig und rhetorisch begabt. Nur so gelingt es ihr, in der entscheidenden dritten Szene des vierten Aktes Dorval von seiner „mélancolie"[46] und seiner Angst vor der „folie & la misere de l'homme"[47] zu heilen. Sie lenkt die Handlung in Richtung des *lieto fine*. In einer langen Rede beruft sie sich explizit auf die Werte der Aufklärung, die „fanatisme" und „barbarie" aus der Welt vertrieben und durch „raison" und „vertu" ersetzen würden.[48] Bezeichnend ist, dass Constance sich dabei auf das Theater beruft: „Voilà les leçons dont nos théatres retentissent".[49] Die Bühne trage, ebenso wie die aufgeklärte Literatur, wesentlich zur Besserung der Nation bei, „un peuple qui vient s'attendrir tous les jours [...] ne peut être ni méchant, ni farouche."[50] In diesem Zusammenhang erwähnt sie eben jene Verse aus Voltaires *Poème sur la Loi naturelle* (1756), die Dorval zuvor als Beleg für die Schlechtigkeit der Welt zitiert hatte: „Pouvant se secourir, l'un sur l'autre acharnés,/ Combattre avec les fers dont ils sont enchaînés?"[51] Dorval ist Gefangener seiner Melancholie und Ungeselligkeit; Constance befreit ihn mit dem Hinweis, dass Voltaires Gedicht nur deshalb gelesen werde, weil der Autor selbst durch seine Werke die „sentimens d'humanité" im Volk verbreitet habe.[52]

---

45   Diderot 1757, S. 28.
46   Ebd., S. 98.
47   Ebd., S. 101.
48   Ebd., S. 102f.
49   Ebd., S. 103.
50   Ebd., S. 103.
51   Ebd., S. 102.
52   Ebd., S. 103.

In der Welt, die Constance vor den Augen des sichtlich ergriffenen Dorval ausbreitet, kann die Tugend durch Nachahmung weitergegeben werden: „Que l'imitation nous est naturelle, & qu'il n'y a point d'exemple qui captive plus fortement que celui de la vertu".[53] Die Disposition des Menschen zur Mimesis legitimiert nicht nur das Theater als soziale Institution, sondern legt auch das Fundament zu einer aufklärerischen Pädagogik. Indem man Kindern unermüdlich „les lois de l'humanité" vor Augen führe, sehe man „germer dans leur ames ce sentiment de bienfaisance universelle".[54] Durch ihre Rede setzt Constance diese Idee in die Tat um. Vom Vorbild der tugendhaften Frau inspiriert, wirkt Dorval in der folgenden Szene auf seinen Freund Clairville ein, Rosalie zur Frau zu nehmen. Im fünften Akt schließlich tut er es Constance gleich und hält vor Rosalie eine lange Rede, dank derer er sie überzeugt, von ihm loszulassen und Clairville zu heiraten.[55] Ein Ausschnitt der Auftrittskonstellation des vierten Aktes kann zeigen, wie Diderot dieses Moment des „retentissement" bzw. der „imitation" in eine Reigenstruktur fasst (Kap. 4.5). In ihr wandern die tugendempfindsamen Ideen von einer Figur zur nächsten, wobei es Constance ist, die als Mittlerfigur fungiert:

Diderot, Le Fils naturel, IV. Akt (Ausschnitt)

1	Justine	Rosalie		
2		Rosalie	Constance	
3			Constance	Dorval	
4				Dorval	
5				Dorval	Clairville

Für ihr selbstloses Verhalten werden Dorval und Constance schließlich am Ende belohnt und heiraten einander. Auch in diesem Fall bleibt die weibliche Mittlerfigur nicht aus dem sozialen Bündnis, das sie stiftet, ausgeschlossen.

Es findet sich im deutschsprachigen Lustspiel der 1740er Jahre eine weitere Spielart weiblich-empfindsamer Intervention, die auf ihre politische Funktionalisierung als Friedensstiftung vorausweist.[56] Dies soll nun am Beispiel von Johann Elias Schlegels letzter Komödie *Der Triumph der guten Frauen* (1748) gezeigt werden, die fast zeitgleich zu den *Zärtlichen Schwestern* von

---

53 Ebd., S. 101.
54 Ebd., S. 104.
55 Ebd., S. 122–127.
56 Die Schlegel-Forschung hat diesen Aspekt bislang übersehen. Auch Beckmann 2013, der sich ausführlich mit den Frauenfiguren in Schlegels Dramen beschäftigt, geht in seiner Analyse des *Triumphs der guten Frauen* (ebd., S. 432–467) nicht darauf ein.

Schlegels Leipziger Freund Gellert entstand.[57] Bekanntlich lobte Lessing das
auf deutschen Bühnen erfolgreiche[58] Stück, als es im Juli 1767 im Hamburger
Nationaltheater aufgeführt wurde, im 52. Stück der *Hamburgischen Dramaturgie* als „eines der besten deutschen Originale", ja „die beste deutsche Komödie" (WB 6, 438, 442). Ein Diktum, das die ausländischen Anregungen durch
die *sentimental comedy* Steeles und Cibbers bzw. durch die Lustspiele Marivaux' und Regnards aber nicht verdecken sollte.[59]

Das Stück verhandelt eine Komödiensituation: Zwei Ehepaare geraten aufgrund des Lasters der Männer in die Krise und müssen von den Frauen gerettet
werden. Entscheidend ist dabei, dass das krisenauslösende Verhalten der
Männer agonal konnotiert ist. Agenor hält seine Frau Juliane in seinem Haus
gefangen, weil er sich von weiblicher Klugheit bedroht sieht und deshalb über
Juliane herrschen will:

> Hätte ich doch kaum gehoffet, daß ich das überkluge Mägdchen, die Juliane, zu
> einer so guten und einfältigen Frau machen könnte! Aber ganz recht, Madame,
> ehe ich Sie heurathete, haben Sie mich regiert, ich hätte närrisch werden
> mögen. Nun ist die Reihe an mir; und mein Regiment wird länger währen, als
> das Ihrige gewährt hat.[60]

---

57 Das Stück hat, wie die Komödien Schlegels allgemein, im Vergleich zu seinen Tragödien
    Canut und *Herrmann* vergleichsweise wenig Aufmerksamkeit erfahren, vgl. Rowland
    2010, S. 320. Das Interesse richtete sich meist darauf, die Abhängigkeit bzw. Eigenständig-
    keit der Stücke in Bezug auf die Poetik Gottscheds zu bestimmen. Im Lauf der Zeit hat
    sich die Bewertung in dieser Hinsicht stark geändert. Bezeichnet Steinmetz 1966, S. 30
    den *Triumph der guten Frauen* noch als satirische Typenkomödie im Sinne Gottscheds,
    verweisen Interpreten wie Jeßing 2012 auf die Eigenständigkeit Schlegels. Andere wie
    Neuhuber 2003, S. 32 gehen soweit, die Schlegelschen Komödien in die Nähe der Kunst-
    autonomie um 1800 zu rücken. Darüber hinaus wurde die Stellung des *Triumphs der
    guten Frauen* innerhalb des Komödienschaffens Schlegels diskutiert. Steinmetz 1966,
    S. 43f. widmet in seiner Darstellung der Aufklärungskomödie der *Stummen Schönheit*
    (1747) deutlich mehr Raum, Paulsen 1977, S. 77 bezeichnet sie sogar als Schlegels „eigent-
    liches Meisterwerk" im Genre des Lustspiels. Herausgehoben wurde *Die stumme Schön-
    heit* auch aufgrund der Tatsache, dass sie im Gegensatz zum *Triumph der guten Frauen*
    in Versen gehalten ist und damit Schlegels frühem Plädoyer für die Verskomödie eher
    entspricht, vgl. Jeßing 2012.

58 Potter 2008, S. 262 erwähnt im Zeitraum von 1751 bis 1780 Aufführungen in Hamburg,
    Wien, Berlin, Leipzig und München sowie zahlreiche Neuauflagen. Vgl. auch Beckmann
    2013, S. 437f. mit Hinweisen auf Aufführungen in Weimar, Gotha und Wetzlar.

59 Zum Einfluss von Marivaux vgl. Hinck 1965, S. 224–232. Er betont die Ebene der „vertieften
    psychologischen Darstellung" im Stück, die auf Marivaux zurückgehe (ebd., S. 230) und
    auf Lessings *Minna von Barnhelm* vorausweise.

60 Schlegel 1762, S. 391. Die Darstellung des Agenor gab in der Forschung Anlass, über Paral-
    lelen zwischen Schlegels Drama und Lessings zeitgleich entstandenem *Misogyn* nachzu-
    denken, vgl. u.a. Beckmann 2013, S. 435f.

Es wundert nicht, dass diese radikale Darstellung des Lasters in den Augen der aufklärerischen Rezensenten Argwohn erregte. So kritisiert Moses Mendelssohn in seiner Besprechung des Stückes in den *Briefen, die neueste Litteratur betreffend* den Charakter des Agenor als „zu verderbt".[61] Der zweite Ehemann des Lustspiels, Nikander, erregt ebenfalls seinen „Widerwillen", da er nicht „deutsch", sondern ein „französischer Ebentheurer" sei, „der auf Eroberungen ausgehet" und „allem Frauenzimmer nachstellt".[62] Tatsächlich ist Nikander der typische Rake bzw. Libertin, der die Bühnen Europas im 18. Jahrhundert unsicher macht. Weil er die Fesseln der Ehe fürchtet, hat er Hilaria kurz nach der Hochzeit verlassen und erobert seitdem wie ein moderner „Alexander"[63] auf seinen Reisen ein Frauenherz nach dem anderen. Seine Konzeption der Liebe ist agonal. Er will die Frauen „überwinden";[64] nur eine Frau, die ihrem Mann untreu ist, d.h. einen anderen zu seinem Rivalen macht, ist für ihn interessant:

> Ein Mann ist nun einmal ein Geschöpf, das betrogen seyn will. Die wahre Zärtlichkeit einer Frau scheint in seinen Augen viel zu matt und zu kaltsinnig. Er glaubet, einen recht außerordentlichen Eifer zu verdienen. Man muß alle Wahrscheinlichkeit überschreiten, wenn er glauben soll, daß er genug geliebet wird.[65]

In den Augen Agenors und Nikanders gilt es, Empfindsamkeit aus der Ehe herauszuhalten. Sie stellen, in Einklang mit der Anthropologie der Zeit, weibliche ‚Empfindelei' der männlichen ‚Vernunft' entgegen. Dass sein tyrannisches Verhalten Juliane zum Weinen bringt, kommentiert Agenor wie folgt: „Die Frauen sind gewohnt, um nichts zu weinen. [...] Sie wollen von allen den Kleinigkeiten, die Sie nicht mir, sondern Ihrer eignen Vernunft aufopfern sollten, mit Thränen Abschied nehmen."[66] Dass sich dahinter in Wahrheit Misogynie verbirgt, macht der Dialog zwischen den Männern in III/2 deutlich. „Ich hasse die Frauen", so Nikander, „aber ich hasse sie so, wie ein vernünftiger Mann die Thoren hasset. Ich wollte sie gern klüger machen." Daraufhin Agenor: „Ein jeder Mann sollte dich auf den Händen zu seiner Frau tragen, und

---

61   Rezension vom 31. Januar 1765, in: Briefe, die Neueste Litteratur betreffend 1765, S. 135. Lessing stützt sein Diktum im Übrigen auf das sonst positive Urteil Mendelssohns, seine Besprechung besteht im Wesentlichen aus einem langen Zitat von dessen Rezension. „Ich freue mich, daß die beste deutsche Komödie dem richtigsten deutschen Beurteiler in die Hände gefallen ist." WB 6, 442.

62   Briefe, die Neueste Litteratur betreffend 1765, S. 133.

63   Schlegel 1762, S. 331.

64   Ebd., S. 331.

65   Ebd., S. 388.

66   Ebd., S. 357.

dich ganze Tage bey ihr allein lassen."[67] Damit tut er seinem vermeintlichen Freund allerdings, ohne es zu merken, einen Gefallen. Nikanders Ziel ist es nämlich, auch Juliane zu erobern, weshalb ihm das Angebot ihres Ehemanns gerade recht kommt.

In dieses von Männern dominierte agonale Feld tritt nun die tugendhafte Hilaria, indem sie sich als Mann verkleidet – bereits der Titel des Stücks deutet an, dass sich die Frauen nun selbst in einen Wettstreit begeben.[68] Philinte, so nennt sich Hilaria, gibt vor, ebenfalls um Juliane zu werben. Sie wird so zum Rivalen sowohl Nikanders als auch Agenors. Es ist auffällig, dass diese heimliche Intervention die anderen Figuren erheblich stört; sie alle versuchen mehrmals, Philinte wieder loszuwerden.[69] An zwei Stellen droht der Kampf zu eskalieren. Nikander zieht gegen seinen Mitbewerber gleich zu Beginn des Dramas den Degen,[70] Agenor will ihn am Ende gar umbringen[71] – letzteres wird nur durch die Enthüllung von Philintes wahrer Identität verhindert. Dass beide Männer an unterschiedlichen Momenten des Dramas kurz davor sind, einer Frau das Leben zu nehmen, deutet Hilarias Vertraute Kathrine als Folge ihrer Misogynie: „Sie muß sterben, nur darum, weil sie ein Frauenzimmer ist."[72]

Die Befriedung dieses potentiell gewaltsamen Konfliktes, in dem Männer nicht nur gegen Männer, sondern auch gegen ihre eigenen Frauen kämpfen, gelingt Hilaria nicht durch Redekunst, sondern durch eine Melange aus Verstellungskunst à la Marivaux und guter Tat. Sie tritt in Gestalt des Philinte zwischen Nikander und Juliane, um die Verführung der Tugend zu verhindern. Philinte verhält sich wie eine Frau, wendet er doch ‚weibliche' Verführungstechniken an, die den Eroberungskünsten Nikanders diametral entgegenstehen. Er kleidet und schminkt Juliane[73] und lobt die Verdienste ihres Mannes Agenor, statt ihn schlecht zu machen.[74] Als Nikander gegen Philinte den Degen zieht, tut er es ihm nicht gleich, stattdessen mahnt er ihn, er solle nicht durch Gewalt, sondern durch seine Verdienste siegen:

> NIKANDER. [...] Zieh vom Leder. *Er zieht den Degen.*
> PHILINTE. Das könnte ich wohl thun, aber ich will nicht.
> NIKANDER. Nicht? Also willst du mir sie abtreten?

---

67   Ebd., S. 380.
68   Zunächst sollte das Stück ‚Der strenge Ehemann' bzw. ‚Der Ehemann nach der Mode' heißen, vgl. Hinck 1965, S. 431.
69   Schlegel 1762, S. 332, 341, 344, 429.
70   Ebd., S. 333.
71   Ebd., S. 442.
72   Ebd., S. 444.
73   Ebd., S. 335.
74   Ebd., S. 337f.

PHILINTE. Das eben auch nicht. Kurz! steck deinen Degen ein! Sonst wirst du machen, daß ich in Ohnmacht falle. Denn ungeachtet ich sonst sehr viel Herz habe, so habe ich doch von Natur den Fehler, daß ich keinen bloßen Degen sehen kann.

NIKANDER. Pfuy! Du bist ein feiger Kerl.

PHILINTE. Ich habe mehr Muth, als du. Du willst mich mit dem Degen in der Faust vertreiben. Das ist ein Kennzeichen, daß du nicht Herz genug hast, durch deine Verdienste zu siegen.[75]

Die komödiantische Variation weiblicher Konfliktintervention erlaubt es, agonale Verhaltensmuster neu einzuüben und vorzuführen, wie Männer sich in angespannten Situationen deeskalierend verhalten können.[76] Nicht durch Rhetorik, sondern via *cross-dressing*[77] wird dem männlichen Körper weibliche Tugend eingeflößt. Deshalb versucht Philinte auf mehreren Ebenen, Konflikte zu entschärfen. Er zahlt großmütig Julianes[78] und Nikanders Schulden, letzteren bewahrt er dadurch vor dem Gefängnis[79] und leitet dessen moralische Besserung ein: „Glauben Sie doch, Madame", versichert Nikander Juliane, „Ich bin gar nicht mehr derjenige, für den Sie mich halten. Es ist wahr, vor eine Stunde hätte ich allen möglichen Vortheil aus dieser Zwistigkeit zu ziehen gesucht. Aber nun ...".[80] Dahinter steht das übergeordnete Ziel, das agonale Modell

---

75 Ebd., S. 333.

76 Diese Spielart der Komik ist nur bedingt mit der angeblich rationalistischen und pädagogischen Tendenz der frühaufklärerischen Dramentheorie zu erklären. Deren Einfluss sieht Hauke 1985 in der Komödientheorie Holbergs und Schlegels am Werk, allerdings ohne den Befund mit den Dramentexten abzugleichen. Zu Holberg und Schlegel, die in Kopenhagen persönlich Kontakt hatten, vgl. die Monographie von Reske 2016. Gegenüber der These von Hauke stellt Rowland 2010, S. 308 heraus, dass Schlegel in seiner Komödientheorie das Vergnügen über das Lehren stelle, was besonders im *Triumph der guten Frauen* zum Tragen komme: „The work reveals more than the first ,Auflösungstendenzen' of the monomial comedy of intrigue: in its ethos, that is to say, at its core, it is already something else. While not morally indifferent, it seeks first and foremost to express the power and joy of love through aesthetic means." (ebd., S. 318) Auf die Koppelung dieser Unterhaltungsfunktion mit Gegenwartsdiagnostik in Schlegels Komödien weist Meierhofer 2019, S. 488–501 hin. Zur Forschungsdiskussion um Schlegels dramentheoretische Schriften vgl. die Ausführungen zu *Canut* in Kap. 4.2.

77 Mit der Funktion des *cross-dressing* im Stück beschäftigt sich Potter 2008. Er betont, dass verschiedene Aspekte zu berücksichtigen seien: Die Informationsvergabe (Hilaria hat als Philinte besseren Zugang zu Informationen), die Darstellung kultureller Geschlechtscodierung, die Beschreibung des sexuellen Begehrens als männlich dominiert sowie die Ironisierung gleichgeschlechtlicher Sexualität.

78 Schlegel 1762, S. 355.

79 Ebd., S. 401.

80 Ebd., S. 419.

der Liebe durch eines der Sympathie und Eintracht zu ersetzen. Philinte: „Der größte Grund der Liebe ist die Uebereinstimmung der Gedanken."[81]

Unterstützung erhält Hilaria von ihrer Vertrauten Kathrine, die sie in Agenors Haus als Dienerin Julianes eingeschleust hat. Kathrine agiert in einer Mittelposition zwischen Juliane und den Männern. Das macht insbesondere der zweite Akt deutlich, wo sie fast ununterbrochen auf der Bühne steht.[82] In der ersten und letzten Szene spricht sie allein mit Juliane, dazwischen wird sie von Agenor und Nikander konsultiert, die sich mit ihr verbünden wollen, um Zugang zu Juliane zu erhalten. Kathrine widersteht jedoch den Männern und hält Juliane die Treue. Das Geld, das Agenor ihr zusteckt, um sie auf seine Seite zu ziehen, überlässt sie selbstlos seiner Frau.[83] Die für das empfindsame Drama nicht untypische Einbeziehung der Dienerfigur in den Kreis der tugendhaften Kräfte führt im *Triumph der guten Frauen* zu ihrem Einsatz in genau jener Zwischenzone, die den Übergriff agonaler Figuren auf die Tugend verhindern muss.

Mit den tugendhaften Interventionen Hilarias/Philintes und Kathrines verbindet sich abermals das empfindsame Projekt der Gefangenenbefreiung. Es ist in diesem Stück die Ehe, die als Gefängnis erscheint, beklagt Juliane am Ende doch explizit, sich in der „Gefangenschaft"[84] ihres herrschsüchtigen Mannes Agenor zu befinden. „Ich werde nicht anders als von aller Welt abgesondert, und gänzlich unter seinem Beschlusse leben müssen."[85] Deshalb fordert sie Nikander auf, seinen Freund Agenor davon zu überzeugen, „daß eine Frau keine Sklavin und keine Gefangene ist".[86] Es geht in diesem Fall, wie bereits in Gellerts *Betschwester*, nicht um die Entführung und Gefangennahme tugendhafter junger Frauen durch mächtige Männer, sondern um die Missachtung ihrer Freiheitsrechte innerhalb der Familie. Die Anspielung auf den zentralen Prätext *Pamela* ist dennoch mit Händen zu greifen. So wirft Kathrine im fünften Akt die von Agenor bestellte Dienerin Agatha, die Juliane in seinem Auftrag bewachen soll, aus dem Haus.[87] Die Worte, mit denen Kathrine Agathe beschreibt, erinnern an Ms. Jewkes, die gemeine Gefängniswärterin Pamelas.

---

81   Ebd., S. 407.
82   Ebd., S. 350–373.
83   Ebd., S. 371f.
84   Ebd., S. 373. Schlegel bedient sich hier eines im europäischen Drama seit dem 17. Jahrhundert beliebten Topos: der ‚Ehe als Gefängnis' bzw. der ‚Liebe als Gefängnis'. Vgl. Fludernik 2019, S. 271–282, 520–529.
85   Schlegel 1762, S. 352.
86   Ebd., S. 388.
87   Ebd., S. 435–437.

Christianchen und Juliane werden schließlich durch eine Hochzeit bzw. die Besserung des Ehepartners ‚befreit'. Es ist eine Befreiung, die im Namen der Zärtlichkeit erfolgt und von Philinte im Gespräch mit Juliane als Kampf gegen die Tyrannei ihres Mannes annonciert wird:

> Mein Bezeigen, meine Aufmerksamkeit, meine Aengstlichkeit sollen Ihnen allein sagen, wie heftig ich Sie liebe. Sie sollen sehen, was für ein Unterschied zwischen einem Menschen ist, der durch Tyranney sich Gehorsam und Liebe erzwingen will, und zwischen einem solchen, der die Liebe durch Zärtlichkeit zu verdienen suchet.[88]

7.2 Gefangene Befreierin: Goethes *Iphigenie*

Die Etablierung weiblicher Interventionskunst im Drama der 1740er Jahre ist nicht ohne Folgen geblieben. An Bedeutung gewinnt dabei die von Schlegel erprobte Variante, in der tugendempfindsame Frauenfiguren dafür zu sorgen haben, agonale Konflikte zwischen Männern zu verhindern. Dies ahnt auch die berühmte Priesterin der Diana, die im Frühling 1779 in Weimar erstmals die Bühne betritt und in ihrem Auftrittsmonolog folgende Worte an die Zuschauer richtet:

> Der Frauen Zustand ist der schlimmste vor allen Menschen. Will dem Mann das Glück, so herrscht er und erficht im Felde Ruhm, und haben ihm die Göt-ter Unglück zubereitet, fällt er, der Erstling von den Seinen in den schönen Tod. Allein des Weibes Glück ist eng gebunden, sie dankt ihr Wohl stets andern, öfters Fremden, und wenn Zerstörung ihr Haus ergreift, führt sie aus rauchenden Trümmern durch der erschlagenen liebsten Blut der Überwinder fort. (FA 5, 151)

Iphigenie klagt nicht ohne Grund. Wie hart das Schicksal den Frauen in der von Männern dominierten Welt des Wettkampfs und des Krieges mitspielen kann, hat sie am eigenen Leib erfahren. Weil ihr Vater Agamemnon auf seinem Weg in den Kampf gegen die Trojaner von einer Windstille aufgehalten wurde, opferte er sie der Göttin Diana. Diese zeigte sich jedoch gnädig und brachte Iphigenie nach Tauris, wo sie König Thoas, so heißt es in der Versfassung von 1787, „in ernsten, heil'gen Sklavenbanden" festhält (556).[89] Obwohl sie als Pries-terin des Dianatempels eine wichtige Funktion innerhalb des Staates besetzt, darf sie den Tempel nicht verlassen.

---

88 Ebd., S. 441.
89 Im Folgenden wird nach dieser Fassung zitiert, da die eingangs angeführte Prosafassung zu Goethes Lebzeiten nie im Druck erschien.

Die folgende Analyse von Goethes „Schauspiel" (553) will das ihm zugrunde liegende politische Projekt als ein tugendempfindsames sichtbar machen und die strukturelle Ähnlichkeit zu anderen empfindsamen Schauspielen der Aufklärung herausarbeiten. Die klassizistische Form kann nicht verdecken, dass das Stück genau jenes politische Wissen[90] in sich vereint, das in den Jahrzehnten zuvor im Drama etabliert wurde. Mit *Iphigenie auf Tauris* gelingt Goethe ein stoffgeschichtlicher Coup.[91] Er entdeckt in der mythischen Erzählung, die im 18. Jahrhundert immer wieder aufs Neue in Szene gesetzt wurde, die Möglichkeit, zentrale Momente der politischen Empfindsamkeit zu vereinen. Iphigenie repräsentiert die Figur der Vermittlerin und Friedensstifterin,[92] zugleich kombiniert das Drama die Befreiung einer jungen Frau aus der Gefangenschaft mit der Befreiung und emotionalen Heilung eines jungen Mannes, die Besänftigung des Agons mit der Aufhebung des Opferritus.

Peter-André Alt hat als erster ausgeführt, was bis dato nur kursorisch Erwähnung fand: Iphigenie fungiert im Stück als Friedensstifterin. Sie beschreite einen dritten Weg zwischen weiblicher Passivität und männlicher Gewalt, ihre erfolgreiche Konfliktlösung sei Resultat einer naturrechtlich begründeten Moral.[93] Alts Deutung stützt sich auf das Konzept der ‚schönen

---

90   Diese Kontextualisierung ist auch insofern von Interesse, als *Iphigenie* sich als ein „Fürstenspiegel" lesen lässt, „der das ideelle Fundament der amtlichen Reformtätigkeit Goethes im ersten Weimarer Jahrzehnt bedeutsam erhellt." Borchmeyer 1992, S. 147.

91   Zu den europäischen Dramen-Bearbeitungen der in der Aufklärung besonders beliebten Tauris-Variante des Stoffes vgl. Frick 2001. Er kommt zu dem Ergebnis, dass die Goetheschen Humanisierungstendenzen sich in den vorhergehenden Bearbeitungen, zu der auch diejenige J.E. Schlegels zählt, in dieser Form nicht finden lassen. Damit widerspricht er Borchmeyer 1992, S. 132–135 und dessen These, dass Goethe sich im Motiv der Humanisierung stark an die französischen Modernisierungen des Stoffes im 18. Jahrhundert angelehnt habe.

92   Frick 2001, S. 132 betont, dass in den dramatischen Bearbeitungen des 18. Jahrhunderts Iphigenie durch die Männerfiguren, insbesondere Orest und Pylades, zurückgedrängt und „funktionslos" werde. Wenn Iphigenie eine Rolle spiele, dann als Schlächterin bzw. Exekutorin des Opferritus, vgl. ebd., S. 133. Die Herausstellung und Humanisierung Iphigenies durch Goethe versteht sich also nicht von selbst.

93   Alt 2008, S. 91–95. Die Position der Friedensstifterin deckt sich nur zum Teil mit den in der Forschung gängigen Deutungen. Iphigenies Reden und Handeln lässt sich nicht auf die Begriffe der ‚Erlöserin' oder der ‚Retterin' bringen, sie ist weder ein Muster der weiblichen ‚Emanzipation' noch der geschlechtsnegierenden ‚Sakralisierung' des Frauenkörpers. Ein kurzer Überblick der bisherigen Interpretationen des Genderaspekts soll genügen: Als erster hat Jauß 1975, S. 376 darauf verwiesen, dass in der *Iphigenie* „an die Stelle der überwundenen Mythen der heteronomen Natur hinfort ein neuer Mythos der weiblichen Natur getreten ist, um die Verwirklichung des Ideals der Humanität zu gewährleisten." Was Jauß skeptisch bewertet, sieht Reed 1985 positiv. Er liest das Schauspiel als Autonomwerdung der *Frau* Iphigenie, als Ausdruck „des Kampfes um Mündigkeit in einer von

Seele', das von Wieland popularisiert und von Schiller 1793 in *Über Anmut und Würde* auf folgenreiche Weise in sein ästhetisches System eingefügt wurde.[94] Dort heißt es, in einer „schönen Seele" würden „Pflicht und Neigung harmonieren" (WB 8, 371). Schiller verortet sie im *„weiblichen* Geschlecht" (372) und spricht ihr die Fähigkeit zu tugendhaftem Handeln zu – wobei dieses nicht auf Überlegung und Wissen, sondern auf der emotionalen Internalisierung von Sittlichkeit beruhe.[95] „Selten wird sich der weibliche Charakter zu der höchsten Idee sittlicher Reinheit erheben, und es selten weiter als zu *affektionierten* Handlungen bringen." (372) In genau diesem Sinne beschreibt sich auch die „schöne Seele" (FA 5, 598) Iphigenie, wenn sie sich allein auf ihr „Herz" als moralischen Kompass beruft und sagt: „Ich untersuche nicht, ich fühle nur." (603)

Die folgenden Überlegungen schließen an Alts Beobachtung an, ohne dabei seiner These zu folgen, dass sich mit Iphigenies Friedensstiftung die Überwindung tradierter Geschlechterrollen verbindet. Sie muss nicht „den der Frau gesellschaftlich abverlangten Verzicht auf eigene Initiative in Frage" stellen, respektive „ihre Identität als Frau und das Gesetz ihres Handelns neu deute[n]".[96] Im Gegenteil: Ihre diplomatische Initiative ist im Imaginationssystem der Empfindsamkeit fest verankert.[97] Goethe erfindet die Rolle der Friedens-

---

Männern bestimmten Welt" (ebd., S. 524). Die Kritik an diesen optimistischen Deutungen hat Erhart 2007, S. 144f. zusammengefasst: Am Schluss bezeichnet Iphigenie Thoas als „Vater" (FA, 619) und überlässt die Handlungsmacht ihrem Bruder Orest. Grundlegende Skepsis an der Emanzipationsthese äußert auch Wagner 1990, die die politische Funktionalisierung Iphigenies (Sicherung der Atriden-Herrschaft) als Entmenschlichung deutet, Iphigenie werde zum „Mythos" (ebd., S. 124). In dieselbe Deutungsrichtung gehen Simpson 2018 sowie Honold 2012, S. 222: „unter der Last ihrer Idealisierung hat Iphigenie *als Frau* keine Freiräume, sie ist ganz und gar auf die entsagenden Positionen der keuschen Priesterin, der unnahbaren Jungfrau und der pietätvollen Schwester festgelegt." Einen Ausweg aus dem Konflikt zwischen Emanzipation und Sakralisierung sieht dagegen Schönborn 1999b, S. 97 im neu etablierten „Geschwisterverhältnis" von Iphigenie und Orest. Dieses würde die „Geschlechterdifferenz" auflösen, weil Leidenschaft und Begehren „in reine zärtliche Liebe transformiert" würden.

94   Vgl. zur Entwicklung der Idee der ‚schönen Seele' (*beautiful soul*) im 18. Jahrhundert die grundlegende Studie von Norton 1995. Sie legt den Schwerpunkt auf die Beiträge Wielands und Schillers, betont aber auch den europäischen Charakter der Idee. Diese diente dazu, so Norton, die Bereiche der Moral und der Ästhetik zusammenzuführen. Man sollte deshalb nicht den Fehler machen, Theorien wie diejenigen Schillers allein als anthropologische Texte zu lesen.

95   Zur weiblichen Codierung der Anmut in Schillers Theorie vgl. Foi 2013, S. 46f.

96   Alt 2008, S. 94.

97   Diese These ist nicht mit früheren Beschreibungen des Dramas als Schauspiel der Humanität und der damit einhergehenden Idealisierung Iphigenies in der älteren Forschung (z.B. Seidlin 1963, S. 9–22) zu verwechseln. Zur grundlegenden Kritik an der

stifterin nicht, sondern knüpft an die Ziele des sich in der Aufklärung herausbildenden Schauspiels an. Ihnen wird auch die klassische Form des Dramas
untergeordnet.[98]

Gekonnt nutzt Goethe die Reduktion des Figurenpersonals und die *liai-*
son des scènes, um die mit der Protagonistin verbundene Vermittlungs- und
Deeskalationsstrategie hervorzuheben. Iphigenie steht als einzige Frau zwi-
schen zwei gegnerischen, von jeweils zwei Männern repräsentierten Parteien.
Ort der Handlung ist der Hain vor dem Dianatempel, wo die gegnerischen
Parteien die Priesterin abwechselnd aufsuchen. Auffällig ist, wie konsequent
sich Goethe des Rondoschemas bedient, um die Beziehungen zwischen den
Figuren in den ersten vier Akten zu etablieren:

---

naiven Humanitätsthese vgl. immer noch Adornos Essay *Zum Klassizismus von Goethes*
Iphigenie aus dem Jahr 1967, in: Adorno 2003, S. 495–514.

98   Die Verortung des Dramas in der Aufklärung hat in der Forschung eine lange Tradition, die auf die einflussreiche Studie von Rasch 1979 zurückgeht. Ihr geht es allerdings
weniger um strukturelle Ähnlichkeiten zum Drama, als vielmehr um den Einbezug der
philosophischen Idee der Autonomie. Diese These, die Rasch im Anschluss an Überlegungen von Henkel 1965, Adorno 2003, S. 495–514 und Jauß 1975 formulierte, wird in
der Forschung bis heute diskutiert. Während Becker 2008, S. 32–59 sich zustimmend
auf sie beruft, äußert Kaute 2010 Skepsis, wählt selbst aber eine zu enge „aufklärungs-
theoretische Perspektive", wenn sie die Auseinandersetzung der Aufklärung mit Autonomie wie folgt zusammenfasst: „kann das Selbst sich selbst von der ihm auferlegten
Determination emanzipieren, indem es in eine kritische Differenz zu sich selbst tritt?"
(ebd., S. 125) Dass Iphigenie dies Kaute zufolge nicht gelingt, stellt den Aufklärungsbezug
nicht grundsätzlich in Frage. Vor allem die Spätaufklärung entwirft in Bezug auf das Verhältnis von Autonomie und Triebgeschehen eine komplexere Anthropologie, wie Mandelartz 2011, S. 327–329 und Fick 2016a in ihren Interpretationen ausführen. So stellt Fick die
These auf, „dass Iphigenies Befreiung vom Fluch als ein Erkenntnisprozess sich entfaltet,
der immer von den dunklen Wurzeln, den Bedingungen der Herkunft, gespeist bleibt und
insofern keine Autonomie des sittlichen Willens demonstriert, sondern, ganz im Sinne
von Herders Anthropologie, die Wechselabhängigkeit von Empfinden, Fühlen, Wollen
und Erkennen vorführt." (ebd., S. 388) Dass auch andere europäische Iphigenie-Dramen
des 18. Jahrhunderts auf Aufklärungsdiskurse Bezug nehmen, zeigt Frick 2001, S. 140f.

Goethe, Iphigenie auf Tauris[99]

Erster Aufzug

1	Iphigenie	
2.1	Iphigenie	Arkas
2.2	Iphigenie	
3	Iphigenie	Thoas
4	Iphigenie	

Zweiter Aufzug

1	Pylades	Orest
2.1	Pylades	Iphigenie
2.2	Pylades	

Dritter Aufzug

1	Orest	Iphigenie	
2	Orest		
3	Orest	Iphigenie	Pylades

Vierter Aufzug

1	Iphigenie	
2	Iphigenie	Arkas
3	Iphigenie	
4	Iphigenie	Pylades
5	Iphigenie	

Iphigenie ist als einzige Figur in allen Akten des Dramas zu sehen, sie ist auch die einzige, die mit beiden Parteien kommuniziert. Der erste Akt ist ihren Gesprächen mit den Taurern vorbehalten, in den beiden folgenden trifft sie auf ihren Bruder Orest und seinen Freund Pylades, im vierten schließlich abwechselnd auf beide Parteien. Der zweite und dritte Akt weichen vom Schema des ersten und vierten ab, da in ihnen nicht Iphigenie, sondern Orest und Pylades im Zentrum stehen. Offensichtlich dienen diese Binnenakte dazu, die starke emotionale Bindung zwischen Iphigenie und ihrem Bruder

---

99 Die Auftrittskonstellation wird im Folgenden nach den Auf- und Abtritten gegliedert. Kommt es innerhalb einer Szene zu mehreren Wechseln der Figuren, wird sie nach dem Muster 1.1, 1.2 etc. wiedergegeben.

zu etablieren, während die Kommunikation mit den Taurern Arkas und Thoas nur in den Außenakten erfolgt.[100]

Entscheidend ist, dass die gegnerischen Parteien in den ersten vier Akten nicht aufeinandertreffen. Als dann in V/4 Thoas auf Orest trifft, eskaliert das Geschehen und es droht ein gewaltsames Ende des Dramas. Jedoch gelingt es Iphigenie, die Männer zum Gespräch zu bewegen. In V/5 sind zum ersten und einzigen Mal alle Figuren des Dramas vereint, bevor in der letzten Szene Thoas und Orest unter Vermittlung Iphigenies in Friedensverhandlungen treten.

Fünfter Aufzug

1	Thoas	Arkas		
2	Thoas			
3	Thoas	Iphigenie		
4	Thoas	Iphigenie	Orest	
5.1	Thoas	Iphigenie	Orest	Pylades
5.2	Thoas	Iphigenie	Orest	Pylades	Arkas
5.3	Thoas	Iphigenie	Orest	Pylades
6	Thoas	Iphigenie	Orest	

Wie drückt sich dieses formale Wechselspiel von Vermittlung und Eskalation auf der inhaltlichen Ebene aus? Auffällig ist, dass Iphigenie zunächst nicht damit beschäftigt ist, einen Ausbruch von Gewalt zu verhindern, sondern mit den Folgen agonaler Auseinandersetzungen zu kämpfen hat (Kap. 5.5). Das Heer der Taurer kehrt zu Beginn der Handlung siegreich aus dem Krieg zurück (FA 5, 556–558).[101] König Thoas war ausgezogen, um die Ermordung seines Sohnes zu rächen. Trotz seines militärischen Erfolges sieht er seine Herrschaft geschwächt (561f.), denn ohne einen Thronfolger könnten seine Rivalen nach der Krone greifen:

> Seitdem der König seinen Sohn verloren,/ Vertraut er wenigen der Seinen mehr,/ Und diesen Wenigen nicht mehr wie sonst./ Mißgünstig sieht er jedes Edeln Sohn/ Als seines Reiches Folger an; er fürchtet/ Ein einsam hülflos Alter, ja vielleicht/ Verwegnen Aufstand und frühzeit'gen Tod. (559)

---

100 Zweifel an dieser dramaturgischen Komposition äußerte bereits Schiller in seinem Brief an Goethe vom 22. Januar 1802: „Ferner gebe ich Ihnen zu bedenken, ob es nicht ratsam sein möchte, zur Belebung des dramatischen Interesse, sich des Thoas und seiner Taurier, die sich zwei ganze Akte durch nicht rühren, etwas früher zu erinnern und beide Aktionen, davon die eine jetzt zu lange ruht, in gleichem Feuer zu erhalten." FA 5, 1307.

101 Auch dieses Moment spricht dafür, das Stück vor dem Hintergrund von Goethes politischer Tätigkeit in Weimar zu lesen, war er doch während der Arbeit an der Prosafassung in der Kriegskommission und dort mit der Rekrutenaushebung beschäftigt. Vgl. Borchmeyer 1992, S. 122f.

Thoas plant deshalb, Iphigenie zu heiraten und hält in I/3 um ihre Hand an. Auch wenn es nicht ausgesprochen wird, ist die dahinterliegende Idee offenkundig: Eine junge Gemahlin könnte dem König einen Sohn gebären und so den Machterhalt seiner Blutlinie sichern. Die Ehe mit der Priesterin der Diana würde außerdem, so hofft Thoas' Vertrauter Arkas, die politische Situation des Landes verbessern. Iphigenie habe seit ihrer Ankunft „des Königs trüben Sinn erheitert" und nicht nur die traditionelle Opferung fremder Ankömmlinge gestoppt, „jeglicher" fühle nun „ein besser Los" (558). Von ihrem „Wesen", so Arkas, könne auf „Tausende herab ein Balsam träufel[n]" (559), weshalb er sie bittet:

> O wende nicht von uns was du vermagst!/ Du endest leicht was du begonnen hast:/ Denn nirgends baut die Milde, die herab/ In menschlicher Gestalt vom Himmel kommt,/ Ein Reich sich schneller, als wo trüb' und wild/ Ein neues Volk, voll Leben, Mut und Kraft,/ Sich selbst und banger Ahndung überlassen,/ Des Menschenlebens schwere Bürden trägt. (598)

Die Hoffnung auf eine tugendempfindsame Reform des Staatswesens geht einher mit der Annahme, dass mit dem priesterlichen Beistand der „heil'ge[n] Jungfrau" (557) Iphigenie die Truppenmoral gestärkt werden könne. „Mit königlichen Gütern segne dich/ Die Göttin! Sie gewähre Sieg und Ruhm" (561): Nicht zufällig wählt Iphigenie diese Worte zur Begrüßung Thoas', verdeutlichen sie doch den engen Bezug zwischen Kirche und Militär auf Tauris. Darauf spielt auch Arkas an, wenn er Iphigenie daran erinnert, dass Diana ihr „sanft Gebet in reichem Maß erhört" habe.[102] „Umschwebt mit frohem Fluge nicht der Sieg/ Das Heer? und eilt er nicht sogar voraus?" (558) Diese politische und militärische Funktionalisierung der weiblichen Tugend weist eine große Nähe zu den Diskursen und Dramen der Zeit auf, erinnert sei an dieser Stelle nur an Lenz' Abhandlung *Über die Soldatenehen* und Schillers *Die Jungfrau von Orleans*.

Das Problem ist nun aber, dass Iphigenie sich dem Antrag Thoas widersetzt, weil sie eines Tages wieder in die Heimat zurückkehren möchte. Ihr Wunsch, Tauris als freier Mensch verlassen zu können, durchkreuzt die politischen Pläne des Königs.[103] Dieser zeigt sich nicht gewillt, ohne Iphigenie an seiner

---

102 Mit gutem Grund spricht Reiss 1993, S. 192–194 von einer „Theologischen Politik" auf Tauris.

103 Die Autonomie-These von Rasch 1979 bildet keinen Widerspruch zur hier vorgestellten Interventions-These. Rasch geht es in erster Linie um das Verhältnis der Figuren zu den Göttern, bzw. die Emanzipation von ihnen. Wenn man in diesem Sinne von einer im Lauf des Stücks sich herausbildenden Autonomie Iphigenies ausgeht, ließe diese sich auch in den Dienst der politisch-säkularen Friedensstiftung stellen. Damit wäre auch ein Gegenargument zu jener Kritik an der Autonomie-These gefunden, die Liewerscheidt 1997 formuliert: Er beschreibt Iphigenie als Figur, die in einer Notlage zur Selbsthilfe greift,

Seite weiterhin als milder Herrscher aufzutreten. Er kündigt an, die Opferung von Fremden wieder aufzunehmen, sollte die Priesterin ihm tatsächlich ihre Hand verweigern (569). Als er vom heimlichen Fluchtplan der Griechen und dem Betrug Iphigenies erfährt, bereut er endgültig seine „Nachsicht" und „Güte" mit der jungen Frau: „Zur Sklaverei gewöhnt der Mensch sich gut/ Und lernet leicht gehorchen, wenn man ihn/ Der Freiheit ganz beraubt." (607) Die aufklärerische Reform des Staatswesens hängt offenkundig davon ab, dass der König, emotional eigentlich „fest und unbeweglich" (560), unter dem Einfluss sanfter Weiblichkeit verbleibt.

Die Gegenseite in Gestalt Orests und Pylades' ist ebenfalls auf Iphigenies Hilfe angewiesen, und auch in diesem Fall geht es um die empfindsame Kompensation der agonalen Struktur des Politischen. Die beiden jungen Männer werden von Thoas gefangengesetzt, weil sie auf der Insel gestrandet sind[104] und der König, nachdem Iphigenie seinen Antrag abgewiesen hat, den Brauch der Opferung fremder Neuankömmlinge reaktiviert hat. In seinem Auftrittsmonolog in II/1 zeigt sich Orest fatalistisch:

> Und nun erfüllet sich's, daß alle Not/ Mit meinem Leben völlig enden soll./ Wie leicht wird's mir, dem eine Götterhand/ Das Herz zusammendrückt, den Sinn betäubt,/ Dem schönen Licht der Sonne zu entsagen./ Und sollen Atreus Enkel in der Schlacht/ Ein siegbekröntes Ende nicht gewinnen;/ Soll ich wie meine Ahnen, wie mein Vater/ Als Opfertier im Jammertode bluten:/ So sei es! (571)

Diese Worte deuten an, dass die agonale Frustration des Fürstensohnes tiefer reicht als die Tatsache, dass ihm kein ruhmreiches Ende in der „Schlacht" gewährt wird. Er begreift sein Schicksal genealogisch, bezieht es auf das seiner Ahnen, der Atriden, sowie das seines Vaters, Agamemnons. Im Lauf des zweiten und dritten Aktes tritt zutage, dass die „Götterhand", die sein „Herz zusammendrückt", tatsächlich die Geschichte seiner Familie ist. Orest hat es nicht verkraftet, seine Mutter, um seinen Vater zu rächen, ermorden zu

---

ihr Handeln sei immer an den unmittelbaren Nutzen gebunden. Dennoch ist zu überlegen, ob das Moment der Autonomie für die Konstitution des Politischen in Goethes Schauspiel wirklich ausschlaggebend ist. Eine bessere methodische Grundlage bietet der von Erhart 2007 ins Spiel gebrachte Begriff der ‚Anerkennung'. Begreift man, wie Erhart vorschlägt, den politischen Gehalt des Stücks als Aushandlung von gesellschaftlichen Anerkennungsverhältnissen, lässt sich Iphigenies soziale Funktion als Friedensstifterin adäquater beschreiben als mit Hilfe des Begriffs der Autonomie.

104 Juliane Vogel 2018b, S. 189f. hat den wichtigen Hinweis gegeben, dass dem Auftritt Orests eine Fluchtbewegung eingeschrieben ist und in diesem Zusammenhang auf die Intensivierung von Mobilität in Goethes Theater hingewiesen. Die These ließe sich erweitern, wenn der Konnex von Mobilität, Agonalität und Gefangenschaft (Kap. 6.3) mitbedacht würde, der in der Figur des Orest zur Darstellung gelangt.

müssen. Er glaubt sich von Meuchelmördern und Rachegöttinnen verfolgt und droht „in der Finsternis des Wahnsinns" zu versinken (593). Wieder erweist sich die Gefangenschaft als Ort, der junge Männer zur Introspektion und Reflexion ihrer Taten und Gefühle zwingt (Kap. 6.1): „Die ewige Betrachtung des Gescheh'nen" wälzt sich „[v]erwirrend um des Schuld'gen Haupt umher" (586).

Der Fluch, der auf den Atriden und damit auch auf Agamemnon und seinen Kindern lastet, wird im Stück permanent reflektiert. Dies ist auch deshalb von Bedeutung, weil er mit Metaphern des Agonalen beschrieben wird. Die Bestrafung des Stammvaters Tantalus gewinnt ihre schärfste Kontur im alten „Lied der Parzen" (605), das Iphigenie nicht vergessen kann, weil ihre Amme es ihr immer wieder vorgesungen hat.[105] Es erzählt den Aufstieg des Tantalus zum Götterliebling und seinen Fall in den Tartarus: „Der fürchte sie doppelt/ Den je sie erheben!/ Auf Klippen und Wolken/ Sind Stühle bereitet/ Um goldene Tische.// Erhebet ein Zwist sich:/ So stürzen die Gäste/ Geschmäht und geschändet/ In nächtliche Tiefen" (605f.) Goethe schlägt Tantalus fälschlicherweise dem Geschlecht der „Titanen" (606) zu.[106] Dieses Versehen ist für die Deutung des Dramas allerdings aufschlussreich, ist die in Hesiods *Theogonie* erzählte ‚Titanomachie', der Kampf der Titanen gegen die Olympier, doch einer der wichtigsten Prätexte einer antagonalen Konstitution der Gemeinschaft. Der Fluch des Atriden-Geschlechts ist in der *Iphigenie* der Fluch des Politischen.

Als Iphigenie in I/3 die Geschichte der Tantaliden erzählt, erklärt sie Tantalus' Schicksal mit seinem „Übermut" (564) und macht sie so als für das Drama der Zeit typische Warnung vor zu großem Ehrgeiz und Aufstiegswillen lesbar. Der Fluch der Familie zeigt sich in Iphigenies Deutung deshalb wirksam, weil die Nachkommen den maßlosen Agon des Vaters wiederholen. „Pelops, der Gewaltig-wollende [...] erwarb/ Sich durch Verrat und Mord das schönste Weib"; Thyest und Atreus treibt der Neid über „[d]es Vaters Liebe zu dem ersten Sohn" zum Brudermord, bevor sie selbst zu Rivalen werden und Atreus seinem Bruder dessen eigene Söhne zum Gastmahl vorsetzt (564f.).[107] Indem Goethe das Motiv des Bruderzwists in den mythischen Prätext seines Schauspiels einschreibt, rückt er die durch den Sturm und Drang wachgerufene

---

105 Zum Parzenlied vgl. Müller 1968.
106 Vgl. Borchmeyer 1992, S. 150f.
107 Zur Bedeutung des Mythos von Atreus und Thyest für Goethes *Iphigenie* vgl. den Aufsatz von Fick 2016a. Die Autorin setzt den Atridenfluch in Bezug zur Diskussion um die Erbsünde im 18. Jahrhundert. Sie legt dar, wie die letztlich lebensbejahende Anthropologie der Iphigenie von der materialistischen Philosophie d'Holbachs wichtige Impulse erhielt, in erster Linie aber auf Herders Spinoza-Deutung in *Vom Erkennen und Empfinden der menschlichen Seele* zurückgehe.

Erfahrung intensivierter Agonalität (Kap. 4.3) ins Zentrum des dramatischen Konflikts. Er selbst spielte bei der Weimarer Uraufführung der Prosafassung am 6. April 1779 die Rolle des Orests – fast scheint es im Rückblick, er habe sich als Autor öffentlich von der Ästhetik des Sturm und Drang reinigen wollen.

Der in Aussicht stehende tragische Ausgang – Iphigenie muss ihren eigenen Bruder auf dem Altar der Diana opfern – wird von den Figuren als eine Wiederholung dieses agonalen Musters erkannt: „Der Brudermord", so Orest zu seiner Schwester, „ist hergebrachte Sitte/ Des alten Stammes" (590). So weit reicht die Macht der Familiengeschichte, dass Pylades in II/2, um Iphigenie seine wahre Identität zu verbergen, Orest als einen Brudermörder ausgibt:

> Aus Kreta sind wir, Söhne des Adrasts:/ Ich bin der jüngste, Cephalus genannt,/ Und er Laodamas, der älteste/ Des Hauses. Zwischen uns stand rauh und wild/ Ein mittlerer, und trennte schon im Spiel/ Der ersten Jugend Einigkeit und Lust./ Gelassen folgten wir der Mutter Worten,/ So lang' des Vaters Kraft vor Troja stritt;/ Doch als er beutereich zurücke kam/ Und kurz darauf verschied, da trennte bald/ Der Streit um Reich und Erbe die Geschwister./ Ich neigte mich zum Ältsten. Er erschlug/ Den Bruder. (578)

Die Konflikte, die vonseiten der Taurer und der Griechen die Handlung bestimmen, sind spiegelbildlich: Thoas rächt den Tod des Sohnes, Orest den seines Vaters. In beiden Fällen sind ihre Taten agonal determiniert, rühren vom Krieg oder führen ihn herbei. Sie lösen keine Konflikte, sondern schreiben den gewaltsamen Kampf um politische Teilhabe fort. Diesem könnte nur ein Ende gesetzt werden, wenn das männlich-agonale Verhalten als solches überwunden würde.

Hier setzen die empfindsamen Interventionen Iphigenies an. Die erste erfolgt innerhalb der Familie und betrifft die Heilung[108] des in den Irrsinn driftenden Bruders: „Ich bringe süßes Räuchwerk in die Flamme./ O laß den reinen Hauch der Liebe dir/ Die Glut des Busens leise wehend kühlen." (588) Tatsächlich gelingt es ihr, durch ein Gebet zu Diana den Bruder zu retten. In diesem Gebet ersetzt sie das Motiv des Brudermordes durch das der Geschwisterliebe und erinnert die Göttin an ihre Zuneigung zu ihrem Bruder Apoll: „Du liebst, Diane, deinen holden Bruder/ Vor allem, was dir Erd' und Himmel bietet" (593). Auch die Vision seines Lebens nach dem Tode, die Orest kurz zuvor durchlebt,

---

108   Es bleibt in der Forschung umstritten, ob Orest sich aus autogenen Kräften heilt oder von Iphigenie geheilt wird. Rasch 1979, S. 123 wendet ein, dass Orest nicht durch Iphigenies Gebet und Zuwendung, sondern durch die reinigende Wirkung seiner Hades-Vision geheilt werde. Dem widerspricht Kershner 1994, S. 26f. und möchte Iphigenie als Heilerin reinstalliert wissen.

evoziert die natürliche Liebe innerhalb der Verwandtschaft und entwirft ein für die Gattung des Schauspiels typisches empfindsames Familientableau:

> Wer ist die Schar, die herrlich mit einander/ Wie ein versammelt Fürstenhaus sich freut?/ Sie gehen friedlich, Alt' und Junge, Männer/ Mit Weibern; göttergleich und ähnlich scheinen/ Die wandelnden Gestalten. Ja, sie sind's,/ Die Ahnherrn meines Hauses! – Mit Thyesten/ Geht Atreus in vertraulichen Gesprächen,/ Die Knaben schlüpfen scherzend um sie her./ Ist keine Feindschaft hier mehr unter euch?/ Verlosch die Rache wie das Licht der Sonne?/ So bin auch ich willkommen, und ich darf/ In euern feierlichen Zug mich mischen. (591f.)

Jedoch wird die soziale Harmonie des Tableaus gestört, als Orest seine Verwandten nach Tantalus fragt – „O führt zum Alten, zum Ahnherrn mich!" (592) – und die anderen sich daraufhin von ihm abwenden. Tantalus bleibt Gefangener des Fluches, und mit ihm Orest: „Weh mir! Es haben die Übermächt'gen/ Der Heldenbrust grausame Qualen/ Mit ehrnen Ketten fest aufgeschmiedet." (593) Auch wenn die Befreiung vom traumatischen Familienerbe an dieser Stelle noch nicht gelingt, markiert die Vision des empfindsamen Tableaus doch ein Gegengewicht zu der agonalen Brutalität der realen Familienbeziehungen innerhalb des Geschlechts der Atriden. Damit reflektiert Goethes Dramentext den ideologischen und ästhetischen Gegensatz von Agonalität und Empfindsamkeit auf der Ebene der intradiegetischen Fiktion.[109] Die Erfahrungen von antagonaler Gewalt und Friedensstiftung sind in den mythischen Erzählungen und Nahtodvisionen der Figuren aufgehoben.

Die Heilung Orests, die sich im Anschluss an seine Vision und Iphigenies Gebet vollzieht, weckt seine Tatkraft. Er fühlt sich kräftig genug, nach „großer Tat zu jagen" (594) und, in den Worten Pylades', „seine Retterin und mich zu retten." (600) All dies ist nur möglich, weil Iphigenie sich zuvor den Anweisungen des Königs widersetzt und die Freunde nicht nur symbolisch, sondern auch physisch aus der Gefangenschaft befreit hat. In einer der raren Regieanweisungen des Stückes nimmt sie in II/2 erst Pylades „die Ketten ab" (578) und dann mit den Eröffnungsversen des dritten Aktes ihrem Bruder: „Unglücklicher, ich löse deine Bande" (582). Iphigenies Intervention ist also sowohl psychischer, als auch politischer Natur. Sie befreit den Gefangenen von seinem Leiden und ermöglicht zugleich seinen Ausbruch aus dem Gefängnis.

Das Projekt der Gefangenenbefreiung weist Goethes Schauspiel als ein Unternehmen der politischen Empfindsamkeit aus. Nicht zuletzt deshalb,

---

109   Im Gegensatz zu Glucks *Iphigénie en Tauride*, wo die Eumeniden tatsächlich auf der Bühne erscheinen. Schiller riet Goethe zu einem ähnlichen Vorgehen, um die Handlung nicht als gänzlich psychologisiert erscheinen zu lassen, vgl. Borchmeyer 1992, S. 128f. Eine vergleichende Analyse der Bearbeitungen Glucks und Goethes leistet Honold 2012.

weil es das Schicksal Iphigenies und ihres Bruders als Exempel für das Leid
politisch Verfolgter statuiert. Dass sie den Taurern ihre Herkunft lange verschwiegen hat, begründet Iphigenie im Gespräch mit Thoas mit der Angst,
erneut vertrieben zu werden:

> Denn vielleicht, ach wüßtest du,/ Wer vor dir steht, und welch verwünschtes
> Haupt/ Du nährst und schützest; ein Entsetzen faßte/ Dein großes Herz mit selt-
> nem Schauer an/ [...] triebest du mich vor der Zeit/ Aus deinem Reiche; stießest
> mich vielleicht,/ Eh' zu den Meinen frohe Rückkehr mir/ Und meiner Wandrung
> Ende zugedacht ist,/ Dem Elend zu, das jeden Schweifenden,/ Von seinem Haus'
> Vertriebnen überall/ Mit kalter fremder Schreckenshand erwartet. (562f.)

Als Priesterin legt sie denn auch den Kult der Diana anders aus als es die Taurer
bisher gewohnt waren. Die Göttin verlange kein Fremdenopfer: „Blutgierig", so
Iphigenie, seien nur die Herrscher, die die „eignen grausamen Begierden" den
Göttern andichteten. Diana habe auf Aulis verhindert, dass sie geopfert werde
und sie stattdessen nach Tauris gebracht. „Du hast Wolken, gnädige Retterin,/
Einzuhüllen unschuldig Verfolgte" (569f.). Aus diesem Grund hat sie „den alten
grausamen Gebrauch,/ Daß am Altar Dianens jeder Fremde/ Sein Leben blu-
tend läßt [...] mit sanfter Überredung aufgehalten" und so „die Gefangnen vom
gewissen Tod'/ In's Vaterland so oft zurückgeschickt" (558). Und aus demselben
Grund löst sie auch Orest, noch bevor sie seine Identität kennt, die Fesseln.
Schließlich ist auch er ein „arme[r] Flüchtling" (586) und „verpesteter Vertrieb-
ner" (573). Dass sie das gleiche Schicksal wie ihr Bruder erfahren hat,[110] führt
ihr „Herz zum Mitleid" (609).

Die Abschaffung des Menschenopfers[111] ist ein bekanntes Motiv der Kolonialdramen der Aufklärung (Kap. 5.7). In *Iphigenie auf Tauris* wird es kombiniert mit der naturrechtlichen Reform des Gastrechts,[112] auf die Iphigenie bei
ihrem Abschied von Thoas dringt: „Verbann' uns nicht! Ein freundlich Gast-
recht walte/ Von dir zu uns" (618). Die Formalisierung des freundschaftlichen
Abschieds in den Schlussversen des Dramas soll diesem Projekt den Charakter

---

110   Zur Darstellung Iphigenies als Flüchtling siehe Eppers 2019.

111   Das Thema hat in der Forschung große Aufmerksamkeit erfahren. Neumann 2000,
      S. 48 spricht von einer „Sequenz kasuistischer Experimente, in denen Goethe die Meta-
      morphose des Opfer-Diskurses in einen Entsühnungs-Diskurs zeigt, der allein aus der
      Sprachdynamik und ihrer inszenatorischen Kraft erwächst." Nüchterner dagegen deutet
      Honold 2012, S. 235 die Verhinderung des Opfers als bloßes Tauschgeschäft: Orest werde
      geschont, weil den Skythen das gestohlene Tempelbild zurückgegeben werde. Vgl. zum
      Opfer-Diskurs im Stück außerdem Höyng 2016.

112   Seit dem bahnbrechenden Aufsatz von Wierlacher 1983 ist es geläufig, *Iphigenie auf Tauris*
      als Drama des Völkerrechts und der „Fremdenfreundlichkeit" (ebd., S. 166) zu lesen. Noch
      aktuelle Interpretationen wie diejenige von Tang 2018, S. 185–194 bauen darauf auf.

einer vertraglichen Vereinbarung geben: „Nachahmend heiliget ein ganzes Volk/ Die edle Tat der Herrscher zum Gesetz" (616).[113]

Damit gelangt eine weitere Intervention Iphigenies an ihr Ziel, die sie gegen die Interessen der Partei ihres Bruders ausführt. Sie weigert sich im vierten Aufzug, die kolonialistischen Handlungen der Griechen zu unterstützen. Als Pylades in den Tempel dringt, um das Bild Dianas zu rauben, bemerkt er, „daß Iphigenie nicht folgt" und kehrt um (601). Er will dem in seinen Augen „unwürd'gen Volk" der Taurer „den heil'gen Schatz" entwenden, die Priesterin jedoch zögert. In ihrem Monolog in IV/5 wird klar, dass sie weder das ihr „anvertraute, viel verehrte Bild" rauben noch Thoas „hintergehn" möchte. Eine solche Handlung wäre nicht nur ein „doppelt Laster", sondern, wichtiger noch, eine abermalige Wiederholung des „Fluch[s]" der Tantaliden (603f.).[114] Schließlich war, wie Iphigenie in II/3 Pylades' Erzählung entnehmen konnte, ihre vermeintliche Opferung in Aulis der Grund für Klytaimnestras Zorn, Agamemnons Ermordung und Orests Rache (58of.). Hatte sie gehofft, in ihrer Gefangenschaft den Fluch zu „entsühnen" (604), bemerkt sie nun, dass mit der Familie die Gewalt zurückkehrt. Sie beschließt deshalb, sich dem Bruder entgegenzustellen, Thoas über den Fluchtplan der Griechen zu informieren und ihn zu bitten, sie friedlich ziehen zu lassen. Damit interveniert sie zugleich gegen jene Form aggressiver Expansionspolitik, die Thoas in V/6 anprangert: „Der Grieche wendet oft sein lüstern Auge/ Den fernen Schätzen der Barbaren zu,/ Dem goldnen Felle, Pferden, schönen Töchtern;/ Doch führte sie Gewalt und List nicht immer/ Mit den erlangten Gütern glücklich heim." (617)

Paradoxerweise hat Iphigenies diplomatisches Eingreifen in das Geschehen dessen Eskalation zu Folge. Da die Griechen nicht heimlich fliehen können, stürmt Orest in V/4 „gewaffnet" auf die Bühne und will „den Weg zum Schiffe" mit Gewalt erzwingen (613); Thoas greift daraufhin ebenfalls zum Schwert. In diesem Moment interveniert Iphigenie ein weiteres Mal[115] und fordert die Parteien auf, den Tempel der Diana „nicht durch Wut und Mord" zu entheiligen. Ihre Rhetorik wandelt sich, sie bittet nicht mehr, sondern formuliert Imperative: „Gebietet eurem Volke Stillstand, höret/ Die Priesterin, die Schwester."

---

113 Zu beachten ist jedoch, dass die letzte Replik des Thoas einen neuen Vers eröffnet, der unabgeschlossen bleibt. Der Vertragsvereinbarung des Schlusses bleibt also ein prekäres Moment der Offenheit eingeschrieben: „IPHIGENIE [...] Leb' wohl! und reiche mir/ Zum Pfand der alten Freundschaft deine Rechte./ THOAS. Lebt wohl!" FA 5, 619.

114 Wie Fick 2016a, S. 390 betont, wird der Fluch nach Orests Heilung nicht einfach aufgehoben, sondern wirkt im Reden und Denken der Figuren weiter. Anders gesagt: Die antagonale Konstitution des Politischen lässt sich nicht auslöschen.

115 Dass sich Iphigenies Friedensbemühungen, insbesondere ihre deeskalativen Redestrategien, auch mit den Begriffen heutiger Mediationspraktiken beschreiben lassen, belegt der Aufsatz von Hornung 2011.

(614) Der Tempel wird zur politisch neutralen Zone. Zunächst vereinbaren Thoas und Orest in V/5 einen Waffenstillstand, bevor sie in der Folgeszene unter Vermittlung der Priesterin Verhandlungen beginnen. Deren Verlauf gestaltet sich schwierig, da Orest und Thoas den Konflikt auf Männerart mit einem Duell lösen wollen. Orest schlägt vor, gegen einen vom König genannten Krieger anzutreten: „Und laß mich nicht allein für unsre Freiheit,/ Laß mich, den Fremden für die Fremden, kämpfen." Thoas jedoch will den Zweikampf selbst bestreiten und der „Waffen Los" wagen (616).

An diesem Punkt der Handlung, die zugleich eine Reminiszenz an die Darstellungen agonaler Männlichkeit in den europäischen Iphigenie-Dramen bildet,[116] schreitet die Protagonistin abermals ein: „Laßt die Hand/ Vom Schwerte!" Sie erinnert den König und Orest daran, dass „der rasche Kampf" zwar einen Mann „verewigt", der „verlaßnen Frau" aber nur „Tränen" über den Verlust eines nahen Menschen übrigblieben (616). Sie verlöre entweder den Bruder oder den Mann, der ihr ein zweiter „Vater" ist (619). Wieder scheint hier der Subtext des agonalen Familienkrieges durch. Thoas würde den Bruder seiner ,Tochter' und damit den eigenen Sohn, Orest nach der Mutter auch noch den ,Vater' erschlagen.

Der Konflikt wird erst gelöst, als Orest sich bereit zeigt, als Gegenleistung für die Freilassung auf das Bild der Diana zu verzichten. Er könne dies, so erklärt er dem König, weil er die Bedeutung der folgenden Prophezeiung Apolls nun erst verstehe: „Bringst du die Schwester, die an Tauris Ufer/ Im Heiligtume wider Willen bleibt,/ Nach Griechenland; so löset sich der Fluch." (617) Dachte Orest bislang, es handele sich bei der „Schwester" um Diana, die Schwester Apolls, glaubt er nun, dass damit Iphigenie gemeint sein müsse. Die Entführung der dem Mythos zufolge ,heiligen Jungfrau' Diana wird in die Befreiung ihrer gefangenen Priesterin umgedeutet. Erst in diesem Moment kann destruktive Agonalität der friedlichen Lösung des Konflikts weichen. Der Weg für die Neubegründung der Familienherrschaft ist frei. Iphigenies nächste Aufgabe sei es, so Orest, „daß sie die Weihe/ Des väterlichen Hauses nun vollbringe,/ Mich der entsühnten Halle wiedergebe,/ Mir auf das Haupt die alte Krone drücke!" (618)[117]

---

116   Frick 2001, S. 132 erinnert an die heroische *virtù* und den „männlich-kämpferisch-aristokratischen" Typus, wie er in vielen *Iphigenie*-Dramen des 18. Jahrhunderts dominiert.

117   Borchmeyer 1992, S. 123 vermutet, dass die Geburt der ersten Tochter des Weimarer Herzogpaares am 3. Februar 1779 den Entstehungsanlass für Goethes *Iphigenie* gebildet haben könnte. Damit wäre die politische Funktion Iphigenies, die Herrschaft Orests zu sichern, auf die zukünftige Regentschaft Carl Augusts zu beziehen.

Es ist in der Forschung darauf aufmerksam gemacht worden, dass Iphigenies Interventionen in erster Linie rhetorischer Natur sei.[118] Tatsächlich weigert sich die Priesterin, im Stil von „Amazonen" den Männern das „Recht des Schwerts" zu rauben und die „Unterdrückung" mit Blut zu „rächen" (611). Stattdessen gründet ihr Widerstand gegen den männlichen Agon auf Beredsamkeit: „Und folgsam fühl' ich immer meine Seele/ Am schönsten frei; allein dem harten Worte,/ Dem rauhen Ausspruch eines Mannes mich/ Zu fügen, lernt' ich weder dort noch hier." (609) Sie setzt dagegen die empfindsame Strategie der sanften Überzeugung. Zu beachten ist jedoch, dass sich damit keine naive Harmonisierung des Konfliktes verbindet, sondern das antagonale Moment physischer Gewalt in agonale Dialogizität transformiert wird: Zwischen Iphigenie und Thoas entspinnt sich ein Redewettstreit, der mit einigem rhetorischen Raffinement ausgetragen wird.[119]

Auch Iphigenies Aufrichtigkeit ist nicht naiv, selbst wenn ihre berühmte Replik anderes vermuten lässt: „Ich habe nicht gelernt zu hinterhalten,/ Noch jemand etwas abzulisten. Weh!/ O weh der Lüge!" (596) Sie entwaffnet Thoas mit ihrer transparenten Kommunikation und ihrem Appell an sein Herz; die Verstellung wird ihm unmöglich gemacht.[120] Hier zeigt sich eine Erweiterung jenes Aufrichtigkeitskonzeptes, wie es das zeitgenössische populäre Drama entwickelt. Geht es dort im Sinne empfindsamer Selbstkritik darum, eine Balance zwischen vollständiger und maßvoller Transparenz herzustellen (Kap. 5.5), ist in der *Iphigenie* die bedingungslos offene, gleichwohl rhetorisch geschickte Kommunikationsstrategie der Protagonistin von Erfolg gekrönt: „Gewalt und List, der Männer höchster Ruhm,/ Wird durch die Wahrheit dieser hohen Seele/ Beschämt, und reines kindliches Vertrauen/ Zu einem edeln Manne wird belohnt." (618)

Auch die zweite rhetorische Strategie Iphigenies lässt sich im Kontext empfindsamer Kommunikationskonzepte deuten. „Du glaubst, es höre/ Der rohe Scythe, der Barbar, die Stimme/ Der Wahrheit und der Menschlichkeit, die Atreus,/ Der Grieche, nicht vernahm?" Thoas' skeptische Reaktion auf ihr aufrichtiges Geständnis begegnet Iphigenie mit einem Appell an die ‚fließende' und universale Verbindung zwischen Mensch und Umwelt: „Es hört sie jeder,/

---

118   Vgl. Alt 2008, S. 94f.
119   Honold 2012, S. 228; Lieverscheidt 1997, S. 228.
120   Dies zeigt Geisenhanslüke 2008, S. 102–105. Dass es die konkrete Situation des Dialoges ist, die in dieser Szene Offenheit, Aufrichtigkeit und letztlich Verbindlichkeit produziert, arbeitet Kuhlmann 2015 heraus. Zum Wahrheitsverfahren der ‚Parrhesia' in der *Iphigenie* vgl. Campe 2018. Einen theologischen Ansatz wählt dagegen Borchmeyer 1992, S. 142–148, wenn er die Funktion der Wahrheit im Stück als „Befreiung vom Erbzwang des Bösen" beschreibt.

Geboren unter jedem Himmel, dem/ Des Lebens Quelle durch den Busen rein/ Und ungehindert fließt." (612) Nur wo sich Wahrheit mit Sanftheit paart, wirkt empfindsame Rhetorik.[121] Dies zeigt sich schon in der Metaphorik, die sich in der Figurenrede zwischen den gefangenen Geschwistern etabliert. Ist Iphigenies Seele zu Beginn noch „mit Eisenbanden" ins „Innerste des Busens [...] geschmiedet" (557), öffnet sie sich im Dialog mit Orest durch Bilder fließender Bewegung:

> Denn es quillet heller/ Nicht vom Parnaß die ew'ge Quelle sprudelnd/ Von Fels zu Fels in's gold'ne Tal hinab,/ Wie Freude mir vom Herzen wallend fließt,/ und wie ein selig Meer mich rings umfängt. Orest! Orest! mein Bruder! (589)

Einmal mehr zeigt sich, dass das Gefängnis eine empfindsame Gefühlskultur hervorbringt, die agonale Affekte besänftigen soll (Kap. 6.1). Iphigenies Metaphern richten sich gegen das „unauslöschlich Feuer" des Fluches, der in Orests Seele wirkt. Die politische Wirkung dieser Rhetorik wird spätestens im Dialog zwischen Iphigenie und Thoas deutlich, wo dieser die Entscheidung zwischen Krieg und Frieden als Entscheidung zwischen heißen Affekten und fließender Rhetorik beschreibt: „Unwillig, wie sich Feuer gegen Wasser/ Im Kampfe wehrt und gischend seinen Feind/ Zu tilgen sucht, so wehret sich der Zorn/ In meinem Busen gegen deine Worte." (613)

Die Redekunst der sanftfließenden Aufrichtigkeit führt nicht zu einer Vereinigung der Parteien in einem rührenden Tableau, wie es der Gattung des empfindsamen Schauspiels angemessen wäre. Dennoch wird während der Inszenierung des Abschieds die Möglichkeit einer zukünftigen Kommunikation in Aussicht gestellt,[122] die Grenzen und Fremdheit überwindet:

> Ein freundlich Gastrecht walte/ Von dir zu uns: so sind wir nicht auf ewig/ Getrennt und abgeschieden. Wert und teuer/ Wie mir mein Vater war, so bist du's mir,/ Und dieser Eindruck bleibt in meiner Seele./ Bringt der Geringste deines Volkes je/ Den Ton der Stimme mir in's Ohr zurück,/ Den ich an euch gewohnt zu hören bin,/ Und seh' ich an dem Ärmsten eure Tracht;/ Empfangen will ich ihn wie einen Gott [...]. (618f.)

Liest man, wie hier vorgeschlagen, Goethes *Iphigenie auf Tauris* nicht als Auseinandersetzung zwischen Autonomie und Mythos,[123] sondern als Versuch der

---

121 Die metaphorische Umschmelzung der Opferrede in eine Verständigungsrede beschreibt Neumann 2000, S. 49.

122 Vgl. Vogel 2018b, S. 191.

123 Noch Alt 2008, S. 98 arbeitet mit dieser Differenz, indem er sie in Bezug zur klassischen Form des Dramas und der in ihm gepflegten Rhetorik setzt: „[...] weil die Emanzipation

Balancierung männlich-aggressiver Agonalität durch tugendhafte weibliche Vermittlung, dann kommt man nicht umhin, den erheblichen Einfluss der Gefühlspolitik des empfindsamen auf Goethes klassisches Drama[124] zu konstatieren. Dieser bleibt in späteren Texten der Weimarer Klassik, wenn auch skeptisch gewendet, präsent. So lässt sich etwa *Torquato Tasso* als gescheitertes Vermittlungsexperiment lesen, woran auch weibliche Überzeugungskunst nichts ändert.[125] Die Figuren versuchen sich permanent als Diplomaten: Alphonso und nach ihr Leonore vermitteln im Streit zwischen Antonio und Tasso (II/4 u. III/4), Leonore und Antonio während der Gefangenschaft Tassos (IV/2 u. IV/4), Antonio im Streit zwischen Tasso und dem Fürst (V/1). Gelöst wird der Konflikt dadurch nicht. Während in *Torquato Tasso* Männer und Frauen gleichermaßen in das diplomatische Gewebe verflochten sind, ist das Scheitern weiblicher Rhetorik in *Die Braut von Messina* auffälliger. Isabella, deren Ziel es ist, die verfeindeten Brüder zu versöhnen, dominiert in den ersten Szenen die Figurenrede des Dramas und verfügt über enorm hohe Redeanteile, kann aber den Zusammenbruch der politischen Gemeinschaft trotz eines anfänglichen diplomatischen Erfolges nicht verhindern. Dies liegt nicht zuletzt daran, dass die von ihr verborgene Tochter Beatrice nicht, wie von der Mutter vorgesehen, als „Friedensengel" zwischen den Brüdern Eintracht stiftet (WB 5, 337), sondern deren agonalen Konflikt verstärkt.

---

von der mythischen Notwendigkeit nur in den Ordnungen einer ambivalenten Sprache der moralischen Überredung erfolgen kann, die das Barbarische durch die gesellschaftliche Leistung der Form bezwingt." Er betont die damit verbundene Formalisierung der Subjektivität der Protagonistin, die immer schon auf das höfische Schema der Actio und der Affektdisziplinierung verwiesen sei. Iphigenies Identität werde auf ihre Funktion der Vermittlung reduziert (ebd., S. 96–98). Zur These, das Iphigenie den Mythos überwinde, vgl. Adorno 2003, S. 495–514 sowie Jauß 1975, S. 368–371. Begreift Adorno den Mythos als blinde Verstrickung in vermeintlich natürliche, soziale Verhältnisse, geht es Jauß um den Mythos als mächtigen Prätext in der Literatur der Moderne. Einen gewichtigen Einwand gegen die These der Mythos-Überwindung formulieren Brown/ Stephens 1988. Iphigenie gehorche, indem sie für die Entsühnung des Tantaliden-Fluchs Verantwortung übernimmt, der herkömmlichen Ökonomie des Mythos.

124 Schillers Urteil über die Versfassung der *Iphigenie* tendierte im Lauf der Jahre immer stärker in diese Richtung. Rühmte er in seiner Rezension von 1789 noch den antiken Gehalt der Dichtung, gelangte er spätestens mit der Weimarer Uraufführung 1802 zu der Auffassung, dass der sentimentale Charakter den antik-klassischen verdränge. Vgl. FA 5, 1304–1307.

125 Das liegt nicht zuletzt daran, dass die beiden Leonores sich in agonalem Wettstreit um die Gunst Tassos befinden, vgl. Hinderer 1992b, S. 220–224.

7.3   Zwischen Krieg und Diplomatie. Die Figur der Elvira in Kotzebues
       Die Spanier in Peru

Iphigenies Weigerung, in die Rolle der Amazone zu schlüpfen und zur Waffe
zu greifen, positioniert sie im Kontext literarischer Frauendarstellungen des 18.
Jahrhunderts zwischen reiner Passivität und aggressivem Kampf. Letzterer war
weniger selten, als man gemeinhin denkt. Die Figur der Kriegerin beschäftigte
immer wieder die Fantasie der meist männlichen Aufklärungsautoren – und
das nicht nur im Fall von Schillers *Jungfrau von Orleans* oder Kleists *Penthesilea*.[126] Über die historischen Ursachen lässt sich nur spekulieren. Frauen waren
im Ancien Régime vom Kriegsdienst ausgeschlossen, was eine Herrscherin wie
Maria Theresia vor erhebliche Probleme stellte. Bekanntlich inszenierte sie
sich, obwohl sie nie aktiv an einem Kampfgeschehen teilnahm, bei ihrer Krönung zum *Rex Hungariae* und *Rex Bohemiae* als Kriegsherrin, hoch zu Ross das
Schwert führend. Ihre Rolle als Herrscherin machte es notwendig, auf Ebene
der Repräsentation ihr Verhältnis zum Militär zu reflektieren.[127] In den schlesischen Kriegen wird aber die Verbindung von Krieg und Weiblichkeit auch in
Bezug auf die Perspektive der Untertanen literarisch produktiv gemacht. In
seinen *Amazonen-Liedern* von 1762 beschreibt Christian Felix Weiße die unterschiedlichen Wahrnehmungsweisen von Frauen auf den Krieg. Zwar dominieren Lieder, in denen eine Frau sich von ihrem in die Schlacht ziehenden
Geliebten verabschiedet bzw. sich um sein Schicksal sorgt, aber es findet sich
auch ein Text, der die gewohnten Gendergrenzen überschreitet und die Frau
als Kämpferin imaginiert:[128]

> Auf! Gebt mir Degen, Helm und Pferd!/ Ich glüh von edlem Zorn:/ Es fühl der
> Feind mein rüstig Schwerd,/ So wie mein Roß den Sporn.// Braust Wellen von
> dem blutgen Kampf,/ Braust siedend auf mich her!/ Blitzt *Schwerdter*! unter
> schwarzem Dampf/ Ström es ein Feuer-Meer![129]

Im Vorwort seiner Gedichtsammlung legitimiert Weiße deren Veröffentlichung
damit, dass es bekanntlich „auch zu unsern Zeiten Amazonen" gebe: „Städte
und Länder wimmeln davon, und kein Heer zieht vorüber, das nicht von einer
Menge gehoseter Mädchen mit fürchterlichen Federhüten begleitet wird."[130]

---

126   Vgl. in Bezug auf die literarische Darstellung weiblicher Kriegerinnen und Amazonen
      im 18. Jahrhundert mit Bezug auf Schiller und Kleist: Hinderer 2006; Kollmann 2004;
      Stephan 2004, S. 113–134; Ter Horst 2003; Bridgham 2000.
127   Stollberg-Rilinger 2017, S. 115–125.
128   Sauder 2007, S. 199–202.
129   Weiße 1762, S. 49.
130   Ebd., o.S.

Die historische Echtheit dieser Beobachtung sei an dieser Stelle dahingestellt, bemerkenswert ist die Platzierung des Arguments an den Beginn des erfolgreichen Bandes allemal. Es gab um 1750 im Übrigen nicht nur von Männern verfasste Rollenlyrik, in der, wie bei Weiße, eine Amazone den Krieg besang, sondern auch weibliche Kriegsdichtung aus der Feder Anna Louisa Karschs.[131]

Die Relevanz dramatischer Darstellungen kämpfender Frauen sei durch eine kurze und sicher noch unvollständige Aufzählung von Beispielen belegt. Eine vom gängigen germanistischen Kanon abweichende Perspektive bieten bereits die zahlreichen weiblichen Kriegerinnen, die in den Libretti der Hamburger Gänsemarktoper auftauchen.[132] Sie verkleiden sich als Männer, um gegen Männer zu kämpfen oder treten ihnen als Amazonen entgegen. Aber auch nach dem Ende der Gänsemarktoper waren bewaffnete Frauen auf der Bühne zu sehen. In Schlegels *Herrmann* zieht Thusnelde in die Schlacht, sie wird für tot gehalten und taucht am Schluss überraschend wieder auf:[133] Ein Topos, der eigentlich männlichen Helden vorbehalten war. Weiße wiederum veröffentlicht zwei Jahre nach seinen *Amazonen-Liedern* das republikanische Trauerspiel *Die Befreyung von Theben* (1764), in dem die Verschwörer in Frauenkleidern in den Palast des Tyrannen eindringen wollen und dieser schließlich von einer Frau getötet wird.[134]

Dasselbe Genre ist es auch, das in der Zeit zwischen der Amerikanischen und der Französischen Revolution Kämpferinnen für die Sache der Republik auf die Bühne stellt. So besteht in Klingers Trauerspiel *Stilpo* die Frau des Titelhelden, Antonia, nicht nur darauf, in die Verschwörung der Republikaner einbezogen zu werden, sondern ermuntert ihren Mann und ihre Söhne auch, den tyrannischen Fürsten mit Gewalt zu Fall zu bringen. Sie nimmt aktiv an der Revolution teil, und sie ist es auch, die den Tyrannen am Ende des Dramas ersticht (Kap. 4.4).[135] Schiller stellt seinem Helden Fiesko mit Leonore eine Gattin an die Seite, die so empfindsam wie kampfesmutig ist. Sie erbeutet das Gewand des gefallenen Unterdrückers Gianettino, um heimlich am Aufstand teilzunehmen: „eine Heldin soll mein Held umarmen – Mein Brutus soll eine Römerin umarmen. *Sie setzt den Hut auf, und wirft den Scharlach um.* Ich bin Porcia." (WB 2, 323) Eine ähnliche revolutionäre Schwärmerei, die wie im Fall Leonores an Wahnsinn grenzt, pflegt Clärchen in *Egmont*; sie inszeniert sich jedoch nicht als römische Republikanerin, sondern als Jeanne d'Arc: „Kommt!

---

131   Vgl. Hildebrandt 2019, S. 390–405.
132   Kiupel 2010, S. 143–166.
133   Schlegel 1743, S. 67f.
134   Weiße 1764, S. 142, 228–229.
135   Klinger 1780, S. 23, 89–90, 147–152, 193.

In eurer Mitte will ich gehen! – Wie eine Fahne wehrlos ein edles Heer von Kriegern wehend anführt; so soll mein Geist um eure Häupter flammen und Liebe und Mut das schwankende zerstreute Volk zu einem fürchterlichen Heer vereinigen." (FA 5, 532)

Damit weist sie auf die Kämpferinnen der 1790er Jahre voraus. In Kotzebues *Graf Benjowsky* ist es die Tochter des Gouverneurs, Afanasja, die an der Seite der Gefangenen für die Freiheit kämpfen will und sich deshalb als Kosak kleidet.[136] Aus der Feder desselben Autors stammt *Johanna von Montfaucon*, ein 1800 erschienenes Ritterschauspiel, dessen fünfter Akt wesentliche Motive von Schillers *Die Jungfrau von Orleans* vorwegnimmt. Die Protagonistin wird vom bösartigen Ritter Lasarra in der Burg ihres Mannes Adalbert festgesetzt, dieser wird vertrieben, kehrt aber zurück und greift mit seinen Verbündeten die Burg an. Johanna selbst, im Stück als tugendempfindsame Idealfrau dargestellt, stürzt sich in Ritterrüstung ins Gefecht und erschlägt Lasarra – auch sie also wie Iphigenie eine gefangene Befreierin, die aber im Unterschied zu Goethes Dianapriesterin den Griff zur Waffe nicht fürchtet:

> ([...] *Während dies im Hintergrund vorgeht, und die Harsthörner tönen, treten im Vordergrunde* Adalbert *und* Lasarra *kämpfend auf; sie fechten eine Zeitlang wie Löwen mit gleichem Vortheil, bis endlich Adalbert hinterwärts über einen Stein fällt. Diesen Zufall benutzt Lasarra, wirft sich schnell auf ihn, reißt ihm das Schwerdt aus der Hand, schleudert es fort, und setzt ihm sein Schwert an die Gurgel.*)
> LAS. Jetzt sollst du meiner Rache nicht entgehen.
> JOHANNA. (*stürzt mit lautem Schrey herzu, faßt ihr Schwerdt mit beyden Händen, und führ* [sic] *aus allen Kräften einen Streich auf Lasarra's Haupt, – sein Helm ist gespalten, und fällt herab; eine blutende Kopfwunde wird sichtbar.*)[137]

Sicher: Die hier genannten Beispiele verhandeln den Typus der kämpfenden Frau auf ganz unterschiedliche Weise. Von Schlegels protonationalistischer Kriegerin Thusnelde zu den empfindsamen Revolutionärinnen Leonore, Clärchen, Afanasja und Johanna ist es ein weiter Weg. Dennoch dürfte klar geworden sein, dass die Theaterzuschauer des 18. Jahrhunderts die Darstellung bewaffneter und kampfeswilliger Frauen gewohnt waren.

Wollte man von hier ausgehend das Verhältnis von Weiblichkeit und Kampf anhand einer Skala beschreiben, müsste diese vom naiven Naturmädchen über die empfindsame Diplomatin bis zur Tyrannenmörderin reichen. Man übersähe dabei jedoch, dass diese Typen selten in Reinform zur Darstellung gelangten. Gerade an Frauenfiguren lässt sich zeigen, dass das Verhältnis von Friedensstiftung und Agonalität, von Empfindsamkeit und Gewalt immer

---

136   Kotzebue 1795, S. 153, 167.
137   Kotzebue 1800, S. 189.

wieder aufs Neue tariert wurde und die entgegengesetzten Pole aufeinander bezogen blieben. Beispielhaft soll dies nun an der Figur der Elvira gezeigt werden, die in Kotzebues Kolonialdrama[138] *Die Spanier in Peru* (1796) zwischen unterschiedlichen Frauentypen changiert und dadurch an der Grenze zwischen Krieg und Diplomatie verharrt.

Mit dem Drama setzt Kotzebue seine fünf Jahre zuvor publizierte *Sonnen-Jungfrau* fort. Beide beruhen auf Jean-François Marmontels Besteller *Les Incas. Ou la Destruction de l'Empire de Pérou* aus dem Jahr 1777.[139] Die Peruanerin Cora, Titelheldin der *Sonnen-Jungfrau*, war im letzten Jahrzehnt des 18. Jahrhunderts und darüber hinaus eine der bekanntesten Frauenfiguren im deutschsprachigen Theater und diente nicht wenigen Schauspielerinnen als Paraderolle. Nicht zuletzt, weil Kotzebue mit ihr den Typus des guten, ganz im Gefühl lebenden Naturmädchens auf die Bühne brachte, das im Lauf der Handlung zur empfindsamen Vermittlerin zwischen Kolonialisten und ‚Ureinwohnern' avancierte – genau wie die Figur der Gurli aus seinem Familienschauspiel *Die Indianer in England* (1790), deren Erfolg dem der Cora in nichts nachstand. Diese spielt auch in *Die Spanier in Peru* eine wichtige Rolle. Im Vorgängerdrama hat sie eine heimliche und verbotene Liebschaft zu dem Spanier Alonzo unterhalten, ja sogar ein Kind von ihm erwartet. Beide entgingen

---

138 Dass beide Inka-Dramen Kotzebues als solche zu lesen sind, zeigt Zantop 1999, S. 144–164. Marmontels Erzählung von Cora und Alonzo markiere einen neuen Abschnitt in der Kulturgeschichte des Kolonialismus. Es gehe nun darum, den europäischen Kolonialherren als humanistischen Erzieher zu zeigen, der im Land zu bleiben gewillt ist. Vorbild ist nicht zufällig Las Casas, der auch in Kotzebues *Die Spanier in Peru* eine wichtige Rolle spielt. Das typische Motiv der paternalistischen Liebe zu einer Ureinwohnerin bleibe jedoch erhalten. Demgegenüber weist Zhang 2017, S. 87–117 darauf hin, dass die exotistischen Dramen Kotzebues von dem wachsenden Einfluss anderer Kulturen auf die deutsche Lebenswelt um 1800 zeugten. Die Angehörigen fremder Kulturen würden nicht per se als Objekte eines eurozentrischen Blicks denunziert, sondern erschienen als eigenständige, impulsgebende Subjekte. Dass Kotzebue sich mit seinem im gleichen Jahr wie *Die Spanier in Peru* publizierten Stück *Die Negersclaven* in abolitionistisch motiverte Theater-Darstellungen rassistisch-kolonialer Grausamkeit einreiht, zeigt Köhler 2017. Vgl. zum Konnex von Populärdramatik und Konstruktion von ‚Blackness' im deutschen Drama die Studien von Sutherland 2019; Riesche 2010; Sadji 1992.

139 Vgl. hierzu Löhndorf 2009, S. 103–146 mit Hinweis auf die von Kotzebue vorgenommenen Änderungen gegenüber der Vorlage und den Erfolg von Sheridans Bearbeitung der *Spanier in Peru* mit dem Titel *Pizarro* (1799) auf der englischen Bühne. Wie häufig erwiesen sich Kotzebues Werke auch hier als Drehscheibe des europäischen Dramentransfers. Einen genauen Blick auf die politischen Intentionen, die mit dem Transfer von Kotzebues Werken nach England verbunden waren, wirft Stockhorst 2015. Die Hochkonjunktur der englischen Kotzebue-Rezeption fällt in die Jahre von 1796 bis 1803 (ebd., S. 45), wobei Kotzebue in England nicht einfach als Trivial-Autor rezipiert, sondern „zwischen Liberalismus und Libertinage eingeordnet wurde" (ebd., S. 57).

jedoch der Todesstrafe. Nun muss Cora erneut um Alonzos Leben fürchten: Unter der Führung des Conquistadors Pizarro ist ein spanisches Heer in Peru gelandet, das die Peruaner unterwerfen und damit zugleich den Verrat Alonzos rächen soll.

Am Beispiel Coras spielt Kotzebue, ähnlich wie Weiße in den *Amazonen-Liedern*, das typische Schicksal von Soldatenfrauen durch. Sie fürchtet vor der Schlacht um das Leben ihres Mannes, der sie drängt, mit den „übrigen Weibern"[140] das Lager zu verlassen und im Gebirge ihre Zuflucht zu nehmen. Obwohl sie sich zunächst wehrt, gibt sie schließlich doch nach. Da sie inzwischen nicht nur Ehefrau, sondern auch Mutter ist und ihre Identität in dieser Doppelrolle ihren Kern findet – „Ich lebe nur in dir und ihm"[141] –, muss sie ihr Kind vor dem Krieg schützen. Der Abschied der Frauen von ihren Männern wird eindringlich geschildert: „die Weiber hängen an ihren Männern, die Kinder an den Knieen ihrer Väter."[142] Zwar dürfen sie nach einem ersten Sieg der peruanischen Truppen „Kränze für die Sieger" winden,[143] jedoch bleibt es Cora verwehrt, sich auf die Suche nach ihrem vermissten Mann zu machen. „[D]u bist Mutter, vergiß das nicht", ermahnt sie der peruanische König und treibt Cora damit in die Verzweiflung. Kotzebue macht in diesem Drama nicht zuletzt das Schicksal von Kriegerwitwen sichtbar.

Elvira dagegen steht zu Beginn der Handlung auf Seiten der spanischen Invasoren. Sie ist die Geliebte Pizarros, den sie auf seinem Feldzug begleitet. Dass sie damit einem offenkundigen „Despot"[144] Gefolgschaft leistet, der „Menschen wie Säue"[145] regiert, scheint sie zunächst nicht zu stören. Im Gegenteil: Sie bewundert den agonalen Eroberungswillen Pizarros – den die deutschen und englischen Zuschauer um 1800 mit Napoleon identifizierten[146] – und plant, an seiner Seite „Vicekönigin" zu werden: „Pizarro wird dieß rohe Volk *regieren* – ich werde es *bilden*."[147] Die Assoziation der Conquista mit einer pädagogischen Mission zeigt, dass Elvira das koloniale Denken mit aufklärerischen Prinzipien kombiniert. Sie spricht wohlüberlegt und appelliert an die Vernunft,[148] ihre Bildung zeigt sich nicht zuletzt darin, dass sie Pizarro und seinen Generälen gegenüber schlagfertig und scharfzüngig auftritt. Wenn sie nun aber zu Beginn

---

140   Kotzebue 1796, S. 35.
141   Ebd., S. 27.
142   Ebd., S. 34.
143   Ebd., S. 52.
144   Ebd., S. 60.
145   Ebd., S. 5.
146   Schmaus 2014, S. 105.
147   Kotzebue 1796, S. 8.
148   Ebd., S. 69.

des Dramas „in Mannstracht"[149] auftritt, findet das seinen Grund vor allem in ihrer Kampfkraft. Sie will an der Schlacht teilnehmen, was Pizarro ihr nach kurzem Zögern auch gewährt:

> ELV. Überfall? Schlacht? Nimmst du mich mit Pizarro?
> PIZ. Es geht nicht zum Ball.
> ELV. (*empfindlich*) Auch fragt' ich keinen Tänzer.
> PIZ. Wenn du in meiner Rüstkammer ein Schwert findest, leicht genug für eine Weiberfaust, so komm und steh an meiner Seite.
> ELV. Wirst du mich darum lieber haben?
> PIZ. Ja, und weißt du auch warum? Das Schlachtgetümmel ist mir Bürge für deine Treue.
> ELV. Du irrst. Ein Weib das Lust hat zu bekriegen, kehrt sich weder an Sturm noch Erdbeben.
> PIZ. Ich danke dir für die gute Lehre, und schreibe sie in mein Gedächtniß.
> ELV. Du kannst nicht schreiben.[150]

In dieser Schlacht beweist sie, wie aus dem Dialog zwischen ihr und Pizarro in III/8 hervorgeht, ihre Kriegstauglichkeit:

> ELV. Wer war an diesem fürchterlichen Tage dir am nächsten im Gewühl der Schlacht? Wer hat die Brust, des Eisenharnisches ungewohnt, zum Schilde dir geliehen?
> PIZ. Gut Elvira, du bist verliebt wie ein Weib, und tapfer wie ein Mann [...].[151]

Es ist deshalb nicht überraschend, dass sie bereits im ersten Akt ihre Teilnahme am spanischen Kriegsrat bewirkt, von dem Pizarro sie eigentlich ausschließen will.[152] Nach der Sitzung des Rates beginnt sie jedoch ihre Haltung zu überdenken, da auch der Dominikaner Las Casas teilnimmt und wie sein historisches Vorbild die Gelegenheit nutzt, die Kolonialpolitik der Spanier in aller Schärfe zu kritisieren. Er nennt die „Millionen Schlachtopfer" der spanischen „Raubsucht" ebenso beim Namen wie die Ausbeutung und Versklavung der Peruaner.[153] Las Casas' Intervention ist naturrechtlich begründet. Für ihn sind die Peruaner keine „Heiden", sondern „Brüder",[154] an denen man sich nicht vergehen dürfe. Seine empfindsame ‚Predigt' erfolgt im Namen der

---

149 Ebd., S. 3.
150 Ebd., S. 11f.
151 Ebd., S. 71.
152 Ebd., S. 14f.
153 Ebd., S. 17.
154 Ebd., S. 11.

„Menschlichkeit"[155] und eines Christentums, das als „sanfte Lehre" gedeutet wird.[156]

Während Pizarro und seine Berater den „Sittenprediger"[157] und „Schwärmer" Las Casas sowie seine Ideen „von Menschlichkeit und Duldung" verhöhnen[158] und froh sind, dass er nach seiner Predigt ihr Lager für immer verlässt – „Wir werden weniger gähnen und mehr fechten"[159] – räumt Elvira ein, der Dominikaner würde ihr „Herz gewaltig fassen". Sie weint, als Las Casas die Gräueltaten der Conquistadoren schildert.[160] Im Affekt bittet sie ihn, sich ihm anschließen zu dürfen, er jedoch schlägt es ihr ab:

> Bleib! Und rette Menschen wenn du kannst. Ich vermag hier nichts mehr. Doch die Reize eines Weibes sind mächtiger als die Beredsamkeit eines Greises. Vielleicht bist zu erkohren der Schutzengel jener Unglücklichen zu werden.[161]

Dieser Transfer tugendempfindsamer Vermittlungstätigkeit vom gläubigen Greis auf die aufgeklärte junge Frau führt zu einer Verschiebung in der Affektdramaturgie des Dramas. Als die Spanier einen peruanischen Kriegsgefangenen ermorden und Pizarro ihr überdies ankündigt, im Falle seines Sieges zur Etablierung seiner Macht eine Peruanerin zu heiraten, hat Elvira genug von den „Scenen der Grausamkeit" und ihrem „Ehr- und Habsüchtigen" Geliebten.[162] Ihr Monolog am Aktschluss, in bürgerlichen Trauerspielen wie *Miß Sara Sampson* (IV/9) der Ort für die Racherede einer von Männer abgewiesenen ‚Furie', wird als Sieg der Vernunft über den Affekt und der Empfindsamkeit über den Agon inszeniert:

> Nein! auch wenn Mord in meiner Seele stünde; nicht diese Rache! nicht dieses Werkzeug! Pfui der Gemeinschaft mit diesem Elenden! wenn Pizarro mich verstößt, mich, die ihm Tugend und Ehre opferte – dann – mich verstößt? (*mit Würde*) Ich verstoß ihn. Was liebt ich denn an ihm? seine Größe! Er ist ein kleiner Mensch geworden – weg ist meine Liebe! Doch halt! – Geschieht denn Alles, was ein Mann beschließt? Der Ehrgeiz baut Kartenhäuser, und die Liebe haucht sie um. Prüfe ihn noch ein Mahl, Elvira, und findest du ihn deiner unwerth, so verachte ihn! und tritt ihn in den Staub, aus dem er sich auffschwang.[163]

---

155 Ebd., S. 16.
156 Ebd., S. 19.
157 Ebd., S. 20.
158 Ebd., S. 6.
159 Ebd., S. 20.
160 Ebd., S. 18.
161 Ebd., S. 19.
162 Ebd., S. 24.
163 Ebd., S. 25.

Der Affekt der Rache, der im Drama des 18. Jahrhunderts häufig an Wahnsinn grenzt, geht von der Frau auf den Mann über. Es ist Pizarro, der in seinem Monolog in III/V schwört, „Rache an Alonzo"[164] zu nehmen, während seines Traumes in IV/10 dann endgültig darin versinkt: „Blut – Blut – keine Gnade – Rache – Rache – haut ihn nieder – so – da liegt der Rumpf – Ha! ha! ha! – die blonden Locken – blutig gefärbt".[165]

Sinn dieser Gefühlstransfers ist nicht die Entfernung der Frau aus dem agonalen Raum, sondern die Unterscheidung von laster- und tugendhaften Motivationen. Pizarro tritt aus Ehrgeiz und Rachsucht in den Kampf, Elvira lässt sich nach dem Gespräch mit Las Casas von ihrem Mitgefühl für die Kriegsgefangenen leiten. Als Alonzo in Fesseln vorgeführt wird, verteidigt Elvira ihn gegen Pizarro und zückt sogar ihren Dolch, als dieser sie mit Gewalt aus seinem Zelt entfernen will.[166] Daraufhin beschließt sie, Pizarro zu Fall zu bringen. Jedoch gelingt es ihr nicht, die Balance zwischen Rachsucht und tugendempfindsamer Motivation zu halten. Sie bietet Alonzo an, ihn aus der Gefangenschaft zu befreien, stellt aber Bedingungen: entweder nehme er sie zur Frau oder töte Pizarro. Beide Motivationen sind weit weniger „uneigennützig[]"[167] als Elvira glauben machen will und aus Perspektive empfindsamer Moralität fragwürdig. Sie glaubt, dass der Ruhm des vorbildlichen Helden Alonzo auf sie als seine Gattin übergehen würde: „Du sollst mich aus dem Strudel reissen, der jedes Streben nach Ruhm in blutigen Schaum verschlingt; weg von der Bahn, wo die Habsucht jeden Lorbeer zertritt."[168] Es ist nicht mehr die Gewalt Pizarros, sondern die Tugend seines Rivalen, die ihr Ruhm bringen soll. „Ich bin kein gemeines Weib, ich will nicht lieben, um im Kreis meiner Kinder Märchen am Spinnrocken zu erzählen; von den Thaten des Gliebten sollen meine Lippen überfließen. Seht ihr Kinder die Marmorsäule? die ward eurem Vater errichtet!"[169]

Alonzo jedoch erteilt ihr eine Absage, weshalb sie ihn nun dazu verleiten will, im Tausch für seine Freiheit Pizarro im Schlaf zu ermorden. Auch das lehnt er als untugendhaft ab und wird dafür von ihr als „Schwärmer"[170] beschimpft. Als schließlich der peruanische Feldherr Rolla freiwillig den Platz Alonzos im Gefängnis einnimmt, damit dieser aus dem spanischen Lager fliehen und zu Cora zurückkehren kann, versucht sie ihn zu überreden, den Tyrannenmord zu

---

164   Ebd., S. 61.
165   Ebd., S. 95.
166   Ebd., S. 65.
167   Ebd., S. 81.
168   Ebd., S. 79.
169   Ebd., S. 79.
170   Ebd., S. 82.

vollbringen. Rolla lässt sich tatsächlich von ihr ins Zelt des schlafenden Pizarro führen, weigert sich dann aber, den Dolch gegen den Wehrlosen zu zücken. Elviras Komplott wird entdeckt und obwohl sie beteuert: „Mich leitete nicht Rache, nicht Eifersucht. Meinen Dolch schwang die Menschheit",[171] kommt im Lauf des folgenden Streits zwischen ihr und Pizarro ans Licht, dass sie sich doch an ihm rächen wollte. Er hat sie als junges Mädchen verführt, den Bruder im Duell getötet und wurde dafür von ihrer Mutter verflucht:

> Komm nur! komm du Wütherich! folge mir über kurz oder lang in jene Grabes-
> nacht! die Musik zu deinem Empfang ist bereit: meiner Mutter Fluch! meines
> Bruders Röcheln! und das Geschrey zahlloser Völker um Rache![172]

Elvira verfällt in jene Racherede, von der sie die tugendempfindsame Vernunft des Las Casas eigentlich befreien wollte. Kurz darauf wird sie abgeführt, ohne etwas bewirkt zu haben. Ihre Positionierung an der Grenze zwischen Spaniern und Peruanern, Mann und Frau, Kampf und Diplomatie führt zu keiner erfolg-reichen Vermittlung der Gegensätze, da sie nicht bereit ist, auf die typisch ago-nalen Motive von Ruhmsucht und Rache zu verzichten. Ihre Selbstdarstellung als tugendhaftes Vorbild – „Wo hat die Menschlichkeit einen schönern Tempel, als im Herzen des Weibes?"[173] – bleibt Teil ihrer folgenlosen Rhetorik. Am Ende des Dramas wird sie keinen Gefangenen befreit, keinen Frieden vermittelt, keinen Tyrannen getötet haben.

Mit der Figur der Elvira hat Kotzebue in *Die Spanier in Peru* eine der wider-sprüchlichsten Frauenfiguren des postrevolutionären Dramas geschaffen.[174] Er zeigt, ähnlich wie Schiller in *Die Jungfrau von Orleans*, wie die Einbeziehung der Frau in das agonale Feld des Politischen zwar diskursiv determinierte Geschlechterordnungen auflöst, damit aber Widersprüche erzeugt, die letzt-lich wieder am Körper der Frau ausagiert werden. Von zwei Seiten beleuchtet Kotzebue in seinem Kolonialdrama „das Elend [...] als Weib geboren zu seyn".[175] Cora, die angesichts des Krieges permanent um das Leben von Mann, Kind und Freunden fürchten muss, verfällt beinahe dem Wahnsinn.[176] Elvira landet im Gefängnis, wo sie gefoltert werden soll.[177]

---

171   Ebd., S. 97.
172   Ebd., S. 98.
173   Ebd., S. 77.
174   Aus diesem Grund beschränkt sich die Funktion dieser Figur nicht darauf, die „ideale
        Rezipientin des Melodramas" zu sein. Schmaus 2014, S. 103.
175   Kotzebue 1796, S. 79.
176   Ebd., S. 110–112, 121–123.
177   Ebd., S. 97.

KAPITEL 8

Öffentlichkeit als Kampfplatz

8.1 Die „Augen der Welt". (Un)sichtbare Öffentlichkeiten

Die Institution des Theaters ist im 18. Jahrhundert, so die These dieser Studie (Kap. 1.3), an das Moment der Öffentlichkeit gebunden: eine Öffentlichkeit, die nicht mit Habermas als räsonierende, sondern mit Meike Wagner und Christopher Balme als agonale zu verstehen ist. Jedoch sind die in der Theateröffentlichkeit der Aufklärung zu beobachtenden agonalen Strukturen nicht deckungsgleich mit denen der Dramentexte. Letztere sind zwar, in gedruckter Form oder als der Inszenierung zugrunde liegendes Manuskript, Teil des öffentlichen Mediums Theater, die in ihnen dargestellte Welt geht aber nicht darin auf.

Gleichwohl reflektieren die Dramen der Zeit das Phänomen der Öffentlichkeit. Die erste Frage, die sich dabei stellt, ist die nach der Form, in der sie in den Texten zutage tritt. Auffällig ist, dass in Dramen der 1730er und 40er Jahre die Meinung des Volkes bzw. der Bürger in der Figurenrede zwar präsent ist, öffentliche Versammlungen aber selten szenisch realisiert werden. So denkt der regierende Adel in klassizistischen Trauerspielen wie Gottscheds *Parisischer Bluthochzeit* und Schlegels *Canut* permanent darüber nach, wie seine Handlungen von den Menschen außerhalb des Hofes wahrgenommen werden – zu Gesicht bekommt man diese Menschen aber nicht. Daraus zu schließen, dass das ‚Volk' nicht vor der Zeit der großen Revolutionen die Bühne betrete und dadurch die fiktive Konstitution von Öffentlichkeit in Gang setze, wäre allerdings voreilig. Arnd Beise hat in seiner Studie über die dramatische Darstellung von Volksaufständen deren Persistenz vom 16. bis zum 18. Jahrhundert nachgewiesen,[1] allerdings anhand eines recht schmalen, am Kanon ausgerichteten Korpus. Ob Vereinnahmungen des öffentlichen Raumes, wie sie etwa Weise im *Masaniello* vor Augen führt, um 1700 nur die Ausnahme sind, die die Regel bestätigen, müsste erst noch untersucht werden. Zu bedenken ist außerdem, dass die Ausrichtung des politischen Handelns am Blick der *unsichtbar* bleibenden Außenwelt in den letzten Jahrzehnten des 18. Jahrhunderts ein wichtiges Mittel der Darstellung bleibt, wie etwa Lessings *Emilia Galotti*, Dyks *Der Graf von Eßex* oder Schillers *Maria Stuart* zeigen.

---

1 Beise 2010.

© BRILL FINK, 2023 | DOI:10.30965/9783846767634_009

Trotz dieser Einwände lässt sich konstatieren, dass die szenische Sichtbarmachung öffentlicher Schauplätze und Versammlungen in der zweiten Jahrhunderthälfte zunimmt. Diderots *Le Père de famille* zeigt 1758 sehr eindrücklich,
dass sogar das familiäre Rührstück sowohl eine Form höfischer Öffentlichkeitspolitik imitieren konnte – die Rede ist von der Audienz des Familienvaters
vor seinen versammelten Bittstellern in II/1 – als auch, am Schluss des Dramas,
den Aufstand des rebellischen Volkes (Kap. 6.2). Während in Diderots Text die
Handlung das Haus der Familie nicht verlässt, führt Edward Moore nur wenige
Jahre zuvor in seinem nicht weniger einflussreichen Trauerspiel *The Gamester*
seine Figuren in die Spielhalle und auf die Straße und damit in Räume der
agonalen Öffentlichkeit. Ist es in der Spielhalle der Wettbewerb, der im Zentrum steht, kommt es auf der Straße zur gewalttätigen Auseinandersetzung
zwischen den Parteien. Die Straße als Ort der Eskalation wird auch in anderen
Dramen der Zeit sichtbar, etwa im fünften Akt des *Clavigo* (1774) respektive in
Dramen der 1780er Jahre wie *Una Cosa Rara*, *Egmont* oder *Fiesko* (Kap. 4.5).

Als agonale Räume können auch Märkte und Plätze fungieren. Das beweist
Patzke 1755 mit seiner *Virginia*, deren komplette Handlung auf dem Forum
Romanum spielt. Goethe und Kotzebue wiederum setzen in *Egmont* und dem
Graf von Burgund (1798) öffentliche Stadtplätze als Orte in Szene, in denen es
zu spontanen Volksaufläufen und Streitigkeiten kommt. Überhaupt eröffnet
der Siegeszug der Ritter- und Geschichtsschauspiele seit Mitte der 1770er
Jahre neue Möglichkeiten. Diese Dramen boten durch ihre abwechslungs-
reiche Topographie den Theatern die Gelegenheit, in neue Bühnenbilder zu
investieren und so das Publikum anzulocken. Das Spektrum agonaler öffentlicher Räume erweiterte sich: Götz von Berlichingen muss sich im vierten Akt
im Rathaus von Heilbronn vor Gericht verteidigen, Babos Otto von Wittelsbach
nimmt an einem Ritterturnier teil. Schiller wird dann zu Beginn des neuen
Jahrhunderts in seinem *Tell* die Handlung zu großen Teilen in den Außenraum
verlegen. Öffentlichkeit bildet sich in diesem Schauspiel nach wie vor auf Plät-
zen und Straßen, wo es zu Auseinandersetzungen zwischen den Schweizern
und den Besatzern kommt. Hinzu kommt nun aber die Natur, die die Kulisse
für eine harmonischere Form der öffentlichen Gemeinschaftsstiftung abgeben
soll. So ist in der letzten Szene der „Talgrund vor Tells Wohnung, nebst den
Anhöhen, welche ihn einschließen, mit Landleuten besetzt, welche sich zu
einem Ganzen gruppieren." (WB 5, 505) Vor diesem spektakulären Hintergrund verkünden Bertha und Rudenz dem versammelten Volk und in festlicher Atmosphäre die Neugründung des Staates aus dem Geist der Freiheit.

Obwohl sich die Möglichkeiten der theatralen Darstellung öffentlicher Versammlungen im Lauf des Jahrhunderts vervielfältigen, bleibt die Spannung

zwischen privatem und öffentlichem Raum[2] präsent. Auch *Wilhelm Tell* zeigt familiäre Szenen, in denen die Figuren den Konflikt zwischen dem eigenen Wollen und dem öffentlichen Wohl reflektieren. Stauffacher und Gertrud, Tell und Hedwig diskutieren in I/2 bzw. in III/1, ob die Männer sich der Herrschaft des Landvogts entgegenstellen sollen oder nicht. Damit richten sie, genau wie die Fürsten des klassizistischen Dramas, ihr Handeln am Blick der Öffentlichkeit aus. Man hat es hier mit einer spezifischen Form der Wahrnehmung von Öffentlichkeit zu tun, die nicht an die Schriftlichkeit der Presse oder an die verbalen Interaktionen einer Versammlung gebunden ist. Sie schreibt einer Menge von Menschen, die sich außerhalb des eigenen, unmittelbaren Wirkungskreises bewegen, eine Meinung zu, die auf das Handeln des Einzelnen enormen Einfluss hat.

Eine Variante dieser Wahrnehmung findet sich prominent im bürgerlichen Trauerspiel. In nicht wenigen Texten dieser Gattung rückt die Angst vor dem, was ‚die Leute denken‘, in den Mittelpunkt – und mit ihr die Angst vor dem Verlust des Ansehens, der Ehre und des guten Rufes. Sie entsteht unabhängig davon, ob sich in einem Drama die Vielen, die die Außenwelt konstituieren, zu einem bestimmten Zeitpunkt auf der Bühne zeigen oder nicht. *The London Merchant* bringt das Objekt dieser Angst auf den Begriff. Schlimmer als der Tod sei allein, der „never dying Infamy" ausgesetzt zu sein.[3] Damit ist der Horizont ehrloser Existenzen angesprochen, der in der Gesellschaft des 18. Jahrhunderts allgegenwärtig war. Michel Foucault hat in seiner Schrift über *La vie des hommes infâmes*[4] anhand historischer Akten von Gefängnisinsassen gezeigt, wie brutal die Exklusionsmechanismen der frühneuzeitlichen Gesellschaft mit jenen Menschen verfuhren, die „publick Ignominy" und „everlasting Shame"[5] ausgesetzt waren. Die Angst, in den Kreis dieser Menschen verstoßen zu werden, ist beim Mittelstandspersonal des bürgerlichen Trauerspiels jederzeit mit Händen zu greifen. Es lassen sich dabei drei Varianten unterscheiden: Ein junger Mann verfällt dem Laster und droht sich und seine Verwandten der Schande auszusetzen; ein Hausvater fürchtet, seine Tochter könnte verführt und entehrt werden und damit den Ruf der Familie zerstören; ein Verbrecher hat Angst, dass seine Taten öffentlich werden könnten.

---

2 Diese konstatiert Romana Weiershausen in ihrer Studie über die interdiskursive Funktion der Familie im Drama der Aufklärung, vgl. Weiershausen 2018, S. 36, 196–197, 304.
3 Lillo 1731, S. 65.
4 Foucault 1994, S. 237–253.
5 Lillo 1731, S. 65.

Die erste Variante deutet sich bereits in *The London Merchant* an und rückt dann Mitte des Jahrhunderts in Moores *The Gamester* in den Vordergrund. Der Titel dieses Trauerspiels zeigt bereits an, dass sich der Protagonist Beverley, wie so viele Figuren des Aufklärungsdramas, in die Spielsucht verstrickt. Wie auch in späteren Dramen zu beobachten – genannt sei hier nur Ifflands *Verbrechen aus Ehrsucht* (1784) – droht er damit nicht nur sein eigenes Ansehen, sondern auch das seiner Frau und seiner Schwester zu ruinieren. Die Bedeutung des Stückes liegt nicht zuletzt darin, dass es die Kommunikationsstruktur offenlegt, die in der bürgerlichen Welt mit der Furcht vor „Infamy"[6] und „Scandal"[7] verbunden ist. Unablässig erhalten die betroffenen Figuren Nachrichten, meist in Form des unerwünschten Eindringens eines ‚Boten' in ihre Privatsphäre. Der Bösewicht Stukeley betritt zweimal das Haus Beverleys, um ihn bei seiner Frau zu verleumden.[8] Umgekehrt dringt der tugendhafte Lewson ungebeten in Stukeleys Haus ein, um ihm mitzuteilen, dass er seine Intrige durchschaut und die Welt von seinen Untaten Kenntnis habe.[9] Ob die Nachrichten wahr oder falsch sind, ist für die Figuren nicht immer zu durchschauen. Die Meinung der Öffentlichkeit bleibt unsichtbar und zeigt sich nur in der Figurenrede der Boten. Da die Entzifferung von Aufrichtigkeit und Lüge in empfindsamen Sozialbeziehungen nicht gegeben ist, sondern erlernt werden muss (Kap. 5.5), glauben die Figuren meist, was man ihnen erzählt. Sie gehen davon aus, das die Welt schlecht von ihnen denkt – oder bilden es sich einfach ein:

> *Bev.* [...] How speaks the World of me, *Jarvis*?
> *Jar.* As of a good Man dead. Of one, who walking in a Dream, fell down a Precipice. The World is sorry for you.
> *Bev.* Ay, and pities me. Says it not so? But I was born to Infamy – I'll tell thee what it says. It calls me Villain; a treacherous Husband; a cruel Father; a false Brother; one lost to Nature and her Charities. Or to say all in one short Word, it calls me – Gamester.[10]

In einer Gesellschaft, in der die Zerstörung des Rufes den Menschen zu einem wandelnden Toten macht, wird das, was „the world says",[11] zum zentralen Bezugspunkt des Denkens und Handelns. Entsprechend leicht kann das vermeintlich öffentliche Wissen in den privaten Raum intervenieren. Einen strategischen Vorteil hat derjenige, der wie der intrigante Stukeley die Kunst

---

6   Moore 1753, S. 35.
7   Ebd., S. 37.
8   Ebd., S. 7–9, 46f.
9   Ebd., S. 53–56.
10 Ebd., S. 19.
11 Ebd., S. 27.

der üblen Nachrede („Slander"[12]) und des Gerüchts („Rumour"[13]) am besten beherrscht. Wo man kann, schwärzt man den Gegner an.[14]

Diese Form der öffentlichen Meinung zieht ihre Macht gerade daraus, dass sie unsichtbar bleibt. Was die Leute denken, kann niemand wirklich wissen, aber man kann andere beeinflussen, indem man so tut, als wisse man es. Edward Moores *The Gamester* ist eines der ersten Dramen, das die Folgen dieses Zusammenhangs sichtbar macht. In der Folge werden auch deutsche bürgerliche Trauerspiele das Problem der unsichtbaren öffentlichen Meinung aufgreifen. So reden die Figuren in *Miß Sara Sampson* immer wieder davon, wie gefährlich es für sie wäre, ihr gesellschaftliches Ansehen zu verlieren. Schon der Wirt – als neugieriger Agent der Öffentlichkeit seinem Kollegen aus *Minna von Barnhelm* an die Seite zu stellen – weist Vater Sampson darauf hin, dass er sein Haus nicht „in einen übeln Ruf" bringen solle (B 3, 435). Marwoods Verbitterung rührt nicht zuletzt daher, dass sie durch die Affäre mit Mellefont ihren guten Ruf verloren hat: „genug, daß ich in den Augen der Welt für ein Frauenzimmer ohne Tadel galt. Durch dich nur hat sie es erfahren, daß ich es nicht sei." (463) Sie versucht Sara davon zu überzeugen, Mellefont zu verlassen, da sie zum jetzigen Zeitpunkt der Beziehung zwar nicht „mit vieler Ehre, aber doch ohne öffentliche Schande von ihm ablassen" könne (507).

Auffällig ist in Lessings erstem bürgerlichen Trauerspiel, dass der tugend-empfindsame Vater sein Handeln gerade nicht an der öffentlichen Meinung festmacht. Dies ändert sich in *Emilia Galotti*, in der nun die zweite Variante ins Spiel kommt: die Angst des Familienoberhauptes, die Verführung der Tochter könnte dem Haus Schande bringen. Sie wird noch in *Kabale und Liebe* ihren Schrecken nicht verloren haben, wie die Reaktion des alten Miller auf die Nachricht zeigt, seine Tochter habe einen noblen Verehrer: „Dem muß man so was an die Nase heften, wenns morgen am Marktbrunnen ausgeschellt sein soll." (WB 2, 572) Beide Dramen erhöhen die Spannung zusätzlich, indem sie die Macht der Öffentlichkeit durch die von den Figuren verfolgten Geheim-haltungstaktiken umso deutlicher hervortreten lassen. Die Hochzeit Emilias und Appianis soll unter Ausschluss der Öffentlichkeit stattfinden (B 7, 302), der Prinz will den Mord an Appiani verschleiern (341), was ihm aber nicht gelingt. Prägnant präsentiert Lessing das Verhältnis von Geheimnis und öffentlicher Nachricht im Dialog zwischen Orsina und Marinelli:

---

12 Ebd., S. 8.
13 Ebd., S. 8.
14 Ebd., S. 26–27, 60.

Und! *indem sie den Finger auf den Mund legt:* Hören Sie! ganz in geheim! ganz in geheim! *und ihren Mund seinem Ohre nähert, als ob sie ihm zuflüstern wollte, was sie aber sehr laut ihm zuschreiet:* Der Prinz ist ein Mörder! (350)

Tatsächlich haben die „Kundschafter" der Orsina den Prinzen dabei beobachtet, wie er Emilia in der Kirche angesprochen hat. „Morgen", so droht sie Marinelli, „will ich es auf dem Markte ausrufen." (351) Die Angst des Herrschers, dass seine Verbrechen entdeckt werden könnten – die dritte Variante im Spiel um Öffentlichkeit und Ansehen – prägt auch *Kabale und Liebe.* Der Präsident hat seinen Vorgänger beiseite räumen lassen (WB 2, 582). Deshalb ist die einzige Waffe, die er wirklich fürchtet, die öffentliche Meinung (616). Das weiß auch sein Sohn, der ihm droht, er werde „der Residenz eine Geschichte" erzählen, „wie man Präsident wird" (610). Die formale Pointe des Trauerspiels ist, dass die letzte Szene nicht nur die heimliche Liebe zwischen Ferdinand und Louise, sondern auch die väterlichen Verbrechen vor die Augen der Öffentlichkeit stellt:

LETZTE SZENE
Ferdinand. Der Präsident. Wurm und Bediente welche alle voll Schrecken ins Zimmer stürzen, darauf Miller mit Volk und Gerichtsdienern, welche sich im Hintergrund sammeln.
PRÄSIDENT *den Brief in der Hand:* Sohn, was ist das? – Ich will doch nimmermehr glauben –
FERDINAND *wirft ihm das Glas vor die Füße:* So sieh Mörder!
[...]
FERDINAND In wenig Worten Vater – sie fangen an mir kostbar zu werden [...] *zu Louisen ihn hinführend* Hier Barbar! Weide dich an der entsetzlichen Frucht deines Witzes, auf dieses Gesicht ist mit Verzerrungen Dein Name geschrieben, und die Würgeengel werden ihn lesen[.]
[...]
PRÄSIDENT *eine schreckliche Bewegung des Arms gegen den Himmel:* Von mir nicht, von mir nicht, Richter der Welt, fodre diese Seelen von Diesem! *er geht auf Wurm zu*
WURM *auffahrend* Von Mir? [...] Jetzt will ich verloren sein, aber Du sollst es mit mir sein – Auf! Auf! Ruft Mord durch die Gassen! Weckt die Justiz auf! Gerichtsdiener bindet mich! Führt mich von hinnen! Ich will Geheimnisse aufdecken, daß denen, die sie hören, die Haut schauern soll [...]. (675–677)

8.2   Manipulation der öffentlichen Meinung: Gottscheds *Parisische Bluthochzeit*

Dass mit dem öffentlichen Skandal der Verlust politischer Macht einhergeht, konnte Schiller in *Kabale und Liebe* bereits voraussetzen. Wie fest der Knoten war, der Regierungspraxis und öffentliche Meinung verband, ist in vielen anderen Dramen um 1800 dokumentiert. Ein besonders prägnantes Beispiel sind die beiden bekanntesten Elisabeth-Darstellungen der deutschen Spätaufklärung, Dyks *Graf von Eßex* und Schillers *Maria Stuart*. Sie zeigen, wie stark die englische Königin im Umgang mit ihren Gegnern darauf bedacht ist, die Öffentlichkeit auf ihre Seite zu ziehen. Es geht dabei nicht um Repräsentation, die durch höfische Praktiken wie Zeremoniell und Fest gesteuert werden könnte, sondern um die spontane Reaktion des Volkes auf einzelne Entscheidungen seiner Herrscherin.

Es ist auffällig, wie nah sich beide Texte in diesem Punkt sind. Dyk führt unterschiedliche, parallel existierende Verfahren zur Regulierung des Verhältnisses von Herrschaft und Öffentlichkeit ein und macht deutlich, wie stark diese sich zum Teil in die Quere kommen. Der Idee einer ‚absolut' regierenden Monarchin, die auf die unstete Meinung des Volkes keine Rücksicht nehmen müsse, steht neben derjenigen der Vertretung des Volkes durch das Parlament. Beide müssen jedoch der Erkenntnis weichen, dass Öffentlichkeit und politische Repräsentation inkommensurabel sind. Die Führer des Parlamentes müssen die Schwankungen der öffentlichen Meinung ebenso im Auge behalten wie es die Königin muss. Charismatische und populäre Politiker wie Eßex,[15] der außerhalb des Palastes das Volk in Versammlungen gegen Elisabeth aufzuwiegeln versucht,[16] sind eine permanente Bedrohung. Letztlich ist es die Öffentlichkeit, die die Königin beherrscht, und nicht umgekehrt. In die zweite Auflage von 1780 fügt Dyk in den Monolog Elisabeths in IV/6 das Eingeständnis ein, dass die „Fürsten" zu bedauern seien: „In unserm ganzen Leben ist unser Beherrscher das Volk; ihm dienen wir."[17] Wortreicher klagt Schillers Königin in IV/10:

> O Sklaverei des Volksdiensts! Schmähliche/ Knechtschaft – Wie bin ichs müde, diesem Götzen/ Zu schmeicheln, den mein Innerstes verachtet!/ Wann soll ich frei auf diesem Throne stehn!/ Die Meinung muß ich ehren, um das Lob/ Der Menge buhlen, einem Pöbel muß ichs/ Recht machen, dem der Gaukler nur gefällt. (WB 5, 117)[18]

---

15 So wird die Ankunft Eßex' in London wie folgt geschildert: „[...] desto zahlreicher war die neugierige Menge, die ihn umfloß, und unter Jauchzen begleitete." Dyk 1777, S. 21.

16 Ebd., S. 71–73.

17 Dyk 1780, S. 90.

18 Alt deutet Elisabeths politisches Dilemma als „prekären Zustand des Ordnungsverlusts in Zeiten des Umbruchs. Weder das traditionell gestützte Rollenbild unbedingter Souveränität noch das moderne Konzept der öffentlichen Partizipation an staatlicher Herrschaft werden sinnvoll ausgefüllt." Alt 2000b, S. 504. Er übersieht aber, dass bereits in

Der Raum des Politischen ist zwischen Regierung und Öffentlichkeit geteilt. Letztere liegt außerhalb der höfischen Interaktionssphäre des Souveräns, sie beeinflusst dessen Position im Staat wesentlich, ist aber zu „unstet" (53), „unmäßig" (82) und affektgeladen, um vollständig kontrolliert werden zu können. Es liegt deshalb nahe, dass die Parteien, die im Staat um die Macht kämpfen, die Öffentlichkeit auf ihre Seite ziehen wollen. In diesem Sinne ist von einer ‚agonalen Öffentlichkeit' zu sprechen.

Es war Rousseau, der in seinem *Contrat Social* diese prekäre Zweiteilung innerhalb der Topographie moderner Souveränität reflektiert hat. Der *Contrat* macht wie nur wenige theoretische Texte der Aufklärung das der Demokratie zugrunde liegende Herrschaftsparadox sichtbar: Das Volk ist der Souverän, kann aber als solches nicht regieren, weil es sich, anders als zu Zeiten der griechischen Polis (R 3, 430),[19] nicht permanent versammeln kann (R 3, 404). Es kommt also notgedrungen zu einer Spaltung von *volonté génerale* und Regierungshandeln. Das Prinzip der Repräsentation kann diese Spaltung nicht aufheben, weil es mehr schlecht als recht funktioniert. Dies hat Folgen für die Regulierung des Verhältnisses von Versammlung, Öffentlichkeit und Staat. Laut Rousseau sind Versammlungen, in denen das Volk zusammenkommt, um über die Dinge der Politik zu beraten, das Energiezentrum einer jeden Demokratie. Die Kraft des Volkes „n'agit que concentrée, elle s'évapore et se perd en s'étendant, comme l'effet de la poudre éparse à terre et qui ne prend feu que grain à grain." (R 3, 419) Da, wo sich konkrete Versammlungen auflösen, lassen sie verstreute und virtuelle Spuren zurück, die man als öffentliche Meinungen kennt. Der Gemeinwille wird zur „multitude aveugle" (R 3, 380), die nicht wisse, was falsch und richtig ist und deshalb nicht zum Gesetzgeber taugt. Sie muss durch öffentliche Aufklärung gelenkt werden, „des lumieres publiques résulte l'union de l'entendement et de la volonté dans le corps social, de-là l'exact concours des parties, et enfin la plus grande force du tout." (R 3, 380) Deutlicher formuliert: „Redressez les opinions des hommes et leurs moeurs s'épureront d'elles mêmes." (R 3, 458)

Verbindet sich die Hoffnung auf die gezielte Steuerung und Besserung der öffentlichen Meinung in der sozialen Praxis der Aufklärung mit publizistischen Unternehmungen wie den Moralischen Wochenschriften, nimmt das Drama bereits in seiner klassizistischen Phase die Perspektive der Herrschenden

---

den Jahrzehnten zuvor, ja bereits in der ersten Hälfte des 18. Jahrhunderts die öffentliche Legitimierung von Herrschaft in Dramentexten auf dem Spiel steht.

19   Ähnlich äußert sich zur gleichen Zeit auch Justi in *Die Natur und das Wesen der Staaten* (Justi 1760, S. 149), er bewertet das Prinzip der Repräsentation aber pragmatischer als Rousseau.

ein. Es zeigt, wie diese versuchen, die öffentliche Meinung in ihrem Sinne zu lenken. Nicht erst Dyks und Schillers Elisabeth sind von der Öffentlichkeit abhängig, sondern auch die Machthaber im Staatsdrama der 1740er Jahre. Sie entwickeln Strategien der Manipulation, wie sie das ganze Jahrhundert über auf den Bühnen Europas sichtbar bleiben werden. So ist Mahomet, der Tyrann aus Voltaires gleichnamigem Stück (1742), auch deshalb politisch erfolgreich, weil er und sein Berater Omar sich auf die gezielte Beeinflussung des Volkes verstehen. Sie wollen aus dem Mord an Zopire politisches Kapital schlagen, indem sie die drohende Revolte durch gezielte Nachrichtenpolitik im Keim ersticken. Omar in V/1:

> Zopire est expirant, & ce peuple éperdu,/ Se voit déja sans front dans la poudre abbattu,/ Les Prophétes & moi que ton esprit inspire,/ Nous désavouons tous le meurtre de Zopire./ Ici nous l'annonçons à ce peuple en fureur,/ Comme un coup du Très-Haut qui s'arme en ta faveur,/ Là nous en gémissons, nous promettons vengeance,/ Nous vantons ta justice, ainsi que ta clémence,/ Par-tout on nous écoute, on fléchit à ton nom,/ Et ce reste importun de la sédition,/ N'est qu'un bruit passager des flots après l'orage [...].[20]

Als dennoch ruchbar wird, dass Mahomet den Mord an Zopire in Auftrag gegeben hat, gerät das Volk in Aufruhr.[21] In V/4 stürmt es, angeführt von Seide und Phanor, auf die Bühne und steht dem Tyrannen und seinen Truppen gegenüber. Beide Seiten versuchen in ihren Reden, das Volk auf ihre Seite zu ziehen. Als die Wirkung des Gifts einsetzt, das Mahomet Seide verabreichen ließ, stirbt dieser vor aller Augen. Der Tyrann wendet sich an das Volk und deutet den Tod seines Gegners als ein Zeichen Gottes. Wer sich gegen ihn auflehne, werde hart bestraft. Daraufhin verlässt das Volk wortlos die Bühne.[22] Obwohl es sichtbar geworden ist, bleibt es ohne Stimme. Die Macht der Öffentlichkeit verpufft ebenso wie die Macht der Versammlung. Übrig bleibt, was Rousseau im *Contrat social* als „citoyens tombés dans la servitude" beschreibt: Wenn die Versammlung nicht in öffentlichen Beratungen („délibérations publiques" [R 3, 441]) einen Gemeinwillen bilde und politische Entscheidungen treffe, bleibe sie eine blinde Masse, die dem Herrscher aus Furcht akklamiert (R 3, 439).

Auch der ehrgeizige Ulfo versucht in Schlegels *Canut* (1746), die Öffentlichkeit für seine politischen Zwecke zu gebrauchen. Dass, was „man sagt" und was „die Welt" denkt,[23] ist für ihn die grundlegende Motivation seines Handelns.

---

20   Voltaire 1742, S. 64.
21   Ebd., S. 68.
22   Ebd., S. 70f.
23   Schlegel 1746, S. 4f.

Um seine Ziele zu erreichen, streut er das falsche Gerücht, sein Rivale Godewin sei unehrenhaft aus dem Kampf geflohen. Es gelingt ihm dadurch, Godewin die Schwester Ulfos, Estrithe, streitig zu machen. Tatsächlich begründet
diese ihre Abkehr von Godewin mit seiner angeblichen Schandtat:

> Verstelle nur vor mir dein schimpfliches Verbrechen./ Wenn du es gleich ver-
> schweigst, so wird die Welt doch sprechen./ [...] Wenn alles von dir spricht, soll
> ich allein nicht hören,/ Wenn andre dich verschmähn, soll ich dich noch ver-
> ehren./ [...] Dieß hat, Unwürdiger, mir längst der Ruff entdecket,/ Wie scham-
> roth hab ich mich vor alle Welt verstecket;/ Wie zitternd und voll Zorn hab ich
> den Spott gehört,/ Der, den ich liebte sey vor aller Welt entehrt?/ Ich schäme
> mich noch itzt, daß du mein Herz besessen./ Mich kränkt noch diese Schmach,
> und du hast sie vergessen.[24]

Dass Ulfo die Öffentlichkeit als agonalen Raum versteht, wird für König Canut
zum Problem. Ein Platz vor seinem Schloss wird „Schauplatz" eines Duells
zwischen Ulfo und Godewin: „Herr, es sieht alles Volk auf ihre Tapferkeit./ Ich
sah, es stund umher, mit aufmerksamen Schweigen,/ In einen Kreyß gedrängt
ein ganzes Heer von Zeugen."[25] Ulfos Ruhmsucht nimmt solche Ausmaße an,
dass sie die für höfische Regierungskunst wesentliche Unterscheidung von
Geheimnis und Öffentlichkeit aufhebt. Als Estrithe sich gezwungen sieht,
ihrem Bruder von Ulfos Plänen zu erzählen, stellt sich heraus, dass der König
längst informiert ist:

> Was du verschweigen willst, das weiß ich schon vielleicht./ Ich weiß, wie irrig ihn
> sein wilder Ehrgeitz leitet./ Es sagt mir alle Welt, was er mir zubereitet,/ Und wie
> die Ruhmbegier sein stolzes Herz empört,/ Das, um nur groß zu seyn, mir stete
> Feindschaft schwört./ Als wäre dieser Haß zu schön, ihn zu verstecken,/ Sucht er
> sich öffentlich Gehülfen zu erwecken [...].[26]

In keinem anderen klassizistischen Drama jedoch wird die Öffentlichkeit
so eindringlich als Machtfaktor beschrieben wie in Gottscheds 1745 erschie-
nenem Trauerspiel *Die parisische Bluthochzeit*, das sich den Ereignissen der
Bartholomäusnacht widmet.[27] Es ist die räumliche Trennung von staatlichem

---

24   Ebd., S. 12f.
25   Ebd., S. 32.
26   Ebd., S. 36.
27   Die Forschung hat Gottscheds Dramen, mit Ausnahme des *Sterbenden Cato*, recht stief-
      mütterlich behandelt. Es dominieren immer noch Studien über seine Poetik bzw. seine
      philosophischen Positionen im Diskursgeflecht der Aufklärung, vgl. in jüngerer Zeit
      Doetsch 2016; Bajeski 2015; Achermann 2014. Studien zur *Parisischen Bluthochzeit* sind
      dagegen rar gesät. Die Analyse von Hollmer 1994, S. 241–257 vergleicht das Stück mit Gott-
      scheds poetologischen Vorgaben und kommt zu dem Schluss, dass es sowohl das Prinzip

Machtzentrum und Öffentlichkeit, die diesem Drama seine innovativen Formimpulse gibt. Gottsched wahrt zwar die Einheit des Ortes, indem er die gesamte Handlung in einem Saal des Louvre spielen lässt, dennoch scheint in der Figurenrede die Öffentlichkeit als komplementärer Außenraum auf. Ein großer Teil der Auftritte wird deshalb als Botenbericht[28] inszeniert:

Des ersten Aufzuges

Erster Auftritt.
König Carl der IX. und Herz. von Anjou.

K. CARL. So lebt der Admiral? Und bessert sich so gar?
HERZ. VON ANJOU. Die Wunden heilen schon: so daß er der Gefahr/ Bereits entgangen ist. Ein Finger an der Rechten,/ Den ihm der Schuß zerschlug, läßt ihn noch weiter fechten.[29]

Der Einsatz des Dramas gibt die Richtung vor: Wenn eine Figur den Saal des Louvre betritt, dann, um den anderen von den Ereignissen außerhalb des Schlosses zu berichten. Die dramatische Handlung, bemerkt Nicola Kaminski, spiele „nicht im königlichen Schloß [...], sondern dezentral in der Stadt", wobei der „konturlos-diffuse Handlungsträger ‚das Volk' geradezu mit dieser Stadt verschmilzt".[30] Die Ereignisse des Außenraums sind es, die das Handeln der Figuren im Innenraum leiten. So führt der eben zitierte Bericht Anjous vom

---

des Fehlers als auch der Anagnorisis und der Ausrichtung an einem aufklärerischen Lehrsatz ignoriert. Durchgängig diskutieren die Deutungen die Darstellung des Konfessionskonfliktes im Stück. Rieck 1972, S. 217–227 etikettiert es als antikatholisches, gleichwohl Toleranz und Sittlichkeit einforderndes „Thesendrama" (ebd., S. 224); Hollmer 1994, S. 256 stellt die These auf, es ziele „auf die Verurteilung jedwedes religiösen Fanatismus ab – ohne Ansehen der Konfession." Berufen können sich beide auf Gottscheds Akademie-Rede *Von dem verderblichen Religionseifer* aus dem Jahr 1725. Der These, das Stück weise über die Konfessionsgebundenheit hinaus, widerspricht jedoch Kaminski in Gottsched [1745] 2011, S. 123, die aus den Paratexten des Dramas schließt, dass Gottsched „nicht entkonfessionalisierend idealisieren", sondern im Hinblick auf den evangelischen Zuschauer „ostentativ konfessionell rahmen" wollte. Dass die Frage nach dem Verhältnis von konfessioneller Tendenz und religiöser Toleranz in diesem Trauerspiel notwendig an die Frage nach der Darstellung von Geschichte gebunden bleibt, betont Niefanger 2005, S. 297.

28 „Die übermäßige Verwendung der Teichoskopie" moniert Rieck 1972, S. 227 als Folge von Gottscheds „Regelzwang". Jedoch konnte Niefanger 2005, S. 298 zeigen, dass das Stück „die Unsicherheit des Geschichtsdiskurses über die historische Wahrheit" zur Darstellung bringe. „Im Drama selbst wird indes die Unsicherheit über jede Nachricht von den Greueltaten betont. Sie ist der Skopus des Textes." (ebd., S. 301) Gerade darin liege die Funktion der zahlreichen Botenberichte (ebd., S. 302–306).

29 Gottsched [1745] 2011, S. 15.

30 Ebd., S. 135.

fehlgeschlagenen Attentat auf Coligny dem König vor Augen, dass der einflussreiche Hugenotte nun auf andere Weise aus dem Weg geräumt werden müsse:

> K. CARL. Ach! daß das falsche Bley ihm nicht das Herz getroffen!/ Mein Bru-
> der! wie vergnügt, wie ruhig könnt ich seyn,/ Wie schön träf unser Wunsch mit
> Frankreichs Wohlfahrt ein! [...]
> HERZ. VON ANJOU. Warum erlaubt man denn, o König, daß ein Mann,/ Der uns
> so schädlich ist, geheilet werden kann?/ Begehrts des Staates Wohl, ihn zeitig
> wegzuräumen:/ So muß man weder Zeit, noch Müh und List versäumen.[31]

Der in I/3 folgende Bericht des Herzogs von Guise zeigt, wie explosiv die
Atmosphäre auf den Straßen von Paris inzwischen ist. „Kurz, beyde Theile sind
erhitzter als zuvor;/ Man murmelt überall einander was ins Ohr;/ Fast jeder
Bürger greift schon zu den Waffen,/ Um, wenn der König säumt, sich selber
Recht zu schaffen."[32] Auch mit diesem Bericht ist eine politische Handlungs-
empfehlung verbunden. Guise fordert Carl auf, „alle Hugenotten,/ Allhier und
überall auf einmal auszurotten."[33]

Der These Kaminskis, im Louvre herrsche „ein regelrechtes Handlungs-
vakuum",[34] ist insofern zu widersprechen, als das Handeln der herrschenden
Katholiken in diesem Stück im Wesentlichen darin besteht, sich Informationen
über die Öffentlichkeit zu beschaffen und diese so gut es geht in ihre Richtung
zu lenken. Sie wissen, dass jede politische Entscheidung im öffentlichen Raum
auf Resonanz stößt und auf den Palast zurückwirkt. Regieren heißt in diesem
Fall, die unvorhersehbaren Bewegungen und chaotischen Affekte des Volkes
zu antizipieren und im günstigen Moment als tödliche Waffe gegen den Feind
einzusetzen. Ziel ist, Stimmungen zu kontrollieren und bei Bedarf zu eskalieren. Auch wenn die Machthaber unablässig ihre Geringschätzung gegenüber
dem „Pöbel"[35] äußern, beschreiben sie ihn in ihren Berichten nicht als willen-
lose und stumme Masse. Das Volk erhält in diesem Drama eine Stimme. Der
Herzog von Guise erwähnt in zitiertem Bericht, dass die Leute auf der Straße
„einander was ins Ohr" murmeln. Er macht ihre Stimmen hörbar:

Der dritte Auftritt.
Der Herzog von Guise, und die vorigen.

> GUISE. Mein König, darf ich wohl des Herzensgrund entdecken?/ Die Haupt-
> stadt bebt vor Angst; Paris ist voller Schrecken,/ Indem der Ketzerschwarm, der
> hier versammlet ist,/ Sich in der Stille schon zur Meuterey entschließt./ Es sieht

---

31   Ebd., S. 15.
32   Ebd., S. 22.
33   Ebd., S. 23.
34   Ebd., S. 135.
35   Ebd., S. 20, 38–39 und weitere.

sein Oberhaupt in Todesnöthen schweben;/ Das hohe Wort verletzt, das man ihm jüngst gegeben;/ Die Sicherheit gekränkt, die auf den Friedenskuß/ In Frankreich herrschen sollt. Hieraus entsteht der Schluß:/ „Wird Coligny, der Held, bey Hofe nicht geschonet;/ Wer ist denn unter uns, der hier recht sicher wohnet?/ Denn hätt ein Mörderschuß den Admiral erlegt,/ Der gegen Macht und Zwang uns zu beschützen pflegt:/ So wär es aus mit uns, und alles Heil verlohren" [...].[36]

Da die im Louvre versammelten Machthaber die „freche Zunge" des Volkes nicht „zähmen" können,[37] verlegen sie sich darauf, die Bürger in einen mordenden Mob zu verwandeln. Es ist vor allem Catharina von Medices, die sich in dieser Form der Öffentlichkeitslenkung bewandert zeigt: „Zudem so dörfen wir fast keinen Finger regen:/ Der Pöbel zu Paris wird sie allein erlegen."[38] Auch wenn es die Worte der Königsmutter nahelegen, bleibt sie keineswegs untätig. Sie verfolgt einen Plan, der sich im Lauf der Handlung erfolgreich entfaltet. Catharina will, dass die katholischen Guisen das Blutbad anführen, um sie danach in den Augen der Öffentlichkeit als Verantwortliche dastehen zu lassen und ihre eigene Macht zu sichern:

Man weis, dieß große Haus/ Löscht seine Rachgier nicht in hundert Jahren aus;/ Seit Poltrot jenes Haupt aus ihrem Stamm erleget:/ Denn dieß hat ihren Haß auf alles das erreget,/ Was Hugonottisch ist. Dieß weis nun alle Welt; / Und da der Argwohn hier so stark ins Auge fällt:/ So wird der Mord ein Werk zwo widriger Parteyen./ Von beyden müssen wir uns nach und nach befreyen![39]

Dieser Plan benötigt eine Nachrichtenpolitik, die einerseits auf Geheimhaltung, andererseits auf dem gezielten Streuen von Gerüchten beruht. Carl bemerkt bereits in I/1, dass ihm der öffentliche Bruch des Friedensabkommens mit den Hugenotten auf die Füße fallen könnte: „Was nun ein Fürst verspricht, muß er so grob nicht brechen,/ Daß es der Pöbel merkt: sonst geht sein Toben an."[40] Auch deshalb fordert er seine Mitstreiter auf: „Das Blutbad sey gewagt, und geh noch heute fort./ Doch haltet ja durchaus das ganze Werk verborgen!"[41] Aus diesem Grund verhängt er über die im Palast befindlichen Hugenotten eine „Nachrichtensperre".[42] Diese versuchen zu Beginn des fünften Aktes

---

36   Ebd., S. 21f.
37   Ebd., S. 39.
38   Ebd., S. 20.
39   Ebd., S. 21.
40   Ebd., S. 17.
41   Ebd., S. 24.
42   So die Formulierung von Nicola Kaminski im Nachwort der hier verwendeten Ausgabe: Gottsched [1745] 2011, S. 136.

verzweifelt, an Informationen über einen möglichen Anschlag zu gelangen, werden jedoch von den Palastwachen daran gehindert.[43]

Des Weiteren setzen Catharina und ihr Sohn Nachrichten ein, um das Handeln ihrer Gegner zu steuern. Diese sollen sich in Sicherheit wähnen. Carl weist seine Mitstreiter an, sie sollen die Hugenotten „verstellterweise spüren" lassen, „Man sey besorgt, daß nicht ein Aufruhr in der Stadt/ Bereits entsponnen sey, der Sie zur Absicht hat".[44] Er will sie glauben lassen, dass er sich um ihre „Sicherheit" sorge, auf Nachfrage erklärt er, die in den Louvre gelieferten Waffen seien „zum Turnier bestimmt".[45] Dies alles dient dem Plan, die Verantwortung von sich auf andere zu lenken. Wie von Catharina beabsichtigt, geht in der Öffentlichkeit plötzlich die Nachricht um, der Anschlag auf den Admiral von Coligny, den in Wahrheit sie selbst initiiert hat, gehe auf das Konto des Herzogs von Guise:

Der vierte Auftritt.
Der Herzog von Guise, und die vorigen.

> GUISE. Herr, es befremdet mich, womit Paris sich trägt:/ Man spricht, es würde mir die Schandthat beygelegt,/ Die jüngst am Admiral beynah vollführet worden./[...] So sehr ist, leider! es den Feinden schon gelungen:/ Die Richter hören selbst auf alle Lästerzungen.[46]

Jedoch zeigt Gottscheds Trauerspiel auch, dass diese interessegeleitete Manipulation der Öffentlichkeit ein prekäres politisches Unterfangen ist. Geheime Pläne können publik werden und das Volk bleibt unkontrollierbar: Noch bevor der König das Zeichen zum Angriff auf die Hugenotten gibt, schlägt der katholische Mob los.[47] Wichtiger noch: Der König selbst unterliegt einer manipulativen Nachrichtenpolitik. Der Herzog von Guise, der wie Catharina ein großes Interesse an der gewaltsamen Eskalation des Konflikts hat, tritt an neuralgischen Punkten der Handlung als Berichterstatter auf (I/3, II/4, IV/2). Sein Ziel ist es, die Ermordung seines Vaters durch hugenottische Fanatiker zu rächen. Deshalb steht hinter seinen Berichten die Absicht, den zaudernden Carl vom gewaltsamen Vorgehen gegen die Hugenotten zu überzeugen. Weder er noch Anjou, der zweite Berichterstatter des Königs (I/1, IV/1, IV/5),

---

43   Ebd., S. 77–79.
44   Ebd., S. 24.
45   Ebd., S. 56.
46   Ebd., S. 37.
47   Vgl. hierzu ebenfalls das Nachwort von Kaminski in Gottsched [1745] 2011, S. 131f.

sind unbeteiligte Vermittler, sondern Treiber der Eskalation. Es gibt kein Geschehen, über das neutral berichtet würde, jeder Bote der Katholiken verknüpft mit seiner Botschaft einen gewaltsamen Appell.

Gottscheds Trauerspiel ist eine melancholische Diagnose moderner Öffentlichkeitspolitik. Das Drama als Ort der agonalen Konfrontation zwischen Parteien erscheint ungeeignet, jene überparteiliche Urteilsinstanz zu bilden, die für aufklärerische Konfliktlösungsversuche wesentlich ist. Wenn Catharina dem Herzog von Guise in Aussicht stellt, die „Wahrheit" werde durch eine „Untersuchung" ans Licht kommen, der falschen „Lästrung" Einhalt gebieten und damit „den ganzen Streit entscheiden",[48] verbindet sie damit kein ernstzunehmendes Angebot. Es ist nur ein Schachzug, um den Ärger des Herzogs über das Gerücht, das sie selbst in die Welt gesetzt hat, zu besänftigen. Das Verhältnis, das die Regierenden zur Öffentlichkeit haben, ist interesse- und nicht vernunftgeleitet.[49] Damit suspendiert Gottscheds Drama letztlich den Glauben an die Möglichkeit eines aufgeklärten Verhältnisses von Öffentlichkeit, Staat und Medien.

8.3 Empfindsame Gemeinschaftsstiftung im Tableau. Die Mannheimer Bühnenfassung von Schillers *Fiesko*

Die Ästhetik der Empfindsamkeit hat einen Weg gefunden, inmitten der agonalen Struktur der Theateröffentlichkeit eine eigene Form der Appellstruktur zu etablieren. Die Rede ist vom Schlusstableau, das im Drama der zweiten Jahrhunderthälfte ein überaus erfolgreiches Mittel war, dem Publikum die Konstitution einer harmonischen Gemeinschaft vor Augen zu stellen. Zwei strukturelle Momente begünstigten dieses Unternehmen: Zum einen die

---

48   Ebd., S. 38.

49   Hollmer 1994, S. 250f. kann das Stück nur deshalb als „Fürstenspiegel" bezeichnen, weil sie einschränkend bemerkt, dass dieser „durch Abschreckung und thesenhaften Diskurs" funktioniere und „das Ideal nur theoretisch-verbal zur Geltung kommt". In seiner affektästhetischen Analyse der *Bluthochzeit* gelangt Zelle 1987, S. 49 zu dem Schluss, dass das Drama das „Mißverhältnis zwischen dem tradierten Tragödienzweck einer Abschreckungsmechanik und tatsächlicher Säuberung der Bühne vom Schreckensgeschehen durch Moraldidaxe, Mitleidsdramaturgie und ‚bienséance'" belege. Gottsched habe den Grad des Schreckens „weit zurückgenommen" und folge stattdessen dem „Dezenzgebot" (ebd., S. 53).

Tendenz nicht nur des Dramas,[50] sondern auch des Romans[51] der Zeit, das Figurenpersonal am Schluss vollständig zu versammeln. Dadurch reflektiert die Bühne die Situation im Zuschauerraum, Ziel ist die Identifikation des Publikums mit der Gemeinschaft der Figuren. Hinzu kommt, dass jeder Schluss eines Theatertextes den sensiblen Punkt markiert, an dem die fiktive Welt ihr Ende findet und die Zuschauer mit einem letzten Wort, einer letzten Geste in die Wirklichkeit entlassen werden. Der Appell eines Dramenschlusses ist deshalb wirkungsvoller als der eines Aktschlusses. Natürlich ist ‚Appell‘ hier nicht im Sinne einer konkreten verbalen Aufforderung zu verstehen, sondern als semiotischer – visueller, auditiver, gestischer – Akt, der einen Austausch zwischen interner und externer Kommunikationsebene des Theaters ermöglicht. Dieser Austausch ist mimetischer Natur. Die Versammlung der Zuschauer findet sich in der Versammlung der Figuren gespiegelt und kann sich ihr Handeln deshalb zum Vorbild nehmen.

Auch in diesem Fall zeigt sich Diderot als der große Innovator des empfindsamen Theaters. Sein *Fils naturel* führt dem Zuschauer am Ende die geglückte Wiedervereinigung einer Familie vor, die zugleich die Zusammenführung der Liebespaare ermöglicht. Diderot war es auch, der in seinen theaterästhetischen Schriften den Begriff des *tableau* theoretisch fundiert hat.[52] Die Rede vom Theater als ‚Gemälde‘, die sich durch das 18. Jahrhundert zieht,[53] gewinnt aus seinen Überlegungen einen ihrer wichtigsten Impulse. Im empfindsamen Schauspiel der Aufklärung wird die von Diderot inszenierte Vereinigung der Familie am Dramenende zu einem zentralen Strukturmerkmal. Das zeigt sich sowohl in Texten, die im engeren Sinne als rührende Familienstücke zu bezeichnen sind, als auch im empfindsam geprägten Geschichtsschauspiel.

Zwei Beispiele aus dem späten 18. Jahrhundert mögen dies *pars pro toto* verdeutlichen: Kotzebues *Menschenhaß und Reue* (1790) sowie Ifflands *Friedrich von Oesterreich* (1791). In Kotzebues Stück – bekanntlich eines der populärsten Dramen der Goethezeit – zeugt der Schluss von dramaturgischem Geschick. Die getrennt lebenden Ehegatten Eulalia und Baron von Meinau ziehen, ohne voneinander zu wissen, in dasselbe abgelegene Landgut. Eulalia ist wegen einer leidenschaftlichen Affäre von zuhause fort und hat Meinau und ihre

---

50   Sie lässt sich nicht erst um 1800 an prominenten Beispielen wie Schillers *Tell* belegen, sondern bereits im klassizistischen Drama beobachten. So wird schon in Gottscheds *Cato* die Familie im letzten Akt zusammengeführt.

51   Vgl. Frick 1988, S. 323, der in seiner grundlegenden Studie zum europäischen Roman des 18. Jahrhunderts, *Providenz und Kontingenz*, „die Zusammenführung aller wichtigen Figuren am Ort des Finales" zum gängigen „Arsenal romanesker Kolportage" zählt.

52   Die Tableau-Idee Diderots untersucht grundlegend Frantz 1998. Vgl. auch Heeg 2000, S. 76–80.

53   Schneider 2016b, S. 306–316.

Kinder zurückgelassen. Aus Schuldgefühl will sie sich aus der Welt zurückziehen, während Meinau aufgrund der Ereignisse zum melancholischen Misanthropen geworden ist. Ihre erste, unvorhergesehene Begegnung am Schluss des vierten Aktes endet mit der Ohnmacht Eulalias und der Flucht des als „Unbekannter" titulierten Barons – das Gegenteil also eines empfindsamen Tableaus:

> UNBEK. (*tritt mit einer ernsthaften Verbeugung in das Zimmer.*)
> GRAF. (*geht mit offenen Armen auf ihn zu.*)
> EULAL. (*erblickt ihn, stößt einen lauten Schrey aus, und fällt in Ohnmacht.*)
> UNBEK. (*wirft einen Blick auf sie; Schrecken und Staunen in seinen Gebehrden, rennt er schleunig zur Thüre hinaus.*)
> GRAF. (*sieht ihm voll Verwunderung nach.*)
> GRÄFIN UND DER MAJOR. (*beschäftigen sich um Eulalien.*)[54]

Erst im fünften Akt gelingt die typisch empfindsame Kompensation des gegenseitig zugefügten Leids. Anstatt voreinander zu fliehen, finden die Eheleute nach anfänglichem Zögern wieder zusammen und werden, da nun auch die Kinder hinzukommen, als Familie wiedervereint:

> EULAL. Wir scheiden ohne Groll –
> UNBEK. Ohne Groll –
> EULAL. Und wenn ich einst genug gebüßt habe; wenn wir in einer bessern Welt uns wiedersehen –
> UNBEK. Dort herrschen keine Vorurtheile; dann bist du wieder mein! (*Beyder Hände liegen in einander, beyder Blicke begegnen sich wehmütig. Sie stammeln noch ein* Lebewohl! *und trennen sich, aber indem sie gehen wollen, stößt Eulalia auf den kleinen Wilhelm, und Meinau auf Malchen.*)
> MALCHEN. Vater –
> WILHELM. Mutter –
> (*Vater und Mutter drücken sprachlos die Kinder in ihre Arme.*)
> MALCHEN. Lieber Vater –
> WILHELM. Liebe Mutter –
> (*Vater und Mutter reißen sich los von den Kindern, sehen einander an, breiten die Arme aus, und stürzen sich einer in des andern Arme.*)
> UNBEK. Ich verzeihe dir!
> (*Die Gräfin und der Major heben die Kinder in die Höhe, welche sich an ihre Eltern anklammern, und:* Lieber Vater! Liebe Mutter! *rufen.*)[55]

---

54 Kotzebue 1790b, S. 137. Die im Nebentext präfigurierte natürliche Körpersprache der Schauspieler beschreibt, ausgehend von J.F. Schinks detailliertem Aufführungsbericht in seinen *Dramaturgischen Monaten*, Košenina 1995, S. 267–283. Es findet sich ebd., S. 267 der passende Hinweis, dass der Berliner Intendant Engel, seines Zeichens Verfasser der grundlegenden *Ideen zu einer Mimik*, als Entdecker Kotzebues gelten kann: Indem er *Menschenhaß und Reue* im Sommer 1789 am Königlichen Nationaltheater auf den Spielplan setzte, initiierte er den Siegeszug des Autors auf den deutschen und europäischen Bühnen.

55 Kotzebue 1790b, S. 166f.

Das zur gleichen Zeit aufgeführte, aber erst ein Jahr später publizierte Gelegen-
heitsdrama *Friedrich von Oesterreich* aus der Feder Ifflands verwendet in seinem Schlusstableau das Modell der wiedervereinten empfindsamen Familie,
um die Konstitution von Herrschaft zu legitimieren. Es handelt sich bei dem
historischen Schauspiel um ein Auftragswerk für die Feiern zur Wahl und Krönung Kaisers Leopolds II., die im Herbst 1790 in Frankfurt stattfanden.[56] Die
Handlung schildert den Aufstieg des Habsburgers Friedrich III. zum römisch-
deutschen Kaiser, der dem Stück zufolge durch eine Politik der Versöhnung
zwischen Österreich, Ungarn und Böhmen ermöglicht wird. Ausgangspunkt
ist der Tod des Kaisers Albrecht II., der ein Machtvakuum hinterlässt, zeitgleich führt die Geburt seines Sohnes Ladislaus Postumus zum Streit über dessen Vormundschaft. Ladislaus wird zu Erzherzog Friedrich von Oesterreich in
Obhut gegeben, die Stände Böhmens und Ungarns fordern seine Herausgabe
und drohen damit, zum polnischen König überzulaufen.

Die Parallele zur politischen Lage um 1790 ist offenkundig. Joseph II. hatte
mit seiner Politik der Zentralisierung den Unmut der Ungarn provoziert, Leopold II. sollte den Konflikt befrieden. Genau dies führen die letzten Szenen
des Werkes und insbesondere das aufwendig inszenierte Schlusstableau vor.
Zunächst gelingt es Friedrich in V/17, mit den ungarischen Anführern Hunniades und Villacky Frieden zu schließen. Dies geschieht öffentlich, auf einem
Platz vor Friedrichs Burg:

Siebenzehnter Auftritt.

Die Thorflügel werden geöffnet, eine Menge Volks im Thore! Einige auf den Knien.
Der Erzherzog in der Mitte. Vorige.
(Villacky *und* Hunniades *treten jeder an eine Seite gegen einander über.* Der Erzherzog *macht sich los und geht vor.* Das Volk *in bittender Stellung einen Schritt*
ausser dem Thore ihm nach) [...].[57]

In der folgenden Verhandlung macht Friedrich den Ungarn klar, dass unter
einem Krieg alle „leiden" würden, besonders „diejenigen, die gar nichts ver-
schuldet haben – das jammert mich!"[58] Er verspricht, den Ungarn Ladislaus
aus der Obhut zurückzugeben, sobald er mündig ist, sie würden ihn dann „aus
meinen väterlichen Armen" empfangen.[59] Hunniades und Villacky willigen

---

56   Vgl. hierzu meine Ausführungen in Schneider 2016b, S. 317–330. Dort auch weitere
      Hinweise auf die gemeinschaftsstiftende Wirkung von Theater-Tableaus im 18. und
      19. Jahrhundert.
57   Iffland 1791b, S. 149.
58   Ebd., S. 153.
59   Ebd., S. 154.

ein, worauf Friedrich die Verhandlung mit den Worten „wir sind versöhnt"
beschließt und hinzufügt: „laßt es das Volk ganz fühlen – daß wir es sind."[60]

Hierauf öffnet sich die Szene für das Schlusstableau, in dem sich fast alle
Figuren des Dramas unter Einschluss des Volkes versammeln. Man beschwört
feierlich den soeben ausgehandelten Friedenspakt, gleichzeitig entlässt Friedrich seinen Neffen Sigismund aus seiner Obhut und vertraut ihm die Regierung
Tyrols an. Dadurch wird das empfindsame Herrschaftsmodell des liebevollen
Landesvaters noch einmal gestärkt. Sigismund nennt Friedrich „väterlicher
Oheim", zeigt sich sogar „gerührt" von dessen „Vaterliebe".[61] Der letzte Schritt
ist die Kür Friedrichs zum Kaiser. Sie erfolgt durch die Wahl der Fürsten und
die Akklamation des Volkes:

> REINHARD. Zögert nicht. Es ist Friede – Ruhe und Liebe zwischen Ungarn, Böh-
> men und Oesterreich –
> AENEAS. Willigt ein, gnädigster Herr!
> SCHLICK. Wer entsagen und verzeihen kann – ist mit Recht der erste Fürst der
> Christenheit! (Erzherzog *sieht alle im Zirkel freundlich an, und reicht dann seine
> Hand den Grafen*)
> ALLE. Gott erhalte den Kaiser! (*Trompeten ertönen*)
> KAISER FRIEDRICH. Dankt den Fürsten! Ihre Wahl ruft mich, ich ehre sie und
> will ihr Kaiser seyn. [...] Folgt mir – seht euren König und laßt uns dort den Bund
> der Liebe und Eintracht heiligen. Friede und Heil über Oesterreich, Ungarn und
> Böhmen! Seegen und Ruhm dem deutschen Reiche! (*ab*)
> ALLE. (*folgen und rufen*) Gott erhalte den Kaiser und das Reich! (*Ein rascher,
> prächtiger Marsch fällt ein, der Vorhang fällt*) [...].[62]

Die abschließende Szene zeigt, wie visuelle, auditive und proxemische Codes
die Wirkung des Tableaus verstärken, um sich dann in der Stimme des Volkes
zu entladen. Ifflands Schauspiel ist eindeutig auf seinen Anlass zugeschnitten,
die Krönungsfeier Leopolds II. Damit belegt es, wie viele andere Gelegenheitsstücke der Zeit, wie gut sich die Ästhetik empfindsamer Gemeinschaftsstiftung in jenen „Umbau des Herrschaftszeremoniells von der höfischen
Machtdemonstration zum Volksfest"[63] einfügen ließ, der sich am Ende des
Jahrhunderts vollzog. Die Beschreibungen fürstlicher Hochzeiten, die in dieser
Zeit erschienen, entwarfen das Fest als „Gefühlsraum der monarchischen Protagonisten und des Volkes".[64] Diese Spielart des modernen Festes hatte auf die

---

60 Ebd., S. 154.
61 Ebd., S. 156.
62 Ebd., S. 157f.
63 Rahn 2006, S. 165. Zum generell engen Konnex von Fest, Theater und Gemeinschaft vgl.
    Krüger/ Werner 2012.
64 Rahn 2006, S. 164.

empfindsame Dramatik im deutschsprachigen Raum einen weitaus größeren Einfluss als diejenige, die in der Französischen Revolution entwickelt wurde.[65] Ifflands Stück bot eine historische Legitimation der Habsburger Herrschaft, indem sie dem Publikum vorgab, mit welchen Affekten und mit welcher Stimme es auf die Krönung des neuen Kaisers reagieren solle. Die theatrale Konstitution von Gemeinschaft wäre in dem Moment vollendet, in dem das Publikum im Zuschauerraum die Handlungen des fiktiven Volkes auf der Bühne imitiert. Der einsetzende Marsch schafft deshalb einen Übergang von der internen in die externe Kommunikationsebene, von der dargestellten in die reale Welt.

Bereits die zeitgenössischen Rezensionen des gedruckten Dramentextes haben diese ästhetische Strategie erkannt. Man ging, wie der Rezensent der Jenaer *Allgemeinen Literatur-Zeitung*, davon aus, dass Ifflands Stück sein Ziel nicht verfehlt habe: „Und mit welchem Jubel musste die ganze Versammlung einstimmen bey dem Ausruf, der das Stück beschließt: ‚Gott erhalte den Kaiser und das Reich!'"[66] Wie nah der Autor Iffland mit seiner dramatischen Darstellung an die Realität anzuknüpfen glaubte, belegt ein Brief an seine Schwester, in dem er ihr von der Wahl Leopolds II. berichtet. Das Volk sei in die Kirche gedrungen, man habe „bis an den Römer – auf den Dächern und zu allen Fenstern heraus" dem neuen Kaiser „Vivat" zugerufen, dazu seien „Chöre" und „Trompeten" erklungen.[67] Ganz anders liest sich der Bericht, den Iffland im Vorwort des Dramas von der Aufführung am 11. Oktober 1790 gibt. Sie fand zwei Tage nach der Krönung in Anwesenheit des Kaiserpaares und adliger Gäste statt:

> Es war ein schöner Abend, und ein Seelen erhebendes Gefühl, als gute Monarchen, dieser Geschichte Ihres Anherren, Aufmerksamkeit und Thränen weihten! Friedrichs zahlreiche Nachkommenschaft – Leopold, an seiner Rechten die Mutter aller Kinder, die schön, gesund an Geist und Körper, dies Paar umgaben, Christina, Maximilian und Maria von Oesterreich; in der schönen Reihe der ersten Fürsten, der nächsten Verwandten, der besten Freunde – und in ihrer aller

---

65   Zur Ästhetik der Revolutionsfeste und zu ihrer Bedeutung für die deutsche Literatur vgl. Koschorke et al. 2007, S. 267–280 sowie Primavesi 2008, S. 188–230. Letztgenannte Studie über *Das andere Fest. Theater und Öffentlichkeit um 1800* ist insofern sehr eng gefasst, als sie die Perspektive auf diskursive und dramatische Festdarstellungen beschränkt. Die Spur, die Primavesi verfolgt, führt von Rousseaus *Lettre à d'Alembert* über die Revolutionsfeste zu Goethe und Schiller. Die Ästhetik eines ‚anderen Festes' als Moment der Störung und Unterbrechung, die Primavesi aus diesem Korpus herausliest, ist in dieser Zeit jedoch alles andere als repräsentativ.

66   Allgemeine Literatur-Zeitung. Jena, Leipzig 1791, Nr. 1 (1. Jan.), S. 8.

67   Iffland 1905, S. 42.

Augen, Güte, Vertrauen, Menschengefühl – Thränen! Das war ein Ehrentag des Vaterlandes – die Herzen huldigten von neuem![68]

Iffland zeichnet hier wiederum ein Tableau, dieses Mal allerdings das eines kleinen und exklusiven Familienkreises. Der Kaiser habe, so suggeriert Iffland seinen Lesern, seine Frau, seine Kinder und seine Freunde um sich versammelt. Ihre empfindsame Reaktion spiegelt die idealisierende Figurenzeichnung der Herrscherfamilie auf der Bühne.

Obwohl die Darstellungstechniken vergleichbar sind, unterscheidet sich der ideologische Gehalt der hier beispielhaft beschriebenen Schlusstableaus stark. Die große Resonanz, die *Menschenhaß und Reue* beim Publikum erfuhr, sollte nicht darüber hinwegtäuschen, dass es in der Presse wegen seiner angeblichen Unsittlichkeit – eine Frau verlässt Mann und Kinder, dennoch wird ihr verziehen – heftig kritisiert wurde.[69] Während Kotzebues empfindsame Ästhetik der Versöhnung ein liberales Element enthält, zeigt sich Iffland in *Friedrich von Oesterreich* staatstragend. Hier dient der Einsatz rührender Affekte ausschließlich der Legitimation der monarchischen Herrschaft. Was in beiden Fällen ausgeschlossen bleibt, sind negative Figuren, etwa in Gestalt lasterhafter Antagonisten. Das ist für das empfindsame Schlusstableau nicht ungewöhnlich und findet sein Vorbild wieder bei Diderot, diesmal im *Père de famille*. Dort verlässt der tyrannische Kommandant die Familie, bevor diese sich zu einer harmonischen Gefühlsgemeinschaft zusammenschließt (Kap. 6.2).

Diese Form des Tableaus ist eine der erfolgreichsten theatralen Innovationen des empfindsamen Schauspiels und wird bis weit ins 19. Jahrhundert Bestand haben.[70] Vor allem seine multimediale Anlage garantiert, dass das Tableau auf kraftvolle Weise seine Wirkung auf das Publikum und damit auf die Theateröffentlichkeit entfaltet. Zum Einsatz kommen, nicht zuletzt unter dem Einfluss des Musiktheaters, seit den 1770er Jahren sämtliche ästhetischen und technischen Möglichkeiten der Zeit: Die Kulissenmalerei, der natürliche Schauspielstil, ausführliche Bühnenanweisungen, Schauspielmusik und

---

68 Iffland 1791b, o.S.
69 Die Rezeption der vermeintlichen ‚Unmoral‘ von Kotzebues Dramen im 18. und 19. Jahrhundert, die sich auf Sittenwidrigkeiten wie getrennt lebende Ehepartner, unehelich gezeugte Kinder (*Das Kind der Liebe, Die Sonnen-Jungfrau*) und den Hang des Autors zur Zote konzentrierte, hat die Forschung häufig herausgestellt. Vgl. Stock 1971, S. 74–94; Maurer 1979, S. 199–213; Gassner 2015, zu *Menschenhaß und Reue* im Besonderen Meyer 2004, S. 42–51 und Gassner 2015, S. 98–100. Welche Probleme Kotzebues Behandlung moderner sozialer Fragen in Wien mit sich brachte, wo viele seiner Stücke trotz seines Intermezzos als festangestellter Theaterdichter 1798 und der Förderung durch den Kaiser verboten waren, beschreibt Fritz 1998.
70 Vgl. Mungen 2002; Heeg/ Mungen 2004.

Massenszenen. Nicht zufällig war es die Trias der drei erfolgreichsten Theater-
autoren der Spätaufklärung, die die Tableautechnik am besten beherrschten:
Iffland, Kotzebue und Schiller.

Es ist letztgenannter, der 1783 in seinem Trauerspiel *Die Verschwörung des
Fiesko zu Genua* die unterschiedlichen Facetten dramatischer Öffentlichkeitsdarstellung vereint und dabei gekonnt den Einsatz von Tableaus variiert.
Dies gilt auch für jene Fassung, die Schiller ein Jahr später für die Aufführung
im Mannheimer Nationaltheater fertigstellte und die gegenüber dem Erstdruck, gerade im Hinblick auf das Thema der Öffentlichkeit, einige markante
Abweichungen enthält. Bereits die erste Fassung hatte Schiller für die Mannheimer Bühne geschrieben, deren Intendant Dalberg lehnte sie jedoch ab und
Schiller entschloss sich zur Umarbeitung. So sind beide Texte, wenn auch
über Umwege, Beispiele für die innovative Produktivität, die die Mannheimer
Theaterwerkstatt in den frühen 1780er Jahren entfaltete.

Die Bedeutung der Öffentlichkeit für Schillers Ästhetik ist, nicht zuletzt in
Bezug auf die Trauerspiele, seit Dieter Borchmeyers 1973 erschienener Studie[71]
immer wieder hervorgehoben worden. Borchmeyers These, dass erst Schillers
Spätdramatik die Tragödie wieder mit der Öffentlichkeit verbunden und das
Theater damit ins Politische zurückgeführt habe, wurde meist übernommen.[72]
Sie ist allerdings angesichts der hier vorgestellten Befunde nicht zu halten:
Das Moment der agonalen Öffentlichkeit war für Theater und Drama der Aufklärung lange vor Schiller konstitutiv. Wenn im Folgenden *Die Verschwörung
des Fiesko* vor anderen Texten herausgehoben und an den Schluss dieser Studie
gestellt wird, geschieht das nicht, um ein politisches Alleinstellungsmerkmal
von Schillers Trauerspielen zu behaupten. Gleichwohl verdichtet sich in diesem Drama das Verhältnis von Agonalität, Öffentlichkeit und Tableau auf
exemplarische Weise.[73]

Betrachtet man die Erstausgabe, so erscheint Fieskos Umgang mit der
Öffentlichkeit in erster Linie agonal motiviert. Sein Ziel ist es, zum Fürsten aufzusteigen und damit dem „Blut der Fiesker" gerecht zu werden, das nur „unter

---

71   Borchmeyer 1973.

72   So etwa von Koschorke et al. 2007, S. 292. Symptomatisch ist auch die Studie von Pleschka
      2013 über Theatralität und Öffentlichkeit, die zwar einen anderen Zugang als Borchmeyer
      wählt, sich aber auf die französische Klassik und die Spätdramatik Schillers beschränkt.

73   Eben dies spricht Borchmeyer 1973 den frühen Dramen Schillers und deshalb auch *Fiesko*
      ab. Es sei Schiller in diesem Drama nicht gelungen, „eine glaubwürdige Handlung von
      öffentlichem Gepräge zu gestalten", die „öffentlichen Personen" blieben „bloße Schemen"
      (ebd., S. 78). Gerade einmal sechs Seiten widmet Pleschka in seiner Studie der frühen
      Dramatik Schillers, wobei er den politischen Gehalt des *Fiesko* ebenfalls in Frage stellt
      (Pleschka 2013, S. 81f.). Dagegen verweist Janz 1992, S. 77 auf „Privatheit und Öffentlich-
      keit" als zentrale politische Differenz des Stücks, deutet sie allerdings in Analogie zur Dif-
      ferenz von Moral und Macht.

dem Purpur gesund" fließe (WB 2, 417). Die Politik und mithin die Öffentlichkeit ist für ihn ein „Kampfplatz" (372). Auf diesem erweist er sich als genau der „verschlagene Spieler" (438), für den ihn der Republikaner Verrina hält. Geschickt versteht er, die Meinungen, Stimmungen und Affekte des Volkes zu lenken: „Es geht erwünscht. Volk und Senat wider Doria. [...] Ich muß diesen Wind benutzen" (362). Um seine Ziele zu erreichen, setzt er verschiedene Techniken der Manipulation ein. Er besticht die Seidenhändler, weil sie „den Ausschlag beim Pöbel" geben (355) und versteht es, die aufständischen Handwerker im Stil des Menenius Agrippa durch das Erzählen eines Gleichnisses auf seine Seite zu ziehen (361f.). Sein wichtigstes Instrument ist der Mohr Muley Hassan, der wie Spiegelberg in den *Räubern* (Kap. 4.4) als ein moderner, unentwegt mobiler Agent der Öffentlichkeit fungiert:

> Geh also gleich Morgen durch Genua, und suche die Witterung des Staats. Lege dich wohl auf Kundschaft, wie man von der Regierung denkt, und vom Haus Doria flistert, sondiere daneben, was meine Mitbürger von meinem Schlaraffenleben und meinem Liebesroman halten. (339)

Als Hassan zurückkehrt, berichtet er von der Unbeliebtheit von Fieskos Gegnern, zögert aber, als Fiesko wissen will, was das Volk über seine Romanze mit Julia, der Schwester Gianettinos, denkt:

> FIESKO Frei heraus. Je frecher desto willkommener. Was murmelt man?
> MOHR Nichts *murmelt* man. Auf allen Kaffeehäusern, Billiardtischen, Gasthöfen, Promenaden – auf dem Markt – auf der Börse schreit man laut –
> FIESKO Was? Ich befehl es dir.
> MOHR *sich zurückziehend*: Daß Ihr ein Narr seid. (354)

Überraschenderweise erzürnt diese Nachricht Fiesko nicht, sondern scheint ihn im Gegenteil zu beflügeln. Es zeigt sich, dass er einem langfristigen Plan folgt, um die Meinung der Öffentlichkeit zu steuern. Er will, dass die Leute ihn für harmlos halten:

> FIESKO Gut. Hier nimm die Zecchine für diese Zeitung. Die Schellenkappe hab ich nun aufgesetzt, daß diese Genueser über mich lachen, bald will ich mir eine Glatze scheren, daß sie den Hanswurst von mir spielen. (354)

Die Replik belegt zugleich, dass Fiesko das Verhältnis des Politikers zur Öffentlichkeit als ein theatrales begreift.[74] Als es während der Prokuratoren-

---

74 Der Verweis auf die Metatheatralität ist in der Forschung zu *Fiesko* gang und gäbe. Vgl. ausführlich und in komparatistischer Perspektive bereits Karnick 1980, S. 23–80. Auch die Deutung der politischen Ästhetik des Stücks von Alt 2000a, S. 334–340 stützt sich auf

wahl zum Konflikt zwischen dem tyrannischen Fürstensohn Gianettino und den Ständen kommt, frohlockt Fiesko, dass ihm der „Wind des Zufalls" (356) eine politische Gelegenheit zuspielt. Er führt sein nächstes „Possenspiel" auf. Hassan soll abermals – diesmal zum Schein – ein Attentat auf ihn verüben, damit „Gianettinos Anschlag auf mein Leben ruchbar wird." (363) Der Plan geht auf: Es kommt wieder zum Tumult, das Volk[75] glaubt, Fiesko sei ermordet worden. Er jedoch zeigt sich gleich darauf in der Öffentlichkeit:

> Der Graf lebt und ist ganz. Ich sah ihn durch die Stadt galoppieren. Nie sah ich unsern gnädigen Herrn so schön. Der Rapp prahlte unter ihm, und jagte mit hochmütigem Huf das andrängende Volk von seinem fürstlichen Reiter. Er erblickte mich als er vorüberflog, lächelte gnädig, winkte hieher, und warf drei Küsse zurück. (364)

Schiller beschreibt den Typus des charismatischen, cäsaristischen Politikers[76] als Meister des öffentlichen Auftritts. Fiesko weiß, welches Stück er spielen muss, um seine agonalen Interessen durchzusetzen. Inszeniert er sich in der zitierten Szene als wiederauferstandener Herrscher, führt er im vierten Akt gleich zwei Stücke auf: ein republikanisches Revolutionsdrama und ein bürgerliches Trauerspiel. Dazu lädt er seine Mitverschwörer abends in sein Schloss. Diese treffen, wie Zuschauer im Theater, nach und nach ein (400–411). Fiesko erklärt ihnen, dass er sie nicht zur Unterhaltung „zu einem Schauspiel" habe bitten lassen, sondern um „Ihnen Rollen darin aufzutragen" (404). Fiesko plant den Staatsstreich als ein Theaterstück, in dem er als Autor, Regisseur und Hauptdarsteller fungiert. „Ich habe hier euer aller Rollen zu Papier gebracht, wenn jeder die seinige erfüllt, so ist nichts mehr zu sagen" (410).

Zeitgleich hat er im Konzertsaal, wohin er seine Gäste nun bittet, alle Vorbereitungen für die Aufführung des zweiten Stückes getroffen. Anders, als er ankündigt, handelt es sich nicht um eine „Komödie" (410), sondern um eine Reminiszenz an das bürgerliche Trauerspiel. Vor den Augen seiner Gattin Leonore, die sich hinter einer Tapete versteckt, weckt Fiesko den Anschein, Julia

---

diesen Befund. Zum Schauspielcharakter des vierten Aktes unter Verweis auf Parallelen zwischen Shakespeares *Richard III* und *Fiesko* siehe aktuell Rocks 2020, S. 293–299.

75   Zur Darstellung des Volkes im Stück vgl. Kap. 4.5.

76   Als erster hat Lützeler 1978 in Bezug auf die Darstellung des Fiesko den Begriff des Cäsarismus ins Spiel gebracht. Vgl. auch Auer 2018, S. 196, der die Modernität dieses Herrschertypus betont und von den Tyrannendarstellungen des Barock abgegrenzt wissen will. Fiesko sei ein autoritärer Politiker, der aber auf das Plebiszit angewiesen bleibe. Da Schillers Drama sich in diesem Fall und auch in dem der Öffentlichkeitsdarstellung modernen Herrschaftstechniken zuwendet, greift die These von Alt 2000a, S. 342–345 zu kurz, Fiesko folge dem von Machiavelli dargestellten frühneuzeitlichen Politikertypus.

zu verführen. Diese gibt zunächst vor, ihre „Tugend" bewahren zu wollen (413), gesteht ihm dann aber doch auf den Knien ihre Liebe. Fiesko jedoch weist sie überraschend zurück und führt Julia öffentlich vor. Denn nun betritt nicht nur Leonore die ‚Bühne', sondern auch die Verschworenen und weitere Gäste. Fiesko offenbart, dass Julia versucht habe, Leonore zu vergiften. Er teilt der Versammlung mit, warum er vorgab, um Julia zu werben: Er wollte seine wahren Absichten vor seinen Rivalen verbergen:

> D a r u m fand ich für nötig, den ungebetenen Blicken Ihres Hauses etwas zu schaffen zu geben, darum behäng' ich mich *auf sie deutend* mit dieser Harlekinsleidenschaft, darum *auf Leonoren zeigend* ließ ich diesen Edelstein fallen, und mein Wild rannte glücklich in den blanken Betrug – Ich dank für Ihre Gefälligkeit Signora, und gebe meinen Theaterschmuck ab. *er überliefert ihr ihren Schattenriß mit einer Verbeugung.* (415f.)

Fiesko inszeniert die für das bürgerliche Trauerspiel typische Reinigung der öffentlichen Bühne von der „Furie[]" Julia (414) – sie wird ins „Staatsgefängnis" abgeschoben (416) –, um seinen Ruf zu klären und sich als tugendhafter Ehemann und damit tauglicher Herrscher zu präsentieren.[77] Die Zuschauer fordert er auf: „Sie waren Zeugen – Retten Sie meine Ehre in Genua!" (416)

Als Regisseur der Öffentlichkeit legt Fiesko sein Augenmerk auf eine ausgeklügelte Affektregie.[78] „Sie empfinden – itzt ist alles gewonnen" ruft er den Verschwörern zu, als diese durch „[u]ngestüme Bewegungen" auf seine Brandrede gegen die Tyrannei der Dorias reagieren. Seine eigenen Emotionen hingegen sind immer schon theatral präformiert, dem jeweiligen Rollenspiel angepasst. Dies setzt sich bis in seine Monologe und deren Nebentext fort:

> G e h o r c h e n u n d H e r r s c h e n ! – S e i n u n d N i c h t s e i n ! Wer über den schwindlichten Graben vom letzten Seraph zum Unendlichen setzt, wird auch diesen Sprung ausmessen. *mit erhabenem Spiel.* Zu stehen in jener schröcklich erhabenen Höhe [...]. (382)

Gefühle sind in diesem Drama den agonalen Absichten des Protagonisten untergeordnet; Metatheatralität dient nicht, wie im empfindsamen Schauspiel, der Selbstkritik und Optimierung der Tugend, sondern der Manipulation der Öffentlichkeit. Damit scheint die Erstausgabe dieses Trauerspiels von einer empfindsamen Ästhetik denkbar weit entfernt. Jedoch kommt es im

---

77 Dies im Widerspruch zu Auer 2018, S. 202, der glaubt, dass die Theateraufführung Fieskos „absolut keine dramaturgische Funktion" hat.

78 Vgl. hierzu auch Schillers Vorrede zur Erstausgabe des *Fiesko* (WB 2, 317f.) sowie Rocks 2020, S. 278–280.

fünften Akt zu einer Szene, die Fiesko in einem anderen Licht erscheinen lässt. Nachdem Leonore sich entschlossen hat, im Scharlachrock Gianettinos in den Straßenkampf zu ziehen (Kap. 7.3), wird sie von Fiesko bemerkt. Im Glauben, seinen Rivalen vor sich zu haben, ersticht er sie. Da er und die sich um ihn versammelnden Verschwörer glauben, der Tyrann sei gefallen, erscheint Fieskos agonaler Triumph perfekt. Es erklingt ein „Siegesmarsch", „Soldaten mit Musik und Fahnen treten auf", alle ziehen ihre Hüte und rufen „Heil, Heil dem Herzog von Genua!" (430f.)

Jedoch bemerkt die Versammlung kurz darauf, wer die Leiche in Wirklichkeit ist. Genau in diesem Moment der anagnoretischen Peripetie friert Schiller die Handlung zum Tableau: Fiesko sinkt „durchdonnert zu Boden", „Verschworene stehen in toter Pause und schauervollen Gruppen." (432) Es sind Signalwörter des erhabenen Schreckens, die dieses Bild bestimmen. Dabei belässt es Schiller aber nicht. Fiesko durchläuft in der folgenden Szene einen Wandel, der ihn von Schrecken, Wut und Raserei in empfindsame Gefühlsregionen führt. Der Nebentext beschreibt das ausführlich: Er spricht zunächst mit „leiser bebender Stimme", dann „zürnt" er, wird „rasend" und tobend (434f.). Die Umstehenden reagieren zunächst entsprechend, indem sie „bebend herumstehen", dann jedoch wandelt sich ihre Stimmung. Weil Fiesko im Angesicht seiner Tat tiefer in den Wahnsinn zu versinken droht, regt sich Mitleid und es entsteht ein zweites, rührendes Tableau: „Alle Verschworene hängen gerührt an ihren Waffen. Einige wischen Tränen aus den Augen. Pause." (434) Als Fiesko dies bemerkt, wird auch er ruhiger. Der Nebentext seines folgenden Monologes verwendet nun typische Empfindsamkeitssignale. Der Graf scheint „in stillen Schmerz geschmolzen", er „sinkt weinend" an Leonores Leiche nieder, spricht „weich" und „mit Wehmut", schließlich noch „rührender". Am Ende des Monologes schreibt Schiller: „er weint heftiger, und verbirgt sein Gesicht an der Leiche. Rührung auf allen Gesichtern." (434f.)

Dieses empfindsame Tableau ist aber nur ein weiteres Durchgangsstadium. Am Ende dieses bemerkenswerten Auftritts findet Fiesko seine Selbstbeherrschung wieder, er „steht gefaßt und fest auf" (435). Es zeigt sich, dass das tragische Ereignis wieder in agonale Energie verwandelt und öffentlichkeitspolitisch instrumentalisiert wird. Fiesko interpretiert das Geschehen in einer Rede an die Versammelten als affektive Abhärtung,[79] die einem ambitionierten Herrscher gut bekomme:

> Höret Genueser – die Vorsehung, versteh ich ihren Wink, schlug mir diese Wunde nur, mein Herz für die nahe Größe zu prüfen? – Es war die gewagteste

---

79   Vgl. zu dieser Affektästhetik Schillers grundlegend Zumbusch 2012.

Probe – itzt fürcht ich weder Qual noch Entzücken mehr. Kommt. Genua erwarte mich, sagtet ihr? – Ich will Genua einen Fürsten schenken, wie ihn noch kein Europäer sah [...]. (435)

Der Erstdruck von 1783 weist damit eine Folge von Tableaus auf, deren ästhetische Wirkung durch ihre politische Funktionalisierung gelenkt wird. Die Aufführung einer Szene aus dem Repertoire des bürgerlichen Trauerspiels dient Fiesko der Wiederherstellung seines öffentlichen Rufes, seine Tränen an der Todesstätte der Geliebten der Reinigung von Schmerz und Weichheit, die einem Fürsten nicht geziemen.

Vor diesem Hintergrund ist nun aufschlussreich, wie Schiller versucht hat, für die Mannheimer Inszenierung von 1784 das Verhältnis von Öffentlichkeit und Empfindsamkeit neu zu justieren.[80] Das musste er schon deshalb, weil er dem Drama einen neuen Schluss gab und es dadurch von einem Trauerspiel in ein Schauspiel verwandelte.[81] Nach dem Sieg der Aufständischen flieht Andreas Doria aus Genua, Verrinas Anschlag auf Fieskos Leben geht fehl, dieser verzichtet in der letzten Szene überraschend auf die Alleinherrschaft und entlässt die Genueser in die Freiheit der Republik. Das Moment der kollektiven Rührung ist nun nicht mehr Durchgangsstadium, sondern Ziel:

> FIESKO. [...] Itzt, Genueser, haben Zweifel und Furcht an meinem Entschluß keinen Anteil mehr – *er geht auf den Senator zu, und nimmt ihm das Zepter ab* Ein Diadem erkämpfen ist Groß – es wegwerfen, göttlich. Seid frei, Genueser! *er zerbricht das Szepter, und wirft die Stücke unter das Volk* Und die monarchische Gewalt vergehe mit ihren Zeichen!
> DAS VOLK *stürzt jauchzend auf die Knie:* Fiesko und Freiheit! [...]
> FIESKO [...] *Verrinas Hand ergreifend, mit Wärme und Zärtlichkeit* Und jetzt doch mein Freund wieder, Verrina?
> VERRINA *begeistert in seine Arme stürzend:* Ewig!
> FIESKO *mit großer Rührung, einen Blick auf das Volk geworfen, das mit allen Zeichen der Freude noch auf den Knien liegt:* Himmlischer Anblick – belohnender als alle Kronen der Welt – *gegen das Volk eilend* Steht auf, Genueser! den Monarchen hab ich euch geschenkt – umarmt euren glücklichsten Bürger. (554f.)

Die Darstellung von Freundschaft, Wärme, Zärtlichkeit und Rührung, kombiniert mit der kollektiven Umarmung als Gleichheitsgeste par excellence, ist für

---

80   Die Mannheimer Fassung war in einem Manuskript mit Korrekturen von Schillers Hand überliefert, wurde jedoch im Zweiten Weltkrieg vernichtet. Dank der Edition von Wilhelm Vollmer, die 1869 in der von Karl Goedeke besorgten Schiller-Ausgabe erschien, ist der Text jedoch bekannt.

81   Der Begriff ‚Trauerspiel', obwohl der dramatischen Anlage nicht mehr adäquat, wurde im Manuskript der Mannheimer Fassung aber offenbar beibehalten, vgl. WB 2, 443.

das empfindsame Tableau typisch und wird in den kommenden Jahren und Jahrzehnten in den Dramen Ifflands und Kotzebues prominent reproduziert werden.

Wie aber musste Schiller das dramatische Material ändern, um im Schlusstableau zu dieser Form empfindsamer Gemeinschaftsstiftung zu gelangen? Wie für eine Bühnenfassung der Zeit üblich, nahm Schiller nicht nur sprachliche Vereinfachungen, sondern auch zahlreiche Streichungen vor. Der Handlungsstrang, der die Liebe Kalkagnos zu Leonore schildert, fiel weg, andere Szenen wurden gekürzt oder umgestellt. Den fünften Akt überarbeitete Schiller grundlegend. Er fügte zu dessen Beginn eine Kerkerszene ein, in der Bertha von Bourgognino befreit wird und ihr Vater Verrina andeutet, dass er Fiesko ermorden werde. Einige der vorgenommenen Änderungen wirkten sich auch auf das Moment der Öffentlichkeitsdarstellung aus. Zwar behielt Schiller die Figur des Mohren und damit Fieskos Manipulation der öffentlichen Meinung bei und ließ den agonalen Charakter der Titelfigur immer noch durchscheinen, pointierte aber den Wettstreit von Agonalität und Empfindsamkeit. Zwar sind Fieskos Monologe in II/16 und II/19 der Erstfassung, die diesen Konflikt thematisieren, gestrichen, in den gekürzten Monologen in III/1 und IV/15 der Bühnenfassung wird dann aber der Kampf zwischen „Ehrgeiz" und „Tugend", der in seiner Seele ringe (500, 540), publikumsgerecht auf den einfachen Begriff gebracht. Nur der letzte Satz von II/19, in dem Fiesko „sanftgeschmolzen" die Befreiung Genuas von der Tyrannei und sich als glücklichen „Bürger" imaginiert (378), findet sich in der Mannheimer Bühnenfassung beibehalten und bildet nun in veränderter Form seine Schlusssentenz.

Insgesamt ist die agonale Figurenzeichnung des Protagonisten durch die Kürzungen zurückgedrängt. Der Schwerpunkt liegt nun nicht mehr auf seinen Phantasien von Größe, sondern auf seinem inneren Zwiespalt. Auch andere agonale Elemente mildert Schiller ab. Die polylogen Eskalationen, die ein wesentliches Formelement der Erstausgabe bilden (Kap. 4.5), weichen herkömmlichen Darstellungstechniken. Zu Beginn des vierten Aktes des Erstdruckes treffen die Verschwörer noch einer nach dem anderen im Schlosshof ein; diese Akkumulation von Figuren erzeugt eine Spannung, die in Panik umschlägt: Die im Hof eingesperrten Verschwörer glauben, Fiesko habe sie verraten und wolle sie umbringen (402). In der Mannheimer Fassung sind sie in derselben Szene bereits zu Beginn des Aktes versammelt und geraten, weil Fiesko kurz darauf eintrifft, auch nicht in Panik (517f.). Eine noch deutlichere Zurücknahme der polylogen Eskalation erreicht Schiller, indem er die Straßenszene des fünften Aktes an den Schluss des vierten legt und stark kürzt; der durch den Aufstand verursachte Zusammenbruch der öffentlichen Ordnung bleibt unsichtbar.

In den Hintergrund tritt auch die in der Erstfassung überall greifbare Theatralisierung der Öffentlichkeit. Zwar spricht Fiesko im vierten Akt nach wie vor von einem „Schauspiel", das er für die Verschwörer aufführen wolle (519), die Szene zwischen Julia, Leonore und ihm bleibt diesen aber verborgen. Fiesko lässt davon kein Wort an die Öffentlichkeit dringen und versucht in keiner Weise, die Demütigung Julias für sein Ansehen zu nutzen. Bedeutender aber noch ist, dass Fieskos Trauer über Leonores Tod ganz entfällt, da seine Gemahlin nicht in den Straßenkampf eingreift. Anders als in der Erstfassung wird der Graf also keiner öffentlichen Kur der Affekte ausgesetzt, sondern behauptet im fünften Akt zunächst, wie der Nebentext festhält, „eine erhabne Kaltblütigkeit und Ruhe, welche dem Schauspieler mit allem Nachdruck empfohlen wird." (550)

All diese dramaturgischen Maßnahmen dienen dazu, den unvorhergesehenen *coup de théâtre* von Fieskos freiwilligem Thronverzicht vorzubereiten. Die Ästhetik intensivierter Agonalität, die in der Erstfassung noch dominant war, würde das rührende Gemälde, das die Mannheimer Fassung mit diesem überraschenden Schritt Fieskos vollzieht, unwahrscheinlich wirken lassen. Stattdessen inszeniert Schiller den Streit zwischen Verrina und Fiesko nun als öffentliches Rededuell, das in den Königsmord zu führen droht, dann aber glücklich aufgelöst wird. Der antagonale Gegensatz von monarchischer und republikanischer Regierungsform wird damit öffentlich als bloßer Schein entlarvt. In einem ersten Schritt wird Fiesko vor den Augen des Volkes zum Fürsten gekrönt. Die Senatoren kommen

> *in einer feierlichen Prozession aus dem Rathaus, und der Vorderste trägt auf einem weißen Küssen den herzoglichen Hut, Stab und Mantel. Die Soldaten weichen ehrerbietig aus, begleiten den Zug mit Musik und neigen die Fahnen. Die Senatoren reihen sich um Fiesko, welcher ruhig und unbeweglich geblieben ist.*
> KALKAGNO Empfangen Sie aus meinem Mund die Huldigung der ganzen Republik: Lang lebe Fiesko! Herzog von Genua!
> DIE ARMEE *feuert in die Luft.*
> VOLK. SENATOREN UND EDELLEUTE *auf den Knien, mit abgenommenen Hüten, erheben ein Freudengeschrei:* Lang lebe Fiesko! Herzog von Genua!
> (549f.)

Dieses Tableau, das Alleinherrschaft durch die Inszenierung von Einstimmigkeit legitimiert und in dieser Form spätere Gelegenheitsstücke à la *Friedrich von Oesterreich* dominieren wird, kommt ohne empfindsame Gefühle aus. Folgt man dem Nebentext, gibt es Feierlichkeit, Ehrfurcht und Geschrei, aber kein Band sanfter Sympathie zwischen Volk und Herrscher.

Dieser Zustand ist aber nicht von Dauer. Wie in allen seinen Dramen tritt auch hier Schillers Anliegen zutage, politische Gemeinschaften als ephemere und prekäre Gebilde zu begreifen. Denn in dem Moment, als Fieskos Triumph besiegelt scheint, betritt Verrina die Szene. Die Menge „schweigt und zieht sich zurück" und verbleibt so „durch den ganzen Auftritt" (550). Der Republikaner fordert den Alleinherrscher kurz vor dessen Übernahme der Machtinsignien heraus. Der Text ist zum Teil identisch mit dem Wortgefecht des Erstdruckes, dieses erfolgt nun aber vor den Augen des versammelten Staates. Die Versuche Fieskos, den aufgebrachten Verrina „mit Sanftmut" und „Zorn" auf seine Seite zu ziehen, scheinen wenig glaubwürdig, weist sie doch der Nebentext als bloß „angenommene[]" Emotionen aus (551f.). Der Streit eskaliert, Verrina führt mit dem Schwert einen Streich nach Fiesko, dieser kann ihn jedoch abwehren. Nun verlangt das Volk „mit Geschrei" die Hinrichtung des Attentäters, was dessen vermeintlicher Rivale jedoch durch seinen Machtverzicht hinfällig macht.

Trotz aller Mühe, die plötzliche Wendung zum Guten durch zahlreiche Bearbeitungen der Erstausgabe zu motivieren, bleibt deren zwiespältige Schlusswirkung auch in der Mannheimer Fassung erhalten. Wirft man einen Blick auf das zuerst konzipierte, tragische Ende, so tritt dort die Spaltung der politischen Gemeinschaft deutlich hervor:

> *Kalkagno. Sacco. Zibo. Zenturione. Verschworene. Volk. alle eilig. ängstlich.*
> KALKAGNO *schreit:* Fiesko! Fiesko! Andreas ist zurück, halb Genua springt dem Andreas zu. Wo ist Fiesko?
> VERRINA *mit festem Ton:* E r t r u n k e n .
> ZENTURIONE Antwortet die Hölle oder das Tollhaus?
> VERRINA E r t r ä n k t , wenn das hübscher lautet – Ich geh zum Andreas.
> *Alle bleiben in starren Gruppen stehn. Der Vorhang fällt.* (441)

Das Tableau hält die Pluralität der Gemeinschaft dadurch fest, dass es sich in „Gruppen" teilt und daran erinnert, dass „halb Genua", noch bevor der Tod Fieskos öffentlich geworden ist, sich wieder auf die Seite des Andreas schlägt (441). Das Volk und mit ihm die Öffentlichkeit erscheint als kräftiges, aber dummes Tier, wie die Metaphorik dieses Dramas wiederholt deutlich macht. Es sei ein „angeschossener Eber", ein „unbeholfene[r] Koloß" (357f.), „stampfenden Rossen" (382) zu vergleichen, die „wiehernd den Purpur" fordern (436).

Das Ende der Mannheimer Fassung kann nicht verdecken, dass das Volk selbst nicht jenen Bürgergeist zeigt, auf den jede republikanische oder demokratische Ordnung angewiesen wäre. Es erscheint als leicht manipulierbare Masse, die sich jeder Wendung des öffentlichen Staatstheaters im leichtfertigen Affekt hingibt. Es jubelt Fiesko während der Krönungszeremonie zu, fordert schreiend die Bestrafung Verrinas, um wenige Zeilen später „jauchzend auf die Knie" zu fallen und „Fiesko und Freiheit!" zu rufen (554). Hat man Rousseaus *Contrat social* im Ohr, muss es erstaunen, dass Schiller sich in seiner

Erinnerung an das Publikum, die sich auf den Theaterzetteln der Mannheimer Inszenierung abgedruckt fand, auf das Vorbild des französischen Philosophen beruft (556). Die Genueser des *Fiesko* haben mit den Bürgern Roms und Genfs, die Rousseau als vorbildhaft imaginiert, nichts zu tun. Dies muss auch der an römischen Bürgertugenden orientierte Verrina erkennen. Dieses Volk, schließt er nach seinem vergeblichen Attentat ernüchtert, „will nicht mehr frei sein." (554)

Es stellt sich die Frage, ob die Idee von Bürgern, die ihre Angelegenheiten und Streitigkeiten öffentlich aushandeln, mit dem Tableautheater der Zeit überhaupt zu vereinen ist. Zwar kann es empfindsame Öffentlichkeiten herstellen, diese bleiben aber auf harmonisierende Herzlichkeit und Akklamation angewiesen. Der Agon wird ausgeschlossen oder aufgehoben, aber nicht als notwendiges Element des Politischen integriert. Was bleibt, sind Anführer, die die Vielen in ihrem Sinne manipulieren. *Fiesko* reflektiert dieses Problem in beiden Fassungen am Ende des zweiten Aufzuges. Der Maler Romano führt Fiesko und den Verschwörern sein neues Werk vor, die Geschichte von Virginia. Natürlich dient dies als Hinweis für Leser und Zuschauer, den Handlungsstrang um Bertha als Wiederholung der Gründungsszene der römischen Republik zu lesen.[82]

Es bietet sich aber auf medialer Ebene noch eine andere Deutung an. Wie lässt sich verstehen, dass Fiesko am Ende der Szene das „Tableau" Romanos umwirft (375) und Schiller seine *Erinnerung an das Publikum* mit dem Satz eröffnet: „Eigentlich sollte das *Tableau* für den Künstler reden, und er selbst die Entscheidung hinter dem Vorhang erwarten" (556)? Fiesko begründet seinen Bildersturz damit, dass das Gemälde als bloßer Schein der politischen Tatkraft entgegengesetzt ist, ja diese sogar beeinträchtige. Deutet man Romanos Werk als Metapher des Dramas und seiner Tendenz zum rührenden Tableau, so kommt man nicht umhin, Fieskos Aktion – so theatral sie in ihrer effektvollen Überrumpelung der Zuschauer auch sein mag[83] – als Kritik der politischen Möglichkeiten des ‚Schauspiels' zu lesen. Theaterkunst und Politik bleiben Widersprüche:

---

82   Vgl. hierzu Lüdemann 2013; Geulen 2009; Dane 2005, S. 113–118.

83   So die Deutung von Janz 1992, S. 75, der den Gemäldesturz als theatralen und die Verschwörung als künstlerischen Akt liest. Einen wichtigen Hinweis gibt Rocks 2020, S. 288f.: Verrina berichtet in I/13, das er das Bild in Auftrag gegeben habe. Das Bild gehe damit als „ästhetisches Apriori des Politischen" der Vergewaltigung Berthas zeitlich voran (ebd., S. 289). Daraus folgt für den Bildersturz: „Verrina jedenfalls wird hier von Fiesko als ästhetischer Naivling vorgeführt, dessen Bildpropaganda der tatkräftigen Agenda des selbsternannten politischen Helden kaum gewachsen sein kann." (ebd., S. 290).

Stürzest Tyrannen auf Leinwand; – bist selbst ein elender Sklave? Machst Republiken mit einem Pinsel frei; – kannst deine eigene Ketten nicht brechen? *voll und befehlend.* Geh! – Deine Arbeit ist Gaukelwerk – der S c h e i n weiche der Ta t – *mit Größe, indem er das Tableau umwirft.* I c h h a b e g e t a n , was du – nur maltest. *alle erschüttert. Romano trägt sein Tableau mit Bestürzung fort.* (375)

Epilog

Ergebnisse der Studie

Im Zentrum der Studie stand die Frage, in welcher Weise sich das Drama des 18. Jahrhunderts als politisches Drama beschreiben lässt. Sie wählte dafür einen sozialhistorisch und ideengeschichtlich fundierten Zugang, dessen hermeneutische Analysen sich gleichwohl auf kultur- und medienhistorische Aspekte ausdehnten. Die Untersuchung erfolgte in drei Schritten. Zunächst klärte Teil I auf systematischer und historischer Ebene den Begriff des Politischen, Teil II erforschte dann die gefühlspolitische Dimension der dramatischen Gattungen, schließlich stellte Teil III anhand thematisch orientierter Fallstudien die vielfältige hermeneutische Anwendbarkeit des Konzepts unter Beweis. So konnte die Studie auf Grundlage eines breiten, das populäre Drama des 18. Jahrhunderts einschließenden Korpus zeigen, dass sich in den Theatertexten der Aufklärung gattungsübergreifend ein Wechselspiel von Agonalität auf der einen und empfindsamen Tugendvorstellungen auf der anderen Seite ausbildet.

Was bedeutet das im Einzelnen? Zu Beginn von **Teil I** machte das *erste Kapitel* deutlich, dass es in Bezug auf die Aufklärungszeit sinnvoll ist, das Politische als Agonalität zu fassen. Diese wurde im Anschluss an philosophische und kulturhistorische Theorien von Aristoteles, Jacob Burckhardt, Hannah Arendt und Chantal Mouffe wie folgt definiert (Kap. 1.1): In politischen Gemeinschaften kämpfen unterschiedliche Akteure und Gruppen um ihre Interessen und damit um soziale Teilhabe. Dieser Agonalität des Politischen, d.h. der Konkurrenz- und Konflikthaftigkeit jeder Form sozialen Zusammenschlusses, liegt die Idee der Antagonalität zugrunde. Sie besagt, dass Gemeinschaften kein dauerhaft gegebenes Fundament besitzen, sondern immer wieder aufs Neue begründet werden müssen. Dieser Konstitutionsprozess von Gemeinschaften ist prekär und ohne die Teilung in ‚Wir' und ‚Sie', in ein Innen und Außen der Gemeinschaft, nicht zu denken. Während Agonalität das Spiel nach sozialen Regeln kennt, bezeichnet Antagonalität den gewaltsamen Zusammenbruch und die daraus resultierende Neugründung von Gemeinschaften.

Das Wechselspiel von Agonalität und Antagonalität zeigt sich in jeder Epoche in unterschiedlicher Gestalt. In der Aufklärung (Kap. 1.2) ist hier zunächst das sozialregulative System von Stand, Ruhm und Ehre von Bedeutung. Die soziale Reputation und das Ansehen in der Öffentlichkeit waren wichtige Triebfedern des Handelns, wobei Stand und Ehre nicht einfach gegeben waren, sondern erworben werden konnten. Es ging um Besitz, Vermögen, Herkunft,

© BRILL FINK, 2023 | DOI:10.30965/9783846767634_010

Titel und politischen Einfluss. Schon allein aus diesem Grund ist die Gesellschaft des 18. Jahrhunderts als eine in hohem Maße agonale zu beschreiben.
Die Figur des Spielers, die in den Dramen der Aufklärung einen prominenten Platz einnimmt, symbolisiert dieses agonale Streben nach sozialem Aufstieg, das nicht selten fehl schlug und in der Zerstörung der eigenen Existenz
endete. Die Gesellschaft des 18. Jahrhunderts ist durch eine dynamische Ordnung gekennzeichnet, in der um soziale Teilhabe gerungen werden musste.
Diese Kämpfe schlugen, etwa in Form von Ehrhändeln, häufig in Gewalt
um und mündeten in Prügeleien oder Duellen. Hier zeigt sich eine Form von
Agonalität, die prominent von Jacob Burckhardt und Friedrich Nietzsche
in ihrer Darstellung der griechischen Kultur beschrieben wurde: Es sei der
männlich-heroische Trieb zum Agon, der die Gemeinschaft voranbringt. Diese
anthropologische Fundierung von Agonalität ist auch in der Aufklärungszeit
von Bedeutung, da die Bilder des ruhmreichen Fürsten, des tapferen Kriegers
oder des angesehenen Hausvaters Teil der kollektiven Imagination waren.

Das Wechselspiel von Agonalität und Antagonalität prägte nicht nur die
unmittelbare Erfahrungswelt der Individuen, sondern lässt sich auch auf
Ebene größerer Kollektive und Staaten beobachten. Die politischen Verhältnisse Europas waren im 18. Jahrhundert hochgradig agonal und konfliktanfällig;
Kriege waren keine Seltenheit. Könnte die historische Betrachtung dazu verleiten, deren Ergebnisse als paradoxe Stabilisierung des außenpolitischen
Systems Europas zu deuten, ließen Ereignisse wie der Siebenjährige Krieg
das soziale Gefüge ganzer Regionen zusammenbrechen. In diesem Sinne ist
die antagonale Dimension von Kriegserfahrungen in der Aufklärungszeit zu
verstehen. Gerade der Siebenjährige Krieg belegt, dass der preußische Staat
sich durch solche Ereignisse zu legitimieren versuchte und das patriotische
‚Wir'-Gefühl der politischen Gemeinschaft stärken wollte. Das politische System innerhalb der Staaten war ebenfalls durch Machtkämpfe zwischen Parteien und Interessengruppen geprägt. Auch ‚absolutistische' Fürsten mussten
sich mit den Ansprüchen der Stände auseinandersetzen, in England übte die
Oberschicht durch das Parlament Einfluss aus, es gab föderale Systeme wie
die Niederlande und die Schweiz. Immer wieder kam es zu gewalttätigen Konflikten innerhalb der Staaten, zu Unruhen, Aufständen und schließlich zu den
Revolutionen in Nordamerika und Frankreich.

Der letzte Abschnitt des ersten Kapitels richtete dann seinen Blick auf die
agonalen Strukturen des Aufklärungstheaters (Kap. 1.3). Dieses wurde als politische Institution definiert, in der unterschiedliche Akteure ihre Interessen-
konflikte öffentlich austrugen. In dieser Perspektive unterzog die Studie die in
der germanistischen Literaturwissenschaft immer noch prominente These der
Verbürgerlichung des Theaters und das mit ihr einhergehende Narrativ ‚Von

der Wanderbühne zum Nationaltheater' einer grundlegenden Kritik. Sie schlug vor, das deutschsprachige Aufklärungstheater als eine aus unterschiedlichen materiellen, medialen und personalen Konstituenten bestehende Institution zu beschreiben, in der bestehende Elemente nicht einfach verschwinden, sondern mit neuen Elementen koexistieren. Das Theater konstituiert so ein agonales Kräftefeld, in der hegemoniale Kämpfe öffentlich inszeniert werden können. Als soziale und politische Institution hat es Teil an der Streitkultur der Aufklärung.

Auf die theoretische und sozialhistorische Beschreibung der Agonalität des Aufklärungszeitalters folgte im *zweiten Kapitel* die Darstellung ihres diskursiven Gegengewichtes, der empfindsamen Gefühlspolitik. Diese wurde nicht auf die Zeit nach 1750 beschränkt, sondern in der *longue durée* des gesamten 18. Jahrhunderts verortet und als Möglichkeit definiert, innerhalb des diskursiven, medialen und institutionellen Gefüges der Aufklärung Emotionalität mit bestimmten Tugendkonzepten zu verschränken (Kap. 2.1). In literaturwissenschaftlicher Hinsicht bedeutet dies: Empfindsamkeit ist eine Disposition, die in unterschiedlichen Gattungen und Werken im Figurenhandeln der dargestellten Welt zutage treten kann. In das Korpus einbezogen wurden aus diesem Grund auch Dramen, die nach geläufigem Verständnis nicht zur Strömung der Empfindsamkeit gerechnet werden: Klassizistische Trauerspiele, Werke des Sturm und Drang, klassische Geschichtsdramen. Inwiefern empfindsame Gefühlspolitik als Verschränkung bestimmter emotionaler Dispositionen und Tugendvorstellungen begriffen werden kann, wurde im folgenden Abschnitt des zweiten Kapitels geklärt (Kap. 2.2). Er definierte anhand Gellerts moralphilosophischen Vorlesungen, Ringeltaubes Abhandlung *Von der Zärtlichkeit* und anderen prägenden Schriften eine Matrix der Tugendempfindsamkeit, die sich aus vier Elementen zusammensetzt und für die Analyse der Gefühlspolitik des Aufkärungsdramas in den Teilen II und III bestimmend ist: Balance von Vernunft und Gefühl, Aufrichtigkeit, Menschenliebe und Tatkraft.

Das *dritte Kapitel* zeigte dann, wie der Naturrechtsdiskurs der Aufklärung Agonalität und Tugendempfindsamkeit in unterschiedlicher Weise aufeinander bezog. Nach einer kurzen Skizze der Grundzüge dieses Diskurses (Kap. 3.1) rückte die Dialektik von Selbst- und Menschenliebe im deutschen und schottischen Naturrecht in den Fokus (Kap. 3.2). Obwohl Denker wie Shaftesbury und Hutcheson die agonalen Gesellschaftsmodelle eines Hobbes und Mandeville ablehnten, führte die Auseinandersetzung mit ihnen doch zu einer Integration agonaler Elemente in die Naturrechtstheorie. Auf individueller Ebene entsteht eine Dialektik aus egoistischen und altruistischen Trieben, die Seele des Menschen wird, etwa bei Hutcheson, zu einem Kampfplatz, auf dem Tugenden und Laster um die Herrschaft kämpfen. Auch auf Ebene der

gesellschaftlichen Entwicklung entfaltet sich diese Dialektik (Kap. 3.3), wie die
Schriften Smiths, Justis und Kants belegen. Die Neigung zum Agon wird zur
Triebfeder gesellschaftlichen Fortschritts, indem der Mensch nach Höherem
strebt und dabei mit anderen konkurriert, profitiert der Staat als Ganzes. Dieses Modell ist noch in Schillers *Über die ästhetische Erziehung* sichtbar.

Allerdings muss aufgrund der Integration der Agonalität in die Naturrechtsdiskussion die potentiell gewaltsame Eskalation sozialer Konflikte eingehegt
werden (Kap. 3.4). Sobald sich im Gesellschaftszustand politische Gemeinschaften bilden, entstehen konkurrierende Gruppen und Parteien. Da die Prävention von Kriegen auf internationaler Ebene ein ungelöstes Problem bleibt,
setzen die politischen Theoretiker der Aufklärung ihre Hoffnung auf die Institutionalisierung einer Rechtsordnung innerhalb der Staaten und die sich mit ihr
verbindende Möglichkeit der Konfliktregulierung. Hume, Hutscheson, Smith
und Justi diskutieren die Bedeutung von Schlichtungsverfahren und polizei-
licher Prävention, während Rousseau den ‚volonté générale' als möglichst einheitlichen Volkswillen begreift und so eine Abneigung gegen pluralistischen
Parteienstreit erkennen lässt. Um sozialen Konflikten vorzubeugen, empfeh-
len viele Autoren die Herstellung sozialer Verbindlichkeit durch Verträge.

Darüber hinaus etabliert sich, und das ist entscheidend, im progressiven
Naturrecht der zweiten Jahrhunderthälfte die Möglichkeit, empfindsame
Moralkonzepte in die politische Theorie zu integrieren (Kap. 3.5). Es gibt
einerseits die Tendenz, die politische Gemeinschaft als harmonische Gefühlsgemeinschaft zu begreifen (Rousseau), andererseits können aber auch liberale Elemente, das heißt die Rechte des Einzelnen gegenüber dem Staat, mit
empfindsamen Modellen begründet werden. Die Verknüpfung von Gleichheit
und Gefühl, bereits um 1750 in den Schriften Hutschesons zu beobachten,
führt zu der Idee, dass zwischen den Menschen ein durch Mitgefühl und
Wohlwollen geknüpftes Band bestehe: die Menschenliebe. Unterdrückung,
Ungerechtigkeit, Sklaverei etc. werden nun mit Hilfe des Naturrechts einer
scharfen Kritik unterzogen. Shaftesbury und Hutcheson bringen die Idee des
Moral Sense ins Spiel, deren Bedeutung für die liberale Auslegung des Naturrechts nicht überschätzt werden kann. Die politische Institutionalisierung dieser Ideen blieb aber in Deutschland auch nach der amerikanischen Revolution
heikel.

Nach der Darstellung der für die Studie zentralen Kontexte im ersten Teil
widmete sich **Teil II** der Frage, in welcher Weise das Wechselspiel von Agonalität und Empfindsamkeit die Konstitution dramatischer Gattungen in der
Aufklärung beeinfluste. Das *vierte Kapitel* setzte sich mit dem Trauerspiel auseinander, definierte jedoch zu Beginn das Drama insgesamt als agonal geprägte
Textform (Kap. 4.1) und schloss damit an die sozialhistorischen Überlegungen

zur Agonalität des Theaters in Kap. 1.3 an. Das Drama wurde definiert als Mimesis sozialer Praktiken sowie als Mimesis der Erfahrung von Konfrontation. Es geht nicht einfach, wie das auf das Drama applizierte Konfliktmodell des 19. Jahrhunderts suggeriert, um die Darstellung und Auflösung eines Konfliktes zwischen Protagonist und Antagonist, sondern in einem umfassenden Sinn um die Darstellung von Agonalität. Dramen sind imaginative Verarbeitungen sozialer Konfrontation.

Auf diese These aufbauend zeigte das vierte Kapitel, welche dramaturgischen und formalen Probleme und Innovationen mit der Diegese des Agonalen im Trauerspiel der Aufklärung verbunden sind. Als erstes, wegweisendes Beispiel rückte die Studie Johann Elias Schlegels *Canut* in den Fokus (Kap. 4.2). Sie verortete das innovative Potential dieses Dramas in der agonalen Radikalität des Rebellen Ulfo. Anders als klassizistische Tragödien wie Gottscheds *Cato* oder Voltaires *Mahomet*, die den agonalen Konflikt zwischen Parteien schildern, geht es Schlegel um die Darstellung des Agon als anthropologisch fundierte Leidenschaft. Ulfo führt keine Partei an, sondern kämpft alleine gegen das empfindsame Herrschaftssystem Canuts. Zugleich erscheint seine Klassifizierung als Negativfigur fragwürdig, wenn man bedenkt, dass Ulfo naturrechtlich argumentiert und die Genealogie als Legitimation der Monarchie in Frage stellt.

Damit bereitet Schlegels *Canut*, ebenso wie Trauerspiele aus der Feder Mösers und Lessings, der Intensivierung von Agonalität im Sturm und Drang den Weg (Kap. 4.3). Diese fällt am radikalsten aus in Goethes *Götz von Berlichingen*, einem Drama, in dem jeder mit jedem in Streit zu liegen scheint. Konflikte werden hier auf allen Ebenen der Gesellschaft und zwischen verschiedenen Gruppen ausgetragen. Der Protagonist des Stückes repräsentiert weder das Naturrecht der Aufklärung noch das Genieideal des Sturm und Drang, sondern bildet sein agonales Weltverständnis anhand sozialer Codes der Feudalgesellschaft aus. Im Ritter Götz von Berlichingen ist die Brutalität antagonaler Naturrechtsentwürfe gemildert, um agonales Handeln als moralische Option zu präsentieren. Damit einher geht eine grundlegende Kritik der Empfindsamkeit als schwächliches Schwärmertum, wie die Figur des Weislingen zeigt. Von diesem Punkt aus zog die Studie eine Verbindung zu Goethes *Clavigo*, sowie zum Topos des Brüderkampfes in den Dramen des Sturm und Drang (Klingers *Die Zwillinge* und Leisewitz' *Julius von Tarent*), der sich als Konflikt zwischen einem agonal denkenden und einem tugendempfindsamen Bruder gestaltet.

Im nächsten Abschnitt zeigte das Kapitel, dass bereits in den 1770er Jahren die Pole der Agonalität und der Empfindsamkeit wieder aufeinander zu bewegt werden (Kap. 4.4). Weiten Trauerspiele wie Babos *Otto von Wittelsbach* und Schröders *Hamlet* zunächst noch die in *Canut* und *Götz von Berlichingen*

angelegte Herrschaftskritik aus, indem sie die Ermordung des empfindsamen
Souveräns auf die Bühne bringen, gelingt Königin Elisabeth in Dyks *Graf von
Eßex* durch sanftmütige Kommunikation die Zähmung des agonal denkenden Rebellen. Sie restituiert damit die durch den Sturm und Drang in Frage
gestellte Fähigkeit der Empfindsamkeit, agonale Konflikte einzugehen. Dyks
Trauerspiel imitiert die agonale Ästhetik Goethes und seiner Nachfolger, um
sie mit der empfindsamen Gefühlspolitik zu versöhnen. Einen Schritt weiter
geht Klinger Anfang der 1780er Jahre in seinem republikanischen Trauerspiel
Stilpo und seine Kinder, wo es eine empfindsame Familie ist, die gegen den
tyrannischen Fürsten zu den Waffen greift und diesen zu Fall bringt. Genau
an diesem Punkt schließt die politische Konzeption von Schillers *Räubern* an.
Dieses Stück gewinnt seine tragische Struktur aus der Tatsache, dass der Protagonist Karl von Moor sowohl empfindsame als auch agonale Charakterzüge
besitzt, diese aber nicht in Balance halten kann. Er wird zu einem Gewalttäter,
der im Namen von Gleichheit und Menschenliebe gegen die Gesellschaft als
Ganzes vorgeht.

Den Schluss des Kapitels bildete die systematische Reflexion der Formensprache der Eskalation, die in den analysierten Trauerspielen zu Tage tritt
(Kap. 4.5) und damit die theoretischen Überlegungen zu Beginn des Kapitels konkretisiert. Die Darstellung von Eskalation, so der Befund, ist sowohl
agonal als auch polylog strukturiert und lässt sich an der dramatischen Konfiguration von Auftritten ablesen. Organisiert die klassizistische Tragödie die
Kohäsion zwischen Figuren noch anhand fester Auftrittsstrukturen – sie werden in der Studie erstmals identifiziert und als *Akkumulation, Rondo* und *Reigen* systematisiert – erzeugen Dramen wie Goethes *Götz* agonale Eskalation
gerade dadurch, dass sie diese Strukturen durchbrechen und außer Kraft setzen. Welche weitere Formen der Eskalation die Trauerspiele der letzten beiden
Dekaden des 18. Jahrhunderts bereithalten, analysierte dann der Schluss des
Kapitels, wobei er seine Aufmerksamkeit auf die Darstellung von Volksaufständen richtete.

Das *fünfte Kapitel* unternahm es, den Zusammenhang von Gattung und
Form im Aufklärungsdrama aus Perspektive der empfindsamen Gefühlspolitik
zu untersuchen. Dass dies ein Desiderat bildet, zeichnete Kap. 5.1 anhand des
Forschungsstandes nach. Die Germanistik erforschte die literarische Aus-
prägung der Empfindsamkeit bislang vor allem in Bezug auf die Gattung des
Romans, zugleich wurde der politische Gehalt von Rührstücken und Familiendramen grundsätzlich in Frage gestellt. Demgegenüber ging die Studie davon
aus, dass die agonale Konstitution des Dramas in der Aufklärung (Kap. 4) zu
der Frage führt, wie die daraus resultierenden Konflikte empfindsam eingehegt werden können und welche Konsequenzen dies für die Formsprache

des Dramas hat. Wie Kap. 5.2 am Beispiel von Mistelet und Mercier zeigte, war bereits der ästhetische Diskurs, der sich im 18. Jahrhundert in Frankreich an der Gattung des Rührstücks entzündete, politisch perspektiviert. Man wollte sich, angespornt von ähnlichen Überlegungen der schottischen Moralphilosophie, das empathiestiftende Vermögen des Theaters moralisch und gesellschaftlich zunutze machen. In Deutschland ist es Lessings Mitleidsästhetik, die nicht nur eine anthropologische Neuorientierung des Theaters unternimmt, sondern zum Teil auch Ideen enthält, die auf eine empfindsame Transformation gesellschaftlicher Hierarchien zielt. Demgegenüber rückt in den ästhetischen Schriften Schillers das agonale Element wieder in den Vordergrund, auch wenn dieses die empfindsame Gefühlspolitik nicht völlig verdrängt. In den Briefen *Über die ästhetische Erziehung* geht es Schiller darum, die agonalen Anlagen des Menschen und die agonale Struktur des Politischen in einen Spieltrieb zu verwandeln, der in einem zukünftigen Staat einen Raum der Freiheit öffnen kann und den Wettstreit aus sich selbst heraus beruhigt. Schiller wirft das tugendempfindsame Denken nicht über Bord, auch im ästhetischen Staat soll Geselligkeit über Selbstsucht siegen.

Anhand des in der ästhetischen Theorie der Aufklärung diskutierten Wechselspiels von Agonalität und Tugendempfindsamkeit stellte Kap. 5.3 das ‚Schauspiel' als Mischgattung vor. Werke der *comédie larmoyante*, der *sentimental comedy*, des Rührstücks oder des Familiendramas, aber auch des historischen oder des Ritterschauspiels, lassen sich weder als Tragödie noch als Komödie fassen, sondern bilden die neue Gattung des Schauspiels – eine Bezeichnung, die ab den 1770er Jahren auf dem deutschsprachigen Stückemarkt als paratextuelle Gattungsangabe sehr populär war und bis in die Weimarer Klassik zu Goethes *Iphigenie* reichte, von der Literaturwissenschaft aber bis dato weder in systematischer noch in historischer Hinsicht erfasst wurde. In einer ersten Annäherung definierte die Studie das Schauspiel als Gattung, die auf ernste Weise einen potentiell tragischen Konflikt und dessen gewaltfreie Lösung zur Darstellung bringt. Als Mischgattung ist das Schauspiel ein typisches Produkt der Theaterlandschaft der Aufklärung, in der dramatische Gattungen und Formen immer stärker aufeinander zu bewegt wurden. Das Programm tugendempfindsamer Gefühlspolitik bildet dabei nicht einfach eine eigene Gattung aus, sondern ermöglicht eine spezifische Art von Verknüpfung zwischen Gattungen.

Kap. 5.4 gab dann eine erste Antwort auf die Frage, wie sich die im Aufklärungsdiskurs zu beobachtende Matrix der Tugendempfindsamkeit (Kap. 2.2), d.h. die Balance von Verstand und Gefühl, Aufrichtigkeit, Menschenliebe und Tatkraft, in Schauspielen zeigte. Wie prägt die Empfindsamkeit die Reden und Handlungen einzelner Figuren, in welcher Weise kollidieren diese mit anderen Wertsystemen, Charaktertypen und Interaktionsmustern? Exemplarisch konnte anhand der Titelfigur von Lessings *Nathan der Weise* gezeigt werden, dass es möglich war, sämtliche vier Elemente der Matrix in einem Protagonisten zu vereinigen. Dieses Werk ist zugleich ein gutes Beispiel dafür, dass im Schauspiel die Zahl empfindsamer Figuren häufig dominiert. Populäre Dramen wie Gemmingen-Hornbergs Familiengemälde *Der deutsche Hausvater* verteilen die unterschiedlichen Elemente des empfindsamen Tugendkatalogs auf verschiedene Figuren und gewinnen daraus dramatische Dynamik. Es geht darum, dass die empfindsamen Figuren ihre Fähigkeiten vereinigen und dadurch die Handlungen der lasterhaften Figuren eindämmen. Im Gegensatz zum Sturm und Drang steht nun nicht mehr *Eskalation* im Zentrum, sondern *Prävention*. Wie sich dies im einzelnen Fall gestaltet, wurde am Beispiel von Schauspielen Gellerts, Diderots, Kotzebues und Zieglers analysiert.

Dass das Schauspiel neben der Prävention die Fähigkeit zur gesellschaftlichen Intervention erprobt, führte Kap. 5.5 aus. Voraussetzung hierfür ist die permanente Reflexion und kritische Überprüfung der eigenen Handlungen, die die Figuren der Dramen vor Augen führen. Populäre Schauspiele wie Kotzebues *Menschenhaß und Reue* schaffen Raum für soziale Veränderung, indem sie unentwegt die eigenen Kommunikationsbedingungen spiegeln. Um diese These historisch zu fundieren, wurde wiederum das Rührstück Gellerts herangezogen, aber auch Familiendramen wie Großmanns *Nicht mehr als sechs Schüsseln* und nicht zuletzt Lessings *Minna von Barnhelm*. Hat man die in der *Minna* entfaltete Strategie empfindsamer Agonalitätsprävention bislang ausschließlich am Beispiel der Ehrkritik untersucht, schlug die Studie vor, Lessings Schauspiel als eine Kritik empfindsamer Selbstlosigkeit zu lesen. Diese zu übertreiben, ist die verhängnisvolle Neigung Tellheims und Minnas, weshalb die Figuren versuchen müssen, das Verhältnis von Altruismus und Selbstliebe wieder in Balance zu bringen. Dass Lessing ein kurz nach dem Siebenjährigen Krieg spielendes Soldatenstück schuf, um die soziale Wirkung empfindsamer Selbstkritik zu verdeutlichen, ist kein Zufall. Auch andere Stücke wie Schröders *Der Fähndrich* zeigen, dass die Regulierung von Kriegsfolgen – d.h. die Verarbeitung antagonaler Gewaltausbrüche – mit der Reflexion des Verhältnisses von Tugend und Ökonomie einhergehen musste. Anders als in Lessings *Minna* geht es in Schröders Stück nun aber um das Problem, dass der Protagonist seine wohltätigen Werke heimlich übt und sich öffentlich als Misanthrop ausgibt. Wenn selbstlose Taten permanent vor den Augen der Welt verborgen werden, droht der empfindsame Kommunikationsraum auseinanderzubrechen. Als abschließende, ebenfalls sehr populäre Beispiele für diese Form aufklärerischer ,Nachkriegsdramatik' stellte die Studie Engels Einakter *Der Edelknabe* und Brandes' *Der Graf von Olsbach* vor. Während Engels Stück aus seinen empfindsamen Dialogen konkrete politische Reformvorschläge zur Bewältigung der ökonomischen und juristischen Kriegsschäden ableitet, entwickelt Brandes eine Ästhetik empfindsamer Reflexion und Kooperation. Der Graf von Olsbach bedient sich eben deshalb in vorbildlicher Weise den Vorgaben der empfindsamen Gefühlpolitik, weil er diese nicht im Übermaß praktiziert, sondern nach Maßgabe der Vernunft reflektiert und von Fall zu Fall unterschiedlich handelt. Zugleich gelingt es den Figuren, ihre tugendhaften Dispositionen zu kombinieren und so die sozialen Folgen des Siebenjährigen Krieges erfolgreich abzumildern.

Auf diese Analyse aufbauend widmete sich Kap. 5.6. verschiedenen Techniken der Intervention im Schauspiel der Aufklärung. So repräsentiert etwa der Graf von Olsbach einen speziellen Figurentypus des Familiendramas: der tugendempfindsame Hausvater, der die Folgen übertriebener Ehrsucht einhegt, indem er rechtzeitig interveniert – in diesem Fall gegen seinen lasterhaften Sohn, den er durch tatkräftiges Handeln wieder auf die richtige Bahn bringt. Dieser Typus des Hausvaters zeigt sich bereits in La Chaussées *Mélanide*, aber auch in Lessings *Nathan*, Cumberlands *The West Indian* und Ifflans *Verbrechen aus Ehrsucht*. Letztgenanntes Drama steht mit den ebenfalls populären Familiendramen Gemmingen-Hornbergs und Großmanns für die zu Beginn der 1780er Jahre zu beobachtende Tendenz, die Kritik empfindsamer Herrschaft im Sturm und Drang (vgl. Kap. 4.3 und 4.4) durch den Einsatz tatkräftig-tugendhafter Familienväter zu kontern. Ifflands Stück bildet die sozialen Härten der Konkurrenzgesellschaft der Aufklärung ab, indem es die agonale Spannung zwischen Adel und Bürgertum auf der einen, zwischen Vätern und Söhnen auf der anderen Seite intensiviert. Die Eskalation des Konfliktes wird in der letzten Szene des Dramas durch einen Theatercoup gelöst, als das Familienoberhaupt Herr Ahlden im Sinne der empfindsamen Affektbalance interveniert und so den jungen Protagonisten vor dem Ruin rettet. Damit etabliert Iffland ein neues Modell des empfindsamen Schauspiels, das die Momente der Prävention, der Selbstkritik und der Intervention zusammenführt. Andere Beispiele hierfür sind Kotzebues *Die Indianer in England* oder Ifflands *Figaro in Deutschland*.

Die Frage nach der Durchsetzung der empfindsamen Gefühlspolitik im agonal strukturierten Raum des Politischen stand dann auch im Zentrum von Kap. 5.7. Beleuchtet wurden mit Schillers *Don Karlos* und Kotzebues *Graf Benjowsky* zwei Dramen, die zur Darstellung eines politischen Kampfes auf das Modell des empfindsamen Familienschauspiels zurückgreifen. Während die Krux in *Don Karlos* darin besteht, dass die Partei der progressiven Kämpfer für Gleichheit nicht aufrichtig miteinander kommuniziert und so den Kampf gegen die konservativen Kräfte am spanischen Hof verliert, führt das später publizierte Drama Kotzebues vor, wie tugendempfindsame Figuren gemeinsam eine erfolgreiche Revolution durchführen können. Wie schon in den *Räubern* lässt Schiller den politischem Kampf der empfindsamen Partei scheitern und kehrt zum traditionellen Modell des Trauerspiels zurück, während Kotzebue mit seinem Schauspiel eine optimistischere Perspektive entwirft.

In **Teil III** zeigte die Studie am Beispiel von drei Themenfeldern (Gefängnis – Gender – Öffentlichkeit), welche weiteren Perspektiven das politische Wechsel-spiel von Agonalität und Empfindsamkeit für die literaturwissenschaftliche Analyse erschließt. Den Auftakt machte das *sechste Kapitel*, das sich der Darstellung von Gefangenschaft im Drama des 18. Jahrhunderts widmete. Obwohl die Analyse des Korpus zeigt, dass dieses Motiv in den Texten sehr prominent ist, gibt es bislang nur wenig Studien, die sich diesem Phänomen widmen. Zunächst machte Kap. 6.1 deutlich, dass George Lillo im Schlussakt seines Trauerspiels *The London Merchant* das Gefängnis als einen Ort kennt-lich macht, in dem Intimität und Öffentlichkeit unauflöslich verbunden sind. Der gefangene Protagonist ist von der Gesellschaft isoliert, erhält aber die Gelegenheit, sein Inneres zu erforschen, um gegenüber der Gesellschaft Reue zu zeigen. Zugleich wird durch die Besuche seiner Freunde im Gefängnis ein empfindsamer Sprachraum etabliert, der das Scheitern der Kommunikation in den ersten Akten kompensieren soll. Die Idee, dass im Gefängnis die Ver-brechen junger Männer emotional und moralisch korrigiert werden sollen, ist nicht nur für die Institutionen- und Diskursgeschichte der Aufklärung, son-dern auch für ihre Dramengeschichte nicht ohne Folgen geblieben. Dies zeigte die anschließende Analyse von Moores *The Gamester*, deutschsprachiger Familienschauspiele der 1770er und 1780er Jahre und von Goethes *Torquato Tasso*.

Den Blick auf weibliche Formen der Gefangenschaft richtete dann Kap. 6.2. Hier steht nicht, wie bei männlichen Protagonisten, der Aspekt der Besserung im Vordergrund, sondern die Befreiung. Exemplarisch hierfür ist Diderots *Le Père de famille*, in dem Sophie zwischen die Fronten des Familienkonfliktes gerät und zur Gefangenen entweder des tyrannischen Onkels oder ihres Ver-ehrers St-Albin zu werden droht. Dadurch entlarvt das Stück eine politische Struktur, die auf der Ausbeutung der Mittellosen durch die Privilegierten beruht. Zugleich verschärft der Streit um Sophie die Spannungen zwischen zwei sozialen Gruppen: der fortschrittlichen, am modernen Naturrecht orien-tierten Jugend auf der einen und der autoritär denkenden Vorgängergeneration auf der anderen Seite. Eine dritte Form der Gefängnisdarstellung bilden Dra-men, in denen der Protagonist in politische Gefangenschaft gerät. Ihnen war Kap. 6.3 gewidmet. Im Zentrum der Analyse standen die Geschichtsdramen Goethes und Schillers, die den in der europäischen Philosophie und Literatur virulenten Konnex von Empfindsamkeit und politischer Gefangenschaft in Szene setzen und auf komplexe Weise variieren. Deutlich wird dies in Schillers *Don Karlos, Maria Stuart* und *Die Jungfrau von Orleans* ebenso wie in Goethes *Egmont*.

Das *siebte Kapitel* fokussierte auf die Figur der weiblichen Diplomatin, deren Aufgabe es ist, agonale Konflikte zwischen Männern zu entschärfen. Im fiktionalen Raum des Aufklärungsdramas überschreiten Frauen den engen Wirkungskreis des Hauses, der ihnen in der sozialen Realität und in theoretischen Diskursen zugewiesen wurde. Es entsteht eine paradoxe Form der Agency, die Frauen zwar als Intervenierende in das agonale Feld des Politischen einführt, ihnen aber die Teilnahme am Kampf verwehrt. Vorbereitet wird dies um die Jahrhundertmitte in den empfindsamen Lustspielen Gellerts und Schlegels (Kap. 7.1). Eine Figur wie Lottchen zeichnet sich nicht nur durch ihre empfindsame Tugend, sondern auch durch ihre Klugheit aus, was es ihr erlaubt, die Konflikte des Dramas durch geschickte Interventionen aufzulösen. Einer Diplomatin gleich, sorgt sie für eine gelingende Kommunikation zwischen den Parteien. Von hier aus lässt sich die Linie ziehen zu Diderots *Le Fils naturel*, in der Constance als Vermittlerin fungiert, sowie zu Schlegels *Der Triumph der guten Frauen*, wo die tugendhafte Hilaria interveniert, um die agonal konnotierte ‚Eroberung‘ von Frauen durch ihren untreuen Gatten Nikander zu unterbinden. Indem sie sich als Mann verkleidet und deeskalierend verhält, ermöglicht sie es den anderen, ehrsüchtigen Männerfiguren, ihrem Vorbild zu folgen.

Dass das Modell weiblicher Konfliktintervention bis in das Drama der Weimarer Klassik reicht, führte Kap. 7.2 am Beispiel von Goethes *Iphigenie auf Tauris* vor. Die Studie unternahm es, das Schauspiel nicht, wie in der Literaturwissenschaft lange üblich, als Auseinandersetzung zwischen Autonomie und Mythos zu lesen, sondern als Versuch, männlich-aggressive Agonalität durch tugendhafte weibliche Vermittlung in die Balance zu bringen. Die Figur der Iphigenie vereint unterschiedliche Momente empfindsamer Gefühlspolitik: Sie fungiert als Friedensstifterin, befreit sich selbst aus ihrer Gefangenschaft, hilft ihrem Bruder bei seiner emotionalen Heilung und besänftigt durch ihre Interventionen die zwischen den männlichen Protagonisten herrschende Eskalationsdynamik. Dass die politische Funktionalisierung von Frauenfiguren bis an die Grenze des militärischen Kampfes und sogar darüber hinaus geführt werden konnte, zeigte dann Kap. 7.3. Ausgehend von der Beobachtung, dass mit Schillers Jungfrau von Orleans und Kleists Penthesilea zwei Kriegerinnen im Drama um 1800 einen prominenten Platz einnehmen und überhaupt seit Beginn des 18. Jahrhunderts die Darstellung von kämpfenden Frauen auf der Bühne keine Seltenheit war, rückte dieser Abschnitt der Studie mit Elvira aus Kotzebues Kolonialdrama *Die Spanier in Peru* eine Figur ins Zentrum, die zwischen unterschiedlichen Frauentypen changiert und dadurch an der Grenze von Agonalität und Empfindsamkeit, von Krieg und Diplomatie verharrt. Das Drama zeigt, dass der Einbezug der Frau in das Feld des Politischen zwar diskursiv determinierte Geschlechterordnungen auflösen kann, zugleich aber Widersprüche und Spannungen erzeugt, die letztlich wieder am Körper der Frau ausagiert werden.

Mit dem letzten und **achten Kapitel** schloss die Untersuchung an das Ende des ersten Kapitels an, das das Aufklärungstheater als eine Institution agonaler Öffentlichkeit vorgestellt hatte. Dieser sozialhistorische Hintergrund wurde genutzt, um die Reflexion von Öffentlichkeit in den Dramentexten des Korpus zu beleuchten. Die szenische Sichtbarmachung öffentlicher Schauplätze und Versammlungen – Straßen, Marktplätze, Audienzen, Volksaufläufe – häuft sich im Drama in der zweiten Hälfte des 18. Jahrhunderts. Und damit auch, so argumentierte Kap. 8.1, die Ausrichtung der Handlungsmotivation der Figuren an dem, was ,die Leute denken', an den Augen der Öffentlichkeit. Die Angst vor dem Verlust von Ansehen und Ehre tritt insbesondere im bürgerlichen Trauerspiel und im Familienschauspiel deutlich zu Tage. Diese zunehmende Bedeutung der Öffentlichkeit, die auch im politischen Diskurs der Aufklärung eine prominente Rolle einnimmt, führt zugleich dazu, dass die Herrschenden die Meinung ihrer Untertanen zu manipulieren versuchen (Kap. 8.2). Dies ist bereits im klassizistischen Trauerspiel der Fall, in Schlegels *Canut*, Voltaires *Mahomet* und vor allem in Gottscheds *Die Parisische Bluthochzeit*. Das Stück spielt zwar ausschließlich im Fürstenpalast des Louvre, die Aufmerksamkeit der Figurenrede gilt aber dem Geschehen außerhalb des Palastes und den Schwankungen der öffentlichen Meinung. Die konkurrierenden Adels-Parteien versuchen, die Affekte des Volkes zu antizipieren und als Waffe gegen den Gegner einzusetzen.

Die Studie schloss in Kap. 8.3 mit der Analyse von Tableau-Szenen im Drama der Aufklärung. Diese enthalten, so die Argumentation, eine multimediale Appellstruktur, die auf Ebene der externen Kommunikationsstruktur Zuschauer und Leser adressiert. Von Bedeutung sind diese Szenen nicht nur in den empfindsamen Schauspielen Diderots, Ifflands und Kotzebues, sondern auch in auf öffentliche Anlässe bezogenen Gelegenheitsstücken und im politischen Drama des jungen Schiller. Den Tableaus wohnt dabei die Tendenz inne, die in den Dramen ausgestellte agonale Struktur der Öffentlichkeit in einem empfindsamen, harmonisierenden Schlusstableau zu überwinden. Schiller gelingt es, dieses Vorgehen in *Die Verschwörung des Fiesko* metatheatral zu reflektieren. Das Stück bringt unterschiedliche Facetten theatraler Öffentlichkeitsdarstellungen auf die Bühne und variiert dabei auch den

Einsatz empfindsamer Tableaus. Auch wenn der Autor im Schlusstableau der Mannheimer Fassung eine republikanisch gesinnte Gefühlsgemeinschaft inszenierte, macht die Reflexion des Tableau-Begriffs im Drama deutlich, dass Politik und Theater letztlich getrennte Sphären bleiben.

Perspektiven

Für die zukünftige Forschung ergeben sich aus der Studie sowohl auf systematischer als auch auf historischer Ebene zahlreiche Perspektiven. Einige von ihnen seien skizziert:

1. Es wäre zu überlegen, ob der Begriff der Agonalität, über die Epoche der Aufklärung hinaus, die Grundlage für ein neues Konfliktmodell des Dramas bilden könnte. Die gebräuchlichen Modelle arbeiten meist mit dialogischen und binären Konfliktstrukturen. Demgegenüber hat die Studie am Beispiel der Aufklärungsdramatik die These aufgestellt, dass Konflikte im Drama polylog und multipolar strukturiert sind und die formalen Konsequenzen von Agonalität nicht auf eine einzige dramatische Gattung beschränkt bleiben. In einem nächsten Schritt müsste nun geklärt werden, inwiefern sich der in Kap. 4.1 gemachte Vorschlag, das Drama des 18. Jahrhunderts phänomenologisch als Mimesis sozialer Konfrontation zu beschreiben, anhand historisch vorausgehender bzw. nachfolgender Textkorpora erhärten lässt. In diesem Zusammenhang wäre zu klären, ob sich die Formsprache polyloger Eskalation, die in Kap. 4.5 mit Hilfe der Konfiguration von Auftrittssequenzen analysiert wurde, auch in Dramen anderer Jahrhunderte wiederfindet oder ob sie agonale Eskalationen anders inszenieren. Dabei müssten die unterschiedlichen sozial- und ideengeschichtlichen Voraussetzungen berücksichtigt werden, da Agonalität in unterschiedlichen Zeiträumen auch unterschiedliche Gestalten annimmt (Kap. 1.2) und die Institution des Theaters sich mit ihrem gesellschaftlichen und medialen Umfeld verändert (Kap. 1.3).

2. Wie der Begriff der Agonalität könnte auch die analytische Fokussierung der Gefühlspolitik über die Aufklärungsdramatik hinaus heuristisches Potential entfalten. Die politische Funktionalisierung von Emotionen in Drama und Theater ist insgesamt noch ungenügend erforscht. Wie die Studie gezeigt hat, kann die Koppelung von Affekt und Konflikt eine ergiebige Methode sein, wenn sie mit der Analyse sozialer Ordnungsvorstellungen und Interaktionsmuster einhergeht.

3. Das im fünften Kapitel am Beispiel des ‚Schauspiels' vorgestellte Konzept der Gattungsmischung lässt sich aller Wahrscheinlichkeit nach auch in anderen Zeiträumen beobachten. Das Interesse der Literaturwissenschaft für

den Gattungsdiskurs ist in Bezug auf die Zeit vom 17. bis zum 19. Jahrhundert immer noch sehr groß, allerdings wird meist mit einer engen, durch ästhetische Theorien geprägten Vorstellung von Gattungen gearbeitet. Wie die Studie unter Beweis gestellt hat, sind die überlieferten Dramentexte formal häufig flexibel. Divergierende Gattungsmodelle konnten bereits im 18. Jahrhundert in einzelnen Werken kombiniert werden. Was bedeutet dies für die Analyse dramatischer Gattungen und wie könnte ein literaturwissenschaftliches Modell aussehen, dass die Flexibilität der Gattungskombination berücksichtigt, ohne sämtliche Differenzen einzuebnen?

4. In literaturhistorischer Perspektive wäre zu wünschen, die in der vorliegenden Studie hervorgehobene Bedeutung der populären Literatur des 18. Jahrhunderts ernst zu nehmen und in zukünftigen Untersuchungen zu berücksichtigen. Die Reduzierung des Kanons auf die Werke weniger Autoren zeichnet ein verzerrtes Bild der Theaterlandschaft der Aufklärung. Zu diesem Zweck wäre zu wünschen, dass die begonnene Arbeit an der wissenschaftlichen Erfassung, Edition und Kontextualisierung der Werke populärer Autoren wie Iffland und Kotzebue fortgesetzt und auf weitere Dramatikerinnen und Dramatiker ausgedehnt würde.

5. Schließlich wäre die naheliegende Frage zu beantworten, wie sich die in der Studie vorgestellte empfindsame Gefühlspolitik im Drama der ersten Hälfte des 19. Jahrhunderts entwickelt. Das ‚jüngste' Drama des Korpus ist Schillers 1804 publiziertes Schauspiel *Wilhelm Tell*. Es steht – wie auch viele Schauspiele Kotzebues – für den sich um 1800 abzeichnenden Trend des historisierenden Ausstattungstheaters, für den das von Iffland geleitete Berliner Nationaltheater Taktgeber war. Während sich Schillers Werke, die ein ambivalentes Verhältnis zur empfindsamen Gefühlspolitik entwickeln, auf den Spielplänen das ganze 19. Jahrhundert hindurch behaupten können, lässt der enorme Erfolg Kotzebues ab den 1820er Jahren nach. Zu klären wäre, ob sich damit auch ein neues Verständnis theatraler Affektpolitik ausbildet, das der in der Aufklärung entwickelten Matrix der Tugendempfindsamkeit (Kap. 2.2) weit weniger Gewicht einräumt. Hierzu wäre allerdings eine vertiefte Analyse der Spielpläne der ersten Hälfte des 19. Jahrhunderts nötig, die mit einer hermeneutischen Analyse relevanter Dramen dieser Zeit einherginge.

Anhang

Verzeichnis der behandelten Dramentexte

Die in der Liste genannten Jahreszahlen beziehen sich auf das Veröffentlichungsdatum des Erstdruckes. Soweit verfügbar, greift die Studie auf den Erstdruck zurück bzw. auf den zeitlich am nächsten liegenden Druck. Liegen wissenschaftliche Referenzausgaben vor, wird aus diesen zitiert. Einzige Ausnahme sind Diderots *Le Fils naturel* und *Le Père de famille*. Sie werden nach den in Amsterdam erschienenen Erstdrucken zitiert, auf die auch die von Dieckmann et al. herausgegebene Ausgabe (*Oeuvres complètes*) zurückgreift, jedoch Eingriffe in der Orthographie vornimmt. Welche Ausgaben im Einzelnen verwendet wurden, ist dem Literaturverzeichnis zu entnehmen.

Übersetzungen werden in der folgenden Liste mit dem Verfassernamen des Originals und dem deutschen Titel angegeben. Titel und Gattungsangabe wurden dem Erstdruck entnommen, die Interpunktion zwischen Titel und Untertitel vereinheitlicht.

1671	Jean Racine	*Bérénice. Tragédie*
1724	Johann Georg Ludovici	*Karl der Zwölfte vor Friedrichshall. Eine Haupt- und Staatsaction*
1731	George Lillo	*The London Merchant: or, the History of George Barnwell.*
1732	Johann Christoph Gottsched	*Sterbender Cato. Ein Trauerspiel*
1733	Voltaire	*Zayre. Tragédie*
1736	Luise Adelgunde Victoria Gottsched	*Die Pietisterey im Fischbeinrocke oder die Doctormäßige Frau. Lust-Spiel*
1741	Johann Georg Behrmann	*Timoleon, der Bürgerfreund. Ein Trauerspiel*
	Pierre-Claude Nivelle de La Chaussée	*Mélanide. Comedie Nouvelle*
1742	Ludvig Holberg	*Der politische Kanngießer. Ein Lustspiel*
	Voltaire	*Mahomet. Tragédie*
1743	Johann Elias Schlegel	*Herrmann. Ein Trauerspiel*
1744	Luise Adelgunde Victoria Gottsched	*Panthea. Ein Trauerspiel*
1745	Christian Fürchtegott Gellert	*Die Betschwester. Ein Lustspiel*
	Johann Christoph Gottsched	*Die parisische Bluthochzeit König Heinrichs von Navarra. Ein Trauerspiel*
1746	Benjamin Ephraim Krüger	*Vitichab und Dankwart, die Allemanischen Brüder. Ein Trauerspiel*
	Johann Elias Schlegel	*Canut. Ein Trauerspiel*

1747	Christian Fürchtegott Gellert	*Die zärtlichen Schwestern. Ein Lustspiel*
1748	Johann Elias Schlegel	*Der Triumph der guten Frauen. Ein Lustspiel*
1749	Justus Möser	*Arminius. Ein Trauerspiel*
1751	Johann Georg Behrmann	*Die Horazier. Ein Trauerspiel*
1752	George Lillo	*Der Kaufmann von London, oder Begebenheiten Georg Barnwells. Ein bürgerliches Trauerspiel*
1753	Edward Moore	*The Gamester. A Tragedy*
	Gotthold Ephraim Lessing	*Samuel Henzi. Ein Trauerspiel*
1755	Gotthold Ephraim Lessing	*Miß Sara Sampson. Ein bürgerliches Trauerspiel*
1756	Johann Gottlob Benjamin Pfeil	*Lucie Woodvil. Ein bürgerliches Trauerspiel*
1757	Denis Diderot	*Le Fils naturel, ou les Épreuves de la vertu. Comédie*
1758	Johann Wilhelm Brawe	*Der Freygeist. Ein Trauerspiel*
	Denis Diderot	*Le Père de famille. Comédie*
1759	Gotthold Ephraim Lessing	*Philotas. Ein Trauerspiel*
1764	Christian Felix Weiße	*Die Befreyung von Theben. Ein Trauerspiel*
1766	Christian Felix Weiße	*Atreus und Thyest. Ein Trauerspiel*
1767	Gotthold Ephraim Lessing	*Minna von Barnhelm, oder das Soldatenglück. Ein Lustspiel*
1768	Johann Christian Brandes	*Der Graf von Olsbach, oder die Belohnung der Rechtschaffenheit. Ein Lustspiel*
	Heinrich Wilhelm von Gerstenberg	*Ugolino. Eine Tragödie*
1771	Richard Cumberland	*The West Indian. A Comedy*
1772	Gotthold Ephraim Lessing	*Emilia Galotti. Ein Trauerspiel*
1773	Johann Wolfgang von Goethe	*Götz von Berlichingen mit der eisernen Hand. Ein Schauspiel*
1774	Johann Jacob Engel	*Der Edelknabe. Ein Lustspiel für Kinder*
	Johann Wolfgang von Goethe	*Clavigo. Ein Trauerspiel*
	Jakob Michael Reinhold Lenz	*Der Hofmeister oder Vortheile der Privaterziehung. Eine Komödie*
1775	Louis-Sébastien Mercier	*La Brouette du Vinaigrier. Drame*
1776	Johann Wolfgang von Goethe	*Stella. Ein Schauspiel für Liebende*
	Friedrich Maximilian Klinger	*Die Zwillinge. Ein Trauerspiel*
	Johann Anton Leisewitz	*Julius von Tarent. Ein Trauerspiel*
	Jakob Michael Reinhold Lenz	*Die Soldaten. Eine Komödie*
1777	Johann Gottfried Dyk	*Graf von Eßex. Ein Trauerspiel*
1778	Friedrich Ludwig Schröder	*Hamlet. Prinz von Dännemark. Trauerspiel*
1779	Gotthold Ephraim Lessing	*Nathan der Weise. Ein dramatisches Gedicht*

1796	August von Kotzebue	*Die Spanier in Peru, oder Rollas Tod. Ein romantisches Trauerspiel*
1798	August von Kotzebue	*Der Graf von Burgund. Ein Schauspiel*
1800	August von Kotzebue	*Johanna von Montfaucon. Ein romantisches Gemälde aus dem vierzehnten Jahrhundert*
	Friedrich Schiller	*Wallenstein. Ein dramatisches Gedicht*
1801	Friedrich Schiller	*Maria Stuart. Ein Trauerspiel*
	Friedrich Schiller	*Die Jungfrau von Orleans. Eine romantische Tragödie*
1803	August von Kotzebue	*Die deutschen Kleinstädter. Ein Lustspiel*
	Friedrich Schiller	*Die Braut von Messina oder die feindlichen Brüder. Ein Trauerspiel mit Chören*
1804	Friedrich Schiller	*Wilhelm Tell. Schauspiel*

Siglen der Gesamtausgaben

AA   KANT, Immanuel (1900–1923): *Gesammelte Schriften*. Akademie-Ausgabe. Berlin.

AW   GOTTSCHED, Johann Christoph (1968–1986): *Ausgewählte Werke*. 12 Bände. Hg. v. Joachim Birke et al. Berlin.

B   LESSING, Gotthold Ephraim (1985–2003): *Werke und Briefe in zwölf Bänden*. Hg. v. Wilfried Barner et al. Frankfurt am Main.

FA   GOETHE, Johann Wolfgang von (1985–2013): *Sämtliche Werke. Briefe, Tagebücher und Gespräche*. 40 Bände. Hg. v. Friedmar Apel et al. Frankfurt am Main.

R   ROUSSEAU, Jean-Jacques (1959–1995): *Oeuvres complètes*. Édition publiée sous la direction de Bernard Gagnebin et Marcel Raymon. Paris.

WB   SCHILLER, Friedrich (1988–2004): *Werke und Briefe in zwölf Bänden*. Hg. v. Otto Dann et al. Frankfurt am Main.

Literaturverzeichnis

Quellen

BABO, Joseph Marius von (1782): *Otto von Wittelsbach, Pfalzgraf in Bayern. Ein vaterländisches Trauerspiel in fünf Aufzügen.* Berlin, Leipzig.

BANKS, John (1682): *The Unhappy Favourite or the Earl of Essex. A Tragedy.* London.

BEHRMANN, Georg ([1741] 2020): *Timoleon, der Bürgerfreund. Ein Trauerspiel.* Mit einem Nachwort herausgegeben von Florian Schmidt. Hannover.

BEHRMANN, Georg ([1751] 2020): *Die Horazier. Ein Trauerspiel.* Mit einem Nachwort herausgegeben von Florian Schmidt. Hannover.

BÖTTIGER, Carl August (1998): *Literarische Zustände und Zeitgenossen. Begegnungen und Gespräche im klassischen Weimar.* Hg. v. Klaus Gerlach et al. Berlin.

BRANDES, Johann Christian (1769): *Der Graf von Olsbach, oder die Belohnung der Rechtschaffenheit. Ein Lustspiel in fünf Aufzügen.* Prag.

BRAWE, Joachim Wilhelm von (1758): Der Freygeist. Ein Trauerspiel in fünf Aufzügen. In: Bibliothek der schönen Wissenschaften und freyen Künste 1–2 (Anhang), S. 97–190.

BRIEFE, DIE NEUESTE LITTERATUR BETREFFEND (1765). XXIter Theil. Berlin.

BROCKHAUS CONVERSATIONS-LEXIKON (1809). Bd. 5. Amsterdam.

BURLAMAQUI, Jean-Jacques (1747): *Principes du droit naturel.* Genève.

BÜSCHEL, Johann Gabriel Bernhard (1780): *Schauspiele für die deutsche Bühne.* Leipzig.

CAMPE, Johann Heinrich (1779): *Ueber Empfindsamkeit und Empfindelei in pädagogischer Hinsicht.* Hamburg.

CHAUSSÉE, Pierre-Claude Nivelle de la (1741): *Mélanide.* La Haye.

CUMBERLAND, Richard (1771): *The West Indian. A Comedy.* London.

CUMBERLAND, Richard (1775): *Der Westindier. Ein Lustspiel in fünf Handlungen.* 2. Aufl. Hamburg.

DIDEROT, Denis (1757): *Le Fils naturel, ou les Épreuves de la vertu. Comedie en cinq actes, et en prose, Avec l'Histoire véritable de la Piece.* Amsterdam.

DIDEROT, Denis (1758): *Le Père de famille. Comédie en cinq actes, et en Prose, avec un Discours sur la Poésie dramatique.* Amsterdam.

DIDEROT, Denis; LESSING, Gotthold Ephraim (2014): *Das Theater des Herrn Diderot. Zweisprachige, synoptische Edition von Denis Diderots „Le Fils naturel" (1757) und „Le Père de famille" (1758) sowie den „Entretiens sur Le Fils naturel" und dem Essay „De la Poésie dramatique" in der Übersetzung Gotthold Ephraim Lessings (1760).* Herausgegeben und kommentiert von Nikolas Immer und Olaf Müller. St. Ingbert.

DYK, Johann Gottfried (1777): *Graf von Eßex. Ein Trauerspiel in fünf Akten. Nach dem Englischen des Banks.* Leipzig.

DYK, Johann Gottfried (1780): *Graf von Essex.* 2. Aufl. Leipzig.

ENGEL, Johann Jakob (1774): *Der Edelknabe. Ein Lustspiel für Kinder in einem Aufzuge.* Leipzig.

FERGUSON, Adam (1769): *Institutes of Moral Philosophy. For the use of students in the college of Edinburgh.* Edinburgh.

FERGUSON, Adam (1772): *Grundsätze der Moralphilosophie.* Uebersetzt und mit einigen Anmerkungen versehen von Christian Garve. Leipzig.

FIELDING, Henry ([1749] 1966): *The History of Tom Jones.* Harmondsworth u.a.

FRANKFURTER GELEHRTE ANZEIGEN (1772). Frankfurt am Main.

GELLERT, Christian Fürchtegott ([1747] 1966): *Lustspiele.* Faksimiledruck nach der Ausgabe von 1747. Stuttgart.

GELLERT, Christian Fürchtegott (1748): *Leben der Schwedischen Gräfinn von G**.* Zweyter Theil. Leipzig.

GELLERT, Christian Fürchtegott (1770): *Moralische Vorlesungen.* Leipzig.

GELLERT, Christian Fürchtegott ([1770] 1992): *Moralische Vorlesungen. Moralische Charaktere.* Herausgegeben von Sibylle Späth (= Gesammelte Schriften 6). Berlin, New York.

GEMMINGEN-HORNBERG, Otto Heinrich Freiherr von (1782): *Der deutsche Hausvater. Ein Schauspiel.* 2. Aufl. Mannheim.

GERSTENBERG, Heinrich Wilhelm von (1768): *Ugolino. Eine Tragoedie.* Hamburg, Bremen.

GOETHE, Johann Wolfgang von (1985–2013): *Sämtliche Werke. Briefe, Tagebücher und Gespräche.* 40 Bände. Hg. v. Friedmar Apel et al. Frankfurt am Main.

GOTTSCHED, Johann Christoph ([1745] 2011): *Die parisische Bluthochzeit König Heinrichs von Navarra. Ein Trauerspiel.* Herausgegeben von Nicola Kaminski. Hannover.

GOTTSCHED, Johann Christoph (1968–1986): *Ausgewählte Werke.* 12 Bände. Hg. v. Joachim Birke et al. Berlin.

GOTTSCHED, Luise Adelgunde Victoria (1736): *Die Pietisterey im Fischbein-Rocke; Oder die Doctormäßige Frau. In einem Lust-Spiele vorgestellet.* Rostock.

GOTTSCHED, Luise Adelgunde Victoria ([1744] 2016): *Panthea. Ein Trauerspiel in fünf Aufzügen.* Paralleldruck der Fassungen von 1744 und 1772. Herausgegeben von Victoria Gutsche und Dirk Niefanger. Hannover.

GROSSMANN, Gustav Friedrich Wilhelm (1780): *Nicht mehr als sechs Schüsseln. Ein Familiengemälde in fünf Aufzügen.* Berlin, Leipzig.

HAMANN, Johann Georg (1762): *Kreuzzüge des Philologen.* [o. O.].

HEGEL, Georg Wilhelm Friedrich ([1842] 1986a): *Vorlesungen über die Ästhetik 1.* Frankfurt am Main.

HEGEL, Georg Wilhelm Friedrich ([1842] 1986b): *Vorlesungen über die Ästhetik 3.* Frankfurt am Main.

HESIOD (2012): *Theogonie. Werke und Tage. Griechisch – deutsch.* Herausgegeben und übersetzt von Albert von Schirnding. 5. Aufl. Berlin.

HEYDENREICH, Karl Heinrich (1790): *System der Ästhetik.* Bd. 1. Leipzig.

HISSMANN, Michael (2013): *Ausgewählte Schriften. Herausgegeben von Gideon Stiening und Udo Roth.* Berlin, Boston.

HOBBES, Thomas ([1651] 1966): *Leviathan oder Stoff, Form und Gewalt eines kirchlichen und bürgerlichen Staates.* Herausgegeben und eingeleitet von Iring Fetscher. Frankfurt am Main.

HOLBERG, Ludvig (1742): Der Politische Kanngießer. Ein Lustspiel in fünf Aufzügen. In: Johann Christoph Gottsched (Hg.): *Die Deutsche Schaubühne nach den Regeln und Exempeln der Alten.* Erster Theil. Leipzig, S. 407–494.

HOTTINGER, Johann Jacob; SULZER, Johann Rudolf (1778): *Brelocken an's Allerley der Groß- und Kleinmänner.* Leipzig.

HUME, David (1988): *Politische und ökonomische Essays.* Hamburg.

HUTCHESON, Francis ([1725] 1971): *An inquiry into the original of our ideas of beauty and virtue.* Collected Works, Bd. 1. Hildesheim.

HUTCHESON, Francis (1756): *Sittenlehre der Vernunft.* Aus dem Englischen übersetzt. Leipzig.

IFFLAND, August Wilhelm (1784): *Verbrechen aus Ehrsucht. Ein ernsthaftes Familiengemählde in fünf Aufzügen.* Mannheim.

IFFLAND, August Wilhelm (1785a): *Die Jäger. Ein ländliches Sittengemälde in fünf Aufzügen.* Berlin.

IFFLAND, August Wilhelm (1785b): *Die Mündel. Ein Schauspiel in fünf Aufzügen.* Berlin.

IFFLAND, August Wilhelm ([1787] 2014): *Verbrechen aus Ehrsucht. Ein ernsthaftes Familiengemälde in fünf Aufzügen.* Mit einem Nachwort herausgegeben von Alexander Košenina. Hannover.

IFFLAND, August Wilhelm (1790): *Figaro in Deutschland. Ein Lustspiel in fünf Aufzügen. Für Gesellschaftsbühnen.* Berlin.

IFFLAND, August Wilhelm (1791a): *Die Kokarden. Ein Trauerspiel in fünf Aufzügen.* Leipzig.

IFFLAND, August Wilhelm (1791b): *Friedrich von Oesterreich. Ein Schauspiel aus der vaterländischen Geschichte in fünf Aufzügen. Für die Kurfürstlich Mainzische Nationalschaubühne geschrieben.* Gotha.

IFFLAND, August Wilhelm (1793): *Die Hagestolzen. Ein Lustspiel in fünf Aufzügen.* Leipzig.

IFFLAND, August Wilhelm (1798): *Meine theatralische Laufbahn.* Leipzig.

IFFLAND, August Wilhelm (1905): *A. W. Ifflands Briefe meist an seine Schwester nebst andern Aktenstücken und einem ungedruckten Drama.* Mit Anmerkungen herausgegeben von Ludwig Geiger. Berlin.

JENISCH, Daniel (1800): *Geist und Charakter des achtzehnten Jahrhunderts, politisch, moralisch, ästhetisch und wissenschaftlich betrachtet. Teil 1: Cultur-Charakter des achtzehnten Jahrhunderts, nach bürgerlicher Verfassung, Sittlichkeit, Kunstgeschmack und Wissenschaft: mit besonderer Rücksicht auf die allgemeine Vervollkommnung oder Verschlimmerung des menschlichen Geschlechts.* Berlin.

JUSTI, Johann Heinrich Gottlob von ([1756] 1969): *Grundsätze der Policeywissenschaft in einem vernünftigen, auf den Endzweck der Policey gegründeten, Zusammenhange und zum Gebrauch Academischer Vorlesungen abgefasset.* Reprint. Frankfurt am Main.

JUSTI, Johann Heinrich Gottlob von (1760): *Die Natur und das Wesen der Staaten, als die Grundwissenschaft der Staatskunst, der Policey, und aller Regierungswissenschaften, desgleichen als die Quelle aller Gesetze.* Berlin u.a.

KANT, Immanuel ([1790] 2014): *Kritik der Urteilskraft.* Herausgegeben von Wilhelm Weischedel. 8. Aufl. Frankfurt am Main.

KANT, Immanuel (1900–1923): *Gesammelte Schriften.* Akademie-Ausgabe. Berlin.

KLINGER, Friedrich Maximilian ([1776] 1997): *Werke. Historisch-kritische Gesamtausgabe. Band 2. Die Zwillinge: Paralleldruck der Ausgaben von 1776 und 1794.* Tübingen.

KLINGER, Friedrich Maximilian (1780): *Stilpo und seine Kinder. Ein Trauerspiel in fünf Akten.* Basel.

KNIGGE, Adolph Freiherr (1794): *Ueber den Umgang mit Menschen. Erster Theil.* 3. Aufl. Frankfurt, Leipzig.

KOTZEBUE, August von (1790a): *Die Indianer in England. Lustspiel in drey Aufzügen.* Frankfurt, Leipzig.

KOTZEBUE, August von (1790b): *Menschenhaß und Reue. Schauspiel in fünf Aufzügen.* Berlin.

KOTZEBUE, August von (1791): *Die Sonnen-Jungfrau. Ein Schauspiel in fünf Aufzügen.* Köln.

KOTZEBUE, August von (1792): *Der weibliche Jacobiner-Club. Ein politisches Lustspiel in Einem Aufzug.* Leipzig.

KOTZEBUE, August von (1795): *Graf Benjowsky oder die Verschwörung auf Kamtschatka. Ein Schauspiel in fünf Aufzügen.* Leipzig.

KOTZEBUE, August von (1796): *Die Spanier in Peru, oder Rollas Tod. Ein romantisches Trauerspiel in fünf Akten.* Wien.

KOTZEBUE, August von (1798): *Der Graf von Burgund. Ein Schauspiel in fünf Akten.* Wien.

KOTZEBUE, August von (1800): *Johanna von Montfaucon. Ein romantisches Gemälde aus dem vierzehnten Jahrhundert in fünf Akten.* Leipzig.

KOTZEBUE, August von (1802): *Das merkwürdigste Jahr meines Lebens. Erster Theil.* Berlin.

KOTZEBUE, August von (1803): *Neue Schauspiele. Die Kreuzfahrer. Die deutschen Kleinstädter. Die französischen Kleinstädter. Der Wirrwarr.* Leipzig.

KRÜGER, Benjamin Ephraim (1746): *Vitichab und Dankwart, die Allemanischen Brüder. Ein Trauerspiel.* Leipzig.

KÜSTER, Karl Daniel (1773): *Sittliches Erziehungs-Lexicon.* 1. Probe. Magdeburg.

LEISEWITZ, Johann Anton (1776): *Julius von Tarent. Ein Trauerspiel.* Leipzig.

LENZ, Jakob Michael Reinhold ([1772–1777] 1987): *Werke und Briefe in drei Bänden.* Band 1. Herausgegeben von Sigrid Damm. München, Wien.

LENZ, Jakob Michael Reinhold ([1776] 1914): *Über die Soldatenehen.* Zum ersten Male herausgegeben von Karl Freye. Leipzig.

LENZ, Jakob Michael Reinhold (1901): Über Götz von Berlichingen. In: Erich Schmidt (Hg.): *Lenziana. Sitzungsberichte der Königlich Preußischen Akademie der Wissenschaften zu Berlin 41.* Berlin, S. 994–996.

LESSING, Gotthold Ephraim (1760): *Das Theater des Herrn Diderot.* Aus dem Französischen. Berlin.

LESSING, Gotthold Ephraim (1985–2003): *Werke und Briefe in zwölf Bänden.* Hg. v. Wilfried Barner et al. Frankfurt am Main.

LILLO, George (1731): *The London Merchant: or, the History of George Barnwell.* 2. Aufl. London.

LILLO, George ([1752] 1981): *Der Kaufmann von Londen, oder Begebenheiten Georg Barnwells. Ein bürgerliches Trauerspiel. Übersetzt von Henning Adam von Bassewitz.* Herausgegeben von Klaus-Detlef Müller. Tübingen.

LUDOVICI, Johann Georg ([1724] 1845): *Karl der Zwölfte vor Friedrichshall. Eine Hauptund Staatsaction.* Mit einem Vorwort herausgegeben von Heinrich Lindner. Deßau.

MANDEVILLE, Bernard (1714): *The Fable of the Bees: or, Private Vices, Publick Benefits.* London.

MANSO, Johann Kaspar Friedrich (1806): Uebersicht der Geschichte der deutschen Poesie seit Bodmers und Breitingers kritischen Bemühungen. In: *Charaktere der vornehmsten Dichter aller Nationen. Nebst kritischen und historischen Abhandlungen über Gegenstände der schönen Künste und Wissenschaften von einer Gesellschaft von Gelehrten.* Achter Band. Leipzig, S. 5–295.

MERCIER, Louis Sébastien (1776): *Neuer Versuch über die Schauspielkunst. Mit einem Anhang aus Goethes Brieftasche.* Leipzig.

MERCIER, Louis-Sébastien (1773): *Du théâtre ou nouvel essai sur l'art dramatique.* Amsterdam.

MEYER, Reinhart (1986–2011): *Bibliographia dramatica et dramaticorum. Kommentierte Bibliographie der im ehemaligen deutschen Reichsgebiet gedruckten und gespielten Dramen des 18. Jahrhunderts nebst deren Bearbeitungen und Übersetzungen und ihrer Rezeption bis in die Gegenwart.* Tübingen.

MISTELET (1777): *De la sensibilité par rapport aux drames, aux romans et à l'éducation.* Amsterdam.

MISTELET (1778): *Über die Empfindsamkeit in Rücksicht auf das Drama, die Romane und die Erziehung.* Aus dem Französischen übersetzt [von Albrecht Christoph Kayser]. Altenburg.

MOCHEL, Johann Jakob (1780): *Reliquien verschiedener philosophischen, pädagogischen, poetischen und anderer Aufsätze.* Gesammelt von Johann Christian Schmohl. Halle.

MONTESQUIEU, Charles Louis de Secondat de (1748): *De l'esprit des loix.* Tome Premier. Genf.

MOORE, Edward (1753): *The Gamester. A Tragedy.* London.

MÖSER, Justus (1749): *Arminius. Ein Trauerspiel.* Hannover, Göttingen.

MÖSER, Justus (1775): *Patriotische Phantasien.* Erster Theil. Berlin.

NICOLAI, Friedrich (1757): Abhandlung vom Trauerspiele. In: Bibliothek der schönen Wissenschaften und freyen Künste 1 (1), S. 17–68.

PFEIFFER, Johann Friedrich von (1778–1779): *Grundriss der wahren und falschen Staatskunst.* Berlin.

PFEIL, Johann Gottlob Benjamin (1755): Vom bürgerlichen Trauerspiele. In: Neue Erweiterungen der Erkenntnisse und des Vergnügens 6 (31), S. 1–25.

PFEIL, Johann Gottlob Benjamin (1756): *Lucie Woodvil. Ein bürgerliches Trauerspiel in fünf Handlungen.* Leipzig.

PLATNER, Ernst (1784): *Philosophische Aphorismen nebst einigen Anleitungen zur philosophischen Geschichte.* Leipzig.

PLÜMICKE, Carl Martin (1782): *Lanassa. Trauerspiel in fünf Akten.* Berlin.

POCKELS, Carl Friedrich (1788): *Beiträge zur Beförderung der Menschenkenntniß, besonders in Rücksicht unserer moralischen Natur.* Erstes Stück. Berlin.

RACINE, Jean (1671): *Bérénice. Tragédie.* Paris.

REITZENSTEIN, Carl Freyherr von (1793): *Die Negersklaven. Ein Trauerspiel in fünf Aufzügen.* Jamaika [Wien].

RICHARDSON, Samuel ([1740] 2001): *Pamela; or, Virtue Rewarded.* Oxford.

RINGELTAUBE, Michael (1765): *Von der Zärtlichkeit.* Breslau, Leipzig.

SCHILLER, Friedrich (1988–2004): *Werke und Briefe in zwölf Bänden.* Hg. v. Otto Dann et al. Frankfurt am Main.

SCHLEGEL, August Wilhelm (1811): *Ueber dramatische Kunst und Litteratur.* Zweyter Theil. Zweyte Abtheilung. Heidelberg.

SCHLEGEL, Johann Elias (1743): Herrmann. Ein Trauerspiel. In: Johann Christoph Gottsched (Hg.): *Die Deutsche Schaubühne, nach den Regeln und Mustern der Alten.* Vierter Theil. Leipzig, S. 1–68.

SCHLEGEL, Johann Elias (1746): *Canut. Ein Trauerspiel.* Copenhagen.

SCHLEGEL, Johann Elias (1762): *Werke.* Zweyter Theil. Herausgegeben von Johann Heinrich Schlegel. Kopenhagen, Leipzig.

SCHLEGEL, Johann Elias (1984): *Vergleichung Shakspears und Andreas Gryphs und andere dramentheoretische Schriften.* Herausgegeben von Steven D. Martinson. Stuttgart.

SCHLETTWEIN, Johann August (1784): *Die Rechte der Menschheit oder der einzige wahre Grund aller Gesetze, Ordnungen und Verfassungen.* Gießen.

SCHMID, Christian Heinrich (1774): *Über Götz von Berlichingen. Eine dramaturgische Abhandlung.* Leipzig.

SCHRÖDER, Friedrich Ludwig (1777): *Hamlet, Prinz von Dännemark. Trauerspiel in 6 Aufzügen. Zum Behuf des Hamburgischen Theaters.* Hamburg.

SCHRÖDER, Friedrich Ludwig (Hg.) (1778): *Hamburgisches Theater.* Dritter Band. Hamburg.

SCHRÖDER, Friedrich Ludwig (1786a): *Der Fähndrich. Ein Lustspiel in drey Aufzügen.* Berlin.

SCHRÖDER, Friedrich Ludwig (1786b): *Der Ring. Ein Lustspiel in fünf Aufzügen.* Berlin.

SEUFFERT, Bernhard (1877): *Maler Müller. Im Anhang Mittheilungen aus Maler Müllers Nachlaß.* Berlin.

SHAFTESBURY, Anthony Ashley Cooper of ([1711] 1987): *Sämtliche Werke, ausgewählte Briefe und nachgelassene Schrften. Standard Edition.* Bd. II, 1: Moral and Political Philosophy. Herausgegeben von Wolfram Benda et al. Stuttgart, Bad Cannstatt.

SHAFTESBURY, Anthony Ashley Cooper of ([1711] 1984): *Sämtliche Werke, ausgewählte Briefe und nachgelassene Schriften. Standard Edition.* Band II, 2: Moral and Political Philosophy. Herausgegeben von Gerd Hemmerich et al. Stuttgart, Bad Cannstatt.

SHAFTESBURY, Anthony Ashley Cooper of ([1711] 1981): *Sämtliche Werke, ausgewählte Briefe und nachgelassene Schriften. Standard Edition.* Bd. I,3: Ästhetik. Herausgegeben von Wolfram Bender et al. Stuttgart, Bad Cannstatt.

SMITH, Adam (1759): *The Theory of Moral Sentiments.* London.

SMITH, Adam (1776): *An Inquiry into the Nature and Causes of the Wealth of Nations.* London.

SONNENFELS, Joseph von (1770): *Grundsätze der Polizey, Handlung und Finanzwissenschaft.* Erster Theil. 3. Aufl. Wien.

STERNE, Laurence ([1768] 2010): *Eine empfindsame Reise durch Frankreich und Italien. Von Mr. Yorick.* Neu aus dem Englischen übersetzt von Micahel Walter. Berlin.

STOLBERG, Friedrich Leopold zu (1777): *Über die Fülle des Herzens.* In: Deutsches Museum 2 (2), S. 1–14.

STOSCH, Samuel Johann Ernst (1786): *Kritische Anmerkungen über die gleichbedeutenden Wörter der deutschen Sprache. Nebst einigen Zusätzen, und beygefügtem Etymologischen Verzeichniße derjenigen Wörter der französischen Sprache, welche ihren Ursprung aus der deutschen haben.* Bd. 4. Wien.

SULZER, Johann Georg (Hg.) (1771–1774): *Allgemeine Theorie der schönen Künste, in einzeln, der alphabetischer Ordnung der Kunstwörter auf einander folgenden, Artikeln abgehandelt.* 2 Bände. Leipzig.

THOMASIUS, Christian ([1692] 1706): *Von der Kunst Vernünfftig und Tugendhafft zu lieben, Als dem eintzigen Mittel zu einem glückseeligen, galanten und vergnügten Leben zu gelangen; Oder Einleitung zur Sitten-Lehre*. 4. Aufl. Halle.

THOMASIUS, Christian (1709): *Grundlehren des Natur- und Völcker-Rechts*. Halle.

TIMME, Christian Friedrich (1782): *Der Empfindsame Maurus Pankrazius Ziprianus Kurt, auch Selmar genannt. Ein Moderoman. Vierter und lezter Theil*. Erfurt.

VOLTAIRE (1731): *Histoire de Charles XII*. Bâle.

VOLTAIRE (1733): *Zayre. Tragédie*. Rouen.

VOLTAIRE (1742): *Mahomet. Tragédie*. Bruxelles.

VULPIUS, Christian August (1792): *Graf Benjowsky. Ein Original Trauerspiel in fünf Aufzügen*. Leipzig.

WEISSE, Christian Felix (1762): *Amazonen-Lieder*. 2. Aufl. Leipzig.

WEISSE, Christian Felix (1764): *Beytrag zum deutschen Theater*. Dritter Theil. Leipzig.

WEISSE, Christian Felix (1766): *Beytrag zum deutschen Theater*. Vierter Theil. Leipzig.

WEISSE, Christian Felix (1780): *Trauerspiele*. Fünfter Theil. Leipzig.

WEZEL, Johann Carl (1779): *Robinson Krusoe*. Neu bearbeitet. Bd. 1. Leipzig.

WIELAND, Christoph Martin ([1766–1767] 2010): *Geschichte des Agathon. Text und Kommentar*. Herausgegeben von Klaus Manger. Berlin.

WIELAND, Christoph Martin (1979): *Der goldne Spiegel und andere politische Dichtungen*. München.

WOLFF, Christian (1754): *Grundsätze des Natur- und Völckerrechts*. Halle.

ZIEGLER, Friedrich Wilhelm (1793): *Fürstengröße. Ein vaterländisches Trauerspiel in fünf Acten*. Wien.

Forschungsliteratur

ABRAY, Jane (1975): Feminism in the French Revolution. In: The American historical review 80 (1), S. 43–62.

ACHERMANN, Eric (Hg.) (2014): *Johann Christoph Gottsched (1700–1766). Philosophie, Poetik und Wissenschaft*. Berlin.

ACKERMAN, John Wolfe; HONIG, Bonnie (2011): Agonalität. In: Wolfgang Heuer, Bernd Heiter und Stefanie Rosenmüller (Hg.): *Arendt-Handbuch. Leben – Werk – Wirkung*. Stuttgart, Leipzig, S. 341–347.

ADAM, Wolfgang; DAINAT, Holger (Hg.) (2007): *„Krieg ist mein Lied". Der Siebenjährige Krieg in den zeitgenössischen Medien*. Göttingen.

ADORNO, Theodor W. (2003): *Noten zur Literatur*. Frankfurt am Main.

ALBERT, Claudia (1983): *Der melancholische Bürger. Ausbildung bürgerlicher Deutungsmuster im Trauerspiel Diderots und Lessings*. Frankfurt am Main.

ALEWYN, Richard (1974): *Probleme und Gestalten. Essays*. Frankfurt am Main.

ALT, Peter-André (1993): Der Held und seine Ehre. Zur Deutungsgeschichte eines Begriffs im Trauerspiel des 18. Jahrhunderts. In: Jahrbuch der Deutschen Schillergesellschaft 37, S. 81–108.

ALT, Peter-André (1994): *Tragödie der Aufklärung. Eine Einführung.* Tübingen, Basel.

ALT, Peter-André (2000a): *Schiller. Leben – Werk – Zeit. Erster Band.* München.

ALT, Peter-André (2000b): *Schiller. Leben – Werk – Zeit. Zweiter Band.* München.

ALT, Peter-André (2004): Macht und Ohnmacht der Ideen. Die „Tragödie der Mittel" in Schillers „Don Karlos". In: Schweizer Monatshefte 2/3, S. 45–46.

ALT, Peter-André (2008): *Klassische Endspiele. Das Theater Goethes und Schillers.* München.

AMMON, Frieder von (2005): *Ungastliche Gaben. Die „Xenien" Goethes und Schillers und ihre literarische Rezeption von 1796 bis in die Gegenwart.* Tübingen.

ARENDT, Hannah (2007): *Vita activa oder Vom tätigen Leben.* 6. Aufl. München u.a.

ARISTOTELES (2003): *Politik. Schriften zur Staatstheorie.* Übersetzt und herausgegeben von Franz F. Schwarz. Stuttgart.

ARNOLD, Antje (2012): *Rhetorik der Empfindsamkeit. Unterhaltungskunst im 17. und 18. Jahrhundert.* Berlin, Boston.

ARNTZEN, Helmut (1968): *Die ernste Komödie. Das deutsche Lustspiel von Lessing bis Kleist.* München.

ARTO-HAUMACHER, Rafael (1995): *Gellerts Briefpraxis und Brieflehre. Der Anfang einer neuen Briefkultur.* Wiesbaden.

ASSMANN, Jan; ASSMANN, Aleida (1990): Kultur und Konflikt. Aspekte einer Theorie des unkommunikativen Handelns. In: Jan Assmann und Dietrich Harth (Hg.): *Kultur und Konflikt.* Frankfurt am Main, S. 11–48.

AUER, Michael (2018): Schillers Kriege. In: Michael Auer und Claude Haas (Hg.): *Kriegstheater. Darstellungen von Krieg, Kampf und Schlacht in Drama und Theater seit der Antike.* Stuttgart, S. 189–202.

AUER, Michael; HAAS, Claude (2018): Einleitung. In: Michael Auer und Claude Haas (Hg.): *Kriegstheater. Darstellungen von Krieg, Kampf und Schlacht in Drama und Theater seit der Antike.* Stuttgart, S. 1–5.

AURNHAMMER, Achim (2004): Der Lorenzo-Orden. Ein Kult empfindsamer Freundschaft nach Laurence Sterne. In: Achim Aurnhammer, Dieter Martin und Robert Seidel (Hg.): *Gefühlskultur in der bürgerlichen Aufklärung.* Tübingen, S. 103–124.

AURNHAMMER, Achim; MARTIN, Dieter; SEIDEL, Robert (2004a): Einleitung. In: Achim Aurnhammer, Dieter Martin und Robert Seidel (Hg.): *Gefühlskultur in der bürgerlichen Aufklärung.* Tübingen, S. 1–10.

AURNHAMMER, Achim; MARTIN, Dieter; SEIDEL, Robert (Hg.) (2004b): *Gefühlskultur in der bürgerlichen Aufklärung.* Tübingen.

AUST, Hugo; HAIDA, Peter; HEIN, Jürgen (1989): *Volksstück. Vom Hanswurstspiel zum sozialen Drama der Gegenwart.* München.

BAASNER, Frank (1988): *Der Begriff „sensibilité" im 18. Jahrhundert. Aufstieg und Niedergang eines Ideals.* Heidelberg.

BACH, Oliver (2015): Obligatio. Instanzen und Fundamente von Verbindlichkeit: Melanchthon – Pufendorf – Hobbes – Rousseau. In: Simon Bunke, Katerina Mihaylova und Daniela Ringkamp (Hg.): *Das Band der Gesellschaft. Verbindlichkeitsdiskurse im 18. Jahrhundert.* Tübingen, S. 19–35.

BACHMANN, Hanns-Martin (1977): *Die naturrechtliche Staatslehre Christian Wolffs.* Berlin.

BAER, Marc (1992): *Theatre and disorder in late Georgian London.* Oxford.

BAILEY, Quentin (2013): *Wordsworth's vagrants. Police, prisons and poetry in the 1790s.* Burlington.

BAJESKI, George (2015): *Praeceptor Germaniae. Johann Christoph Gottsched und die Entstehung des Frühklassizismus in Deutschland.* Frankfurt am Main u.a.

BALME, Christopher B. (2014): *The theatrical public sphere.* Cambridge.

BARKER-BENFIELD, G. J. (1996): *The culture of sensibility. Sex and society in eighteenth-century Britain.* Chicago.

BARNER, Wilfried (2017): *„Laut denken mit einem Freunde". Lessing-Studien.* Herausgegeben von Kai Bremer. Göttingen.

BAUER, Gerhard (1993): Streitlust, Gewinnstrategien und Friedensbemühungen in Lessings Nachkriegskomödie. In: Wolfram Mauser und Günter Saße (Hg.): *Streitkultur. Strategien des Überzeugens im Werk Lessings.* Tübingen, S. 166–175.

BAUER, Roger; WERTHEIMER, Jürgen (Hg.) (1983): *Das Ende des Stegreifspiels – Die Geburt des Nationaltheaters. Ein Wendepunkt in der Geschichte des europäischen Dramas.* München.

BEAUJEAN, Marion (1978): Zweimal Prinzenerziehung. Don Carlos und Geisterseher. Schillers Reaktion auf Illuminaten und Rosenkreuzer. In: Poetica 10, S. 217–235.

BECKER, Karina (2008): *Autonomie und Humanität. Grenzen der Aufklärung in Goethes „Iphigenie", Kleists „Penthesilea" und Grillparzers „Medea".* Frankfurt am Main u.a.

BECKMANN, Wilko (2013): *Die Frauenfiguren im dramatischen Werk Johann Elias Schlegels.* Dissertation. Ruhr-Universität Bochum.

BÉHAR, Pierre; WATANABE-O'KELLY, Helen (1999): *Spectacvlvm Evropævm (1580–1750). Theatre and spectacle in Europe/ Histoire du spectacle en Europe.* Wiesbaden.

BEHRENS, Rudolf (1985): Diderots „Père de famille". Oder: Wie läßt sich die Problematisierung gesellschaftlicher Leitwerte erfahrbar machen? In: Romanistische Zeitschrift für Literaturgeschichte, S. 41–77.

BEISE, Arnd (2010): *Geschichte, Politik und das Volk im Drama des 16. bis 18. Jahrhunderts.* Berlin.

BELITSKA-SCHOLTZ, Hedvig; ULRICH, Paul S. (2005): Theater-Gesetze, -Hausordnungen, -Regulative, und -Verordnungen im 18. und 19. Jahrhundert. Was verraten die Gesetze über den Theaterbetrieb im deutschsprachigen Theater? In: Horst

Fassel, Małgorzata Leyko und Paul S. Ulrich (Hg.): *Polen und Europa. Deutschsprachiges Theater in Polen und deutsches Minderheitentheater in Europa.* Tübingen, Lodz, S. 177–209.

BENDER, John B. (1987): *Imagining the penitentiary. Fiction and the architecture of mind in eighteenth-century England.* Chicago.

BENDER, Wolfgang F. (Hg.) (1992): *Schauspielkunst im 18. Jahrhundert. Grundlagen, Praxis, Autoren.* Stuttgart.

BENDER, Wolfgang F.; BUSHUVEN, Siegfried; HUESMANN, Michael (1994–2005): *Theaterperiodika des 18. Jahrhunderts. Bibliographie und inhaltliche Erschließung deutschsprachiger Theaterzeitschriften, Theaterkalender und Theatertaschenbücher.* München.

BENHABIB, Seyla (2006): *Hannah Arendt. Die melancholische Denkerin der Moderne.* Frankfurt am Main.

BENTHIEN, Claudia (2008): Scham und Schulden. Die Ökonomie der Gefühle in Lessings „Minna von Barnhelm". In: Alexandra Pontzen und Heinz-Peter Preußer (Hg.): *Schuld und Scham.* Heidelberg, S. 111–125.

BENTHIEN, Claudia; MARTUS, Steffen (Hg.) (2006): *Die Kunst der Aufrichtigkeit im 17. Jahrhundert.* Tübingen.

BENTLEY, Eric (1965): *The life of the drama.* London.

BENZ, Maximilian; STIENING, Gideon (Hg.) (2022): *Nach der Kulturgeschichte. Perspektiven einer neuen Ideen- und Sozialgeschichte der deutschen Literatur.* Berlin, Boston.

BERGEN, Ingeborg (1967): *Biblische Thematik und Sprache im Werk des jungen Schiller. Einflüsse des Pietismus.* Dissertation. Universität Mainz.

BERGENGRUEN, Maximilian (2018): *Verfolgungswahn und Vererbung. Metaphysische Medizin bei Goethe, Tieck und E.T.A. Hoffmann.* Göttingen.

BERNS, Jörg Jochen; RAHN, Thomas (Hg.) (1995): *Zeremoniell als höfische Ästhetik in Spätmittelalter und Früher Neuzeit.* Tübingen.

BESOZZI, Claudio (2015): *Les prisons des écrivains. Enfermement et littérature au XIXe et au XXe siècle.* Vevey.

BEST, Otto F. (1978): Gerechtigkeit für Spiegelberg. In: Jahrbuch der Deutschen Schillergesellschaft 22, S. 277–302.

BETTAG, Laura (2017): Der Tanzmeister als Schauspiellehrer. Ifflands Bericht über Charles Hubert Mereau. In: Thomas Wortmann (Hg.): *Mannheimer Anfänge. Beiträge zu den Gründungsjahren des Nationaltheaters Mannheim 1777–1820.* Göttingen, S. 151–168.

BINCZEK, Natalie (2008): Tränenflüsse. Eine empfindsame Mitteilungsform und ihre Verhandlungen in Literatur, Religion und Medizin. In: Pietismus und Neuzeit 34, S. 199–217.

BIRGFELD, Johannes (2007): Medienrevolutionen und gesellschaftlicher Wandel. Das Unterhaltungstheater als Reflexionsmedium von Modernisierungsprozessen. In:

Johannes Birgfeld und Claude D. Conter (Hg.): *Das Unterhaltungsstück um 1800. Literaturhistorische Konfigurationen – Signaturen der Moderne. Zur Geschichte des Theaters als Reflexionsmedium von Gesellschaft, Politik und Ästhetik.* Hannover, S. 81–117.

BIRGFELD, Johannes (2012): *Krieg und Aufklärung. Studien zum Kriegsdiskurs in der deutschsprachigen Literatur des 18. Jahrhunderts.* Hannover.

BIRGFELD, Johannes; BOHNENGEL, Julia; KOŠENINA, Alexander (Hg.) (2011): *Kotzebues Dramen. Ein Lexikon.* Hannover.

BIRGFELD, Johannes; CONTER, Claude D. (2007a): Das Unterhaltungsstück um 1800. Funktionsgeschichtliche und gattungstheoretische Vorüberlegungen. In: Johannes Birgfeld und Claude D. Conter (Hg.): *Das Unterhaltungsstück um 1800. Literaturhistorische Konfigurationen – Signaturen der Moderne. Zur Geschichte des Theaters als Reflexionsmedium von Gesellschaft, Politik und Ästhetik.* Hannover, S. VII–XXIV.

BIRGFELD, Johannes; CONTER, Claude D. (Hg.) (2007b): *Das Unterhaltungsstück um 1800. Literaturhistorische Konfigurationen – Signaturen der Moderne. Zur Geschichte des Theaters als Reflexionsmedium von Gesellschaft, Politik und Ästhetik.* Hannover.

BIRGFELD, Johannes; WOOD, Michael (Hg.) (2018): *Re-Populating the Eighteenth Century: Second-Tier Writing in the German Enlightenment.* Rochester, NY.

BISCHOFF, Doerte (2003): Die schöne Stimme und der versehrte Körper. Ovids Philomela und die „eloquentia corporis" im Diskurs der Empfindsamkeit. In: Doerte Bischoff und Martina Wagner-Egelhaaf (Hg.): *Weibliche Rede – Rhetorik der Weiblichkeit. Studien zum Verhältnis von Rhetorik und Geschlechterdifferenz.* Freiburg im Breisgau, S. 249–281.

BLAWID, Martin (2011): *Von Kraftmenschen und Schwächlingen. Literarische Männlichkeitsentwürfe bei Lessing, Goethe, Schiller und Mozart.* Berlin.

BLICKLE, Peter ([1988] 2010): *Unruhen in der ständischen Gesellschaft 1300–1800.* 2. Aufl. München.

BLITZ, Hans-Martin (2000): *Aus Liebe zum Vaterland. Die deutsche Nation im 18. Jahrhundert.* Hamburg.

BLUME, Horst-Dieter (1984): *Einführung in das antike Theaterwesen.* 2. Aufl. Darmstadt.

BLUNDEN, Allan G. (1978): Nature and politics in Schiller's „Don Carlos". In: Deutsche Vierteljahrsschrift für Literaturwissenschaft und Geistesgeschichte 52, S. 241–256.

BÖCKELMANN, Janine; MORGENROTH, Claas (Hg.) (2008): *Politik der Gemeinschaft. Zur Konstitution des Politischen in der Gegenwart.* Bielefeld.

BÖCKMANN, Paul (1974): *Schillers Don Karlos. Edition der ursprünglichen Fassung und entstehungsgeschichtlicher Kommentar.* Stuttgart.

BÖCKMANN, Paul (1982): Schillers Don Karlos. Die politische Idee unter dem Vorzeichen des Inzestmotivs. In: Wolfgang Wittkowski (Hg.): *Friedrich Schiller. Kunst, Humanität und Politik in der späten Aufklärung.* Tübingen, S. 33–47.

BÖDEKER, Hans Erich (1987): Prozesse und Strukturen politischer Bewußtseinsbildung der deutschen Aufklärung. In: Hans Erich Bödeker und Ulrich Herrmann (Hg.): *Aufklärung als Politisierung – Politisierung der Aufklärung*. Hamburg, S. 10–31.

BÖHLER, Michael J. (1971): Lessings „Nathan der Weise" als Spiel vom Grunde. In: Lessing Yearbook 3, S. 128–150.

BOHNEN, Klaus (1980): Politik im Drama. Anmerkungen zu Schillers „Don Carlos". In: Jahrbuch der Deutschen Schillergesellschaft 24, S. 15–31.

BOHNENGEL, Julia (2017): „Wir werden noch ganz zu Kotzebue". Zur Theaterpräsenz des erfolgreichsten Dramatikers der Goethezeit in Mannheim. In: Thomas Wortmann (Hg.): *Mannheimer Anfänge. Beiträge zu den Gründungsjahren des Nationaltheaters Mannheim 1777–1820*. Göttingen, S. 169–196.

BÖLTS, Stephanie (2016): *Krankheiten und Textgattungen. Gattungsspezifisches Wissen in Literatur und Medizin um 1800*. Berlin, Boston.

BÖNING, Holger (2002): *Welteroberung durch ein neues Publikum: die deutsche Presse und der Weg zur Aufklärung. Hamburg und Altona als Beispiel*. Bremen.

BORCHMEYER, Dieter (1973): *Trägödie und Öffentlichkeit. Schillers Dramaturgie im Zusammenhang seiner ästhetisch-politischen Theorie und die rhetorische Tradition*. München.

BORCHMEYER, Dieter (1977): *Höfische Gesellschaft und französische Revolution bei Goethe. Adliges und bürgerliches Wertsystem im Urteil der Weimarer Klassik*. Kronberg/Ts.

BORCHMEYER, Dieter (1983a): Rhetorische und ästhetische Revolutionskritik: Edmund Burke und Schiller. In: Karl Richter und Jörg Schönert (Hg.): *Klassik und Moderne. Die Weimarer Klassik als historisches Ereignis und Herausforderung im kulturgeschichtlichen Prozeß*. Stuttgart, S. 56–79.

BORCHMEYER, Dieter (1983b): Staatsräson und Empfindsamkeit. J. E. Schlegels „Canut" und die Krise des heroischen Trauerspiels. In: Jahrbuch der Deutschen Schillergesellschaft 27, S. 154–171.

BORCHMEYER, Dieter (1992): Iphigenie auf Tauris. In: Walter Hinderer (Hg.): *Goethes Dramen*. Stuttgart, S. 117–157.

BORCHMEYER, Dieter (1994): *Weimarer Klassik. Portrait einer Epoche*. Weinheim.

BORGSTEDT, Thomas (1997): „Tendresse" und Sittenlehre. Die Liebeskonzeption des Christian Thomasius im Kontext der „Preciosité" – mit einer kleinen Topik galanter Poesie. In: Friedrich Vollhardt (Hg.): *Christian Thomasius (1655–1728). Neue Forschungen im Kontext der Frühaufklärung*. Berlin, S. 405–428.

BOUBIA, Fawzi (1978): *Theater der Politik – Politik des Theaters. Louis-Sebastien Mercier und die Dramaturgie des Sturm und Drang*. Frankfurt am Main.

BOURDIEU, Pierre (1976): *Entwurf einer Theorie der Praxis auf der ethnologischen Grundlage der kabylischen Gesellschaft*. Frankfurt am Main.

BOVENSCHEN, Silvia ([1979] 2003): *Die imaginierte Weiblichkeit. Exemplarische Untersuchungen zu kulturgeschichtlichen und literarischen Präsentationsformen des*

Weiblichen. Sonderausgabe zum 40jährigen Bestehen der Edition Suhrkamp. Frankfurt am Main.

BOYKEN, Thomas (2014): *„So will ich dir ein männlich Beispiel geben".* Männlichkeitsimaginationen im dramatischen Werk Friedrich Schillers. Würzburg.

BRAHM, Otto ([1880] 2010): *Das deutsche Ritterdrama des achtzehnten Jahrhunderts. Studien über Joseph August von Törring, seine Vorgänger und Nachfolger.* Nachdruck der Original-Ausgabe von 1880. Hamburg.

BRAUNECK, Manfred (1996): *Die Welt als Bühne. Geschichte des europäischen Theaters. Zweiter Band.* Stuttgart, Weimar.

BRAUNEDER, Wilhelm (2006): Vom Nutzen des Naturrechts für die Habsburgermonarchie. In: Diethelm Klippel (Hg.): *Naturrecht und Staat. Politische Funktionen des europäischen Naturrechts (17.–19. Jahrhundert).* München, S. 145–170.

BRAUNGART, Wolfgang (2005): Vertrauen und Opfer. Zur Begründung und Durchsetzung politischer Herrrschaft im Drama des 17. und 18. Jahrhunderts (Hobbes, Locke, Gryphius, J.E. Schlegel, Lessing, Schiller). In: Zeitschrift für Germanistik 15 (2), S. 277–295.

BRETZIGHEIMER, Gerlinde (1986): *Johann Elias Schlegels poetische Theorie im Rahmen der Tradition.* München.

BRIDGHAM, Fred (2000): Emancipating Amazons. Schiller's „Jungfrau", Kleist's „Penthesilea", Wagner's „Brünnhild". In: Forum for Modern Language Studies 36, S. 64–73.

BRINK, Margot; PRITSCH, Sylvia (2013): Gemeinschaft in der Literatur – Kontexte und Perspektiven. In: Margot Brink und Sylvia Pritsch (Hg.): *Gemeinschaft in der Literatur. Zur Aktualität poetisch-politischer Interventionen,* S. 9–45.

BROCKER, Manfred (Hg.) (2018): *Geschichte des politischen Denkens. Das 20. Jahrhundert.* Berlin.

BROWN, Kathryn; STEPHENS, Anthony (1988): „... hinübergehn und unser Haus entsühnen". Die Ökonomie des Mythischen in Goethes „Iphigenie". In: Jahrbuch der Deutschen Schillergesellschaft 32, 94–115.

BROWNE, Alice Maxine (1987): *The eighteenth century feminist mind.* Brighton.

BRÜGGEMANN, Fritz (1925): Goethes „Egmont", die Tragödie des versagenden Bürgertums. In: Jahrbuch der Goethe-Gesellschaft 11, S. 151–172.

BRÜGGEMANN, Fritz (1935): *Der Anbruch der Gefühlskultur in den fünfziger Jahren.* Leipzig.

BUNKE, Simon (2015): Aporien der empfindsamen Aufrichtigkeit und die Instanz des Gewissens. Überlegungen zu Gellerts „Die zärtlichen Schwestern". In: Simon Bunke und Katerina Mihaylova (Hg.): *Gewissen. Interdisziplinäre Perspektiven auf das 18. Jahrhundert.* Würzburg, S. 183–194.

BUNKE, Simon; MIHAYLOVA, Katerina (2016): Aufrichtigkeitseffekte. Paradoxale Konstruktionen von Aufrichtigkeit im 18. Jahrhundert. In: Simon Bunke und Katerina

Mihaylova (Hg.): *Aufrichtigkeitseffekte. Signale, soziale Interaktionen und Medien im Zeitalter der Aufklärung*. Freiburg im Breisgau, Berlin, Wien, S. 7–20.

BURCKHARDT, Jacob (2012): *Griechische Culturgeschichte. Band IV: Der hellenische Mensch in seiner zeitlichen Entwicklung*. München, Basel.

BURGARD, Peter J. (1987): Lessing's Tragic Topography. The Rejection of Society and its Spatial Metaphor in „Philotas". In: Deutsche Vierteljahrsschrift für Literaturwissenschaft und Geistesgeschichte 61, S. 441–456.

BÜRGER, Christa (1982a): Das menschliche Elend oder Der Himmel auf Erden? Der Roman zwischen Aufklärung und Kunstautonomie. In: Christa Bürger und Peter Bürger (Hg.): *Zur Dichotomisierung von hoher und niederer Literatur*. Frankfurt am Main, S. 172–207.

BÜRGER, Christa (1982b): Einleitung: Die Dichotomie von hoher und niederer Literatur. Eine Problemskizze. In: Christa Bürger und Peter Bürger (Hg.): *Zur Dichotomisierung von hoher und niederer Literatur*. Frankfurt am Main, S. 9–39.

BÜRGER, Christa; BÜRGER, Peter (Hg.) (1982): *Zur Dichotomisierung von hoher und niederer Literatur*. Frankfurt am Main.

BURKHARDT, Johannes (1997): Die Friedlosigkeit der Frühen Neuzeit. Grundlegung einer Theorie der Bellizität Europas. In: Zeitschrift für historische Forschung 24 (4), S. 509–574.

BURKHART, Dagmar (2006): *Eine Geschichte der Ehre*. Darmstadt.

BURNIM, Kalman A. (1961): *David Garrick, director*. Pittsburgh.

CAILLOIS, Roger (1960): *Die Spiele und die Menschen. Maske und Rausch*. Stuttgart.

CAMPE, Rüdiger (2018): Der Mut des Klassizismus. Vom Verfahren, die Wahrheit zu sagen, in Schillers „Don Karlos" und Goethes „Iphigenie". In: Rüdiger Campe und Malte Wessels (Hg.): *Bella Parrhesia. Begriff und Figur der freien Rede in der frühen Neuzeit*. Freiburg im Breisgau, S. 243–271.

CARSON, Ada Lou; CARSON, Herbert L. (1982): *Domestic tragedy in English. Brief survey*. Salzburg.

CHOUILLET, Anne-Marie (1982): Dossier du „Fils naturel" et du „Père de famille". In: Studies on Voltaire and the eighteenth century 208, S. 73–166.

CONTER, Claude D. (2004): Die Bühne als Verhandlungsort der bürgerlichen Rolle der Frau nach der Französischen Revolution, „Femme-Soldat" und „Weiberpolitik". Zwei Weiblichkeitskonzepte im deutschen Drama um 1800 (Heinrich Zschokke, August von Kotzebue). In: Katharina Rennhak und Virginia Richter (Hg.): *Revolution und Emanzipation. Geschlechterordnungen in Europa um 1800*. Köln, S. 85–108.

DAINAT, Holger (2013): „Deutschheit emergirend". Goethes „Goetz von Berlichingen" und Mösers historische Schriften. In: Matthias Buschmeier und Kai Kauffmann (Hg.): *Sturm und Drang. Epoche – Autoren – Werke*. Darmstadt, S. 139–157.

DAMLOS-KINZEL, Christiane (2003): *Von der Ökonomik zur politischen Ökonomie. Ökonomischer Diskurs und dramatische Praxis in England vom 16. bis zum 18. Jahrhundert.* Würzburg.

DANE, Gesa (2005): *„Zeter und Mordio". Vergewaltigung in Literatur und Recht.* Göttingen.

DANIEL, Ute (1995): *Hoftheater. Zur Geschichte des Theaters und der Höfe im 18. und 19. Jahrhundert.* Stuttgart.

DAUNICHT, Richard (1955): The First German Translator of Georg Lillo's „Merchant of London" and the First Performances of the Play in Germany. In: Symposium 9, S. 324–330.

DEHRMANN, Mark-Georg (2008): *Das „Orakel der Deisten". Shaftesbury und die deutsche Aufklärung.* Göttingen.

DEHRMANN, Mark-Georg (2009): Moralische Empfindung, Vernunft, Offenbarung. Das Problem der Moralbegründung bei Gellert, Spalding, Chladenius und Mendelssohn. In: Sibylle Schönborn und Vera Viehöver (Hg.): *Gellert und die empfindsame Aufklärung. Vermittlungs-, Austausch- und Rezeptionsprozesse in Wissenschaft, Kunst und Kultur.* Berlin, S. 53–66.

DEHRMANN, Mark-Georg; KOSENINA, Alexander (Hg.) (2009): *Ifflands Dramen. Ein Lexikon.* Hannover.

DEMEL, Walter (2006): Naturrecht und Gesetzgebung in mittleren deutschen Territorien. In: Diethelm Klippel (Hg.): *Naturrecht und Staat. Politische Funktionen des europäischen Naturrechts (17.–19. Jahrhundert).* München, S. 119–144.

DENBY, David (1994): *Sentimental narrative and the social order in France, 1760–1820.* Cambridge.

DENKLER, Horst (1973): *Restauration und Revolution. Politische Tendenzen im deutschen Drama zwischen Wiener Kongreß und Märzrevolution.* München.

DENNERLEIN, Katrin (2021): *Materialien und Medien der Komödiengeschichte. Zur Praxeologie der Werkzirkulation zwischen Hamburg und Wien von 1678–1806.* Berlin, Boston.

DERRIDA, Jacques (2000): Unabhängigkeitserklärungen. In: Jacques Derrida und Friedrich Kittler (Hg.): *Nietzsche – Politik des Eigennamens: Wie man abschafft, wovon man spricht.* Berlin, S. 9–19.

DETERING, Heinrich (1994): Die Nation der Poesie – Johann Elias Schlegel und die Seinen. In: Skandinavistik 24, S. 85–102.

DETKEN, Anke (2009): *Im Nebenraum des Textes. Regiebemerkungen in Dramen des 18. Jahrhunderts.* Tübingen.

DETKEN, Anke (2020): Zum empfindsamen Liebesdiskurs: Gellerts Lustspiel „Die zärtlichen Schwestern". In: Alexander Košenina (Hg.): *Christian Fürchtegott Gellert. Dichter, Dramatiker, Redner.* Göttingen, S. 35–56.

DETKEN, Anke; SCHONLAU, Anja (2014): Das Rollenfach – Definition, Theorie, Geschichte. In: Anke Detken und Anja Schonlau (Hg.): *Rollenfach und Drama. Europäische Theaterkonventionen im Text.* Tübingen, S. 7–30.

DEVRIENT, Hans (1895): *Johann Friedrich Schönemann und seine Schauspielergesellschaft. Ein Beitrag zur Theatergeschichte des 18. Jahrhunderts.* Hamburg, Leipzig.

DEWENTER, Bastian; JAKOB, Hans-Joachim (Hg.) (2018): *Theatergeschichte als Disziplinierungsgeschichte? Zur Theorie und Geschichte der Theatergesetze des 18. und 19. Jahrhunderts.* Heidelberg.

DIECKMANN, Herbert (1972): *Diderot und die Aufklärung. Aufsätze zur europäischen Literatur des 18. Jahrhunderts.* Stuttgart.

DILTHEY, Wilhelm ([1906] 2005): *Das Erlebnis und die Dichtung. Lessing – Goethe – Novalis – Hölderlin.* Göttingen.

DOETSCH, Marina (2016): *Konzeption und Komposition von Gottscheds „Deutscher Schaubühne": „eine kleine Sammlung guter Stücke" als praktische Poetik.* Frankfurt am Main.

DOKTOR, Wolfgang (1975): *Die Kritik der Empfindsamkeit.* Bern u.a.

DONALDSON, Ian (1982): *The rapes of Lucretia. A myth and its transformations.* Oxford.

DRESSLER, Roland (1993): *Von der Schaubühne zur Sittenschule. Das Theaterpublikum vor der vierten Wand.* Berlin.

DREWS, Wolfram et al. (2015): *Monarchische Herrschaftsformen der Vormoderne in transkultureller Perspektive.* Berlin, Boston.

DÜCKER, Burckhard (2005): Der Fragmentenstreit als Produktionsform neuen Wissens. Zur kulturellen Funktion und rituellen Struktur von Skandalen. In: Jürgen Stenzel und Roman Lach (Hg.): *Lessings Skandale.* Berlin, S. 21–48.

DURRANI, Osman (1989): Love and Money in Lessing's „Minna von Barnhelm". In: The modern language review 84 (3), S. 638–651.

DURZAK, Manfred (2007): Die Widersprüchlichkeit des Intellektuellen als Typus der Aufklärung. Zu Goethes „Clavigo". In: Hans-Jörg Knobloch und Helmut Koopmann (Hg.): *Goethe. Neue Ansichten – neue Einsichten.* Würzburg, S. 37–48.

DUSSINGER, John A. (1999): „Ciceronian Eloquence". The Politics of Vertue in Richardson's Pamela. In: Eighteenth Century Fiction 12 (1), S. 39–60.

EAGLETON, Terry (1982): *The rape of Clarissa. Writing, sexuality and class struggle in Samuel Richardson.* Oxford.

EIBL, Karl (1984): Bürgerliches Trauerspiel. In: Hans-Friedrich Wessels (Hg.): *Aufklärung. Ein literaturwissenschaftliches Studienbuch.* Königstein/Taunus, S. 66–87.

EIGENMANN, Susanne (1994): *Zwischen ästhetischer Raserei und aufgeklärter Disziplin. Hamburger Theater im späten 18. Jahrhundert.* Weimar.

EKE, Norbert Otto (1997): *Signaturen der Revolution. Frankreich – Deutschland: Deutsche Zeitgenossenschaft und deutsches Drama zur Französischen Revolution um 1800.* München.

ELIAS, Norbert (1969): *Die höfische Gesellschaft. Untersuchungen zur Soziologie des Königtums und der höfischen Aristokratie.* Neuwied.

ELIAS, Otto-Heinrich (2010): August von Kotzebue, baltischer Beamter und Dichter. Seine Revaler Theaterstücke als Texte der politischen Aufklärung. In:

Carola L. Gottzmann (Hg.): *Deutschsprachige Literatur im Baltikum und in Sankt Petersburg.* Berlin, S. 77–105.

ELIAS, Otto-Heinrich (2011): August von Kotzebue als politischer Dichter. In: Heinrich Bosse (Hg.): *Baltische Literaturen in der Goethezeit.* Würzburg, S. 255–289.

ENGBERS, Jan (2001): *Der „Moral-Sense" bei Gellert, Lessing und Wieland. Zur Rezeption von Shaftesbury und Hutcheson in Deutschland.* Heidelberg.

ENGELHARDT, Ulrich (1995): Frauenemanzipation und Naturrecht. Zur normativen „Vorbereitung" der Frauenbewegung in der Spätaufklärung. In: Otto Dann und Diethelm Klippel (Hg.): *Naturrecht – Spätaufklärung – Revolution.* Hamburg, S. 140–163.

ENGLHART, Andreas (2018): Historischer Abriss. In: Andreas Englhart und Franziska Schößler (Hg.): *Grundthemen der Literaturwissenschaft: Drama.* Berlin, S. 39–158.

ENZELBERGER, Genia; MEISTER, Monika; SCHMITT, Stefanie (Hg.) (2012): *Auftritt Chor. Formationen des Chorischen im gegenwärtigen Theater.* Wien.

EPPERS, Arne (2019): Goethes geflüchtete Frauen. Dorothea und Iphigenie: Rekonstruktion fiktiver Migrationserfahrungen. In: Goethe-Jahrbuch 135, S. 71–88.

ERHART, Walter (1999): Laufbahnen. Die Fiktionen eines Offiziers. In: Werner T. Angress, Ursula Breymayer und Bernd Ulrich (Hg.): *Willensmenschen. Über deutsche Offiziere.* Frankfurt am Main, S. 155–172.

ERHART, Walter (2007): Drama der Anerkennung. Neue gesellschaftstheoretische Überlegungen zu Goethes „Iphigenie auf Tauris". In: Jahrbuch der Deutschen Schillergesellschaft 51, S. 140–165.

ERKEN, Günther (2014): *Theatergeschichte.* Stuttgart.

FEILLA, Cecilia (2016): *The sentimental theater of the French Revolution.* London, New York.

FELER, Anne (2019): *Schiller et la Trivialliteratur. Schiller und die Trivialliteratur. Critique, appropriation et prolongements. Kritik, Aneignung und Wirkung.* Würzburg.

FELER, Anne; HEITZ, Raymond; LAUDIN, Gérard (Hg.) (2015): *Dynamik und Dialektik von Hoch- und Trivialliteratur im deutschsprachigen Raum im 18. und 19. Jahrhundert. I. Die Dramenproduktion.* Würzburg.

FICK, Monika (2016a): Goethes „Iphigenie auf Tauris" und der Stoff von „Atreus und Thyest". In: Frieder von Ammon, Cornelia Rémi und Gideon Stiening (Hg.): *Literatur und praktische Vernunft.* Berlin, S. 357–391.

FICK, Monika (2016b): *Lessing-Handbuch. Leben – Werk – Wirkung.* 4. Aufl. Stuttgart.

FIEBACH, Joachim (2015): *Welt, Theater, Geschichte. Eine Kulturgeschichte des Theatralen.* Berlin.

FIRGES, Janine (2019): *Gradation als ästhetische Denkform des 18. Jahrhunderts. Figuren der Steigerung, Minderung und des Crescendo.* Berlin, Boston.

FISCHER, Ernst (1989): Patrioten und Ketzermacher. Zum Verhältnis von Aufklärung und lutherischer Orthodoxie in Hamburg am Beginn des 18. Jahrhunderts. In: Wolfgang Frühwald und Alberto Martino (Hg.): *Zwischen Aufklärung und Restauration.*

Sozialer Wandel in der deutschen Literatur (1700–1848). Festschrift für Wolfgang Martens zum 65. Geburtstag. Tübingen, S. 17–47.

FISCHER-LICHTE, Erika (1998): *Semiotik des Theaters 1. Das System der theatralischen Zeichen*. 4. Aufl. Tübingen.

FISCHER-LICHTE, Erika (1999a): *Kurze Geschichte des deutschen Theaters*. 2. Aufl. Tübingen, Basel.

FISCHER-LICHTE, Erika (1999b): *Semiotik des Theaters 2. Vom „künstlichen" zum „natürlichen" Zeichen. Theater des Barock und der Aufklärung*. 4. Aufl. Tübingen.

FISCHER-LICHTE, Erika (2004): *Ästhetik des Performativen*. Frankfurt am Main.

FISCHER-LICHTE, Erika (2014): Politisches Theater. In: Erika Fischer-Lichte, Doris Kolesch und Matthias Warstat (Hg.): *Metzler-Lexikon Theatertheorie*. 2. Aufl. Stuttgart, S. 258–262.

FISCHER-LICHTE, Erika; WARSTAT, Matthias (Hg.) (2009): *Staging Festivity. Theater und Fest in Europa*. Tübingen.

FISCHER-LICHTE, Erika; WARSTAT, Matthias; LITTMANN, Anna (Hg.) (2012): *Theater und Fest in Europa. Perspektiven von Identität und Gemeinschaft*. Tübingen, Basel.

FLUDERNIK, Monika (2019): *Metaphors of Confinement. The Prison in Fact, Fiction, and Fantasy*. Oxford.

FLÜGEL, Oliver; HEIL, Reinhard; HETZEL, Andreas (Hg.) (2004): *Die Rückkehr des Politischen. Demokratietheorien heute*. Darmstadt.

FÖCKING, Marc (1994): Pamela und der Tod des Komischen. Zur funktionalen Ambivalenz der Empfindsamkeit bei Carlo Goldoni. In: Romanistisches Jahrbuch 45, S. 142–163.

FÖGEN, Marie Theres (2007): *Das Lied vom Gesetz*. München.

FOI, Maria Corlina (2013): Spiel des Weiblichen. Bemerkungen zu Don Carlos. In: Peter-André Alt, Marcel Lepper und Ulrich Raulff (Hg.): *Schiller, der Spieler*. Göttingen, S. 45–65.

FORSTER, Leonard (1969): Thoughts on Tasso's last monologue. In: Siegbert Salomon Prawer (Hg.): *Essays in German language, culture and society*. London, S. 18–23.

FOUCAULT, Michel (1976): *Überwachen und Strafen. Die Geburt des Gefängnisses*. Frankfurt am Main.

FOUCAULT, Michel (1994): *Dits et écrits. 1954–1988. Bd. 3*. Paris.

FOUCAULT, Michel (2013): *Die Hauptwerke*. 3. Aufl. Frankfurt am Main.

FOWLER, Frank M. (1987): Regularity without Rules. The Formal Structure of Goethe's „Götz von Berlichingen". In: German life and letters 41, S. 1–8.

FRANTZ, Pierre (1998): *L'esthétique du tableau dans le théâtre du XVIIIe siècle*. Paris.

FRAZER, Michael L. (2010): *The Enlightenment of sympathy. Reflective sentimentalism in the eighteenth century and today*. New York, Oxford.

FREVERT, Ute (1995): *Ehrenmänner. Das Duell in der bürgerlichen Gesellschaft*. München.

FREVERT, Ute et al. (2011): *Gefühlswissen. Eine lexikalische Spurensuche in der Moderne.* Frankfurt am Main, New York.

FREVERT, Ute (2013): *Vergängliche Gefühle.* 2. Aufl. Göttingen.

FREYTAG, Gustav ([1863] 1872): *Die Technik des Dramas.* 2. Aufl. Leipzig.

FRICK, Werner (1988): *Providenz und Kontingenz. Untersuchungen zur Schicksalssemantik im deutschen und europäischen Roman des 17. und 18. Jahrhunderts.* Tübingen.

FRICK, Werner (2001): Die Schlächterin und der Tyrann. Gewalt und Aufklärung in europäischen Iphigenie-Dramen des 18. Jahrhunderts. In: Goethe-Jahrbuch 118, S. 126–141.

FRICKE, Gerhard (1939): Lessings „Minna von Barnhelm". Eine Interpretation. In: Zeitschrift für Deutschkunde 53 (5), S. 273–292.

FRIEDRICH, Hans-Edwin; JANNIDIS, Fotis; WILLEMS, Marianne (2006): Bürgerlichkeit im 18. Jahrhundert. In: Hans-Edwin Friedrich, Fotis Jannidis und Marianne Willems (Hg.): *Bürgerlichkeit im 18. Jahrhundert.* Tübingen, S. IX–XL.

FRITZ, Bärbel (1998): Kotzebue in Wien: eine Erfolgsgeschichte mit Hindernissen. In: Anke Detken (Hg.): *Fremdkulturelles Repertoire am Gothaer Hoftheater und an anderen Bühnen.* Tübingen, S. 135–153.

FRÖMMER, Judith (2008): *Vaterfiktionen. Empfindsamkeit und Patriarchat in der Literatur der Aufklärung.* München.

FULDA, Daniel (2005): *Schau-Spiele des Geldes. Die Komödie und die Entstehung der Marktgesellschaft von Shakespeare bis Lessing.* Tübingen.

FULDA, Daniel (2013): Komödiant vs. Kartenspieler? Differenz und Zusammenwirken von ästhetischem und strategischem Spiel bei Schiller. In: Peter-André Alt, Marcel Lepper und Ulrich Raulff (Hg.): *Schiller, der Spieler.* Göttingen, S. 19–44.

FULDA, Daniel (2015): Die Aufklärung als Epoche einer fundamentalen Emotionalisierung, reflektiert durch Schillers ‚romantische Tragödie' „Die Jungfrau von Orleans". In: Daniel Fulda, Sandra Kerschbaumer und Stefan Matuschek (Hg.): *Aufklärung und Romantik. Epochenschnittstellen.* Paderborn, S. 101–117.

FÜRBRINGER, Christoph (1988): Metamorphosen der Ehre. Duell und Ehrenrettung im Jahrhundert des Bürgers. In: Richard van Dülmen (Hg.): *Armut, Liebe, Ehre. Studien zur historischen Kulturforschung.* Frankfurt am Main, S. 186–224.

GABBIADINI, Guglielmo (2015): Trivialisierung als antirevolutionäre Waffe? Zur semantischen Herabsetzung des Menschenrechtsdiskurses in August WilhelmIfflands Trauerspiel „Die Kokarden" (1791). In: Anne Feler, Raymond Heitz und Gérard Laudin (Hg.): *Dynamik und Dialektik von Hoch- und Trivialliteratur im deutschsprachigen Raum im 18. und 19. Jahrhundert. I. Die Dramenproduktion.* Würzburg, S. 181–204.

GAMPER, Michael (2007): *Masse lesen, Masse schreiben. Eine Diskurs- und Imaginationsgeschichte der Menschenmenge 1765–1930.* München.

GAMPER, Michael (2016): *Der große Mann. Geschichte eines politischen Phantasmas.* Göttingen.

GASSNER, Florian (2015): Politische Aspekte des Melodramas bei August von Kotzebue. In: Marion Schmaus (Hg.): *Melodrama – Zwischen Populärkultur und Moralisch-Okkultem. Komparatistische und intermediale Perspektiven.* Heidelberg, S. 93–113.

GEISENHANSLÜKE, Achim (2006): *Masken des Selbst. Aufrichtigkeit und Verstellung in der europäischen Literatur.* Darmstadt.

GEISENHANSLÜKE, Achim (2008): Geständnistiere. Zur Genese der Aufrichtigkeit in Goethes „Iphigenie auf Tauris". In: Ortrud Gutjahr (Hg.): *Iphigenie von Euripides von Goethe. Krieg und Trauma in Nicolas Stemanns Doppelinszenierung am Thalia Theater Hamburg.* Würzburg, S. 89–109.

GEITNER, Ursula (1992): *Die Sprache der Verstellung. Studien zum rhetorischen und anthropologischen Wissen im 17. und 18. Jahrhundert.* Tübingen.

GENTON, François (2000): „Don Carlos", doch ein Familiengemälde? In: Aurora 60, S. 1–12.

GENTON, François (2004): Weinende Männer. Zum Wandel der Empfindsamkeit im 18. Jahrhundert. In: Achim Aurnhammer, Dieter Martin und Robert Seidel (Hg.): *Gefühlskultur in der bürgerlichen Aufklärung.* Tübingen, S. 211–226.

GERTENBACH, Lars et al. (Hg.) (2010): *Theorien der Gemeinschaft zur Einführung.* Hamburg.

GESTRICH, Andreas (1994): *Absolutismus und Öffentlichkeit. Politische Kommunikation in Deutschland zu Beginn des 18. Jahrhunderts.* Göttingen.

GEULEN, Eva (2009): Schillernde Eide – Bindende Flüche. Die Verschwörung des Verrina zu Genua. In: Peter Friedrich und Manfred Schneider (Hg.): *Fatale Sprachen. Eid und Fluch in Literatur- und Rechtsgeschichte.* München, Paderborn, 253–270.

GIRARD, René (1972): *La violence et le sacré.* Paris.

GIRSCHNER, Gabriele (1986): *Goethes „Tasso". Klassizismus als ästhetische Regression.* 2. Aufl. Frankfurt am Main.

GIRTLER, Roland (1994): „Ehre" bei Vaganten, Ganoven, Häftlingen, Dirnen und Schmugglern. In: Ludgera Vogt und Arnold Zingerle (Hg.): *Ehre. Archaische Momente in der Moderne.* Frankfurt am Main, S. 212–229.

GIURATO, Davide (2016): Zärtliche Liebe und Affektpolitik im Zeitalter der Empfindsamkeit. In: Cornelia Zumbusch und Martin von Koppenfels (Hg.): *Handbuch Literatur & Emotionen.* Berlin, Boston, S. 329–342.

GLASER, Horst Albert (1969): *Das bürgerliche Rührstück. Analekten zum Zusammenhang von Sentimentalität mit Autorität in der trivialen Dramatik Schröders,Ifflands, Kotzebues und anderer Autoren am Ende des 18. Jahrhunderts.* Stuttgart.

GÖBEL, Helmut et al. (1987): *Lessings Dramen.* Stuttgart.

GOLAWSKI-BRAUNGART, Jutta (1999): Furcht oder Schrecken. Lessing, Corneille und Aristoteles. In: Euphorion 93, S. 401–431.

GOLAWSKI-BRAUNGART, Jutta (2005): *Die Schule der Franzosen. Zur Bedeutung von Lessings Übersetzungen aus dem Französischen für die Theorie und Praxis seines Theaters*. Tübingen.

GOLDENBAUM, Ursula (2004): *Appell an das Publikum. Die öffentliche Debatte in der deutschen Aufklärung 1687–1796*. Mit Beiträgen von Frank Grunert, Peter Weber, Gerda Heinrich, Brigitte Erker und Winfried Siebers. Berlin.

GRAEVENITZ, Gerhart von (1975): Innerlichkeit und Öffentlichkeit. Aspekte deutscher „bürgerlicher" Literatur im frühen 18. Jahrhundert. In: Deutsche Vierteljahrsschrift für Literaturwissenschaft und Geistesgeschichte 49 (Sonderheft), S. 1–82.

GRAF, Ruedi (1992): *Das Theater im Literaturstaat. Literarisches Theater auf dem Weg zur Bildungsmacht*. Tübingen.

GRAHAM, Ilse (1963): Götz von Berlichingen's Right Hand. In: German life and letters 16, S. 212–228.

GRAHAM, Ilse (1965): Vom „Urgötz" zum „Götz". Neufassung oder Neuschöpfung? In: Jahrbuch der Deutschen Schillergesellschaft 9, S. 245–282.

GRAHAM, Ilse (1973): *Goethe and Lessing. The wellsprings of creation*. London.

GRAHAM, Ilse (1974): *Schiller, ein Meister der tragischen Form. Die Theorie in der Praxis*. Darmstadt.

GRÄTZ, Katharina (2005): Familien-Bande. „Die Räuber". In: Günter Saße (Hg.): *Schiller. Werk-Interpretationen*. Heidelberg, S. 11–34.

GREINER, Martin (1964): *Die Entstehung der modernen Unterhaltungsliteratur. Studien zum Trivialroman des 18. Jahrhunderts*. Herausgegeben und bearbeitet von Therese Posner. Reinbek bei Hamburg.

GRIMMINGER, Rolf (1980a): Aufklärung, Absolutismus und bürgerliche Individuen. Über den notwendigen Zusammenhang von Literatur, Gesellschaft und Staat in der Geschichte des 18. Jahrhunderts. In: Rolf Grimminger (Hg.): *Deutsche Aufklärung bis zur Französischen Revolution 1680–1789*. München, Wien, S. 15–99.

GRIMMINGER, Rolf (Hg.) (1980b): *Deutsche Aufklärung bis zur Französischen Revolution 1680–1789*. München, Wien.

GRONICKA, André von (1951): Friedrich Schiller's Marquis Posa. In: The Germanic Review 26, S. 196–214.

GUIDRY, Glenn A. (1982): Money, Honor, and Love. The Hierarchy of Values in Lessing's „Minna von Barnhelm". In: Lessing Yearbook 14, S. 177–186.

GUTHKE, Karl Siegfried (1961): *Geschichte und Poetik der deutschen Tragikomödie*. Göttingen.

GUTHKE, Karl Siegfried (1994): *Schillers Dramen. Idealismus und Skepsis*. Tübingen.

GUTHKE, Karl Siegfried (2006): *Das deutsche bürgerliche Trauerspiel*. 6. Aufl. Stuttgart, Weimar.

GUTHKE, Karl Siegfried (2008): Rührstück oder „Schreckspiel"? Die Rezeption des deutschen bürgerlichen Trauerspiels im achtzehnten Jahrhundert. In: Jahrbuch des Freien Deutschen Hochstifts, S. 1–80.

GUTHRIE, John (2020): Karl Moors satanische Rebellion. In: Peter-André Alt und Stefanie Hundehege (Hg.): *Schillers Theaterpraxis*, S. 124–137.

GUTJAHR, Ortrud; KÜHLMANN, Wilhelm; Wucherpfennig Wolf (Hg.) (1993): *Gesellige Vernunft. Zur Kultur der literarischen Aufklärung*. Würzburg.

GWILLIAM, Tassie (1995): *Samuel Richardson's fictions of gender*. 4th print. Stanford, Calif.

HAACK, Julia (2008): *Der vergällte Alltag. Zur Streitkultur im 18. Jahrhundert*. Köln, Weimar, Wien.

HABERMAS, Jürgen ([1962] 2010): *Strukturwandel der Öffentlichkeit. Untersuchungen zu einer Kategorie der bürgerlichen Gesellschaft*. Unveränderter Nachdruck. Frankfurt am Main.

HAHN, Torsten (2008): *Das schwarze Unternehmen. Zur Funktion der Verschwörung bei Friedrich Schiller und Heinrich von Kleist*. Heidelberg.

HAIDER-PREGLER, Hilde (1980): *Des sittlichen Bürgers Abendschule. Bildungsanspruch und Bildungsauftrag des Berufstheaters im 18. Jahrhundert*. Wien, München.

HAMBURGER, Käte ([1957] 1968): *Die Logik der Dichtung*. 2. Aufl. Stuttgart.

HAN, Mi Hi (1995): Das Selbstbewußtsein der feindlichen Brüder in den Sturm-und-Drang-Dramen. Unter besonderer Berücksichtigung von „Julius von Tarent" (J.A. Leisewitz), „Die Zwillinge" (F.M. Klinger) und „Die Räuber" (F. Schiller). In: Togil-munhak 36 (3), S. 25–48.

HARRIS, Jocelyn (1987): *Samuel Richardson*. Cambridge.

HARTMANN, Tina (2017): *Grundlegung einer Librettologie. Musik- und Lesetext am Beispiel der ‚Alceste'-Opern vom Barock bis zu C.M. Wieland*. Berlin, Boston.

HASSAUER, Friederike (1988): Gleichberechtigung und Guillotine: Olympe de Gouges und die feministische Menschenrechtserklärung der Französischen Revolution. In: Ursula A. J. Becher (Hg.): *Weiblichkeit in geschichtlicher Perspektive. Fallstudien und Reflexionen zu Grundproblemen der historischen Frauenforschung*. Frankfurt am Main, S. 259–291.

HÄUBLEIN, Renata (2005): *Die Entdeckung Shakespeares auf der deutschen Bühne des 18. Jahrhunderts. Adaption und Wirkung der Vermittlung auf dem Theater*. Tübingen.

HAUKE, Wilfried (1985): Ludvig Holberg und Johann Elias Schlegel. Zur Komiktheorie und Wirkungsästhetik zweier Frühaufklärer im Feld der Komödienbestimmung Johann Christoph Gottscheds. In: Skandinavistik 15, 107–133.

HÄUSLER, Anna; HEYNE, Elisabeth; KOCH, Lars (2020): *Verletzen und Beleidigen. Versuche einer theatralen Kritik der Herabsetzung*. Berlin.

HAVENS, Raymond D. (1945): The Sentimentalism of „The London Merchant". In: Journal of English Literary History 12, S. 183–187.

HEBEKUS, Uwe; MATALA DE MAZZA, Ethel; KOSCHORKE, Albrecht (Hg.) (2003): *Das Politische. Figurenlehre des sozialen Körpers nach der Romantik*. Münster.

HEEG, Günther (2000): *Das Phantasma der natürlichen Gestalt. Körper, Sprache und Bild im Theater des 18. Jahrhunderts*. Frankfurt am Main, Basel.

HEEG, Günther; MUNGEN, Anno (Hg.) (2004): *Stillstand und Bewegung. Intermediale Studien zur Theatralität von Bild, Text und Musik.* München.

HEINZ, Andrea (1991): *Quantitative Spielplanforschung. Neue Möglichkeiten der Theatergeschichtsschreibung am Beispiel des Hoftheaters zu Coburg und Gotha 1827–1981.* Heidelberg.

HEINZ, Andrea (2004): „Ion" – der Weimarer Theaterskandal des Jahres 1802. Die Stellung zum antiken Mythos als Scheidepunkt der literarischen Parteien. In: Monika Schmitz-Emans und Uwe Lindemann (Hg.): *Komparatistik als Arbeit am Mythos.* Heidelberg, S. 123–137.

HEINZ, Andrea; HEINZ, Jutta; IMMER, Nikolas (Hg.) (2005): *Ungesellige Geselligkeit. Festschrift für Klaus Manger.* Heidelberg.

HEITNER, Robert R. (1963): *German tragedy in the age of enlightenment. A study in the development of original tragedies, 1724–1768.* Berkeley.

HEITZ, Raymond (2006): Das Ritterdrama und die Shakespeare-Rezeption in Deutschland im 18. Jahrhundert. In: Konrad Feilchenfeldt, Ursula Hudson-Wiedenmann, York-Gothart Mix et al. (Hg.): *Zwischen Aufklärung und Romantik. Neue Perspektiven der Forschung.* Würzburg, S. 106–137.

HELD, Wieland (1999): *Der Adel und August der Starke. Konflikt und Konfliktaustrag zwischen 1694 und 1707 in Kursachsen.* Köln.

HENKEL, Arthur (1965): Die „verteufelt humane" „Iphigenie". In: Euphorion 59, S. 1–17.

HENNING, Hans (1988): *Goethes „Götz von Berlichingen" in der zeitgenössischen Rezeption.* Leipzig.

HESSELMANN, Peter (2002): *Gereinigtes Theater? Dramaturgie und Schaubühne im Spiegel deutschsprachiger Theaterperiodika des 18. Jahrhunderts (1750–1800).* Frankfurt am Main.

HETTCHE, Walter (2004): Geselligkeit im Göttinger Hain. In: Achim Aurnhammer, Dieter Martin und Robert Seidel (Hg.): *Gefühlskultur in der bürgerlichen Aufklärung.* Tübingen, S. 125–140.

HETZEL, Andreas (Hg.) (2017): *Radikale Demokratie. Zum Staatsverständnis von Chantal Mouffe und Ernesto Laclau.* Baden-Baden.

HIEN, Markus (2013): *Altes Reich und neue Dichtung. Literarisch-politisches Reichsdenken zwischen 1740 und 1830.* Berlin, Boston.

HIGH, Jeffrey L. (2005): Edinburgh – Williamsburg –Ludwigsburg. From teaching Jefferson and Schiller Scottish enlightenment happiness to the „American War" and „Don Karlos". In: Peter Pabisch (Hg.): *Patentlösung oder Zankapfel? „German Studies" für den internationalen Bereich als Alternative zur Germanistik. Beispiele aus Amerika.* Bern u.a., S. 281–313.

HILDEBRANDT, Annika (2019): *Die Mobilisierung der Poesie. Literatur und Krieg um 1750.*

Hillen, Gerd (1970): Die Halsstarrigkeit der Tugend. Bemerkungen zu Lessings Trauerspielen. In: Lessing Yearbook 2, S. 115–134.

Hinck, Walter (1965): *Das deutsche Lustspiel des 17. und 18. Jahrhunderts und die italienische Komödie. Commedia dell'arte und théâtre italien.* Stuttgart.

Hinderer, Walter (Hg.) (1980): *Goethes Dramen. Neue Interpretationen.* Stuttgart.

Hinderer, Walter (1992a): Götz von Berlichingen. In: Walter Hinderer (Hg.): *Goethes Dramen.* Stuttgart, S. 13–65.

Hinderer, Walter (1992b): Torquato Tasso. In: Walter Hinderer (Hg.): *Goethes Dramen.* Stuttgart, S. 199–257.

Hinderer, Walter (2006): Von Heroinen und Amazonen. Zum politischen Geschlechterdiskurs in Schillers „Jungfrau von Orleans" und „Maria Stuart". In: Udo Bermbach und Hans Rudolf Vaget (Hg.): *Getauft auf Musik.* Festschrift für Dieter Borchmeyer. Würzburg, S. 67–77.

Hirschmann, Wolfgang; Jahn, Bernhard (Hg.) (2010): *Johann Mattheson als Vermittler und Initiator. Wissenstransfer und die Etablierung neuer Diskurse in der ersten Hälfte des 18. Jahrhunderts.* Hildesheim.

Hochholdinger-Reiterer, Beate (2014): Die deutschsprachigen „Hamlet"-Bearbeitungen Heufelds und Schröders. In: Peter W. Marx (Hg.): *Hamlet-Handbuch. Stoffe, Aneignungen, Deutungen.* Stuttgart, S. 24–27.

Hofmann, Michael (2000): Bürgerliche Aufklärung als Konditionierung der Gefühle in Schillers „Don Carlos". In: Jahrbuch der Deutschen Schillergesellschaft 44, S. 95–117.

Hohendahl, Peter Uwe (1972): Empfindsamkeit und gesellschaftliches Bewußtsein. Zur Soziologie des empfindsamen Romans am Beispiel von „La Vie de Marianne", „Clarissa", „Fräulein von Sternheim" und „Werther". In: Jahrbuch der Deutschen Schillergesellschaft 16, S. 176–207.

Hollmer, Heide (1994): *Anmut und Nutzen. Die Originaltrauerspiele in Gottscheds ,Deutscher Schaubühne'.* Tübingen.

Hollmer, Heide; Meier, Albert (Hg.) (2001): *Dramenlexikon des 18. Jahrhunderts.* München.

Honegger, Claudia (1992): *Die Ordnung der Geschlechter. Die Wissenschaften vom Menschen und das Weib 1750–1850.* 2. Aufl. Frankfurt am Main.

Honig, Bonnie (1995): Toward an Agonistic Feminism: Hannah Arendt and the Politics of Identity. In: Bonnie Honig (Hg.): *Toward an Agonistic Feminism: Hannah Arendt and the Politics of Identity.* University Park, PA, S. 135–162.

Honold, Alexander (2012): Zweifache Iphigenie, fortwährendes Opferspiel. Zur dramatischen Ökonomie von Aufschub und Stellvertretung. In: Alexander Honold, Anton Bierl und Valentina Luppi (Hg.): *Ästhetik des Opfers. Zeichen/Handlungen in Ritual und Spiel.* Paderborn, S. 213–236.

HORNUNG, Antonie (2011): Goethes „Iphigenie auf Tauris" – ein Schulbeispiel für Mediation? In: Moritz Baßler (Hg.): *(Be-)richten und erzählen. Literatur als gewaltfreier Diskurs?* Paderborn, S. 77–96.

HORSTMANN, Jan (2018): *Theaternarratologie. Ein erzähltheoretisches Analyseverfahren für Theaterinszenierungen.* Berlin.

HÖYNG, Peter (2003): *Die Sterne, die Zensur und das Vaterland. Geschichte und Theater im späten 18. Jahrhundert.* Köln.

HÖYNG, Peter (2016): Goethes Iphigenie als Opfer und seine „Iphigenie auf Tauris" als Opfergabe. In: Nicholas Brooks und Gregor Thuswaldner (Hg.): *Making sacrifices/ Opfer bringen. Visions of sacrifice in European and American cultures/ Opfervorstellungen in europäischen und amerikanischen Kulturen.* Wien, S. 18–32.

HUBER, Martin; LAUER, Gerhard (Hg.) (2000): *Nach der Sozialgeschichte. Konzepte für eine Literaturwissenschaft zwischen Historischer Anthropologie, Kulturgeschichte und Medientheorie.* Tübingen.

HÜNING, Dieter (2015): Gesetz und Verbindlichkeit. Zur Begründung der praktischen Philosophie bei Samuel Pufendorf und Christian Wolff. In: Simon Bunke, Katerina Mihaylova und Daniela Ringkamp (Hg.): *Das Band der Gesellschaft. Verbindlichkeitsdiskurse im 18. Jahrhundert.* Tübingen, S. 37–57.

HUNT, Lynn (2008): *Inventing Human Rights. A History.* New York, London.

IMMER, Lena (2005): Der ferne Freund. Ungesellige Geselligkeit in der empfindsamen Freundschaft. In: Andrea Heinz, Jutta Heinz und Nikolas Immer (Hg.): *Ungesellige Geselligkeit. Festschrift für Klaus Manger.* Heidelberg, S. 133–146.

IMMER, Nikolas (2004): Maria Stuart und der „Graf von Essex". In: Deutsche Vierteljahrsschrift für Literaturwissenschaft und Geistesgeschichte 78, S. 550–571.

IMMER, Nikolas (2008): *Der inszenierte Held. Schillers dramenpoetische Anthropologie.* Heidelberg.

IMMER, Nikolas; MÜLLER, Olaf (2009): Lessings Diderot: „süssere Thränen" zur Läuterung des Nationalgeschmacks. In: Helmut Berthold (Hg.): *„ihrem Originale nachzudenken". Zu Lessings Übersetzungen.* Tübingen, S. 147–163.

JÄGER, Georg (1969): *Empfindsamkeit und Roman. Wortgeschichte, Theorie und Kritik im 18. und frühen 19. Jahrhundert.* Stuttgart.

JAHN, Bernhard (2005a): Der Imaginator und seine Opfer – Schillers „Räuber" als Theater der Einbildungskraft. In: Euphorion 99, S. 51–67.

JAHN, Bernhard (2005b): *Die Sinne und die Oper. Sinnlichkeit und das Problem ihrer Versprachlichung im Musiktheater des nord- und mitteldeutschen Raumes (1680–1740).* Tübingen.

JAHN, Bernhard (2017): Unterhaltung als Metatheater. Schröders Hamburgische Dramaturgie am Beispiel seiner „Originaldramen". In: Bernhard Jahn und Alexander Košenina (Hg.): *Friedrich Ludwig Schröders Hamburgische Dramaturgie.* Bern u.a., S. 17–33.

JAHN, Bernhard; HIRSCHMANN, Wolfgang (2016): Oper und Öffentlichkeit. Formen impliziten Aufklärens an der Hamburger Gänsemarktoper um 1700. In: Daniel Fulda und Jörn Steigerwald (Hg.): *Um 1700: Die Formierung der europäischen Aufklärung. Zwischen Öffnung und neuerlicher Schließung*. Berlin, Boston, S. 184–197.

JAHN, Bernhard; KOŠENINA, Alexander (Hg.) (2017): *Friedrich Ludwig Schröders Hamburgische Dramaturgie*. Bern u.a.

JAHN, Bernhard; MAURER ZENCK, Claudia (Hg.) (2016): *Bühne und Bürgertum. Das Hamburger Stadttheater (1770–1850)*. Frankfurt am Main u.a.

JAHN, Bernhard; RAHN, Thomas; SCHNITZER, Claudia (Hg.) (1998): *Zeremoniell in der Krise. Störung und Nostalgie*. Marburg.

JANSEN, Ludger (2017): *Gruppen und Institutionen. Eine Ontologie des Sozialen*. Wiesbaden.

JANZ, Rolf-Peter (1992): Die Verschwörung des Fiesco zu Genua. In: Walter Hinderer (Hg.): *Schillers Dramen*. Stuttgart, S. 68–104.

JAUSS, Hans Robert (1975): Racines und Goethes „Iphigenie". Mit einem Nachwort über die Partialität der rezeptionsästhetischen Methode. In: Rainer Warning (Hg.): *Rezeptionsästhetik. Theorie und Praxis*. München, S. 353–400.

JESSING, Benedikt (2012): Die Verskomödie der Frühaufklärung in poetologischer Auseinandersetzung und literarischer Praxis: Johann Elias Schlegels „Die stumme Schönheit". In: Andreas Beck und Nicola Kaminski (Hg.): *Literatur der frühen Neuzeit und ihre kulturellen Kontexte*. Frankfurt am Main u.a., S. 131–156.

JONES, G. L. (1974): Johann Elias Schlegel: „Canut". The Tragedy of Human Evil. In: Lessing Yearbook 6, S. 150–161.

JUNG, Werner; SCHÖNBORN, Sibylle (2013): *Praeceptor Germaniae. Christian Fürchtegott Gellerts 18. Jahrhundert. Festschrift für John F. Reynolds zum 70. Geburtstag*. Bielefeld.

JÜRGENSEN, Christoph; IRSIGLER, Ingo (2010): *Sturm und Drang*. Göttingen.

KAES, Anton; KREUZER, Helmut (Hg.) (1975–1976): *Literatur für viele. Studien zur Trivialliteratur und Massenkommunikation im 19. und 20. Jahrhundert*. Göttingen.

KAHN, Robert L. (1952): Kotzebue's Treatment of Social Problems. In: Studies in Philology 49 (631–642).

KANTOROWICZ, Ernst H. (1994): *Die zwei Körper des Königs. Eine Studie zur politischen Theologie des Mittelalters*. 2. Aufl. München.

KARNICK, Manfred (1980): *Rollenspiel und Welttheater. Untersuchungen an Dramen Calderóns, Schillers, Strindbergs, Becketts und Brechts*. München.

KARTHAUS, Ulrich (1989): Schiller und die Französische Revolution. In: Jahrbuch der Deutschen Schillergesellschaft 33, S. 210–239.

KAUTE, Brigitte (2010): Die durchgestrichene Aufklärung in Goethes „Iphigenie auf Tauris". In: Goethe-Jahrbuch 127, S. 122–134.

KAYSER, Wolfgang (1959): Formtypen des deutschen Dramas um 1800. In: Paul Böckmann (Hg.): *Stil- und Formprobleme in der Literatur. Vorträge des VII. Kongresses der Internationalen Vereinigung für moderne Sprachen und Literaturen in Heidelberg.* Heidelberg, 283–294.

KEFERSTEIN, Georg (1937): Die Tragödie des Unpolitischen. Zum politischen Sinn des „Egmont". In: Deutsche Vierteljahrsschrift für Literaturwissenschaft und Geistesgeschichte 15, S. 331–361.

KELLER, Werner (2010): *Der Dichtung Stimme: Einsichten und Ansichten zur Literatur vom Barock bis zur Gegenwart.* Göttingen.

KEMPER, Hans-Georg (1997): *Deutsche Lyrik in der Frühen Neuzeit. Bd. 6.1: Empfindsamkeit.* Tübingen.

KERSHNER, Sybille (1994): „Mein Schicksal ist an deines fest gebunden". Rettung, Heilung und Entsühnung in Goethes „Iphigenie". In: Goethe-Jahrbuch 111, S. 23–34.

KITTLER, Friedrich (1984): Carlos als Carlsschüler. Ein Familiengemälde in einem fürstlichen Haus. In: Wilfried Barner und Eberhard Lämmert (Hg.): *Unser Commercium. Goethes und Schillers Literaturpolitik.* Stuttgart, S. 241–273.

KIUPEL, Birgit (2010): *Zwischen Krieg, Liebe und Ehe. Studien zur Konstruktion von Geschlecht und Liebe in den Libretti der Hamburger Gänsemarktoper (1678–1738).* Freiburg im Breisgau.

KLINGENBERG, Karl-Heinz (1962): *Iffland und Kotzebue als Dramatiker.* Weimar.

KLIPPEL, Diethelm (1976): *Politische Freiheit und Freiheitsrechte im deutschen Naturrecht des 18. Jahrhunderts.* Paderborn.

KLOTZ, Volker (1960): *Geschlossene und offene Form im Drama.* München.

KNAPE, Joachim (1987): „Empfindsamkeit" in Mittelalter und früher Neuzeit als Forschungsproblem. In: Jeffrey Ashcroft, Dietrich Huschenbett und William Henry Jackson (Hg.): *Liebe in der deutschen Literatur des Mittelalters.* Tübingen, S. 221–242.

KOC, Richard (1981): Fathers and Sons. Ambivalence Doubled in Schiller's „Räuber". In: Germanic Review 61, S. 91–104.

KÖHLER, Sigrid G. (2017): Menschenrecht fühlen, Gräuel der Versklavung zeigen. Zur transnationalen Abolitionsdebatte im populären deutschsprachigen Thater um 1800. In: Sigrid G. Köhler, Sabine Müller-Mall, Florian Schmidt et al. (Hg.): *Recht fühlen.* Paderborn, S. 63–80.

KOLLMANN, Anett (2004): *Gepanzerte Empfindsamkeit. Helden in Frauengestalt um 1800.* Heidelberg.

KONRAD, Werner (1995): *Patriotendrama – Fürstendrama. Über Anton Nagels „Bürgeraufruhr in Landshut" und die bayerischen Patriotendramen der frühen Karl-Theodor-Zeit.* Frankfurt am Main.

KOOPMANN, Helmut (1976): Joseph und sein Vater. Zu den biblischen Anspielungen in Schillers „Räubern". In: Gerald Gillespie und Edgar Lohner (Hg.): *Herkommen und Erneuerung. Essays für Oskar Seidlin.* Tübingen, S. 150–167.

KOOPMANN, Helmut (1992): Don Carlos. In: Walter Hinderer (Hg.): *Schillers Dramen*. Stuttgart, S. 159–201.

KORNBACHER-MEYER, Agnes (2003): *Komödientheorie und Komödienschaffen Gotthold Ephraim Lessings*. Berlin.

KORTE, Hermann (2012): Historische Theaterpublikumsforschung. Eine Einführung am Paradigma des 18. Jahrhunderts. In: Hermann Korte und Hans-Joachim Jakob (Hg.): *„Das Theater glich einem Irrenhause". Das Publikum im Theater des 18. und 19. Jahrhunderts*. Heidelberg, S. 9–53.

KORTE, Hermann (2014): „Jedes Theaterpublikum hat seine Unarten". Die Akteure vor der Bühne in Texten aus Theaterzeitschriften und Kulturjournalen des 18. und 19. Jahrhunderts. In: Hermann Korte, Hans-Joachim Jakob und Bastian Dewenter (Hg.): *„Das böse Tier Theaterpublikum". Zuschauerinnen und Zuschauer in Theater- und Literaturjournalen des 18. und frühen 19. Jahrhunderts: eine Dokumentation*. Heidelberg, S. 9–49.

KORTE, Hermann; JAKOB, Hans-Joachim; DEWENTER, Bastian (Hg.) (2014): *„Das böse Tier Theaterpublikum". Zuschauerinnen und Zuschauer in Theater- und Literaturjournalen des 18. und frühen 19. Jahrhunderts: eine Dokumentation*. Heidelberg.

KORTE, Hermann; JAKOB, Hans-Joachim; DEWENTER, Bastian (Hg.) (2015): *Medien der Theatergeschichte des 18. und 19. Jahrhunderts*. Heidelberg.

KÖRTE, Mona (2018): Blutige Bühne? Kabinettskrieg und Frauenzimmer in Lessings „Minna von Barnhelm". In: Michael Auer und Claude Haas (Hg.): *Kriegstheater. Darstellungen von Krieg, Kampf und Schlacht in Drama und Theater seit der Antike*. Stuttgart, S. 143–157.

KOSCHORKE, Albrecht ([1999] 2003): *Körperströme und Schriftverkehr. Mediologie des 18. Jahrhunderts*. 2. Aufl. München.

KOSCHORKE, Albrecht (2006): Schillers Jungfrau von Orleans und die Geschlechterpolitik der Französischen Revolution. In: Walter Hinderer: *Friedrich Schiller und der Weg in die Moderne*. Würzburg, S. 243–259.

KOSCHORKE, Albrecht et al. (2007): *Der fiktive Staat. Konstruktionen des politischen Körpers in der Geschichte Europas*. Frankfurt am Main.

KOSCHORKE, Albrecht (2012): *Wahrheit und Erfindung. Grundzüge einer Allgemeinen Erzähltheorie*. Frankfurt am Main.

KOSELLECK, Reinhart (1972): Einleitung. In: Otto Brunner, Werner Conze und Reinhart Koselleck (Hg.): *Geschichtliche Grundbegriffe. Historisches Lexikon zur politsch-sozialen Sprache in Deutschland. Band 1*. Stuttgart, S. XIII–XXVII.

KOSELLECK, Reinhart (2003): *Zeitschichten. Studien zur Historik*. Frankfurt am Main.

KOŠENINA, Alexander (1995): *Anthropologie und Schauspielkunst. Studien zur „eloquentia corporis" im 18. Jahrhundert*. Tübingen.

KOŠENINA, Alexander (2017): Ifflands und Schillers dramatischer Start von Mannheims Bühnenrampe. In: Thomas Wortmann (Hg.): *Mannheimer Anfänge. Beiträge zu den Gründungsjahren des Nationaltheaters Mannheim 1777–1820.* Göttingen, S. 135–150.

KOTTE, Andreas (2013): *Theatergeschichte. Eine Einführung.* Köln.

KRAFT, Stephan (2007): Identifikatorisches Verlachen – distanziertes Mitlachen. Tendenzen der politischen Komödie um 1800 (Iffland – Schröder – Kotzebue – von Steigentesch – von Voß). In: Johannes Birgfeld und Claude D. Conter (Hg.): *Das Unterhaltungsstück um 1800. Literaturhistorische Konfigurationen – Signaturen der Moderne. Zur Geschichte des Theaters als Reflexionsmedium von Gesellschaft, Politik und Ästhetik.* Hannover, S. 208–229.

KRÄMER, Jörg (1998): *Deutschsprachiges Musiktheater im späten 18. Jahrhundert. Typologie, Dramaturgie und Anthropologie einer populären Gattung.* Tübingen.

KRAUSE, Markus (1982): *Das Trivialdrama der Goethezeit 1780–1815. Produktion und Rezeption.* Bonn.

KREBS, Roland (1985): *L'idée de „théâtre national" dans l'Allemagne des Lumières.* Wiesbaden.

KREBS, Roland (1999): Die frühe Theaterkritik zwischen Bestandsaufnahme der Bühnenpraxis und Normierungsprogramm. In: Erika Fischer-Lichte und Jörg Schönert (Hg.): *Theater im Kulturwandel des 18. Jahrhunderts. Inszenierung und Wahrnehmung von Körper, Musik, Sprache.* Göttingen, S. 463–482.

KREBS, Roland; VALENTIN, Jean-Marie (Hg.) (1990): *Théâtre, nation et société en Allemagne au XVIIIe siècle.* Nancy.

KREUTZ, Wilhelm (2017): Die Kurfürstliche Deutsche Gesellschaft und das Nationaltheater. In: Thomas Wortmann (Hg.): *Mannheimer Anfänge. Beiträge zu den Gründungsjahren des Nationaltheaters Mannheim 1777–1820.* Göttingen, S. 43–74.

KREUZER, Helmut (1967): Trivialliteratur als Forschungsproblem. Zur Kritik des deutschen Trivialromans seit der Aufklärung. In: Deutsche Vierteljahrsschrift für Literaturwissenschaft und Geistesgeschichte 41, S. 173–191.

KRIEGER, Martin (2008): *Patriotismus in Hamburg. Identitätsbildung im Zeitalter der Frühaufklärung.* Köln.

KRÜGER, Klaus; WERNER, Elke Anna (2012): Einführung: Zur visuellen und theatralen Inszenierung von Gemeinschaft in der Festkultur der Frühen Neuzeit. In: Erika Fischer-Lichte, Matthias Warstat und Anna Littmann (Hg.): *Theater und Fest in Europa. Perspektiven von Identität und Gemeinschaft.* Tübingen, Basel, S. 221–227.

KUHLMANN, Hauke (2015): Dialog, Verbindlichkeit und Handlungsbrüche in Goethes „Iphigenie auf Tauris". In: Simon Bunke, Katerina Mihaylova und Daniela Ringkamp (Hg.): *Das Band der Gesellschaft. Verbindlichkeitsdiskurse im 18. Jahrhundert.* Tübingen, S. 213–235.

KÜHNEL, Martin (1999): *Das politische Denken von Christian Thomasius.* Halle.

KURZENBERGER, Hajo (2009): *Der kollektive Prozess des Theaters. Chorkörper – Probengemeinschaften – theatrale Kreativität.* Bielefeld.

LACH, Roman (2004): *Characters in motion. Einbildungskraft und Identität in der empfindsamen Komödie der Spätaufklärung.* Heidelberg.

LACHHEIN, Sven (2014): *„Thaten, durch Erfolg gekrönt, sind immer Heldenthaten." Die politischen Zeitschriften August von Kotzebues.* Dissertation. Friedrich-Schiller-Universität Jena.

LACLAU, Ernesto; MOUFFE, Chantal ([1985] 2015): *Hegemonie und radikale Demokratie. Zur Dekonstruktion des Marxismus.* 5. Aufl. Wien.

LANDES, Joan B. (1988): *Women and the public sphere in the age of the French Revolution.* Ithaca, London.

LANGE, Horst (2001): Wolves, Sheep, and the Shepherd. Legality, Legitimacy, and Hobbesian Political Theory in Goethe's „Götz von Berlichingen". In: Goethe Yearbook 10, S. 1–30.

LEE, Jae-Min (2013): *Theorie und Praxis des Chors in der Moderne.* Frankfurt am Main.

LEFORT, Claude (1990): Die Frage der Demokratie. In: Ulrich Rödel (Hg.): *Autonome Gesellschaft und libertäre Demokratie.* Frankfurt am Main, S. 281–297.

LEFORT, Claude ([1981] 1994): *L'invention démocratique. Les limites de la domination totalitaire.* 2. Aufl. Paris.

LEFORT, Claude; GAUCHET, Marcel (1990): Über die Demokratie. Das Politische und die Instituierung des Gesellschaftlichen. In: Ulrich Rödel (Hg.): *Autonome Gesellschaft und libertäre Demokratie.* Frankfurt am Main, S. 89–122.

LEHMANN, Hans-Thies ([1999] 2015): *Postdramatisches Theater.* 6. Aufl. Frankfurt am Main.

LEHMANN, Johannes Friedrich (2000): *Der Blick durch die Wand. Zur Geschichte des Theaterzuschauers und des Visuellen bei Diderot und Lessing.* Freiburg im Breisgau.

LEMKE, Anja (2012): „Medea fiam". Affekterzeugung zwischen Rhetorik und Ästhetik in Lessings „Miss Sara Sampson". In: Deutsche Vierteljahrsschrift für Literaturwissenschaft und Geistesgeschichte 86 (2), S. 206–223.

LEPENIES, Wolf (1998): *Melancholie und Gesellschaft. Mit einer neuen Einleitung: Das Ende der Utopie und die Wiederkehr der Melancholie.* Frankfurt am Main.

LEVIE, Dagobert de (1975): *Die Menschenliebe im Zeitalter der Aufklärung. Säkularisation und Moral im 18. Jahrhundert. Ein Beitrag zur Ideengeschichte des 18. Jahrhunderts.* Bern.

LIEWERSCHEIDT, Dieter (1997): Selbsthelferin ohne Autonomie. Goethes „Iphigenie". In: Goethe-Jahrbuch 114, 219–230.

LIEWERSCHEIDT, Dieter (2017): Goethes „Torquato Tasso", eine Tragikomödie. In: Wirkendes Wort 67 (3), S. 339–350.

LINK, Jürgen (1994): Die Geburt des Komplotts aus dem Geist des Interaktionismus. In: Kultur-Revolution 29, S. 7–15.

LIPSEDGE, Karen (2017): Social Hierarchy and Social Mobility. In: Peter Sabor und Betty A. Schellenberg (Hg.): *Samuel Richardson in context.* Cambridge, S. 304–310.

LÖHNDORF, Karl-Ludwig (2009): *Marmontel als intermediale Quelle. Neues zur Rezeptionsgeschichte von Jean-François Marmontels „Bestsellerroman" „Les Incas, ou la destruction de l'empire du Pérou".* Frankfurt am Main.

LORAUX, Nicole (1994): Das Band der Teilung. In: Joseph Vogl (Hg.): *Gemeinschaften. Positionen zu einer Philosophie des Politischen.* Frankfurt am Main, S. 31–64.

LÜDEMANN, Susanne (2004): *Metaphern der Gesellschaft. Studien zum soziologischen und politischen Imaginären.* München.

LÜDEMANN, Susanne (2013): Weibliche Gründungsopfer und männliche Institutionen. Verginia-Variationen bei Lessing, Schiller und Kleist. In: Deutsche Vierteljahrsschrift für Literaturwissenschaft und Geistesgeschichte 87 (4), S. 588–599.

LUDWIG, Albert (1925): Ritterdrama und Familiengemälde. In: Robert Franz Arnold, Julius Bab, Albert Ludwig et al. (Hg.): *Das deutsche Drama.* München, S. 405–436.

LUHMANN, Niklas (1993): *Gesellschaftsstruktur und Semantik. Studien zur Wissenssoziologie der modernen Gesellschaft. Band 1.* Frankfurt am Main.

LUKÁCS, Georg ([1911] 1981): *Werke. Bd. 15: Entwicklungsgeschichte des modernen Dramas.* Hrsg. von Frank Benseler. Darmststadt, Neuwied.

LUKAS, Wolfgang (2005): *Anthropologie und Theodizee. Studien zum Moraldiskurs im deutschsprachigen Drama der Aufklärung (ca. 1730 bis 1770).* Göttingen.

LUSERKE, Matthias (1997): *Sturm und Drang. Autoren – Texte – Themen.* Stuttgart.

LUSERKE-JAQUI, Matthias (2002/2003): Freiheitsthematik und „Hauptidee des Stückes". Zur Figur des Marquis de Posa in Schillers „Don Karlos". In: Lenz-Jahrbuch 12, S. 205–225.

LUSERKE-JAQUI, Matthias (2011): Don Carlos, Briefe über Don Carlos. In: Matthias Luserke-Jaqui und Grit Dommes (Hg.): *Schiller-Handbuch. Leben – Werk – Wirkung.* Stuttgart, Weimar, S. 92–109.

LUSERKE-JAQUI, Matthias (2017): Die Räuber. In: Matthias Luserke-Jaqui (Hg.): *Handbuch Sturm und Drang.* Berlin, Boston, S. 374–386.

LUTTERBECK, Klaus-Gert (2002): *Staat und Gesellschaft bei Christian Thomasius und Christian Wolff. Eine historische Untersuchung in systematischer Absicht.* Stuttgart, Bad Cannstatt.

LÜTZELER, Paul Michael (1978): „Die große Linie zu einem Brutuskopfe". Republikanismus und Cäsarismus in Schillers „Fiesko". In: Monatshefte 70, S. 15–22.

MALCHOW, Jacqueline (2014): Schauspielerinnen im 18. Jahrhundert. Zwischen Kunst und Käuflichkeit. In: Alina Bothe und Dominik Schuh (Hg.): *Geschlecht in der Geschichte. Integriert oder separiert? Gender als historische Forschungskategorie.* Bielefeld, S. 151–174.

MALCHOW, Jacqueline (2017): „Niemand darf in seiner Rolle [...] etwas thun, das die Täuschung aufhebt." Friedrich Ludwig Schröder, die Hamburger Theatergesetze und das Illusionstheater. In: Bernhard Jahn und Alexander Košenina (Hg.): *Friedrich Ludwig Schröders Hamburgische Dramaturgie.* Bern u.a., S. 159–176.

MALCHOW, Jacqueline (2022): *Die Illusion des Illusionstheaters. Friedrich Ludwig Schröder, Shakespeare und der natürliche Schauspielstil*. Berlin.

MALSCH, Winfried (1988): Moral und Politik in Schillers ‚Don Karlos‘. In: Wolfgang Wittkowski (Hg.): *Verantwortung und Utopie. Zur Literatur der Goethezeit*. Stuttgart, S. 207–235.

MALSCH, Winfried (1990): Robespierre „ad portas“? Zur Deutungsgeschichte der „Briefe über Don Carlos“. In: Gertrud Bauer Pickar und Sabine Cramer (Hg.): *The age of Goethe today. Critical reexamination and literary reflection*. München, S. 69–103.

MANDELARTZ, Michael (2011): *Goethe, Kleist. Literatur, Politik und Wissenschaft um 1800*. Berlin.

MANN, Michael (1974): *Sturm-Und-Drang-Drama. Studien und Vorstudien zu Schillers „Räubern“*. Bern, München.

MARAND-FOUQUET, Catherine (1989): *La femme au temps de la Révolution*. Paris.

MARCHART, Oliver (2011): *Die politische Differenz. Zum Denken des Politischen bei Nancy, Lefort, Badiou, Laclau und Agamben*. Berlin.

MARTENS, Wolfgang (1968): *Die Botschaft der Tugend. Die Aufklärung im Spiegel der deutschen moralischen Wochenschriften*. Stuttgart.

MARTENS, Wolfgang (1977): Der Literat als Demagoge. Zum Thema der politischen Gefährlichkeit des Schriftstellers um 1790, entwickelt am Beispiel von Ifflands Antirevolutionsdrama „Die Kokarden“. In: *Presse und Geschichte. Beiträge zur historischen Kommunikationsforschung*. München, S. 100–136.

MARTENS, Wolfgang (1987): Die deutsche Schaubühne im 18. Jahrhundert – moralische Anstalt mit politischer Relevanz? In: Hans Erich Bödeker und Ulrich Herrmann (Hg.): *Aufklärung als Politisierung – Politisierung der Aufklärung*. Hamburg, S. 90–107.

MARTIN, Dieter (2005): Über den Umgang mit Menschenfeinden. Zu August von Kotzebues „Menschenhaß und Reue“ und Friedrich Schillers „Der versöhnte Menschenfeind“. In: Andrea Heinz, Jutta Heinz und Nikolas Immer (Hg.): *Ungesellige Gesellkeit. Festschrift für Klaus Manger*. Heidelberg, S. 165–176.

MARTINI, Fritz (1979): *Geschichte im Drama – Drama in der Geschichte. Spätbarock, Sturm und Drang, Klassik, Frührealismus*. Stuttgart.

MARTUS, Steffen (2005): Staatskunst – die Politik der Form im Kontext der Gallophobie bei Goethe, Möser und Herder. In: Jens Häseler und Olaf Koch (Hg.): *Gallophobie im 18. Jahrhundert*. Berlin, S. 89–122.

MARTUS, Steffen (2011): Transformationen des Heroismus. Zum politischen Wissen der Tragödie im 18. Jahrhundert am Beispiel von J. E. Schlegels „Canut“. In: Thorsten Burkard, Markus Hundt, Steffen Martus et al. (Hg.): *Politik – Ethik – Poetik. Diskurse und Medien frühneuzeitlichen Wissens*. Berlin, S. 15–42.

MARTUS, Steffen (2013): Schillers Metatheater in „Die Räuber“ – mit einem Seitenblick auf Lessings „Emilia Galotti“. In: Peter-André Alt, Marcel Lepper und Ulrich Raulff (Hg.): *Schiller, der Spieler*. Göttingen, S. 126–144.

MARTUS, Steffen (2015): *Aufklärung. Das deutsche 18. Jahrhundert – ein Epochenbild.* Berlin.

MARTUS, Steffen (2018): Die Ästhetik des Krieges in Goethes „Götz von Berlichingen". In: Michael Auer und Claude Haas (Hg.): *Kriegstheater. Darstellungen von Krieg, Kampf und Schlacht in Drama und Theater seit der Antike.* Stuttgart, S. 159–171.

MARX, Peter W. (2011): Enter GHOST and HAMLET. Zur Vielstimmigkeit des Hamburger „Hamlet" 1776. In: Deutsche Vierteljahrsschrift für Literaturwissenschaft und Geistesgeschichte 85 (4), S. 508–523.

MATALA DE MAZZA, Ethel (1999): *Der verfasste Körper. Zum Projekt einer organischen Gemeinschaft in der politischen Romantik.* Freiburg im Breisgau.

MATALA DE MAZZA, Ethel (2018): *Der populäre Pakt. Verhandlungen der Moderne zwischen Operette und Feuilleton.* Frankfurt am Main.

MATTENKLOTT, Gert (1968): *Melancholie in der Dramatik des Sturm und Drang.* Stuttgart.

MATTENKLOTT, Gert; PEITSCH, Helmut (1974): Das Allgemeinmenschliche im Konzept des bürgerlichen Nationaltheaters. Gotthold Ephraim Lessings Mitleidstheorie. In: Gert Mattenklott und Klaus R. Scherpe (Hg.): *Westberliner Projekt: Grundkurs 18. Jahrhundert. Die Funktion der Literatur bei der Formierung der bürgerlichen Klasse Deutschlands im 18. Jahrhundert.* Kronberg Taunus, S. 147–188.

MATTERN, Pierre (2011): *„Kotzebue's Allgewalt". Literarische Fehde und politisches Attentat.* Würzburg.

MAURER, Doris (1979): *August von Kotzebue. Ursachen seines Erfolges; konstante Elemente der unterhaltenden Dramatik.* Bonn.

MAURER, Michael (1996): *Die Biographie des Bürgers. Lebensformen und Denkweisen in der formativen Phase des deutschen Bürgertums (1680–1815).* Göttingen.

MAURER-SCHMOOCK, Sybille (1982): *Deutsches Theater im 18. Jahrhundert.* Tübingen.

MAUSER, Wolfram; BECKER-CANTARINO, Barbara (Hg.) (1991): *Frauenfreundschaft – Männerfreundschaft. Literarische Diskurse im 18. Jahrhundert.* Tübingen.

MAUSER, Wolfram; SASSE, Günter (Hg.) (1993): *Streitkultur. Strategien des Überzeugens im Werk Lessings.* Tübingen.

MAY, Kurt (1957): *Form und Bedeutung. Interpretationen deutscher Dichtung des 18. und 19. Jahrhunderts.* Stuttgart.

MAYER, Hans (1973): Der weise Nathan und der Räuber Spiegelberg. Antinomien der jüdischen Emanzipation in Deutschland. In: Jahrbuch der Deutschen Schillergesellschaft 17, S. 253–272.

MCCARDLE, Arthur W. (1986): *Friedrich Schiller and Swabian pietism.* New York.

MEIER, Albert (1993): *Dramaturgie der Bewunderung. Untersuchungen zur politisch-klassizistischen Tragödie des 18. Jahrhunderts.* Frankfurt am Main.

MEIER, Albert (2000): Johann Elias Schlegel: „Canut, ein Trauerspiel". In: *Dramen vom Barock bis zur Aufklärung.* Stuttgart, S. 251–274.

MEIER, Albert (2016): Von Paris über Leipzig nach Kopenhagen? Dystopien des Klassizismus bei Johann Christoph Gottsched und Johann Elias Schlegel. In: Annika Hildebrandt, Charlotte Kurbjuhn und Steffen Martus (Hg.): *Topographien der Antike in der literarischen Aufklärung.* Bern u.a., S. 117–128.

MEIERHOFER, Christian (2019): Das Verlachen der Gegenwart. Zeitordnungen in der Komödie der frühen Aufklärung. In: Zeitschrift für Deutsche Philologie 138 (4), S. 481–513.

MELLMANN, Katja (2001): Güte – Liebe – Gottheit. Ein Beitrag zur Präzisierung des ‚utopischen‘ Gehalts von Goethes „Stella“. In: Aufklärung 13, S. 103–147.

MEMMOLO, Pasquale (1995): *Strategen der Subjektivität. Intriganten in Dramen der Neuzeit.* Würzburg.

MEYER, Jörg Friedrich (2004): *Verehrt. Verdammt. Vergessen. August von Kotzebue – Werk und Wirkung.* Frankfurt am Main.

MEYER, Katrin (2016): *Macht und Gewalt im Widerstreit. Politisches Denken nach Hannah Arendt.* Basel.

MEYER, Reinhart (1980): Von der Wanderbühne zum Hof- und Nationaltheater. In: Rolf Grimminger (Hg.): *Deutsche Aufklärung bis zur Französischen Revolution 1680–1789.* München, Wien, S. 186–216.

MEYER, Reinhart (2012): *Schriften zur Theater- und Kulturgeschichte des 18. Jahrhunderts.* Wien.

MEYER, Walther (1939): *Die Entwicklung des Theaterabonnements in Deutschland.* Emsdetten.

MEYER-KRENTLER, Eckhardt (1984): *Der Bürger als Freund. Ein sozialethisches Programm und seine Kritik in der neueren deutschen Erzählliteratur.* München.

MEYER-SICKENDIEK, Burkhard (2016): *Zärtlichkeit. Höfische Galanterie als Ursprung der bürgerlichen Empfindsamkeit.* Paderborn.

MICHELET, Jules (1854): *Les Femmes de la Révolution.* Paris.

MICHELSEN, Peter (1971): Egmonts Freiheit. In: Euphorion 65, S. 274–297.

MICHELSEN, Peter (1979): *Der Bruch mit der Vater-Welt. Studien zu Schillers „Räubern“.*

MICHELSEN, Peter (1990a): *Der unruhige Bürger. Studien zu Lessing und zur Literatur des achtzehnten Jahrhunderts.* Würzburg.

MICHELSEN, Peter (1990b): Schillers Fiesko. Freiheitsheld und Tyrann. In: Achim Aurnhammer, Klaus Manger und Friedrich Strack (Hg.): *Schiller und die höfische Welt.* Tübingen, S. 341–358.

MINTER, Catherine J. (2001): Literary „Empfindsamkeit“ and nervous sensibility in eighteenth-century Germany. In: Modern Language Review 86, S. 1016–1028.

MÖHRMANN, Renate (Hg.) (1989): *Die Schauspielerin. Zur Kulturgeschichte der weiblichen Bühnenkunst.* 1. Aufl. Frankfurt am Main.

MÖNCH, Cornelia (1993): *Abschrecken oder Mitleiden. Das deutsche bürgerliche Trauerspiel im 18. Jahrhundert. Versuch einer Typologie.* Tübingen.

MORTIER, Roland (1972): *Diderot in Deutschland. 1750–1850.* Stuttgart.

MOUFFE, Chantal (2008): *Das demokratische Paradox.* Wien.

MOUFFE, Chantal (2014): *Agonistik. Die Welt politisch denken.* Frankfurt am Main.

MÜCKE, Panja (2003): *Johann Adolf Hasses Dresdner Opern im Kontext der Hofkultur.* Laaber.

MÜCKE, Panja (2012): Öffentlichkeit und Kommunikationssystem. Das Publikum höfischer Opern. In: Christine Fischer (Hg.): *Oper als „Gesamtkunstwerk" – zum Verhältnis der Künste im barocken Musiktheater.* Winterthur, S. 123–132.

MÜLLER, Günther (1968): Das Parzenlied in Goethes „Iphigenie". In: Günther Müller: *Morphologische Poetik. Gesammelte Aufsätze.* Darmstadt, S. 511–533.

MÜLLER, Klaus-Detlev (1987): Die Aufhebung des bürgerlichen Trauerspiels in Schillers „Don Carlos". In: Helmut Brandt (Hg.): *Friedrich Schiller, Angebot und Diskurs. Zugänge, Dichtung, Zeitgenossenschaft.* Berlin, S. 218–234.

MÜLLER, Richard M. (1989): Nachstrahl der Gottheit. Karl Moor. In: Deutsche Vierteljahrsschrift für Literaturwissenschaft und Geistesgeschichte 63 (4), S. 60–83.

MÜLLER, Timo (2018): Framing the Romantic artist. Goethe's „Torquato Tasso" and James's „Roderick Hudson". In: Anglia 136 (4), S. 687–704.

MÜLLER-SEIDEL, Walter (1952): Georg Friedrich Gaus. Zur Situation des jungen Schiller. In: Deutsche Vierteljahrsschrift für Literaturwissenschaft und Geistesgeschichte 26, S. 76–99.

MÜLLER-SEIDEL, Walter (1999): Der Zweck und die Mittel. Zum Bild des handelnden Menschen in Schillers „Don Carlos". In: Jahrbuch der Deutschen Schillergesellschaft 43, S. 188–221.

MÜLLER-SEIDEL, Walter (2009): *Friedrich Schiller und die Politik. „Nicht das Große, nur das Menschliche geschehe".* München.

MULRYAN, Michael J.; GRÉLÉ, Denis D. (Hg.) (2016): *Eighteenth-century escape tales. Between fact and fiction.* Lewisburg, Lanham.

MÜNCH, Paul (1992): *Lebensformen in der frühen Neuzeit.* Frankfurt am Main, Berlin.

MUNGEN, Anno (2002): *„BilderMusik". Panoramen, Tableaux vivants und Lichtbilder als multimediale Darstellungsformen in Theater- und Musikaufführungen vom 19. bis zum frühen 20. Jahrhundert.* Remscheid.

NEUHUBER, Christian (2003): *Das Lustspiel macht Ernst: das Ernste in der deutschen Komödie auf dem Weg in die Moderne. Von Gottsched bis Lenz.* Berlin.

NEUMANN, Claudia (2009): ,Poetische Abrüstung'. Zur Rolle Gellerts im Kriegs- und Patriotismusdiskurs des 18. Jahrhunderts. In: Sibylle Schönborn und Vera Viehöver (Hg.): *Gellert und die empfindsame Aufklärung. Vermittlungs-, Austausch- und Rezeptionsprozesse in Wissenschaft, Kunst und Kultur.* Berlin, S. 83–98.

NEUMANN, Gerhard (2000): Erkennungsszene und Opferritual in Goethes „Iphigenie" und Kleists „Penthesilea". In: Günter Emig (Hg.): *Käthchen und seine Schwestern. Frauenfiguren im Drama um 1800.* Heilbronn, S. 38–80.

NEUNER, Stefan; KLAMMER, Markus; FRICKE, Beate (2011): Pikturale Horizonte der Gemeinschaftsproduktion. Zur Einleitung. In: Beate Fricke, Markus Klammer und Stefan Neuner (Hg.): *Bilder und Gemeinschaften. Studien zur Konvergenz von Politik und Ästhetik in Kunst, Literatur und Theorie.* München, S. 10–38.

NIEFANGER, Dirk (2005): *Geschichtsdrama der Frühen Neuzeit 1495–1773.* Tübingen.

NIEHAUS, Michael (2007): Voreilige Reden, zurückgehaltene Worte. Familienkommunikation bei Iffland. In: Johannes Birgfeld und Claude D. Conter (Hg.): *Das Unterhaltungsstück um 1800. Literaturhistorische Konfigurationen – Signaturen der Moderne. Zur Geschichte des Theaters als Reflexionsmedium von Gesellschaft, Politik und Ästhetik.* Hannover, S. 121–143.

NISBET, Hugh Barr (2008): *Lessing. Eine Biographie.* München.

NITSCHKE, Claudia (2012): *Der öffentliche Vater. Konzeptionen paternaler Souveränität in der deutschen Literatur (1755–1921).* Berlin.

NITSCHKE, Claudia (2020): *Anerkennung und Kalkül. Literarische Gerechtigkeitsentwürfe im gesellschaftlichen Umbruch (1773–1819).* Boston.

NORTON, Robert Edward (1995): *The beautiful soul. Aesthetic morality in the eighteenth century.* Ithaca.

NOWOSADTKO, Jutta (1994): Betrachtungen über den Erwerb von Unehre. Vom Widerspruch „moderner" und „traditionaler" Ehren- und Unehrenkonzepte in der frühneuzeitlichen Ständegesellschaft. In: Ludgera Vogt und Arnold Zingerle (Hg.): *Ehre. Archaische Momente in der Moderne.* Frankfurt am Main, S. 230–248.

NULLMEIER, Frank (2000): *Politische Theorie des Sozialstaats.* Frankfurt am Main.

NUTT-KOFOTH, Rüdiger (2004): Weimarer Klassik und Empfindsamkeit – Aspekte einer Beziehung. Mit einigen Überlegungen zum Problem von Epochenbegriffen. In: Achim Aurnhammer, Dieter Martin und Robert Seidel (Hg.): *Gefühlskultur in der bürgerlichen Aufklärung.* Tübingen, S. 255–270.

OELLERS, Norbert (2006): Schiller und die Religion. In: Walter Hinderer: *Friedrich Schiller und der Weg in die Moderne.* Würzburg, S. 165–186.

OLIVER, Kathleen M. (2017): Gender. In: Peter Sabor und Betty A. Schellenberg (Hg.): *Samuel Richardson in context.* Cambridge, S. 247–254.

OPITZ, Claudia (2002): *Aufklärung der Geschlechter, Revolution der Geschlechterordnung. Studien zur Politik- und Kulturgeschichte des 18. Jahrhunderts.* Münster.

OTT, Michael (2001): *Das ungeschriebene Gesetz. Ehre und Geschlechterdifferenz in der deutschen Literatur um 1800.* Freiburg im Breisgau.

OTTMANN, Henning (1999): *Philosophie und Politik bei Nietzsche.* 2. Aufl. Berlin.

OTTMANN, Henning (2004): *Geschichte des politischen Denkens. Bd. 2.2: Das Mittelalter.* Stuttgart, Weimar.

OTTMANN, Henning (2006): *Geschichte des politischen Denkens. Bd. 3.1: Die Neuzeit. Von Machiavelli bis zu den großen Revolutionen.* Stuttgart, Weimar.

OTTMANN, Henning (2008): *Geschichte des politischen Denkens. Bd. 3.2: Die Neuzeit. Das Zeitalter der Revolutionen.* Stuttgart, Weimar.

OTTMANN, Henning (2010): *Geschichte des politischen Denkens. Bd. 4.1: Das 20. Jahrhundert. Der Totalitarismus und seine Überwindung.* Stuttgart.

PAUL, Arno (1969): *Aggressive Tendenzen des Theaterpublikums. Eine strukturell-funktionale Untersuchung über den sog. Theaterskandal anhand der Sozialverhältnisse der Goethezeit.* München.

PAULSEN, Wolfgang (1977): *Johann Elias Schlegel und die Komödie.* Bern, München.

PELKA, Artur (2018): Drama, Theater und das Politische. In: Andreas Englhart und Franziska Schößler (Hg.): *Grundthemen der Literaturwissenschaft: Drama.* Berlin, S. 340–355.

PELLERIN, Pascal (1999): La place du théatre de Diderot sous la Révolution. In: Recherches sur Diderot et sur l'Encyclopédie 27 (Octobre), S. 89–103.

PETER, Emanuel (1999): *Geselligkeiten. Literatur, Gruppenbildung und kultureller Wandel im 18. Jahrhundert.* Berlin.

PFISTER, Manfred (2001): *Das Drama. Theorie und Analyse.* 11. Aufl. München.

PFLÜGER, Maja Sibylle (1996): *Vom Dialog zur Dialogizität. Die Theaterästhetik von Elfriede Jelinek.* Tübingen.

PIES, Elke (1973): *Prinzipale. Zur Genealogie des deutschsprachigen Berufstheaters vom 17. bis 19. Jahrhundert.* Ratingen u.a.

PIKULIK, Lothar ([1966] 1981): *„Bürgerliches Trauerspiel" und Empfindsamkeit.* 2. Aufl. Köln.

PIKULIK, Lothar (1992): Stella. In: Walter Hinderer (Hg.): *Goethes Dramen.* Stuttgart, S. 88–116.

PLESCHKA, Alexander (2013): *Theatralität und Öffentlichkeit. Schillers Spätdramatik und die Tragödie der französischen Klassik.* Berlin.

POEPLAU, Anna (2012): *Selbstbehauptung und Tugendheroismus. Das dramatische Werk Friedrich Maximilian Klingers zwischen Sturm und Drang und Spätaufklärung.* Würzburg.

POLHEIM, Karl Konrad (1985): Von der Einheit des „Don Carlos". In: Jahrbuch des Freien Deutschen Hochstifts, S. 64–100.

POLHEIM, Karl Konrad (Hg.) (1997a): *Die dramatische Konfiguration.* Paderborn u.a.

POLHEIM, Karl Konrad (1997b): Die dramatische Konfiguration (mit Goethes „Iphigenie" und Hofmannsthals „Rosenkavalier" als Beispielen). In: Karl Konrad Polheim (Hg.): *Die dramatische Konfiguration.* Paderborn u.a., S. 9–32.

PORT, Ulrich (2002): „Künste des Affekts". Die Aporien des Pathetischerhabenen und die Bildrhetorik in Schillers „Maria Stuart". In: Jahrbuch der Deutschen Schillergesellschaft 46, S. 134–159.

PORT, Ulrich (2005): *Pathosformeln. Die Tragödie und die Geschichte exaltierter Affekte (1755–1888).* München.

POSCHMANN, Gerda (1997): *Der nicht mehr dramatische Theatertext. Aktuelle Bühnenstücke und ihre dramaturgische Analyse.* Tübingen.

POTTER, Edward T. (2008): The clothes make the man. Cross-dressing, gender performance, and female desire in Johann Elias Schlegel's „Der Triumph der guten Frauen". In: The German quarterly 81 (3), S. 261–282.

PRIMAVESI, Patrick (2008): *Das andere Fest. Theater und Öffentlichkeit um 1800.* Frankfurt am Main.

PROSS, Caroline (2001): *Kunstfeste. Drama, Politik und Öffentlichkeit in der Romantik.* Freiburg im Breisgau.

PÜTZ, Peter (1986): *Die Leistung der Form. Lessings Dramen.* Frankfurt am Main.

RAHN, Thomas (2006): *Festbeschreibung. Funktion und Topik einer Textsorte am Beispiel der Beschreibung höfischer Hochzeiten (1568–1794).* Tübingen.

RAND, Erica (2005): Depoliticizing women. Female agency, the French Revolution, and the art of Boucher and David. In: Norma Broude und Mary D. Garrard (Hg.): *Reclaiming female agency. Feminist art history after postmodernism.* Berkeley, S. 142–157.

RANKE, Wolfgang (2009): *Theatermoral. Moralische Argumentation und dramatische Kommunikation in der Tragödie der Aufklärung.* Würzburg.

RAPP, Uri (1973): *Handeln und Zuschauen. Untersuchung über den theatersoziologischen Aspekt in der menschlichen Interaktion.* Darmstadt u.a.

RASCH, Wolfdietrich (1954): *Goethes „Torquato Tasso". Die Tragödie des Dichters.* Stuttgart.

RASCH, Wolfdietrich (1979): *Goethes „Iphigenie auf Tauris" als Drama der Autonomie.* München.

RAVEL, Jeffrey S. (1999): *The contested parterre. Public theater and French political culture, 1680–1791.* Ithaca.

RECTOR, Martin (2012): Die Verbürgerlichung des Hoftheaters und der Wandel des Publikums vom 17. zum 18. Jahrhundert. Das Beispiel Hannover. In: Hermann Korte und Hans-Joachim Jakob (Hg.): *„Das Theater glich einem Irrenhause". Das Publikum im Theater des 18. und 19. Jahrhunderts.* Heidelberg, S. 55–75.

REDEN-ESBECK, Friedrich Johann von (1881): *Caroline Neuber und ihre Zeitgenossen. Ein Beitrag zur deutschen Kultur- und Theatergeschichte.* Leipzig.

REED, Terence James (1985): Iphigenies Unmündigkeit. Zur weiblichen Aufklärung. In: Georg Stötzel (Hg.): *Germanistik – Forschungsstand und Perspektiven. Vorträge des Deutschen Germanistentages 1984. Bd. 2.* Berlin, New York, S. 505–524.

REINHARDT, Hartmut (1992): Egmont. In: Walter Hinderer (Hg.): *Goethes Dramen.* Stuttgart, S. 158–198.

REINLEIN, Tanja (2003): *Der Brief als Medium der Empfindsamkeit. Erschriebene Identitäten und Inszenierungspotentiale.* Würzburg.

REINMÜLLER, Inge (2007): Von den Möglichkeiten sprachlichen Handelns in absoluten Herrschaftssystemen: Schillers „Don Karlos". In: Sprache und Literatur 38 (2), S. 56–76.

REISS, Hans (1993): *Formgestaltung und Politik. Goethe-Studien*. Würzburg.

RESKE, Inga (2016): *Johann Elias Schlegel im europäischen Kontext. Schlegel und Ludvig Holberg*. Frankfurt am Main.

RIECK, Werner (1972): *Johann Christoph Gottsched. Eine kritische Würdigung seines Werkes*. Berlin.

RIESCHE, Barbara (2010): *Schöne Mohrinnen, edle Sklaven, schwarze Rächer. Schwarzendarstellung und Sklavereithematik im deutschen Unterhaltungstheater (1770–1814)*. Hannover.

ROBERTS, David (2011): *The Total Work of Art in European Modernism*. Ithaca, New York.

ROCKS, Carolin (2020): *Heldentaten, Heldenträume. Zur Analytik des Politischen im Drama um 1800 (Goethe – Schiller – Kleist)*. Berlin.

ROIDNER, Jan (2007): „Ist aber ein Fürst nicht allgemeiner Vater, so ist er allgemeiner Feind". Der Herbst des Patriarchen: Joseph Marius Babos scheiternde Rebellen. In: Johannes Birgfeld und Claude D. Conter (Hg.): *Das Unterhaltungsstück um 1800. Literaturhistorische Konfigurationen – Signaturen der Moderne. Zur Geschichte des Theaters als Reflexionsmedium von Gesellschaft, Politik und Ästhetik*. Hannover, S. 30–62.

RÖMER, Horst (2015): Die Überwindung der Tragödie – Schillers „Wilhelm Tell" als „Schauspiel". In: Jahrbuch der Deutschen Schillergesellschaft 59, S. 135–155.

ROMMEL, Thomas (2006): *Das Selbstinteresse von Mandeville bis Smith. Ökonomisches Denken in ausgewählten Schriften des 18. Jahrhunderts*. Heidelberg.

ROSE, Dirk (2012): Pasquille, Pseudonyme, Polemiken. Skandalöse und literarische Öffentlichkeit in Hamburg um 1700. In: Johann Anselm Steiger und Sandra Richter (Hg.): *Hamburg. Eine Metropolregion zwischen Früher Neuzeit und Aufklärung*. Berlin, S. 443–459.

ROSELT, Jens (2014): Gemeinschaft/Kollektivität. In: Erika Fischer-Lichte, Doris Kolesch und Matthias Warstat (Hg.): *Metzler-Lexikon Theatertheorie*. 2. Aufl. Stuttgart, S. 128–131.

ROTHE, Matthias (2005): *Lesen und Zuschauen im 18. Jahrhundert. Die Erzeugung und Aufhebung von Abwesenheit*. Würzburg.

RÖTTGER, Kati (2001): Aufklärung und Orientalismus. Das „andere" bürgerliche Theater von August von Kotzebue. In: Christopher Balme (Hg.): *Das Theater der Anderen*. Tübingen, Basel, S. 95–120.

RÖTTGER, Kati (2014): „Todesstoß dem August von Kotzebue". Politisches Attentat – Fanal einer Krise. Zur Theatralität der Öffentlichkeit zwischen moralischer Bühne und politischer Gewalt. In: Meike Wagner (Hg.): *Agenten der Öffentlichkeit. Theater und Medien im frühen 19. Jahrhundert*. Bielefeld, S. 135–168.

RÖTTGER, Kati (2017): Tatort Mannheim 1819. Was hatte Schiller mit dem Mord an Kotzebue zu tun? In: Thomas Wortmann (Hg.): *Mannheimer Anfänge. Beiträge zu den Gründungsjahren des Nationaltheaters Mannheim 1777–1820*. Göttingen, S. 197–212.

ROWLAND, Herbert (2010): Imitation, pleasure, and aesthetic education in the poetics and comedies of Johann Elias Schlegel. In: Goethe Yearbook 17, S. 303–325.

RUDIN, Bärbel; SCHULZ, Marion (Hg.) (1999): *Vernunft und Sinnlichkeit. Beiträge zur Theaterepoche der Neuberin*. Reichenbach i. V.

RUPPERT, Rainer (1995): *Labor der Seele und der Emotionen. Funktionen des Theaters im 18. und frühen 19. Jahrhundert*. Berlin.

RYDER, Frank (1962): Towards a Revaluation of Goethe's „Götz". The Protagonist. In: Publications of the Modern Language Association of America 77, S. 58–70.

SADJI, Uta (1992): *Der Mohr auf der deutschen Bühne des 18. Jahrhunderts*. Anif/Salzburg.

SAINT-AMAND, Pierre (1992): *Les lois de l'hostilité. La politique à l'âge des Lumières*. Paris.

SALEHI, Sigrid (1990): *August Wilhelm Ifflands dramatisches Werk. Versuch einer Neubewertung*. Frankfurt am Main u.a.

SANNA, Simonetta (1993): Streitkultur in Lessings „Minna von Barnhelm". Minnas Fähigkeit vs. Franziskas Unfähigkeit zum Streiten als Movens von Handlungsentwicklung und Konfliktlösung. In: Wolfram Mauser und Günter Saße (Hg.): *Streitkultur. Strategien des Überzeugens im Werk Lessings*. Tübingen, S. 444–456.

SASSE, Günter (1993a): Der Streit um die rechte Beziehung. Zur „verborgenen Organisation" von Lessings „Minna von Barnhelm". In: Wolfram Mauser und Günter Saße (Hg.): *Streitkultur. Strategien des Überzeugens im Werk Lessings*. Tübingen, S. 38–56.

SASSE, Günter (1993b): *Liebe und Ehe oder Wie sich die Spontaneität des Herzens zu den Normen der Gesellschaft verhält. Lessings „Minna von Barnhelm"*. Tübingen.

SASSE, Günter (1994): Aufrichtigkeit. Von der empfindsamen Programmatik, ihrem Kommunikationsideal, ihrer apologetischen Abgrenzung und ihrer Aporie, dargestellt an Gellerts „Zärtlichen Schwestern". In: Heinrich Löffler, Karlheinz Jacob und Bernhard Kelle (Hg.): *Texttyp, Sprechergruppe, Kommunikationsbereich. Studien zur deutschen Sprache in Geschichte und Gegenwart*. Berlin, New York, S. 105–120.

SAUDER, Gerhard (1974): *Empfindsamkeit. Band 1: Voraussetzungen und Elemente*. Stuttgart.

SAUDER, Gerhard (1980): *Empfindsamkeit. Band 3: Quellen und Dokumente*. Stuttgart.

SAUDER, Gerhard (1992): Die Jungfrau von Orleans. In: Walter Hinderer (Hg.): *Schillers Dramen*. Stuttgart, S. 336–384.

SAUDER, Gerhard (Hg.) (2003): *Theorie der Empfindsamkeit und des Sturm und Drang*. Stuttgart.

SAUDER, Gerhard (2007): Christian Felix Weißes „Amazonen-Lieder" im Siebenjährigen Krieg. In: Wolfgang Adam und Holger Dainat (Hg.): *„Krieg ist mein Lied". Der Siebenjährige Krieg in den zeitgenössischen Medien*. Göttingen, S. 193–214.

SAUTERMEISTER, Gert (1992): Maria Stuart. In: Walter Hinderer (Hg.): *Schillers Dramen*. Stuttgart, S. 280–335.

SAUTERMEISTER, Gert (2011): Die Räuber. Ein Schauspiel (1981). In: Matthias Luserke-Jaqui und Grit Dommes (Hg.): *Schiller-Handbuch. Leben – Werk – Wirkung*. Stuttgart, Weimar, S. 1–45.

SCHAAP, Andrew (2016): *Law and Agonistic Politics*. London.

SCHÄFER, Martin Jörg (2017): Die „dritte und eigentlich fremde Natur". Friedrich Ludwig Schröders Konzeption und Praxis des Schauspielens. In: Bernhard Jahn und Alexander Košenina (Hg.): *Friedrich Ludwig Schröders Hamburgische Dramaturgie*. Bern u.a., S. 141–157.

SCHAUZ, Désirée (2008): *Strafen als moralische Besserung. Eine Geschichte der Straffälligenfürsorge 1777–1933*. München.

SCHELLENBERG, Betty A. (1991): Enclosing the Immovable. Structruring Social Authority in Pamela Part II. In: Eighteenth Century Fiction 4 (1), S. 27–42.

SCHERRER, Max Richard (1919): *Kampf und Krieg im deutschen Drama von Gottsched bis Kleist. Zur Form- und Sachgeschichte der dramatischen Dichtung*. Zürich.

SCHINGS, Hans-Jürgen ([1980] 2012): *Der mitleidigste Mensch ist der beste Mensch. Poetik des Mitleids von Lessing bis Büchner*. 2. Aufl. Würzburg.

SCHINGS, Hans-Jürgen (1996): *Die Brüder des Marquis Posa. Schiller und der Geheimbund der Illuminaten*. Tübingen.

SCHINGS, Hans-Jürgen (2009): Schillers „Räuber": ein Experiment des Universalhasses. In: Matthias Luserke-Jaqui (Hg.): *Friedrich Schiller: Dramen. Neue Wege der Forschung*. Darmstadt, S. 11–34.

SCHINGS, Hans-Jürgen (2012): *Revolutionsetüden. Schiller – Goethe – Kleist*. Würzburg.

SCHLAFFER, Heinz (1973): *Der Bürger als Held. Sozialgeschichtliche Auflösungen literarischer Widersprüche*. Frankfurt am Main.

SCHLOSSBAUER, Frank R. (1998): *Literatur als Gegenwelt. Zur Geschichtlichkeit literarischer Komik am Beispiel Fischarts und Lessings*. New York.

SCHMALE, Wolfgang (2006): Naturrecht und Staat in Frankreich. In: Diethelm Klippel (Hg.): *Naturrecht und Staat. Politische Funktionen des europäischen Naturrechts (17.–19. Jahrhundert)*. München, S. 89–102.

SCHMAUS, Marion (2014): Zur Genese melodramatischer Imagination. Englisch-deutscher Tauschhandel im Zeichen der Rührung bei George Lillo, Friedrich Ludwig Schröder und August von Kotzebue. In: Sigrid Nieberle und Claudia Nitschke (Hg.): *Gastlichkeit und Ökonomie. Wirtschaften im deutschen und englischen Drama des 18. Jahrhunderts*. Berlin, S. 89–108.

SCHMAUS, Marion (2015): Melodrama: Zwischen Populärkultur und Moralisch-Okkultem. Einleitung. In: Marion Schmaus (Hg.): *Melodrama – Zwischen Populärkultur und Moralisch-Okkultem. Komparatistische und intermediale Perspektiven*. Heidelberg, S. 1–18.

SCHMIDT, Florian (2020): *Rechtsgefühl. Subjektivierung in Recht und Literatur um 1800*. Paderborn.

SCHMIDT, Georg (2009): *Wandel durch Vernunft. Deutschland 1715–1806.* München.

SCHMITT, Carl ([1932] 1996): *Der Begriff des Politischen. Text von 1932 mit einem Vorwort und drei Corollarien.* 6. Aufl. Berlin.

SCHNEIDER, Falko (1992): *Öffentlichkeit und Diskurs. Studien zu Entstehung, Struktur und Form der Öffentlichkeit im 18. Jahrhundert.* Bielefeld.

SCHNEIDER, Helmut J. (2020): Der große Menschheitsaugenblick. Zu Schillers politischer Publikumsdramaturgie in „Don Karlos". In: Peter-André Alt und Stefanie Hundehege (Hg.): *Schillers Theaterpraxis,* S. 9–38.

SCHNEIDER, Lars (2016a): „Le Misanthrope" – eine klassische Kritik des sozialen Radikalismus. In: Simon Bunke und Katerina Mihaylova (Hg.): *Aufrichtigkeitseffekte. Signale, soziale Interaktionen und Medien im Zeitalter der Aufklärung.* Freiburg im Breisgau, Berlin, Wien, S. 117–134.

SCHNEIDER, Martin (2016b): Bild, Bühne, Bürgertum. Intermediale Formen der Gemeinschaftsstiftung am Beispiel der Hamburger Inszenierungen von A.W. Ifflands „Friedrich von Oesterreich" (1790) und F.L. Schmidts „Der Tag der Erlösung" (1814–1863) sowie der Wiener Inszenierungen von Joseph Sonnleithners „Die Weihe der Zukunft" (1814). In: Bernhard Jahn und Claudia Maurer Zenck (Hg.): *Bühne und Bürgertum. Das Hamburger Stadttheater (1770–1850).* Frankfurt am Main u.a., S. 303–344.

SCHNEIDER, Martin (2016c): Das Ereignis der Aufmerksamkeit. Alfred Döblins „Die Ermordung einer Butterblume". In: Anna Häusler und Martin Schneider (Hg.): *Ereignis Erzählen.* Berlin, S. 167–187.

SCHNEIDER, Martin (Hg.) (2017a): *Der Hamburger Theaterskandal von 1801. Eine Quellendokumentation zur politischen Ästhetik des Theaters um 1800.* Frankfurt am Main u.a.

SCHNEIDER, Martin (2017b): Friedrich Ludwig Schröder als Politiker und Ökonom. Eine Analyse der Zeit von seiner zweiten bis zu seiner dritten Entreprise (1798–1812). In: Bernhard Jahn und Alexander Košenina (Hg.): *Friedrich Ludwig Schröders Hamburgische Dramaturgie.* Bern u.a., S. 51–70.

SCHNEIDER, Martin (2018): Schauspieldemokratie? Friedrich Ludwig Schröders Hamburger Theatergesetze im Kontext der Bühnenpolitik des späten 18. Jahrhunderts. In: Bastian Dewenter und Hans-Joachim Jakob (Hg.): *Theatergeschichte als Disziplinierungsgeschichte? Zur Theorie und Geschichte der Theatergesetze des 18. und 19. Jahrhunderts.* Heidelberg, S. 103–116.

SCHNEIDER, Martin (Hg.) (2021): *Das Regiebuch. Zur Lesbarkeit theatraler Produktionsprozesse in Geschichte und Gegenwart.* Göttingen.

SCHNEIDERS, Werner (1971): *Naturrecht und Liebesethik. Zur Geschichte der praktischen Philosophie im Hinblick auf Christian Thomasius.* Hildesheim, New York.

SCHOLZ, Rüdiger (2017): Kein Brautkleid für Recha. Altruismus und Egoismus in Lessings „Nathan der Weise". In: Colloquia Germanica 50 (2).

SCHÖNBORN, Sibylle (1999a): *Das Buch der Seele. Tagebuchliteratur zwischen Aufklärung und Kunstperiode.* Tübingen.

SCHÖNBORN, Sibylle (1999b): Vom Geschlechterkampf zum symbolischen Geschlechtertausch. Goethes Arbeit am antiken Mythos am Beispiel der „Iphigenie auf Tauris". In: Mauro Ponzi und Bernd Witte (Hg.): *Goethes Rückblick auf die Antike. Beiträge des deutsch-italienischen Kolloquiums.* Berlin, 83–100.

SCHÖNBORN, Sibylle (2000): Christian Fürchtegott Gellert: „Die zärtlichen Schwestern". In: *Dramen vom Barock bis zur Aufklärung.* Stuttgart, S. 224–250.

SCHÖNBORN, Sibylle; VIEHÖVER, Vera (2009): Einleitung. In: Sibylle Schönborn und Vera Viehöver (Hg.): *Gellert und die empfindsame Aufklärung. Vermittlungs-, Austausch- und Rezeptionsprozesse in Wissenschaft, Kunst und Kultur.* Berlin, S. 9–21.

SCHONDER, Hermann (1940): *Johann Elias Schlegel als Übergangsgestalt.* Würzburg.

SCHONLAU, Anja (2017): *Emotionen im Dramentext. Eine methodische Grundlegung mit exemplarischer Analyse zu Neid und Intrige 1750–1800.* Berlin, Boston.

SCHRADER, Wolfgang H. (1984): *Ethik und Anthropologie in der englischen Aufklärung. Der Wandel der moral-sense-theorie von Shaftesbury bis Hume.* Hamburg.

SCHRÖDER, Jan; PIELEMEIER, Ines (1995): Naturrecht als Lehrfach an den deutschen Universitäten des 18. und 19. Jahrhunderts. In: Otto Dann und Diethelm Klippel (Hg.): *Naturrecht – Spätaufklärung – Revolution.* Hamburg, S. 255–269.

SCHRÖDER, Jürgen (1969): Das parabolische Geschehen der „Minna von Barnhelm". In: Deutsche Vierteljahrsschrift für Literaturwissenschaft und Geistesgeschichte 43, S. 222–259.

SCHRÖDER, Jürgen (1977): Lessing. „Minna von Barnhelm". In: Walter Hinck (Hg.): *Die deutsche Komödie. Vom Mittelalter bis zur Gegenwart.* Düsseldorf, S. 49–65.

SCHRÖDER, Jürgen (1981): Poetische Erlösung der Geschichte – Goethes „Egmont". In: Walter Hinck (Hg.): *Geschichte als Schauspiel. Deutsche Geschichtsdramen. Interpretationen.* Frankfurt am Main, S. 101–115.

SCHRÖTER, Axel (2020): *August von Kotzebue. Erfolgsautor zwischen Aufklärung, Klassik und Frühromantik.* 2. Aufl. Weimar.

SCHULTE-SASSE, Jochen (1971): *Die Kritik an der Trivialliteratur seit der Aufklärung. Studien zur Geschichte des modernen Kitschbegriffs.* München.

SCHULTE-SASSE, Jochen (1980a): Drama. In: Rolf Grimminger (Hg.): *Deutsche Aufklärung bis zur Französischen Revolution 1680–1789.* München, Wien, S. 423–499.

SCHULTE-SASSE, Jochen (1980b): Poetik und Ästhetik Lessings und seiner Zeitgenossen. In: Rolf Grimminger (Hg.): *Deutsche Aufklärung bis zur Französischen Revolution 1680–1789.* München, Wien, S. 304–326.

SCHULZ, Georg-Michael (1980): *Die Überwindung der Barbarei. Johann Elias Schlegels Trauerspiele.* Tübingen.

SCHULZ, Georg-Michael (1988): *Tugend, Gewalt und Tod. Das Trauerspiel der Aufklärung und die Dramaturgie des Pathetischen und des Erhabenen.* Tübingen.

SCHULZ, Georg-Michael (1997): Egmont. In: Theo Buck (Hg.): *Goethe-Handbuch in vier Bänden. Bd. 2: Dramen.* Stuttgart, Weimar, S. 154–172.

SCHULZ, Georg-Michael (2011): Wilhelm Tell. In: Matthias Luserke-Jaqui und Grit Dommes (Hg.): *Schiller-Handbuch. Leben – Werk – Wirkung.* Stuttgart, Weimar, S. 214–235.

SCHÜTTE-BUBENIK, Andrea (2001): *„Empfindsamkeit" auf Abwegen. Die Korrespondenzen der Caroline Herder.* Berlin.

SCHÜTZ, Sigrit (1980): Der übertrieben positive Nationalheld. Zum Problem des fehlenden tragischen Konflikts in Johann Elias Schlegels Trauerspiel „Canut". In: Lessing Yearbook 12, S. 107–122.

SEARLE, John R. (1997): *Die Konstruktion der gesellschaftlichen Wirklichkeit. Zur Ontologie sozialer Tatsachen.* Reinbek.

SEEBA, Hinrich C. (1973): *Die Liebe zur Sache. Öffentliches und privates Interesse in Lessings Dramen.* Tübingen.

SEGLER-MESSNER, Silke (1998): *Zwischen Empfindsamkeit und Rationalität. Der Dialog der Geschlechter in der italienischen Aufklärung.* Berlin.

SEIDEL, Robert (2003): *Literarische Kommunikation im Territorialstaat. Funktionszusammenhänge des Literaturbetriebs in Hessen-Darmstadt zur Zeit der Spätaufklärung.* Tübingen.

SEIDENSTICKER, Bernd (2010): *Das antike Theater.* München.

SEIDLIN, Oskar (1963): *Von Goethe zu Thomas Mann. 12 Versuche.* Göttingen.

SENGLE, Friedrich (1952): *Das Deutsche Geschichtsdrama. Geschichte eines literarischen Mythos.* Stuttgart.

SENNETT, Richard (2001): *Verfall und Ende des öffentlichen Lebens. Die Tyrannei der Intimität.* 12. Aufl. Frankfurt am Main.

SETH, Wolfgang (1991): *George Lillos Dramen. Der Versuch der „Verbürgerlichung" des englischen Dramas im 18. Jahrhundert.* Essen.

SHARPE, Lesley (1990): Die Reisen des verlorenen Sohnes. Eine These zu Schillers „Räubern". In: Zeitschrift für Deutsche Philologie 109 (Sonderheft), S. 3–15.

SHARPE, Lesley (2007): *A national repertoire. Schiller, Iffland and the German stage.* Oxford.

SIMHANDL, Peter (2014): *Theatergeschichte in einem Band.* Mit Beiträgen von Franz Wille und Grit van Dyk. 4. Aufl. Leipzig.

SIMMEL, Georg (1908): *Soziologie. Untersuchungen über die Formen der Vergesellschaftung.* Leipzig.

SIMON, Ralf (1991): Nathans Argumentationsverfahren. Konsequenzen der Fiktionalisierung von Theorie in Lessings „Nathan der Weise". In: Deutsche Vierteljahrsschrift für Literaturwissenschaft und Geistesgeschichte 65, S. 609–635.

SIMONS, Oliver (2006): Die Lesbarkeit der Geheimnisse: Schillers „Don Karlos" als Briefdrama. In: Zeitschrift für Germanistik 16 (1), S. 43–60.

SIMPSON, Patricia A. (2018): „Die gewalt'ge Heldenbrust": gender and violence in Goethe's „Iphigenie auf Tauris". In: Goethe Yearbook 25, S. 161–181.

SLOTOSCH, Georg (1997): Goethes „Götz von Berlichingen" – Konstellationen und Konfiguration. In: Karl Konrad Polheim (Hg.): *Die dramatische Konfiguration*. Paderborn u.a., S. 57–90.

SOMMER-MATHIS, Andrea (1994): *Tu felix Austria nube. Hochzeitsfeste der Habsburger im 18. Jahrhundert*. Wien.

SOMMER-MATHIS, Andrea (1995): Theatrum und Ceremoniale. Rang- und Sitzordnungen bei theatralischen Veranstaltungen am Wiener Kaiserhof im 17. und 18. Jahrhundert. In: Jörg Jochen Berns und Thomas Rahn (Hg.): *Zeremoniell als höfische Ästhetik in Spätmittelalter und Früher Neuzeit*. Tübingen, S. 511–533.

SØRENSEN, Bengt Algot (1984): *Herrschaft und Zärtlichkeit. Der Patriarchalismus und das Drama im 18. Jahrhundert*. München.

SOSULSKI, Michael J. (2007): *Theater and nation in eighteenth-century Germany*. Aldershot.

SPÄTH, Sibylle (1990): Väter und Töchter oder die Lehre von der ehelichen Liebe in Gellerts Lustspielen. In: Bernd Witte (Hg.): *„Ein Lehrer der ganzen Nation". Leben und Werk Christian Fürchtegott Gellerts*. München, S. 51–65.

STACKELBERG, Jürgen von (1983): *Diderot. Eine Einführung*. München.

STAUF, Renate (1991): *Justus Mösers Konzept einer deutschen Nationalidentität. Mit einem Ausblick auf Goethe*. Tübingen.

STAUF, Renate (2007): „Wer ist der Mensch, der sich vermessen will, des Zufalls schweres Steuer zu regieren?". Kontingente Welt und problematisches Individuum in Schillers „Don Karlos". In: Euphorion 101 (4), S. 395–413.

STAUFFER, Isabelle (2018): *Verführung zur Galanterie. Benehmen, Körperlichkeit und Gefühlsinszenierungen im literarischen Kulturtransfer 1664–1772*. Wiesbaden.

STEIGERWALD, Jörn (2011): *Galanterie. Die Fabrikation einer natürlichen Ethik der höfischen Gesellschaft (1650–1710)*. Heidelberg.

STEIGERWALD, Jörn; MEYER-SICKENDIEK, Burkhard (Hg.) (2020): *Das Theater der Zärtlichkeit. Affektkultur und Inszenierungsstrategien in Tragödie und Komödie des vorbürgerlichen Zeitalters (1630–1760)*. Wiesbaden.

STEINMETZ, Horst (1966): *Die Komödie der Aufklärung*. Stuttgart.

STEINMETZ, Horst (1987): *Das deutsche Drama von Gottsched bis Lessing. Ein historischer Überblick*. Stuttgart.

STEINMETZ, Horst (1996): Idee und Wirklichkeit des Nationaltheaters. Enttäuschte Hoffnungen und falsche Erwartungen. In: Ulrich Herrmann (Hg.): *Volk – Nation – Vaterland*. Hamburg, S. 141–150.

STEPHAN, Inge (2004): *Inszenierte Weiblichkeit. Codierung der Geschlechter in der Literatur des 18. Jahrhunderts*. Köln, Weimar, Wien.

STEPHAN, Inge; WEIGEL, Sigrid (1988): *Die verborgene Frau. Sechs Beiträge zu einer feministischen Literaturwissenschaft*. 3. Aufl. Hamburg.

STIENING, Gideon (1998): Die „Härte der höchsten Gegensätze" im patriotischen Heroismus. Zur Bedeutung staatstheoretischer Dimensionen in Lessings „Philotas". In: Barbara Mahlmann-Bauer und Wolfgang G. Müller (Hg.): *Staatstheoretische Diskurse im Spiegel der Nationalliteraturen von 1500 bis 1800.* Wiesbaden, S. 169–211.

STIENING, Gideon (2017): Ästhetik- und Philosophiegeschichte des Sturm und Drang. In: Matthias Luserke-Jaqui (Hg.): *Handbuch Sturm und Drang.* Berlin, Boston, S. 31–38.

STOCK, Frithjof (1971): *Kotzebue im literarischen Leben der Goethezeit. Polemik – Kritik – Publikum.* Düsseldorf.

STOCKHORST, Stefanie (2015): Politische Vermittlungsstrategien und transnationale Kanonbildung. Zur britischen Kotzebue-Rezeption am Beispiel von William Taylor und Henry Crabb Robinson. In: Angermion 8, S. 35–59.

STOCKINGER, Claudia (2006): Der Leser als Freund. Schillers Medienexperiment „Dom Carlos". In: Zeitschrift für Germanistik 16 (3), S. 482–503.

STOLLBERG-RILINGER, Barbara (2000): *Europa im Jahrhundert der Aufklärung.* Stuttgart.

STOLLBERG-RILINGER, Barbara (2005): Einleitung: Was heißt Kulturgeschichte des Politischen? In: Barbara Stollberg-Rilinger (Hg.): *Was heißt Kulturgeschichte des Politischen?* Berlin, S. 9–26.

STOLLBERG-RILINGER, Barbara (2006): Vom Volk übertragene Rechte? Zur naturrechtlichen Umdeutung ständischer Verfassungsstrukturen im 18. Jahrhundert. In: Diethelm Klippel (Hg.): *Naturrecht und Staat. Politische Funktionen des europäischen Naturrechts (17.–19. Jahrhundert).* München, S. 103–117.

STOLLBERG-RILINGER, Barbara (2017): *Maria Theresia. Die Kaiserin in ihrer Zeit. Eine Biographie.* 4. Aufl. München.

STONE PETERS, Julie (2000): *Theatre of the Book, 1440–1880. Print, Text, and Performance in Europe.* Oxford.

STORZ, Gerhard (1959): *Der Dichter Friedrich Schiller.* Stuttgart.

STREIM, Claudia (2018): *Historisierende Bühnenpraxis im 19. Jahrhundert. Inszenierungen von Schillers „Wallenstein" zwischen 1798 und 1914 (Goethe, Iffland, Brühl, die Meininger, Reinhardt).* Tübingen.

STROHSCHNEIDER-KOHRS, Ingrid (1973): Goethes „Clavigo". In: Goethe-Jahrbuch 90, S. 47–64.

SUTHERLAND, Wendy (2019): *Staging blackness and performing whiteness in eighteenth-century German drama.* 2. Aufl. London, New York.

SZONDI, Peter ([1956] 1965): *Theorie des modernen Dramas.* 5. Aufl. Frankfurt am Main.

SZONDI, Peter (1977): *Die Theorie des bürgerlichen Trauerspiels im 18. Jahrhundert. Der Kaufmann, der Hausvater und der Hofmeister.* Herausgegeben von Gert Mattenklott. 3. Aufl. Frankfurt am Main.

TANG, Chenxi (2018): Literary form and international world order in Goethe: from „Iphigenie" to „Pandora". In: Goethe Yearbook 25, S. 183–201.

TAYLOR, Charles (2009): *Ein säkulares Zeitalter*. Frankfurt am Main.

TER HORST, Eleanor E. (2003): *Lessing, Goethe, Kleist, and the Transformation of Gender. From Hermaphrodite to Amazon*. New York.

TERAOKA, Arlene (1984): Submerged Symmetry and Surface Chaos. The Structure of Goethe's „Götz von Berlichingen". In: Goethe Yearbook 2, S. 13–41.

TER-NEDDEN, Gisbert (2007): Philotas und Aias, oder Der Kriegsheld im Gefangenendilemma. Lessings Sophokles-Modernisierung und ihre Lektüre durch Gleim, Bodmer und die Germanistik. In: Wolfgang Adam und Holger Dainat (Hg.): *„Krieg ist mein Lied". Der Siebenjährige Krieg in den zeitgenössischen Medien*. Göttingen, S. 317–378.

TER-NEDDEN, Gisbert (2016): *Der fremde Lessing. Eine Revision des dramatischen Werks*. Herausgegeben von Robert Vellusig. Göttingen.

THAMER, Hans-Ulrich (2010): Bilder und Inszenierungen politisch-religiöser Feste in der Französischen Revolution. In: Barbara Stollberg-Rilinger und Thomas Weißbrich (Hg.): *Die Bildlichkeit symbolischer Akte*. Münster, S. 375–388.

THOMANN, Marcel (1995): Christian Wolff. In: Michael Stolleis (Hg.): *Staatsdenker in der frühen Neuzeit*. München, S. 257–283.

TILL, Dietmar (2006): *Das doppelte Erhabene. Eine Argumentationsfigur von der Antike bis zum Beginn des 19. Jahrhunderts*. Tübingen.

TILL, Dietmar (2009): Gellert und die Rhetorik. Antike Theorie und moderne Transformation. In: Sibylle Schönborn und Vera Viehöver (Hg.): *Gellert und die empfindsame Aufklärung. Vermittlungs-, Austausch- und Rezeptionsprozesse in Wissenschaft, Kunst und Kultur*. Berlin, S. 39–52.

TONGER-ERK, Lily (2012): *Actio. Körper und Geschlecht in der Rhetoriklehre*. Berlin.

TÖNNIES, Ferdinand (1887): *Gemeinschaft und Gesellschaft. Abhandlung des Communismus und des Socialismus als empirischer Culturformen*. Leipzig.

TORRA-MATTENKLOTT, Caroline (2002): *Metaphorologie der Rührung. Ästhetische Theorie und Mechanik im 18. Jahrhundert*. München.

TRAPPEN, Stefan (1999): Von der persuasiven Rhetorik zur Ausdruckssprache. Beobachtungen zum Wandel der Formensprache in Lessings Trauerspielen. In: Colloquium Helveticum 30, S. 67–87.

TURNER, Victor (2009): *Vom Ritual zum Theater. Der Ernst des menschlichen Spiels*. Frankfurt am Main, New York.

UNGERN-STERNBERG, Wolfgang von (1980): Schriftsteller und literarischer Markt. In: Rolf Grimminger (Hg.): *Deutsche Aufklärung bis zur Französischen Revolution 1680–1789*. München, Wien, S. 133–185.

VALK, Thorsten (2002): *Melancholie im Werk Goethes. Genese – Symptomatik – Therapie*. Tübingen.

VALK, Thorsten (2012): *Der junge Goethe. Epoche – Werk – Wirkung*. München.

VAN DER POLL, Suze; VAN DER ZALM, Rob (Hg.) (2018): *Reconsidering National Plays in Europe*. Cham.

VAN DÜLMEN, Richard (1992): *Kultur und Alltag in der frühen Neuzeit. Bd. 2: Dorf und Stadt. 16–18. Jahrhundert*. München.

VAN DÜLMEN, Richard (1996): *Die Gesellschaft der Aufklärer. Zur bürgerlichen Emanzipation und aufklärerischen Kultur in Deutschland*. Frankfurt am Main.

VAN INGEN, Ferdinand (1986): Aporien der Freiheit. Goethes „Götz von Berlichingen". In: Wolfgang Wittkowski (Hg.): *Verlorene Klassik? Ein Symposium*. Tübingen, S. 1–26.

VAN INGEN, Ferdinand; JURANEK, Christian (Hg.) (1998): *Ars et amicitia. Beiträge zum Thema Freundschaft in Geschichte, Kunst und Literatur*. Festschrift für Martin Bircher zum 60. Geburtstag am 3. Juni 1998. Amsterdam.

VAN MELTON, James Horn (2001): *The rise of the public in Enlightenment Europe*. Cambridge.

VEIT, Philipp F. (1973): Moritz Spiegelberg. Eine Charakterstudie zu Schillers „Räubern". In: Jahrbuch der Deutschen Schillergesellschaft 17, S. 253–272.

VENZL, Tilman (2019): *„Itzt kommen die Soldaten". Studien zum deutschsprachigen Militärdrama des 18. Jahrhunderts*. Frankfurt am Main.

VOGEL, Juliane (2002): *Die Furie und das Gesetz. Zur Dramaturgie der „großen Szene" in der Tragödie des 19. Jahrhunderts*. Freiburg im Breisgau.

VOGEL, Juliane (2018a): *Aus dem Grund. Auftrittsprotokolle zwischen Racine und Nietzsche*. Paderborn.

VOGEL, Juliane (2018b): Fluchtauftritte. Goethes Theater des Asyls. In: Bettine Menke und Juliane Vogel (Hg.): *Flucht und Szene. Perspektiven und Formen eines Theaters der Fliehenden*. Berlin, S. 188–202.

VOGL, Joseph (1994a): Einleitung. In: Joseph Vogl (Hg.): *Gemeinschaften. Positionen zu einer Philosophie des Politischen*. Frankfurt am Main, S. 7–27.

VOGL, Joseph (Hg.) (1994b): *Gemeinschaften. Positionen zu einer Philosophie des Politischen*. Frankfurt am Main.

VOGL, Joseph (2004): *Kalkül und Leidenschaft. Poetik des ökonomischen Menschen*. 2. Aufl. Zürich.

VOGT, Ludgera; ZINGERLE, Arnold (1994): Zur Aktualität des Themas Ehre und zu seinem Stellenwert in der Theorie. In: Ludgera Vogt und Arnold Zingerle (Hg.): *Ehre. Archaische Momente in der Moderne*. Frankfurt am Main, S. 9–34.

VOLLHARDT, Friedrich (2001): *Selbstliebe und Geselligkeit. Untersuchungen zum Verhältnis von naturrechtlichem Denken und moraldidaktischer Literatur im 17. und 18. Jahrhundert*. Tübingen.

VOLLHARDT, Friedrich (2018): *Gotthold Ephraim Lessing. Epoche und Werk*. Göttingen.

WACKER, Manfred (1973): *Schillers „Räuber" und der Sturm und Drang. Stilkritische und typologische Überprüfung eines Epochenbegriffs*. Göppingen.

WAGNER, Irmgard (1990): Vom Mythos zum Fetisch. Die Frau als Erlöserin in Goethes klassischen Dramen. In: Goethe Yearbook 5, S. 121–143.

WAGNER, Meike (2013): *Theater und Öffentlichkeit im Vormärz. Berlin, München und Wien als Schauplätze bürgerlicher Medienpraxis.* Berlin.

WALDENFELS, Bernhard (2002): *Bruchlinien der Erfahrung. Phänomenologie, Psychoanalyse, Phänomenotechnik.* Frankfurt am Main.

WALDENFELS, Bernhard (2004): *Phänomenologie der Aufmerksamkeit.* Frankfurt am Main.

WALLACE, David (1991–1992): Bourgeois Tragedy or Sentimental Melodrama? The Significance of George Lillo's „The London Merchant". In: Eighteenth Century Studies 25, S. 123–143.

WALTENBERGER, Michael (2016): Fallobst. Überlegungen zu den subatomaren Gründungsparadoxien der Narratologie und zur paradoxalen Zeitlichkeit als Konstituens des Erzählens. In: Anna Häusler und Martin Schneider (Hg.): *Ereignis Erzählen.* Berlin, S. 33–50.

WALTER, Friedrich (1899): *Archiv und Bibliothek des Grossh. Hof- und Nationaltheaters in Mannheim 1779–1839. Band 1. Das Theater-Archiv.* Leipzig.

WARNING, Rainer (1986): Die Komödie der Empfindsamkeit. Steele – Marivaux – Lessing. In: Eckhard Heftrich und Jean-Marie Valentin (Hg.): *Gallo-Germanica. Wechselwirkungen und Parallelen deutscher und französischer Literatur (18.–20. Jahrhundert).* Nancy, S. 13–28.

WARSTAT, Matthias (2005): *Theatrale Gemeinschaften. Zur Festkultur der Arbeiterbewegung 1918–1933.* Tübingen, Basel.

WARSTAT, Matthias (2018): *Soziale Theatralität. Die Inszenierung der Gesellschaft.* Paderborn.

WEBER, Max ([1921–1922] 1972): *Wirtschaft und Gesellschaft. Grundriß der verstehenden Soziologie.* Studienausgabe. 5. Aufl. Tübingen.

WEGMANN, Nikolaus (1988): *Diskurse der Empfindsamkeit. Zur Geschichte eines Gefühls in der Literatur des 18. Jahrhunderts.* Stuttgart.

WEIERSHAUSEN, Romana (2018): *Zeitenwandel als Familiendrama. Genre und Politik im deutschsprachigen Theater des 18. Jahrhunderts.* Bielefeld.

WEIGEL, Sigrid (1982): *„Und selbst im Kerker frei …!" Schreiben im Gefängnis. Zur Theorie und Gattungsgeschichte der Gefängnisliteratur (1750–1933).* Marburg/Lahn.

WEIMAR, Klaus (1988): Vom Leben in Texten: Zu Schillers „Räuber". In: Merkur 42, S. 461–471.

WEINBROD, Howard D. (2017): Politics. In: Peter Sabor und Betty A. Schellenberg (Hg.): *Samuel Richardson in context.* Cambridge, S. 311–318.

WEINRICH, Harald (1971): Mythologie der Ehre. In: Manfred Fuhrmann (Hg.): *Terror und Spiel. Probleme der Mythenrezeption.* 2. Aufl. München, S. 341–356.

WEINSTOCK, Alexander (2019): *Das Maß und die Nützlichkeit. Zum Verhältnis von Theater und Erziehung im 18. Jahrhundert.* Bielefeld.

WEITIN, Thomas (2007): Gewalt und Performanz. Die „Gerichtsbarkeit der Bühne" in Schillers Räubern. In: Der Deutschunterricht 59 (4), S. 8–14.

WENTZLAFF-MAUDERER, Isabelle (2001): *Wenn statt des Mundes Augen reden. Sprachlosigkeit und nonverbale Kommunikation in Miss Sara Sampson (1755), Düval und Charmille (1787), Kabale und Liebe (1784) und Penthesilea (1808).* München.

WENZEL, Stefanie (1993): *Das Motiv der feindlichen Brüder im Drama des Sturm und Drang.* Frankfurt am Main u.a.

WERBER, Niels (1996): Technologien der Macht. System- und medientheoretische Überlegungen zu Schillers Dramatik. In: Jahrbuch der Deutschen Schillergesellschaft 40, S. 210–243.

WERR, Sebastian (2010): *Politik mit sinnlichen Mitteln. Oper und Fest am Münchner Hof (1680–1745).* Köln, Wien.

WERTHEIM, Ursula (1955): Die Helfenstein-Szene in Goethes „Ur-Götz" und ihre Beziehung zum Volkslied. In: Weimarer Beiträge 1, S. 109–146.

WICKEVOORT CROMMELIN, Bernard van (2006): Die Rolle des Theaters im politischen Leben Athens. In: Gerhard Lohse und Solveig Malatrait (Hg.): *Die griechische Tragödie und ihre Aktualisierung in der Moderne.* Berlin, S. 13–44.

WIEDEMANN, Conrad (1967): Ein schönes Ungeheuer. Zur Deutung von Lessings Einakter „Philotas". In: Germanisch-Romanische Monatsschrift 17, S. 381–397.

WIERLACHER, Alois (1983): Ent-fremdete Fremde. Goethes „Iphigenie" als Drama des Völkerrechts. In: Zeitschrift für Deutsche Philologie 102 (2), S. 161–180.

WIESE, Benno von (1963): *Friedrich Schiller.* 3. Aufl. Stuttgart.

WIGGINS, Ellwood (2015): Pity Play: Sympathy and Spectatorship in Lessing's „Miss Sara Sampson" and Adam Smith's „Theory of Moral Sentiments". In: Mary Helen Dupree und Sean Franzel (Hg.): *Performing knowledge, 1750–1850.* Berlin, Boston, 85–111.

WIHSTUTZ, Benjamin (2017): Gerichtsbarkeit. Über politisches und ästhetisches Urteilen im Theater. In: Sigrid G. Köhler, Sabine Müller-Mall, Florian Schmidt et al. (Hg.): *Recht fühlen.* Paderborn, S. 81–94.

WILD, Christopher J. (2003): *Theater der Keuschheit – Keuschheit des Theaters. Zu einer Geschichte der (Anti-)Theatralität von Gryphius bis Kleist.* Freiburg im Breisgau.

WILHELM, Uwe (1995): *Der deutsche Frühliberalismus. Von den Anfängen bis 1789.* Frankfurt am Main.

WILKINSON, Elizabeth M. (1973): *Johann Elias Schlegel. A German pioneer in aesthetics.* 2. Aufl. Darmstadt.

WILLE, Lisa (2017): Neuer Versuch über die Schauspielkunst. Aus dem Französischen. Mit einem Anhang aus Goethes Brieftasche. In: Matthias Luserke-Jaqui (Hg.): *Handbuch Sturm und Drang.* Berlin, Boston, S. 516–522.

WILLEMS, Marianne (1995): *Das Problem der Individualität als Herausforderung an die Semantik im Sturm und Drang. Studien zu Goethes „Brief des Pastors zu *** an den neuen Pastor zu ***", „Götz von Berlichingen" und „Clavigo".* Tübingen.

WILLEMS, Marianne (2006): Individualität – ein bürgerliches Orientierungsmuster. Zur Epochencharakteristik von Empfindsamkeit und Sturm und Drang. In: Hans-Edwin Friedrich, Fotis Jannidis und Marianne Willems (Hg.): *Bürgerlichkeit im 18. Jahrhundert.* Tübingen, S. 171–200.

WILLIAMSON, George (2000): What killed August von Kotzebue? In: Journal of Modern History 72, S. 890–943.

WIMMER, Silvia (1999): *Die bayerisch-patriotischen Geschichtsdramen. Ein Beitrag zur Geschichte der Literatur, der Zensur und des politischen Bewußtseins unter Kurfürst Karl Theodor.* München.

WINKO, Simone (1998): Negativkanonisierung. August v. Kotzebue in der Literaturgeschichtsschreibung des 19. Jahrhunderts. In: Renate von Heydebrand (Hg.): *Kanon – Macht – Kultur: theoretische, historische und soziale Aspekte ästhetischer Kanonbildungen.* Stuttgart u.a., S. 341–364.

WIRTZ, Thomas (1994): *Gerichtsverfahren. Ein dramaturgisches Modell in Trauerspielen der Frühaufklärung.* Würzburg.

WITTE, Bernd (2009): Der Dichter und der Kriegsherr. Christian Fürchtegott Gellert im Siebenjährigen Krieg. In: Sibylle Schönborn und Vera Viehöver (Hg.): *Gellert und die empfindsame Aufklärung. Vermittlungs-, Austausch- und Rezeptionsprozesse in Wissenschaft, Kunst und Kultur.* Berlin, S. 67–81.

WITTKOWSKI, Wolfgang (1987): Homo Homini Lupus, Homo Homini Deus. „Götz von Berlichingen mit der Eisernen Hand" als Tragödie und Drama gesellschaftlicher Aufklärung und Emanzipation. In: Colloquia Germanica 20, S. 299–324.

WITTKOWSKI, Wolfgang (1991): Theodizee und Tugend. „Minna von Barnhelm" oder: Worum es in Lessings Dramen geht. In: Sprachkunst 22 (2), S. 177–201.

WOESLER, Winfried (1997): Lessings „Emilia" und die Virginia-Legende bei Livius. In: Zeitschrift für Deutsche Philologie 116 (2), S. 161–171.

WOKALEK, Marie (2014): „Das Urbild jeder Tugend, jeder Schöne". Zur produktiven Ambivalenz Prinzessin Leonores in Goethes Schauspiel „Torquato Tasso". In: Thorsten Valk (Hg.): *Goethe – vom „Sturm und Drang" zur „Frühklassik".* Wettin-Löbejün, S. 79–95.

WOLF, Peter (1964): *Die Dramen Johann Elias Schlegels. Ein Beitrag zur Geschichte des Dramas im 18. Jahrhundert.* Zürich.

WOLF, Werner (1984): *Ursprünge und Formen der Empfindsamkeit im französischen Drama des 18. Jahrhunderts (Marivaux und Beaumarchais).* Frankfurt am Main.

WÖLFEL, Kurt (1987): Politisches Bewußtsein und Politisches Schauspiel. Zum Thema „Aufklärung als Politisierung". In: Hans Erich Bödeker und Ulrich Herrmann (Hg.): *Aufklärung als Politisierung – Politisierung der Aufklärung.* Hamburg, S. 72–89.

WOLFF, Eugen (1892): *Johann Elias Schlegel.* 2. Aufl. Berlin.

WOOD, Michael (2018): Stepping Out of Götz's Shadow: Jacob Maier, the Ritterstück, and the Historical Drama. In: Johannes Birgfeld und Michael Wood (Hg.):

Re-Populating the Eighteenth Century: Second-Tier Writing in the German Enlighten-ment, S. 145–161.

WORTMANN, Thomas (2018): Der „Endzweck der dramatischen Kunst". Oder: Bitte keine Fettflecken! Die Theatergesetze der Mannheimer Nationalbühne (1780). In: Bastian Dewenter und Hans-Joachim Jakob (Hg.): *Theatergeschichte als Disziplinierungsgeschichte? Zur Theorie und Geschichte der Theatergesetze des 18. und 19. Jahrhunderts.* Heidelberg, S. 83–101.

WOSGIEN, Gerlinde Anna (1999): *Literarische Frauenbilder von Lessing bis zum Sturm und Drang. Ihre Entwicklung unter dem Einfluß Rousseaus.* Frankfurt am Main u.a.

WRIGHT, Julia Margaret; HASLAM, Jason William (Hg.) (2005): *Captivating subjects. Writing confinement, citizenship, and nationhood in the nineteenth century.* Toronto.

YACK, Bernard (1993): *The problems of a political animal. Community, justice, and conflict in Aristotelian political thought.* Berkeley.

ZAISER, Rainer (2003): „Dieses Theater des Herrn Diderot". Empfindsamer Kulturtransfer im bürgerlichen Drama der Aufklärung – Diderot, Lessing, Goldoni. In: Barbara Schmidt-Haberkamp, Uwe Steiner und Brunhilde Wehinger (Hg.): *Europäischer Kulturtransfer im 18. Jahrhundert. Literaturen in Europa – Europäische Literatur?* Berlin, S. 79–100.

ZANTOP, Susanne M. (1999): *Kolonialphantasien im vorkolonialen Deutschland (1770–1870).* Berlin.

ZELLE, Carsten (1987): *„Angenehmes Grauen". Literaturhistorische Beiträge zur Ästhetik des Schrecklichen im achtzehnten Jahrhundert.* Hamburg.

ZELLE, Carsten (2003): Erfahrung, Ästhetik und mittleres Maß. Die Stellung von Unzer, Krüger und E.A. Nicolai in der anthropologischen Wende um 1750 (mit einem Exkurs über ein Lehrgedichtfragment Moses Mendelssohns). In: Jörn Steigerwald und Daniela Watzke (Hg.): *Reiz, Imagination, Aufmerksamkeit. Erregung und Steuerung von Einbildungskraft im klassischen Zeitalter (1680–1830).* Würzburg, S. 203–224.

ZELLER, Rosmarie (1988): *Struktur und Wirkung. Zu Konstanz und Wandel literarischer Normen im Drama zwischen 1750 und 1810.* Bern.

ZHANG, Chunjie (2017): *Transculturality and German discourse in the age of European colonialism.* Evanston, Illinois.

ZIMMERMANN, Ernst (1909): *Goethes Egmont.* Halle an der Saale.

ZIMMERMANN, Rolf Christian (1979): *Das Weltbild des jungen Goethe. Studien zur hermetischen Tradition des deutschen 18. Jahrhunderts. Bd. 2: Interpretation und Dokumentation.* 2. Aufl. München.

ZINK, Manuel (2018): „Gesetze müssen Dämme seyn". Öffentlichkeitsarbeit im Theater um 1800. In: Bastian Dewenter und Hans-Joachim Jakob (Hg.): *Theatergeschichte als Disziplinierungsgeschichte? Zur Theorie und Geschichte der Theatergesetze des 18. und 19. Jahrhunderts.* Heidelberg, S. 117–135.

ZIOLKOWSKI, Theodore (1965): Language and Mimetic Action in Lessing's „Miss Sara Sampson". In: Germanic Review 40, S. 261–276.

ZUMBUSCH, Cornelia (2012): *Die Immunität der Klassik*. Berlin.

ZUMBUSCH, Cornelia (2018): Über Nacht gereift. Dramatik der Beschleunigung in Schillers „Dom Karlos". In: Helmut Hühn, Dirk Oschmann und Peter Schnyder (Hg.): *Schillers Zeitbegriffe*. Hannover, S. 57–73.

ZUMBUSCH, Cornelia; KOPPENFELS, Martin von (Hg.) (2016): *Handbuch Literatur & Emotionen*. Berlin, Boston.

ZUMHOF, Tim (2018): *Die Erziehung und Bildung der Schauspieler. Disziplinierung und Moralisierung zwischen 1690–1830*. Köln, Weimar, Wien.

ZUNKEL, Friedrich (1975): Ehre, Reputation. In: Otto Brunner, Werner Conze und Reinhart Koselleck (Hg.): *Geschichtliche Grundbegriffe. Historisches Lexikon zur politisch-sozialen Sprache in Deutschland. Band 2*. Stuttgart, S. 1–63.

Dank

Die vorliegende Studie wurde im Januar 2022 von der Fakultät für Geisteswissenschaften der Universität Hamburg als Habilitationsschrift angenommen und für die Publikation geringfügig überarbeitet. Die über Jahre dauernde Arbeit an ihr ermöglichte die Deutsche Forschungsgemeinschaft mit ihrer großzügigen Förderung meines Projekts *Agonale Gemeinschaften*.

Mein Dank gilt allen, die an der Entstehung der Studie beteiligt waren. Bernhard Jahn hat die Arbeit von ihren Anfängen an begleitet und stand mir stets mit Rat und Tat zur Seite. Jörg Krämer hat wesentliche Teile des Manuskripts gegengelesen und mit Kritik und Anregungen bereichert, gleiches gilt für Malena Ratzke, Sophie König und Clemens Özelt. Danken möchte ich auch Frieder von Ammon, der mich in der Schlussphase der Habilitation und weit darüber hinaus unterstützt hat. Das Forschungskolloquium von Cornelia Zumbusch und Martin Schäfer war über die Jahre hinweg immer wieder ein Quell der Anregung und der produktiven Kritik, zumal ich meine Studie hier in einem frühen Stadium vorstellen konnte. Danken möchte ich nicht zuletzt Vanessa Nasielski, die bei der Literaturbeschaffung in Coronazeiten sowie der Korrektur des Typoskripts unverzichtbare Dienste leistete.